Handbuch Humanitäre Hilfe

Jürgen Lieser · Dennis Dijkzeul
(Herausgeber)

Handbuch Humanitäre Hilfe

Herausgeber
Jürgen Lieser
Wittnau
Deutschland

Dennis Dijkzeul
Institut für Friedenssicherungsrecht
und Humanitäres Völkerrecht (IFHV) der
Ruhr-Universität Bochum
Bochum
Deutschland

ISBN 978-3-642-32289-1   ISBN 978-3-642-32290-7 (eBook)
DOI 10.1007/978-3-642-32290-7
Springer Heidelberg Dordrecht London New York

Die Deutsche Nationalbibliothek verzeichnet diese Publikation in der Deutschen Nationalbibliografie; detaillierte bibliografische Daten sind im Internet über http://dnb.d-nb.de abrufbar.

© Springer-Verlag Berlin Heidelberg 2013
Dieses Werk ist urheberrechtlich geschützt. Die dadurch begründeten Rechte, insbesondere die der Übersetzung, des Nachdrucks, des Vortrags, der Entnahme von Abbildungen und Tabellen, der Funksendung, der Mikroverfilmung oder der Vervielfältigung auf anderen Wegen und der Speicherung in Datenverarbeitungsanlagen, bleiben, auch bei nur auszugsweiser Verwertung, vorbehalten. Eine Vervielfältigung dieses Werkes oder von Teilen dieses Werkes ist auch im Einzelfall nur in den Grenzen der gesetzlichen Bestimmungen des Urheberrechtsgesetzes der Bundesrepublik Deutschland vom 9. September 1965 in der jeweils geltenden Fassung zulässig. Sie ist grundsätzlich vergütungspflichtig. Zuwiderhandlungen unterliegen den Strafbestimmungen des Urheberrechtsgesetzes.
Die Wiedergabe von Gebrauchsnamen, Handelsnamen, Warenbezeichnungen usw. in diesem Werk berechtigt auch ohne besondere Kennzeichnung nicht zu der Annahme, dass solche Namen im Sinne der Warenzeichen- und Markenschutz-Gesetzgebung als frei zu betrachten wären und daher von jedermann benutzt werden dürften.

Umschlagfoto: mit freundlicher Genehmigung von Caritas international

Gedruckt auf säurefreiem Papier

Springer ist Teil der Fachverlagsgruppe Springer Science+Business Media (www.springer.com)

Vorwort

Dieses Buch hat eine lange Vorgeschichte. Das erste Konzept entstand bereits 2005. Der Plan wurde im Laufe des Jahres 2011 wieder aufgegriffen, aber erst Anfang 2012 wurde das Projekt konkret in Angriff genommen. Das Ergebnis liegt jetzt vor. Unser Dank als Herausgeber gilt allen Autorinnen und Autoren, die den langen Weg von der ersten Konzeption über konkretere inhaltliche Planungen bis hin zur abschließenden Bearbeitung der Beiträge mitgegangen sind. Viele Beiträge mussten neben und außerhalb der eigentlichen beruflichen Verpflichtungen erstellt werden – was bei der hohen Belastung, denen die Mitarbeiter in der humanitären Hilfe i. d. R. ausgesetzt sind, keine Selbstverständlichkeit ist. Auch der zeitaufwändige Prozess von der Zusage der Autorenbeiträge über die Erstellung der ersten Entwürfe, die Autorenkonferenz, das Peer-Review-Verfahren und die kritischen Rückmeldungen durch Herausgeber und Lektorat wurde von allen Autorinnen und Autoren klaglos mitgetragen – auch dafür gebührt allen Beteiligten Dank.

In ganz besonderer Weise möchten wir uns bei denen bedanken, die im Hintergrund gewirkt haben: Dilan Khoshnaw für seine unermüdliche Geduld, seine unglaubliche Sorgfalt und seinen wertvollen Sachverstand beim Lektorat aller Beiträge; Sibylle Gerstl, durch deren unschätzbare Mithilfe bei der Erstellung des Glossars wir den Nutzern dieses Handbuches ein wichtiges Hilfsmittel an die Hand geben können; Julia Liebermann, die sich bei der inhaltlichen Überprüfung und Korrektur der Kapitel und Literaturverzeichnisse verdient gemacht hat; und allen anderen Mitarbeitern des Instituts für Friedenssicherungsrecht und Humanitäres Völkerrecht (IFHV) der Ruhr-Universität Bochum, die bei der Organisation und Durchführung der Autorenkonferenz geholfen haben.

Unser Dank gebührt auch jenen Organisationen, die durch ihre finanzielle Unterstützung dazu beigetragen haben, dass dieses Handbuch produziert werden konnte (dass die Anfangsbuchstaben der Sponsoren den ersten vier Buchstaben des Alphabets entsprechen, ist reiner Zufall): Aktion Deutschland Hilft e. V., Bündnis Entwicklung Hilft e. V., Caritas international und Deutsches Rotes Kreuz.

Ein weit verbreitetes Vorurteil besagt, dass humanitäre Organisationen schwierig zu koordinieren sind und Wissenschaftler nur selten aus ihrem Elfenbeinturm herauskommen. Die Selbstkoordination, Kooperation und Begeisterung der Autorinnen und Autoren beim Erstellen dieses Buches beweist, dass diese Klischees nicht (immer) zutreffend sind. Wir hoffen, dass dieses Buch die gesellschaftliche Debatte über die humanitäre Hilfe auch außerhalb des Autorenkreises anregen kann.

Jürgen Lieser
Dennis Dijkzeul

Inhaltsverzeichnis

1. **Einführung** 1
   Jürgen Lieser und Dennis Dijkzeul

   Teil I Theorie und Grundlagen 7

2. **Was ist humanitäre Hilfe?** 9
   Jürgen Lieser

3. **Alles Brüder? Eine kurze Geschichte der humanitären Hilfe** 29
   Ulrike von Pilar

4. **Das Mandat der humanitären Hilfe:
   Rechtsgrundlagen und Prinzipien** 55
   Heike Spieker

   Teil II Das humanitäre System 75

5. **Das internationale humanitäre System und seine Akteure** 77
   Dennis Dijkzeul und Dieter Reinhardt

6. **Alte und neue staatliche Geber: Auf dem Weg zu einem
   universellen humanitären System?** 105
   Andrea Binder, Alexander Gaus und Claudia Meier

7. **Die deutsche humanitäre Hilfe** 127
   Lioba Weingärtner und Ralf Otto

8. **Almosenempfänger oder selbstbewusste Akteure?
   Die Rolle der lokalen Partner** 147
   Oliver Müller

9. **Humanitäre Hilfe – für wen?** 157
   Katharina Behmer

10. **Humanitäre Hilfe und Medien** 171
    Markus Moke und Maria Rüther

    Teil III Humanitäre Hilfe in der Praxis 183

11. **Naturkatastrophen und ihre Ursachen** 185
    Thorsten Klose

12. **Humanitäre Hilfe und staatliche Souveränität in Gewaltkonflikten** . 211
    Hans-Joachim Heintze

13. **Katastrophenmanagement**................................. 223
    Peter Schmitz

14. **Katastrophenvorsorge: Sind Katastrophen vermeidbar?
    Von der Reaktion zur Prävention** 253
    Karl-Otto Zentel

Teil IV Qualität in der humanitären Hilfe 271

15. **Qualitätsstandards in der humanitären Hilfe** 273
    Manuela Roßbach

16. **Humanitäres Personal: Anforderungen an die Professionalität** 295
    Jürgen Lieser

17. **Rechenschaft und Transparenz**............................ 305
    Ralf Otto

18. **Korruption und Korruptionskontrolle**....................... 319
    Georg Cremer

Teil V Herausforderungen der humanitären Hilfe 331

19. **Humanitäre Dilemmata: Anspruch und Wirklichkeit der
    humanitären Prinzipien** 333
    Beat Schweizer

20. **Do No Harm – Humanitäre Hilfe in Konfliktsituationen** 351
    Wolfgang Jamann

21. **Militärinterventionen im Namen der Humanität?** 363
    Jochen Hippler

22. **Zwischen Distanz und Kooperation: Das schwierige Verhältnis
    von Streitkräften und humanitären Helfern** 389
    Peter Runge und Bodo von Borries

23. **Bilanz, Perspektiven, Herausforderungen** 409
    Jürgen Lieser und Dennis Dijkzeul

Glossar 423

Autorenverzeichnis

Katharina Behmer ist wissenschaftliche Mitarbeiterin am Institut für Friedenssicherungsrecht und Humanitäres Völkerrecht (IFHV) der Ruhr-Universität Bochum. Sie hat Kultur- und Sozialwissenschaften in Berlin, Frankfurt (Oder), Granada (Spanien) und Bochum studiert. Dabei hat sie praktische Erfahrungen u. a. durch Aufenthalte am Instituto de la Paz y los Conflictos (Granada) und bei der Deutschen Welthungerhilfe e. V. in Bonn und Nepal gesammelt. Sie forscht an der Schnittstelle zwischen Friedens- und Sicherheitspolitik und Humanitarian Studies mit einem Schwerpunkt im Bereich globale Normen und transnationale Akteure und Prozesse. In ihrer Dissertation untersucht sie die Aushandlung globaler Normen auf lokaler Ebene in Post-Konflikt-Gesellschaften im Zusammenhang mit Gender.

Andrea Binder ist Associate Director des Global Public Policy Institutes, Berlin. Zu ihren Publikationen gehören u. a. zusammen mit Christopher B. Barrett und Julia Steets *Uniting on Food Assistance. The case for transatlantic cooperation* (2012), zusammen mit Claudia Meier *Opportunity Knocks: Why Non-Western Donors Enter Humanitarianism and How to Make the Best of it* (2011), die *Cluster Approach Evaluation 2* (2010) zusammen mit Julia Steets, Francois Grünewald, Véronique de Geoffroy u. a. und die *IASC Real-time Evaluation of the Disaster Response to the Haiti Earthquake* (2010) zusammen mit Francois Grünewald.

Bodo von Borries ist Referent für Entwicklungspolitik und humanitäre Hilfe beim Verband Entwicklungspolitik Deutscher Nichtregierungsorganisationen (VENRO). Er ist dort u. a. für humanitäre Hilfe, Afghanistan und zivile Krisenprävention zuständig. Zuvor hat er als Regionalkoordinator Südamerika für terre des hommes in Bolivien, in der Arbeitsgruppe Frieden und Entwicklung (FriEnt) als Vertreter des Konsortiums Ziviler Friedensdienst, als Programmkoordinator Lateinamerika im Menschenrechtsreferat des Diakonischen Werks der Evangelischen Kirche in Deutschland sowie als Menschenrechtsbeobachter in Kolumbien und Guatemala gearbeitet. Bodo von Borries hat einen Magister der Politikwissenschaften an der Universität Hamburg.

Prof. Dr. Georg Cremer ist Generalsekretär und Vorstand Sozial- und Fachpolitik des Deutschen Caritasverbandes, apl. Prof. für Volkswirtschaftslehre an der Universität Freiburg i. Br., Lehrbeauftragter an der Eidgenössischen Technischen

Hochschule Zürich (Korruptionskontrolle in der Entwicklungszusammenarbeit). Veröffentlichungen zum Thema der Korruptionskontrolle in der Entwicklungszusammenarbeit, u. a. *Corruption and Development Aid: Confronting the Challenges* (2008).

Prof. Dr. Dennis Dijkzeul ist Professor für Konflikt- und Organisationsforschung an der Fakultät für Sozialwissenschaft und Geschäftsführer des Instituts für Friedenssicherungsrecht und Humanitäres Völkerrecht (IFHV) der Ruhr-Universität Bochum. Er war Direktor des *Humanitarian Affairs Program* an der *School of International and Public Affairs* der *Columbia University* in New York, wo er noch immer als Lehrbeauftragter tägig ist. Er unternimmt regelmäßig Forschungsreisen in die Demokratischen Republik Kongo. Sein Hauptinteresse liegt auf dem Management von internationalen Organisationen und der Rolle der lokalen Bevölkerung in humanitären Krisen. Ausgewählte Publikationen: *Humanitaire Ruimte: Tussen Onpartijdigheid en Politiek* [*Humanitarian Space: Between Impartiality and Politics*] (mit Joost Herman, 2010), *Supporting Local Health Care in a Chronic Crisis* (mit Caroline Lynch, 2005), *Rethinking International Organizations: Pathology and Promise* (mit Yves Beigbeder, 2003).

Alexander Gaus ist Research Associate am Global Public Policy Institute, Berlin. Zu seinen Publikationen gehören u. a. Kapitel zum globalen System der Nahrungsmittelhilfe (zusammen mit Julia Steets) und den Ansätzen der Nahrungsmittelhilfe der EU und USA (zusammen mit Cynthia Mathys und Julia Steets), erschienen in *Uniting on Food Assistance. The case for transatlantic cooperation* (2012), herausgegeben von Christopher B. Barrett, Andrea Binder und Julia Steets.

Dr. Sibylle Gerstl ist seit mehr als 15 Jahren im Bereich „public health" tätig. Dabei arbeitet sie vor allem für internationale Nothilfeorganisationen, um diese als promovierte Epidemiologin unter anderem durch wissenschaftliche Studien und Evaluierungen weltweit bei akuten Krisen (Epidemien, Konflikte, Naturkatastrophen) in Kriegs- und Krisengebieten zu unterstützen. Allein in Afrika war sie dadurch bereits in mehr als zehn Ländern.

Prof. Dr. Hans-Joachim Heintze ist Professor für Völkerrecht am Institut für Friedenssicherungsrecht und Humanitäres Völkerrecht (IFHV) der Ruhr-Universität Bochum. Er war bis 2000 Präsident der Internationalen Assoziation zum Studium des Weltflüchtlingsproblems mit Sitz in Vaduz und ist seit 2011 Direktor des NOHA-Masterprogramms für Deutschland. 2011 gab er zusammen mit Andrej Zwitter den Sammelband *International Law and Humanitarian Assistance* heraus.

PD Dr. Jochen Hippler ist Politikwissenschaftler und Friedensforscher am Institut für Entwicklung und Frieden (INEF) der Universität Duisburg-Essen. Vor seiner Tätigkeit am INEF war er Wissenschaftlicher Mitarbeiter im Deutschen Bundestag

(1985–1990 und 1998/1999). Von 1993 bis 1995 war er Direktor des Transnational Institute (TNI) in Amsterdam. Seine Arbeitsschwerpunkte sind: Der Zusammenhang von politischer Gewalt, Governance und politischen Identitäten, etwa religiöser oder ethno-nationaler Art, sowie militärische Interventionen westlicher Länder. Regionaler Schwerpunkt: Naher und Mittlerer Osten, Afghanistan und Pakistan. Hippler ist u. a. Advisor des Gateway Trust (London), Mitglied des Wissenschaftlichen Beirates des Pakistan Journal of Social Issues und Mitglied des Wissenschaftlichen Beirates der Swiss Academy for Development.

Dr. Wolfgang Jamann ist Entwicklungssoziologe und seit 2009 Generalsekretär und Vorstandsvorsitzender von Deutsche Welthungerhilfe e. V. sowie Geschäftsführer der Stiftung Deutsche Welthungerhilfe. Von 2004 bis 2009 war er Hauptgeschäftsführer und Vorstandsmitglied von CARE Deutschland-Luxemburg, zugleich Vorsitzender der CARE-Stiftung „Hilfe für Menschen in Not" und von „Gemeinsam für Afrika e. V.". Von 1995 bis 2004 war er in unterschiedlichen leitenden Funktionen bei World Vision International tätig, mit dem Arbeitsschwerpunkt humanitäre Hilfe – davon vier Jahre in Ostafrika. Nach seiner Promotion an der Universität Bielefeld im Jahre 1990 wandte er sich der praktischen Entwicklungsarbeit zu, zuerst für die Deutsche Stiftung für internationale Entwicklung (DSE) in Berlin, später für die Vereinten Nationen beim UNDP in Sambia.

Dr. Thorsten Klose ist seit 2009 Referent für Katastrophenvorsorge und Klimaanpassung im Team der Internationalen Zusammenarbeit des Generalsekretariats des Deutschen Roten Kreuzes in Berlin. Zuvor hat er für das ASA Programm von InWEnt (Internationale Weiterbildung und Entwicklung) und als Programmkoordinator des Tsunami Education Projects von HELP – Hilfe zur Selbsthilfe e. V. auf Sri Lanka gearbeitet. Er hat Geographie, Politikwissenschaft sowie Sozial- und Wirtschaftsgeschichte an der Ruhr-Universität Bochum und der University of Namibia studiert und über die Bedeutung von katastrophenpräventiven Bildungsprojekten im Rahmen des Linking Relief, Rehabilitation and Development (LRRD) Ansatzes promoviert.

Jürgen Lieser war bis 2011 stellvertretender Leiter von Caritas international und stellvertretender Vorsitzender im Verband Entwicklungspolitik Deutscher Nichtregierungsorganisationen (VENRO). Nach Verwaltungslehre, Abitur über den zweiten Bildungsweg und mehrjährigem Einsatz in einem Entwicklungsprojekt in Lateinamerika war Lieser für verschiedene Organisationen der Entwicklungszusammenarbeit tätig. Nach dem Studium der Erziehungswissenschaft begann er 1981 seine Arbeit bei Caritas international in Freiburg, wo er über mehr als 30 Jahre für verschiedene Aufgaben verantwortlich war. Unter anderem leitete er zehn Jahre die internationale Katastrophenhilfe. Im Vorstand von VENRO waren seine Arbeitsschwerpunkte humanitäre Hilfe, Afghanistan, zivil-militärische Zusammenarbeit sowie Migration und Entwicklung. In den letzten Jahren war Lieser als Lehrbeauftragter an den Universitäten Tübingen und Freiburg tätig.

Claudia Meier war bis 2012 Research Associate am Global Public Policy Institute, Berlin. Zu ihren Publikationen gehören u. a. zusammen mit Andrea Binder *Opportunity Knocks: Why Non-Western Donors Enter Humanitarianism and How to Make the Best of it* (2011), *India's Growing Involvement in Humanitarian Assistance* (2011), zusammen mit C. S. R. Murthy und *Humanitarian Assistance: Truly Universal? A Mapping Study of Non-Western Donors* (2010), zusammen mit Julia Steets und Andrea Binder.

Dr. phil. Markus Moke MA Publizistik, Internationale Politik und Psychologie, arbeitet seit 2012 für Aktion Deutschland Hilft und verantwortet die Bereiche Qualitätssicherung, Projekte und Training sowie Aus- und Fortbildung. Zuvor war er Akademischer Koordinator und Direktor des NOHA-Masterprogramms am Institut für Friedenssicherungsrecht und Humanitäres Völkerrecht (IFHV) der Ruhr-Universität Bochum. Als ausgebildeter Sphere-Trainer ist er darüber hinaus Lehrbeauftragter an der Ruhr-Universität Bochum sowie Gastdozent an der Universität Deusto-Bilbao (Spanien), am University College Dublin (Irland) und an der University of Malta (Malta). Er ist Autor verschiedener Artikel zum Bereich der Professionalisierung der humanitären Hilfe und Herausgeber des Sammelbands *Humanitarian Action Facing the New Challenges* (zusammen mit Andrej Zwitter und Christoph Schewe, 2010). Im Rahmen der Übersetzung des Sphere-Handbuchs ins Deutsche hat er an der Ruhr-Universität Bochum das Fachlektorat übernommen.

Dr. Oliver Müller ist seit 2006 Leiter von Caritas international, dem Hilfswerk des Deutschen Caritasverbandes mit Schwerpunkt in der humanitären Hilfe. Nach dem Studium der katholischen Theologie (Diplom) und Politikwissenschaft (Magister) in Freiburg i. Br. und Lima (Peru) war er zunächst mehrere Jahre in Öffentlichkeitsarbeit und Fundraising tätig. 2005 wurde er für die Studie „Vom Almosen zum Spendenmarkt. Sozialethische Aspekte christlicher Spendenkultur" (Lambertus Freiburg) promoviert. Vor seiner heutigen Tätigkeit war er mehrere Jahre Leiter des Europa-Referats von Caritas international, das mit umfangreichen Not- und Wiederaufbauhilfen im Zuge des Balkankonflikts befasst war. Er sammelte Arbeitserfahrungen in mehr als 60 Ländern weltweit und ist Lehrbeauftragter der Katholischen Hochschule Freiburg i. Br. im Masterstudiengang Management und Führungskompetenz. Müller ist Mitglied zahlreicher Gremien und Beiräte im Bereich der internationalen Zusammenarbeit, darunter im Vorstand des weltweiten Netzwerkes Caritas Internationalis/Rom. Er ist auch Vizepräsident des Maximilian-Kolbe-Werks.

Ralf Otto absolvierte nach einem Jurastudium den NOHA-Masterstudiengang Internationale Humanitäre Hilfe an der Ruhr-Universität Bochum. Seit mehr als 10 Jahren ist er als Berater, Trainer, Facilitator und Projektmanager in der humanitären Hilfe tätig. Ralf Otto hat Arbeitserfahrung in mehr als 25 Ländern. Seit 2004 lebt und arbeitet er in Brüssel.

Dr. Ulrike von Pilar arbeitet zurzeit als Beraterin für humanitäre Fragen bei Ärzte ohne Grenzen (MSF) in Berlin. Die promovierte Mathematikerin hat als Dozentin in Tübingen, Brüssel und Hongkong unterrichtet, bevor sie dort 1987 für den

UNHCR und seit 1991 mit MSF in Brüssel ihre humanitäre Arbeit begann. Sie war Gründungspräsidentin und langjährige Geschäftsführerin von MSF in Deutschland und hat im Rahmen dieser Arbeit Tibet/China, Ruanda, Darfur/Sudan, Afghanistan, Pakistan und später die Zentralafrikanische Republik, Kenia, Südafrika und Jordanien besucht. Von 2006 bis 2008 war sie Landeskoordinatorin (Head of Mission) für MSF in Malawi und von 2009 bis 2012 Vorstandsmitglied von MSF UK.

Dr. Dieter Reinhardt ist Politikwissenschaftler und Friedensforscher, Ass. Fellow am Institut für Entwicklung und Frieden (INEF) der Universität Duisburg-Essen und Dozent für Internationale Beziehungen an der Hochschule Rhein-Waal. Zu seinen Forschungsschwerpunkten zählen – neben den Governance-Strukturen internationaler humanitärer Hilfe – multilaterale Interventionen in Gewaltkonflikten, Staatszerfall und Bürgerkriegsökonomien sowie Klimawandel und Umweltschutz in Südasien und China. Zwischen 1985 und 2000 arbeitete er in der Flüchtlingsabteilung des Deutschen Roten Kreuzes und bei der Kinderrechtsorganisation ‚terre des hommes'. Regionaler Schwerpunkt: Bangladesch und Indien.

Manuela Roßbach ist seit März 2005 Geschäftsführerin des Bündnisses deutscher Hilfsorganisationen, Aktion Deutschland Hilft. Sie arbeitet seit fast 20 Jahren im internationalen humanitären Bereich. Vor ihrer Tätigkeit bei Aktion Deutschland Hilft war sie Geschäftsführerin von CARE Deutschland-Luxemburg. Sie war bis 2011 im Vorstand des Sphere-Projektes, zuletzt als stellvertretende Vorsitzende. Sie ist Sozialwissenschaftlerin und hat ihren Magister in Ethnologie und Erziehungswissenschaften an der Freien Universität Berlin gemacht.

Peter Runge arbeitet seit 1993 in der Entwicklungspolitik und humanitären Hilfe. Nach einem Studium der Geistes- und Sozialwissenschaften absolvierte er den NOHA-Masterstudiengang Internationale Humanitäre Hilfe an der Ruhr-Universität Bochum. Seit 2010 ist Runge Abteilungsleiter Programme bei CARE Deutschland-Luxemburg. Zuvor war er Referent für Entwicklungszusammenarbeit und Humanitäre Hilfe beim Verband Entwicklungspolitik Deutscher Nichtregierungsorganisationen (VENRO). Er ist seit 2012 Mitglied des Vorstands von VOICE, dem Dachverband der europäischen Nothilfe-Organisationen in Brüssel, und hat diverse Zeitschriftenbeiträge zu Themen der humanitären Hilfe veröffentlicht.

Maria Rüther ist Übersetzerin (Japanisch/Koreanisch) mit Diplom der Rheinischen Friedrich-Wilhelms-Universität Bonn. Sie ist seit 16 Jahren in der PR-Branche tätig. Das Handwerk erlernte sie bei den PR-Agenturen Shandwick in Frankfurt am Main und Fink & Fuchs in Wiesbaden, wo sie als Senior-Beraterin tätig war. Seit 2005 arbeitet sie für Aktion Deutschland Hilft in Bonn. Dort verantwortet sie den Bereich Presse- und Öffentlichkeitsarbeit, in dem sie vielfach im Austausch mit Journalisten steht. Zudem ist sie stellvertretende Geschäftsführerin.

Dr. Peter Schmitz ist Chirurg, Tropenmediziner, Public Health Spezialist und Ingenieur für Umwelttechnik. Seine ersten Einsätze in der humanitären Hilfe als Techniker, Projektleiter und Logistiker hatte er ab 1982 mit Cap Anamur im Libanon und in Hungerkatastrophen und Bürgerkriegsgebieten Afrikas. Später war er immer wieder für verschiedene NRO im Einsatz, war Regional Medical Officer im Norden Namibias mit dem Deutschen Entwicklungsdienst (DED) und anschließend Leitender Arzt und Programmleiter von Malteser International. Mitte 2009 übernahm er die Leitung der Gesundheitsprogramme und des Ärztlichen Dienstes des DED (seit 2011 in die GIZ fusioniert). Er ist seit 2000 Dozent im NOHA-Masterstudiengang der Ruhr-Universität Bochum und gestaltet als Referent, u. a. als Sphere-Trainer, Seminare und Vorträge zu Themen der humanitären Hilfe und Entwicklungszusammenarbeit in Kursen und Studiengängen. Schwerpunkte sind Gesundheitsversorgung, HIV und AIDS, Hygiene, Wasser- und Sanitärversorgung, psychosoziale Unterstützung, Projektmanagement, Disaster Preparedness und LRRD.

Beat Schweizer arbeitet seit 1987 für das Internationale Komitee vom Roten Kreuz (IKRK). Nach Einsätzen als Delegierter in Angola, Sudan, Thailand, Kambodscha, Bosnien und Herzegowina und Sri Lanka war er als Delegationsleiter verantwortlich für die IKRK-Operationen in Bosnien und Herzegowina (1995 bis 1996), in Zentralasien (1997 bis 1999), im Irak (1999 bis 2001 und 2011 bis 2013) und im Iran (2001 bis 2002). Von 2004 bis 2010 war er als Vizedirektor der Generaldirektion am IKRK-Hauptquartier in Genf tätig. Beat Schweizer hat ein Studium als Maschineningenieur an der Eidgenössischen Technischen Hochschule abgeschlossen und hat einen Masters Degree in Public Administration der Harvard Kennedy School.

Dr. Heike Spieker ist stellvertretende Bereichsleiterin „Nationale Hilfsgesellschaft" im Generalsekretariat des Deutschen Roten Kreuzes in Berlin. Sie war von 1994 bis 1996 Wissenschaftliche Assistentin am Lehrstuhl für Öffentliches Recht und Völkerrecht (Prof. Dr. h. c. mult. Knut Ipsen) und anschließend von 1996 bis 2000 am Institut für Friedenssicherungsrecht und humanitäres Völkerrecht (IFHV) der Ruhr-Universität Bochum. Sie ist Adjunct Lecturer am University College Dublin (Irland), Lehrbeauftragte an der Universität Witten-Herdecke und Lehrbeauftragte der Universität della Svizzera Italiana, Lugano (Schweiz). Sie ist Mitglied des Humanitarian Action Advisory Board, University College Dublin (Irland), des Institute for International Humanitarian Law, Sanremo und Genf (Italien bzw. Schweiz), der Deutschen Gesellschaft für Wehrrecht und Humanitäres Völkerrecht sowie der Deutschen Gesellschaft für Internationales Recht. Zu ihren Forschungsschwerpunkten zählen: humanitäres Völkerrecht, Recht der humanitären Hilfe, Um- und Durchsetzungsmechanismen des humanitären Völkerrechts, Schutz von Kulturgütern im bewaffneten Konflikt, Schutz der natürlichen Umwelt im bewaffneten Konflikt, und Recht der nicht-internationalen bewaffneten Konflikte.

Dr. troph. Lioba Weingärtner Dipl. Ernährungswissenschaftlerin, arbeitet nach dreijähriger Projektleiterinnen-Tätigkeit in einem Caritas-Projekt nach der großen Sahel-Dürre 1984/1985 seit über 20 Jahren als freiberufliche Beraterin, Evaluiererin, Trainerin und Facilitator/ Moderatorin für verschiedene Auftraggeber der bilateralen, multilateralen und nicht-staatlichen Entwicklungszusammenarbeit und humanitären Hilfe. Ihre fachlichen Schwerpunkte liegen in den Bereichen Ernährungssicherung, Linking Relief, Rehabilitation and Development, Armutsminderung, ländliche Entwicklung, Gender, nachhaltige Entwicklung, Millenniumsentwicklungsziele und Menschenrechte. Ihre Arbeitsschwerpunkte sind Projekt-/Programm- und Politikberatung, Evaluierungen und Capacity Development (Training, Organisationsentwicklung). Sie hat Arbeitserfahrung in 36 Ländern, insbesondere in Afrika, Süd- und Südostasien und Mittelamerika (Haiti).

Karl-Otto Zentel ist seit November 2012 Generalsekretär von CARE Deutschland-Luxemburg. Er ist Rettungsassistent und studierte Afrikanistik und Orientalistik. Er war 1991–1993 für das Deutsche Rote Kreuz als Logistiker und Einsatzleiter in der Osttürkei und im Nordirak tätig. Von 1993 bis 2001 war er für die Welthungerhilfe tätig und etablierte und leitete die Ländergruppe Zentralasien mit den Einsatzländern Afghanistan, Tadschikistan, Kirgisistan und Usbekistan, bevor er Leiter der Fachgruppe Nothilfe wurde. Ab 2001 war er Geschäftsführer des Deutschen Komitees Katastrophenvorsorge (DKKV), der Nationalen Plattform in Deutschland innerhalb der Internationalen Strategie der Katastrophenvorsorge der Vereinten Nationen (ISDR). Zentel hat an zwei Universitäten Lehraufträge im Rahmen humanitärer Aufbaustudiengänge.

Abkürzungsverzeichnis

AA	Auswärtiges Amt
ACBAR	Agency Coordinating Body for Afghan Relief [Afghanisches NRO-Netzwerk]
ACF	Action Contre la Faim
ACT	Action by Churches Together
ADH	Aktion Deutschland Hilft
AIDS	Acquired Immune Deficiency Syndrome
ALNAP	Active Learning Network for Accountability and Performance in Humanitarian Action
ARA	American Relief Association
ASB	Arbeiter-Samariter Bund Deutschland e. V.
ASHH	Arbeitsstab Humanitäre Hilfe (im AA)
AwZ	Ausschuss für wirtschaftliche Zusammenarbeit und Entwicklung
BCPR	Bureau for Crisis Prevention and Recovery
BIP	Bruttoinlandsprodukt
BMI	Bundesministerium des Innern
BMVg	Bundesministerium der Verteidigung
BMZ	Bundesministerium für wirtschaftliche Zusammenarbeit und Entwicklung
CAP	Consolidated Appeal Process
CBO	Community-Based Organisation
CDA	Collaborative for Development Action
CDAC	Communicating with Disaster Affected Communities
CEDAW	Convention on the Elimination of All Forms of Discrimination Against Women (Konvention zur Beseitigung jeder Form von Diskriminierung der Frau)
CERF	Central Emergency Response Fund (Zentraler Nothilfefonds)
CHAP	Common Humanitarian Action Plan
CHF	Common Humanitarian Fund

CIMIC	Civil-Military Cooperation
CMR	Crude Mortality Rate
CoC	Code of Conduct
COHAFA	Council Working Group on Humanitarian Aid and Food Aid
CRED	Centre for Research on the Epidemiology of Disasters
CRS	Catholic Relief Services
DARA	Development Assistance Research Associates
DAC	Development Assistance Committee (of the OECD) (Ausschuss für Entwicklungshilfe der OECD)
DaLA	Damage and Loss Assessment
DED	Deutscher Entwicklungsdienst
DEZA	Direktion für Entwicklung und Zusammenarbeit
DFID	(UK) Department for International Development
DG ECHO	Directorate-General for Humanitarian Aid and Civil Protection (Generaldirektion für humanitäre Hilfe und Zivilschutz) [Europäische Kommission]
DHA	Department of Humanitarian Affairs
DKKV	Deutsches Komitee für Katastrophenvorsorge e. V.
DRK	Deutsches Rotes Kreuz
DRR	Disaster Risk Reduction
DZI	Deutsches Zentralinstitut für soziale Fragen
EAD	Europäischer Auswärtiger Dienst
EC	European Commission
ECB	Emergency Capacity Building (Project)
ECHA	(United Nations) Executive Committee for Humanitarian Affairs
ECHO	European Community Humanitarian Office (Europäisches Amt für humanitäre Hilfe)
ECOSOC	Economic and Social Council (Wirtschafts- und Sozialrat)
ECOWAS	Economic Community of West African States
ELRHA	Enhancing Learning & Research for Humanitarian Assistance
EM-DAT	International Emergency Database
EMI	Earthquake Megacity Initiative
EN	European Standard (Europäische Norm)
ENÜH	Entwicklungsorientierte Not- und Übergangshilfe
EON	Entwicklungsorientierte Nothilfe
ERC	(United Nations) Emergency Relief Coordinator (Nothilfekoordinator der Vereinten Nationen)
ERF	Emergency Response Fund
EU	Europäische Union/European Union
EVHAC	European Voluntary Humanitarian Aid Corps Europäisches Freiwilligencorps für humanitäre Hilfe

EZ	Entwicklungszusammenarbeit
FAC	Food Aid Convention (Internationale Nahrungsmittel-Übereinkunft)
FAO	Food and Agriculture Organization
FPA	Framework Partnership Agreement
FTS	Financial Tracking Service
GA	Genfer Abkommen
GAR	Global Assessment Report
GenCap	Gender Standby Capacity Project
GHA	Global Humanitarian Assistance
GHD	Good Humanitarian Donorship Initiative
GIZ	Deutsche Gesellschaft für Internationale Zusammenarbeit
GPPi	Global Public Policy Institute
GTZ	Gesellschaft für Technische Zusammenarbeit
GWOT	Global War on Terror
HAC	Humanitarian Aid Committee
HAO	Ombudsman for Humanitarian Assistance
HAP	Humanitarian Accountability Partnership International
HC	Humanitarian Coordinator
HDI	Human Development Index
HDR	Human Development Report
HEWS	Humanitarian Early Warning System
HFA	Hyogo Framework for Action
HIV	Humanes Immundefizienz-Virus
HPG	Humanitarian Policy Group
HPN	Humanitarian Practice Network
HRI	Humanitarian Response Index
HRNA	Human Recovery Needs Assessment
IANWGE	Inter-Agency Network on Women and Gender Equality
IASC	Inter-Agency Standing Committee (Ständiger interinstitutioneller Ausschuss)
ICC	International Criminal Court
ICISS	International Commission on Intervention and State Sovereignty
ICLEI	International Council for Local Environmental Initiatives (heute „ICLEI – Local Governments for Sustainability")
ICRC	International Committee of the Red Cross
ICVA	International Council of Voluntary Agencies
IDNDR	International Decade for Natural Disaster Reduction
IDP	Internally Displaced Person
IDRL	International Disaster Response Law
IFHV	Institut für Friedenssicherungsrecht und Humanitäres Völkerrecht

IFRC	International Federation of Red Cross and Red Crescent Societies (Internationalen Föderation der Rotkreuz- und Rothalbmondgesellschaften)
IGH	Internationaler Gerichtshof
IGO	Inter-Governmental Organization
IHL	International Humanitarian Law
IKRK	Internationales Komitee vom Roten Kreuz
ILC	International Law Commission
INEE	Inter-Agency Network for Education in Emergencies
INGO	International Non-governmental Organization
InterAction	The American Council for Voluntary International Action
INTERFET	International Force East Timor
InWEnt	Internationale Weiterbildung und Entwicklung
IO	Internationale Organisation
IOM	International Organization for Migration (Internationale Organisation für Migration)
IPCC	Intergovernmental Panel on Climate Change
IRC	International Rescue Committee
IRIN	Integrated Regional Information Network
ISAF	International Security Assistance Force
ISDR	International Strategy for Disaster Reduction
JEEAR	Joint Evaluation of Emergency Assistance to Rwanda
JEFF	Joint Evaluation Follow-up, Monitoring and Facilitation Network
JSI	Joint Standards Initiative
LEGS	Livestock Emergency Guidelines and Standards
LEMA	Local Emergency Management Authority
LRRD	Linking Relief, Rehabilitation and Development
MCDA	(Guidelines on the Use of) Military and Civil Defence Assets (to Support UN Humanitarian Activities in Complex Emergencies)
MDGs	Millennium Development Goals
MdM	Médecins du Monde (Ärzte der Welt)
MINUSTAH	United Nations Stabilization Mission in Haiti
MoU	Memorandum of Understanding
MSF	Médecins Sans Frontières (Ärzte ohne Grenzen)
MunichRe	Münchener Rückversicherungs-Gesellschaft
NATO	North Atlantic Treaty Organization
NFI	Non-food Item
NGHA	Non-Governmental Humanitarian Agencies
NGO	Non-Governmental Organisation

NOHA	Network on Humanitarian Action
NPA	Norwegian People's Aid
NRO	Nichtregierungsorganisation
NWP	Nairobi Work Programme
OCHA	Office for the Coordination of Humanitarian Affairs (Amt für die Koordinierung humanitärer Angelegenheiten der Vereinten Nationen)
ODA	Official Development Assistance (Öffentliche Entwicklungszusammenarbeit)
ODI	Overseas Development Institute
OECD	Organisation for Economic Co-operation and Development (Organisation für wirtschaftliche Zusammenarbeit und Entwicklung)
OFDA	Office of US Foreign Disaster Assistance
OIC	Organisation der Islamischen Konferenz
OLS	Operation Lifeline Sudan
OSZE	Organisation für Sicherheit und Zusammenarbeit in Europa
PAGER	Policy Action Group on Emergency Response
PDNA/RF	Post-Disaster Needs Assessments and Recovery Framework
PIA	People in Aid
PR	Public Relations
ProCap	Protection Standby Capacity Project
PRT	Provincial Reconstruction Team
RPF	Rwandan Patriotic Front
SAARC	South Asian Association for Regional Cooperation (Südasiatische Vereinigung für regionale Kooperation)
SAR	Search and Rescue
SCF	Save the Children Fund
SCHR	Steering Committee for Humanitarian Response
SEEP	Small Enterprise Education and Promotion Network
SIDA	Styrelsen för Internationellt Utvecklingssamarbete (Swedish International Development Cooperation Agency)
SOP	Standard Operational Procedures
SPLA	Sudan People's Liberation Army
SREX	Special Report on Managing the Risks of Extreme Events and Disasters to Advance Climate Change Adaptation
SRSG	Special Representative of the Secretary General (of the United Nations)
STAR	Sudan Transitional Assistance for Rehabilitation
STC	Scientific and Technical Committee

TEC	Tsunami Evaluation Coalition
THW	Technisches Hilfswerk
U5MR	Mortalitätsrate von Kindern unter fünf Jahren
UN	United Nations (Vereinte Nationen)
UNAIDS	Joint United Nations Programme on HIV/AIDS
UNAMA	United Nations Assistance Mission in Afghanistan
UNDAC	United Nations Disaster Assessment and Coordination (Katastrophenabschätzung und -koordination der Vereinten Nationen)
UNDP	United Nations Development Programme (Entwicklungsprogramm der Vereinten Nationen)
UNEP	United Nations Environment Programme
UNESCO	United Nations Educational, Scientific and Cultural Organization
UNFOR	United Nations Force
UNFPA	United Nations Population Fund
UNHCR	United Nations High Commissioner for Refugees (Hoher Flüchtlingskommissar der Vereinten Nationen)
UNICEF	United Nations Children's Fund (Kinderhilfswerk der Vereinten Nationen)
UNISDR	United Nations International Strategy for Disaster Reduction
UNITAF	Unified Task Force
UNMIK	United Nations Interim Administration Mission in Kosovo
UNOSOM	United Nations Operation in Somalia
UNPROFOR	United Nations Protection Force [VN-Schutztruppe in Bosnien und Herzegowina und Kroatien (1992–1995]
UNRWA	United Nations Relief and Works Agency for Palestine Refugees in the Near East (Hilfswerk der Vereinten Nationen für Palästina-Flüchtlinge im Nahen Osten)
USAID	United States Agency for International Development
USIP	United States Institute of Peace
VAE	Vereinigte Arabische Emirate
VENRO	Verband Entwicklungspolitik Deutscher Nichtregierungsorganisationen
VGR	Völkergewohnheitsrecht
VN	Vereinte Nationen
VOICE	Voluntary Organisations in Cooperation in Emergencies
WASH	Water, Sanitation and Hygiene
WAZ	Westdeutsche Allgemeine Zeitung

WBGU	Wissenschaftliche Beirat der Bundesregierung Globale Umweltveränderungen
WFP	World Food Programme (Welternährungsprogramm)
WHO	World Health Organization (Weltgesundheitsorganisation)
WMO	World Meteorological Organization
WVI	World Vision International
WVK	Wiener Übereinkommen über das Recht der Verträge
ZIF	Zentrum für Internationale Friedenseinsätze
ZMZ	Zivil-militärische Zusammenarbeit
ZP	Zusatzprotokoll zu den Genfer Abkommen

Verzeichnis der Fotos und Abbildungen

Abb. 2.1	Akteure im humanitären System	19
Abb. 2.2	Die Internationale Rotkreuz- und Rothalbmondbewegung	20
Abb. 3.1	Kinder in einem Ernährungszentrum in Korem/Äthiopien 1985	42
Abb. 3.2	Flüchtlinge in Goma/Zaire im Juli 1994	46
Abb. 3.3	MSF unterhält mobile Kliniken für vertriebene Albaner im Kosovo (1999)	49
Abb. 5.1	Mentale Landkarte zu den größten internationalen humanitären Organisationen	95
Abb. 9.1	IASC-Kurzanleitung für gendersensibles Arbeiten in der humanitären Hilfe	166
Abb. 11.1	Der Prozess von Katastrophenanfälligkeit	194
Abb. 11.2	Anzahl der getöteten Personen nach HDI-Index von 1991 bis 2010	200
Abb. 11.3	Wirtschaftliche Schäden durch Katastrophen (in Mio. US$) von 1991 bis 2010	201
Abb. 11.4	Anzahl von Katastrophen nach Ursprung und Jahr von 1991 bis 2010	202
Abb. 13.1	Der Problembaum. Ein Hilfsmittel der Projektplanung	241
Abb. 13.2	Der Projektzyklus	242
Abb. 15.1	Struktur des Sphere Project Handbuches	284
Abb. 17.1	Drei Pfeiler der Rechenschaftslegung bei CARE International	309
Abb. 20.1	Framework for Considering the Impact of Aid on Conflict	356
Abb. 22.1	Zwischen Kooperation und Koexistenz: humanitäre Organisationen und Streitkräfte	396

Verzeichnis der Tabellen

Tab. 5.1	Zuständigkeiten im Cluster-Ansatz (cluster approach) (Stand: Juni 2012)	88
Tab. 7.1	Zweckgebundene staatliche Auszahlungen für humanitäre Hilfe, 2005–2009 (in Euro)	135
Tab. 11.1	Gliederung von Naturgefahren	188
Tab. 11.2	Klassifizierung von Vulnerabilitätsfaktoren	193
Tab. 11.3	Katastrophen und Todesopfer zwischen 1991 und 2010	198
Tab. 13.1	Population Breakdown – Gruppen als Anteil (in %) der Bevölkerung	238
Tab. 13.2	Beispiel einer Planungsmatrix, in der notwendige Maßnahmen zur Zielerreichung einschließlich Kostenplan dargestellt sind	243
Tab. 14.1	Die verschiedenen Komponenten eines Frühwarnsystems	257
Tab. 15.1	Überblick über Standards in der humanitären Hilfe	278
Tab. 22.1	Oslo- und MCDA-Richtlinien	400
Tab. G1	Baseline-Referenzdaten zur Mortalität	445

Einführung

1

Jürgen Lieser und Dennis Dijkzeul

Warum erst jetzt ein Handbuch zur Theorie und Praxis der humanitären Hilfe in deutscher Sprache? Diese Frage drängt sich angesichts der politischen Bedeutung, medialen Aufmerksamkeit und hohen moralischen Wertschätzung, die die humanitäre Hilfe seit vielen Jahren genießt, auf. In der Tat – da sind sich Autorinnen und Autoren[1] und Herausgeber einig – hätte diese Lücke schon längst geschlossen werden müssen.

Als Forschungsgegenstand war die humanitäre Hilfe an deutschen Universitäten und Forschungseinrichtungen lange kaum im Blick. Der breitere wissenschaftliche Diskurs findet vor allem in Großbritannien, Frankreich und den USA statt, allerdings auch dort erst seit dem Ende des Kalten Krieges. In Deutschland wird humanitäre Hilfe oft noch als Teil- oder Randdisziplin der Entwicklungspolitik betrachtet. Im Vergleich zu den zahlreichen wissenschaftlichen Publikationen über entwicklungspolitische Themen gibt es bisher wenig deutschsprachige Veröffentlichungen, die sich explizit mit humanitärer Hilfe befassen. Zwar gibt es zwischen Entwicklungspolitik und humanitärer Hilfe viele Überschneidungen und Gemeinsamkeiten, und beide sind Teilaspekte der internationalen Zusammenarbeit. Aber die humanitäre Hilfe erfordert eine differenzierte und eigenständige Betrachtung, weil sie vor andere Herausforderungen gestellt wird und einer anderen Handlungslogik folgt als

---

[1] Soweit möglich, werden in diesem Buch geschlechtsneutrale Formen verwendet. Wo dies nicht möglich ist, wird auf die Nennung der weiblichen *und* männlichen Form („Helferinnen und Helfer") durchgängig verzichtet.

J. Lieser (✉)
Alemannenstr. 2a, 79299, Wittnau, Deutschland
E-Mail: juergen.lieser@web.de

D. Dijkzeul
Institut für Friedenssicherungsrecht und Humanitäres Völkerrecht (IFHV)
Ruhr-Universität Bochum, NA 02/29, 44801 Bochum, Deutschland
E-Mail: dennis.dijkzeul@rub.de

J. Lieser, D. Dijkzeul (Hrsg.), *Handbuch Humanitäre Hilfe*,
DOI 10.1007/978-3-642-32290-7_1, © Springer-Verlag Berlin Heidelberg 2013

die Entwicklungszusammenarbeit. Erst in jüngerer Zeit wird in Deutschland ein zunehmendes wissenschaftliches Interesse an Fragestellungen rund um die humanitäre Hilfe erkennbar.

Obwohl es in Deutschland, der Schweiz und Österreich eine lange Tradition praktizierter humanitärer Hilfe gibt, findet bisher auch wenig Austausch zwischen Theorie und Praxis in diesem Arbeitsfeld statt. Eine der wenigen Ausnahmen bildet der jährlich organisierte Humanitäre Kongress in Berlin. Andere Foren beschäftigen sich zwar durchaus mit den praktischen, politischen und theoretischen Aspekten des Arbeits- und Politikfeldes humanitäre Hilfe, diese Debatten finden aber häufig in einem geschlossenen Kreis von Experten statt. Dazu gehören z. B. der beim Auswärtigen Amt angesiedelte „Koordinierungsausschuss Humanitäre Hilfe", wo sich die wichtigsten Akteure der humanitären Hilfe in Deutschland regelmäßig treffen, oder die „Arbeitsgruppe Humanitäre Hilfe" von VENRO, dem Dachverband der deutschen Nichtregierungsorganisationen.

Trotz umfangreicher und langjähriger Praxis ist die humanitäre Hilfe in Deutschland somit durch ein „Forschungsdefizit" gekennzeichnet. Von deutschen Hilfsorganisationen werden z. B. bisher zu selten Forschungsaufträge initiiert. Ein Grund dafür ist, dass es zum Image des humanitären Helfers gehört, schnell und entschlossen zu handeln, weil die Not akut ist und die Hilfe keinen Aufschub duldet. Für Reflexion gibt es dann kaum Zeit. Die mangelnde kritische Auseinandersetzung erklärt sich zudem dadurch, dass humanitäre Hilfe mit moralischen Kategorien wie Mitleid, Not, Hilfsbereitschaft o. Ä. begründet wird. Diese moralische Motivation macht Hilfe quasi unantastbar. Das heißt, es erscheint unethisch, die Qualität von Hilfe infrage zu stellen, diese anhand von Maßstäben wie Effektivität und Effizienz zu messen oder auf nicht-intendierte Nebeneffekte zu überprüfen.

Insbesondere durch den Genozid in Ruanda 1994 wurden die humanitären Organisationen jedoch zunehmend und unübersehbar mit Themen wie der Ineffektivität von Hilfe und den z. T. dramatischen unbeabsichtigten Folgen konfrontiert. In der Konsequenz wurde die Notwendigkeit erkannt, das eigene Tun nicht nur kritisch zu reflektieren, sondern auch die breiteren politischen Auswirkungen zu analysieren. Um dies tun zu können, sind die Praktiker auf die Unterstützung der Wissenschaftler angewiesen. Das gilt auch umgekehrt. In vielerlei Hinsicht ist die Praxis der humanitären Hilfe der Theorie voraus, indem sie sich den veränderten lokalen und sicherheitspolitischen Bedingungen kontinuierlich anpassen muss. Zudem ist für eine wissenschaftliche Auseinandersetzung mit z. B. der Instrumentalisierung und Auswirkung humanitärer Hilfe ein Grundverständnis der schwierigen lokalen und politischen Kontexte vieler Krisenländer unabdingbar. Mit anderen Worten, die wissenschaftliche Forschung braucht für ihre Arbeit den Austausch mit den Praktikern der humanitären Hilfe, die Zugang zum Feld ermöglichen und wertvolles Wissen durch langjährige Erfahrung besitzen.

Humanitäre Hilfe, also das professionelle organisierte Helfen in humanitären Krisen und Katastrophen, ist eine große Herausforderung. Die Hilfe findet i. d. R. in einem komplexen, konfliktiven und sensiblen politischen und sozialen Kontext statt. Hilfsorganisationen stehen unter einem hohen Erwartungs- und Zeitdruck: Sie wollen und sollen schnell, effektiv und reibungslos Hilfe zum Überleben leisten.

1 Einführung

Die Hilfe soll unparteiisch, neutral, unabhängig und nachhaltig sein und sich allein an den Bedürfnissen der betroffenen Menschen orientieren. Gegenüber staatlichen Gebern, privaten Spendern und auch den Hilfeempfängern muss Rechenschaft über den sinnvollen Einsatz der Hilfsgelder abgelegt werden. Allein dieses Erwartungsbündel macht deutlich, wie wichtig eine theoretische Auseinandersetzung mit der humanitären Hilfe ist.

Aber auch die Hintergründe, Ursachen und Erscheinungsformen humanitärer Krisen und Katastrophen verlangen eine sorgfältige Analyse, damit das humanitäre Handeln die gewünschte Wirkung erzielt und nicht etwa das Gegenteil, wie z. B. die Verlängerung von Konflikten. Außerdem haben sich Gewaltkonflikte verändert, und es ist schwieriger geworden, mit der Hilfe die Betroffenen zu erreichen. Seit Jahren nehmen Naturkatastrophen zu – u. a. als Folge des Klimawandels. Die humanitären Helfer sehen sich konfrontiert mit immer komplexeren Notlagen, divergierenden Geberinteressen, politischer Einflussnahme und zunehmender Konkurrenz unter den Hilfsorganisationen. Sie geraten häufig zwischen die Fronten und werden Opfer von gewaltsamen Übergriffen. Missbrauch, politische Instrumentalisierung und Militarisierung der humanitären Hilfe sind weitere Stichpunkte, die auf komplexer werdende Rahmenbedingungen für die Arbeit der humanitären Hilfsorganisationen hindeuten. Die Hilfsorganisationen als die zentralen Träger und Akteure der humanitären Hilfe müssen sich auf diese Entwicklungen einstellen, wenn sie nicht zum Spielball von machtpolitischen Interessen werden wollen.

Dieses Handbuch bietet eine allgemein verständliche und umfassende Einführung in die Theorie und Praxis der humanitären Hilfe. Zum einen vermittelt es den Stand der wissenschaftlichen Debatte und politischen Kontroversen zu den zentralen Fragen der humanitären Hilfe. Zum anderen beschreibt es die praktischen Probleme, mit denen die Hilfsorganisationen und ihre Mitarbeiter konfrontiert sind, wenn sie in Naturkatastrophen und Gewaltkonflikten wirksame Hilfe leisten wollen.

Das Buch richtet sich an einen breiten Adressatenkreis. Dazu gehört die große Anzahl der Menschen, die in unterschiedlicher Funktion und Verantwortung in der humanitären Hilfe tätig sind, wie etwa Mitarbeiter von staatlichen und nicht-staatlichen Hilfsorganisationen sowie Studierende und Wissenschaftler. Gedacht ist auch an Mitarbeiter von (Weiter-)Bildungseinrichtungen, Journalisten und Politiker mit Interesse an entwicklungspolitischen und humanitären Fragen.

In den folgenden Kapiteln wird die humanitäre Hilfe aus verschiedenen Perspektiven und unter verschiedenen Fragestellungen betrachtet. Teil I beschäftigt sich mit der Begriffsbestimmung von humanitärer Hilfe, ihrer Geschichte und den Rechtsgrundlagen und Prinzipien.

Das humanitäre System und seine Akteure sind Gegenstand von Teil II des Handbuchs. Nach einer allgemeinen Beschreibung des Systems, seiner Architektur und der Beziehungen der Akteure zueinander wird ein besonderer Blick auf die neuen Geber und die deutsche humanitäre Hilfe gerichtet. Weitere Kapitel in diesem Teil beschäftigen sich mit der Rolle der lokalen Partner, den Zielgruppen und dem Verhältnis von Medien und humanitärer Hilfe.

In Teil III stehen praktische Aspekte im Vordergrund. Neben Ursachen und Typologien von Naturkatastrophen wird eines der klassischen Dilemmata der humanitären Hilfe thematisiert, nämlich das Spannungsfeld zwischen humanitärer Hilfe und staatlicher Souveränität im Falle von Gewaltkonflikten. Katastrophenmanagement und Katastrophenprävention sind weitere Themen in diesem Abschnitt.

Die vielfältigen Bemühungen um eine verbesserte Qualität in der humanitären Hilfe werden in Teil IV dargestellt, und zwar einmal aus der Sicht humanitärer Organisationen – und ihrer internationalen Kooperationspartner – und dann in Hinblick auf die notwendige Professionalität des humanitären Personals. Auch Rechenschaft und Transparenz sowie Korruptionsrisiken und Korruptionskontrolle werden in diesem Teil behandelt.

Schließlich werden in Teil V einige der zentralen Herausforderungen der humanitären Hilfe beleuchtet: die Kluft zwischen Anspruch und Wirklichkeit bzw. die daraus resultierenden Dilemmata der humanitären Hilfe; der „Do-No-Harm-Ansatz", der verhindern soll, dass humanitäre Hilfe in Konfliktsituationen schädliche Wirkungen entfaltet; das schwierige Verhältnis von Streitkräften und humanitären Helfern; und schließlich die Frage, ob militärische Interventionen im Namen der Humanität als entwicklungs- und friedenspolitisches Gesamtkonzept taugen oder eher zu einer Legitimationshilfe für militärisches Eingreifen werden. Ob die richtigen Lehren aus den Erfahrungen gezogen wurden und mit welchen Herausforderungen die humanitäre Hilfe in Zukunft konfrontiert sein wird, wird am Ende des Buches in Kap. 23 gefragt.

Humanitäre Hilfe ist, wie dieses Buch zeigen wird, ein vielschichtiges und komplexes Themenfeld. Eine Reihe von Aspekten, die ebenfalls im Kontext der humanitären Hilfe ihren Platz haben und eine besondere Betrachtung verdient hätten, mussten aus Platzgründen unberücksichtigt bleiben oder konnten nur am Rande erwähnt werden, wie z. B. Evaluierung und Wirkungskontrolle, eine umfassende Beschreibung der vielfältigen Landschaft von Nichtregierungsorganisationen, die Rolle von humanitärer Hilfe in der Krisenprävention oder spezifische Zielgruppen wie Flüchtlinge, Binnenvertriebene, Kinder, alte Menschen, Menschen mit Behinderung oder HIV/AIDS. Alle dazugehörenden Fragestellungen im Detail zu vermitteln ist nicht möglich. Die vorliegende Auswahl bietet einen umfassenden Einstieg in das Thema. Die Literaturhinweise zu jedem Kapitel bieten die Möglichkeit, einzelne Themen weiter zu vertiefen und angrenzende, weniger berücksichtigte Fragestellungen aufzugreifen.

Die meisten der Autorinnen und Autoren dieses Handbuches sind seit vielen Jahren in der humanitären Hilfe tätig. Sie schreiben vor dem Hintergrund ihrer praktischen Erfahrungen. Einige sind leitende Mitarbeiter großer deutscher Hilfsorganisationen, andere haben in der Beratung und Evaluierung von Hilfsprogrammen Erfahrungen gesammelt. Auch die Autorinnen und Autoren, die aus der wissenschaftlichen Forschung und Lehre kommen, verfügen über umfangreiche Felderfahrung. In diesem Band arbeiten Praktiker und Wissenschaftler also eng zusammen. Wie bereits erwähnt ist für die kritische Analyse, Weiterentwicklung und Verbesserung der Qualität und Effektivität der humanitären Hilfe eine solche Zusammenarbeit absolut notwendig. Das breite Spektrum und die unterschiedliche Herkunft der Autorinnen und Autoren machen den Wert dieses Handbuches aus. Praktiker und Theoretiker bringen unterschiedliche Sichtweisen ein und gehen unterschiedlich an ihre jeweilige Thematik heran. Die Herausgeber haben sich bemüht, häufig wiederkehrende Begriffe zu vereinheitlichen sowie Fachtermini, Institutionen, Strukturen, Verfahren und zentrale Stichworte in einem ausführlichen Glossar[2] zu erläutern.

Die Herausgeber hoffen, dass dieser Band dem Anspruch einer Einführung gerecht wird und der Spagat zwischen Theorie und Praxis gelungen ist. Für die humanitäre Hilfe ist der weitere Austausch zwischen wissenschaftlicher Analyse und praktischer Erfahrung unbedingt wünschenswert. In diesem Sinn freuen wir uns über kritische Rückmeldungen zu diesem Buch.

---

[2] Aus Gründen der besseren Lesbarkeit erfolgt in den einzelnen Kapiteln, in denen diese Begriffe auftauchen, kein besonderer Hinweis auf das Glossar.

Teil I
Theorie und Grundlagen

Was ist humanitäre Hilfe?

Jürgen Lieser

Zentraler Gegenstand dieses Handbuches ist die humanitäre Hilfe. Was aber ist unter „humanitärer Hilfe" genau zu verstehen? Wie wird sie definiert, was sind ihre grundlegenden Merkmale und leitenden Prinzipien und worin unterscheidet sie sich von anderen Hilfeformen – etwa von der Entwicklungszusammenarbeit? Es gibt keine einfachen Antworten auf diese Fragen. Der Versuch, humanitäre Hilfe zu definieren, führt unmittelbar zur grundsätzlichen Debatte um das richtige Konzept und Verständnis von humanitärer Hilfe.

Humanitäre Hilfe ist nach allgemeinem Verständnis eine Reaktion auf humanitäre Notlagen, die durch Naturkatastrophen, Epidemien oder Gewaltkonflikte verursacht sein können. Sie ist Handlungsfeld in einem internationalen System mit unterschiedlichen Akteuren, mit Strukturen und Verfahren der Zusammenarbeit, mit Regelwerken und Finanzierungsmechanismen. Zum grundlegenden Verständnis von humanitärer Hilfe gehört daher auch ein Blick auf dieses internationale humanitäre System.[1] Schließlich soll aufgezeigt werden, warum die Kluft zwischen Anspruch und Wirklichkeit der humanitären Hilfe auch als „Krise des Humanitarismus" apostrophiert wird. Die Entwicklungstrends und Herausforderungen, die die humanitäre Hilfe in den letzten Jahrzehnten beschäftigen und die im weiteren Verlauf des Handbuchs näher beleuchtet werden, sollen hier bereits skizziert werden, um ein besseres Verständnis der politischen und ethischen Debatte über die Ausrichtung und Sinnhaftigkeit der humanitären Hilfe zu ermöglichen.

---

[1] Siehe Kap. 5 für eine ausführliche Beschreibung des internationalen humanitären Systems.

J. Lieser (✉)
Alemannstr. 2a, 79299, Wittnau, Deutschland
E-Mail: juergen.lieser@web.de

2.1 Humanitäre Hilfe: Versuch einer Definition

Eine allgemein gültige Definition des Begriffs humanitäre Hilfe gibt es nicht. In den für das humanitäre Völkerrecht einschlägigen Dokumenten (Genfer Abkommen von 1949 und deren Zusatzprotokolle von 1977) findet man keine – erst recht keine juristisch handhabbare – Definition von humanitärer Hilfe. In der Brockhaus-Enzyklopädie sind zwar die Begriffspaare „humanitäre Intervention" und „humanitäres Völkerrecht" aufgeführt, nicht aber „humanitäre Hilfe". Humanitär bedeutet nach dem Brockhaus[2] „auf die Linderung menschlicher Not ausgerichtet". Damit wäre humanitäre Hilfe durchaus zutreffend beschrieben, jedoch ist eine solche allgemeine Definition für dieses Handbuch wenig aussagekräftig. Es fehlt der spezifische Bedeutungsgehalt von humanitärer Hilfe, so wie sie heute im nationalen und internationalen Diskurs verstanden wird.

Weingärtner et al. (2011, S. 3) definieren humanitäre Hilfe unter Bezug auf die Good Humanitarian Donorship Initiative (GHD) und den Europäischen Konsens über die humanitären Hilfe als „bedarfsorientierte Nothilfe, die während oder im Nachgang einer von Menschen verursachten Krise oder einer Naturkatastrophe stattfindet mit dem Ziel, Leben zu retten, Leid zu mindern und die Menschenwürde zu erhalten sowie die Prävention und Vorsorge für vergleichbare Situationen zu stärken, wenn Regierungen und lokale Akteure überfordert, außer Stande beziehungsweise nicht willens sind, angemessene Hilfe zu leisten". Damit sind bereits wesentliche Merkmale der humanitären Hilfe genannt: Es geht um Nothilfe und nicht um Entwicklungshilfe. Die Hilfe muss bedarfsorientiert sein. Sie findet während und nach Katastrophen statt, aber nur, wenn lokale Akteure diese Hilfe nicht leisten können oder wollen. Schließlich werden die Ziele der humanitären Hilfe angeführt: Leben retten, Leid mindern, Menschenwürde erhalten und zukünftigen Katastrophen vorbeugen. Was in dieser Definition noch fehlt, sind die humanitären Prinzipien der Menschlichkeit, Unparteilichkeit, Neutralität und Unabhängigkeit, die konstitutiv für die humanitäre Hilfe sind. Sowohl die GHD als auch die Europäische Union bekennen sich ausdrücklich zu diesen Prinzipien. Das deutsche Auswärtige Amt (AA), das die humanitäre Hilfe der deutschen Bundesregierung federführend verantwortet, beschreibt die Ziele seiner humanitären Hilfe wie folgt: „Ziel der humanitären Hilfe ist, ein Überleben von Menschen in Würde und Sicherheit zu ermöglichen, die in eine akute Notlage geraten sind, die sie aus eigener Kraft nicht überwinden können. Humanitäre Hilfe soll die Grundbedürfnisse der Menschen sichern. […] Dabei kommt es nicht auf die Ursachen für die Notlage an."[3] Auch hier fehlt ein expliziter Hinweis auf die humanitären Prinzipien; die Bundesregierung bekennt sich jedoch zu diesen und weist an anderer Stelle darauf hin.[4]

---

[2] Brockhaus Enzyklopädie (2006) 21. Ausgabe, Bd. 12, S. 781.
[3] Auswärtiges Amt (2008) Konzept zur Förderung von Vorhaben der humanitären Hilfe, http://www.auswaertiges-amt.de/cae/servlet/contentblob/361052/publicationFile/3529/Foerderkonzept-ProjekteHH.pdf. Zugegriffen: 7. Dez. 2012.
[4] So heißt es auf der Website des AA unter dem Stichwort „Humanitäre Hilfe/Wie helfen wir?": „Politische Grundlagen der Humanitären Hilfe der Bundesregierung sind der Europäische Konsens

Humanitäre Hilfe ist also mehr als ein „Akt selektiver Barmherzigkeit" (Henzschel 2006, S. 29) oder nur eine logistische Leistung, die darin besteht, Nothilfegüter zum richtigen Zeitpunkt an den richtigen Ort zu bringen. Humanitäre Hilfe ist ein vielschichtiges Handlungs- und Politikfeld. Das naive Verständnis, wonach humanitäre Hilfe einzig in der effizienten Verteilung von Hilfsgütern an Katastrophenopfer besteht, egal durch wen und mit welcher Intention, ist immer noch weit verbreitet (Terry 2002, S. 234).

Der Ausschuss für Entwicklungshilfe (Development Assistance Committee, DAC) der Organisation für wirtschaftliche Zusammenarbeit und Entwicklung (Organisation for Economic Co-operation and Development, OECD) definiert humanitäre Hilfe so: „Ziel der humanitären Hilfe ist es, während und nach Naturkatastrophen und von Menschen verursachten Krisen Leben zu retten, Leid zu lindern und die Würde des Menschen zu wahren, aber auch Vorsorge und Prävention im Hinblick auf künftige Katastrophen zu leisten. Humanitäre Hilfe muss geleitet sein von den humanitären Prinzipien der Menschlichkeit, Unparteilichkeit, Neutralität und Unabhängigkeit. Humanitäre Hilfe schließt auch den Schutz der Zivilbevölkerung und der nicht mehr an Kampfhandlungen Beteiligten ein. Die Hilfe umfasst die Bereitstellung von Nahrung, Wasser, sanitären Anlagen, Unterkunft, Gesundheitsdiensten und anderen Hilfsleistungen zugunsten der betroffenen Menschen mit dem Ziel, zu einem normalen Leben zurückzukehren und die Lebensgrundlagen wiederherzustellen"[5] (DAC OECD 2012).

Auch nach dieser Definition leistet humanitäre Hilfe mehr als „nur" Leben retten und Leid lindern. Im Zielkatalog finden sich sowohl die Wahrung der Menschwürde als auch Vorsorge und Prävention. Neben den Zielen werden die Begünstigten genannt sowie der Kontext, in dem die Hilfe stattfindet. Es wird erklärt, von welchen Prinzipien sie geleitet wird und welche Formen der Hilfe zu ihrem Repertoire gehören. Es handelt sich hier um eine breit gefasste Definition von humanitärer Hilfe. Sie wirft aber auch Fragen auf: Wie lange ist „nach Katastrophen" und wo enden Rehabilitation und Wiederaufbau bzw. Prävention und Vorsorge bzw. wo beginnt Entwicklungszusammenarbeit?[6] Humanitäre Hilfe zielt eher auf die kurzfristige und unmittelbare Bekämpfung akuter lebensbedrohlicher Not, während Entwicklungshilfe die langfristige und nachhaltige Beseitigung der Ursachen von Armut, Unterentwicklung und Ungerechtigkeit anstrebt. Insbesondere bei lang anhaltenden Notsituationen ist diese zeitliche und inhaltliche Abgrenzung der humanitären Hilfe von der Entwicklungszusammenarbeit schwierig (DAC OECD 2012). Auch die humanitäre Hilfe muss um Nachhaltigkeit bemüht sein und sieht sich herausgefordert,

---

zur humanitären Hilfe sowie die ‚Prinzipien und Gute Praxis Humanitärer Geberschaft'. Wesentliche Leitgedanken sind dabei die Orientierung am Bedarf der Betroffenen sowie die Einhaltung der humanitären Prinzipien der Menschlichkeit, Neutralität, Unparteilichkeit und Unabhängigkeit", http://www.auswaertiges-amt.de/DE/Aussenpolitik/HumanitaereHilfe/WieHelfenWir_node.html. Zugegriffen: 19. Sept. 2012.

[5] Übers. d. Verf.

[6] Weil dem Begriff „Entwicklungshilfe" eine als überholt apostrophierte Denkweise anhaftet (nämlich das Überstülpen von Entwicklungsmodellen auf fremde Kulturen), wird heute stattdessen von Entwicklungszusammenarbeit gesprochen.

nicht nur Symptome, sondern auch Ursachen zu bekämpfen. So sind Risikominderung und Katastrophenvorsorge auch im Zielkatalog der humanitären Hilfe zu finden. Unabhängig davon, ob man die Katastrophenvorsorge eher der humanitären Hilfe oder der Entwicklungszusammenarbeit zuordnet – unbestritten ist die Notwendigkeit, Nothilfe, Wiederaufbau und Entwicklungszusammenarbeit sinnvoll miteinander zu verknüpfen – eine Diskussion, die unter dem Stichwort „linking relief, rehabilitation and development" (LRRD) geführt wird (VENRO 1999, 2006). „Das gesteigerte Bewusstsein um die mögliche Schädlichkeit feuerwehrartiger Nothilfe-Einsätze ließ viele Organisationen in den letzten Jahren zu der Überzeugung kommen, dass humanitärer Arbeit eine längerfristige Perspektive zugrunde gelegt und dem Aspekt der Nachhaltigkeit mehr Beachtung geschenkt werden muss" (Varga et al. 2005, S. 27).

Die Definition des DAC macht allerdings ein grundsätzliches Problem zum Verständnis von humanitärer Hilfe deutlich: Die humanitären Prinzipien, insbesondere die der Unparteilichkeit und Neutralität, können nach allgemeinem Verständnis nur für die humanitäre Hilfe im klassischen oder engeren Sinne, also für das kurzfristig ausgerichtete „Leben retten und Leid mindern" gelten. Ziele, die darüber hinausgehen, wie etwa der Einsatz für Gerechtigkeit, Menschenrechte oder die Bekämpfung der Ursachen von Not, können nicht bei gleichzeitiger Wahrung dieser ethischen Prinzipien verfolgt werden. Auf dieses Spannungsverhältnis zwischen einem engeren und prinzipienorientierten Verständnis von humanitärer Hilfe und einem weiteren, über die unmittelbare Nothilfe hinausgehenden Konzept wird in Abschn. 2.4 zurückzukommen sein.

Nach der Auffassung von Cutts (1998, S. 2) kann „humanitäre Hilfe vielfältige Formen annehmen: neutral oder nicht neutral, unparteiisch oder parteiisch, unabhängig oder ‚politically aligned'. Sie kann sowohl Hilfe als auch Schutz umfassen, sie kann Nothilfe, Wiederaufbau und Wiedereingliederungshilfe einschließen, ja sogar langfristige Entwicklungsmaßnahmen. Sie kann zusammen mit so unterschiedlichen Dingen wie Friedenserhaltung, sozio-ökonomische Entwicklung, Regierungsführung, Menschenrechte und Umwelt in Verbindung gebracht werden".[7] Es ist allerdings umstritten, ob die humanitäre Hilfe tatsächlich solch unterschiedliche Formen annehmen kann, wie in dieser Beschreibung angedeutet, und ob eine solch weite Definition von Humanitarismus bzw. humanitärer Hilfe brauchbar ist, da sich alle möglichen Aktivitäten und Zielsetzungen darunter subsumieren lassen. Die internationale Debatte über die richtige Deutung und das zeitgemäße Verständnis von humanitärer Hilfe wird von Frankreich, Großbritannien, den Niederlanden und den USA dominiert.[8] In Deutschland findet eine wissenschaftliche und öffentliche Debatte über die internationale humanitäre Hilfe, insbesondere in Bezug auf ihre ordnungspolitische Dimension, bisher kaum statt (Henzschel 2006, S. 31).

---

[7] Übers. d. Verf.

[8] Die führenden Denkfabriken zu Fragen der humanitären Hilfe sind seit Jahrzehnten das Overseas Development Institute (ODI) in London mit seiner Humanitarian Policy Group (HPG) sowie das Feinstein International Center an der Tufts University in Boston und Medford, Massachusetts.

Festzuhalten bleibt: Die humanitären Prinzipien, wie sie im Code of Conduct, im humanitären Völkerrecht, im Europäischen Konsens über die humanitäre Hilfe und in anderen einschlägigen Dokumenten verankert sind, sind unverzichtbares Wesensmerkmal der humanitären Hilfe; darin unterscheidet diese sich von der Entwicklungsammenarbeit. Für die Definition von humanitärer Hilfe bedeutet das, dass die humanitären Prinzipien auf die Nothilfe, also die humanitäre Hilfe im engeren Sinne, beschränkt bleiben. Wenn nun für die nachfolgenden Diskussionen in diesem Handbuch dennoch eine Definition von humanitärer Hilfe vorgeschlagen wird (siehe Box 2.1), die auch ein erweitertes Verständnis von humanitärer Hilfe einschließt, dann deshalb, weil es für beide Konzepte gute Gründe geben kann und sich das Spannungsfeld zwischen beiden Positionen nicht über eine kurzgefasste Definition auflösen lässt.

> **Box 2.1   Humanitäre Hilfe: Eine (mögliche) Definition**
> Humanitäre Hilfe richtet sich an die Menschen, die durch Katastrophen in Not geraten sind, unabhängig von ihrer ethnischen, religiösen und politischen Zugehörigkeit und allein nach dem Maß ihrer Not. Sie hat zum Ziel, Leben zu retten, menschliches Leid zu lindern, die Würde der Betroffenen zu wahren und ihnen zur Wiederherstellung ihrer Lebensgrundlagen zu verhelfen. Sie ist geleitet von den humanitären Prinzipien der Menschlichkeit, Unparteilichkeit, Neutralität und Unabhängigkeit und basiert auf internationalen Rechtsgrundlagen. Sie umfasst sowohl die Bereitstellung von lebenswichtigen Gütern (Nahrung, Wasser, sanitäre Anlagen, Unterkunft, Kleidung, Gesundheitsdienste und psychosoziale Hilfen) als auch Schutz vor Gewalt und Verfolgung sowie die Unterstützung von Bewältigungsstrategien. Sie trägt dazu bei, die Gefährdung der Betroffenen durch künftige Krisen und Katastrophen zu reduzieren.

Humanitäre Hilfe wird in der englischsprachigen Literatur auch als „humanitarianism" (Humanitarismus) bezeichnet und weitgehend gleichbedeutend mit „humanitarian aid" und „humanitarian action" verwendet (vgl. Barnett und Weiss 2008; Cutts 1998; Donini 2010; Rieff 2002). Diesen Begriffen liegt die Idee des humanitären Helfens zugrunde bzw. das universelle Bestreben, innerhalb der Menschheitsfamilie denen, die in Not geraten sind, Hilfe zukommen zu lassen. Ebenso wie humanitäre Hilfe ist auch „humanitarianism" ein „vergleichsweise unscharfer Begriff" (Henzschel 2006). Im deutschen Sprachgebrauch hat sich „Humanitarismus" als Synonym für humanitäre Hilfe nicht etabliert. Eine Studie des ODI (Davies 2012) weist auf die Mehrdeutigkeit des Begriffs hin („there is no general definition of ‚humanitarianism'; there is not one humanitarianism but ‚multiple humanitarianisms'") und konstatiert, dass „humanitarianism" durch die Nachsilbe „ism" als „Ideologie, Profession, Bewegung, ein System von Institutionen, als Geschäft und

Industrie"[9] interpretiert werden kann (siehe auch Cutts 1998; Barnett 2011; Donini 2010).

2.2 Humanitäre Hilfe als Reaktion auf humanitäre Notlagen

Die bisher vorgestellten Definitionen von humanitärer Hilfe beinhalten weitere Begriffe, die erklärungsbedürftig sind. Dazu gehören u. a. Katastrophen oder humanitäre Notlagen, humanitäre Prinzipien, Nothilfe, Prävention und Wiederherstellung von Lebensgrundlagen. Darüber hinaus setzen manche Autoren die Freiwilligkeit der Leistungen und die Institutionalisierung (Varga et al. 2005, S. 13) sowie „die Duldung ‚humanitärer Räume', innerhalb derer Hilfe geleistet werden kann" voraus (Götze 2004, S. 210). Unter dem humanitären Raum (humanitarian space) wird der freie Zugang zu den Empfängern der Hilfe und die ungehinderte Kommunikation mit ihnen verstanden, aber auch die unabhängige Kontrolle und Verteilung der Hilfsgüter.

Die Begriffe „humanitäre Hilfe" und „Katastrophenhilfe" werden synonym verwendet, wobei von Katastrophenhilfe eher bei Naturkatastrophen und von humanitärer Hilfe im Kontext von Kriegen und Konflikten gesprochen wird. „Humanitäre Hilfe" ist der gebräuchlichere und umfassendere Begriff. Sowohl im Code of Conduct als auch in internationalen Regelwerken für Qualitätsstandards wie etwa dem Sphere Project wird durchgängig von humanitärer Hilfe (humanitarian aid) gesprochen. Gegenüber dem eher wertneutralen Begriff „Katastrophenhilfe" beinhaltet humanitäre Hilfe das wertorientierte Attribut „humanitär". Die Hilfe ist humanitär, weil sie der Barbarei des Krieges, der Vertreibung und der Gewalt einen Akt der Menschlichkeit und Zivilisation gegenüberstellt. Die Bezeichnung „humanitär" ist allerdings vor Missbrauch nicht geschützt. Die Verwendung im Zusammenhang mit „humanitären Interventionen" ist dafür ein noch eher harmloses Beispiel. Sogar von „humanitären Bomben" war schon die Rede.[10]

Auch „Katastrophe" bzw. „humanitäre Notlage" sind unscharfe Begriffe. Ein schweres Erdbeben mit einer großen Zahl von Toten und Verletzten wird man ohne Zögern als Katastrophe bezeichnen. Bei langsam entstehenden Notlagen – etwa einer Dürrekatastrophe – sind sich die Akteure der humanitären Hilfe oftmals nicht einig, ab wann eine humanitäre Notlage gegeben ist, die zum Handeln zwingt. Es gibt Indikatoren und Kriterien, die messen, wann von einer Notlage oder Katastrophe gesprochen werden kann, wie etwa die Sterberate (crude mortality rate, CMR), die Zahl der Todesopfer und Verletzten oder das Ausmaß der wirtschaftlichen Schäden. Nach der Definition der Vereinten Nationen[11] (VN) (engl. United Nations, UN) müssen vier Kriterien erfüllt sein, um von einer Katastrophe (disaster) zu sprechen:

---

[9] Übers. d. Verf.

[10] So etwa der Sprecher der North Atlantic Treaty Organization (NATO), Jamie Shea, 1999 im Zusammenhang mit dem Kosovo-Krieg (VENRO 2003, S. 3).

[11] „A serious disruption of the functioning of a society, causing widespread human, material, or environmental losses which exceed the ability of affected society to cope using only its own re-

- eine ernsthafte Störung der Funktionsfähigkeit einer Gesellschaft,
- umfangreiche Verluste an Menschenleben,
- umfangreiche wirtschaftliche Schäden oder Umweltschäden,
- deren Folgen die betroffene Gesellschaft nicht allein gestützt auf die eigenen Ressourcen bewältigen kann.

Als „große Katastrophen" werden solche bezeichnet, die die Selbsthilfefähigkeit einer betroffenen Region deutlich überschreiten und internationale Hilfe erforderlich machen.

Die VN-Definition unterscheidet Katastrophen nach der Schnelligkeit ihres Eintretens (sudden onset vs. slow onset) und nach ihrer Ursache (Natur vs. Mensch). Eine entsprechende Klassifizierung kann im Einzelfall jedoch schwierig sein. Der Regelfall sind heute zumeist die sog. komplexen oder lang andauernden (protracted) Krisen, bei denen ein ganzes Ursachenbündel zu einer langfristigen Notlage der Bevölkerung führt (Weingärtner et al. 2011, S. 4). Über Ursachen, Ausmaß und Klassifizierung von Katastrophen gibt Kap. 11 dieses Buches nähere Auskunft. Der Begriff Katastrophe wird in der Fachdiskussion zunehmend ersetzt durch „humanitäre Notlage" („humanitarian emergency") oder „humanitäre Krise".[12] Für Notlagen im Kontext von Gewaltkonflikten und mit mehrdimensionalen Ursachen findet der Begriff der „complex humanitarian emergency" seit Ende der 1980er-Jahre verstärkt Verwendung (Keen 2008).

2.3 Das humanitäre System: Finanzierung, Strukturen, Regelwerke, Akteure

Humanitäre Hilfe ist keine abstrakte Idee, sondern Gegenstand realer Politik. Sie wird von verschiedenen internationalen Akteuren finanziert und geleistet. Im Laufe der Zeit haben sich internationale Strukturen, Regelwerke, Finanzierungsmechanismen, Normen und Standards entwickelt. Wenn also im Folgenden vom internationalen humanitären „System" die Rede ist, dann ist damit die Gesamtheit der bestehenden Strukturen und Verfahren und das Zusammenwirken der verschiedenen Akteure, die Bemühungen um Koordination, Kohärenz und leadership und die Entwicklung von Normen und Standards für das humanitäre Handeln im globalen

---

sources. Disasters are often classified according to their speed of onset (sudden or slow), or according to their cause (natural or man-made)" (zit. nach: UN (DHA Glossary, Geneva, December 1992)).

[12] Der Widerspruch, der in dieser begrifflichen Verknüpfung zum Ausdruck kommt, wird hier zugunsten des allgemeinen Sprachgebrauchs hingenommen; tatsächlich gibt es natürlich keine „humanitäre" Notlage oder Krise; allenfalls die angemessene Reaktion darauf kann mit dem Attribut „humanitär" versehen werden. Rieff hat zudem davor gewarnt, das Attribut „humanitäre Krise" leichtfertig auf all jene schrecklichen historischen Ereignisse anzuwenden, wie sie etwa in Auschwitz, beim Genozid in Ruanda oder bei den Gräueltaten des Pol-Pot-Regimes stattgefunden haben: „By calling some terrible historical event a humanitarian crisis, it is almost inevitable that all the fundamental questions of politics, of culture, history, and morality without which the crisis can never be properly understood will be avoided" (Rieff 2002, S. 87).

Kontext gemeint.¹³ Das internationale humanitäre System ist allerdings kein logisches Konstrukt, sondern das Produkt vieler, oft konkurrierender Prozesse (Walker und Maxwell 2009), und nicht alle Akteure in diesem System sind von denselben Werten und Interessen geleitet. Im Idealfall ließe sich das humanitäre System beschreiben als eine große Menschheitsfamilie, in der das Prinzip der Humanität herrscht, und in der diejenigen, die von einer Krise betroffen sind, Hilfe zur Linderung ihrer Not erwarten dürfen, und diejenigen, die in einer besseren Lage sind, die Mittel zur Verfügung zu stellen, um die Not zu lindern. Walker und Maxwell haben den Idealfall, wie das System funktionieren sollte, treffend beschrieben: „Die Theorie, wie das internationale humanitäre System funktionieren sollte, ist ganz einfach: Eine Krise entwickelt sich zu einer massiven Notlage für viele Menschen oder eine plötzliche Katastrophe bedroht das Leben vieler Menschen. Die lokalen Behörden – meistens die Regierung – sehen sich von der Schnelligkeit und Schwere der Not überfordert und bitten um internationale Hilfe. Internationale Stellen ergänzen die lokale Bedarfsmeldung durch eigene Erhebungen über das Ausmaß der Not und formulieren daraus einen internationalen Hilfeaufruf und einen Aktionsplan. Die zuständige VN-Stelle, das Amt für die Koordinierung humanitärer Angelegenheiten der VN [UN Office for the Coordination of Humanitarian Affairs, OCHA] erstellt einen Nothilfeaufruf unter Einbeziehung der humanitären VN-Organisationen. Das gleiche geschieht innerhalb der Rotkreuzbewegung und bei den internationalen Nichtregierungsorganisationen, die entweder individuell oder im Verbund agieren. Es werden Spenden gesammelt, Hilfsgüter eingekauft und ins Krisengebiet transportiert, Nothilfeexperten reisen vor Ort und alle arbeiten daran, zusammen mit den lokalen Behörden und Kommunen die Not zu lindern. Die Hilfe ist effektiv, die Krise wird entschärft und das internationale System zieht sich zurück. Soweit die Theorie. In der Praxis/Realität ist es viel unordentlicher, viel weniger effektiv und weitaus politischer"¹⁴ (Walker und Maxwell 2009, S. 9). Wie gut oder schlecht das internationale humanitäre System in der Realität funktioniert, wie also die „globale humanitäre Leistung" zu beurteilen ist, hat ALNAP¹⁵ in einem Pilotbericht (Harvey et al. 2010) und in einem zwei Jahre später erschienenen Statusbericht (Taylor et al. 2012) detailliert dargelegt.

Entscheidende historische Etappen in der Ausformung des internationalen humanitären Systems waren Biafra, Somalia, Ruanda und die Balkan-Kriege¹⁶. In der jüngeren Vergangenheit haben die Lehren aus Großkatastrophen wie dem Tsunami im Indischen Ozean (2004), dem Erdbeben in Haiti (2010) und der Flutkatastrophe in Pakistan (2010) zu Reformen im internationalen humanitären System geführt. Die wichtigste Zäsur waren aber die Ereignisse im Zusammenhang mit dem Genozid in Ruanda. Aus dieser Katastrophe, aus dem Versagen nicht nur der Politik,

---

¹³ Eine ausführliche Beschreibung des internationalen Systems und seiner Akteure findet sich in Kap. 5.
¹⁴ Übers. d. Verf.
¹⁵ ALNAP = Active Learning Network for Accountability and Performance in Humanitarian Action.
¹⁶ Näheres siehe Kap. 3.

sondern auch der humanitären Hilfe, hat das internationale humanitäre System Lehren gezogen,[17] die sich in drei bis heute wirksamen Initiativen widerspiegeln (Walker und Maxwell 2009, S. 72): Das Sphere Project, ALNAP und die Idee eines „humanitären Ombudsmanns", die in Humanitarian Accountability Partnership International (HAP) mündete.

Das internationale humanitäre System ist auch heute bei weitem nicht perfekt. Allerdings konnten in den letzten Jahren eine Reihe von Verbesserungen[18] etabliert werden, die dazu beitragen, dass die internationale humanitäre Hilfe besser koordiniert und schneller und gezielter eingesetzt wird. Verbesserungen und Weiterentwicklungen hat es auch bei den internationalen Richtlinien, Rahmenvereinbarungen, Kodizes und Qualitätsstandards gegeben. Beispiele dafür sind die GHD, der Europäische Konsens über die humanitäre Hilfe sowie zahlreiche Initiativen zur Verbesserung der Professionalisierung und Qualität der humanitären Hilfe (Sphere Project, Code of Conduct, ALNAP, HAP, People in Aid (PIA)) (vgl. Weingärtner 2011, S. 6 ff; Walker und Maxwell 2009, S. 129 ff.).

Die Finanzierung der humanitären Hilfe erfolgt über private Spenden sowie Zuwendungen von Regierungen und Stiftungen. Der Umfang der globalen humanitären Hilfe hat sich zwischen 2006 und 2010 von US$ 8 Mrd. auf US$ 17 Mrd. mehr als verdoppelt (Taylor et al. 2012, S. 25). Die Leistungen der staatlichen Geber werden im DAC-System erfasst; über die weltweiten Leistungen privater Hilfsorganisationen für humanitäre Hilfe liegen keine gesicherten Daten vor. Der erwähnte Statusbericht von ALNAP schätzt, dass von den Gesamtleistungen im Jahr 2010 von NRO US$ 7,4 Mrd., von den VN US$ 9,3 Mrd. und von der Internationalen Rotkreuz- und Rothalbmondbewegung US$ 1,2 Mrd. an humanitärer Hilfe aufgebraucht wurden (Taylor et al. 2012, S. 26). Der Löwenanteil der humanitären Hilfe wird von einer Handvoll überwiegend westlicher Regierungen, in der Mehrzahl OECD-Länder, aufgebracht. Die „Geberliga" wird von den USA und der Europäischen Union (EU) angeführt (Walker und Maxwell 2009, S. 86 f.). Die Bundesrepublik Deutschland liegt – sowohl was die Leistungen 2010 betrifft als auch gemessen an den Leistungen von 2001 bis 2010 – unter den Geberländern an vierter Stelle.[19]

Zwischen dem ermittelten humanitären Bedarf und der tatsächlich geleisteten humanitären Hilfe klafft eine beträchtliche Lücke, die je nach humanitärer Notlage sehr unterschiedlich ausfallen kann. Auch im globalen Kontext gilt das Prinzip, dass Notleidende bedarfsgerecht versorgt werden sollen. In der Realität ist dies jedoch längst nicht immer der Fall. Sowohl bei der regionalen als auch bei der sektoralen Verteilung der Ressourcen lassen sich erhebliche Ungleichgewichte feststellen, die nicht durch die Notlage begründet sind – das gilt sowohl für private Spenden als auch für staatliche Zuwendungen. Manche Notlagen werden aufgrund geringer Medienaufmerksamkeit vernachlässigt – man spricht dann von „vergessenen Krisen". Für vorbeugende Ursachenbekämpfung werden trotz anderslautender Bekenntnisse

---

[17] Zum Beispiel durch die Joint Evaluation of Emergency Assistance to Rwanda (JEEAR).
[18] Dazu zählen etwa die Blitzaufrufe und konsolidierten Aufrufe (Flash Appeals und Consolidated Appeals) von OCHA, der Cluster Approach oder der Central Emergency Fund.
[19] www.globalhumanitarianassistance.org. Zugegriffen: 1. Okt 2012.

immer noch zu wenig Mittel bereitgestellt. Auch geopolitische Interessen der Geberländer tragen zur ungleichen Verteilung der Mittel bei (vgl. Kap. 6).

Aufseiten der Akteure der humanitären Hilfe unterscheidet man zwischen den sog. Gebern (donors), den Durchführungsorganisationen (implementing agencies) und den Empfängern (recipients). Auf der Geberseite handelt es sich zumeist um Regierungen, die staatliche Gelder für humanitäre Hilfe bereitstellen. Stiftungen und Hilfsorganisationen, die private Gelder einbringen, können ebenfalls in der Geberrolle sein. Mit Empfängern sind in erster Linie die betroffenen Menschen gemeint, aber auch die Regierungen der betroffenen Länder und die lokalen Hilfestrukturen (NRO und Nationale Rotkreuz- und Rothalbmondgesellschaften). Die Durchführungsorganisationen werden üblicherweise in drei Gruppen unterteilt: VN-Organisationen, NRO und Internationale Rotkreuz- und Rothalbmondbewegung. Neben diesen „core actors" nennt der ALNAP-Statusbericht (Taylor et al. 2012) als weitere Akteure der humanitären Hilfe das Militär, den Privatsektor und Diaspora-Gruppen, die mit ihren globalen Geldzuwendungen (z. B. dem Zakat-System[20]) ebenfalls im humanitären System Einfluss nehmen (siehe Abb. 2.1).

Nach Auffassung von Donini (2010) sind es meistens die traditionellen humanitären NRO (CARE, Word Vision, Ärzte ohne Grenzen (Médecins sans Frontières, MSF), etc.), die VN-Organisationen (z. B. VN-Flüchtlingskommissar (UN High Commissioner for Refugees, UNHCR), VN-Kinderhilfswerk (UN Children's Fund, UNICEF), VN-Welternährungsprogramm (UN World Food Programme, WFP)), die Internationale Rotkreuz- und Rothalbmondbewegung und die im DAC der OECD vertretenen Geberregierungen, die die internationale humanitäre Debatte dominieren. Sie sind es auch, die in den Koordinationsgremien, bei Lobby-Kampagnen und Spendenaufrufen eine führende Rolle spielen. Innerhalb der NRO-Gemeinschaft sind es ebenfalls nur einige wenige große Hilfsorganisationen, die die Diskussion um die Respektierung der humanitären Prinzipien und die Weiterentwicklung von Standards, Professionalisierung und Rechenschaftslegung maßgeblich beeinflussen (Donini 2010).

Unter den staatlichen Gebern finden sich zunehmend auch Staaten, die nicht DAC-Mitglieder sind. Das Spektrum der staatlichen Geber hat sich in den letzten Jahren deutlich erweitert: „Seit 2008 wurden 104 Regierungen mit humanitären Beiträgen identifiziert" (Weingärtner et al. 2011, S. 5). Die westliche Vorherrschaft in der humanitären Hilfe bekommt Konkurrenz: Neben den traditionellen OECD- oder „alten Gebern" machen zunehmend auch „neue Geber" wie z. B. Brasilien, Indien, Saudi-Arabien oder die Türkei von sich reden (vgl. Kap. 6). Den Staaten wird im humanitären System eine besondere Verantwortung bei der Bewältigung humanitärer Krisen beigemessen. Die „Humanitarian Charter" des Sphere Project sieht die betroffenen Staaten an erster Stelle in der Pflicht, „to provide timely assistance to those affected, to ensure people's protection and security and to provide support for their recovery" (The Sphere Project 2011, S. 21). Das VN-System der humanitären Hilfe mit seinen operativen Organisationen, insbesondere OCHA, UNHCR, UNICEF und WFP, wird seit 2005 einem Reformprozess (Humanitarian

---

[20] Zakat = Almosensteuer (einer der fünf Pfeiler des Islam).

2 Was ist humanitäre Hilfe?

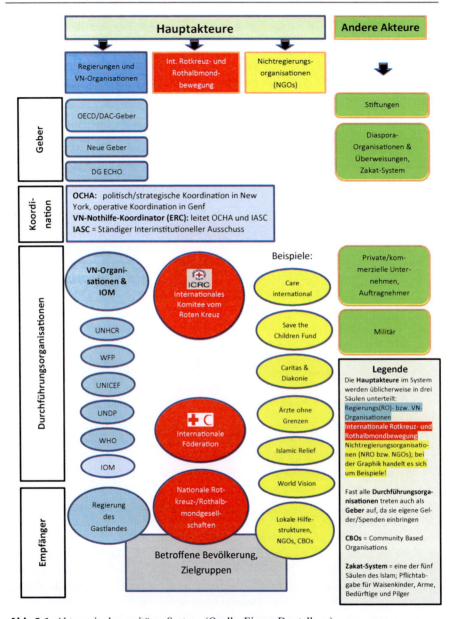

Abb. 2.1 Akteure im humanitären System. (Quelle: Eigene Darstellung)

Response Review) unterzogen mit dem Ziel, die Hilfe effektiver, planbarer und besser koordiniert zu gestalten.

Als Akteure der humanitären Hilfe nehmen die Internationale Rotkreuz- und Rothalbmondbewegung und die humanitären NRO eine besondere Stellung ein.

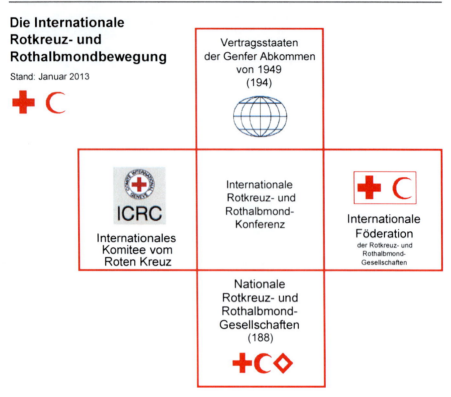

Abb. 2.2 Die Internationale Rotkreuz- und Rothalbmondbewegung. (Quelle: Deutsches Rotes Kreuz (DRK))

Zur Internationalen Rotkreuz- und Rothalbmondbewegung gehören das 1863 gegründete Internationale Komitee vom Roten Kreuz (IKRK), die 1919 gegründete Internationale Föderation der Rotkreuz- und Rothalbmondgesellschaften (International Federation of Red Cross and Red Crescent Societies, IFRC) sowie die 188 Nationalen Rotkreuz- und Rothalbmondgesellschaften (Abb. 2.2).[21]

Ohne die nicht-staatlichen humanitären Hilfsorganisationen wäre das humanitäre System nicht denkbar. Nationale Regierungen und das VN-System bedienen sich dieser Hilfsorganisationen, um die humanitäre Hilfe zu den Empfängern zu bringen. Gründe dafür sind zum einen die bessere Kenntnis und Anbindung dieser Organisationen an die lokalen Gegebenheiten. Zum anderen können die Hilfsorganisationen aufgrund ihres unabhängigen Status den Zugang zu den Hilfebedürftigen und die Einhaltung der humanitären Prinzipien besser gewährleisten als staatliche Institutionen; wobei die Unabhängigkeit von manchen NRO zu Recht in Frage ge-

---

[21] Die Internationale Rotkreuz- und Rothalbmondbewegung wird aufgrund ihres besonderen völkerrechtlichen Status nicht zur Gruppe der NRO gezählt. Sie ist aber mitgemeint, wenn in den folgenden Ausführungen von „(humanitären) Hilfsorganisationen" die Rede ist.

stellt werden kann, wenn sie sich ganz oder in hohem Maße aus staatlichen Zuwendungen finanzieren.

Die Zahl der humanitär tätigen NRO ist in den letzten 20 Jahren stark angestiegen. „Während 1992 in Somalia nur einige wenige Hilfsorganisationen vor Ort waren, waren es 1993 in Ruanda bereits 200. 1999 im Kosovo waren es 250, und nach dem Erdbeben in Haiti 2010 wurden 900 Organisationen registriert" (Barnett 2011, zit. nach Davies 2012, S. 17). Aber nicht nur die Zahl der NRO ist rasant angestiegen, auch das Spektrum der inhaltlichen Ausrichtung und ideologischen Orientierung ist breiter geworden.

Die Frage um die Aktualität und Relevanz der humanitären Prinzipien hat zu einem Richtungsstreit unter den Hilfsorganisationen geführt, der sich vereinfacht als Kontroverse zwischen einem traditionellen, konsequent an den humanitären Prinzipien ausgerichteten „needs based approach" und einem menschenrechtsbasierten Ansatz („rights based approach") darstellt. Dieser Richtungsstreit ist im Prinzip so alt wie die humanitäre Hilfe selbst und führt wieder zurück zu der eingangs gestellten Frage, wie humanitäre Hilfe definiert werden kann. Zugespitzt kann die Frage auch lauten: Ist die humanitäre Hilfe in der Krise?[22]

2.4 Humanitäre Hilfe in der Krise?

Die Idee einer neutralen humanitären Hilfe und die überarbeiteten und erweiterten Genfer Abkommen finden weltweite Anerkennung und können zusammen mit der Allgemeinen Erklärung der Menschenrechte von 1948 als ein universal gültiges Normen- und Regelwerk gelten. Kritiker beklagen allerdings, dass es sich weitgehend um Lippenbekenntnisse handelt und die Realität kriegerischer Konflikte sich bis heute wenig um die vom humanitären Völkerrecht gesetzten Normen, wie z. B. den Schutz der Zivilbevölkerung oder den Respekt vor der Neutralität der Helfer, schert (Rieff 2002, S. 71). Die Frage, inwieweit die humanitären Prinzipien im traditionellen, d. h. Dunant'schen[23] Verständnis für die humanitäre Hilfe heute noch maßgeblich sein können, beschäftigt nicht nur die Wissenschaft, sondern beeinflusst ganz konkret auch die humanitäre Praxis.[24] Können z. B. staatliche Akteure, die weder neutral noch unparteiisch noch unabhängig sind, humanitäre Hilfe im Sinne der humanitären Prinzipien leisten? Vertreter eines konsequent prinzipienorientierten Ansatzes von humanitärer Hilfe wie z. B. aus der Internationalen Rotkreuz- und Rothalbmondbewegung stellen hierzu unmissverständlich fest: „Maßnahmen sind

---

[22] In Anlehnung an den Untertitel des vielbeachteten Buches von David Rieff (1992): A bed for the night. Humanitarianism in crisis.

[23] Henry Dunant gilt als Begründer der Internationalen Rotkreuz- und Rothalbmondbewegung und hat als einer der Ersten die Idee einer neutralen und unparteiischen humanitären Hilfe in die Praxis umgesetzt.

[24] So war etwa in Deutschland bis 2012 die humanitäre Nothilfe beim AA angesiedelt, während die „entwicklungsorientierte Not- und Übergangshilfe" beim Bundesministerium für wirtschaftliche Zusammenarbeit und Entwicklung (BMZ) verwaltet wurde. Die humanitären Prinzipien wurden vom AA, nicht aber vom BMZ als handlungsleitend betrachtet.

humanitär, wenn sie den Prinzipien der Neutralität, Unparteilichkeit und Unabhängigkeit genügen. Hilfsmaßnahmen, die dies nicht tun, sind – unabhängig von der wohlmeinenden Absicht und der Wirksamkeit – nicht humanitär" (DRK 1997, S. 28). In der Konsequenz bedeutet das, dass staatliche Akteure wie etwa Streitkräfte zwar Hilfsmaßnahmen durchführen, aber nicht für sich in Anspruch nehmen können, dass diese Hilfe nach den humanitären Prinzipien erfolgt.

Die in Box 2.1 vorgeschlagene Definition von humanitärer Hilfe beschreibt, wie humanitäre Hilfe sein sollte. Aber entspricht das, was hier als theoretischer Anspruch an die humanitäre Hilfe formuliert ist, auch der Realität? Die Kluft zwischen Anspruch und Wirklichkeit bzw. zwischen Normen und Praxis der humanitären Hilfe beherrscht seit zwei Jahrzehnten die humanitäre Debatte, wenn auch unter unterschiedlichen Benennungen.[25] Unter den Akteuren der humanitären Hilfe, aber auch in der Wissenschaft gilt heute als unbestritten, dass humanitäre Hilfe nicht in einem neutralen, politikfreien Raum stattfindet, sondern in einem komplexen Gefüge von Notlagen und Krisen. Sie ist geleitet von hohen ethischen Ansprüchen und unterliegt normativen Rahmensetzungen. Sie wird von anderen Politikfeldern und von unterschiedlichen Zielen und Interessen der handelnden Akteure beeinflusst. Deshalb erscheint es geboten, die humanitäre Hilfe oder auch Katastrophenhilfe „nicht nur als eine funktionale Hilfeform, sondern als ein Politikfeld zu definieren, worin es zu Spannungen zwischen Ethik, Politik und Recht kommen kann" (Treptow 2011, S. 716). Nach Henzschel (2006, S. 1) ist die internationale humanitäre Hilfe „durch ein sehr heterogenes Netzwerk verschiedenster humanitärer, politischer und militärischer Akteure und Interessen gekennzeichnet und von einem Dilemma zwischen moralischem Anliegen und politischen Realitäten geprägt."

Von daher erscheint es nicht überraschend, dass sich unter den NRO verschiedene Richtungen oder „Denkschulen" entwickelt haben, die sich, wie bereits erwähnt, grob in zwei Lager aufteilen lassen: auf der einen Seite die Anhänger der klassischen, prinzipientreuen und „needs based" humanitären Hilfe (auch als „Dunantisten" oder „Minimalisten" bezeichnet (Weiss 1999)) und auf der anderen Seite die Anhänger des sog. „neuen Humanitarismus". Walker und Maxwell (2009, S. 121 ff.) unterteilen die NRO in vier Kategorien: die „Prinzipientreuen" (hierzu zählen sie das IKRK, mit Einschränkungen auch MSF und „andere aus der Gruppe der ‚ohne Grenzen'-Bewegung"), dann die „Pragmatiker" (auch als „Wilsonian" bezeichnet), die „Solidarischen" bzw. die Vertreter des „neuen Humanitarismus" und schließlich die religiösen NRO. Diese Kategorisierung ist allerdings insofern nicht ganz logisch, als sich sowohl religiöse als auch säkulare NRO den drei genannten Richtungen zuordnen lassen. Calhoun (2008, S. 74) unterscheidet auch nur drei Positionen – einschließlich der Pragmatiker –, räumt aber gleichzeitig ein, dass die Zuordnung nicht immer eindeutig ist und dass „viele Geber und nicht wenige humanitäre Organisationen gleichzeitig alle drei Positionen einnehmen" (Calhoun 2008, S. 75). Es gibt weitere Taxonomien, die die NRO nach ihrem jeweiligen Selbstver-

---

[25] So etwa als „ethischer Konflikt" (Just 1998) oder „ethisches Dilemma" (Götze 2004), „le paradoxe humanitaire" (Eberwein 2006) „the paradox of humanitarian action" (Terry 2002) oder gar als „humanitarianism in crisis" (Rieff 2002).

ständnis der einen oder anderen Richtung zuordnen (z. B. Barnett und Snyder 2008; Dijkzeul 2004; Stoddard 2003).[26] Die humanitäre Gemeinschaft war zu keiner Zeit eine homogene Einheit, wie die Geschichte der humanitären Hilfe zeigt (vgl. hierzu Kap. 3). Allerdings hat sich der Grundkonflikt zwischen dem „puristischen" Ansatz und dem „neuen Humanitarismus" nach dem Ende des Kalten Krieges deutlich akzentuiert, nicht zuletzt auch bedingt durch die Entstehung vieler neuer humanitärer Hilfsorganisationen (Varga et al. 2005).

Als dezidierter Vertreter einer prinzipientreuen humanitären Hilfe, die sich darauf beschränkt, durch Hilfeleistung Not zu lindern, gilt u. a. David Rieff. In seiner pessimistischen Beschreibung vom humanitären Zustand der Welt hat Rieff (2002, S. 21) dem Humanitarismus bescheinigt, per definitionem ein Sinnbild des Versagens und nicht des Erfolgs zu sein: „Die Katastrophe hat bereits stattgefunden, die Hungersnot hat begonnen, die Cholera tobt, die Flüchtlinge sind schon unterwegs." Daraus folgt für ihn, dass humanitäre Hilfe allenfalls das schlimmste Leid lindern kann, aber nicht in der Lage ist, Unrecht und Menschenrechtsverletzungen zu verhindern. Nach seiner Auffassung ist es nicht möglich, gleichzeitig humanitäre Hilfe nach dem Grundsatz der Unparteilichkeit zu leisten und die Ursachen der Not, wie etwa massive Menschenrechtsverletzungen, anzuprangern.

Im Gegensatz dazu steht die Position des „neuen Humanitarismus", die sich dadurch auszeichnet, dass sie anders als die klassische Rotkreuz-Position der Neutralität und Unparteilichkeit das Unrecht anprangert und sich dafür einsetzt, dass politische Maßnahmen ergriffen werden, um Menschenrechtsverletzungen, Völkermord und andere Gräueltaten, wenn notwendig mit Gewalt, zu unterbinden. Die Hilfsorganisation MSF, die 1971 nach dem Biafra-Krieg (1967–1970) gegründet wurde, hat dafür den Ausdruck „témoignage" geprägt. Die MSF-Gründer waren mit der neutralen Haltung des Französischen Roten Kreuzes im Biafra-Konflikt nicht einverstanden.[27]

Für die klassische, an den humanitären Grundsätzen orientierte humanitäre Hilfe steht wie keine andere Organisation das IKRK. Wie Cutts feststellt, lässt sich allerdings aus dem humanitären Völkerrecht kein Mandat für das IKRK ableiten, humanitäre Hilfe zu definieren. Trotzdem wurde bei verschiedenen Anlässen deutlich, dass die IKRK-Prinzipien Pate standen für Entscheidungen und Weichenstellungen, etwa des Internationalen Gerichtshofes oder bei der Entwicklung des „Code of Conduct for the International Red Cross and Red Crescent Movement and Non-Governmental Organisations in Disaster Relief" (Cutts 1998, zit. nach Davies 2012, S. 7). Dieses orthodoxe Verständnis von humanitärer Hilfe hat jedoch erstmals in der Zeit des Nationalsozialismus Schaden genommen. Damals wusste das Rote Kreuz von den Zuständen in den Konzentrationslagern und von Gaskammern, hat aber geschwiegen, um den Zugang zu den Lagern nicht zu gefährden. Nach der Auffassung

---

[26] Vgl. hierzu auch Kap. 5.
[27] Zur Abspaltung von MSF vom IKRK siehe auch Barnett und Weiss (2008); MSF ist allerdings in den letzten Jahren wieder zu einer eher neutralen und prinzipienorientierten Position zurückgekehrt.

vieler Kritiker hat die humanitäre Hilfe während des Biafra-Krieges und vor allem beim Genozid in Ruanda 1994 endgültig ihre Unschuld verloren.

Wie Henzschel schreibt, kann der „Neue Humanitarismus […] als Versuch verstanden werden, dem Politikfeld der internationalen humanitären Hilfe zu einem neuen – an veränderte weltpolitische Rahmenbedingungen angepassten – Selbstverständnis verhelfen. Dieses stützt sich auf die Einsicht, dass unpolitische und neutrale humanitäre Hilfe sowohl naiv als moralisch fragwürdig ist" (Henzschel 2006, S. 148). Vom „klassischen Humanitarismus" im Sinne von Henry Dunant unterscheidet sich der „neue Humanitarismus" insbesondere dadurch, dass er akzeptiert, dass Hilfe immer auch politisch ist, dass das Ideal der Neutralität überholt ist und dass die Verletzung von Menschenrechten genauso schwerwiegend ist wie die Vernachlässigung von menschlichen Basisbedürfnissen (Walker und Maxwell 2009, S. 73, 138).

2.5 Entwicklungstrends und Herausforderungen

Das in Abschn. 2.4 beschriebene Spannungsfeld zwischen „klassischem" und „neuem Humanitarismus" oder, anders ausgedrückt, zwischen dem bedürfnisorientierten und dem menschenrechtsorientierten Ansatz der humanitären Hilfe ist nicht die einzige Herausforderung, vor die Hilfsorganisationen, Helfer und Politik gestellt sind. Humanitäre Hilfe, also das organisierte Helfen in humanitären Krisen und Katastrophen, stößt heute auf vielerlei Schwierigkeiten und kann nicht mehr selbstverständlich für sich in Anspruch nehmen, inmitten von Gewaltkonflikten quasi unbehelligt von politischen, wirtschaftlichen und militärischen Interessen einfach nur Gutes zu tun. Seit Jahren nehmen Naturkatastrophen zu. Gewaltkonflikte verändern ihren Charakter und machen es schwieriger, Hilfe zu den Opfern zu bringen. Die Helfer sehen sich mit zunehmend komplexeren Notlagen, divergierenden Geberinteressen, politischer Einflussnahme und konkurrierenden Hilfsangeboten konfrontiert. Sie geraten zwischen die Fronten und werden Opfer von gewaltsamen Übergriffen. Auch vor Missbrauch und politischer Instrumentalisierung kann die Hilfe nicht sicher sein. Die humanitäre Hilfe hat ihre Erfolgsgeschichten, sie rettet Leben und lindert menschliches Leid. Sie stößt aber auch immer wieder an ihre Grenzen. Dafür stehen, wie bereits erwähnt, die Hungerkatastrophe der 1960er-Jahre in Biafra oder der Genozid und dessen Folgen in Ruanda als Beispiele.

Hilfsorganisationen stehen heute unter einem hohen Erwartungsdruck: Sie sollen schnell, effektiv und reibungslos Hilfe zum Überleben leisten. Die Hilfe soll unparteiisch, neutral und nachhaltig sein und sich allein an den Bedürfnissen der betroffenen Menschen orientieren. Sie soll aber auch die Ursachen, die dazu führen, dass Menschen in humanitäre Notlagen geraten, nicht ignorieren. Staatliche Geber, private Spender und auch die Hilfeempfänger verlangen Rechenschaft über den sinnvollen Einsatz der Hilfsgelder. Dieses Paket an expliziten und impliziten Erwartungen ist riesig. Kann man aber von der humanitären Hilfe mehr erwarten als die unmittelbare Linderung akuter Not und die Sicherung des Überlebens? Die Frage, mit welchen Mitteln eine „humanitäre Krise" (wie etwa der Bürgerkrieg im Sudan) zu beenden wäre, kann die humanitäre Hilfe nicht beantworten. Militärisch intervenieren, ja oder nein? Und falls ja, auf welcher Seite, zu wessen Gunsten? Auf wessen Kosten und mit welchen möglichen Folgen (Rieff 2002, S. 96)? Die humanitäre Hilfe wäre überfordert, wollte man in ihr ein Instrument der Krisenprävention und Konfliktlösung sehen. Das ist eindeutig Aufgabe der Politik und nicht der humanitären Hilfe (Eberwein und Runge 2002). Rieffs unermüdliches Credo, dass es „für humanitäre Probleme keine humanitären Lösungen gibt" (Rieff 2002, S. 304) ist allerdings zugleich ein Plädoyer für die Anwendung militärischer Gewalt zur Beendigung humanitärer Krisen.

Übereinstimmend wird davon ausgegangen, dass der weltweite Bedarf an humanitärer Hilfe zunehmen wird, bedingt durch die zunehmende Anzahl humanitärer Notlagen. Zumindest für solche Notlagen, die durch den Klimawandel und die dadurch verursachten wetterbedingten Naturkatastrophen, aber auch durch die Preisentwicklung bei Nahrungsmitteln oder durch unkontrollierte Verstädterung verursacht werden, scheint diese Prognose plausibel. Darüber hinaus stellt die „zunehmende Komplexität von bewaffneten Konflikten sowie schwerwiegende Verletzungen der Menschenrechte und humanitären Prinzipien in Krisensituationen" (Weingärtner et al. 2011, S. 10; Henzschel 2006, S. 99) die humanitäre Hilfe vor große Herausforderungen.

Seit dem Ende des Kalten Krieges glaubt Henzschel (2006, S. 23) eine „Renaissance des Humanitarismus" zu beobachten, die sich u. a. in der starken Zunahme internationaler Akteure in der humanitären Hilfe äußert, aber auch darin, dass die Ziele der humanitären Hilfe ambitiöser geworden seien. Nicht mehr nur die Verteilung von Hilfsgütern, sondern auch statebuilding und peacebuilding in Postkonflikt-Situationen stehen auf der Agenda. Damit erhält die humanitäre Hilfe eine zunehmend „ordnungspolitische Funktion und Wirkung", und „[h]umanitäre Erwägungen gehören heute zu den Standardkomponenten strategischer und doktrinärer Debatten in internationalen Organisationen und den Außen- und Verteidigungsministerien der meisten Staaten" (Henzschel 2006, S. 24).

Eine Folge dieser Entwicklung ist die schleichende Militarisierung der humanitären Hilfe, die sich einerseits darin äußert, dass sich Streitkräfte selbst als Akteure humanitärer Hilfe gerieren, um die „Herzen und Köpfe" der Menschen zu gewinnen und auf diese Weise die eigenen Truppen zu schützen. Ein anderer Trend ist die zunehmende Vereinnahmung humanitärer NRO für militärisch-strategische Zielsetzungen. Dafür steht das berühmte Zitat von US-Außenminister Colin Powell, der die NRO als „force multiplier, such an important part of our combat team" im Krieg gegen den Terror bezeichnet hat.[28] Etwas diplomatischer ausgedrückt, aber nicht weniger eindeutig, kommt dieses Ansinnen unter dem Stichwort „Kohärenz" oder „vernetzte Sicherheit" daher.[29] Gemeint ist, dass alle Kräfte gebündelt werden müssen, um ein gemeinsames Ziel besser zu erreichen. Eine Studie des Feinstein

---

[28] Colin Powell, „Remarks to the National Foreign Policy Conference for Leaders of Non-Governmental Organizations", 26. October 2001.

[29] Beim sog. „Whole-of-Government-Approach" (ein von der OECD DAC Fragile States Group geprägter Begriff) geht es um „involving departments responsible for security, and political and economic affairs, as well as those responsible for development aid and humanitarian assistance

International Center hat 2006 festgestellt, dass Hilfsaktionen, die darauf abzielen, das Leiden von Menschen zu lindern, in eine „Politik- und Sicherheitsagenda des Nordens eingegliedert wurden" (Walker und Maxwell 2009, S. 77). Nach Macrae und Leader (2000, S. 9) kann die Suche nach Kohärenz zwei unterschiedliche Dimensionen und Zielrichtungen haben: entweder die Einbindung der humanitären Hilfe in das Gesamtrepertoire politischer, wirtschaftlicher und militärischer Maßnahmen des Konfliktmanagements (dann würde die humanitäre Hilfe im Sinne außenpolitischer Interessen instrumentalisiert), oder im Sinne einer komplementären Zusammenarbeit zwischen verschiedenen Akteuren mit dem Ziel einer Optimierung der Hilfsmaßnahmen. Die Geister scheiden sich also an der Frage, was das gemeinsame Ziel wäre, für das Kohärenz und Zusammenarbeit eingefordert wird.

2.6 Schlussbemerkung

Muss also am Ende die humanitäre Hilfe grundsätzlich infrage gestellt werden? Das Auseinanderklaffen von Normen und Realität, bezogen auf die humanitäre Hilfe und auf die humanitären Krisen und Kriege des 20. Jahrhunderts, wurde zugespitzt in der Aussage: „Kein Jahrhundert hatte bessere Normen und schlimmere Realitäten" (Rieff 2002, S. 70), und daran die Frage geknüpft, „whether or not humanitarianism is a waste of hope" (Rieff 2002, S. 28, unter Bezug auf Alex de Waal). Diese Diskrepanz zwischen Anspruch und Wirklichkeit, die auch für das 21. Jahrhundert Gültigkeit behält, zu schließen, ist für alle Akteure der humanitären Hilfe eine Herausforderung. Die Lösung humanitärer Krisen sowie die Krisenprävention bleibt allerdings in erster Linie eine Aufgabe der Politik: „Kein Arzt kann einen Völkermord verhindern. Ein humanitärer Helfer kann weder ‚ethnische Säuberungen' stoppen noch Krieg führen. Kein humanitärer Helfer kann einen Frieden aushandeln. Dieses ist politische Verantwortlichkeit und keine Forderung an die Humanitären."[30] Humanitäre Hilfe ist kein Instrument der Krisenbewältigung. Die Diskussion um die richtige Definition von humanitärer Hilfe und die „Krise des Humanitarismus" hat allerdings deutlich gemacht, dass die strikte Trennung zwischen politischer und humanitärer Aktion zunehmend infrage gestellt wird. Soll, darf die humanitäre Hilfe sich auf einen „comprehensive approach" einlassen? Kann sie sich auf den Grundsatz der Neutralität und Unparteilichkeit zurückziehen und das Krisenmanagement der Politik überlassen? Verliert sie ihre „humanitäre Unschuld", wenn sie sich in eine sicherheitspolitische Agenda einbinden lässt, wie es von manchen politischen Akteuren gefordert wird? Ist dem Argument von Henzschel (2006, S. 24) zuzustim-

---

– in order to achieve successful development in fragile environment". Gemeint ist hier die Forderung nach Kohärenz des politischen Handelns (Weingärtner et al. 2011, S. 34).

[30] Zitat aus der Rede von James Orbinski (MSF) vom 10. Dezember 1999 anlässlich der Verleihung des Friedensnobelpreises an seine Organisation. http://www.aerzte-ohne-grenzen.de/kennenlernen/organisation/aufgaben-und-ziele/friedensnobelpreis/nobelpreisrede/index.html. Zugegriffen: 7. Dez. 2012.

men, dass die humanitäre Hilfe eine zunehmend „ordnungspolitische Funktion und Wirkung" entfaltet?

Die humanitäre Hilfe muss auf diese Fragen Antworten finden und sich auch mit ihren Kritikern auseinandersetzen, zu denen u. a. Alex de Waal, David Rieff, Naomi Klein oder neuerdings Linda Polman zählen. Die Kritiker, die Macrae (1999) in die Lager der „Antiimperialisten, Realpolitiker, orthodoxen Entwicklungshelfer und neuen Friedensstreiter" unterteilt hat, haben – zwar mit unterschiedlichen Akzenten, aber doch in zentralen Punkten übereinstimmend – die Schwächen der humanitären Hilfe aufgezeigt. Die Kritik unter dem Stichwort „Humanitarismus in der Krise" erinnert an manche Fundamentalkritik, die auch gegenüber der Entwicklungshilfe formuliert wurde. Einzelne Kritikpunkte mögen überzogen sein, wie etwa der, die NRO seien abhängig von den Geberländern und den VN und de facto Durchführungsorganisationen bzw. Auftragnehmer der Geberregierungen (Rieff 2002, S. 118), aber es gibt auch Fehlentwicklungen, die zu Recht kritisiert werden.

Humanitäre Hilfe ist notwendiger denn je und kann nicht grundsätzlich in Zweifel gezogen werden. Solange es humanitäre Notlagen gibt, die Menschen in ihrer Existenz und Menschenwürde bedrohen, muss es eine ausgestreckte Hand geben, die Hilfe leistet. Die Akteure in Hilfsorganisationen, Politik oder Wissenschaft müssen sich aber den Fragen, Dilemmata und Herausforderungen stellen. Ohne abschließende Antwort bleibt die Frage, ob die humanitäre Hilfe nur die unmittelbare Not lindern soll oder ob sie im Sinne des „neuen Humanitarismus" auch die Ursachen humanitärer Notlagen bekämpfen muss.

Literatur

Barnett M (2011) Empire of humanity: a history of humanitarianism. Cornell University Press, Ithaca
Barnett M, Snyder J (2008) The grand strategies of humanitarianism. In: Barnett M, Weiss TG (Hrsg) Humanitarianism in question. Politics, power, ethics. Cornell University Press, Ithaca, S 143–171
Barnett M, Weiss TG (Hrsg) (2008) Humanitarianism in question. Politics, power, ethics. Cornell University Press, Ithaca
Calhoun C (2008) The imperative to reduce suffering: charity, progress and emergencies in the field of humanitarian action. In: Barnett M, Weiss TG (Hrsg) Humanitarianism in question. Politics, power, ethics. Cornell University Press, Ithaca, London, S 73–97
Cutts M (1998) Politics and humanitarianism. Refug Surv Q 17(1):1–15
DAC OECD (2012) Global humanitarian assistance – Defining humanitarian aid. http://www.globalhumanitarianassistance.org/data-guides/defining-humanitarian-aid. Zugegriffen: 15. Sept 2012
Davies K (2012) Continuity, change and contest. Meanings of ‚humanitarian' from the ‚Religion of Humanity' to the Kosovo war. HPG Working Paper, London
Deutsches Rotes Kreuz (DRK) (1997) Weltkatastrophenbericht 1997. Springer, Bonn
Dijkzeul D (2004) Mapping international humanitarian organisations. Humanitäres Völkerrecht – Informationsschriften 4:216–225
Donini A (2010) The far side: the meta functions of humanitarianism in a globalized world. Disasters 34(2):220–237
Eberwein WD (2006) L'action humanitaire: Normes et pratiques. Politique, prescriptions et obligations morales, L'Harmattan, Paris

Eberwein WD, Runge P (Hrsg) (2002) Humanitäre Hilfe statt Politik? Neue Herausforderungen für ein altes Politikfeld. Lit, Münster

Götze C (2004) Humanitäre Hilfe – Das Dilemma der Hilfsorganisationen. Die neuen Kriege. In: Reihe Der Bürger im Staat (Hrsg) von der Landeszentrale für politische Bildung Baden-Württemberg 54(4):210–216

Harvey P et al (2010) The state of the humanitarian system: assessing performance and progress. A pilot study. Overseas Development Institute/ALNAP, London

Henzschel T (2006) Internationale humanitäre Hilfe. Bestimmungsfaktoren eines Politikfeldes unter besonderer Berücksichtigung der Bundesrepublik Deutschland. Books on Demand GmbH, Norderstedt

Just T (1998) Ethische Konflikte in der humanitären Hilfe. Dargestellt unter besonderer Berücksichtigung der Situation der humanitären Hilfe in Bosnien-Herzegowina 1992–1995. Diakoniewissenschaftliches Institut an der Universität Heidelberg, Heidelberg

Keen D (2008) Complex emergencies. Polity Press, Cambridge

Macrae J (1999) Unheilige Allianz. Ein Bündnis gegensätzlicher politischer Kräfte stellt die humanitäre Hilfe zur Disposition. Überblick 35(1):41–45

Macrae J, Leader N (2000) Shifting sands: the search for ‚coherence' between political and humanitarian response to complex emergencies. London (HPG Report Nr. 8)

Rieff D (2002) A bed for the night. Humanitarianism in crisis. Simon & Schuster, New York

Stoddard A (2003) Humanitarian NGOs. Challenges and Trends. HPG Briefing N°12, Overseas Development Institute, London

Taylor G, Stoddard A, Harmer A, Haver K (2012) The state of the humanitarian system. Overseas Development Institute/ALNAP, London

Terry F (2002) Condemned to repeat? The paradox of humanitarian action. Cornell University Press, Ithaca

The Sphere Project (2011) Humanitarian charter and minimum standards in humanitarian response (Sphere Handbook). Practical Action Publishing, Rugby U.K

Treptow R (2011) Katastrophenhilfe und Humanitäre Hilfe. In: Otto HU, Thiersch H (Hrsg) Handbuch Sozialpädagogik/Sozialarbeit, 4. Aufl. Reinhardt-Verlag München, S 716–723

Varga C, van Dok G, Schroeder R (2005) Hilfe in Not. Politische Spannungsfelder der humanitären Hilfe. Caritas-Verlag, Luzern

Verband Entwicklungspolitik Deutscher Nichtregierungsorganisationen (VENRO) (1999) Nachhaltigkeit in der Humanitären Hilfe. Arbeitspapier Nr. 8, Bonn

Verband Entwicklungspolitik Deutscher Nichtregierungsorganisationen (VENRO) (2003) Streitkräfte als humanitäre Helfer? Möglichkeiten und Grenzen der Zusammenarbeit von Hilfsorganisationen und Streitkräften in der humanitären Hilfe. Springer, Bonn

Verband Entwicklungspolitik Deutscher Nichtregierungsorganisationen (VENRO) (2006) Linking relief, rehabilitation and development. Ansätze und Förderinstrumente zur Verbesserung des Übergangs von Nothilfe, Wiederaufbau und Entwicklungszusammenarbeit. Arbeitspapier Nr. 17, Bonn

Walker P, Maxwell D (2009) Shaping the humanitarian world. Routledge, London

Weingärtner L et al (2011) Die deutsche humanitäre Hilfe im Ausland. Bd I. Hauptbericht. Bonn/Berlin. Bundesministerium für wirtschaftliche Zusammenarbeit und Entwicklung/Auswärtiges Amt

Weiss TG (1999) Principle, politics, and humanitarian action. Ethics & International Affairs 13:1–21. doi:http://dx.doi.org/10.1111/j.1747-7093.1999.tb00322.x

Alles Brüder? Eine kurze Geschichte der humanitären Hilfe

3

Ulrike von Pilar

„Tutti fratelli!" („Alles Brüder!"), sagten die Frauen, die nach der Schlacht von Solferino im Jahr 1859 unterschiedslos die verwundeten Soldaten aller Parteien versorgten (siehe Abschn. 3.3). Die Einstellung dieser Frauen ist bis heute keine Selbstverständlichkeit. Hilfe für Menschen in Not hat es zwar immer gegeben; aber dass Hilfe ohne Diskriminierung allen zugute kommen soll, die sie benötigen – ob Freund oder Feind – ist bis heute keinesfalls unumstritten. Denn gerade in Konfliktsituationen fühlen sich die Menschen nicht immer als Brüder und Schwestern, und Hilfe für den Gegner wird nicht ohne Weiteres als menschliche Pflicht gesehen. Genau das aber ist der Kerngedanke der humanitären Hilfe.

Der Begriff „humanitäre Hilfe" tauchte vor 1989 in Berichten aus Konfliktgebieten selten auf (Davies 2012, S. 17). In den vergangenen 20 Jahren jedoch ist „humanitär" zu einem viel benutzten Attribut geworden, das für medizinische Hilfe, Konvois, Korridore, selbst Kriege und militärische Interventionen benutzt wird. Schließlich hat sogar der Sicherheitsrat der Vereinten Nationen (VN) (engl. United Nations, UN) in Resolution 929 den Völkermord in Ruanda 1994 als „humanitäre Krise"[1] bezeichnet.

Der allgegenwärtige Gebrauch der humanitären Terminologie ist auch, aber sicher nicht nur ein Zeichen ernsthaften humanitären Engagements. Mit den bemerkenswerten Erfolgen der humanitären Hilfe geht allerdings oft eine politische und militärische Instrumentalisierung einher. Die Geschichte der humanitären Hilfe ist daher auch eine Geschichte von Manipulation und Missbrauch. Michael Barnett spricht in seinem Buch „Empire of Humanity" im Zusammenhang mit dem

---

[1] „Humanitär" bedeutet „menschenfreundlich, das Wohl der Menschen fördernd" – der Begriff „humanitäre Krise" oder „humanitäre Katastrophe" ist deshalb ein Widerspruch in sich, ein „humanitärer Krieg" erst recht.

U. von Pilar (✉)
Ärzte ohne Grenzen e. V., Am Köllnischen Park 1, 10179 Berlin, Deutschland
E-Mail: ulrikevonpilar@gmx.de

aktuellen Engagement der North Atlantic Treaty Organization (NATO) in Afghanistan sogar von einem „faustischen Pakt" (Barnett 2011, S. 5).

In diesem Kapitel sollen deshalb schlaglichtartig einige für die humanitäre Hilfe prägende Ereignisse dargestellt werden, die beleuchten, mit welchen Schwierigkeiten und Fragen sich die humanitären Organisationen auseinandersetzen mussten und müssen. Dies kann nur eine kleine und subjektive Auswahl sein und keine komplette Geschichte der humanitären Hilfe. Wichtige Kontexte fehlen – Kambodscha und Afghanistan in den 1980er Jahren, Tschetschenien und Nordkorea, Lateinamerika, Westafrika und viele mehr.

Die Leitfrage für diese Erörterung ist die nach dem politischen Missbrauch der humanitären Hilfe. Sie ist heute mehr denn je relevant und stellt die Hilfsorganisationen vor schwierige Entscheidungen. Humanitäre Hilfe ist heute ein wesentliches Element der internationalen Politik. Wie sich die Hilfsorganisationen zu den jeweiligen politischen Mächten stellen und wie sie mit diesen Konstellationen und ihrer eigenen Rolle darin umgehen, wie weit sie diese überhaupt durchschauen, ist ein wesentlicher Teil der Geschichte der humanitären Hilfe. Diese politische Dimension ist in den vergangenen 20 Jahren sichtbarer geworden und öffentlich diskutiert worden, da sie erklärter Bestandteil der Außen- und Sicherheitspolitik vieler Regierungen ist. Das ist in dieser Form – relativ – neu. Die humanitäre Hilfe selbst ist aber uralt.

3.1 „Das Blut der Frauen, Kinder und Greise beflecke nicht euren Sieg": Frühe Beispiele humanitären Handelns

Brot den Hungernden und Hilfe den Verwundeten und Bedrohten – zwei der wesentlichen Aufgaben der humanitären Hilfe sind seit langem in den Kulturen der Welt verankert. Wurzeln humanitären Handelns finden sich in fast allen Religionen, wie im jüdisch-christlichen Gebot der Barmherzigkeit und der Nächstenliebe. Im Islam ist die Barmherzigkeit elementarer Bestandteil des religiösen Lebens und das Gebot, Almosen zu geben, ist eine der fünf Säulen der Religion.

Der Ursprung des humanitären Engagements beginnt für manche bei Noah. Man kennt z. B. Inschriften aus dem Ägypten des 23. Jahrhunderts v. Chr., die Akte humanitären Handelns beschreiben.[2] Im 7. Jahrhundert v. Chr. ließ Kyros I. von Persien die verwundeten Chaldäer wie die eigenen verletzten Soldaten behandeln; dies sind erste Elemente dessen, was wir heute unter „humanitärem Völkerrecht" verstehen. Auch das indische Mahabharata-Epos (um 400 v. Chr.) enthält Regeln, die die Tötung des kampfunfähigen Gegners verbieten, bestimmte Kampfmittel wie vergiftete oder brennende Pfeile untersagen und den Schutz gegnerischen Eigentums und der Kriegsgefangenen regeln (BMVg 1992, Nr. 107).

Der Kalif Abu Bakr (etwa 632) schrieb an seine Heerführer: „Das Blut der Frauen, Kinder und Greise beflecke nicht euren Sieg. Vernichtet nicht die Palmen, brennt

---

[2] So preist sich Harkhuf, Gouverneur von Ober-Ägypten, auf einer Grabinschrift: „Ich gab den Hungernden Brot, den Nackten Kleidung." (Walker u. Maxwell 2009, S 13 f)

nicht die Behausungen und Kornfelder nieder, fällt niemals Obstbäume und tötet das Vieh nur dann, wenn ihr seiner zur Nahrung bedürft." (BMVg 1992, Nr. 108) Die Kriegsführung der Christen und Muslime war trotzdem oft äußerst grausam, obwohl auch Kirchenvater Augustinus z. B. den Schutz von Frauen, Kindern und Greisen vor Kampfhandlungen gefordert hatte. Berühmt für seine Ritterlichkeit war Sultan Saladin, im 12. Jahrhundert ein Gegner der Kreuzritter. Dante zählt ihn zu den „weisen Heiden", und Lessing hat ihm in „Nathan der Weise" ein Denkmal gesetzt. Saladin ließ z. B. vor Jerusalem die Verwundeten beider Seiten versorgen und erlaubte dem Johanniter-Orden, seinen Pflegedienst auszuüben (BMVg 1992, Nr. 108).

Die ersten Organisationen, die sich der Pflege der Verwundeten und Kranken im internationalen Maßstab widmeten, waren im späten Mittelalter die christlichen Ritterorden. In Europa waren es vor allem die kirchlichen Institutionen, denen die Ausübung der Barmherzigkeit oblag. Diese traditionelle christliche Barmherzigkeit akzeptierte jedoch die Unterschiede zwischen Arm und Reich, Krank und Gesund als gottgegeben. Sie war barmherzig zu den Brüdern, den Christen, aber nicht selten brutal und unbarmherzig Andersgläubigen gegenüber. Almosen und Mildtätigkeit dienten zudem ebenso sehr dem Seelenheil des Spenders wie der Hilfe für die Bedürftigen.

Während das Kirchenasyl eine jahrhundertealte Tradition darstellt, waren die ersten modernen Flüchtlinge, die offiziell von der Regierung eines fremden Landes aufgenommen wurden und von denen das englische Wort „refugee"[3] („Flüchtling") herrührt, aus Frankreich vertriebene Hugenotten. Sie wurden Ende des 16. Jahrhunderts in England und Holland aufgenommen, später auch in Preußen. Die Aufnahme der Flüchtlinge erfolgte jedoch nicht nur aus reiner Menschenliebe, sondern es gab dafür auch handfeste wirtschaftliche Interessen, denn die Flüchtlinge brachten handwerkliche Kompetenzen, neue Ideen und ökonomisches Wissen mit, das den Aufnahmeländern schnell nützlich werden sollte.

Die Aufklärung veränderte das Menschenbild: Der Mensch, sagten die Philosophen, solle seine Vernunft gebrauchen, statt sein Leben von Schicksalsgläubigkeit bestimmen zu lassen. Kriege und Katastrophen sind von Menschen verursacht, ebenso sind ökonomische, soziale oder politische Strukturen keineswegs gottgegeben und damit zumindest im Prinzip oft vorhersehbar und veränderbar. Für Voltaire und viele andere stellte sich daher die Frage nach der Macht Gottes angesichts von Katastrophen, mit besonderer Schärfe nach dem verheerenden Erdbeben von Lissabon 1755.

Hugo Grotius hatte in seinem „De iure belli ac pacis" (1625) ebenso wie Jean-Jacques Rousseau im „Contrat social" (1762) Grundlegendes formuliert: Grotius legte mitten im Dreißigjährigen Krieg die Prinzipien einer Kriegsführung nieder und plädierte für eine Eindämmung der Gewalt selbst im Krieg; Rousseau legte dar, dass in einer zivilisierten Gesellschaft der Krieg eine Angelegenheit von Staaten und ihrer Regierungen sei, nicht aber die ihrer Bürger. Dies habe zur Folge, dass Soldaten in dem Moment, in dem sie nicht (mehr) kämpfen oder kämpfen

---

[3] Von „refuge" = „Schutzhütte"/„Zuflucht".

können, nur aufgrund ihres Menschseins ein Recht auf Schonung und Hilfe hätten. Auch wenn das in den Augen vieler Menschen eine naive und leicht romantische Sicht des Krieges war, wurde damit die für das humanitäre Völkerrecht wesentliche Unterscheidung zwischen Kombattanten und Nichtkombattanten formuliert und ein Mindestmaß an Menschlichkeit selbst für den Kriegszustand gefordert (Rufin 1994, S. 30–44).

1776 verkündeten die Amerikaner in ihrer Unabhängigkeitserklärung[4] und 1789 die Franzosen in ihrer Erklärung der Menschen- und Bürgerrechte[5] die Gleichheit aller Menschen. 1785 schlossen Preußen und die USA einen Freundschafts- und Handelsvertrag ab, hinter dem König Friedrich der Große und Benjamin Franklin standen. Er enthält bereits vorbildliche Regeln für die Behandlung von Kriegsgefangenen beider Seiten (BMVg 1992, Nr. 113).

Freiheit, Gleichheit und Brüderlichkeit müssen sich, sollen sie denn einen Sinn haben, auf alle Menschen ohne Ausnahme beziehen.[6] Dieses „humanitäre" Engagement ergreift die Partei der Menschen schlechthin, d. h. jedes Menschen, ohne Ansehen von Herkunft, sozialer Stellung, ethnischer oder politischer Zugehörigkeit, und es bildet den Antrieb für drei große Bewegungen des 19. Jahrhunderts: die politische Revolution, den Kampf für soziale Gerechtigkeit und die humanitäre Hilfe im engeren Sinne, d. h. die Hilfe für Opfer von Kriegen und Katastrophen – und zwar nicht nur für die Menschen des eigenen Landes, der eigenen Religion und der eigenen Hautfarbe. Bis diese Überzeugung allerdings die Köpfe und die Herzen der Menschen erreichte, vergingen viele Jahrzehnte. Bis heute fällt es vielen schwer, einzusehen, dass alle Menschen gleich sind – und ein Recht auf Hilfe haben.

3.2 „Nicht sentimentale Enthusiasten, sondern Liebhaber harter Arbeit": Das 19. Jahrhundert – eine Zeit großer Umwälzungen

Der Einsatz für die Abschaffung der Sklaverei und der Folter sowie eine wachsende Institutionalisierung der Wohltätigkeit für die Armen und Kranken in sozialen Organisationen waren wesentlich für die Entwicklung des humanitären Gedankens im 19. Jahrhundert. Dies ging einher mit einer ersten Globalisierungswelle – Transport, Handelsströme und Funkverkehr erweiterten den Blick auf die Welt, und Nachrichten aus den entlegensten Winkeln der Erde waren bald jedem Zeitungsleser vertraut.

Vorläufer humanitärer Aktionen für Betroffene in fremden Ländern gab es bereits zu Beginn des 19. Jahrhunderts. So verabschiedete die US-Regierung 1812 ihre erste „Foreign Aid Bill", die Hilfe für die Opfer eines schweren Erdbebens

---

[4] Siehe http://www.dhm.de/magazine/unabhaengig/erkl_index.htm, zuletzt besucht 25 Januar 2013.
[5] http://fr.wikisource.org/wiki/D%C3%A9claration_des_Droits_de_l%27Homme_et_du_Citoyen. Zugegriffen: 25. Januar 2013.
[6] Allerdings waren bei den Franzosen zunächst die Frauen, bei den Amerikanern die Sklaven von der Menschheit ausgeschlossen, und nur die „Eigenen" genossen Bürgerrechte.

in Venezuela ermöglichte, bei dem 45.000 Menschen umkamen. Große Hungersnöte in Indien (1837–1838) und vor allem in Irland (1845–1849) führten zu ersten organisierten Bemühungen, in großem Maßstab Hilfe zu bringen, – auch, um die Bevölkerung ruhig zu halten und Aufstände zu vermeiden (Barnett 2011; Walker und Maxwell 2009, S. 19–21).

Aus der Zeit der irischen Hungersnot stammt die folgende Anekdote: Im Jahr 1845 teilte der osmanische Sultan Abdülmecid seine Absicht mit, den irischen Bauern £ 10.000 zu spenden. Diese Spende wurde von Königin Victoria auf £ 1.000 reduziert, da sie selbst den hungernden Bauern nur £ 2.000 spendete. Der Sultan schickte die £ 1.000, entsandte jedoch zusätzlich drei mit Lebensmitteln beladene Schiffe. Die englische Regierung versuchte, diese Schiffe zu blockieren, doch die osmanischen Schiffe konnten im Hafen von Drogheda einlaufen und die Lebensmittel der irischen Bevölkerung übergeben.[7]

Zu dieser Zeit wurde das europäische Afrika-Bild sehr durch die medizinische Arbeit von Missionaren wie David Livingstone bestimmt, die in den Kolonien tätig waren. In Deutschland prägte vor allem der Arzt und Theologe Albert Schweitzer das Bild Afrikas. Er wurde einerseits wie ein Heiliger verehrt und erhielt später den Friedensnobelpreis, andererseits wurde er als Symbol einer überheblichen kolonialen Form der Medizin angegriffen. „Missionary medicine walked a line between sacred and secular care […] mixing treatment with prayer, and constructing and staffing clinics and hospitals, many of which remain in use. Even as Africans encountered Christianity through healthcare, the European reading public encountered Africa through reports of suffering in the 'sick continent'." (Redfield 2013, S. 154).

Die moderne humanitäre Hilfe und die Regeln, die wir bis heute als konstituierend ansehen, entstanden aber vor allem als Reaktion auf das Leid der Soldaten in den Kriegen des 19. Jahrhunderts. Auf den Schlachtfeldern Europas gab es kaum medizinische Hilfe für die Verwundeten. Meistens wurden gerade noch die Verletzten des eigenen Lagers evakuiert und später versorgt. Musste die Armee jedoch fliehen, wurden die Verwundeten meist sich selbst überlassen. Legendär war der Einsatz von Florence Nightingale im Krimkrieg (1853–1855), wo sie mit einer Gruppe von Krankenschwestern ca. 5.000 Verwundete pflegte. Gebraucht werden, so schrieb sie später, „nicht sentimentale Enthusiasten, sondern Liebhaber harter Arbeit" (Davies 2012, S. 5). Wirklich adäquate medizinische Hilfe konnte sie allerdings nicht leisten und darüber hinaus konnte sie nur die Verwundeten des eigenen Lagers versorgen.[8]

Noch mutiger und damals fast ebenso berühmt war eine heute vergessene Krankenschwester, Mary Seacole, Tochter eines Schotten und einer Jamaikanerin. Sie behandelte mit ihren traditionellen, hauptsächlich auf Kräutern basierenden Methoden nicht nur die Opfer einer Cholera- und einer Gelbfieber-Epidemie in Jamaika, sondern während des Krimkrieges auch Soldaten beider Parteien, oftmals – so berichtet sie – direkt auf dem Schlachtfeld (Seacole 1857, S. 124–167).

---

[7] Balkanforum: Biografie des Sultan Abdülmecid, http://www.balkanforum.info/f16/irische-hungersnot-sultan-217842/. Zugegriffen: 4. Januar 2013.
[8] Zum Verhältnis Florence Nightingale – Henry Dunant s. auch Kap. 19.

1861 entwarf der Deutsch-Amerikaner Franz Lieber (1800–1872), Professor an der Columbia University in New York, für US-Präsident Lincoln eine militärische Dienstvorschrift, den „Lieber Code", der strenge Verhaltensregeln für Soldaten enthält, z. B. wie mit verwundeten feindlichen Soldaten umzugehen ist. Der Lieber Code trat erstmals für die Unionstruppen im Amerikanischen Bürgerkrieg (1861–1865) im Jahre 1863 in Kraft, wurde aber bei weitem nicht immer respektiert. Eine Bestimmung lautete: „Every captured wounded enemy shall be medically treated, according to the ability of the medical staff".[9] Im Gegensatz zum ersten Genfer Abkommen (GA) von 1864 war dies kein internationaler Vertrag, sondern ein Regelwerk speziell für die Soldaten der Union, das jedoch großen Einfluss auf die Weiterentwicklung des humanitären Völkerrechts hatte (Slim 2008, S. 18–21).

3.3 „Dunants Traum": Das Internationale Komitee vom Roten Kreuz (IKRK) – Die erste moderne humanitäre Organisation

Einige Jahre später, 1859, kurz nach der Schlacht von Solferino in Italien, erreichte ein Genfer Geschäftsmann mehr oder weniger zufällig den Ort des Kampfes. Er fand 40.000 schwer verwundete Soldaten der französischen und österreichischen Armeen, sich selbst überlassen, auf dem Schlachtfeld vor. Dies war das Schlüsselerlebnis für Henry Dunant, der als Antwort auf den Schock dieser Gräuel erst Hilfe organisierte und später ein erschütterndes Buch über seine Erfahrungen schrieb: „Un souvenir de Solferino" („Eine Erinnerung an Solferino") wurde ein Weltbestseller.

1863 gründete er das Internationale Komitee vom Roten Kreuz (IKRK) und forderte als Erster die Trennung von Politik und Hilfe für die Kriegsverletzten. Vier Faktoren waren wesentlich für Dunant:

1. Es gibt keine guten und bösen Opfer: Die Verletzten, die nicht am militärischen Kampf teilnehmen, sind nicht als Soldaten eines Lagers anzusehen. Sie sind Verwundete, die Hilfe brauchen und aufgrund ihres Menschseins ein Recht darauf haben.
2. Die Notwendigkeit einer unabhängigen Hilfsorganisation: Hilfe kann nur von einer permanenten, professionellen Organisation geleistet werden, die in jedem Fall von beiden Kriegsparteien akzeptiert werden kann und deshalb auf Hilfe spezialisiert und unabhängig sein muss (also nicht Teil der Streitkräfte sein darf.)[10]
3. Das humanitäre Völkerrecht: Das Recht der Verletzten auf Schutz und Hilfe und das Mandat dieser Organisation müssen völkerrechtlich, d. h. in einem von den potenziellen Kriegsgegnern, den Staaten, unterzeichneten Vertrag garantiert werden.
4. Die Neutralität des medizinischen Personals und der Lazarette.[11]

---

[9] http://www.icrc.org/ihl.nsf/FULL/110. Zugegriffen: 24. Januar 2013.

[10] Dies bezieht sich hier in erster Linie auf das IKRK. Es war allerdings von Anfang an vorgesehen, dass die Nationalen Rotkreuzgesellschaften bei Bedarf in die Sanitätseinheiten des Militärs integriert werden können. Sie sind deshalb nicht unabhängig und hier nicht gemeint (Bouchet-Saulnier 2002, S. 318).

[11] Inzwischen ist es ein Kriegsverbrechen, diese anzugreifen (Bouchet-Saulnier 2002, S. 232–235).

Das IKRK – 1863 als private Schweizer Organisation gegründet – ist bis heute für viele die Mutter aller humanitären Organisationen. Dies ist auch der Ursprung der GA und des modernen humanitären Völkerrechts, das dem Schutz der Kriegsverwundeten und Kriegsgefangenen, später auch der vom Krieg betroffenen Zivilbevölkerung, dient und u. a. den völkerrechtlichen Rahmen der Arbeit des IKRK definiert (siehe auch Kap. 4).

GA I, das die zwölf unterzeichnenden Staaten zum Schutz der Kriegsverletzten verpflichtete, wurde 1864 verabschiedet. Dabei ging es nicht um die Abschaffung des Krieges, sondern um seine Zivilisierung. Ziel ist die Eindämmung der Gewalt durch bestimmte Regeln und die Schaffung einer Nische der Humanität, in der Menschen, die nicht kämpfen (verletzte oder gefangene Soldaten), menschlich behandelt werden. In diesem Sinne hat das humanitäre Völkerrecht bei allem Idealismus einen durchaus zynischen Aspekt: Es setzt den Krieg voraus, scheint ihn zu legitimieren und akzeptiert den bewaffneten Kampf als Mittel politischer Auseinandersetzung. Das humanitäre Völkerrecht besteht aber zumindest darauf, dass es selbst mitten im Krieg einen geschützten Ort geben muss, der von allen Parteien akzeptiert wird und an dem ein Mensch ein Recht auf Hilfe hat; selbst wenn dieser Ort nicht größer ist als ein Lazarett. Diese zentralen Forderungen des humanitären Völkerrechts sind so etwas wie das absolute Minimum an Menschlichkeit, das eine humane Gesellschaft und die Regierungen, die ja Vertragsparteien der GA sind, garantieren müssen.

Die Besonderheit des IKRK liegt in diesem durch das Völkerrecht verliehenen Mandat: Während sich andere humanitäre Organisationen, vorausgesetzt sie arbeiten unparteilich, in bewaffneten Konflikten ebenfalls auf die GA berufen können, ist das IKRK die einzige Organisation, die namentlich erwähnt wird und ihr Mandat für Gefangenenbesuche direkt durch diese Abkommen erhält. Um das IKRK politisch unbedenklich zu machen und ihm sein Mandat zu ermöglichen, bestanden die Staaten auf seiner strikten Neutralität. Dies ist aber keine Bedingung der GA, muss deshalb nicht in gleichem Maße für andere humanitäre Organisationen gelten, solange sie unparteilich sind. Das IKRK hat sich allerdings zu Stillschweigen über alles Gesehene und Erfahrene verpflichtet und bezieht normalerweise weder offen Position noch klagt es Kriegsverbrechen öffentlich an.

Die Neutralität einer humanitären Organisation bezieht sich auf das Verhalten den Konfliktparteien gegenüber; sie ist kein Wert an sich. Sie fordert schon gar nicht Gleichgültigkeit angesichts von Grausamkeit und Leid. Sie ist vielmehr ein Werkzeug, um von denen, die die Entscheidungsgewalt haben, Zugang zu den Verwundeten und Bedürftigen zu erhalten. „Negotiating access" – den Zugang verhandeln – ist eine der zentralen Herausforderungen für humanitäre Organisationen. Am Begriff der Neutralität entzünden sich daher bis heute hitzige Debatten: Hat Neutralität Grenzen? Gibt es Situationen, in denen Neutralität und Stillschweigen unverantwortlich oder sogar ein Verbrechen sind? Verletzt die Neutralität, wer Verbrechen gegen die Menschheit anklagt?[12]

---

[12] Siehe zu dieser Debatte auch Kap. 19 und Magone et al. (2011).

Der erste Einsatz des IKRK nach seiner Gründung 1863 ließ nicht lange auf sich warten: Im Deutsch-Dänischen Krieg 1864 entsandte das IKRK Delegierte auf beide Seiten der Front und diente als neutraler Vermittler.

1901 erhielt Henry Dunant, zusammen mit Frédéric Passy, den ersten Friedensnobelpreis. Dagegen wandte sich die Pazifistin Bertha von Suttner: „Die Verleihung des Preises an Dunant war wieder eine Konzession an jenen Geist, […] der das Dogma aufstellen will, daß die einzige Betätigung gegen den Krieg sich vernünftigerweise auf dessen Milderung beschränken soll." (Suttner 1979, S. 513) Die Spannung zwischen Humanitären und Pazifisten lässt sich nicht aus der Welt schaffen. Victor Hugo schrieb jedoch an Dunant: „Sie bewaffnen die Menschlichkeit und Sie nutzen der Freiheit, indem Sie den Krieg hassen machen …" (ibid S. 514).

Im Ersten Weltkrieg schickte die amerikanische Regierung mehr Helfer als Soldaten nach Europa. Das Rote Kreuz war zum Symbol der humanitären Hilfe schlechthin geworden. Aber weder das Rote Kreuz noch die GA konnten die unerhörten Gräuel der Kriegsführung im Ersten Weltkrieg verhindern. Die Hilfe blieb auch an die Zustimmung der Staaten gebunden. Von einer „humanitären Intervention" gegen den Willen eines Staates war noch keine Rede. Im Gegenteil: Es wurde bald klar, dass einige Staaten den Nutzen der internationalen humanitären Hilfe für eigene Zwecke entdeckten. Denn mit dem Aufkommen der totalitären Regime in den 1920er Jahren wurden die humanitären Ideale schnell auf eine harte Probe gestellt.

1921 brach in der jungen Sowjetunion, insbesondere in der Ukraine, eine große Hungersnot aus, von der 40 Mio. Menschen betroffen waren. Es handelte sich aber nicht um eine Naturkatastrophe, sondern um die Folge politischer Entscheidungen. In diesem Fall waren die Ursachen der Bürgerkrieg, die Vertreibungen und die Kollektivierung der Landwirtschaft. Lenin bat mit der Unterstützung des Dichters Maxim Gorki um internationale Hilfe, u. a. mit dem Ziel, dadurch indirekt die Anerkennung seines Regimes durch die ihm ansonsten feindlich gesinnten Staaten zu erreichen. Darüber hinaus hoffte er, durch die Verteilung von Hilfsgütern die drohenden Unruhen in der eigenen Bevölkerung zu vermeiden und das Ansehen seiner Regierung aufzuwerten. Machtpolitische Erwägungen spielten also eine Rolle. Gleichzeitig ließ er Juwelen im Werte von Millionen US-Dollar im Ausland verkaufen, um damit Waffen zu finanzieren. Damit nicht genug: Die Sowjetunion bot zudem riesige Mengen an Getreide auf internationalen Märkten zum Verkauf an, während im eigenen Land Millionen Menschen verhungerten.

Die internationalen Reaktionen auf dieses Dilemma waren unterschiedlich. Fridtjof Nansen, damals Hochkommissar des Völkerbunds für Flüchtlinge, ließ sich auf Lenins Spiel ein. Herbert Hoover hingegen, später US-Präsident und damals Chef der American Relief Association (ARA), lehnte Lenins Bedingungen ab und lieferte trotzdem große Mengen Nahrungsmittel. Man schätzt, dass Hoovers Einsatz ca. 9 Mio. Menschen das Leben gerettet hat; doch etwa 5 Mio. starben. Die Bevölkerung blieb eine Geisel des Regimes, das mit dem Hungertod der Menschen um politische Vorteile pokerte. Hat, so könnte man fragen, die humanitäre Hilfe Lenins Regime gerettet? (Destexhe 1993, S. 40–46).

Hier wird das Muster eines der zentralen Dilemmata der humanitären Hilfe deutlich: Wie kann Hilfe die Bedürftigen erreichen, ohne gleichzeitig ihre Unterdrücker zu unterstützen? Was helfen die GA, wenn deren Voraussetzung – der Respekt für bedürftige und bedrohte Menschen – von genau denen, die die Kontrolle über diese Menschen haben, abgelehnt werden? Können Hilfsorganisationen zu Komplizen der Unterdrückung werden? Dieses Dilemma zieht sich durch die gesamte Geschichte der Kriege und Katastrophen und ist heute so aktuell wie vor 100 Jahren.

Unter der Nazi-Herrschaft im Dritten Reich mussten sich vor allem das Deutsche Rote Kreuz (DRK) wie auch das IKRK mit diesem Dilemma auseinandersetzen – und versagten, wie sie heute selbst feststellen. Das DRK entließ kurz nach der Machtergreifung alle jüdischen Mitarbeiter, wurde fast völlig von der Schutzstaffel (SS) dominiert und gab z. T. falsche Informationen über die Konzentrationslager an das IKRK weiter. Dieses hatte 1942 einige Delegierte nach Auschwitz schicken können, die aber nur sehr beschränkt Zugang zu den Gefangenen hatten, denn das Mandat des IKRK erstreckte sich nicht auf Gefangene in Konzentrationslagern. Das IKRK wusste, was in Auschwitz passierte. Um aber seine Neutralität zu wahren und den Zugang zu den Gefangenen nicht aufs Spiel zu setzen, entschied es, den Massenmord und die grausame Behandlung der Gefangenen in den Konzentrationslagern nicht öffentlich anzuprangern (Favez 1999, S. 282; Morgenbrod und Merkenich 2008, S. 381, 384, 454).

Ebenfalls während des Zweiten Weltkriegs untersagte Churchill humanitäre Hilfe an die Zivilbevölkerung im besetzten Europa mit dem Argument, diese Hilfe käme der Besatzungsmacht, also Nazi-Deutschland, zugute. Aus Protest gegen dieses Verbot und um den hungernden Menschen im besetzten Griechenland dennoch zu helfen, wurde 1942 die Organisation Oxfam (the Oxford Committee for Famine Relief) gegründet.

In Situationen von Völkermord und Massenmord – wie an den Herero oder den Armeniern Anfang des 20. Jahrhunderts, wie in Nazi-Deutschland, im sowjetischen Gulag, während der Kulturrevolution in Maos China, der Herrschaft der Roten Khmer in Kambodscha oder beim Genozid in Ruanda – war internationale humanitäre Hilfe nicht möglich. Wenn die Vernichtung einer Gruppe von Menschen das Ziel ist, gibt es kaum eine Möglichkeit für Hilfsorganisationen, wirksam zu helfen. Und wenn es doch gelänge, bliebe die Frage, wie weit in solchen Situationen die Helfer zu stillschweigenden Komplizen eines mörderischen Regimes würden. Wie die Situation des IKRK 1942 in Auschwitz zeigt, gibt es kaum einen Ausweg aus diesem Dilemma.

3.4 „Stehplatz in der Hölle[13]": Der Kalte Krieg, Biafra und Äthiopien

Die internationale Staatengemeinschaft formierte sich nach dem Ersten Weltkrieg im Völkerbund und nach dem Zweiten Weltkrieg schließlich in den VN mit dem erklärten Ziel, Kriege zu verhüten und Mechanismen der Friedensschaffung und

---

[13] Titel eines ZEIT-Artikels über die vietnamesischen boat people in Malaysia (Joffe 1979).

Friedensbewahrung zu entwickeln. Die Entscheidungen der VN blieben jedoch in den meisten Fällen abhängig von der Zustimmung der Staaten, insbesondere von der Kooperation der fünf ständigen Mitglieder des VN-Sicherheitsrates. Die Polarisierung der Welt in zwei Machtblöcke behinderte denn auch das fragile Räderwerk der VN mehr oder weniger für 40 Jahre. Der Sicherheitsrat und die VN-Generalversammlung waren nicht mehr als Spielbälle der Großmachtinteressen. In den spezialisierten Unterorganisationen jedoch, wie dem VN-Kinderhilfswerk (UN Children's Fund, UNICEF), dem VN-Flüchtlingskommissar (UN High Commissioner for Refugees, UNHCR) oder der VN-Weltgesundheitsorganisation (World Health Organization, WHO), unterhalb der offiziellen Ebene, entwickelte sich manchmal ein Feld wichtiger humanitärer und sozialer Arbeit, das – obwohl nie völlig unabhängig von der großpolitischen Wetterlage – den Kalten Krieg nach dem Ende des Zweiten Weltkriegs überstand und in den Jahren der Konfrontation oft die einzige Möglichkeit internationaler Zusammenarbeit darstellte (Rufin 1993, S. 74–79).

3.4.1 Beginn einer neuen Bewegung: die Nichtregierungsorganisationen (NRO)

In den 1920er Jahren und nach dem Zweiten Weltkrieg entstanden in vielen Ländern neue private humanitäre Organisationen wie Save the Children (1919 in England gegründet), das International Rescue Committee (IRC, 1933 von Albert Einstein initiiert), Oxfam (1942) oder CARE (1945) für Überlebende des Zweiten Weltkriegs in Europa. Diese Organisationen stellten anfangs vor allem Nahrungsmittelhilfe für die von den Kriegen betroffene Bevölkerung bereit. Später weiteten sie dann oft ihre Arbeit auf den Wiederaufbau und die Unterstützung von Schulen und Krankenhäusern aus. Der Aufstieg der Nichtregierungsorganisationen (NRO) hatte begonnen.

In den 1950er Jahren, nach dem Ende des Zweiten Weltkriegs und unter dem Einfluss der beginnenden Dekolonialisierung, verlagerte sich die Aufmerksamkeit vieler Hilfsorganisationen auf die eher politisch ausgerichtete Entwicklungshilfe. Der oft als anti-imperialistisch verstandene Einsatz gegen Ausbeutung, für Selbstbestimmung und wirtschaftliche Autonomie wurde häufig von den Geberregierungen umfunktioniert und so zu einem wichtigen Instrument des Kalten Krieges, insbesondere im Bereich der bilateralen Entwicklungshilfe. Ob bewusst oder unbewusst – viele Entwicklungshilfeorganisationen, ebenso wie die unzähligen Solidaritätskomitees (Afghanistan, El Salvador, Chile, Nicaragua) bezogen klar politisch Stellung, wobei den politischen Zielen oft höhere Priorität beigemessen wurde als den humanitären. Andere Organisationen, gerade auch humanitäre, fanden sich durch ihre einschneidenden Erfahrungen mit den Opfern so vieler kommunistischer Regime an der Seite der westlichen Demokratien und damit in gewisser Weise auf der Seite der USA wieder.

3.4.2 Bürgerkrieg in Biafra

In den 1960er Jahren wurde die Welt mit neuartigen Konflikten konfrontiert: Bürgerkriege in der Dritten Welt, oft als Folge der Dekolonialisierung. Vor allem der Konflikt in Nigeria bzw. Biafra (1967–1970) bewegte Europa. Mit Biafra beginnt für viele Organisationen ein neues Kapitel in der Geschichte der humanitären Hilfe, und Fragen der politischen Rolle und der Verantwortung humanitärer Organisationen wurden neu gestellt. In der Folge wurde auch Ärzte ohne Grenzen (Médecins Sans Frontières, MSF) gegründet.

Zum ersten Mal zeigte das Fernsehen todkranke Kinder mit großen Augen und aufgeblähten Bäuchen. Diese Bilder mobilisierten Hilfe in bislang ungekanntem Ausmaß, vor allem seitens der Kirchen. Was jedoch in Europa für die meisten Fernsehzuschauer wie eine „normale" Hungersnot aussah, war in Wirklichkeit die Folge eines brutal geführten Bürgerkrieges: In Biafra, einer ölreichen Provinz im Südosten Nigerias, kämpften die Ibo für ihre Autonomie von der Zentralregierung. Das daraufhin von der nigerianischen Armee verhängte Embargo hat vermutlich den Hungertod von über einer Million Menschen verursacht. Brutaler jedoch als die nigerianische Regierung waren die Führer Biafras selbst: Oberst Ojukwu, der Anführer der Sezession, hatte schnell verstanden, dass die Bilder hungernder Kinder einen strategischen Vorteil darstellten. Sie appellierten an das Mitgefühl der westlichen Öffentlichkeit und transportierten wie von selbst die Anklage: „Wir werden von der nigerianischen Regierung ausgehungert!". Ojukwu war mitverantwortlich für das Leiden und Sterben der biafranischen Bevölkerung, die ihm als Köder und Geisel diente im Kampf um westliche Sympathien und Hilfslieferungen. Allerdings wurde das erst Jahre später klar – während des Bürgerkriegs selbst wusste man es nicht, oder wollte es nicht sehen. Zudem gibt es durchaus Vorwürfe an die Hilfsorganisationen, in gewissem Umfang für den Konflikt mitverantwortlich gewesen zu sein (de Waal 1997, S. 77).

Neu war in Biafra zum einen, dass es sich um einen Sezessionskrieg handelte, nicht um einen Unabhängigkeitskampf, und das in einer extrem armen Region, deren schwache Infrastruktur durch den Konflikt zusammenbrach. Zum anderen erlebten die Industrieländer Tag für Tag im Fernsehen eine Hungersnot direkt mit, konnten aber nicht verstehen, was wirklich vor sich ging. Der Einsatz humanitärer Organisationen trug außerdem dazu bei, dass die Medien die Hungersnot und nicht den Konflikt in den Vordergrund stellten – die politische Analyse und die der Rolle der Hilfsorganisationen kamen zu kurz.

3.4.3 Médecins Sans Frontières

Von 1968 bis 1970 sandte das Französische Rote Kreuz, unter der Verantwortung des IKRK, etwa 50 Ärzte unter höchst gefährlichen Bedingungen nach Biafra. Die meisten dieser Ärzte hatten noch nie in Afrika und selten in einem Konflikt gearbeitet. Diese Erfahrung bedeutete also die erste Konfrontation mit den katastrophalen Lebensbedingungen der Menschen in einem armen afrikanischen Land. Die politischen Manipulationen, die sie miterlebten, brachten manche in Konflikt mit der Verschwiegenheit des Roten Kreuzes. Als ebenso frustrierend empfanden sie die schwerfällige Logistik und das Fehlen einer professionellen Katastrophenmedizin, die an die tropischen Verhältnisse eines Landes mit unzureichender Infrastruktur angepasst ist.

Aus dieser Erfahrung heraus gründete eine Gruppe von Ärzten und Journalisten 1971 in Paris die Organisation MSF. Andere, verwandte Organisationen folgten einige Jahre später.[14] Ihr Ziel: sich auf effiziente medizinische Nothilfe zu spezialisieren und sich getreu ihrer humanitären Ideale weder von Grenzen noch von Schweigegeboten abhalten zu lassen, Menschen in Not durch Tat *und* Wort beizustehen, d. h. öffentlich zu berichten oder sogar Position zu beziehen. Es dauerte einige Jahre, bis diese Organisationen handlungsfähig waren; neue technologische Entwicklungen (Luftverkehr, Funktechnik, Medien) förderten ihre Entwicklung. Der Wille jedoch, schwere Verletzungen des humanitären Völkerrechts und der Menschenrechte nicht stillschweigend hinzunehmen, kollidiert bis heute mit dem Streben nach Neutralität.[15]

3.4.4 Flüchtlingslager – die humanitäre Falle

Es waren die wachsenden Flüchtlingsströme, die in den 1970er und 1980er Jahren das Feld der humanitären Hilfe prägten. Seit dem Ende des Zweiten Weltkrieges mussten Millionen Menschen weltweit vor Krieg, Verfolgung und Hunger fliehen. Waren es in den ersten Jahren vor allem die Flüchtlinge im zerrissenen Europa, so verlagerte sich seit Ende der 1970er Jahre der Schwerpunkt neuer Flüchtlingsströme nach Südostasien, Afrika und Zentralamerika. Fast immer handelte es sich um Menschen, die vor bewaffneten Konflikten flohen, meist aus kommunistisch regierten Ländern, die wesentlich vom Ost-West-Konflikt beeinflusst wurden, wie Afghanistan. Allein zwischen 1978 und 1992 stieg dem UNHCR zufolge die Zahl der Flüchtlinge weltweit von 5 auf 18 Mio. Ebenso viele galten als intern Vertriebene.

Die internationale Staatengemeinschaft hatte nach dem Krieg neue Instrumente entwickelt, um den Flüchtlingen Schutz und Hilfe zukommen zu lassen, wie die Flüchtlingskonvention von 1951. Sie garantiert Menschen, die aus Angst vor Verfolgung auf der Flucht eine internationale Grenze überschreiten und damit nicht mehr unter dem gesetzlichen Schutz ihres eigenen Staates stehen, den Schutz des Gastlandes oder der VN. Durch den rapide anwachsenden Strom von Flüchtlingen mussten auch die Hilfsprogramme der VN erheblich ausgebaut werden. Die Arbeit in den Lagern wurde in den 1970er und 1980er Jahren zur prägenden Erfahrung für viele Hilfsorganisationen und zwang sie, sich intensiv mit den politischen und hu-

---

[14] Ärzte der Welt (Médecins du Monde, MdM), Action Contre la Faim (ACF) und Handicap International.

[15] Für eine eindrückliche Darstellung dessen, was Unabhängigkeit für MSF bedeutet, siehe Meyer (2008, S. 180–188).

manitären Herausforderungen auseinanderzusetzen; denn obwohl Flüchtlingslager Schutzräume sein sollen, sind sie doch selbst das Produkt von Konflikt und Gewalt. Die Flüchtlinge bringen immer einen Teil der Konflikte mit; die Situation in den Lagern bringt neue hervor. Flüchtlingslager können gerade durch die humanitäre Hilfe und den internationalen Schutz zu Versorgungs- und Rückzugsbasen für politische und militärische Gruppierungen werden. Ein Beispiel lieferten einige der riesigen Flüchtlingslager, die an der thailändisch-kambodschanischen Grenze nach der Vertreibung der Roten Khmer durch die vietnamesische Armee 1979 entstanden und die über Jahre hinweg den Roten Khmer als Basis dienten (Shawcross 1984).

Viele dieser Lager wurden zum Schauplatz der Bewährung und wachsenden Professionalisierung der humanitären Organisationen. Afghanistan, Angola, El Salvador, Mosambik, Sudan – dies sind nur einige der Konflikte, in denen die Zivilbevölkerung immer wieder zur Zielscheibe wurde. Währenddessen waren die VN im Sicherheitsrat blockiert und hatten die Souveränität der Staaten zu respektieren. Während es die Großmächte nicht wagen konnten, direkt und offen in die Konflikte einzugreifen (Ausnahmen waren die Intervention der USA in Vietnam und die der Sowjetunion in Afghanistan), erlaubte ihnen die Präsenz der NRO nicht nur, die unerträglichen Leiden der Bevölkerung zu mildern, sondern oft auch, den ihnen politisch nahestehenden Rebellengruppen wichtige Überlebenshilfe zukommen zu lassen. So geschehen z. B. in den afghanischen Flüchtlingslagern in Pakistan, die auch dank der humanitären Hilfe für die Flüchtlinge zu gut funktionierenden Versorgungs- und Trainingsbasen der Mudschaheddin und viele Jahre später der Taliban wurden – auch dies ist eines der Beispiele für die unauflösbare Spannung zwischen der Absicht, mit humanitärer Hilfe Bedürftige zu versorgen, und der permanent drohenden Gefahr, dass die Hilfe für politische Zwecke missbraucht wird (Terry 2002, S. 55–82).

Solange in diesen Stellvertreterkriegen die Fronten klar waren, arbeiteten die Hilfsorganisationen oft wie unter einem Schutzschild: Die jeweiligen Konfliktparteien wussten sehr wohl, dass sie sich vor Fernsehkameras und damit vor internationalem Publikum bewegten und dass die internationalen Hilfsorganisationen durch ihre Präsenz an der Seite der notleidenden Bevölkerung eine wichtige Funktion ausübten (Rufin 1993, Kap. 2, I).

3.4.5 Äthiopien

Die schwierige Frage, wie weit eine Hilfsorganisation in ihrer öffentlichen Stellungnahme gehen darf oder soll, wurde vielleicht am klarsten im Norden Äthiopiens Mitte der 1980er Jahre gestellt: Eine große Hungersnot war in den Provinzen Tigray und Wollo ausgebrochen. Dutzende von Hilfsorganisationen versorgten Hunderttausende mit Nahrung, Unterkünften und Medizin. Allerdings handelte es sich dabei nicht um eine Naturkatastrophe. Zwar hatte es eine Dürre gegeben, aber es waren vor allem die Vertreibungen oppositioneller Bevölkerungsgruppen und die Zwangs-

Abb. 3.1 Kinder in einem Ernährungszentrum in Korem/Äthiopien 1985. (Quelle: MSF)

kollektivierung der Landwirtschaft unter dem Mengistu-Regime, die – ähnlich wie in Stalins Sowjetunion – für diese Hungersnot mitverantwortlich waren (Abb. 3.1).

In Europa mobilisierten Musiker wie Bob Geldof mit Life-Aid- und Band-Aid-Konzerten die Bevölkerung und sammelten Millionen von Pfund. Als deutlich wurde, dass das Mengistu-Regime die Hilfe und die Logistik der internationalen Organisationen dazu benutzte, um unliebsame Bevölkerungsgruppen zwangsweise in leichter kontrollierbare Landesteile zu deportieren und damit den Tod von Zigtausenden Menschen verantwortete, protestierte einzig die französische Sektion von MSF öffentlich. Sie klagte die äthiopische Regierung des massiven und systematischen Missbrauchs der humanitären Hilfe an und wurde daraufhin des Landes verwiesen (de Waal 1997, S. 112–124).

David Rieff hat kritisiert, dass Bob Geldof bis heute nie die Frage gestellt hat, wem er mit seinem Geld geholfen hat und wozu es benutzt wurde (Rieff 2005). Dabei sind die Fakten bekannt: Ein Mitglied der äthiopischen Regierung und verantwortlich für die Organisation der Hilfe während der Hungersnot, Dawit Wolde-Giorgis, trat während eines Besuchs in den USA von seinem Posten zurück. In einem persönlichen Bericht von 1989 schreibt er, dass die Kommission, der er vorstand, Ende 1985 im Geheimen zu folgenden Zahlen bezüglich der Hungersnot gekommen war: 1,2 Mio. Tote, 400.000 Flüchtlinge, 2,3 Mio. Binnenvertriebene und fast 200.000 Waisen.¹⁶ „Aber der höchste Preis der Hungersnot", so schreibt er, „war psychologisch. Keiner der Überlebenden würde je wieder derselbe sein. Die Hungersnot ließ eine von der Unberechenbarkeit der Natur und der Brutalität ihrer Regierung terrorisierte Bevölkerung zurück." (Gill 2010, S. 44).

Ende der 1980er Jahre hatten eine Reihe von humanitären Organisationen lernen müssen, wie sie (meist) ungewollt und unbewusst zu Akteuren in diesen zunehmend mediatisierten Konflikten geworden waren. Die „humanitäre Falle" – so der Titel eines 1986 erschienenen Buches (Rufin 1993) – beschreibt das Dilemma, in dem sich viele befanden.¹⁷ Durch die lebensnotwendige Hilfe für die Flüchtlinge und Konfliktopfer unterstützten sie indirekt – und manchmal direkt – die Kriegsherren und schadeten so den Hilfsbedürftigen. Diese Falle, also der fast unvermeidliche Missbrauch der humanitären Hilfe für politische Zwecke, schnappte nur allzu oft zu.¹⁸

3.5 „Mit Ärzten stoppt man keinen Völkermord": Vom Fall der Berliner Mauer bis zum „humanitären Krieg"

Mit dem Fall der Berliner Mauer 1989 und der Auflösung der Sowjetunion 1991 endete der Kalte Krieg. Damit veränderte sich auch der politische Kontext der humanitären Hilfe grundlegend. Die anfängliche Hoffnung auf eine friedlichere Welt stellte sich schnell als gefährliche Illusion heraus. Der Rückzug der Großmächte aus einer Vielzahl von Konflikten in Entwicklungsländern sowie die reduzierte Unterstützung für viele Oppositionsbewegungen führten oft zu einer Verschärfung dieser Konflikte. Die Bürgerkriege in Afghanistan und Somalia Anfang der 1990er Jahre sind Beispiele dafür. Neue, oft ethnisch begründete Konflikte wie in Liberia und auf dem Balkan wurden mit ungeheurer Brutalität geführt.

Nach dem Ende der Totalblockade im Sicherheitsrat spielten die VN allmählich eine größere Rolle, und auch die absolute Souveränität der Staaten, die eine Einmischung von außen in innere Angelegenheiten verbot, wurde hin und wieder infrage gestellt. Das Recht einer Bevölkerungsgruppe auf Schutz und Hilfe, auch gegenüber dem eigenen Staat, wurde neu angesprochen. Auslöser dafür war die Flucht von 400.000 irakischen Kurden in das irakisch-türkische Grenzgebiet im März 1991, eine Folge des Zweiten Golfkriegs und der Diktatur Saddam Husseins. Der Sicherheitsrat beschloss in Resolution 688 eine Militärintervention (Provide Comfort), die erstmals mit der humanitären Notlage der Menschen begründet wurde. 1992 wiederholte sich diese Form der bewaffneten „humanitären" Intervention mit „Restore Hope" in Somalia. 1993 wurde Somalia der Schauplatz des ersten bewaffneten „out of area"-Einsatzes der Bundeswehr, die damals von einem Offizier in einer ARD-Fernsehsendung als größte humanitäre Organisation Deutschlands bezeichnet wurde.¹⁹

---

¹⁶ Es ist nicht erwiesen, ob diese Zahlen korrekt sind (de Waal 1997).
¹⁷ Als spannenden Roman über diese Zeit kann man Rufin 2001 empfehlen.
¹⁸ Siehe dazu auch Shawcross 1984; Terry 2002; Brauman 1996.
¹⁹ So wie später während des Kosovo-Krieges vom damaligen Bundesverteidigungsminister Rudolf Scharping (Eberwein 2004, S. 6).

Das Recht auf eine (bewaffnete) „humanitäre" Intervention und damit eine Verletzung der bis dahin unantastbaren Souveränität der Staaten wurde u. a. von Bernard Kouchner, damals Staatssekretär für humanitäre Hilfe in Frankreich,[20] als ein Mittel zur Verhinderung von Völkermord gepriesen. Diese Euphorie ist, nach Bosnien und Herzegowina, Ruanda, der Demokratischen Republik Kongo, Irak und Afghanistan schnell einer tiefen Ernüchterung gewichen. Die Einsatzkräfte der VN 1993 in Somalia konnten es nicht verhindern, selbst in die Kampfhandlungen hineingezogen zu werden. Die niederländischen Blauhelme in der bosnischen Enklave Srebrenica, die zum Schutz der Menschen dort stationiert waren, waren nicht in der Lage, den serbischen Truppen Einhalt zu gebieten, als diese Srebrenica 1995 überrannten und Tausende von muslimischen Männern ermordeten.

Seit dem Beginn der 1990er Jahre waren es zunehmend die Regierungen selbst, die – in welcher Form auch immer – humanitäre Hilfe in manchen politisch für sie wichtigen Kontexten leisten wollten. Staatliche Finanzierung, militärischer Schutz, „humanitäre" Intervention[21] – wann immer politisch opportun, waren die Staaten zur Stelle. Unabhängige humanitäre Organisationen, die sich nicht vereinnahmen lassen wollen, haben es seitdem oft schwer, klarzumachen, dass sie nicht im Dienste der VN oder ihrer Regierungen stehen, zumal es eine Reihe von Hilfsorganisationen gibt, die durchaus im Dienste ihrer Regierungen arbeiten.

Auch für die VN wurden die Hilfsorganisationen mehr und mehr zu einem politischen Instrument: „Humanitarian agencies have now become an important instrument at the disposal of the international community to undertake what is as much a political as a humanitarian task: the containment of crises." (Viera de Mello 1998). Mit dem Kosovo-Krieg 1999, der von einigen offen als „humanitärer Krieg" bezeichnet wurde, erreichte diese Entwicklung ihren Höhepunkt (Eberwein 2004, S. 6).

Aber es war Ruanda, wo die Hoffnung auf eine humanitär agierende internationale Gemeinschaft endgültig zusammenbrach.

3.5.1 Völkermord in Ruanda

In ihrem Buch „Condemned to Repeat?" („Zur Wiederholung verurteilt?") hat Fiona Terry untersucht und belegt, wie die internationale Hilfe immer wieder in die gleiche Falle läuft (siehe auch Rufin 1993): Durch häufig fast bedingungslose Hilfe gerade im abgeschlossenen Mikrokosmos eines Flüchtlingslagers ermöglicht sie allzu oft die Fortsetzung der Gewalt und die Entstehung von oppressiven Strukturen, die die Flüchtlinge zu Geiseln und die internationale Hilfe zu Komplizen machen. Das wohl schockierendste Beispiel liefern die Ereignisse in den Lagern des ehemaligen Zaire (heute Demokratische Republik Kongo) nach dem Völkermord in Ruanda.

Während des Genozids und in den Jahren danach haben die internationale Politik ebenso wie die meisten Hilfsorganisationen völlig versagt. Angesichts der

---

[20] Einem Mitbegründer von MSF, der aber bereits 1978 die Organisation verlassen hatte.
[21] Zur Problematik der Terminologie siehe Kap. 19.

Grausamkeit der in Ruanda verübten Verbrechen und des unvorstellbaren Leids der Menschen sind jedoch – und das soll hier ausdrücklich betont werden – die Probleme der Hilfsorganisationen sekundär. Die humanitäre Hilfe ist in aller Regel ein Nebenschauplatz. Aber was in Ruanda geschehen ist, stellt bis heute die Frage nach der Verantwortung und den Handlungsmöglichkeiten der Hilfsorganisationen in extremen Situationen.

Als am 6. April 1994 der ruandische Präsident Juvénal Habyarimana durch den Abschuss seines Flugzeugs gezielt getötet wurde, war dies das Signal für den Beginn des Genozids in Ruanda. Bis zu eine Million Tutsi und oppositionelle Hutu wurden innerhalb von drei Monaten von regierungstreuen Hutu-Milizen ermordet.

Zu dieser Zeit waren über 100 Hilfsorganisationen im Land. Doch die meisten hatten weder bemerkt noch verstanden, dass dieser Genozid von längerer Hand vorbereitet worden war. Eine Ausnahme war der kanadische General Romeo Dallaire, Leiter der 2.500 Mann starken VN-Blauhelmmission, der monatelang vor einer Katastrophe gewarnt hatte. Die Blauhelme sollten die Einhaltung des Friedensabkommens von Arusha überwachen, das eine gemeinsame Regierungsverantwortung der beiden Bevölkerungsgruppen Hutu und Tutsi vorsah. Denn Ruanda hatte seit den späten 1950er Jahren eine Geschichte von internen Konflikten und Pogromen gegen die Tutsi-Minderheit erlebt.

Nach dem Beginn der Massaker verließen die meisten humanitären Helfer das Land. Einige Mediziner des IKRK und von MSF versuchten, in einem Krankenhaus in Kigali Verwundete zu versorgen, weil dieses Hospital einer der wenigen Orte war, der einen gewissen Schutz vor Übergriffen gegen Patienten und Personal bot. Die VN reagierten mit Rückzug und zogen 90 % der Blauhelme ab, gegen die verzweifelten Appelle von General Dallaire und obwohl spätestens seit Mai 1994 bekannt war, dass es sich um einen Genozid handelte. Die Welt verschloss die Augen und ließ einen Völkermord geschehen (Brauman 1995).

Bis heute ist es schwer zu verstehen, warum während des Völkermords, als jeden Tag Tausende Menschen auf den Straßen, in Kirchen oder Krankenhäusern vor aller Augen ermordet wurden, kein Politiker eine Militärintervention verlangte, obwohl dies nach Ansicht vieler das einzige Mittel gewesen wäre, das Morden zu stoppen. Nur wenige Organisationen meldeten sich verzweifelt zu Wort. Doch keine Regierung, kein Parlament, keine VN-Organisation forderte öffentlich eine Intervention. Man bezeichnete den Völkermord in Ruanda als eine „humanitäre Krise" – als ginge es um fehlende Nahrungsmittel oder medizinische Versorgung.

Nach wie vor stellt sich die Frage, ob eine humanitäre Organisation öffentlich eine Militärintervention fordern darf, ob damit nicht eine prinzipielle Grenze überschritten wird. Doch bei einem Genozid wie in Ruanda kann humanitäre Hilfe kaum etwas ausrichten: Mit Ärzten stoppt man keinen Völkermord. Wenn in einer solchen Situation die politischen Entscheidungsträger nicht reagieren, kann es für eine humanitäre Organisation vor Ort richtig sein, öffentlich eine Intervention zu fordern und damit eine Debatte auszulösen.

Im Juli 1994 eroberte die Ruandische Patriotische Front (RPF) die Hauptstadt Kigali und beendete das Morden. Daraufhin schürten die Anführer des unterlegenen Regimes Panik unter der Bevölkerung vor den neuen Machthabern und organisierten

Abb. 3.2 Flüchtlinge in Goma/Zaire im Juli 1994. (Quelle: MSF)

einen systematischen Exodus von mehr als einer Million Menschen. Sie flohen in die Nachbarländer, vor allem in die Region um Goma, im ehemaligen Zaire.

Heute ist bekannt, wie genau dieser Exodus geplant war – und wie sehr die Anführer des Völkermords die humanitäre Hilfe in ihr Kalkül einbezogen (Terry 2002, S. 155–192). Sie wurden nicht enttäuscht: Die internationale Gemeinschaft – die VN, alle westlichen Regierungen, oft sogar ihre Armeen – strömte in einem beispiellosen Akt der Hilfsbereitschaft in die zairischen Lager. Die Organisation CARE startete unter der Schirmherrschaft von Bundesgesundheitsminister Seehofer die Hilfsaktion „Menschlichkeit für Ruanda" und suchte über die Medien 2.500 Ärzte, Krankenschwestern und Studenten, die in Gruppen von 250 für 14 Tage in den Lagern um Goma Flüchtlinge versorgen sollten. Die Bundesregierung, die während des Völkermords nicht reagiert hatte, versprach sich davon eine große PR-Aktion im Sinne von „Deutschland hilft Ruanda". Doch der Plan ging nicht auf, war die Aktion doch eine dilettantische Form des Katastrophentourismus, von der ZEIT als „Kreuzzug der Helfer" beschrieben.

In den zairischen Lagern brach Cholera aus, es gab kein Wasser und in den ersten Tagen kaum Hilfe. Die Hilfsorganisationen arbeiteten rund um die Uhr und retteten Zigtausenden das Leben. Als nach einigen Wochen das Schlimmste vorbei war, stellte sich jedoch allmählich heraus, dass die Anführer des Völkermords in den Lagern alte Strukturen wieder aufgebaut hatten. Unter den Flüchtlingen befanden sich 20.000 bis 60.000 Milizen, Politiker und Beamte, die für den Genozid verantwortlich waren. Diese Anführer beherrschten nicht nur die Flüchtlinge, hielten sie als Geiseln und erhoben Steuern; sie hatten auch große Mengen an Waffen (sogar Panzer) mitgenommenen sowie ca. US$ 60 Mio. in Bargeld (Abb. 3.2).

In den Lagern fanden sie zudem eine weitere, schier unerschöpfliche Einkommensquelle: die humanitäre Hilfe. Lange Zeit beruhten die Nahrungsmittellieferungen auf völlig überhöhten Flüchtlingszahlen, die von den Anführern manipuliert und nie von den VN-Organisationen überprüft wurden. Gleichzeitig mussten hungernde Kinder behandelt werden, obwohl genug Nahrungsmittel vorhanden waren. Die Hilfe kam also nicht den Bedürftigsten zugute. Schließlich stellte sich heraus, dass Hilfsgüter auf dem Schwarzmarkt verkauft wurden. Auch machten die Anführer keinen Hehl daraus, dass sie sich weiterhin Waffen besorgen konnten und erneut Angriffe auf die Tutsi-Bevölkerung in Ruanda planten (Terry 2002).

Die im Herbst 1994 immer deutlicheren Warnungen einiger Hilfsorganisationen verhallten indes ungehört, obwohl sogar der VN-Sicherheitsrat über die Vorgänge in den Lagern informiert worden war. Nach dem Völkermord in Ruanda versagte die internationale Gemeinschaft in Zaire erneut: Es gelang nicht einmal, die Kriminellen von den bedürftigen Flüchtlingen in den Lagern zu trennen oder die Milizen zu entwaffnen. Nach langen bitteren Diskussionen beschlossen einige Organisationen, sich aus den Lagern zurückzuziehen. Der Abbruch der Hilfsprojekte ist eine, wenngleich extreme, Option, um den massiven Missbrauch humanitärer Hilfe wenigstens teilweise zu verhindern.

Wie konnte es passieren, dass zwei Jahre lang die Täter durchgefüttert wurden, während der größte Teil der Überlebenden in Ruanda sich selbst überlassen blieb? Wie kann künftig verhindert werden, dass humanitäre Hilfe als Alibi für mangelndes politisches Engagement herhalten muss? Wie kann besser erklärt werden, dass technisch akzeptable Programme aus humanitären und politischen Gründen kriminell sein können?

Da die bewaffneten Hutu-Milizen in den zairischen Lagern zu einer dauernden Bedrohung für Ruanda wurden, griff im Oktober 1996 eine Koalition aus ruandischen und burundischen Soldaten sowie kongolesischen Rebellen die Lager an. Im November organisierte die ruandische Armee die Rückkehr der Flüchtlinge nach Ruanda. Bis zu 700.000 Menschen folgten dem Aufruf, zum Teil sicher gezwungenermaßen, aber Hunderttausende blieben aus Furcht vor dem ruandischen Regime in Zaire. In den folgenden Monaten verfolgten die ruandische Armee und kongolesische Rebellen diese Flüchtlinge in Zaire und ermordeten Tausende. Während dieser Zeit leugneten die Verfolger – und für eine Zeit selbst die internationale Gemeinschaft – die bloße Existenz dieser Menschen. Eric Goemaere, der damals für MSF in Kisangani arbeitete, erinnert sich:

> Wir wurden von der RPF benutzt, um diese Flüchtlinge, die ja schon die Überlebenden der Überlebenden waren, aus dem Wald zu locken. Aber damals war uns das nicht klar. Die Idee der Verfolger war, diese Menschen immer weiter durch Zaire zu treiben, bis sie verschwinden. Doch plötzlich ergaben sich die Flüchtlinge, sie waren völlig erschöpft. MSF erhielt die Erlaubnis, sie in Lagern zu versorgen. Uns war bald klar, dass irgendetwas passieren würde, denn plötzlich war überall Militär, und wir durften zwei Tage nicht in die Camps. Als wir zurückkamen, waren alle verschwunden. Ermordet. Das war für mich die grausamste Erfahrung in all diesen Jahren, weil ich daran mitgewirkt habe, diese Menschen ihren Mördern auszuliefern. Es war schrecklich. Ich habe niemals vorher oder nachher Menschen gesehen, die so erschöpft und krank waren. (Pilar 2011, S. 55)

Muss man in dem Moment, wenn klar wird, dass die eigene humanitäre Hilfe als Köder dient, die Arbeit einstellen? Oder hätten durch öffentliche Verurteilung weitere Massaker verhindert werden können – mit dem Risiko, die Teams vor Ort zu gefährden? (siehe auch Kap. 19). Der Konflikt in der Region dauert an und hat Millionen Menschen das Leben gekostet. Bis heute sind die politisch-humanitären Fragen, die zum Versagen der Regierungen, der VN und vieler Hilfsorganisationen in der Region der Afrikanischen Großen Seen beitrugen, in Deutschland nicht ernsthaft öffentlich diskutiert worden.

3.5.2 Krieg in Europa

Im Sommer 1991 marschierte die Jugoslawische Volksarmee[22] in Kroatien und Slowenien ein, und Anfang 1992 erreichte der Krieg Bosnien und Herzegowina. Dieser Krieg wird für immer mit dem Ausdruck „ethnische Säuberung" verbunden sein, hinter dem sich ein Programm von Vertreibung, Vergewaltigung, Folter und Mord an nicht-serbischen, vor allem an muslimischen Jugoslawen verbarg. 4 Mio. Menschen wurden im Laufe des Krieges im ehemaligen Jugoslawien vertrieben, die wenigsten schafften die Flucht ins sichere Ausland, denn die europäischen Regierungen fürchteten die Flüchtlingsströme und versuchten, den Krieg so weit wie möglich auf das ehemalige Jugoslawien zu begrenzen. Hunderttausende wurden in Internierungslager gesteckt.

Die VN hatten die UN Protection Force (UNPROFOR) geschaffen, Blauhelme, deren Auftrag nicht der Schutz der bedrohten Bevölkerung war, sondern nur der Schutz der humanitären Konvois. Sie hatten die Enklaven, in denen ein Großteil der bosnischen Bevölkerung wie in Ghettos zusammengepfercht lebte, zu „Sicherheitszonen" erklärt, ohne jedoch ein Schutzmandat zu haben, sondern nur ein sog. „humanitäres" Mandat. So gaben sich die europäischen Regierungen und die VN den Anschein, es werde etwas getan, und gaukelten der bedrohten Bevölkerung ein gewisses Maß an Sicherheit vor. Dies brachte MSF und andere dazu, von „humanitärer Hilfe als Alibi" zu sprechen, die den fehlenden politischen Willen, den Krieg zu beenden und die Menschen zu schützen, verschleierte.

Für die Hilfsorganisationen war die Arbeit extrem gefährlich. Besonders die Präsenz in den von serbischen Soldaten und Milizen eingekesselten Enklaven war oft Gegenstand heftiger Diskussionen: Während die einen dafür plädierten, die Menschen dort nicht alleine zu lassen und alles zu tun, um sie zu unterstützen, beharrten andere darauf, dass man sich so zum Komplizen der ethnischen Vertreibungen seitens der serbischen Regierung mache.

Die VN war zur Geisel der serbischen Regierung geworden, und immer wieder wurde von den europäischen Regierungen betont, dass man trotz aller Gräuel nichts tun könne, weil es die Blauhelme und die Hilfsorganisationen gefährde. Erst nach dem Massaker von Srebrenica in Bosnien und Herzegowina im Juli 1995 drängte die US-Regierung darauf, die serbischen Stellungen zu bombardieren.

3.5.3 Kosovo – die Militarisierung der humanitären Hilfe

Wo immer seit dem Ende des Kalten Krieges das Militär im Kontext bewaffneter Konflikte von außen eingegriffen hatte, wurden diese Aktionen oft schnell und salopp mit dem Etikett „humanitär" versehen. Mit dem Schlagwort vom „humanitären Krieg" als Bezeichnung für den NATO-Einsatz im Kosovo 1999 erreichte diese

---
[22] Die Armee war bis 1991, dem Austritt Sloweniens und Kroatiens aus der Bundesrepublik Jugoslawien und Beginn der Jugoslawienkriege, ein multiethnischer Verband. In der Folge fiel sie immer mehr unter die Kontrolle Serbiens.

Abb. 3.3 MSF unterhält mobile Kliniken für vertriebene Albaner im Kosovo (1999). (Quelle: Myriam Gaume, MSF)

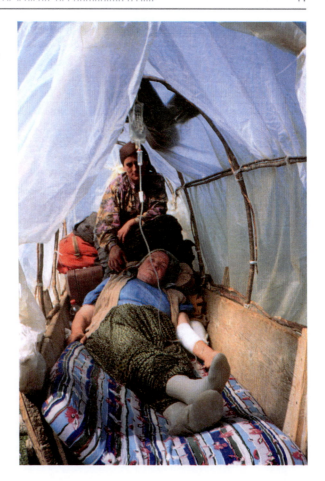

Entwicklung einen Höhepunkt:[23] Der Krieg wurde fast ausschließlich „humanitär" begründet (Abb. 3.3).

Gleichzeitig wurden Tausende NATO-Soldaten zur humanitären Hilfe in die Flüchtlingslager in Albanien und Mazedonien abkommandiert. Durch die hohe Sichtbarkeit der Militäraktionen im ehemaligen Jugoslawien hatten die NATO-Staaten, und insbesondere Deutschland, großes Interesse daran, eine medientaugliche humanitäre Aktion zu initiieren und damit den Kampfeinsatz der Bundeswehr ohne VN-Mandat abzufedern. Während sich die Aufmerksamkeit vor allem auf die Hilfsaktionen für die Flüchtlinge in Albanien und Mazedonien richtete, wurde die Abwesenheit entsprechender Hilfe für die Menschen in Serbien und in der Pro-

---

[23] „The situation [in Bezug auf die humanitäre Rolle des Militärs] certainly encouraged impressions that a humanitarian label was being used as a cover for military functions" (UNHCR 2000); vgl. auch Sommaruga 1999.

vinz Kosovo kaum thematisiert. Diese war durch die Militäraktionen unmöglich geworden.

Begründet wurden die sog. humanitären Einsätze des Militärs mit der mangelnden Kapazität und Kompetenz der humanitären Organisationen. Dies war zu einem großen Teil Propaganda.

Die Übernahme dieser humanitären Aufgaben stellte nicht nur eine schwerwiegende Vermischung des humanitären und militärischen Bereichs dar (u. a. wurde das Verbindungsbüro in Pristina/Kosovo für die deutsche humanitäre Hilfe vom parlamentarischen Staatssekretär des Bundesverteidigungsministeriums geleitet), sondern hatte auch erhebliche Sicherheitsprobleme zur Folge: Da ein Teil der Flüchtlingslager nah an der jugoslawischen Grenze aufgebaut und von NATO-Verbänden geführt wurden, wurden sie für die jugoslawische Armee zu legitimen Zielen und beschossen.[24] Flüchtlinge und humanitäres Personal wurden somit gefährdet. Die NATO als Kriegspartei und „humanitäre Organisation" förderte somit die Konfusion der Begriffe.

Auch in Deutschland war es für Hilfsorganisationen schwer, Abstand zur Politik zu wahren. Die Öffentlichkeit und Medien schienen sich zum größten Teil einig, dass alle am gleichen Strang zu ziehen hätten, weil alle Akteure die gleichen Interessen verträten. Zudem schien humanitäre Hilfe dringend nötig und es war deshalb für viele wünschenswert, dass das Militär sich dort helfend engagierte. Die Medien ignorierten völlig den Propagandaeffekt, den das Militär mit der eigenen Darstellung als humanitärer Akteur beabsichtigte sowie die darin liegende Gefahr für Flüchtlinge und unabhängige Hilfsorganisationen. Die nationale Imagepflege bewegte die Bundesregierung auch dazu, die deutschen humanitären Organisationen in bestimmte, für die deutsche Kosovopolitik hilfreiche Gebiete zu drängen. So forderte der damalige Staatssekretär im Auswärtigen Amt, Wolfgang Ischinger, nach dem Krieg die deutschen NRO auf, sich im Raum Prizren zu betätigen, wo das deutsche Militär stationiert war.

3.6 Die Terroranschläge vom 11. September 2001 und die Folgen – Politisierung der Hilfe im Namen der Sicherheit

Mit dem „Global War on Terror" begann 2001 eine neue Phase (siehe ausführlich dazu Kap. 22). Die Politik der Bush-Regierung nach dem 11. September 2001 führte zu einer neuen Polarisierung der Welt und einer weiteren Verschärfung der Spannungen, denen die humanitäre Hilfe ausgesetzt ist. Mehr denn je wird humanitäre Hilfe als Instrument der Außenpolitik eingesetzt und sicherheitspolitischen Bedingungen unterworfen (Donini 2012).

Das ist nicht neu, wie gezeigt wurde, aber die Konsequenzen sind heute spürbarer, denn nie gab es so viel humanitäre Hilfe wie heute. Der Bericht über die

---

[24] „The location of camps established by EXCOM [Executive Committee] members in Northern Albania created considerable security risks by placing refugees in zones directly implicated in cross-border military activities." (UNHCR 2000).

„Global Humanitarian Assistance" (GHA 2012) spricht von einem Finanzvolumen von US$ 17,1 Mrd. und rund 274.000 humanitären Helfern weltweit. Jedes Jahr verdanken Millionen Menschen der humanitären Hilfe ihr Leben. Der „Human Security Report" 2009/2010 stellt sogar fest, dass die Zahl der Toten als Folge von Krieg und Konflikten in den letzten Jahren signifikant zurückgegangen ist (HSR 2011, S. 110). Einer der drei dafür verantwortlichen Hauptfaktoren ist demzufolge die humanitäre Hilfe.

Humanitäre Hilfe ist also für viele Millionen Menschen überlebenswichtig. Die Arbeit der Hilfsorganisationen ist auch eine Erfolgsgeschichte, selbst wenn es viele Gründe für (mehr) (Selbst-)Kritik gibt. Aber humanitäre Hilfe bleibt sehr ungleich verteilt – das Ideal der Unparteilichkeit bleibt unerreicht: Der „State of the Humanitarian System Report" beklagt diese anhaltende Ungerechtigkeit in der Verteilung der finanziellen Zuwendungen für humanitäre Hilfe (ALNAP 2012, S. 44). Obwohl das Gesamtvolumen seit zehn Jahren kontinuierlich steigt, wird die finanzielle Situation in den meisten Krisen von Helfern als unzureichend beurteilt – mit einer aktuellen Ausnahme: Haiti. Die höchsten offiziell veröffentlichten Budgets (staatliche und private Mittel) entfallen seit einigen Jahren auf Sudan, Pakistan, Äthiopien, die Demokratische Republik Kongo, Somalia und Afghanistan (ALNAP 2012, S. 37). Es sind sicherlich Länder, in denen große Bevölkerungsteile seit Jahren unter katastrophalen Umständen leben, aber auch Länder, die vom strategischen Interesse des Westens profitieren und deshalb mehr Aufmerksamkeit erfahren. Länder wie die Zentralafrikanische Republik haben es erheblich schwerer, Aufmerksamkeit zu erhalten.

Gleichzeitig hat sich die Sicherheitslage der Helfer weiter verschlechtert: 308 Mitarbeiter von Hilfsorganisationen wurden im Jahr 2011 Opfer gewaltsamer Übergriffe, so viele wie niemals zuvor (Stoddard et al. 2012). Davon wurden 86 getötet und 95 entführt, die anderen schwer verwundet. Und: Es sind leider oft die Bedürftigsten, die nicht erreicht werden. Sieht man auf zwei der aktuell schwierigsten Konfliktsituationen, Somalia und Afghanistan, wo Millionen Menschen von jeglicher Hilfe abgeschnitten sind, dann sieht man, dass ein wesentlicher Faktor dafür die herrschende Unsicherheit, auch der humanitären Helfer, ist (Pilar 2013).

Auch wenn ein direkter Zusammenhang nicht bewiesen werden kann, so sind sich die Hilfsorganisationen doch relativ einig, dass das militärische Engagement der USA und der NATO sowie die herrschende Doktrin des „Global War on Terror" zur großen Gefährdung der Helfer beigetragen haben. Selbst der Programmdirektor des IKRK, Pierre Krähenbühl, warnte kürzlich vor einer „Militarisierung der Hilfe" (Krähenbühl 2011).

Die Unabhängigkeit der humanitären Hilfe ist nicht nur in Gefahr, sie ist heftig korrumpiert. Dabei wird sie gebraucht, vielleicht in den kommenden Jahren sogar mehr denn je. Oder wie Antonio Donini in seinem jüngsten Buch „The Golden Fleece" (Donini 2012, S. 3) schreibt: „Humanitarianism has become part of global governance, if not of government. It has also become a global fig leaf that covers up for global mis-governance. The world's collective unwillingness or inability to prevent conflict, to address the plight of millions in drought or flood-prone lands and the growing incidence of climate-related disasters, creates the need for a humanitarian enterprise out of all proportion to what would be required if we had more responsible and just governance in the world."

Es liegt gerade auch in der Verantwortung der humanitären Organisationen, sich angesichts dieses Verdikts kritisch zu hinterfragen, sich nicht vereinnahmen zu lassen und sich zu positionieren.

Literatur

ALNAP (2012) The state of the humanitarian system 2012. http://www.alnap.org/ourwork/current/sohs.aspx. Zugegriffen: 17. Nov 2012
Barnett M (2011) Empire of humanity. A history of humanitarianism. Cornell University Press, Ithaca
Bouchet-Saulnier F (2002) The practical guide to humanitarian law. Rowman & Littlefield, Boston
Bundesministerium der Verteidigung BMVg (1992) Humanitäres Völkerrecht in bewaffneten Konflikten, Handbuch. www.humanitaeres-voelkerrecht.de/HbZDv15.2.pdf. Zugegriffen: 4. Jan 2013
Brauman R (1996) Humanitaire le dilemme. Les editions Textuel, Paris
Brauman R (1995) Hilfe als Spektakel. Das Beispiel Ruanda. Rotbuch-Verlag, Hamburg
Davies K (2012) Continuity, change and contest. Meanings of ‚humanitarian' from the ‚Religion of Humanity' to the Kosovo war. ODI, HPG working paper August:2012
Destexhe A (1993) L'humanitaire impossible. Armand Colin, Paris
de Waal A (1997) Famine crimes: politics and the disaster relief industry in Africa. African Rights & The International African Institute, Oxford
Donini A (2012) The golden fleece. Manipulation and Independence in Humanitarian Action. Sterling, VA
Eberwein WD (2004) Humanitäre Hilfe – Krieg und Terror, Kontinuität und Wandel eines Politikfeldes, Discussion papers//Wissenschaftszentrum Berlin für Sozialforschung (WZB), Beim Präsidenten: Arbeitsgruppe Internationale Politik, No. P04–301. http://hdl.handle.net/10419/4984. Zugegriffen: 4. Jan 2013
Favez JC (1999) The red cross and the holocaust. Cambridge University Press, Cambridge
Gill P (2010) Famine and foreigners: ethiopia since live aid. Oxford University Press, Oxford
Global Humanitarian Assistance Report 2012 (2012) GHA. http://www.globalhumanitarianassistance.org/reports. Zugegriffen: 21. Dez 2012
Human Security Report Project (2011) (HSR) Human Security Report 2009/2010 – The causes of peace and the shrinking costs of war, New York/Oxford. http://www.hsrgroup.org/human-security-reports/20092010/text.aspx. Zugegriffen: 14. Nov 2012
Krähenbühl P (2011) The militarization of aid and its perils. http://www.icrc.org/eng/resources/documents/article/editorial/humanitarians-danger-article-2011-02-01.htm. Zugegriffen: 14. Nov 2012
Magone C, Neuman M, Weissmann F (Hrsg) (2011) Humanitarian negotiations revealed. The MSF experience. Columbia University Press, New York
Meyer P (2008) Schmerzgrenzen. Unterwegs mit Ärzte ohne Grenzen. Gütersloher Verlagshaus, Gütersloh
Moorehead C (1998) Dunant's dream: war, Switzerland and the history of the Red Cross. Harper Collins, London
Morgenbrod B, Merkenich S (2008) Das Deutsche Rote Kreuz unter der NS-Diktatur. Schöningh, Paderborn
Von Pilar U (2013) Wenn Elefanten kämpfen … – Der politische Missbrauch der Humanitären Hilfe im Namen der Sicherheit. Beispiele aus der Arbeit von MSF in Somalia und Afghanistan. In: Daase C, Engert S, Junk J (Hrsg) Verunsicherte Gesellschaft – Überforderter Staat. Zum Wandel der Sicherheitskultur. Campus, Frankfurt a. M.

Redfield P (2013) Life in crisis: the ethical journey of doctors without borders. University of California Press, Berkeley

Rieff D (2005) Cruel to be kind? http://www.guardian.co.uk/world/2005/jun/24/g8.debtrelief. Zugegriffen: 4. Jan 2013

Rufin JC (2001) Tage in Asmara (im Original: Les causes perdues). Claassen, Berlin

Rufin JC (1994) L'aventure humanitaire. Gallimard, Paris

Rufin JC (1993) Le piège humanitaire (1986), suivi de Humanitaire et politique depuis la chute du Mur. Überarbeitete Ausgabe, 1993. Éditions Jean-Claude Lattès, Paris

Seacole M (1857) Wonderful Adventures of Mrs. Seacole in Many Lands. Oxford University Press (reprint of 1988)

Shawcros W (1984) The quality of mercy. Cambodia, Holocaust and Modern Conscience. Simon&Schuster, New York

Slim H (2008) Killing civilians. Method, madness and morality in war. Columbia University Press, New York

Sommaruga C (1999) Humanität kann keine Kriege rechtfertigen – 50 Jahre Genfer Konventionen, Süddeutsche Zeitung (12. August 1999)

Stoddard A, Harner A, Hughes M (2012) Aid worker security report 2012. In: Humanitarian Outcomes (Hrsg). http://www.humanitarianoutcomes.org/resources/AidWorkerSecurityReport2012.pdf. Zugegriffen: 14. Nov 2012

Suttner B von (1979) Lebenserinnerungen. Verlag der Nation Berlin, Berlin

Terry F (2002) Condemned to repeat? The paradox of humanitarian action. Cornell University Press, Ithaca

UNHCR (2000) The Kosovo refugee crisis: an independent evaluation of UNHCR's emergency preparedness and response (February 20, 2000)

Vieira de Mello S (1998) Politics and humanitarian action, final report of the seminar on humanitarian action. Perception and Security (Lisbon, 27.–28. March 1998): 46–51

Walker P, Maxwell D (2009) Shaping the humanitarian world. Routledge, London

Das Mandat der humanitären Hilfe: Rechtsgrundlagen und Prinzipien

Heike Spieker

Die Leistung humanitärer Hilfe erfolgt in einem bestimmten rechtlichen Rahmen. So hält das internationale Recht einen Rahmen für die Leistung humanitärer Hilfe bereit. Die Staatengemeinschaft hat sich auf bestimmte Rechte und Pflichten, Garantien, Verbürgungen und Verpflichtungen im Zusammenhang mit der Leistung von humanitärer Hilfe geeinigt.

4.1 Völkerrechtliche Regelung der Leistung humanitärer Hilfe

Staaten haben dies sowohl direkt als auch indirekt bzw. spezifisch bezogen auf die Hilfeleistung wie auch in umfassenderer Art getan. So ist z. B. völkerrechtlich speziell vereinbart, dass im Fall der Leistung humanitärer Hilfe in der Situation eines bewaffneten Konflikts „die am Konflikt beteiligten Parteien […] den Schutz der Hilfssendungen" gewährleisten und „ihre schnelle Verteilung" erleichtern (Art. 70 Abs. 4 Zusatzprotokoll – ZP I[1]). Im weiteren Sinn gehört jedoch auch etwa das völkerrechtliche Verbot, Zivilpersonen in einem bewaffneten Konflikt zum direkten Ziel von Angriffen zu machen,[2] zu den rechtlichen Rahmenbedingungen der Leistung humanitärer Hilfe, denn Helfer – oder auch die aus einem Konfliktgebiet berichtenden Journalisten – genießen in bewaffneten Konflikten grundsätzlich den Schutz als Zivilperson. Der vorliegende Beitrag stellt den spezifischen

---

[1] Zusatzprotokoll vom 8. Juni 1977 zu den Genfer Abkommen vom 12. August 1949 über den Schutz der Opfer internationaler bewaffneter Konflikte (Protokoll I); BGBl. 1990 II S. 1550; BGBl. 1990 II S. 1637; für die Bundesrepublik Deutschland in Kraft getreten am 14. August 1991.

[2] Art. 51 Abs. 2 ZP I: „Weder die Zivilbevölkerung als solche noch einzelne Zivilpersonen dürfen das Ziel von Angriffen sein. Die Anwendung oder Androhung von Gewalt mit dem hauptsächlichen Ziel, Schrecken unter der Zivilbevölkerung zu verbreiten, ist verboten."

H. Spieker (✉)
DRK-Generalsekretariat, Carstennstr. 58, 12205 Berlin, Deutschland
E-Mail: Spiekerh@drk.de

Völkerrechtsrahmen für die Leistung und die Prinzipien der humanitären Hilfe dar und geht weder auf nationales Recht des Staates der Entsendeorganisation ein noch desjenigen Staates, auf dessen Territorium die Hilfe geleistet wird.

4.1.1 Nicht verbindliche Regelwerke und Selbstverpflichtungen

Es sind jedoch nicht nur die rechtlich verbindlichen Normen, die den Rahmen für die Leistung humanitärer Hilfe bilden. Staaten und eine Reihe weiterer Akteure haben zudem rechtlich nicht verbindliche Regelwerke und Selbstverpflichtungen geschaffen, um eine gewisse Vereinheitlichung zu schaffen und sich auf bestimmte Standards zu verständigen. Dazu gehören zunächst an herausgehobener Stelle die sog. Grundsätze der humanitären Hilfe oder humanitäre Prinzipien. Auf der Grundlage des Axioms der Menschlichkeit sind dies die Grundsätze der Unparteilichkeit, Neutralität und Unabhängigkeit. Sie sind als solche nicht rechtlich verbindlich, sind aber aus rechtsverbindlichen Dokumenten hervorgegangen oder haben in verschiedener Form Eingang darin gefunden. Verbindlich ist das jeweilige Prinzip dann über das betreffende Rechtsdokument in dessen Anwendungs- und Geltungsbereich. So enthält Resolution 46/182 der Generalversammlung der Vereinten Nationen (VN) (engl. United Nations, UN) über die Stärkung der Koordinierung humanitärer Nothilfe der VN[3] aus dem Jahr 1991 im Anhang Leitprinzipien („Guiding Principles") der von den VN geleisteten humanitären Hilfe. Diese setzen bei der Hilfeleistung im Rahmen der VN die Einhaltung der Prinzipien der „Menschlichkeit", „Neutralität" und „Unparteilichkeit" voraus.[4]

Der sog. „humanitäre Raum"(„humanitarian space") entsteht durch die Respektierung dieser Prinzipien durch sämtliche Beteiligte. Je mehr die Respektierung der Prinzipien sowohl abstrakt als auch in einer konkreten Situation infrage gestellt oder die Prinzipien sogar verletzt werden, desto fragiler wird der humanitäre Raum und desto begrenzter wird er. Es ist der humanitäre Raum, der Akteuren der humanitären Hilfe den Zugang zu der von einer Katastrophe betroffenen Bevölkerung und ein wirksames Leisten humanitärer Hilfe allein nach dem Maß der Not und ohne die Identifizierung mit einem in der jeweiligen Situation im Raum stehenden politischen Zweck ermöglicht. Maßnahmen zur Sicherung des humanitären Raums können z. B. die Einrichtung sog. „humanitärer Korridore" oder „humanitärer Schutzzonen" sein, um es einer Bevölkerung zu ermöglichen, ein Gebiet zu verlassen, in dem ihre Sicherheit bedroht ist, und in ein Gebiet zu gelangen, in welchem es für sie möglich ist, humanitäre Hilfe in einem sicheren Umfeld zu erhalten, und in dem ein Mindestmaß an Sicherheit für Organisationen und Helfer gewährleistet ist.[5]

---

[3] Strengthening of the coordination of Humanitarian Emergency Assistance of the United Nations. A/RES/46/182 vom 19. Dezember 1991. http://www.un.org/documents/ga/res/46/a46r182.htm. Zugegriffen: 2. Nov. 2012.

[4] A/RES/46/182: „2. Humanitarian Assistance must be provided in accordance with the principles of humanity, neutrality and impartiality."

[5] Umfassender meint der Begriff des humanitären Raums, die Gewährleistung des ungehinderten Zugangs zu einer unterversorgten Bevölkerung, die Möglichkeit einer ungehinderten Evaluation

Der Begriff des „humanitären Imperativs" bezeichnet die Selbstverpflichtung von Akteuren der humanitären Hilfe, dem Recht einer in einer Katastrophe unterversorgten Bevölkerung zu entsprechen und humanitäre Hilfe unter Beachtung der humanitären Prinzipien zu leisten. Ausdrücklich als Standard niedergelegt ist der humanitäre Imperativ im Code of Conduct for The International Red Cross and Red Crescent Movement and Non-Governmental Organizations (NGOs) in Disaster Relief[6] aus dem Jahr 1994. Der erste Verhaltensgrundsatz des Kodex formuliert: „The humanitarian imperative comes first" und beschreibt ein Recht, humanitäre Hilfe zu erhalten wie auch zu leisten, als „grundlegendes humanitäres Prinzip". Der rechtlich nicht verbindliche Code of Conduct beinhaltet weitere neun grundsätzliche Bekenntnisse, denen sich nach dem geäußerten Wunsch der Verfasser-Organisationen alle Akteure der humanitären Hilfe in ihrer Arbeit unterwerfen sollten: Es ist dies eine Ausgestaltung des Grundsatzes der Unparteilichkeit[7] und die Selbstverpflichtungen, Hilfe nicht zur Förderung eines bestimmten politischen oder religiösen Standpunkts einzusetzen; bestrebt zu sein, nicht als Instrument der Außenpolitik zu handeln; Kultur, Strukturen und Gebräuche der jeweiligen Staaten und Gemeinschaften zu respektieren; Katastrophenhilfe und -schutz auf lokalen Kapazitäten aufzubauen; die Empfänger humanitärer Hilfe in das Management von Operationen einzubeziehen; humanitäre Hilfe gleichzeitig zur Deckung aktueller Bedarfe wie zur Verringerung künftiger Verwundbarkeit einzusetzen; sowohl den Empfängern von Hilfe als auch Geberinstitutionen rechenschaftspflichtig zu sein; und in Kommunikation und Öffentlichkeitsarbeit die Betroffenen von Katastrophen als mit Würde ausgestattete Menschen statt als hoffnungslose Objekte anzuerkennen. Darüber hinaus beschreibt der Code of Conduct, in welcher Weise die in Katastrophen arbeitenden Akteure versuchen sollten, ihre Beziehungen zu Gebern,[8] zu den Regierungen derjenigen Staaten, auf deren Territorium die Hilfe geleistet wird,[9] und zu Internationalen (Regierungs-)Organisationen[10] zu gestalten.

---

der konkreten Bedürfnisse dieser Bevölkerung, die Kontrolle des durchführenden Akteurs über seine Programme und Projekte und die Möglichkeit einer unabhängigen Analyse und Auswertung der Wirkungen von Programmen und Projekten für den jeweiligen Akteur (vgl. von Pilar 2005).

[6] http://www.ifrc.org/Global/Publications/disasters/code-of-conduct/code-english.pdf. Zugegriffen: 29. Okt. 2012.

[7] „Aid is given regardless of the race, creed or nationality of the recipients and without adverse distinction of any kind. Aid priorities are calculated on the basis of need alone."

[8] „1. Donor governments should recognise and respect the independent, humanitarian and impartial actions of Non-Governmental Humanitarian Agencies (NGHAs); 2. Donor governments should provide funding with a guarantee of operational independence; 3. Donor governments should use their good offices to assist NGHAs in obtaining access to disaster victims."

[9] „1. Governments should recognise and respect the independent, humanitarian and impartial actions of Non-Governmental Humanitarian Agencies (NGHAs); 2. Host governments should facilitate rapid access to victims for (NGHAs); 3. Governments should facilitate the timely flow of relief goods and information during disasters; 4. Governments should seek to provide a coordinated disaster information and planning service; 5. Disaster relief in the event of armed conflict."

[10] „1. Inter-Governmental Organizations (IGOs) should recognize Non-Governmental Humanitarian Agencies (NGHAs), local and foreign, as valuable partners; 2. IGOs should assist host governments in providing an overall coordinating framework for international and local disaster relief; 3.

Weitere herausragende Standardisierungen[11] von Prinzipien in der humanitären Hilfe und Selbstverpflichtungen von Akteuren der humanitären Hilfe sind die Humanitarian Charter and Minimum Standards in Humanitarian Response des sog. Sphere Projects[12], die Principles and Good Practice of Humanitarian Donorship[13] und der Europäische Konsens für Humanitäre Hilfe[14]. Ziel des Sphere-Handbuchs (vgl. dazu Kap. 12) und der Sphere-Mindeststandards ist es, der Qualitätskontrolle und der Rechenschaftspflicht in der humanitären Hilfe einen Raum zu geben. Die Principles and Good Practice of Humanitarian Donorship fokussieren auf die Geberinstitutionen humanitärer Hilfe. Die Regierungen von 16 Geberstaaten sowie die Europäische Kommission, die Organization for European Co-operation and Development (OECD), die Internationale Rotkreuz- und Rothalbmond-Bewegung, Hilfsorganisationen und Wissenschaftler nahmen im Jahr 2003 23 Prinzipien und Beispiele guter Praxis als Rahmen an, um staatliche („official") humanitäre Hilfe zu leisten und einen Mechanismus für eine verbesserte Rechenschaftspflicht von Geberinstitutionen gegenüber den Empfängern von Hilfe, durchführenden Organisationen und eigener Wählerschaft zu fördern. Die Principles and Good Practice of Humanitarian Donorship bekennen sich ausdrücklich zu den „humanitären Prinzipien der Menschlichkeit […], Unparteilichkeit […], Neutralität […] und Unabhängigkeit […]" (Prinzip 2). Am 18. Dezember 2007 haben die Präsidenten der Europäischen Kommission, des Europäischen Parlaments und des Rates der Europäischen Union im Namen der 27 EU-Mitgliedstaaten den Europäischen Konsens zur Humanitären Hilfe unterzeichnet. Er zielt auf eine verbesserte Koordinierung innerhalb der EU ab und betont den Aspekt der verantwortungsvollen Geberpraxis. Gleichzeitig werden auch die verschiedenen Rollen der an der humanitären Hilfe beteiligten Akteure herausgestellt. Der Europäische Konsens postuliert einen „für die Leistung humanitärer Hilfe erforderlichen Freiraum, der unerlässlich ist, um gefährdete Personengruppen erreichen und die Sicherheit und das Leben der Mitarbeiter der humanitären Hilfe gewährleisten zu können" (2008/C 25/01 Nr. 3). Er ist ausdrücklich „fest der Einhaltung und Propagierung der humanitären Grundsätze der Menschlichkeit, Neutralität, Unparteilichkeit und Unabhängigkeit verpflichtet" (Nr. 10) und schließt humanitäre Hilfe der EU als Instrument der europäischen Außenpolitik aus (Nr. 11). Auch die deutsche Bundesregierung bekennt sich zum „humanitären Imperativ" sowie zu den Prinzipien der humanitären Hilfe im Konzept des Auswärtigen Amtes zur Förderung von Vorhaben der humanitären Hilfe, das seit dem 1. Januar 2008 anwendbar ist: „Die Bundesregierung leistet ihre Hilfe

---

IGOs should extend security protection provided for UN organizations to NGHAs; 4. IGOs should provide NGHAs with the same access to relevant information as is granted to UN organizations."

[11] Die genannten Dokumente sind Beispiele für einen jeweils grundlegenden Ansatz zur Standardisierung humanitärer Hilfe.

[12] http://www.sphereproject.org/. Zugegriffen: 20. Okt. 2012. Vgl. dazu Kap. 12.

[13] http://www.goodhumanitariandonorship.org/gns/principles-good-practice-ghd/overview.aspx. Zugegriffen: 29. Okt. 2012.

[14] Gemeinsame Erklärung des Rates und der im Rat vereinigten Vertreter der Regierungen der Mitgliedstaaten, des Europäischen Parlaments und der Europäischen Kommission. (2008/C 25/01). http://eur-lex.europa.eu/LexUriServ/LexUriServ.do?uri=OJ:C:2008:025:0001:0012:DE:PDF, Zugegriffen: 4. Dez. 2012.

gemäß dem sogenannten humanitären Imperativ unabhängig von politischen, ethnischen, religiösen oder anderen Erwägungen. Die humanitäre Hilfe der Bundesregierung ist Handeln aus ethischer Verantwortung und mit humanitärer Zielsetzung."[15]

4.1.2 Völkerrechtssubjektivität

Nur sog. Rechtssubjekte können im Völkerrecht Träger von Rechten und Adressaten von Pflichten sein. Dies sind zunächst die Staaten. Sie können alle ihrer Rechte und Pflichten völkerrechtlich normieren. Weitere – teilweise – Völkerrechtssubjekte sind Internationale (Regierungs-)Organisationen wie etwa die Vereinten Nationen. Eine dritte Gruppe völkerrechtsfähiger Gebilde bilden die sog. traditionellen Völkerrechtssubjekte: der Heilige Stuhl, das Internationale Komitee vom Roten Kreuz (IKRK) und der Malteserorden.[16] Über diese drei Gruppen hinaus wird sowohl in der Staatengemeinschaft als auch in der Völkerrechtswissenschaft diskutiert, ob und inwieweit andere Gruppen oder Individuen mindestens eine beschränkte Völkerrechtsfähigkeit besitzen. Deutlich wird dies etwa in den Fragen von Rechtsträgerschaft und Klagemöglichkeit von Einzelpersonen im Rahmen von Menschenrechtsverträgen, der Bindung nicht-staatlicher Gewaltakteure an Regeln des Völkerrechts (beispielsweise Taliban oder Al-Qaida), den internationalen Rechts- und Pflichtenkatalog von privaten Militär- und Sicherheitsfirmen oder eines völkerrechtlichen Anspruchs einer Hilfsorganisation auf Zugang zu einer notleidenden Bevölkerung in der humanitären Hilfe. Spätestens seit Etablierung des Völkerstrafrechts und der Einrichtung internationaler Strafgerichtshöfe seit Mitte der 1990er-Jahre ist anerkannt, dass beispielsweise Einzelpersonen etwa im Fall von Verbrechen gegen die Menschlichkeit oder Kriegsverbrechen Pflichten besitzen, die direkt aus dem internationalen Recht fließen und nicht erst durch nationales Strafrecht vermittelt werden. Jedenfalls insoweit sind Einzelpersonen – beschränkt – völkerrechtsfähig. Welche völkerrechtliche Pflichten und Rechte gegebenenfalls darüber hinaus unter welchen Bedingungen an eine Einzelperson oder bestimmte Gruppen geknüpft werden, wird allerdings weiterhin diskutiert.

4.1.3 Quellen des Völkerrechts

Regeln des Völkerrechts sind hauptsächlich zwei Quellen zu entnehmen: Völkerrechtsnormen sind entweder in völkerrechtlichen Verträgen[17] festgelegt, oder sie entstammen dem Völkergewohnheitsrecht. Ungeachtet einer Reihe von

---

[15] http://www.auswaertiges-amt.de/cae/servlet/contentblob/361052/publicationFile/3529/FoerderkonzeptProjekteHH.pdf. Zugegriffen: 5. Nov. 2012, Punkt 2.1.

[16] Diese drei Völkerrechtssubjekte sind weder Staaten noch internationale Organisationen, aber die Staatengemeinschaft hat ihnen historisch bedingt verschiedene Rechte bzw. Pflichten unmittelbar auf der Grundlage des Völkerrechts zuerkannt.

[17] Art. 2 Abs. 1 lit. a des Wiener Übereinkommens über das Recht der Verträge vom 23. Mai 1969 (WVK). http://www.admin.ch/ch/d/sr/c0_111.html. Zugegriffen: 29. Okt. 2012.

Besonderheiten besitzen Verträge im Völkerrecht eine vergleichbare Funktion und üben eine vergleichbare Wirkung aus wie im nationalen Recht: Derjenige, der einen Vertrag abgeschlossen hat, ist an seinen Inhalt gebunden. Umgekehrt bedeutet dies gleichzeitig, dass ein Völkerrechtsvertrag nur für denjenigen Staat rechtlich verbindlich ist, dessen Vertragspartei er geworden ist.

Obwohl viele nationale Rechtsordnungen die Rechtsquelle des Gewohnheitsrechts kennen, ist z. B. im deutschen Recht seine Bedeutung ungleich minimaler als die Bedeutung des Völkergewohnheitsrechts. Gewohnheitsrecht ist eine der beiden Hauptrechtsquellen des Völkerrechts und steht gleichberechtigt ohne hierarchische Über- oder Unterordnung neben dem Vertragsrecht.[18] Eine Regel des Gewohnheitsrechts muss zunächst objektiv Bestandteil einer „allgemeinen Übung" sein und zudem von den Staaten subjektiv „als Recht anerkannt" und Bestandteil ihrer Rechtsüberzeugung sein.

4.1.4 Umfeld der Leistung humanitärer Hilfe: bewaffnete Konflikte und andere Katastrophen

Der internationale Rechtsrahmen für die Leistung humanitärer Hilfe, wie er sich insbesondere aus den völkerrechtlichen Verträgen und dem Völkergewohnheitsrecht ergibt, ist ein anderer, je nachdem, ob humanitäre Hilfe in bewaffneten Konflikten oder außerhalb davon geleistet wird. Die Staaten treffen sowohl im Vertrags- als auch im Gewohnheitsrecht eine strikte Unterscheidung danach, ob die Hilfeleistung in der Situation eines internationalen oder nicht-internationalen Konflikts erfolgt oder aber in einer Natur- oder technischen Katastrophe. Wenn beide Situationen zusammenkommen wie z. B. beim Tsunami in der indonesischen Provinz Aceh im Jahr 2004, gilt das Recht des bewaffneten Konflikts. Die Leistung humanitärer Hilfe auf einem fremden Staatsgebiet, ebenso wie die Entwicklungszusammenarbeit oder wirtschaftliche Zusammenarbeit, berührt die souveränen Rechte desjenigen Staates, auf dessen Territorium die Hilfe geleistet wird. Die Leistung solcher Hilfe ist aus diesem Grund zunächst einmal – grundsätzlich – von der Zustimmung des betroffenen Staates abhängig. Diese Grundkonstellation haben die Staaten sowohl im Vertrags- als auch im Gewohnheitsrecht festgelegt. Dabei haben sie strikt zwischen Konflikt- und Nichtkonflikt-Situationen unterschieden und haben darüber hinaus ein jeweils unterschiedliches Rechtsregime für die Leistung humanitärer Hilfe geschaffen. Interessanter- und auf den ersten Blick überraschenderweise haben die Staaten dabei den Rechtsrahmen für die Hilfeleistung in bewaffneten Konflikten detaillierter, umfassender und verbindlicher vereinbart als für diejenige in Natur- und technologischen Katastrophen.

---

[18] Vgl. Art. 38 Abs. 1 des Statuts des Internationalen Gerichtshofs (IGH) vom 26. Juni 1945. http://www.unric.org/de/voelkerrecht/86?start=2. Zugegriffen: 29. Okt. 2012.

4.2 Rechtsrahmen humanitärer Hilfe in bewaffneten Konflikten

In der Leistung humanitärer Hilfe in Situationen eines bewaffneten Konflikts geht es darum, eine notleidende (Zivil-)Bevölkerung, in der Regel von außen, mit Mitteln zu versorgen, derer sie zum Überleben bedarf.

Die Grundidee einer internationalen rechtlichen Regelung der Leistung humanitärer Hilfe in bewaffneten Konflikten geht zurück auf die Pflichten und Rechte einer Besatzungsmacht. Historisch hatte sich die rechtliche Erkenntnis entwickelt, dass ein Staat, der im Zuge eines bewaffneten Konflikts/eines Krieges einen anderen Staat (im völkerrechtlichen Sinn) besetzt, nicht nur eine Reihe von Rechten besitzt, sondern insbesondere auch einen Kanon von völkerrechtlichen Pflichten. Ausgehend von dieser Entwicklung hat die Staatengemeinschaft erstmals in den vier Genfer Abkommen von 1949 (GA) festgelegt, dass diese Pflichten einer Besatzungsmacht auch die Verpflichtung umfassen, die Versorgung der Zivilbevölkerung auf besetztem Gebiet mit Lebens- und Arzneimitteln sowie mit medizinischer Ausrüstung und anderen notwendigen Artikeln sicherzustellen (Art. 55 Abs. 1 GA IV)[19]. Dabei wurde zunächst völkerrechtlich speziell geregelt, dass, wenn eine Besatzungsmacht diese Pflicht nicht erfüllt, die auf dem besetzten Gebiet erforderliche humanitäre Hilfe durch andere Staaten geleistet wird. Diese Grundidee und dieses Konzept wurden in der Folgezeit dahingehend erweitert, dass besonders das I. Zusatzprotokoll von 1977 zu den Genfer Abkommen[20] der Tatsache Rechnung trug, dass humanitäre Hilfe mehr und mehr auch von NRO und in Situationen zwar bewaffneter Konflikte, aber in anderen als besetzten Gebieten geleistet wurde. Art. 70 ZP I enthält ein ausbalanciertes System von Rechten und Pflichten der Parteien eines bewaffneten Konflikts sowie Akteuren der humanitären Hilfe und der die Hilfe empfangenden zivilen Bevölkerung.

Der Begriff des bewaffneten Konflikts umfasst sowohl internationale als auch nicht-internationale bewaffnete Konflikte. Ein internationaler bewaffneter Konflikt liegt insbesondere in den Fällen vor, in denen zwei oder mehr Staaten bewaffnete Gewalt in ihren gegenseitigen Beziehungen anwenden.[21]

Eine Situation wird als nicht-internationaler bewaffneter Konflikt charakterisiert speziell bei „protracted armed violence between governmental authorities and organized armed groups or between such groups within a State"[22].

---

[19] Genfer Abkommen vom 12. August 1949 zum Schutz von Zivilpersonen in Kriegszeiten (IV. Genfer Abkommen von 1949 (GA IV)); BGBl 1954 II S. 917.
[20] Zusatzprotokoll vom 8. Juni 1977 zu den Genfer Abkommen vom 12. August 1949 über den Schutz der Opfer internationaler bewaffneter Konflikte (ZP I); BGBl 1990 II S. 1550.
[21] Internationaler Strafgerichtshof für das ehemalige Jugoslawien, Prosecutor v. Tadič, Decision on the Defence Motion for Interlocutory Appeal on Jurisdiction (1995).
[22] Ibid.

4.2.1 Rechtsrahmen für Hilfsoperationen in internationalen bewaffneten Konflikten

Die Staatengemeinschaft unterscheidet nicht nur allgemein zwischen internationalen und nicht-internationalen bewaffneten Konflikten, sondern tut dies insbesondere im Hinblick auf das in bewaffneten Konflikten anwendbare Völkerrecht (humanitäres Völkerrecht) und speziell auch in dem hier interessierenden Zusammenhang mit der Leistung humanitärer Hilfe. Innerhalb des Regimes für internationale bewaffnete Konflikte differenziert das humanitäre Völkerrecht zudem zwischen der Hilfeleistung in besetzten Gebieten einerseits – die an dieser Stelle nicht dargestellt wird[23] – und der Hilfeleistung außerhalb besetzter Gebiete andererseits. Der Rechtsrahmen für Hilfsoperationen in internationalen Konflikten außerhalb besetzter Gebiete wird vertragsrechtlich durch Art. 70 ZP I in Bezug auf die Operation und hinsichtlich des Schutzes von Hilfspersonal durch Art. 71 ZP I gesetzt.

Voraussetzung ist danach zunächst, dass die betreffende Zivilbevölkerung „nicht ausreichend versorgt"[24] ist. Weitere Voraussetzung ist, dass es sich um „humanitäre" Hilfe handelt. Es muss sich also um Hilfeleistungen handeln, die dazu bestimmt sind, das Überleben der betroffenen Zivilbevölkerung zu ermöglichen oder zu erleichtern, und die nicht zu anderen Zwecken als diesem verwendet werden sollen. Mit anderen Worten muss es sich um Leistungen handeln, deren alleinige Bestimmung es ist, menschliches Leiden zu verhindern oder mindestens zu lindern.

Art. 70 Abs. 1 ZP I normiert zudem den Grundsatz der Unparteilichkeit humanitärer Hilfe, und dies gleich in doppelter Weise. Die Unparteilichkeit humanitärer Hilfe ist definiert als das Verbot, Unterscheidungen zu treffen nach Nationalität, Rasse, Religion, sozialer Stellung und politischer Überzeugung, und als das Gebot, Menschen einzig nach dem Maß ihrer Not zu helfen und dabei den dringendsten Fällen Vorrang zu geben (Sandoz et al. 1987, Art. 70 Nr. 2797–2802). Art. 70 Abs. 1 ZP I bestimmt zum einen ausdrücklich, dass unter den genannten Voraussetzungen „unparteiische" humanitäre Hilfsaktionen durchzuführen sind. Zum anderen führt er überdies aus, dass diese Hilfsaktionen „ohne jede nachteilige Unterscheidung" erfolgen müssen. Voraussetzung ist also, dass Hilfsmaßnahmen nach Art. 70 ZP I allein am humanitären Bedarf orientiert sind und weder an andere als die notleidende Bevölkerung(steile) umgeleitet noch in einer Art und Weise durchgeführt werden, dass bestimmte Gruppen oder Einzelpersonen aus anderen als den genannten zulässigen Gründen benachteiligt werden.

Art. 70 Abs. 1 ZP I stellt in Satz 2 ausdrücklich klar, dass Hilfsmaßnahmen, die diese Voraussetzungen erfüllen, weder als Einmischung in den bewaffneten Konflikt

---

[23] Siehe dazu Spieker 2010.
[24] Der Wortlaut des Art. 70 Abs. 1 ZP I beschränkt dieses Kriterium auf die Versorgung mit Lebens- und Arzneimitteln, Kleidung, Material für die Übernachtung, Notunterkünften sowie anderen für das Überleben wesentlichen Versorgungsgütern und Kultgegenständen. Es besteht jedoch Einigkeit in der Staatengemeinschaft und in der Völkerrechtswissenschaft, dass diese Beschränkung in der heutigen Praxis humanitärer Hilfe keine Bedeutung besitzt (vgl. Sandoz et al.1987, Art. 70 Nr. 2794). Allerdings muss in jedem Einzelfall in der tatsächlichen Lage geprüft werden, ob die Leistung humanitärer Hilfe erforderlich ist und mit welcher Dringlichkeit dies der Fall ist.

noch als „unfreundlicher Akt" gelten und gewertet werden dürfen. Die Vorschrift normiert darüber hinaus die Rechtspflicht einer Konfliktpartei, deren Zivilbevölkerung nicht ausreichend versorgt ist, die Zustimmung zur Leistung humanitärer Hilfe zu erteilen. Diese Bedingung besteht nicht nur vertrags-, sondern auch gewohnheitsrechtlich (Regel 55[25] VGR-Studie[26]). Auch wird hier also der Souveränität des Staates, auf dessen Staatsgebiet die Hilfeleistung erfolgen soll, Rechnung getragen. Er muss einer Hilfeleistung zustimmen, unabhängig davon, wer im Einzelfall die Hilfe leistet. Allerdings ist er zur Erteilung dieser Zustimmung rechtlich verpflichtet, wenn die übrigen in Art. 70 Abs. 1 genannten Voraussetzungen vorliegen. Sinn und Zweck dieses Erfordernisses ist es, die Interessen der unterversorgten Zivilbevölkerung, der Akteure humanitärer Hilfe und des Empfängerstaates gegenseitig auszubalancieren.

Nach wie vor Diskussionsgegenstand ist die Frage, ob es eine Rechtspflicht des Empfängerstaates zur Annahme eines Hilfsangebots gibt (Bothe 2000, S. 170; Dinstein 2000, S. 77–92).[27] Einigkeit besteht nur insofern, als eine Zustimmung jedenfalls nicht willkürlich verweigert werden darf. Insbesondere wird diskutiert, ob eine rechtliche Möglichkeit existiert, eine fehlende Zustimmung eines Staates, auf dessen Staatsgebiet humanitäre Hilfe geleistet werden soll, zu ersetzen oder überflüssig zu machen. Anders ausgedrückt wird die Frage diskutiert, ob eine Hilfeleistung, die sich über eine fehlende Zustimmung des Empfängerstaates hinwegsetzt, rechtmäßig sein kann. Noch anders ausgedrückt ist fraglich, ob es nach dem bestehenden Völkerrecht ein „Recht auf Zugang" zu einer notleidenden unterversorgten Bevölkerung gibt. Ein derartiges Recht auf Zugang würde es erlauben, in einem „Recht auf humanitäre Intervention"[28] – ggf. unter bestimmten Bedingungen – humanitäre Hilfe ohne Zustimmung oder auch gegen den erklärten Willen eines Empfängerstaates in Überlagerung seiner souveränen Rechte zu leisten. Diese Diskussion ist darüber hinaus in den letzten Jahren durch die Konzepte der Schutzverantwortlichkeit/responsibility to protect und der menschlichen Sicherheit/human security unterstützt worden. Gleichwohl haben bis zum heutigen Tag die genannten Kriterien keinen Eingang in das Gewohnheitsrecht gefunden. Die Staatengemeinschaft hat nicht durch ihre Übung und ihre Rechtsüberzeugung das bestehende Vertrags- und Gewohnheitsrecht abgeändert in dem Sinne, dass unter gewissen Voraussetzungen die Zustimmung des betroffenen Staates verzichtbar wäre. Ein „Recht auf humanitäre Intervention" oder ein „Recht auf Zugang" hat sich bisher nicht im Völkergewohnheitsrecht herausgebildet.

---

[25] Die Liste der in der Studie identifizierten Regeln des humanitären Völkergewohnheitsrechts findet sich im authentischen englischen Originalwortlaut unter: http://www.icrc.org/eng/assets/files/other/customary-law-rules.pdf. Zugegriffen: 30. Okt. 2012. Die deutsche Übersetzung ist abrufbar unter: http://www.drk.de/fileadmin/Ueber_uns/_Dokumente/humanitares_voelkerrecht/Gewohnheitsrechtlichen%20Regeln%20des%20HVR%20-dt.pdf. Zugegriffen: 30. Okt. 2012.

[26] Customary Law Study/Völkergewohnheitsrechtsstudie (VGR-Studie) (Henckaerts et al. 2009).

[27] 26th International Conference of the Red Cross and Red Crescent, Resolution 2 E b. http://www.icrc.org/eng/resources/documents/misc/57jmvk.htm. Zugegriffen: 30. Okt. 2012.

[28] Die Fragestellung wurde insbesondere unter Akteuren der humanitären Hilfe vielfach diskutiert, u. a. unter den Begriffen „droit d'intervention" und „droit d'ingérence".

Nachdem ein Staat die Einwilligung zur Leistung humanitärer Hilfe auf seinem Staatsgebiet gegeben hat, ist er rechtlich verpflichtet, den Schutz der Operation zu gewährleisten und die schnelle Verteilung von Hilfssendungen zu erleichtern (Art. 70 Abs. 4 ZP I und Regel 55 VGR-Studie). Insbesondere muss er alles ihm Mögliche tun zu verhindern, dass Hilfslieferungen umgelenkt werden, etwa durch Plünderungen oder Korruption. Staaten, auf deren Territorium zwar nicht die Hilfsmaßnahme erfolgen soll, die aber sonst davon betroffen oder daran beteiligt sind, sind verpflichtet, den schnellen und ungehinderten Durchlass von Hilfssendungen, -ausrüstungen und -personal zu genehmigen und zu erleichtern (Art. 70 Abs. 2 ZP I und Regel 55 VGR-Studie). Auch hier stehen diesen Verpflichtungen wieder bestimmte Kontrollrechte gegenüber. Zu diesen Kontrollrechten gehört u. a. das Recht, die technischen Einzelheiten einschließlich einer Durchsuchung festzulegen (Art. 70 Abs. 3 ZP I und Regel 55 VGR-Studie).

Ein Recht der betroffenen Zivilbevölkerung auf den Erhalt humanitärer Hilfe korreliert mit der Verpflichtung des betroffenen Staates, seine Zustimmung zur Hilfsmaßnahme zu erteilen, wenn die Voraussetzungen für die Leistung humanitärer Hilfe gegeben sind. Dieses Recht ist inzwischen überwiegend anerkannt.[29] Nicht unumstritten ist jedoch die Frage, wie weit dieses Recht reicht und welche Konsequenzen daraus folgen. Fraglich ist zunächst, ob aus dem Recht, in einer humanitären Notlage Hilfeleistungen zu erhalten, umgekehrt die Pflicht folgt, humanitäre Hilfe zu leisten oder mindestens anzubieten. Rechtlich verbindlich enthalten weder das Völkervertragsrecht noch das Völkergewohnheitsrecht eine derartige Pflicht. Selbst diejenigen Stimmen, die von einer Hilfeleistungspflicht ausgehen, gehen nicht so weit, ein solches Recht für in irgendeiner Form „einklagbar" oder „einforderbar" zu halten. Gleiches gilt für das Recht einer Not leidenden unterversorgten Bevölkerung auf den Erhalt von Maßnahmen der humanitären Hilfe. Auch dieses Recht ist weder „einforderbar" noch „einklagbar". Ein solches Phänomen ist im Völkerrecht alles andere als ungewöhnlich. In den einführenden Bemerkungen wurde bereits die Tatsache erwähnt, dass das geltende Völkerrecht nur zögerlich und nach wie vor nur ausnahmsweise die Völkerrechtsfähigkeit von Einzelpersonen anerkennt. Der Wert derartiger Rechte, die zwar rechtlich verbindlich bestehen, institutionell aber nicht eingefordert werden können, besteht in der Normierung des Verhaltens. Auch wenn ein infrage stehendes Recht im Einzelfall nicht eingefordert werden kann, legt es doch zusammen mit der ihm korrelierenden Rechtspflicht verbindlich fest, welches Verhalten rechtmäßig ist und deshalb erwartet werden darf und welches zu einer Verletzung des geltenden Rechts führt. Als Verhaltensmaßstab ist es daher unverzichtbar, denn bei einem Verzicht auf derartige Rechte und Pflichten wäre das zugrundeliegende Verhalten schlicht ohne weiteres rechtmäßig.

---

[29] 26th International Conference of the Red Cross and Red Crescent (1995) Resolution 2 Protection of the Civilian Population in Period of Armed Conflict lit. A. (h): „The International Conference [...] strongly reasserts the right of a civilian population in need to benefit form impartial humanitarian relief actions in accordance with international humanitarian law". http://www.icrc.org/eng/resources/documents/resolution/26-international-conference-resolution-2-1995.htm. Zugegriffen: 30. Nov. 2012.

4.2.2 Schutz von Hilfspersonal

Hilfspersonal, das in Operationen der humanitären Hilfe eingesetzt wird, genießt vom Grundsatz her den Schutz individueller Zivilpersonen bzw. der Zivilbevölkerung als solcher in internationalen bewaffneten Konflikten. Noch allgemeiner ausgedrückt genießt es den gleichen Schutz wie ein Tourist auf fremdem Staatsgebiet. Vorrechte, Privilegien oder Immunitäten genießt Hilfspersonal grundsätzlich nicht. Etwas anderes gilt nur in den Fällen, in denen – als Ausnahme von der Regel – die jeweilige Entsendeorganisation solche Vorrechte, Privilegien oder Immunitäten mit dem Staat, auf dessen Staatsgebiet die Hilfsoperation durchgeführt wird, vereinbart hat. Derartige Vereinbarungen bestehen regelmäßig etwa für Delegierte des IKRK und für das Personal in VN-Missionen. Es kann jedoch jede Hilfsorganisation abstrakt oder ad hoc den Status ihres Hilfspersonals mit dem Empfängerstaat vertraglich festlegen.

Für die Leistung humanitärer Hilfe in internationalen bewaffneten Konflikten ist ein gewisser Schutzstatus abstrakt in Art. 71 ZP I verbindlich festgelegt worden, der inzwischen auch in Völkergewohnheitsrecht kristallisiert ist (vgl. Regel 32 VGR-Studie). Art. 71 Abs. 2 legt die Rechtspflicht sämtlicher Parteien des bewaffneten Konflikts und aller sonst involvierten Staaten fest, das Hilfspersonal zu schonen und zu schützen. Es ist also geboten, das in Operationen humanitärer Hilfe beteiligte Personal von Angriffen auszunehmen und nicht in eine Lage zu bringen, in der das Personal besonderen Gefahren und in besonderer Weise den Auswirkungen eines bewaffneten Konflikts ausgesetzt ist. Darüber hinaus sind die Beteiligten jedoch auch verpflichtet, sich verteidigend, helfend und unterstützend vor das Hilfspersonal zu stellen. Diese Verpflichtung zu Schonung und Schutz ist unbedingt – sie geht allerdings auch nicht über diese allgemeine Rechtspflicht hinaus. Aus heutiger Sicht wäre eine detailliertere Verpflichtung vielleicht wünschenswert, doch ist festzustellen, dass auch das von den Staaten geschaffene geltende Völkergewohnheitsrecht nicht über einen allgemeinen abstrakten Rechtssatz hinausgeht.[30]

Über die Verpflichtung zu Schonung und Schutz hinaus hat ein Staat, der humanitäre Hilfe empfängt, die Pflicht, Hilfspersonal bei der Erfüllung seines Hilfsauftrags zu unterstützen (Art. 71 Abs. 3 ZP I und Regel 56 VGR-Studie). Diese Rechtspflicht allerdings ist bedingt und beschränkt auf das „irgend Mögliche". Umgekehrt sind aber dem Empfängerstaat insoweit Schranken gesetzt, als er die Tätigkeit des Hilfspersonals nur „im Fall zwingender militärischer Notwendigkeit" begrenzen oder die Bewegungsfreiheit des Personals einschränken darf. Außerdem darf eine Einschränkung der Bewegungsfreiheit auch nur vorübergehend erfolgen – z. B. in Form einer Ausgangssperre während bestimmter Zeiten. Einschränkungen können danach beispielsweise auch erfolgen, wenn etwa eine bestimmte Maßnahme einer Hilfsoperation mit militärischen Operationen der Konfliktparteien kollidiert oder in Fällen, in denen die Sicherheit des Hilfspersonals durch militärische Operationen und Kriegführungshandlungen bedroht ist. Wenn in der Praxis Tätigkeiten von

---

[30] Rule 31: „Humanitarian relief personnel must be respected and protected"; ICRC Customary Law Study.

Personal eingeschränkt werden, ist die Trennlinie zwischen einer völkerrechtlich erlaubten Begrenzung und einer rechtswidrigen Beschränkung oftmals eine dünne und kann nur im Einzelfall unter Zugrundelegung aller relevanten Tatsachen beurteilt werden.

Art. 71 Abs. 4 ZP I ist ein Beispiel für die seltenen Vorschriften des humanitären Völkerrechts, die unmittelbar an Einzelpersonen adressiert sind. Danach darf das Hilfspersonal seinen Auftrag „im Sinne dieses Protokolls"/im Sinne des humanitären Völkerrechts „unter keinen Umständen überschreiten". Mit anderen Worten hat das Hilfspersonal nur dann einen Anspruch auf Schonung und Schutz, wenn es die Vorgaben des Art. 70 Abs. 1 ZP I für die Leistung humanitärer Hilfe beachtet. Eine Tätigkeitsgarantie sowie Anspruch auf Schonung, Schutz und Unterstützung hat das Hilfspersonal also nur dann, wenn es sich bei der Operation um die Leistung humanitärer Hilfe handelt, die unparteilich und mit Zustimmung des Empfängerstaates erfolgt. Dies bedeutet beispielsweise die Verpflichtung sicherzustellen, dass die Hilfe ausschließlich an die Not leidende und unterversorgte Bevölkerung, für die sie bestimmt ist, gelangt. Es beinhaltet aber außerdem die Pflicht, die örtlichen Gesetze und Gepflogenheiten des Empfangsstaates zu beachten – so auch etwa Geschwindigkeits-Höchstgrenzen im Straßenverkehr.

Darüber hinaus ist das Hilfspersonal speziell verpflichtet, die Sicherheitsbedürfnisse der Konfliktparteien zu berücksichtigen. Dies kann es etwa erforderlich machen, bestimmte vorgeschriebene Verkehrsrouten zu befolgen oder zu meiden oder aber zu gewährleisten, dass sensitive Informationen, die ein humanitärer Helfer in seiner Tätigkeit erhalten hat, vertraulich behandelt werden. Eine andere Folge dieser Pflicht kann es sein, bestimmte Sicherheitsvorgaben, die der Empfangsstaat macht – z. B. die Nutzung bestimmter Fahrzeuge oder deren Kennzeichnung bzw. Nicht-Kennzeichnung in bestimmter Weise-, einzuhalten und umzusetzen.

Verletzt ein humanitärer Helfer diese Verpflichtungen, so hat der Empfangsstaat ausdrücklich die Möglichkeit, den Auftrag des Helfers zu beenden und ihm das Visum zu entziehen oder seine Aufenthaltserlaubnis anderweitig zu entziehen und den Helfer auszuweisen.

4.2.3 Leistung humanitärer Hilfe in nicht-internationalen bewaffneten Konflikten

Im Gegensatz zu internationalen ist das Rechtsregime für die Leistung humanitärer Hilfe in nicht-internationalen bewaffneten Konflikten im Völkervertragsrecht wesentlich schwächer ausgestaltet. Staatenpraxis und Rechtsüberzeugung haben das Völkergewohnheitsrecht hier jedoch weiterentwickelt mit der Folge, dass in diesem Bereich das Gewohnheitsrecht über das Vertragsrecht hinausgeht.

Vertragliche Regeln zur Leistung humanitärer Hilfe in nicht-internationalen bewaffneten Konflikten finden sich in dem gemeinsamen Art. 3 der Genfer Abkommen und in Art. 18 des II. Zusatzprotokolls[31]. Die Regelungen des Völkergewohnheitsrechts

---

[31] Zusatzprotokoll vom 8. Juni 1977 zu den Genfer Abkommen vom 12. August 1949 über den Schutz der Opfer nicht internationaler bewaffneter Konflikt (ZP II); BGBl 1990 II S. 1550.

gehen jedoch über die Vertragsvorschriften hinaus. Prämisse der Leistung humanitärer Hilfe in nicht-internationalen bewaffneten Konflikten ist die Zustimmung des Staates, auf dessen Staatsgebiet der Konflikt stattfindet und die Hilfe geleistet werden soll. Regel 32 VGR-Studie bestimmt dann: „Die für humanitäre Hilfsoperationen verwendeten Objekte müssen geschont und geschützt werden." Dies beinhaltet das Verbot, Operationen der humanitären Hilfe und die in diesen Operationen verwendeten Güter zum Gegenstand eines Angriffs zu machen.[32] Verboten sind durch Regel 32 aber auch beispielsweise die Zerstörung, Unterschlagung, Veruntreuung und Plünderung von Hilfsgütern. Nach Regel 55 VGR-Studie sind die Konfliktparteien darüber hinaus verpflichtet, den schnellen und ungehinderten Durchlass von humanitärer Hilfe zu genehmigen und zu erleichtern. Auch das Gewohnheitsrecht enthält dabei das Erfordernis der Unparteilichkeit der Hilfe und ihrer Durchführung „ohne jede nachteilige Unterscheidung"[33]. Gleichzeitig stehen diesen Verpflichtungen Kontrollrechte gegenüber, sowohl in Bezug auf den Inhalt von Hilfslieferungen als auch in Bezug auf die Durchführung von Maßnahmen. So ist etwa die Durchsuchung von Sendungen ebenso rechtmäßig wie die Festlegung technischer Vorschriften.

Regel 31 VGR-Studie bestimmt, dass humanitäres Hilfspersonal geschont und geschützt werden muss. Die Regel wiederholt damit spezifisch für das in Operationen der humanitären Hilfe eingesetzte Personal das für Zivilpersonen allgemein geltende gewohnheitsrechtliche Verbot von Angriffen auf Zivilpersonen, sofern und solange sie nicht unmittelbar an Feindseligkeiten teilnehmen (Regel 6 VGR-Studie). Aus der Staatenpraxis geht aber darüber hinaus hervor, dass Bedrohung, Einschüchterung und willkürliche Inhaftierung von Hilfspersonal ebenso verboten sind wie Misshandlung, physische oder psychische Gewaltanwendung, Mord, Körperverletzung, Entführung, Geiselnahme oder rechtswidrige Freiheitsberaubung. Regel 56 VGR-Studie verpflichtet sowohl die staatliche als auch die nicht-staatliche Konfliktpartei weitergehend, „die Bewegungsfreiheit des autorisierten humanitären Hilfspersonals, die essentiell für die Wahrnehmung seiner Aufgaben ist", sicherzustellen. Sie darf nur „im Fall zwingender militärischer Notwendigkeit" und nur „vorübergehend" durch eine Konfliktpartei eingeschränkt werden.

4.3 Rechtsrahmen humanitärer Hilfe in Katastrophen außerhalb bewaffneter Konflikte

Anders als das Rechtsregime für die Leistung humanitärer Hilfe in internationalen oder nicht-internationalen bewaffneten Konflikten ist der Rechtsrahmen humanitärer Hilfe in Katastrophen außerhalb bewaffneter Konflikte, namentlich in Natur- und technischen Katastrophen, nicht in einem konsistenten Vertragswerk kodifiziert. Es

---

[32] Allgemein für zivile Objekte ist dies auch in Regel 10 VGR-Studie enthalten: „Zivile Objekte sind gegen Angriffe geschützt, sofern und solange sie nicht militärische Ziele sind."
[33] Regel 55 VGR-Studie: „Die am Konflikt beteiligten Parteien müssen vorbehaltlich ihres Kontrollrechts den schnellen und ungehinderten Durchlass von humanitärer Hilfe für bedürftige Zivilpersonen, welche unparteiisch und ohne jede nachteilige Unterscheidung durchgeführt wird, genehmigen und erleichtern."

ist im Gegenteil, soweit völkervertragliche Regelungen überhaupt bestehen, weitgehend zerfasert und inkonsistent. Rechtlich verbindliche Regelungen sind sowohl in multilateralen als auch bilateralen oder regionalen[34] Vereinbarungen enthalten, die in der Regel nicht die Leistung humanitärer Hilfe, sondern andere Sektoren[35] des Völkerrechts zum Gegenstand haben, wie beispielsweise die Nutzung von Telekommunikation[36], das Verhalten bei Nuklearunfällen[37] oder das Verfahren für die zeitweise Anerkennung von ausländischem medizinischem Personal, Architekten und Ingenieuren[38]. Zwischenstaatliche Entschließungen und Erklärungen oder Richtlinien sind teilweise vorhanden und können Hinweise auf Regelungsansätze geben, sind aber rechtlich nicht verbindlich.[39]

4.3.1 Resolution 46/182 der Generalversammlung der Vereinten Nationen

Obwohl das Konzept der Leistung humanitärer Hilfe in anderen Situationen als bewaffneten Konflikten alles andere als neu ist,[40] hat die Staatengemeinschaft die

---

[34] So hat die Bundesrepublik Deutschland mit all ihren neun Nachbarstaaten sowie Russland, Ungarn und Litauen bilaterale Abkommen über die gegenseitige Hilfeleistung in Katastrophen und schweren Unglücksfällen abgeschlossen. Vgl. etwa das Abkommen zwischen der Bundesrepublik Deutschland und der Französischen Republik über die gegenseitige Hilfeleistung bei Katastrophen und schweren Unglücksfällen vom 3. Februar 1977 (BGBl 1980 II S. 33). Darüber hinaus haben eine Reihe der deutschen Bundesländer vergleichbare Verträge mit angrenzenden EU-Mitgliedstaaten oder von diesen gebildeten Regionen geschlossen.

[35] Vergleiche nur die Liste der Schlagworte in der Auswahl-Maske der IDRL-Datenbank (International Disaster Response Law – Datenbank): http://www.ifrc.org/en/what-we-do/idrl/about-disaster-law/publication/. Zugegriffen: 31. Okt. 2012.

[36] Zum Beispiel Tampere Convention on the Provision of Telecommunication Resources for Disaster Mitigation and Relief Operations vom 18. Juni 1998, in Kraft getreten am 8. Januar 2005, http://www.itu.int/ITU-D/emergencytelecoms/Tampere_convention.pdf. Zugegriffen: 31. Okt. 2012.

[37] Übereinkommen über Hilfeleistung bei nuklearen Unfällen oder radiologischen Notfällen vom 26. September 1986, sog. „Chernobyl-Konvention", in Kraft getreten am 26. Februar 1987. http://www.iaea.org/Publications/Documents/Conventions/cacnare.html. Zugegriffen: 2. Nov. 2012.

[38] Directive 2005/36/EC of the European Parliament and of the Council of 7 September 2005 on the recognition of professional qualifications. http://eur-lex.europa.eu/LexUriServ/LexUriServ.do?uri=OJ:L:2005:255:0022:0142:en:PDF. Zugegriffen: 2. Nov. 2012.

[39] Ein weitestgehend vollständiger und detaillierter Überblick über bestehende Rechtsvorschriften zur Regelung der Folgen von Natur- und technischen Katastrophen wie auch über die bestehenden Regelungslücken und Inkonsistenzen in der praktischen Anwendung existierenden Rechts ist zugänglich unter http://www.ifrc.org/en/what-we-do/idrl/about-disaster-law/. Zugegriffen: 3. Nov. 2012.

[40] Schon die zweite Internationale Rotkreuz-Konferenz hat im Jahr 1869 an Nationale Rotkreuz-Gesellschaften appelliert, Hilfe zu leisten „in case of public calamity which, like war, demands immediate and organized assistance" (International Federation of Red Cross and Red Crescent Societies 2007, S. 19). Konsequenterweise kodifizierten die ersten Statuten der Internationalen Rotkreuz-Bewegung vom Jahr 1928 das Mandat Nationaler Gesellschaften unter Einschluss dieser Aufgabe.

Überlegung einer umfassenden völkerrechtlichen Regelung solcher Hilfeleistung bisher nicht als erforderlich oder auch nur mehrheitlich als wünschenswert erachtet (Spieker 2011, S 18–28).

Die Leitprinzipien der Resolution 46/182 der VN-Generalversammlung über die Stärkung der Koordinierung humanitärer Nothilfe der Vereinten Nationen aus dem Jahr 1991 erfassen ausdrücklich humanitäre Hilfe für die Opfer von Naturkatastrophen und anderen Notfällen. Sie setzen außerdem bei der Leistung humanitärer Hilfe die Einhaltung bestimmter Prinzipien voraus: „Menschlichkeit", „Neutralität" und „Unparteilichkeit"[41]. Dies ist besonders bedeutsam, weil die rechtlich verbindliche Festlegung der Grundsätze der Menschlichkeit und der Unparteilichkeit für die Leistung humanitärer Hilfe eben nur für die Situation bewaffneter Konflikte gilt, nicht aber für Natur- und technische Katastrophen. Mit der Resolution der Generalversammlung haben nicht nur die Organisation der Vereinten Nationen, sondern auch ihre Mitgliedstaaten zu erkennen gegeben, dass ihrer Rechtsüberzeugung nach diese Grundsätze auch für die Leistung in Nicht-Konfliktsituationen gelten.

Das Erfordernis der Zustimmung des betroffenen Staates, auf dessen Hoheitsgebiet die Hilfeleistung erfolgen soll, bekräftigt die Resolution auch für Nicht-Konfliktsituationen. Sie betont die Souveränitätsrechte eines Staates und bestimmt, dass „humanitarian assistance should be provided with the consent of the affected country and in principle on the basis of an appeal by the affected country". Die Mitglieder der Generalversammlung heben hervor, dass jeder Staat „first and foremost" die Verantwortung hat, „to take care of the victims of natural disasters and other emergencies occurring on its territory". Konsequenterweise kommt dem betroffenen Staat die „primäre Rolle" („primary role") zu, humanitäre Hilfe auf seinem Staatsgebiet zu leisten.[42]

Die Resolution versucht im Folgenden, eine gewisse Balance zwischen der Souveränität eines von einer Katastrophe betroffenen Staates einerseits und dem humanitären Bedarf einer unterversorgten Bevölkerung andererseits zu schaffen, indem Zugang zur Bevölkerung als „wesentlich" („essential") identifiziert wird. Die Staaten werden darüber hinaus aufgerufen, die Arbeit von Hilfsorganisationen – unter der Voraussetzung, dass diese unparteilich und auf der Grundlage einer streng humanitären Motivation Hilfe leisten – zu erleichtern. Anrainerstaaten des von einer Natur- oder technischen Katastrophe betroffenen Gebietes sind „urged to participate closely with the affected countries in international efforts, with a view to facilitating, to the extent possible, the transit of humanitarian assistance".[43]

---

[41] Die Resolution der VN-Generalversammlung erfasst – als Dokument der Vereinten Nationen folgerichtig – nicht das Prinzip der Unabhängigkeit.
[42] Abs. 3 und 4.
[43] Abs. 4, 5, 6 und 7.

4.3.2 Völkerrechtliche Verträge über die Leistung humanitärer Hilfe in Nicht-Konfliktsituationen

Für Natur- und technische Katastrophen und Unglücksfälle existiert keine dem humanitären Völkerrecht, insbesondere den Art. 70 und 71 ZP I vergleichbare völkervertragliche Regelung. Insbesondere besteht bis heute kein allgemeiner und umfassender völkerrechtlicher Rahmenvertrag, in dem etwa die gegenseitigen Rechte und Pflichten einschließlich Vorrechten und Immunitäten der Staaten und sonstigen Akteure der humanitären Hilfe geregelt wären. Diejenigen internationalen Verträge, die den umfassendsten Geltungsbereich haben, sind die sog. Tschernobyl-Konvention, die sog. Tampere-Konvention und die Zivilschutz-Rahmenübereinkommen[44]. Ihr regulatorischer Inhalt ist allerdings begrenzt. Alle drei Verträge räumen dem Schutz der staatlichen Souveränität weiten Raum ein.[45]

4.3.3 Die IDRL-Richtlinien

Die Regelungslücken im bestehenden Recht und die Uneinheitlichkeiten in der Praxis der humanitären Hilfe in Natur- und technischen Katastrophen waren der Anlass für die Diskussion eines allgemeinen und umfassenden Rechtsrahmens für die Leistung humanitärer Hilfe außerhalb bewaffneter Konflikte im Jahr 2001. Angedacht war zunächst der Entwurf eines völkerrechtlichen Vertrages, vergleichbar den in Art. 70 und 71 ZP I enthaltenen Grundregeln (International Federation of Red Cross and Red Crescent Societies 2007, S. 19). Diese Idee einer vertraglichen Regelung wurde jedoch durch die Regierungsdelegationen zur 28. Internationalen Rotkreuz- und Rothalbmond-Konferenz im Jahr 2003 mehrheitlich verworfen. Als Minimalkonsens konnte man sich jedoch darauf einigen, die Internationale Föderation der Rotkreuz- und Rothalbmond-Gesellschaften sowie die Nationalen Rotkreuz- und Rothalbmond-Gesellschaften aufzufordern, die Führungsrolle bei der Untersuchung, Analyse und Verbreitung des bestehenden Rechts- und normativen Rahmens für die internationale Katastrophenhilfe zu übernehmen, Lücken zu identifizieren und praktische Lösungen zu entwickeln.[46] Ergebnis dieser Bemühungen sind die Guidelines on the Domestic Facilitation and Regulation of International Disaster Relief and Initial Recovery Assistance, die sogenannten IDRL-Richtlinien. Diese wurden 2007 auf der 30. Internationalen Rotkreuz- und Rothalbmond-Konferenz einstimmig angenommen.[47]

---

[44] Framework Convention on Civil Defence Assistance vom 22. Mai 2000, in Kraft getreten am 30. Oktober 2001. http://www.icdo.org/files/framework-convention.pdf. Zugegriffen: 3. Nov. 2012.

[45] Artikel 3 lit. A Tschernobyl-Konvention; Art. 4 Tampere-Konvention; Art. 3 Zivilschutz-Rahmenübereinkommen.

[46] 28th International Conference of the Red Cross and Red Crescent, 2003, Resolution 1, Agenda for Humanitarian Action, Final Goal 3.2. http://www.icrc.org/eng/resources/documents/resolution/28-international-conference-resolution-1-2003.htm. Zugegriffen: 3. Nov. 2012.

[47] 30th International Conference of the Red Cross and Red Crescent, 2007, Resolution 4 und Annex. http://www.icrc.org/eng/resources/documents/resolution/30-international-conference-resolution-4-2007.htm. Zugegriffen: 3. Nov. 2012.

Die IDRL-Richtlinien sind als Richtlinien rechtlich nicht verbindlich, sondern haben den Charakter einer Empfehlung. Aus diesem Grund haben sie keinen unmittelbaren Einfluss auf die bestehenden oder nicht bestehenden Rechte oder Pflichten nach nationalem oder internationalem Recht. Dies stellen sie ebenso ausdrücklich klar wie die Tatsache, dass sie sich ausschließlich auf Natur- und ähnliche Katastrophen beziehen und in bewaffneten Konflikten nicht anwendbar sind (Richtlinien 1.1 und 1.4).[48] Ähnlich wie Resolution 46/182 der VN-Generalversammlung betonen sie die Hauptrolle nationaler Behörden und Akteure in der humanitären Hilfe (Richtlinie 1.3). In der Grundaussage laden die IDRL-Richtlinien die Staatengemeinschaft ein und ermutigen sie, sowohl den humanitäre Hilfe leistenden Staaten als auch humanitären Organisationen unter gewissen Voraussetzungen bestimmte Mindest-Erleichterungen rechtlicher Art zu gewähren (Richtlinie 1.3). Grundlage dieser Mindest-Erleichterungen sind die jeweiligen Verantwortlichkeiten der von einer Katastrophe betroffenen Staaten und der Hilfe leistenden Organisationen.

4.3.3.1 Verantwortlichkeiten der Akteure der humanitären Hilfe

Ausgangspunkt der IDRL-Richtlinien ist zunächst die axiomatische und primäre Verantwortung des von einer Katastrophe betroffenen Staates, sowohl die Leistung humanitärer Hilfe als auch Disaster Risk Reduction und die Ergreifung von Wiederaufbaumaßnahmen auf seinem Staatsgebiet sicherzustellen (Richtlinie 2.8). Für Natur- und technische Katastrophen bestätigen die IDRL-Richtlinien den im Rechtsregime der humanitären Hilfe in bewaffneten Konflikten geltenden Vorbehalt der Zustimmung des betroffenen Staates (Richtlinie 10.1). Dieses Zustimmungserfordernis beinhaltet naturgemäß das Recht, solche Zustimmung auch wieder zu entziehen und so die Beendigung einer Hilfeleistung zu entscheiden. Darauf aufbauend stellen sie den Staat in die Verantwortung zur Anforderung internationaler bzw. regionaler Hilfe in den Fällen, in denen er sich selbst außerstande sieht, die Folgen einer Natur- oder ähnlichen Katastrophe selbst hinreichend zu bekämpfen (Richtlinie 3.2). Ausfluss der primären Verantwortung des betroffenen Staates ist schließlich sein – souveränes – Recht, die von auswärtigen Akteuren der humanitären Hilfe auf seinem Territorium geleistete Hilfe zu koordinieren, gewissen Regeln zu unterwerfen und zu beobachten (Richtlinie 3.3).

Die IDRL-Richtlinien prägen sodann den Begriff der „hilfeleistenden Akteure"/ „assisting actors". Darunter fallen sowohl Staaten, die humanitäre Hilfe oder Wiederaufbauhilfe leisten, als auch humanitäre Organisationen, individuelle Helfer, Privatunternehmen oder sonstige ausländische Institutionen, die auf dem Territorium des von einer Katastrophe betroffenen Staates Hilfe leisten bzw. Finanzmittel oder Sachspenden zur Verfügung stellen (Richtlinie 2.14). Die Richtlinien lassen ausdrücklich für Staaten die Option zu, humanitäre Hilfe durch Streitkräfte zu leisten (vgl. die Definition eines „hilfeleistenden Staates" in Richtlinie 2.9). Richtlinie 11 wiederholt für diesen Fall die Erforderlichkeit einer ausdrücklichen Zustimmung nicht nur allgemein zur Hilfeleistung, sondern zur Leistung durch militärische

---

[48] „These Guidelines are non-binding. [...] the Guidelines do not have a direct effect on any existing rights or obligations under domestic law".

Komponenten. Dabei müssen vor der Einbeziehung von militärischen Komponenten vergleichbare zivile Alternativen in Erwägung gezogen werden.[49]

Sämtliche dieser hilfeleistenden Akteure sind dafür verantwortlich, das Recht und die Gesetze des betroffenen Staates zu beachten (Richtlinie 4.1).[50] Es obliegt ihnen, sich mit den nationalen Behörden zu koordinieren und die menschliche Würde der von einer Katastrophe betroffenen Personen zu respektieren (Richtlinie 6). Von Staaten und von Hilfsorganisationen wird Zusammenarbeit erwartet bei der Prävention von rechtswidriger Umlenkung von Hilfe, Veruntreuung, Unterschlagung und Betrug in Bezug auf Hilfsgüter, Ausrüstungen oder Mittel. Staaten, die Finanzmittel, Sachspenden oder Hilfsgüter angenommen haben, sind in der Verantwortung, diese entsprechend den bei der Übergabe gemachten Vorgaben zu verwenden.

Die Verantwortungen der hilfeleistenden Akteure gelten sowohl für Hilfsorganisationen als auch für ihr Hilfspersonal (Richtlinie 6). Das schließt ein, die Beachtung der humanitären Prinzipien der Menschlichkeit, Neutralität und Unparteilichkeit zu gewährleisten (Richtlinie 4.2). Speziell bedeutet dies: Die hilfeleistenden Akteure müssen sicherstellen, dass Prioritäten in der Hilfeleistung ausschließlich aufgrund des humanitären Bedarfs gesetzt werden. Sie sind dafür verantwortlich, dass Hilfe ohne jede nachteilige Unterscheidung, speziell im Hinblick auf Staatsangehörigkeit, Rasse, ethnische Zugehörigkeit, religiöse Überzeugungen, Klassen, Geschlecht, Behinderungen, Alter und politische Überzeugungen, geleistet wird. Außerdem darf Hilfeleistung nicht in einer Förderung eines bestimmten politischen oder religiösen Standpunkts, in einer Einmischung in die inneren Angelegenheiten eines Staates oder in Gewinnstreben aus gemeinnützigem Handeln resultieren. Die Hilfe leistenden Akteure haben zudem die Verantwortung sicherzustellen, dass Hilfe nicht als Mittel zur Gewinnung sensibler Informationen politischer, wirtschaftlicher oder militärischer Art eingesetzt wird, die nicht für die Hilfeleistung relevant ist.

4.3.3.2 Gewährung rechtlicher Erleichterungen

Die IDRL-Richtlinien greifen mit dem Institut der Gewährung rechtlicher Erleichterungen ein Konzept auf, das dem Rahmen-Partnerschaftsabkommen innerhalb der EU zugrunde liegt. Dieses Konzept ist zweigestuft: Auf der ersten Stufe stellen Herkunfts-, Transit- und die von einer Katastrophe betroffenen Staaten bestimmte Kriterien auf, welche Hilfsorganisationen erfüllen müssen, um zu dem Kreis derjenigen Organisationen zu gehören, die von bestimmten rechtlichen Erleichterungen profitieren können. Auf der zweiten Stufe legen die Staaten fest, welche rechtlichen Erleichterungen unter welchen Bedingungen eingreifen (Richtlinie 14.1).

Von den IDRL-Richtlinien wird nur ein Minimum rechtlicher Erleichterungen vorgegeben, die zudem nicht für sämtliche Akteure der humanitären Hilfe gelten,

---

[49] Beide Staaten müssen sich einigen über die Einzelheiten und Bedingungen einer derartigen Verwendung von Streitkräften, insbesondere mit Blick auf die Dauer der Verwendung, auf die Frage des Rechts des eingesetzten Personals zum Tragen von Waffen, auf die Frage des Tragens der jeweiligen nationalen Uniform und auf Verfahren zur Zusammenarbeit mit zivilen Akteuren.

[50] Umgekehrt ist es die Verantwortung des betroffenen Staates, angemessene Informationen über die nationalen Gesetze und Rechtsvorschriften zur Verfügung zu stellen, die für die Einreise und die Durchführung der Operation besonders relevant sind (Richtlinie 10.3).

sondern für humanitäre Hilfe leistende Staaten (Richtlinie 13). Für die Eignung und Berechtigung („eligibility") von Hilfsorganisationen, in den Genuss rechtlicher Erleichterungen kommen zu können, machen die IDRL-Richtlinien keine Vorgaben. Es werden vielmehr die Staaten in Richtlinie 14.2 ermutigt, solche Kriterien zu entwickeln und dabei sowohl die Bereitschaft als auch die Fähigkeit einer Organisation zu berücksichtigen, in Übereinstimmung mit den Verantwortlichkeiten eines Hilfe leistenden Akteurs (siehe oben) zu handeln.

Ob im Einzelfall rechtliche Erleichterungen gewährt werden, unterliegt dem Ermessen des von einer Katastrophe betroffenen Staates bzw. desjenigen Staates, in dem eine Organisation ihren Sitz hat, oder des Transitstaates. Die Präambel der Richtlinien empfehlen in Teil V, bei der Ausübung dieses Ermessens die spezifischen Erfordernisse der jeweiligen Situation und den „humanitären Imperativ, den Bedarf der Betroffenen zu decken" („consistent with the humanitarian imperative of addressing the needs of affected communities") in Betracht zu ziehen. Die Bandbreite der von den Richtlinien betonten, möglichen rechtlichen Erleichterungen umfasst die Bereiche Personal, Güter und Ausrüstung, Transport, zeitweiser Rechtsstatus nach nationalem Recht, Besteuerung, Sicherheit, verlängerte Ansprechbarkeitszeiten von Behörden und Kosten (Richtlinien 16–24). Zugang zu der von einer Katastrophe betroffenen Bevölkerung etwa soll ebenso erleichtert werden wie die Bewegungsfreiheit innerhalb eines Katastrophengebietes und aus diesem heraus, unter Wahrung der Sicherheit des Personals. Staaten sollen die Sicherheit von Personal sowie Einrichtungen und Gebäuden, Transportmitteln, Ausrüstung und Gütern durch geeignete Maßnahmen gewährleisten.

Die IDRL-Richtlinien sind rechtlich nicht verbindlich, sie haben ausschließlich empfehlenden Charakter. Ihr darüber hinausgehender prospektiver Wert liegt darin, dass Staaten durch eine praktische Handhabung der Richtlinien und eine Umsetzung der darin enthaltenen Empfehlungen Staatenpraxis entwickeln und außerdem zu erkennen geben, dass sie eine solche Praxis auch für rechtlich geboten halten. Eine derartige Praxis und Rechtsüberzeugung besitzen dann das Potenzial, die unverbindlichen IDRL-Richtlinien in rechtlich verbindliches Völkergewohnheitsrecht als normativen Rahmen für Katastrophen außerhalb bewaffneter Konflikte erstarken zu lassen.

Literatur

Bothe M (2000) Relief actions. Encyclopedia of Public International Law 4:168–174
Dinstein Y (2000) The right to humanitarian assistance. Nav WarColl Rev 53:77–92
Henckaerts JM, Doswald-Beck L (2009) Customary international humanitarian law, Vol I. IKRK und Cambridge University Press, Genf und Cambridge
International Federation of Red Cross and Red Crescent Societies (Hrsg) (2007) Law and legal issues in international disaster response: a desk study. Genf. http://www.ifrc.org/PageFiles/41194/113600-idrl-deskstudy-low-en.pdf. Zugegriffen: 2. Nov 2012
Pilar U von (2005) Von Ärzten und Grenzen. Dilemmata der humanitären Hilfe. http://www.aerzte-ohne-grenzen.de/kennenlernen/veroeffentlichungen/dokumente-zum-herunterladen/humanitaere-debatte/index.html. Zugegriffen: 5. Nov. 2012

Sandoz Y, Swinarski C, Zimmermann B (1987) Commentary on the additional protocols of 8 June 1977 to the Geneva conventions of 12 August 1949. IKRK, Genf
Spieker H (2010) Humanitarian assistance, access in armed conflict and occupation. Max Planck Encyclopedia of Public International Law. http://www.mpepil.com. Zugegriffen: 16. Dez 2012
Spieker H (2011) The right to give and receive humanitarian assistance. In: Heintze H-J, Zwitter A (Hrsg) International law and humanitarian assistance. doi:10.1007/978-3-642-16455-2_2

Teil II
Das humanitäre System

Das internationale humanitäre System und seine Akteure

5

Dennis Dijkzeul und Dieter Reinhardt

5.1 Einführung

Das System internationaler humanitärer Hilfe ist kein effektives, einheitliches System, das auf klar definierten Zielen und Regeln der Entscheidungsfindung, Koordination, Arbeitsteilung und Finanzierung basiert.[1] Stattdessen agiert in diesem schwach institutionalisierten System eine wachsende Anzahl von Akteuren, die in diversen Netzwerken sowohl kooperieren als auch um Ressourcen konkurrieren.[2] Zu den Hauptakteuren des humanitären Systems zählen zum einen die lokale Bevölkerung, lokale Nichtregierungsorganisationen (NRO) und kommunale Einrichtungen in Krisengebieten, die Notleidende humanitär unterstützen. Zum anderen zählen Regierungen, die humanitäre Hilfe gewähren oder empfangen, humanitäre Organisationen der Vereinten Nationen (VN) (engl. United Nations, UN) und internationale

---

[1] Zum Begriff „humanitäre Hilfe" siehe Kap. 2.

[2] Das Active Learning Network for Accountability and Performance in Humanitarian Action (ALNAP) zählt zu diesem System auch bestimmte Militäreinheiten und Unternehmen: „The 'international humanitarian system' is defined here as the network of national and international provider agencies, donors and host-government authorities that are functionally connected to each other in the humanitarian endeavour and that share common overarching goals, norms and principles. The system also includes actors that do not have humanitarian assistance as their central mission but play important humanitarian roles, such as military and private-sector entities" (Taylor et al. 2012, S. 8).

D. Dijkzeul (✉)
Institut für Friedenssicherungsrecht und humanitäres Völkerrecht (IFHV),
Ruhr-Universität Bochum, NA 02/29, 44801, Bochum, Deutschland
E-Mail: dennis.dijkzeul@rub.de

D. Reinhardt
Institut für Entwicklung und Frieden (INEF),
Universität Duisburg-Essen, 47057 Duisburg, Deutschland
E-Mail: dieter.reinhardt@uni-due.de

nicht-staatliche Akteure, wie die Internationale Rotkreuz- und Rothalbmondbewegung und NRO, dazu.

Die völkerrechtlichen Normen des internationalen humanitären Systems werden definiert im humanitären Völkerrecht, in den Menschenrechtskonventionen und in den Resolutionen der VN-Generalversammlung. Regierungen und humanitäre Organisationen unterstützen in verschiedenen Selbstverpflichtungserklärungen diese Normen, die insbesondere auf den vier zentralen humanitären Prinzipien basieren: Menschlichkeit, Unparteilichkeit, Neutralität und Unabhängigkeit. Humanitäre Organisationen hoffen mit diesen Prinzipien, den sog. „humanitären Raum" sicherzustellen, in dem sie Zugang zu den Not leidenden Personen bekommen können und ihre Sicherheit gewährleistet ist.

Die meisten Akteure definieren humanitäre Hilfe als den Versuch, auf der Grundlage dieser Prinzipien existenzielle Not zu lindern, Leben zu retten und zu schützen; es existiert allerdings eine Kontroverse über die genaue Definition und operative Umsetzung dieser Prinzipien. Die genaue Abgrenzung zwischen humanitärer Hilfe und der Entwicklungszusammenarbeit, Menschenrechtsaktivitäten, Krisenprävention und Konfliktlösung ist dabei auch umstritten.[3]

Das System humanitärer Hilfe ist weiterhin mit dem grundlegenden Problem konfrontiert, dass es vor allem in chronischen Krisengebieten mit schwachen oder zerstörten Institutionen fragiler oder kollabierender Staaten agiert.

Für die Mehrheit sowohl der Geberregierungen als auch der Regierungen, in deren Staatsgebiet diese Hilfe stattfindet, hat die Etablierung starker internationaler Institutionen humanitärer Hilfe keine hohe Priorität. Viele Staaten benutzen stattdessen humanitäre Hilfe als Instrument für ihre eigenen politischen und wirtschaftlichen Interessen, wie z. B. die Unterstützung von befreundeten Regimen, den Zugang zu Rohstoffen in Krisengebieten, die politische Imagepflege oder die Eindämmung von Flüchtlingsströmen.

Seit dem Ende des Kalten Krieges stieg die Anzahl militärischer Interventionen in Krisengebieten. Die dabei häufig erfolgende Instrumentalisierung humanitärer Hilfe für militärische Ziele verursacht zahlreiche Probleme für humanitäre Organisationen.

Humanitäre Organisationen lehnen mehrheitlich die Instrumentalisierung humanitärer Hilfe für politische oder militärische Ziele ab. Sie argumentieren, dass diese Instrumentalisierung die Arbeit humanitärer Organisationen politisiert und den humanitären Raum einschränkt; dadurch steige das Risiko, zum Ziel von Gewaltakten der Konfliktparteien zu werden.[4] Die Hilfsorganisationen können dann die Menschen in Not nicht oder nur schlecht erreichen.

Im Folgenden werden die Akteure im Zentrum und in der Peripherie des humanitären Systems beschrieben (Abschn. 5.2) und einer Typologie zugeordnet (Abschn. 5.3). Anschließend werden die finanziellen Aspekte des Systems (Abschn. 5.4), die institutionellen Schwächen des Gesamtsystems, zukünftige Herausforderungen und die Debatte über die Reform des Systems vorgestellt (Abschn. 5.5) und ein Fazit gezogen (Abschn. 5.6).

---

[3] Für die Problematik dieser definitorischen Abgrenzung siehe Kap. 2.

[4] Die Praxis der humanitären Hilfe weicht also – wie in Kap. 2 beschrieben – stark vom idealen Ablauf ab.

5.2 Akteure des Zentrums und der Peripherie des humanitären Systems

Die Akteure des humanitären Systems können einem Zentrum und einer Peripherie zugeordnet werden.[5] Zu den etablierten Akteuren im Zentrum des Systems zählen die in den westlichen Industrieländern verankerten großen Hilfsorganisationen, wie u. a. das Internationale Komitee vom Roten Kreuz (IKRK), Ärzte ohne Grenzen (Médecins sans Frontières, MSF) und der Save the Children Fund sowie die VN-Hilfsorganisationen und die Geberregierungen. Diese Akteure dominieren den internationalen Diskurs über Ziele und Probleme humanitärer Hilfe sowie die Koordinierung innerhalb und außerhalb des VN-Systems und prägen das Image der humanitären Hilfe in den Massenmedien.

Die Zahl der Akteure, die die Peripherie des Systems bilden und jeweils eine eigene humanitäre Programmatik haben, wächst jedoch bereits seit den 1990er-Jahren (vgl. hierzu Kap. 6). Diese neuen Programmatiken werden auch als neue Arten von Humanitarismus bezeichnet. Der Umfang der humanitären Hilfe, ihre Haltung gegenüber den humanitären Prinzipien und die Ziele dieser neuen Akteure sind wesentlich weniger analysiert worden als die der etablierten Akteure. Zu den neuen humanitären Akteuren zählen z. B. die Regierungen der Schwellenländer, Migrantenorganisationen und private Unternehmen.

5.2.1 Lokale Hilfe

In Krisengebieten unterstützen in erster Linie Familienangehörige, Nachbarn, Freunde, lokale Organisationen, Dorfgemeinschaften und kommunale Einrichtungen die Menschen in Not. Obwohl es einen Boom von Analysen und Evaluierungen der Vulnerabilität und Resilienz verarmter Bevölkerungsgruppen und lokaler Mechanismen zur Bewältigung von Naturkatastrophen gibt, wird diese lokale Hilfe in der Praxis oft ignoriert. Sie wird z. B. von internationalen humanitären Organisationen zu wenig berücksichtigt und nur selten in den Statistiken der humanitären Hilfe erfasst; auch die internationalen Medien berichten kaum über diese Hilfsinitiativen.[6] Dies ist eine Ursache dafür, dass die lokale Bevölkerung einer Krisenregion oft nur als passiver Hilfsempfänger wahrgenommen wird, was dazu beitragen kann, dass lokale Initiativen in ihrer Arbeit behindert werden. Durch fehlende Einbeziehung der Bevölkerung kann auch eine Abhängigkeit von internationaler Hilfe entstehen. In einigen Krisengebieten existiert ein übertriebenes Vertrauen in das westliche Hilfsexpertentum. In anderen Gebieten hat sich hingegen ein tiefes Misstrauen gegenüber ausländischen Organisationen entwickelt. Die spezifischen und sich in einer Katastrophe oder in einer Kriegsökonomie schnell verändernden

---

[5] Dieser Abschnitt stützt sich auf Reinhardt (2012, S. 121–129, 241–251).
[6] Zur Bedeutung lokaler Hilfestrukturen siehe Kap. 8.

Hilfsbedürfnisse unterschiedlicher Bevölkerungsgruppen sind oft von humanitären Organisationen schwierig zu erfassen.[7]

5.2.2 Empfängerstaaten

Ausgehend von der klassischen Staatenlehre gehört der Schutz seiner Bürger zu einer elementaren Funktion des Staates. Im Idealfall ist ein Staat nur kurzfristig außer Stande, Not leidende Bürger humanitär zu versorgen. In diesem Fall akkreditiert er offiziell humanitäre Organisationen, gewährt ihnen Zugang zu den Betroffenen und garantiert ihren Schutz durch Polizei und Sicherheitskräfte. Der Staat übernimmt darüber hinaus auch eine zentrale Rolle bei der Koordination internationaler und lokaler humanitärer Hilfe und beim späteren Wiederaufbau. Die humanitären Prinzipien sind unter diesen Bedingungen relativ leicht einzuhalten.

Die große Mehrheit der humanitären Krisen findet jedoch in fragilen oder schwachen Staaten statt. Wenn in einem Krisengebiet der Staat seine sozialen, polizeilichen und juristischen Grundfunktionen gegenüber der Bevölkerung nur sehr eingeschränkt oder überhaupt nicht mehr wahrnimmt, das frühere staatliche Gewaltmonopol zerfällt und die Eliten korrupt sind, agieren internationale humanitäre Organisationen in einem schwierigen Umfeld. Oft tragen Korruption und Kriegswirtschaft dazu bei, dass die Krisen chronisch werden. In diesen Gebieten setzen die verbleibenden staatlichen Akteure, Warlords und privaten Milizen Gewaltmittel auch gegen die Zivilbevölkerung ein.

Humanitäre Hilfe ist grundsätzlich weder ein Mittel, die Staatlichkeit wiederherzustellen, noch um Krisen politisch zu lösen, wie die ehemalige VN-Hochkommissarin für Flüchtlinge, Sadako Ogata, bereits in den 1990er-Jahren konstatierte (Rieff 2002, S. 22). In chronischen Bürgerkriegsgebieten ist diese Hilfe vielmehr mit verschiedenen Dilemmata konfrontiert. Zum einen werden humanitäre Organisationen, die über einen längeren Zeitraum in diesen Gebieten arbeiten, von der Zivilbevölkerung und von den Konfliktparteien immer weniger als neutrale, sondern zunehmend als politische Akteure im Gewaltkonflikt wahrgenommen. Zum anderen versuchen nationale und lokale Eliten und Konfliktparteien, die Arbeit humanitärer Organisationen für ihre eigenen politischen bzw. militärischen Interessen zu instrumentalisieren; so wird ihnen z. B. der Zugang zu Notleidenden nur unter der Bedingung gewährt, dass die Organisationen einen Teil der Hilfsressourcen an die Konfliktparteien übergeben. Gelingt es den Konfliktparteien nicht, Hilfe für ihre Ziele zu instrumentalisieren, werden die involvierten Organisationen häufig Ziel von Gewaltmaßnahmen. Sie stehen dann vor dem Dilemma, entweder zuzulassen, dass ein Teil der humanitären Hilfe von den Eliten und den Konfliktparteien instrumentalisiert wird (und damit indirekt auch zur Verlängerung von Konflikten und Leid beiträgt), oder ihre Arbeit insgesamt einzustellen.

Ein zusätzliches Problem entsteht, wenn humanitäre Organisationen ohne Absprachen mit betroffenen Staaten Projekte durchführen. Dies geschah kürzlich bei

---

[7] Diese Themen werden in Kap. 9 ausführlich behandelt.

großen Naturkatastrophen, wie z. B. 2005 nach dem Erdbeben und 2010 und 2011 bei den Überschwemmungskatastrophen in Pakistan und 2010 nach dem Erdbeben in Haiti. Kurzfristig hilft die humanitäre Hilfe dann beim Retten von Leben; längerfristig unterminiert sie jedoch häufig das Ansehen und die humanitären Kapazitäten der lokalen Behörden.

5.2.3 Geberregierungen

Die internationalen Strukturen humanitärer Hilfe sind stark von den Regierungen der reichen industrialisierten Länder abhängig.[8] Die institutionellen Schwächen des humanitären Systems werden maßgeblich durch diese Abhängigkeit verursacht. Das jährliche Gesamtvolumen der von OECD-Staaten und anderen Staaten geleisteten internationalen humanitären Hilfe stieg kontinuierlich von US$ 7,1 Mrd. im Jahr 2001 auf US$ 12,4 Mrd. im Jahr 2010 an; über 95 % dieser Hilfe wird von OECD-Staaten finanziert.[9]

Die Regierungen der USA und der Mitgliedstaaten der Europäischen Union (EU) finanzieren zusammen ca. zwei Drittel der weltweiten staatlichen humanitären Hilfe; der Anteil der EU-Regierungen und der EU-Kommission ist insgesamt etwas höher als derjenige der USA. In der US-Regierung ist hauptsächlich die dem Außenministerium unterstellte US Agency for International Development (USAID) für humanitäre Hilfe zuständig. Die Bush-Regierung hat nach den Terroranschlägen vom 11. September 2001 die bereits während der Clinton-Präsidentschaft erfolgte stufenweise sicherheitspolitische Instrumentalisierung humanitärer Hilfe intensiviert. Das US-Militär führte selbst verstärkt „humanitäre" Projekte durch, insbesondere nach dem Sturz des Taliban-Regimes in Afghanistan 2001 und nach dem Sturz des Saddam-Regimes im Irak 2003, und baute eigene zivil-militärische humanitäre Strukturen auf. Diese Instrumentalisierung wurde während der Obama-Administration größtenteils fortgesetzt.

Für die EU legt der 2009 in Kraft getretene Lissabonner EU-Reformvertrag fest, dass humanitäre Hilfe zu den Politikfeldern mit „geteilter Zuständigkeit" zwischen Kommission und den EU-Mitgliedstaaten zählt und die Hilfe der Regierungen und der Kommission sich „ergänzen" sollen (Europäischer Rat 2010, S. 52/Art. 4 Abs. 4). Innerhalb der Kommission ist das 1992 gegründete Amt für humanitäre Hilfe der Europäischen Kommission (European Commission Humanitarian Office, ECHO) für humanitäre Hilfe zuständig, das heute als Generaldirektion für humanitäre Hilfe und Zivilschutz (Directorate-General for Humanitarian Aid and Civil Protection, ECHO) – oder kurz auch als DG ECHO – bezeichnet wird. Diese Generaldirektion wird durch einen EU-Kommissar (Commissioner for International

---

[8] Diese Geberregierungen arbeiten in der Organisation für wirtschaftliche Zusammenarbeit und Entwicklung (Organisation for Economic Co-operation and Development, OECD) und ihrem Entwicklungsausschuss (Development Assistance Committee, DAC) zusammen. Zu der wachsenden Bedeutung von „neuen" Geberregierungen siehe Abschn. 5.6 und Kap. 6.
[9] Vgl. Development Initiatives (July 2011, S. 12–13) und Development Initiatives (2008, S. 4).

Cooperation, Humanitarian Aid and Crisis Response) geleitet. Ein humanitäres Komitee der EU-Mitgliedstaaten (Humanitarian Aid Committee, HAC) kontrolliert die regionale und sektorale humanitäre Projektförderung durch ECHO (ECHO 2010, S. 12, 2011, S. 137). Innerhalb des Rates der Europäischen Union unterstützt die 2009 gegründete Rats-Arbeitsgruppe „Humanitäre Hilfe und Nahrungsmittelhilfe" (Council Working Group on Humanitarian Aid and Food Aid, COHAFA) die Reaktionen des Rates der EU, insbesondere diejenigen der EU-Außenminister, auf humanitäre Krisen in Absprache mit der Kommission auf der Grundlage von Länderberichten (European Commission 2011, S. 12–13).

ECHO hat zwar das Mandat, die Hilfe der EU-Staaten zu koordinieren; tatsächlich gelingt dies aber nur sehr begrenzt. Die EU-Regierungen stellten der Kommission im Zeitraum von 2000 bis 2010 jährlich nur zwischen einem Drittel und der Hälfte ihrer humanitären Mittel zur Verfügung; im Jahr 2010 stellten die EU-Regierungen ECHO knapp 1 Mrd. € zur Verfügung und setzten knapp 2 Mrd. € für humanitäre Hilfe außerhalb von ECHO ein (ECHO 2011, S. 137). In dem im Dezember 2007 verabschiedeten „Europäischen Konsens zur humanitären Hilfe" verständigten sich die EU-Kommission, das EU-Parlament und der Rat der EU erstmals auf eine gemeinsame Definition humanitärer normativer Grundlagen. Diese zählt zu der auf Menschlichkeit, Unparteilichkeit, Neutralität und Unabhängigkeit basierenden humanitären Hilfe – in ähnlicher Form wie in den Entscheidungen der VN-Hauptorgane und Berichten des VN-Generalsekretärs – sowohl die Versorgung Notleidender als auch deren Schutz vor Verfolgung (European Commission 2008, S. 1–2). Die zentrale Rolle der VN, insbesondere die des Amtes für die Koordinierung humanitärer Angelegenheiten der VN (UN Office for the Coordination of Humanitarian Affairs, OCHA), bei der allgemeinen Koordinierung eines kohärenten internationalen Vorgehens bei humanitären Krisen wird anerkannt (Europäische Kommission 2008, S. 3). Bei der humanitären Hilfe in Afghanistan missachten allerdings einige EU-Regierungen die im Konsens und im Lissabonner EU-Reformvertrag formulierten humanitären Prinzipien, indem sie ihre Hilfe sicherheitspolitischen Zielen unterordnen.

Auf Initiative der Niederlande, Kanadas und Schwedens gründeten 2003 insgesamt 17 OECD-Staaten, darunter auch die meisten EU-Regierungen und die USA, die Good Humanitarian Donorship Initiative (GHD) und verabschiedeten 23 Prinzipien (inklusive der vier zentralen Prinzipien humanitärer Hilfe) und einen Implementierungsplan (Good Humanitarian Donorship Initiative 2003; Smillie und Minear 2005, S. 2). Die GHD verfügt über keine Sanktionsinstrumente gegenüber Staaten, um die Einhaltung dieser Prinzipien durchzusetzen.

5.2.4 Das VN-System

Die VN wurden als Institution zur Verhütung von Krieg und Gewalt kurz nach dem Zweiten Weltkrieg gegründet: Nach dem Inkrafttreten der VN-Charta im Oktober 1945 erfolgte in rascher Abfolge die Gründung operativer VN-Hilfsorganisationen im Bereich humanitärer Hilfe und Entwicklungspolitik. Die humanitäre Hilfe der

VN war mit dem Flüchtlingsproblem nach dem Zweiten Weltkrieg und während des Ost-West-Konflikts insbesondere mit den Auswirkungen des Biafra-Krieges in Nigeria (1968–1969), des Völkermords in Kambodscha (1979–1980) und der Hungerkatastrophen in der Sahel-Zone (1973–1974) und in Äthiopien (1973–1974, 1984–1985) konfrontiert. Im Biafra-Krieg selbst waren im Gegensatz zu den älteren und neugegründeten NRO kaum VN-Hilfsorganisationen präsent (Crisp 2007, S. 482). In Ostpakistan, dem heutigen Bangladesch, das 1970 von einer schweren Flutkatastrophe betroffen war und 1971 nach einem Sezessionskrieg gegen die Armee Westpakistans unabhängig wurde, waren VN-Organisationen hingegen stärker vertreten.

An der Koordination humanitärer Hilfe und ihrer operativen Umsetzung sind im VN-System folgende Organe beteiligt: der Generalsekretär[10]; der VN-Nothilfekoordinator (Emergency Relief Coordinator), der von OCHA unterstützt wird; die VN-Hilfsorganisationen VN-Flüchtlingskommissariat (UN High Commissioner for Refugees, UNHCR), VN-Kinderhilfswerk (UN Children's Fund, UNICEF), VN-Welternährungsprogramm (World Food Programme, WFP), VN-Entwicklungsprogramm (UN Development Programme, UNDP) und VN-Weltgesundheitsorganisation (World Health Organization, WHO); sowie die Internationale Organisation für Migration (International Organisation for Migration, IOM).

5.2.5 Die VN-Hilfsorganisationen UNHCR, UNICEF, WFP, UNDP, WHO und die IOM

In dem 1951 von der VN-Generalversammlung gegründeten UNHCR arbeiteten Ende der 1990er-Jahre ca. 5.000 Angestellte, die über 20 Mio. Flüchtlinge und Binnenvertriebene betreuten; im Jahr 2010 arbeiteten hingegen ca. 13.000 Personen in zentralen Verwaltungsstellen und in lokalen UNHCR-Hilfsprojekten, in denen insgesamt ca. 34 Mio. Flüchtlinge und Binnenvertriebene betreut wurden. Der Gesamthaushalt des UNHCR verdoppelte sich seit Ende der 1990er-Jahre auf knapp US$ 2 Mrd. im Jahr 2010.[11] Bereits seit den 1980er-Jahren und verstärkt seit Mitte der 1990er-Jahre wurde das UNHCR vom Generalsekretär und von lokalen Regierungen in Krisengebieten gebeten, nicht nur Flüchtlinge, sondern auch Binnenvertriebene (internally displaced persons, IDPs) zu betreuen (Slaughter und Crisp 2009).[12] Was zunächst eine Ausnahme darstellte, entwickelte sich zu einer etablierten und von den VN-Mitgliedstaaten befürworteten Praxis. Bereits Ende 1995 waren die Hälfte der vom UNHCR unterstützten knapp 30 Mio. Personen

---

[10] Der Generalsekretär spielt vor allem in der Theorie eine große Rolle. In der Praxis hat er seine Verantwortlichkeiten weitgehend an den VN-Nothilfekoordinator (UN Emergency Relief Coordinator, ERC) und seine Special Representatives „im Feld" delegiert. Diese sog. Special Representatives of the Secretary-General (SRSG) tragen offiziell die Verantwortung für die gesamte VN-Präsenz in einer Krisenregion.

[11] Vgl. zu diesen Angaben UNHCR (2000a, S. 3) und UNHCR (June 2011, S. 83).

[12] Bereits seit Ende der 1980er-Jahre beteiligte sich das UNHCR vermehrt auch an Repatriierungsprogrammen, wie z. B. in Zentralamerika, Kambodscha und Mosambik (Cohen und Deng 1998, S. 152).

Binnenvertriebene (Weiss und Pasic 1997, S. 50). Die Voraussetzung für eine Erweiterung des UNHCR-Mandats wurde zum einen 1998 durch die VN-Generalversammlung geschaffen; sie beschloss, dass der UNHCR Binnenvertriebene betreuen und schützen kann, sofern der Generalsekretär oder ein VN-Hauptorgan ihn darum bittet und die betroffene Regierung dem zustimmt (Stoddard 2010, S. 252; Feller 2006, S. 11). Zum anderen wurde diese Mandatserweiterung des UNHCR im Rahmen des vom Generalsekretär und Nothilfekoordinator 2005 eingeführten „Cluster-Ansatzes" bestätigt und ausgebaut. Dieser Ansatz legt u. a. fest, dass der UNHCR in allen komplexen Notlagen für den Schutz von Binnenvertriebenen zuständig ist. Für das UNHCR kann die gleichzeitige Versorgung von Flüchtlingen und Binnenvertriebenen in derselben Region mit schwierigen operativen und politischen Problemen verbunden sein; so kann z. B. eine lokale Regierung durch politischen Druck oder administrative Schikanen versuchen, die Versorgung einer Gruppe zu verhindern (Cohen und Deng 1998, S. 130; UNHCR 2000a, S. 11).

UNICEF wurde 1946 gegründet und erhielt zunächst das Mandat der humanitären Versorgung von Frauen und Kindern nach dem Zweiten Weltkrieg in Europa (Cohen und Deng 1998, S. 138). In den 1950er-Jahren verschob sich der Fokus der Organisation von Notversorgung zu einem stärker an den Ursachen von Armut und Not orientierten Ansatz – UNICEF wurde zunehmend zur Entwicklungsorganisation. Die jetzige humanitäre Hilfe von UNICEF basiert auf den humanitären Prinzipien der VN-Kinderrechtskonvention, dem humanitären Völkerrecht und den Menschenrechten (UNICEF 2010b, S. 2, 6).[13] Ende der 1990er hatte UNICEF ein Budget von ca. US$ 1 Mrd. und Büros in 76 Ländern, in denen über 7.500 Angestellte arbeiteten (Cohen und Deng 1998, S. 139). Seit 2000 wird jährlich ca. ein Viertel des Gesamthaushalts für Kinder in humanitären Katastrophen eingesetzt; bis 2009 stieg der Gesamthaushalt kontinuierlich auf US$ 3,2 Mrd. (UNICEF 2010a, S. 39). Seit 2005 ist UNICEF im Rahmen des Cluster-Ansatzes international und regional zuständig für die Bereiche „Wasser, sanitäre Anlagen und Hygiene", „Ernährung und Erziehung" (zusammen mit der NRO Save the Children) und „Schutz der Kinder und sexuelle Gewalt" (zusammen mit dem UN Population Fund, UNFPA) (UNICEF 2011, S. 15).

Ein Drittel der gesamten internationalen humanitären Hilfe besteht aus Nahrungsmittelhilfe (Harvey et al. 2010, S. 2). Das 1961 gegründet WFP wickelte in den 1990er-Jahren ca. ein Viertel der gesamten internationalen Nahrungsmittelhilfe ab und versorgte über 50 Mio. Menschen; darunter befanden sich ca. ein Drittel Binnenvertriebene in Konflikt- und Kriegsgebieten (Cohen und Deng 1998, S. 134–135). Die durch steigende Nahrungsmittelpreise ausgelösten weltweiten Ernährungsprobleme verursachten zwischen 2006 und 2009 eine Erhöhung der Zuwendungen der Geberregierungen an das WFP von US$ 2,6 Mrd. auf ca. US$ 4 Mrd.; in diesem Zeitraum wurden von diesen Mitteln drei Viertel im Bereich Nahrungsmittelsoforthilfe eingesetzt (WFP 2010a, S. 42; Development Initiatives July 2011,

---

[13] Für die allgemeine Rolle von humanitärem Völkerrecht und den Menschenrechten bei der humanitären Hilfe siehe Kap. 4 und 12.

S. 39). Im Jahr 2009 wurden ca. 100 Mio. Menschen mit WFP-Nahrungsmitteln versorgt (WFP 2010a, S. 2).

In den 1990er Jahren setzte eine verstärkte Politisierung der Nahrungsmittelsoforthilfe in Krisengebieten ein; so musste das WFP Mitte der 1990er-Jahre vorübergehend die Hilfe für den Irak aufgrund fehlender Zuwendungen durch die USA um 50 % kürzen; Russland hingegen erhielt 1994 Nahrungsmittelhilfe und war nach Bangladesch das zweitgrößte Empfängerland (Charlton 1997, S. 44). Die Unterschlagung von Nahrungsmittelhilfe und anderer Hilfsressourcen ist ebenfalls ein großes Problem in vielen Krisengebieten. In einem vom VN-Sicherheitsrat 2010 angeforderten Bericht über die Auswirkungen der vom Rat verhängten Sanktionen gegen Somalia wird dem WFP vorgeworfen, dass sich Konfliktparteien einen Teil der vom WFP gelieferten Nahrungsmittelhilfe angeeignet hätten (UN Security Council 2010). Das WFP wies diese Studie öffentlich zurück (WFP 2010b).

Das 1965 von der VN-Generalversammlung gegründete UNDP war ursprünglich vor allem eine Entwicklungsorganisation. Es hat im Zuge der VN-Reform (1997) von OCHA den Bereich „operative Maßnahmen bei Naturkatastrophen" übernommen. Innerhalb des UNDP ist das Bureau for Crisis Prevention and Recovery (BCPR) für humanitäre Hilfe zuständig, insbesondere für die Vermeidung von Naturkatastrophen und für Wiederaufbauhilfe.[14] Das UNDP-Jahresbudget stieg zwischen 2000 und 2009 kontinuierlich von knapp US$ 2,5 Mrd. auf knapp US$ 5,5 Mrd. (UNDP 2010a, S. 40). Zwischen 2006 und 2009 verdoppelten sich die jährlichen staatlichen Zuwendungen für die knapp 40 verschiedenen vom UNDP verwalteten und von Geberregierungen finanzierten Fonds (Global Multi-Donor Trust Funds), die in verschiedenen Krisengebieten und Sektoren eingerichtet wurden, auf US$ 1,2 Mrd. Diese vom UNDP und anderen VN-Organisationen benutzten Mittel werden zu gleichen Teilen in den drei Bereichen Wiederaufbauhilfe, Entwicklungszusammenarbeit und humanitäre Hilfe eingesetzt (UNDP 2010a, S. 35, 2010b, S. 8).

Die WHO verfügte in den beiden Jahren 2008 und 2009 über ein Budget von jeweils über US$ 2 Mrd., von denen ca. 10 % für humanitäre Hilfe eingesetzt wurden (WHO 2010, S. VII). Sie leistet insbesondere technische Hilfe für den Aufbau allgemeiner Strukturen der Gesundheitsversorgung (WHO 2010; Cohen und Deng 1998, S. 140). Auch andere VN-Organisationen, wie der UNFPA und das United Nations Office for Project Services (UNOPS), sind in humanitären Krisen tätig.

Die 1951 außerhalb der VN gegründete IOM kooperiert sehr eng mit dem UNHCR, UNICEF und der WHO; nahezu 100 Staaten sind IOM-Mitglieder. Das IOM-Mandat umfasst die Unterstützung von Migranten, Flüchtlingen und Binnenvertriebenen. Die IOM führt sowohl Projekte humanitärer Hilfe als auch der Reintegration für demobilisierte Soldaten, Flüchtlinge und Binnenvertriebene durch (IOM 2010). Zu den größten IOM-Projekten in den 1990er-Jahren zählte die Organisation eines Rückkehrprogramms von 100.000 Flüchtlingen nach Mosambik und von 600.000 Flüchtlingen nach Angola (Cohen und Deng 1998, S. 141–142). Die IOM

---

[14] Vgl. dazu auch UNDP Crisis Prevention & Recovery, http://www.undp.org/cpr/how_we_do/how_we_do.shtml. Zugegriffen: 30. April 2012.

betreute im Jahr 2008 knapp 200.000 und im Jahr 2009 über 300.000 Menschen (IOM 2010, S. 20).

5.2.6 VN-Nothilfekoordinator und OCHA

Im Dezember 1991, nach dem Zweiten Golfkrieg und der darauf folgenden humanitären Krise im Nordirak, hat die Generalversammlung die grundlegenden Institutionen und Regeln der internationalen Planung, Finanzierung und Abwicklung internationaler humanitäre Hilfe etabliert, die bis heute das System charakterisieren. Erstens wurde das Amt des VN-Nothilfekoordinators geschaffen, der den Rang eines VN-Untergeneralsekretärs hat. Zweitens wurde im Zuge dieser Neuerung auch das Department of Humanitarian Affairs (DHA), die Vorgängerorganisation von OCHA, etabliert. Drittens wurde der Ständige Interinstitutionelle Ausschuss (Inter-Agency Standing Committee, IASC) eingesetzt. Viertens wurden zwei humanitäre Finanzierungsmechanismen, die VN-Spendenappelle (Consolidated Appeals) und ein VN-Nothilfefonds, etabliert.

Die VN-Generalversammlung übertrug dem VN-Nothilfekoordinator eine zentrale Koordinationsfunktion; er wurde beauftragt – unter Rückgriff auf die Arbeit der von ihm geleiteten humanitären VN-Instanzen OCHA und IASC –, kontinuierlich und schnell den globalen und lokalen Bedarf an humanitärer Hilfe zu erfassen, entsprechende detailliierte Projektplanungen und humanitäre Strategien für alle Krisengebiete zu formulieren, ihre Finanzierung durch Geberregierungen und private humanitäre Akteure zu gewährleisten und eine enge operative Kooperation zwischen den VN-Hilfsorganisationen untereinander sowie zwischen diesen und der Internationalen Rotkreuz- und Rothalbmondbewegung und NRO sicherzustellen.

Die humanitäre, politisch-strategische Koordination findet bei OCHA primär im New Yorker VN-Sekretariat statt, die operative Koordination hingegen schwerpunktmäßig am Genfer VN-Sitz. So werden in New York u. a. auch die von OCHA aufgebauten humanitären VN-Informations- und Frühwarnsysteme „Reliefweb", „Integrated Regional Information Networks" (IRIN) und „Humanitarian Early Warning System" (HEWS) verwaltet. In Genf arbeiten die OCHA-Abteilungen für die VN-Spendenappelle (Consolidated Appeal Process, CAP), für zivil-militärische Zusammenarbeit (Military and Civil Defense Unit), für die „Internationale VN-Strategie der Katastrophenreduzierung und Reaktion auf Naturkatastrophen" und für die Teams zur Katastrophenabschätzung und -koordination (UN Disaster Assessment and Coordination Teams (UNDAC). Diese Teams haben die Aufgabe, eine erste humanitäre Bedarfsermittlung durchzuführen und die erste Phase humanitärer Hilfe zu koordinieren.

Im IASC sind alle VN-Hilfsorganisationen und als ständige Gäste die IOM, die Weltbank, der vom VN-Menschenrechtsrat seit 2010 eingesetzte Spezielle Berichterstatter für Menschenrechte der Binnenvertriebenen (Special Rapporteur on the Human Rights of Internally Displaced Persons), drei NRO-Netzwerke, die Internationale Föderation der Rotkreuz- und Rothalbmondgesellschaften (IFRC) und das IKRK vertreten. Zu den NRO-Netzwerken zählen der International Council of Voluntary Agencies (ICVA) und das Steering Committee for Humanitarian Response (SCHR) sowie das größte Netzwerk in den USA, InterAction. Im SCHR-Netzwerk arbeiten das Netzwerk Action by Churches Together (ACT Alliance), CARE International, Caritas Internationalis, das IKRK, die IFRC, die Lutherische Weltföderation, Oxfam International, Save the Children und World Vision zusammen. Das IASC entwickelt humanitäre Strategien und sorgt offiziell für die Festlegung der Aufgabenverteilung zwischen den Mitgliedern in einzelnen Krisengebieten, den Ausbau logistischer VN-Kapazitäten und die Präzisierung rechtlicher Aspekte der Mandate humanitärer Organisationen innerhalb und außerhalb des VN-Systems (UN IASC 2011). Das IASC berät den VN-Nothilfekoordinator bei der Ernennung lokaler humanitärer VN-Koordinatoren und betreibt Anwaltschaftsarbeit zur Einhaltung humanitärer Prinzipien; der VN-Nothilfekoordinator leitet Initiativen des IASC an den VN-Generalsekretär, den VN-Sicherheitsrat und die VN-Generalversammlung weiter (UN IASC 2011).[15]

Die VN-Generalversammlung überträgt dem VN-Nothilfekoordinator einerseits eine zentrale globale und lokale Koordinationsfunktion. Sie hat ihn jedoch andererseits nicht mit den für die Bewältigung dieser Aufgaben notwendigen administrativen und finanziellen Mitteln ausgestattet. International existiert also keine Instanz, die eine effektive Koordination humanitärer Hilfe und den bedarfsgerechten, regionalen und sektoralen Einsatz von Hilfsressourcen sicherstellen kann.

5.2.7 Humanitäre Reform

Bei der 2005 initiierten sog. „humanitären Reform" verständigten sich alle VN-Hilfsorganisationen, einige größere NRO und das IFRC im Rahmen des Cluster-Ansatzes auf eine feste Arbeitsteilung und auf Zuständigkeiten für operative humanitäre Sektoren (cluster) (vgl. Tab. 5.1).

Der Cluster-Ansatz hat zwar die Koordination der teilnehmenden internationalen Organisationen etwas verbessert; allerdings arbeiten wichtige Organisationen, wie MSF und das IKRK, nur z. T. mit und lokale und Migrantenorganisationen sind nicht beteiligt. Außerdem gibt es noch viele operationelle Probleme im Cluster-Ansatz und die Mitglieder interpretieren die Relevanz und den Inhalt der vier humanitären Prinzipien unterschiedlich. Auch der „humanitären Reform" gelang es nicht, ein kohärentes humanitäres System zu etablieren.

---

[15] Das für humanitäre Angelegenheiten zuständige UN Executive Committee for Humanitarian Affairs (ECHA) ist einer der im Rahmen des 1997/1998 von der VN-Generalversammlung verabschiedeten Reformprogramms eingerichteten vier Exekutivausschüsse (UN IASC 2007). Das ECHA soll eine schnelle koordinierte Reaktion verschiedener Departements und Abteilungen des VN-Generalsekretariats und der VN-Hilfsorganisationen in Krisengebieten unmittelbar vor, während und nach einem Konflikt sicherstellen. Eine OCHA-Abteilung ist für die Verzahnung der Arbeit von ECHA und IASC zuständig, da eine Überschneidung der Aufgaben und der Zusammensetzung der beiden Gremien existiert.

Tab. 5.1 Zuständigkeiten im Cluster-Ansatz (cluster approach) (Stand: Juni 2012). (Quelle: UN OCHA 2012)

Sektor (Cluster)	Sektorleitende Agentur (Cluster Lead Agency)
Früher Wiederaufbau	UNDP
Lagerkoordination/Lagermanagement	UNHCR/IOM
Wasser/Sanitäre Anlagen/Hygiene	UNICEF
Notlageraufbau	UNHCR/IFRC
Schutz von Notleidenden in Gewaltkonflikten	UNHCR
Ernährung	UNICEF
Logistik	WFP
Gesundheit	WHO
Nahrungsmittelsicherheit	WFP/FAO[a]
Notfall-Telekommunikation	WFP
Bildung/Erziehung	UNICEF/Save the Children-UK

[a] *FAO* Food and Agriculture Organization

Die VN-Organisationen sind jedoch an einer Zusammenarbeit mit Organisationen der Zivilgesellschaft, insbesondere mit NRO-Netzwerken und der Internationalen Rotkreuz- und Rothalbmondbewegung, interessiert, weil diese Akteure bei der Implementierung lokaler humanitärer VN-Projekte flexibel einsetzbar sind und versuchen, Geberregierungen zu einer aktiveren Politik im Bereich der humanitären Hilfe zu bewegen. NRO, die Internationale Rotkreuz- und Rothalbmondbewegung und VN-Hilfsorganisationen sind aber gleichzeitig auch Konkurrenten bei der Verteilung staatlicher humanitärer Mittel und z. T. auch auf dem privaten Spendenmarkt. Auch Geberregierungen sind an einer engen Zusammenarbeit mit der Internationalen Rotkreuz- und Rothalbmondbewegung und mit international agierenden NRO interessiert und finanzieren einen Teil ihrer Projekte. NRO und die Internationale Rotkreuz- und Rothalbmondbewegung verfügen im Gegensatz zu den meisten VN-Hilfsorganisationen sowohl über staatliche als auch über (umfangreiche) private Spenden. Insofern haben sie eine relative Autonomie gegenüber Geberregierungen und VN-Hilfsorganisationen.

5.2.8 Die Internationale Rotkreuz- und Rothalbmondbewegung

Zu den drei Komponenten der Internationalen Rotkreuz- und Rothalbmondbewegung zählen die ca. 190 Nationalen Gesellschaften vom Roten Kreuz und Roten Halbmond, die IFRC und das IKRK (Spieker 2007, S. 51–52). An den Konferenzen der Bewegung (Internationaler Konferenz vom Roten Kreuz und Roten Halbmond) nehmen neben diesen Komponenten auch alle Vertragsstaaten der Genfer Abkommen (GA) von 1949 teil (Spieker 2007, S. 51). „Im Gegensatz zu Nichtregierungsorganisationen wird das jeweilige Mandat aller drei Komponenten sowohl in den Genfer Abkommen von 1949 und den beiden Zusatzprotokollen von 1977 als auch von der Internationalen Konferenz festgelegt" (Spieker 2007, S. 52). Deren Arbeit basiert auf den sog. „sieben Grundsätzen der Internationalen Rotkreuz- und Rothalbmondbewegung". Diese Grundsätze sind auf der XX. Internationalen Rotkreuzkonferenz 1965 in Wien verabschiedet worden und beziehen sich auf die Prinzipien der Menschlichkeit, Unparteilichkeit, Neutralität, Unabhängigkeit, Freiwilligkeit, Einheit und Universalität (Spieker 2007, S. 52). Wie in Abschn. 5.1 beschrieben, sind die ersten vier Prinzipien auch für andere humanitäre Organisationen sehr wichtig.

Das IKRK und auch das IFRC sind – wie der Malteserorden – jeweils ein „,atypisches' besonderes Völkerrechtssubjekt", dessen internationale Rechtspersönlichkeit durch Verträge mit Regierungen und die Verleihung eines Beobachterstatus in der VN-Generalversammlung anerkannt worden ist (Peterke 2006, S. 268). Das IKRK ist ein nicht-staatliches Völkerrechtssubjekt; es ist zuständig für die Überprüfung und Einhaltung der Bestimmungen der vier GA und ihrer Zusatzprotokolle (ICRC 2010, S. 485).[16] Das IKRK verfügte 2010 über ein Budget von knapp über US$ 1 Mrd. (ICRC 2011, S. 1) und unterhielt 2005 mit ca. 11.000 Mitarbeitern Missionen in ca. 80 Ländern (ICRC 2005, S. 4). Das IKRK gibt keine Informationen an Gerichte weiter, die Kriegsverbrecher aburteilen, und hat nur in Vertragsstaaten der GA ein Recht auf Zugang zu Kriegsgefangenen (ICRC 2005, S. 3–6; Cohen und Deng 1998, S. 132).

5.2.9 Wachstum des NRO-Sektors

In den 1980er-Jahren setzte ein starkes Wachstum humanitärer NRO ein, die insbesondere auch in Kriegsgebieten arbeiteten. Mitte der 1990er-Jahre sollen ca. 100 internationale NRO in Zaire (der heutigen Demokratischen Republik Kongo), 150 in Mosambik, 170 in Ruanda und 250 im ehemaligen Jugoslawien (UNHCR 2000a, S. 194) sowie nach dem Kosovo-Krieg 1999 ca. 300 im Kosovo tätig gewesen sein (Polman 2010, S. 214). Geschätzt wird, dass 2012 weltweit ca. 4.400 NRO humanitäre Projekte durchführten (Taylor et al. 2012, S. 9).

Das Wachstum des NRO-Sektors lässt sich zum einen darauf zurückführen, dass der Staat bestimmte Funktionen nicht wahrnimmt und damit Aktionsräume für NRO eröffnet (Beisheim 1997, S. 29), und zum anderen auf den expandierenden privaten Spendenmarkt und die Finanzierungspolitik der Geberregierungen und VN-Hilfsorganisationen, die sowohl entwicklungspolitische als auch humanitäre Projekte zunehmend von internationalen NRO implementieren lassen (Development Initiatives 2009; McDermott 1997). NRO sind im Gegensatz zu VN-Hilfsorganisationen häufig in der Lage, ohne Zustimmung lokaler Regierungen in Krisengebieten grenzüberschreitend zu arbeiten. Der UNHCR ließ 1999 die Hälfte seines gesamten Hilfsbudgets durch humanitäre NRO-Projekte implementieren (UNHCR 2000, S. 194). Die durchschnittlichen jährlichen ODA[17]-Zuwendungen humanitärer Hil-

---

[16] Das 1863 gegründete Internationale Komitee der Hilfsgesellschaften für die Verwundetenpflege wurde 1876 umbenannt in „Internationales Komitee vom Roten Kreuz"; es ist nach den Bestimmungen des Bürgerlichen Gesetzbuches der Schweiz ein privater Verein. In den GA wird der spezielle völkerrechtliche Charakter des Mandats des IKRK definiert.
[17] ODA = Official Development Assistance.

fe, die OECD-Staaten über NRO abwickelten, stiegen zwischen 2006 und 2008 von US$ 1,8 Mrd. auf US$ 3,1 Mrd. (Development Initiatives 2010, S. 61). Diese Finanzierungspolitik der Geberregierungen und VN-Hilfsorganisationen beschleunigte den Konzentrationsprozess im NRO-Sektor; es bildeten sich große „NRO-Familien", die sich aus mehreren nationalen Sektionen zusammensetzen. Außerdem arbeiten viele NRO in Dachverbänden, wie z. B. dem Verband Entwicklungspolitik Deutscher Nichtregierungsorganisationen (VENRO), dem europäischen Dachverband der humanitären NRO „Voluntary Organisations in Cooperation in Emergencies" (VOICE) oder in Spendenbündnissen wie z. B. Aktion Deutschland Hilft (ADH) zusammen. Manchmal führen sie auch gemeinsame Kampagnen durch, wie z. B. zur internationalen Schuldentilgung.

Geschätzt wird, dass sich im Zeitraum zwischen 2006 und 2010 die gesamte internationale humanitäre Hilfe zu einem Drittel aus privaten Spenden und zu zwei Drittel aus staatlichen Zuwendungen zusammensetzte (Development Initiatives 2011, S. 19). Die Budgets der fünf größten humanitären NRO, MSF, Caritas, Oxfam, World Vision und International Rescue Committee (IRC), übersteigen jeweils die humanitären Zuwendungen vieler OECD-Staaten; so war z. B. das Budget von MSF im Jahr 2006 mit US$ 395 Mio. größer als das staatliche humanitäre Budget Deutschlands und das Budget von Caritas Internationalis mit US$ 234 Mio. größer als das staatliche humanitäre Budget Kanadas (Development Initiatives 2009a, S. 9–10).[18] Zwei besondere Arten von NRO sind Migrantenorganisationen und religiöse NRO.

5.2.10 Migrantenorganisationen

Die Hilfe der im Ausland wohnenden Migranten für Notleidende in ihrem Heimatländern wird kaum erfasst, obwohl z. B. das Volumen ihrer Geldüberweisungen in einigen Ländern dasjenige der staatlichen Entwicklungszusammenarbeit und humanitären Hilfe übertrifft (Savage und Harvey 2007).[19] Durch diese Mittel ist es der lokalen Bevölkerung häufig möglich, Nothilfe zu leisten. Darüber hinaus gründen Migranten aus demselben Heimatort häufig Vereine, die kulturelle, entwicklungspolitische und humanitäre Projekte in diesen Orten unterstützen.

---

[18] Zweimal erhielt eine NRO-Kampagne bzw. eine NRO den Friedensnobelpreis: 1997 wurde er an die insbesondere von NRO initiierte internationale Anti-Landminen-Kampagne (zusammen mit Jody Williams) und 1999 an die NRO MSF vergeben.

[19] Der Global Humanitarian Assistance Report von 2009 konstatiert: „Das Ausmaß dieser Art von Hilfe [der Migranten] wird nirgendwo quantifiziert und bleibt damit unsichtbar in den Statistiken zu humanitärer Hilfe, trotz der immensen Wichtigkeit für die Rettung von Leben und für die Sicherung der Lebensgrundlagen" (Development Initiatives 2009, S. 1) (Übers. d. Verf.).

5.2.11 Religiöse NRO

Religiöse Organisationen gehören zu den ältesten humanitären NRO. Einige Regierungen, wie die US-Regierung von George W. Bush, haben die Tätigkeiten religiöser Organisationen sehr stark unterstützt. In den letzten 20 Jahren ist die Zahl nicht-christlicher NRO stark gestiegen, insbesondere die Anzahl und Größe islamischer humanitärer Organisationen.[20] Einige von ihnen, wie etwa die NRO „Muslim Hands", waren zunächst ein Zusammenschluss von Migranten. Sie professionalisierten sich schnell und unterstützen inzwischen auch Menschen, die nicht ihren Glauben teilen. Einige kleinere muslimische Hilfsorganisationen setzen hingegen humanitäre Hilfe ein, um einen Übertritt der Hilfsempfänger zu ihrer jeweiligen Glaubensausrichtung zu bewirken (de Cordier 2009).[21]

5.2.12 Militär

Die GA legen fest, dass eine Besatzungsmacht, wie z. B. die USA nach dem Sturz des Saddam-Regimes im Irak im Jahr 2003, eine Fürsorgepflicht gegenüber der Zivilbevölkerung hat. Es wurden – jeweils unter Beteiligung und Zustimmung einer Gruppe von über 30 Staaten, der VN-Hilfsorganisationen, der Internationalen Rotkreuz- und Rothalbmondbewegung und großen NRO-Netzwerken – im Jahr 2003 VN-Leitlinien für zivil-militärische Operationen in komplexen Notlagen (Guidelines on the Use of Military and Civil Defence Assets to Support UN Humanitarian Activities in Complex Emergencies, MCDA-Guidelines) und bereits 1994 für zivil-militärische Operationen in Naturkatastrophen (Oslo Guidelines) formuliert.[22] In diesen Richtlinien wird festgelegt, in welcher Form das Militär Hilfsorganisationen unterstützen sollte.

Nach dem raschen Anstieg von militärischen Interventionen in den 1990er-Jahren (vgl. Kap. 21) wird in vielen Krisengebieten – im Widerspruch zu diesen Richtlinien – humanitäre Hilfe für militärische Zwecke instrumentalisiert, wie z. B. in den Bürgerkriegen im ehemaligen Jugoslawien, beim laufenden Einsatz der North Atlantic Treaty Organization (NATO) in Afghanistan und während der von den USA geleiteten Militärintervention im Irak nach 2003. Das Militär setzt dabei Hilfsressourcen im Rahmen von „winning hearts and minds"-Strategien mit dem Ziel ein, das eigene Image in der lokalen Bevölkerung zu erhöhen und dadurch den Widerstand zu reduzieren. Dies widerspricht dem traditionellen humanitären Prinzip der Neutralität und verursacht die schrittweise Auflösung der Grenzen zwischen Militär und der Arbeit humanitärer Organisationen. Dies wiederum führt dazu, dass

---

[20] Die in Großbritannien ansässigen NRO Islamic Relief Worldwide und Muslim Hands sind mit einem Spendenaufkommen in der Größenordnung von US$ 60 Mio. bzw. US$ 9 Mio. im Jahr 2004 Beispiele für diesen Trend (de Cordier 2009, S. 610).
[21] Zudem haben einige dschihadistische Organisationen wie die Hamas oder die Hisbollah eigene humanitäre Flügel gebildet. Letzteres sind Beispiele für einen lokalen religiösen Humanitarismus.
[22] Vgl. dazu Reinhardt (2012, S. 167) sowie Kap. 22.6.1.

humanitäre Organisationen – wie z. B. in Afghanistan und im Irak – von Konfliktparteien als Teil der „westlichen" militärischen Intervention bezeichnet werden und diese Organisationen wachsenden Sicherheitsrisiken ausgesetzt sind. Sie sind dann gezwungen, ihre Arbeit z. T. oder vollständig einzustellen.

5.2.13 Konzerne und Sicherheitsfirmen

Zu den weiteren Akteuren der Peripherie zählen auch private Sicherheitsfirmen, wie z. B. die früher als Blackwater oder Xe Services bezeichnete Firma Academi, und multinationale Konzerne wie der im Erdöl- und Energiesektor tätige Konzern Halliburton und der Baukonzern Bechtel (Singer 2007; Avant 2005). Sie übernehmen Aufträge von Geberregierungen, die sie als humanitäre Projekte bezeichnen, oder unterstützen aus wirtschaftlichen Gründen oder zur Imagepflege humanitäre Aktivitäten. Diese Aufträge und Aktivitäten können die Arbeit humanitärer Organisationen, die auf der Basis humanitärer Prinzipien arbeiten, erschweren oder gefährden.

Teilweise ergeben sich aber auch Formen der Zusammenarbeit mit Unternehmen, die für eine effektivere humanitäre Hilfe genützt werden können. UNICEF arbeitet z. B. in der humanitären Hilfe regelmäßig mit privaten Firmen zusammen und hat hierzu Partnerschaften entwickelt.

5.3 Typologie: Programmatische Ausrichtungen humanitärer Organisationen

Die Akteure des humanitären Systems unterscheiden sich durch die von ihnen jeweils vorgenommene Interpretation und operative Implementierung der humanitären Prinzipien, durch ihre Art der Rechenschaftslegung und ihre Position im Gesamtsystem. Sie treffen auch sehr unterschiedliche strategische Entscheidungen in Krisengebieten, wie z. B. bei der Frage, ein bewaffnetes militärisches Geleit oder Einschränkungen in ihrem Handeln durch eine Konfliktpartei zu akzeptieren oder abzulehnen.

Die Definition humanitärer Hilfe, die auf den vier humanitären Prinzipien der Menschlichkeit, Unparteilichkeit, Neutralität und Unabhängigkeit basiert, wird auch als „traditioneller Humanitarismus" bezeichnet. Sowohl das IKRK, als traditioneller Hüter des humanitären Völkerrechts, als auch einige NRO, wie MSF, setzen sich – trotz vorhandener organisatorischer und inhaltlicher Differenzen – vehement für die Einhaltung der humanitären Prinzipien ein. Sie stehen damit in der Tradition Henry Dunants, des Gründers der Rotkreuzbewegung. Mit dem Prinzip der Menschlichkeit als ihre Leitlinie betrachten sie es als ihre Pflicht, Menschen in Not zu helfen. Gegenüber den Ursachen des Konflikts und den Konfliktparteien nehmen sie eine neutrale und unparteiliche Position ein. Ihre Arbeit basiert auf einer *deontologischen* (pflichtbasierten) Ethik.

Demgegenüber unterstützen „solidarische Organisationen" durch ihre Arbeit eine bestimmte Konfliktpartei oder Bevölkerungsgruppe; sie verfolgen damit eine *teleologische* (zielorientierte) Ethik. Zwei Beispiele dafür sind die NRO Norwegian People's Aid (NPA) im ehemaligen Sudan und Catholic Relief Services (CRS) in Sierra Leone. NPA war seit jeher ein klarer Unterstützer des Selbstbestimmungsrechts der Südsudaner. Die Organisation arbeitete nicht in von der Khartum-Regierung kontrolliertem Gebiet, kooperierte aber eng mit dem Sudan People's Liberation Movement. Nach der Wiederherstellung der Kabbah-Regierung in Sierra Leone im Jahr 1998 entschied sich CRS, nicht in den von der extrem gewalttätigen Rebellengruppe Revolutionary United Front (RUF) kontrollierten Gebieten zu arbeiten.

Einige Organisationen, die zunächst nach ihrer Gründung nur humanitäre Projekte durchführten, wie z. B. UNICEF, CARE und World Vision, entschlossen sich später, zusätzlich auch entwicklungs-, friedens- und menschenrechtspolitische Projekte durchzuführen, um in einer Krisenregion auch den politischen Wiederaufbau zu unterstützen. Umgekehrt führten Organisationen, die zunächst ausschließlich im Bereich der Entwicklungszusammenarbeit tätig waren, später auch humanitäre Projekte durch und konkurrierten mit den etablierten humanitären Organisationen um staatliche Zuwendungen und private Spenden. Auch andere große internationale NRO, wie Save the Children Fund (UK und USA), IRC, Caritas, Jesuit Refugee Service und Oxfam oder kleinere NRO wie Malteser International zählen zu diesen sog. „multi-mandated" Organisationen.

Die Kombination und Vermischung humanitärer und anderer Projekte verursachen – aus der Sicht des traditionellen Humanitarismus – eine Aufweichung der humanitären Prinzipien. Die Arbeit im Bereich der Entwicklungszusammenarbeit und der Konfliktlösung impliziert häufig eine Parteinahme für eine Konfliktpartei, welche wiederum die Aktivitäten dieser Organisationen beeinflusst. Organisationen, die sowohl humanitäre als auch entwicklungs-, friedens- und menschenrechtspolitische Arbeit leisten, unterstützen eine politische Programmatik und verlassen damit eine ausschließlich auf den traditionellen humanitären Prinzipien basierende Programmatik. Diese Organisationen werden deshalb häufiger von den Konfliktparteien als Teil des lokalen Konflikts wahrgenommen. Sie interpretieren dabei die Bedeutung humanitärer Prinzipien jeweils unterschiedlich und arbeiten mit einer Mischform der deontologischen und teleologischen Ethik.

Die Unterschiede der programmatischen Ausrichtung humanitärer Organisationen werden auch durch Eigenschaften des jeweiligen Projektsektors, in der eine Organisation arbeitet, Traditionen des Landes, in dem sie ihren Hauptsitz haben, oder durch ihren jeweiligen rechtlichen Status beeinflusst. So sind Organisationen, die wie z. B. das WFP und CARE schwerpunktmäßig Projekte der Nahrungsmittelsoforthilfe durchführen, auf sehr gute Beziehungen zu den wenigen Geberregierungen wie insbesondere zu den USA angewiesen, die maßgeblich Lebensmittel für diese Projekte zur Verfügung stellen. Diese Organisationen sind deshalb abhängiger von den Geberregierungen als hoch spezialisierte medizinische Organisationen wie MSF und Ärzte der Welt (Médecins du Monde, MdM). In den USA existiert traditionell eine enge pragmatische Beziehung zwischen humanitären Organisationen und den in diesem Bereich tätigen Regierungsorganisationen. US-Organisationen sind deshalb oft politisch und finanziell abhängiger von ihrer Regierung als europäische humanitäre NRO von ihren nationalen Regierungen.

Das Handeln der VN-Organisationen ist häufig sehr abhängig von den politisch motivierten Resolutionen des VN-Sicherheitsrats und Entscheidungen der Mitgliedstaaten in den Executive Boards dieser Organisationen. Für sie ist es deswegen sehr schwierig, in ihrer Arbeit die Prinzipien der Neutralität und Unparteilichkeit vollständig zu berücksichtigen; dieses Problem existiert insbesondere in denjenigen Krisengebieten, in denen andere VN-Akteure wie z. B. VN-Blauhelme eine politisch nicht neutrale Mission durchführen.

Diese sehr unterschiedlichen bzw. auch inkonsistenten Interpretationen humanitärer Prinzipien und Formen ihrer operativen Umsetzung durch humanitäre Akteure verursachen Unsicherheit und Spannungen zwischen diesen vor Ort (Slim 1997, S. 344–345). So wird der Leiter einer Mission von MSF eine andere Herangehensweise haben als die NRO Action Contre la Faim (ACF) oder CARE.

Die verschiedenen humanitären Programmatiken und die praktische Projektarbeit humanitärer Organisationen lassen sich einer Typologie zuordnen, die auf zwei Achsen basiert: Die horizontale Achse bezieht sich auf die jeweilige „Unparteilichkeit" und „Solidarität" der Organisation und die vertikale Achse auf den jeweiligen Umfang, in dem diese Organisationen im Auftrag von Staaten Projekte abwickeln und damit entweder „unabhängig" oder als „Auftragnehmer" arbeiten (vgl. Abb. 5.1). Im Einzelnen beinhalten die Begriffe „Unparteilichkeit", „Solidarität", „Unabhängigkeit" und „Auftragnehmer" folgendes:

Unparteilichkeit (Impartiality) – Solidarität (Solidarity): Das eine Ende der horizontalen Achse, „Unparteilichkeit", bezieht sich darauf, dass eine Organisation alle von einer Krise betroffenen Menschen nach ihrem Bedarf humanitär versorgt. Das andere Ende der Achse, „Solidarität", bezieht sich darauf, dass eine Organisation ausdrücklich ihre Arbeit als bewusste *Parteinahme* für einen am Konflikt beteiligten Akteur und dessen politische Agenda definiert und entsprechend ihre Hilfsressourcen einsetzt.[23] Im Biafra-Krieg operierten mehrere christliche NRO auf der Seite der Ibo, die Biafra von Nigeria abspalten wollten. Zwei andere Beispiele sind, wie oben erwähnt, NPA im ehemaligen Sudan und CRS in Sierra Leone. Solidarität kann positive und negative Aspekte beinhalten: Die Entscheidung mit einer Gruppe zu arbeiten bedeutet auch, sich gegen die Arbeit mit einer anderen zu entscheiden. Dadurch wird bewusst eine Auswahl getroffen; bestimmte Gruppen werden als hilfsbedürftiger als andere angesehen. Das entscheidende Kriterium ist dabei bloß, unter wessen Herrschaft diese Gruppen stehen.[24]

Unabhängigkeit (Independence) – Auftragnehmer (Subcontractor): Die vertikale Achse stellt den Grad der Unabhängigkeit der Handlungen einer bestimmten Organisation dar. Ist die Organisation wirklich unabhängig von Regierungen? Un-

---

[23] Alternativ wird von MSF eine andere Definition von „Solidarität" verwendet: die Bereitschaft, das Leid einer bestimmten Bevölkerung zu teilen und physisch präsent, also mit ihr „solidarisch" zu sein. Beide Definitionen beinhalten politische Elemente. Trotzdem ist es hilfreich, eine Unterscheidung vorzunehmen zwischen der Solidarität, die das Teilen von Leid und die physische Präsenz der humanitären Organisation beschreibt, wie es von MSF häufig praktiziert wird, und der Form von Solidarität, welche die bewusste Parteinahme in einem Konflikt beschreibt.

[24] Sollte diese Autorität prinzipienbasierte humanitäre Arbeit unmöglich machen, können Organisationen sich zurückziehen oder den Start von Programmen hinauszögern.

5 Das internationale humanitäre System und seine Akteure

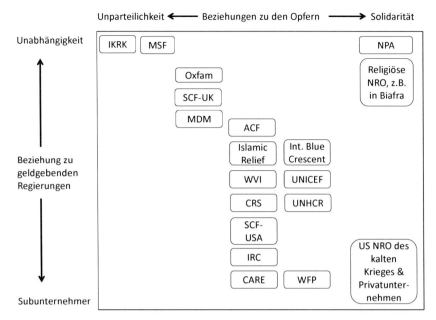

Abb. 5.1 Mentale Landkarte zu den größten internationalen humanitären Organisationen. *NRO* Nichtregierungsorganisation, *SCF* Save the Children Fund, *WVI* World Vision International. (Quelle: Dijkzeul 2010)

abhängigkeit umfasst finanzielle und politische Elemente. Das finanzielle Element ist dabei konkreter: Eine unabhängige Organisation erhält eine bedeutende Summe aus Nichtregierungsquellen und kann so Maßnahmen durchführen, die nicht durch ihre Hauptgeber finanziert werden. Das politische Element ist weniger greifbar und anfälliger für subjektive Interpretation. Es beinhaltet Fragen zur Haltung und zum Handeln der Organisation gegenüber den Geldgebern. In diesem Kapitel ist Unabhängigkeit definiert als eine öffentliche Haltung, mit der sich die Organisation als eigenständig und autonom von ihren Unterstützern darstellt (z. B. vom Staat, in dem sie ihren Hauptsitz hat) und sich gleichzeitig von einem unabhängigen Standpunkt zu relevanten Themen äußert. Außerdem sollte es, um Loyalitätsprobleme zu verhindern und Einflussnahme zu vermeiden, nur bedingt Austausch zwischen dem Personal und der Führungsebene der Organisation auf der einen Seite und dem Staat auf der anderen Seite geben. Am anderen Ende der vertikalen Achse stehen die „Auftragnehmer". Dieser Ausdruck bezieht sich auf eine Gruppe von Organisationen, die maßgeblich durch Geberregierungen - bzw. teilweise auch durch multilaterale Institutionen - finanziert und dadurch zu Subunternehmern werden. Im Allgemeinen ordnen sie sich dabei völlig den außenpolitischen Zielen einer Geberregierung in einem Krisengebiet unter. Der Staat bestimmt damit ausschlaggebend das Design und die Art der Ausführung ihrer Projekte. Subunternehmer bewerben sich auf Projekte, die von den Staaten ausgeschrieben werden. Diese Herangehensweise ist in den USA sehr verbreitet. So beauftragte die US-Regierung während des Kalten Krieges NRO mit der Implementierung von Projekten, die den „Kampf gegen den Kommunismus" unterstützen sollten. Ein weiteres Beispiel des Subunternehmertums ist die Unterstützung des südlichen Sudans durch die US-Regierung mit dem Sudan Transitional Assistance for Rehabilitation (STAR) Programm. Als Teil einer größeren Strategie für den Sudan schrieb die US-Regierung im Jahr 1998 die Beteiligung am STAR-Programm für verschiedene NRO aus. Das Projekt zielte darauf ab, die Zivilgesellschaft in West-Equatoria (Sudan) zu fördern. CRS, ein Mitglied von Caritas Internationalis, erhielt den Zuschlag. In der Regel stimmen die politischen Standpunkte der Subunternehmen mit denen ihrer Regierung überein. Wie bereits erläutert, sind auch Unternehmen, die von Geberregierungen Aufträge übernehmen, im humanitären Bereich tätig.

Während einige christliche NRO und muslimische Organisationen aus den arabischen Golfstaaten häufig Notleidende unterstützen, die derselben Religion angehören, professionalisieren sich andere Organisationen wie z. B. Islamic Relief und International Blue Crescent sehr schnell. Diese beiden Organisationen arbeiten zunehmend nach denselben Prinzipien wie z. B. die beiden etablierten NRO World Vision International (WVI) und CRS.

Wenn die Geberregierungen Hilfe für politische Zwecke instrumentalisieren, kann dies den humanitären Raum sehr stark einschränken; so kann eine Politisierung der Hilfe die Sicherheit des humanitären Personals und ihren Zugang zu Menschen in Not gefährden. In Abb. 5.1 werden die Organisationen dann zur rechten unteren Ecke, also zu den Polen „Beauftragung" und „Solidarität" gezogen. Solch eine negative Entwicklung konnte man nach dem 11. September 2001 in Afghanistan und im Irak beobachten; das US-Militär übernahm zeitweise die zentrale Koordination humanitärer Hilfe und setzte die Hilfe als Propagandainstrument ein. Für die lokale Bevölkerung und Konfliktparteien wurde es dadurch schwieriger, zwischen den humanitären Organisationen und dem Militär zu unterscheiden. Die Militarisierung schädigte das Image humanitärer Organisationen, die deshalb vermehrt von Konfliktparteien angegriffen wurden; viele Organisationen, wie MSF, mussten sich deshalb zurückziehen. Generell hat das Verhalten eines intervenierenden Akteurs immer auch Auswirkungen auf humanitäre Akteure im Krisengebiet.

5.4 Das humanitäre Finanzsystem[25]

Die Finanzierungsstrukturen internationaler humanitärer Hilfe sind trotz der bereits erwähnten Selbstverpflichtungserklärung der GHD nach wie vor sehr komplex; das globale Finanzvolumen ist großen Schwankungen unterworfen und die Verteilung der Hilfsressourcen erfolgt i. d. R. nicht entsprechend des humanitären Bedarfs. Die Finanzströme verlaufen auf verschiedenen, direkt und indirekt miteinander verbundenen Ebenen. Erstens vergeben Geberregierungen Mittel zur humanitären Hilfe an VN-Hilfsorganisationen, an nationale und internationale NRO oder bilateral an Regierungen in Krisengebieten. Zu den wichtigsten humanitären Ge-

---

[25] Dieser Abschnitt stützt sich auf Reinhardt (2012, S. 145–165).

berregierungen zählen – wie bereits erwähnt – die USA und die EU-Regierungen. Letztere stellen ca. ein Drittel ihrer Mittel für humanitäre Hilfe durch ECHO zur Verfügung und vergeben den Rest insbesondere an NRO und VN-Hilfsorganisationen. ECHO finanziert seinerseits ebenfalls VN-Hilfsorganisationen und NRO. Die Haushalte der VN-Hilfsorganisationen UNHCR, UNICEF, WFP und WHO werden zu ca. 90 % durch jährlich stark schwankende freiwillige Zuschüsse der Geberregierungen finanziert und nur zu einem geringen Anteil, i. d. R. deutlich unter 10 %, direkt über den regulären VN-Jahreshaushalt, der durch Pflichtbeiträge aller VN-Mitgliedsstaaten finanziert wird. Zweitens erhalten einige VN-Hilfsorganisationen zusätzlich auch Mittel von Stiftungen und privaten Spendern. VN-Hilfsorganisationen lassen einen Großteil ihrer Projekte durch NRO implementieren. Drittens finanzieren internationale NRO und Stiftungen eigene Projekte der humanitären Hilfe z. T. durch private Spenden und Zuwendungen von Geberregierungen und VN-Hilfsorganisationen. Diese Zuwendungen betragen bei einigen NRO über die Hälfte ihres Budgets.[26] Schließlich erhalten auch militärische Einheiten, die humanitäre Hilfsgüter verteilen oder humanitäre Organisationen logistisch unterstützen, Mittel von ihren Regierungen und vom VN-Budget für Peacekeeping-Operationen.

Zu den wichtigsten Instrumenten der finanziellen Koordination, über die der VN-Nothilfekoordinator verfügt, zählen zum einen die VN-Spendenappelle (Consolidated Appeals) und zum anderen die seit 1999 aufgebaute statistische VN-Datenbank Financial Tracking Service (FTS). Die VN-Spendenappelle haben die Funktion, den regionalen und sektoralen Bedarf humanitärer Hilfe in komplexen Notsituationen, in Naturkatastrophen und bei technischen Unfällen zu erfassen und aus diesem Bedarf Prioritäten humanitärer Hilfe in den einzelnen Krisengebieten abzuleiten. Die FTS-Datenbank hat die Aufgabe, die globalen humanitären Finanzströme und den jeweiligen Grad der Finanzierung der in den VN-Spendenappellen erfassten lokalen Projekte kontinuierlich und zeitnah zu dokumentieren. Regierungen und private humanitäre Organisationen sind allerdings häufig nicht bereit, umfassendes Zahlenmaterial zu veröffentlichen und dieser Datenbank zur Verfügung zu stellen.

Der VN-Nothilfekoordinator verwaltet zusätzlich den zentralen VN-Nothilfefonds (Central Emergency Response Fund, CERF), dem Geberregierungen jährlich insgesamt US$ 500 Mio. zur Verfügung stellen und mit dem er sehr kurzfristig Projekte der VN-Hilfsorganisationen finanzieren kann, und einige kleinere lokale Nothilfefonds (z. B. die sog. „pooled funds" oder „humanitarian funds" und einige „trust funds") in einem Gesamtumfang von ca. US$ 200 Mio., die ebenfalls Mittel von Geberregierungen erhalten. Die Mittel der „pooled funds"/„humanitarian funds" werden auf Landesebene vom VN humanitären Koordinator auf der Basis von Vorschlägen der Cluster verteilt.

Das Finanzsystem basiert größtenteils auf von Geberregierungen freiwillig zur Verfügung gestellten Finanzmitteln. Im jetzigen System gibt es keine Anreizsysteme oder Sanktionsinstrumente, um eine regionale und sektorale bedarfsgerechte Finanzierung humanitärer Projekte durch Staaten, VN-Organisationen und nicht-

---

[26] Auf diese Weise können sich einige humanitäre Organisationen zumindest partiell ihre Unabhängigkeit sichern.

staatliche Akteure sicherzustellen. Dem VN-Nothilfekoordinator ist es z. B. nicht möglich, eigenständig eine Umverteilung der projektgebunden bewilligten staatlichen Mittel vorzunehmen, um eine ausgewogenere regionale und sektorale Finanzierung zu erreichen. Der Anteil staatlicher humanitärer Hilfe, der innerhalb der finanziellen Koordinationsstrukturen – also der VN-Spendenappelle, des zentralen VN-Nothilfefonds und lokaler VN-Nothilfefonds – abgewickelt wurde, stieg von ca. 35% im Jahr 2006 kontinuierlich auf ca. 60% in den Jahren 2009 und 2010 (Development Initiatives 2011, S. 12, 65). In diesem Zeitraum verdoppelte sich das Volumen der innerhalb dieser finanziellen Koordinationsstrukturen eingesetzten Mittel auf knapp US$ 10 Mrd. Diese Steigerung der Mittel konnte aber nur geringfügig den Umfang der bedarfsgerecht eingesetzten Hilfsressourcen erhöhen. Das existierende humanitäre VN-Finanzierungs- und VN-Projektplanungssystem ist nach wie vor stark abhängig von der jeweiligen medialen Präsenz einer Krise, von der politischen Bedeutung, die die Krise aus der Sicht wichtiger Geberregierungen hat, und vom jeweiligen Interesse bzw. Desinteresse lokaler Regierungen, humanitäre Hilfe administrativ, logistisch und politisch zu unterstützen. Eine wesentliche Voraussetzung effektiver humanitärer Hilfe ist der Aufbau eines globalen Finanzierungs- und Projektplanungssystems, das von den jeweiligen Prioritäten humanitärer Politik einzelner Geberregierungen und von den Schwankungen privater Spendenmärkte unabhängig ist. Die dabei zu überwindenden Schwierigkeiten sind erheblich, denn die Projektplanungspolitik berührt auch sicherheitspolitische und wirtschaftliche Interessen einflussreicher Geberregierungen.

5.5 Systemschwächen, zukünftige Herausforderungen und Reformbedarf

Trotz zahlreicher struktureller Mängel gelingt es dem aktuellen humanitären System in vielen Gebieten, die Not von Menschen zu verringern und sie zu schützen. Zur Überwindung der Strukturmängel und zur Bewältigung der zukünftigen Herausforderungen ist es allerdings notwendig, den Umfang humanitärer Hilfe zu vergrößern, ihre Qualität zu verbessern und ihre Koordination grundlegend zu reformieren. Ohne solch eine Reform wird auch zukünftig humanitäre Hilfe von Geberregierungen diplomatisch und sicherheitspolitisch instrumentalisiert werden. Humanitäre Organisationen innerhalb und außerhalb des VN-Systems konkurrieren sowohl um staatliche Zuwendungen als auch um private Spenden und verfolgen dabei auch organisationsegoistische Interessen. Nur wenige Organisationen werden zukünftig bereit und in der Lage sein, im Rahmen einer engen Kooperation mit anderen Organisationen, wirksame Strategien gegen die negativen Auswirkungen dieser Konkurrenz zu entwickeln. Ohne eine grundlegende Strukturreform wird es auch nicht möglich sein, die Probleme der mangelhaften Erfassung des tatsächlichen globalen und lokalen Bedarfs an humanitärer Hilfe und der humanitären Unterversorgung der „vergessenen Krisen" zu überwinden. Das Prinzip der Unparteilichkeit gerät dann außer Acht. In fragilen Staaten, in denen humanitäre Krisen durch Kriegsökonomien chronisch werden und Konfliktparteien versuchen, sich humanitäre Hilfsressourcen gewaltsam oder durch Erpressung anzueignen, sind humanitäre Organisationen nur selten in der Lage, in ihrer Arbeit alle humanitären Prinzipien gleichermaßen zu berücksichtigen.

Die Auswirkungen des Bevölkerungswachstums, der ungeplanten Urbanisierung, des Klimawandels und der Umweltzerstörung sowie die global und lokal wachsende Kluft zwischen Arm und Reich werden zukünftig wahrscheinlich mehr chronische humanitäre Krisen verursachen. Das heutige humanitäre System wäre kaum in der Lage, auf zukünftige Krisen zu reagieren. Diese Krisen werden zunehmend gekennzeichnet sein durch neue nicht-staatliche Akteure und veränderte Formen der Gewalt, z. B. die Kriegsführung mit nicht-konventionellen Waffen oder Massenvernichtungswaffen. Das existierende Völkerrecht im humanitären und anderen Bereichen erfasst einige dieser neuen Akteure nur unzureichend oder überhaupt nicht.

Der Abbau von Agrarsubventionen und Importbeschränkungen in den Industrieländern, eine effektive internationale Politik zur Eindämmung des Klimawandels und der Umweltzerstörung, eine starke Einschränkung des internationalen Waffenhandels sowie eine liberale Migrations- und Einwanderungspolitik sind wichtige Faktoren zur Beseitigung der Armut und fragiler Staatlichkeit im Süden. Mittelfristig werden diese Maßnahmen aber nur punktuell umgesetzt werden. Humanitäre Hilfe könnte dann eine Alibi-Funktion bekommen, durch die staatliche Eliten davon abzulenken versuchen, dass sie unfähig oder nicht willens sind, sozioökonomische, ökologische und menschenrechtspolitische Probleme zu lösen. Eine z. T. technokratisch modernisierte Hilfe, die die neuen Internetmedien und neue medizinische und ernährungswissenschaftliche Methoden nutzt, hätte dann die politische Funktion, die Auswirkungen humanitärer Krisen in der armen globalen Peripherie einzuhegen und von den entwickelten Wachstumszentren fernzuhalten.

Modelle zukünftiger Reformpolitik Während viele Geberregierungen, die humanitären VN-Akteure, die Internationale Rotkreuz- und Rothalbmondbewegung und NRO die Mängel des humanitären Systems in vergleichbarer Weise beschreiben, besteht hingegen bei der Formulierung konkreter Reformmaßnahmen ein großer Dissens (OECD/DAC 2006; OECD 2009; UN Secretary-General May 2012). Die bis jetzt unbeantwortete politische und organisatorische Herausforderung der Reform des humanitären Systems ist die Frage, wie die offenkundigen institutionellen Schwächen des dezentralen Mehrebenensystems humanitärer Hilfe überwunden werden können. Die Reformvorschläge unterscheiden sich durch zwei Grundsatzpositionen.

Die erste Position ist gegen eine Zentralisierung administrativer und finanzieller humanitärer VN-Strukturen und für die Beibehaltung des Prinzips der freiwilligen staatlichen Finanzierung internationaler Hilfe. Sie ist für eine fortgesetzte, graduelle Verbesserung der Kooperationen von Geberregierungen und humanitären Organisationen und für den Ausbau der Kooperation dieser Organisationen im Rahmen des Cluster-Ansatzes. Diese Position befürwortet also die Beibehaltung weitgehend dezentral funktionierender Institutionen.

Die zweite Grundsatzposition befürwortet hingegen prinzipiell die Etablierung neuer Institutionen und den – teilweisen – Ersatz dezentraler durch zentralisierte Strukturen. So schlug z. B. der frühere USAID-Direktor Andrew Natsios vor, alle staatlichen humanitären Mittel in einen VN-Fonds einzuzahlen, über deren regionale und sektorale Verteilung der VN-Nothilfekoordinator entscheidet.[27] Peter Walker und Antonio Donini schlugen stattdessen vor, analog zur Finanzierung der UN-Peacekeeping-Operationen, in der VN-Generalversammlung jährlich einen Haushalt humanitärer Hilfe zu verabschieden, der abgestufte Pflichtbeiträge der VN-Mitgliedsstaaten – entsprechend ihrer jeweiligen Wirtschaftskraft – definiert (Donini et al. 2004). Sowohl die Bedarfsermittlung, auf dem der Haushalt basiert, als auch die Entscheidung über den sektoralen und regionalen Einsatz der Mittel könnte gemeinsam vom VN-Nothilfekoordinator und von den IASC-Mitgliedern vorgenommen werden. Während Natsios daran interessiert war, durch den vorgeschlagenen Fonds den Einfluss der Regierungen der USA und der EU auf die humanitäre Hilfe der VN zu verstärken, bezwecken Walker und Donini mit ihrem Vorschlag eine Reduzierung dieses Einflusses (vgl. dazu Reinhardt 2012, S. 293–301). Walker und Donini schlagen vor, dass eine hochrangige internationale Kommission eine Reformdebatte initiiert und ein Netzwerk von humanitären Organisationen, interessierten Geberregierungen, Wissenschaftlern und Medienvertretern durch eine Kampagne – analog zu den erfolgreichen Kampagnen zur Ächtung von Antipersonenminen und zur Etablierung des Internationalen Strafgerichtshofs – die Umsetzung des Reformmodells unterstützt.

Die Reformvorschläge beider Grundsatzpositionen basieren auf der Bereitschaft der wichtigen Geberregierungen bzw. auf den politischen Willen einer engagierten Gruppe von Geberregierungen, den Umfang, die Verteilung und die Qualität der Hilfe zu erhöhen. Sollte diese Bereitschaft nicht existieren, werden humanitäre Organisationen alleine kaum in der Lage sein, diese Ziele zu erreichen.

5.6 Schlussbemerkung

Humanitäre Hilfe rettet Leben und lindert Not, aber sie kann weder die politischen Ursachen eines Gewaltkonflikts noch die ungerechten sozioökonomischen Weltordnungsstrukturen beseitigen. Die schwache Institutionalisierung ist sowohl im internationalen System an sich als auch im konkreten humanitären Raum ein Problem.

Die Qualität der humanitären Hilfe muss deshalb in jeder Krise erneut sichergestellt werden. Humanitäre Organisationen sollten versuchen, die Schwächen des Systems zu überwinden. Sie sind dabei jedoch immer wieder mit dem Problem der Politisierung der Hilfe durch Regierungen, der Militarisierung der Hilfe oder der Manipulation ihrer Arbeit durch Konfliktparteien konfrontiert. Zudem sind die poli-

---

[27] „Without radical restructuring of the humanitarian architecture (say, by creating a central response agency or pooling donor resources into a single response fund in or out of the UN—options unpopular with both donors and UN agencies), prospects are poor for resolving the coordination conundrum in the near term" (USAID 2002, S. 116).

tischen und wirtschaftlichen Interessen humanitärer Akteure selbst ein immanenter Bestandteil der internationalen Strukturen humanitärer Hilfe. Die politischen und wirtschaftlichen Interessen der Akteure, und damit die Machtpolitik hinter dieser Instrumentalisierung, sind ständige Begleiter der genuinen humanitären Aktion. Sie bestimmen die praktischen Möglichkeiten und Ergebnisse der humanitären Aktion mit. Die kontroverse Debatte über die jeweilige politische und moralische Bedeutung humanitärer Prinzipien und über die existierenden und sich neu entwickelnden Typen des Humanitarismus wird sich fortsetzen. Das internationale humanitäre System dürfte – trotz kontinuierlicher Reformbemühungen – weder kurz- noch mittelfristig durch ein kohärentes, effektives System ersetzt werden.

Literatur

Avant DD (2005) The market for force: the consequences of privatizing security. Cambridge University Press, Cambridge

Beisheim M (1997) Nichtregierungsorganisationen und ihre Legitimität. Aus Politik und Zeitgeschichte, B43/97:21–29

Charlton MW (1997) Famine and the food weapon, implications for the global food aid regime. J Confl Stud 17(1):28–54

Cohen R, Deng FD (1998) Masses flight. the global crises of internal displacement. Brookings Institution Press, Washington D.C

Crisp J (2007) Humanitarian action and coordination. In: Weiss TG, Daws S (Hrsg) The Oxford handbook on the United Nations. Oxford University Press, Oxford, S 479–495

de Cordier B(2009) Faith-based aid, globalisation and the humanitarian frontline: an analysis of Western-based muslim aid organisations. Disasters 33(4):608–628

Donini A, Minear L, Walker P (2004) Between cooption and irrelevance: humanitarian action after Iraq. J Refugee Stud 17(3):260–272

Development Initiatives (2008) Global humanitarian assistance 2007/2008, February 2008, London, im Internet dokumentiert unter: http://www.globalhumanitarianassistance.org/wp-content/uploads/2010/07/2007-GHA-report.pdf. Zugegriffen: 2. Feb 2013

Development Initiatives (2009) Public support for humanitarian crises through NGOs. http://www.globalhumanitarianassistance.org/wp-content/uploads/2010/07/2009-Focus-report-Public-support-for-humanitarian-crises-through-NGOs.pdf. Zugegriffen: 26. Nov 2012

Development Initiatives (2010) Global humanitarian assistance (GHA), Report 2010. http://www.globalhumanitarianassistance.org/wp-content/uploads/2010/07/GHA_Report8.pdf. Zugegriffen: 26. Nov 2012

Development Initiatives (2011) Global humanitarian assistance (GHA), Report 2011. http://www.globalhumanitarianassistance.org/wp-content/uploads/2011/07/gha-report-2011.pdf. Zugegriffen: 26. Nov 2012

Dijkzeul D (2010) Humanitarian studies: toward a research agenda. Ruhr University Bochum, June 23, 2010, mimeo, S. 1–27.

ECHO, (2010) Humanitarian aid, helping when needed most. Annual report 2009, Brussels. http://ec.europa.eu/echo/files/media/publications/annual_report/annual_report_2009_en.pdf. Zugegriffen: 29. Nov 2012

ECHO (2011) On the European Union's humanitarian aid and civil protection policies and their Implementation humanitarian aid. Annual report 2010, Brussels. http://ec.europa.eu/echo/files/media/publications/annual_report/annual_report_2010.pdf. Zugegriffen: 29. Nov 2012

Europäische Kommission (2008) Gemeinsame Erklärung des Rates und der im Rat vereinigten Vertreter der Regierungen der Mitgliedstaaten, des Europäischen Parlaments und der Europäischen Kommission, Europäischer Konsens zur humanitären Hilfe. Amtsblatt der Europäischen Union, C 25, 30.1.2008 DE, Brüssel, S. C/25/1-C/25/12. http://eur-lex.europa.eu/LexUriServ/LexUriServ.do?uri=OJ:C:2008:025:0001:0012:DE:PDF. Zugegriffen: 29. Nov 2012

Europäischer Rat (2010) Konsolidierte Fassungen des Vertrags über die Europäische Union und des Vertrags über die Arbeitsweise der Europäischen Union (2010/C 83/01), o.O. Amtsblatt der Europäischen Union, C 83, 53. Jahrgang, 30. März 2010, S. 1–388, Brüssel. http://eur-lex.europa.eu/LexUriServ/LexUriServ.do?uri=OJ:C:2010:083:FULL:DE:PDF. Zugegriffen: 29. Nov 2012

Good Humanitarian Donorship Initiative (2003) Principles and good practice of humanitarian donorship. Endorsed in Stockholm, 17 June 2003. http://www.goodhumanitariandonorship.org/Libraries/Ireland_Doc_Manager/EN-23-Principles-and-Good-Practice-of-Humanitarian-Donorship.sflb.ashx. Zugegriffen: 29. Nov 2012

Harvey P, Proudlock K, Clay E et al (2010) Food aid and food assistance in emergency and transitional contexts: a review of current thinking. HPG Synthesis Paper. Humanitarian Policy Group, Overseas Development Institute (ODI), London

ICRC (2005) Discover the ICRC. Geneva. http://www.icrc.org/eng/assets/files/other/icrc_002_0790.pdf. Zugegriffen: 29. Nov 2012

ICRC (2010) Annual report 2009, Geneva. http://reliefweb.int/sites/reliefweb.int/files/resources/483C93186D619B31C12577280049D9CC-ICRC_May2010.pdf. Zugegriffen: 29. Nov 2012

ICRC, (2011) Annual report 2010, S 403–406, Geneva

IOM (2010) Report of the director general on the work of the organization for the year 2009. International Organization for Migration, MC/2294NINETY-NINTH SESSION. http://www.iom.int/jahia/webdav/shared/shared/mainsite/about_iom/en/council/99/MC_2294.pdf. Zugegriffen: 29. Nov 2012

McDermott A (1997) The UN and NGOs: humanitarian interventions in future conflicts. In: McDermott A (Hrsg) Humanitarian force. PRIO Report 4(97). International Peace Research Institute, Oslo & the Norwegian Institute of International Affairs, Oslo

OCHA (2012) Global cluster leads (as of June 2012). www.reliefweb.int/sites/reliefweb.int/files/resources/map_2809.pdf. Zugegriffen: 6. Feb. 2013

OECD (2009) Better aid, managing aid, practices DAC member countries. http://www.oecd.org/dataoecd/58/29/42903202.pdf. Zugegriffen: 1. Okt 2012

OECD/DAC (2006) Humanitarian aid in DAC peer reviews: a synthesis of findings and experiences 2004–05. http://www.goodhumanitariandonorship.org/Libraries/Learning_Accountability_-_DAC_Peer_Review/Humanitarian_Aid_in_DAC_Peer_Reviews_-_A_Synthesis_of_Findings_and_Experiences_2004_-_2005.sflb.ashx?download=true. Zugegriffen: 29. Nov 2012

Peterke S (2006) The special status of the International Federation of Red Cross and Red Crescent Societies (IFRC) in Public International Law. Humanitäres Völkerrecht – Informationsschriften 4:268–274

Polman L (2010) Die Mitleidsindustrie. Hinter den Kulissen internationaler Hilfsorganisationen, Campus Verlag, Frankfurt

Reinhardt D (2012) Weltregieren im Problemfeld Humanitäre Hilfe, UN-Koordination in komplexen Notstandsgebieten seit Ende des Ost-West-Konflikts: Funktionsweise und Reformbedarf. http://duepublico.uni-duisburg-essen.de/servlets/DerivateServlet/Derivate-32042/Reinhardt_Diss.pdf. Zugegriffen: 2. Jan 2013

Rieff D (2002) A bed for the night: humanitarianism in crisis. Simon & Schuster, New York

Savage K, Harvey P (Hrsg) (2007) Remittances during crises: implications for humanitarian response. HPG report, No. 25, May 2007

Singer PW (2007) Corporate warriors: the rise of the privatized military industry. Cornell University Press, Ithaca

Slaughter A, Crisp J (2009) A surrogate state? The role of UNHCR in protracted refugee situations. Research paper no. 168. Policy Development and Evaluation Service UNHCR, Geneva. Zugegriffen: 29. Nov 2012

Slim H (1997) Relief agencies and moral standing in war: principles of humanity, neutrality, impartiality and solidarity. Development in Practice 4:342–352.

Smillie I, Minear L (2005) Welcome in the club. In: Tong J, Foley M (Hrsg) Humanitarian exchange magazine 29. ODI/Humanitarian Policy Group, London, S 2–4

Spieker H (2007) Der Beitrag des Roten Kreuzes zur Verbreitung und Entwicklung des humanitären Völkerrechts. Sicherheit und Frieden 25(2):50–57

Taylor G, Stoddard A, Harmer A, Haver K (2012) The state of the humanitarian system. Overseas Development Institute, London (ALNAP)

UN IASC (2011) Inter-agency standing committee (IASC), Prepared by the IASC Secretariat. Geneva. http://www.humanitarianinfo.org/iasc/downloadDoc.aspx?docID=5712. Zugegriffen: 30. Nov 2012

UN IASC (2007) ECHA and other executive committees, WO/0709/2371/7. IASC Working Group Retreat, 17–19 September 2007, Palais des Nations, Geneva. http://www.google.de/url?sa=t&rct=j&q=&esrc=s&frm=1&source=web&cd=1&cad=rja&ved=0CDEQFjAA&url=http%3A%2F%2Fwww.humanitarianinfo.org%2Fiasc%2Fdownloaddoc.aspx%3FdocID%3D4075&ei=4pG8UJ6sGfT54QSM_YGwBA&usg=AFQjCNEtVvd9rDll8Kqw0mNRsCzsuPXOQ&sig2=dWZCgqh_uxGVc2iAe78LaA. Zugegriffen: 2. Dez 2012

UN OCHA (2012) Global cluster leads (as of June 2012) http://reliefweb.int/sites/reliefweb.int/files/resources/map_2809.pdf. Zugegriffen: 3. Jan 2013

UN Secretary-General (2012) Report of the secretary-general, strengthening of the coordination of emergency humanitarian assistance of the United Nations. A/67/89–E/2012/77, 25 May 2012. http://www.un.org/ga/search/view_doc.asp?symbol=E/2012/77. Zugegriffen: 24. Dez 2012

UN Security Council (2010) Report of the monitoring group on somalia pursuant to security council resolution 1853(2008), S/2010/91, 10.3.2010, New York. http://reliefweb.int/sites/reliefweb.int/files/resources/467A5CB05AD7E446492576EA0004325D-Full_Report.pdf. Zugegriffen: 30. April 2011

UNDP (2010a) UNDP in Action 2009/2010: delivering on commitments. New York. http://www.undp.org/content/dam/undp/library/corporate/UNDP-in-action/2010/UNDP-in-action-2010.pdf. Zugegriffen: 2. Dez 2012

UNDP (2010b) Multi-donor trust fund office. Quarterly Newsletter April–June 2010, Issue 6. http://mdtf.undp.org/document/download/4275. Zugegriffen: 2. Dez 2012)

UNHCR (2000) The state of the world refugees. Fifty years of humanitarian crises. Oxford, New York

UNHCR (2011) UNHCR global report 2010. http://www.unhcr.org/gr10/index.html#/annexes. Zugegriffen: 30. Nov 2012

UNICEF (2010a) UNICEF annual report 2009. New York. http://www.unicef.org/publications/files/UNICEF_Annual_Report_2009_EN_061510.pdf. Zugegriffen: 2. Dez 2012

UNICEF (2010b) Core commitments for children in humanitarian action. New York. http://www.unicef.org/publications/files/CCC_042010.pdf. Zugegriffen: 2. Dez 2012

UNICEF (2011) Humanitarian action for children, building resilience. New York. http://www.unicef.org/publications/files/HAC2011_EN_030911.pdf. Zugegriffen: 30. Nov 2011

USAID (2002) Foreign aid in the national interest, promoting freedom, security, and opportunity. Washington. http://infousa.state.gov/government/forpolicy/docs/full_report–foreign_aid_in_the_national_interest.pdf. Zugegriffen: 30. Nov 2012

Weiss TG, Pasic A (1997) Reinventing UNHCR: enterprising humanitarians in the former Yugoslavia, 1991–1995. Global Governance 3(1):41–57

WFP (2010a) Fighting hunger worldwide. Annual report 2010. Rom. http://documents.wfp.org/stellent/groups/public/documents/communications/wfp220666.pdf. Zugegriffen: 30. Nov 2012

WFP (2010b) Letter from Ramiro Lopes.da Silva, deputy executive director for external relations WFP, to Claude Heller (chairman, security council committee, concerning Eritrea and Somalia), dated from 15 March 2010 http://home.wfp.org/stellent/groups/public/documents/resources/wfp217390.pdf. Zugegriffen: 30. Nov 2012

WHO (2010) Programme budget 2008–2009 performance assessment report. WHO/PRP/10.1. Geneva. http://www.who.int/about/resources_planning/PBPA-1.pdf. Zugegriffen: 30. Nov 2012

Alte und neue staatliche Geber: Auf dem Weg zu einem universellen humanitären System? 6

Andrea Binder, Alexander Gaus und Claudia Meier

6.1 Einleitung

Staaten haben die humanitäre Hilfe seit jeher entscheidend mitgeprägt – nicht nur über finanzielle Mittel. Ohne die Staatengemeinschaft wären die Genfer Abkommen (GA) und das Internationale Komitee vom Roten Kreuz (IKRK) (siehe Kap. 3 und 4) nur wohlmeinende Gedankenspiele von Privatpersonen geblieben. Unterorganisationen der Vereinten Nationen (VN) (engl. United Nations, UN) wie der VN-Flüchtlingskommissar (UN High Commissioner for Refugees, UNHCR) oder das VN-Kinderhilfswerk (UN Children's Fund, UNICEF) wären ohne entsprechende Staatsverträge nie entstanden. Darüber hinaus lassen sich humanitäre Nichtregierungsorganisationen (NRO), die ganz ohne öffentliche Gelder auskommen, an einer Hand abzählen. Staatliches humanitäres Engagement ist einerseits Ausdruck globaler Solidarität mit Not leidenden Menschen, andererseits eine Gelegenheit zur politischen und wirtschaftlichen Einflussnahme.

Noch sind es vor allem Industrieländer, die den Ton in der humanitären Hilfe angeben. Über zwei Drittel der staatlichen Hilfsgelder kommen aus den USA, der Europäischen Kommission, Großbritannien, Deutschland, Schweden, Japan und Kanada (Development Initiatives 2012, S. 13). Allerdings verlieren die „großen Sieben" zunehmend ihre alleinige Gestaltungsmacht. Seit 2010 steigen die Beiträge neuer nationaler Geber u. a. zu gemeinsamen humanitären Fonds wie den

---

A. Binder (✉)
Global Public Policy Institute (GPPi),
Reinhardtstr. 7, 10117, Berlin, Deutschland
E-Mail: abinder@gppi.net

A. Gaus
E-Mail: agaus@gppi.net

C. Meier
E-Mail: claudiameier@gmx.ch

Common Humanitarian Funds (CHF) und den Emergency Response Funds (ERF) stark an. Saudi-Arabien avancierte mit US$ 50 Mio. für den ERF in Haiti und Indien mit US$ 20 Mio. für den ERF in Pakistan zu den größten Gebern der beiden Fonds (Development Initiatives 2011, S. 45). Bei der Dürrekatastrophe in Somalia 2011 zählten Saudi-Arabien und die Türkei zu den sechs größten Gebern, weit vor Deutschland oder Schweden (OCHA 2012c). Die Beispiele zeigen, dass die neuen Geber in einzelnen Krisen an strategischer Bedeutung gewonnen haben, auch wenn ihre global zur Verfügung gestellten Mittel im Vergleich zu den traditionellen Gebern noch gering ausfallen.

Das zu erwartende zukünftige Gewicht der neuen Geber im humanitären System zeigt sich, wenn man einen Blick auf die globale Politik wirft. Europa und die USA agieren auf der globalen Bühne nicht länger aus einer Position der uneingeschränkten Stärke, denn sie sind geschwächt von einer andauernden und extrem kostspieligen Finanz- und Bankenkrise (Reinicke 2012). Gleichzeitig hat sich Asien durch die rasanten wirtschaftlichen und politischen (Wieder-)Aufstiege Chinas und Indiens zu einem globalen Machtzentrum entwickelt. Auch Lateinamerika hat sich weitgehend von seinen Wirtschafts- und Finanzkrisen der 1980er- und 1990er-Jahre erholt und verzeichnet eine Dekade anhaltenden Wachstums (Castañeda 2011). Und in Afrika, oft stereotyp als „ewiger Krisenkontinent" wahrgenommen, formieren sich die nächsten aufstrebenden Volkswirtschaften (Roxburgh et al. 2010; UNIDO 2011). 2012 rückten Äthiopien, Ghana, Liberia und Mosambik auf die Liste der Länder mit dem stärksten Wirtschaftswachstum (Madzimbamuto-Ray 2012).

Mit dem wirtschaftlichen Aufstieg von Asien und Lateinamerika – und zu einem gewissen Grad auch von Afrika – entwickeln die großen Länder dieser Regionen auch größere politische Ambitionen. Brasilien, Indien und die Türkei streben einen permanenten Sitz im VN-Sicherheitsrat an. China und Indien konkurrieren um regionale Hegemonie in Asien und auch Saudi-Arabien ringt um die Vormachtstellung im Nahen Osten. Brasilien exportiert zunehmend sein erfolgreiches staatliches Armutsbekämpfungsprogramm „Fome Zero" („Null Hunger") und bietet damit eine Alternative zu herrschenden Entwicklungsansätzen der traditionellen Geber (Hanlon et al. 2010; Presidência da República Federativa do Brasil, ohne Datum). Mit anderen Worten: Die aufstrebenden Mächte Asiens, Lateinamerikas und Afrikas gestalten die globale politische Ordnung mit und wollen zunehmend auch im humanitären System ein gewichtiges Wort mitreden.

Die Frage ist also, wie sich der zunehmende politische Einfluss dieser neuen Gestaltungsmächte auf das humanitäre System auswirken wird. Wird das System in einem Jahrzehnt konstruktiver, kompetitiver oder fragmentierter sein als heute? Werden neue Werte die lange hochgehaltenen humanitären Prinzipien der Menschlichkeit, Neutralität, Unabhängigkeit und Unparteilichkeit verändern oder gar schwächen? Um derartige Fragen zur Zukunft des humanitären Systems beantworten zu können, muss man zunächst die Ambitionen der unterschiedlichen Geber kennen. Wie viele und welche Ressourcen stellen sie zur Verfügung? Welche Ziele verfolgen sie mit ihrem Engagement? Auf Grundlage welcher Normen und Werte setzen sie sich für Not leidende Menschen ein?

Die wenigen wissenschaftlichen Arbeiten, die es bisher zu den neuen humanitären Gebern gibt, beschäftigen sich hauptsächlich mit der Analyse von Finanzströmen (z. B. Smith 2011; Development Initiatives 2011). Wer wie viel wohin gibt, ist ein wichtiger Indikator dafür, wie nachhaltig der Aufstieg des jeweiligen neuen Gebers ist. Die Finanzanalyse allein vermag den Kern des Wandels nicht zu erfassen.[1] Erst wenn wir auch verstehen, *warum* und *wie* die neuen Geber humanitäre Hilfe leisten und was dabei die Gemeinsamkeiten und Unterschiede im Vergleich zu den traditionellen Gebern sind, können wir ableiten, in welche Richtung sich das System in den kommenden Jahren entwickeln wird.

6.2 Bekannte und neue Gesichter in der humanitären Hilfe

Der folgende Abschnitt gibt einen Überblick über ausgewählte alte und neue humanitäre Geber und beschreibt in kurzen Portraits den Ressourceneinsatz, die Ziele und zugrunde liegenden Normen der humanitären Hilfe der USA, der Europäischen Kommission, Großbritanniens, Frankreichs und Schwedens auf der einen Seite und der Vereinigten Arabischen Emirate (VAE), Saudi-Arabiens, Chinas, Brasiliens, Indiens und der Türkei auf der anderen. Deutschlands humanitäres Engagement wird separat in Kap. 7 beleuchtet.

6.2.1 Bekannte Gesichter: Die humanitäre Hilfe der OECD-Staaten

6.2.1.1 USA

Humanitäre Hilfe hat eine lange Tradition in den USA. Bis heute sind die CARE-Pakete, die nach dem Ende des 2. Weltkrieges aus den USA nach Europa geschickt wurden, in Deutschland ein Synonym für amerikanische Hilfsbereitschaft. Damals wie heute kennzeichnet die US-amerikanische humanitäre Hilfe eine enge Verknüpfung von humanitären Zielen und Eigeninteressen (siehe auch Kap. 3 zur Geschichte der humanitären Hilfe). So sind die aufgewendeten Mittel nach den Anschlägen

---

[1] Die existierenden Analysen zu den globalen humanitären Finanzströmen sind darüber hinaus methodisch mit Vorsicht zu genießen. Vielfach liegen ihnen unvollständige Daten zugrunde. Dies gilt insbesondere für den Financial Tracking Service (FTS) der VN, über den Geber und Organisationen freiwillig ihre finanziellen Beiträge melden können. Oft ist bei den neuen Gebern nicht eindeutig, in welchem Maße Schwankungen bei den gemeldeten Zahlen auf reale Veränderungen oder bloße Ungenauigkeiten bei der Berichterstattung zurückgehen. Aus den FTS-Daten lässt sich damit das exakte Finanzvolumen der neuen Geber nicht ermitteln. Hinzu kommt, dass Daten von neuen und alten Gebern im FTS nicht vergleichbar sind. Alte Geber berichten i. d. R. auf Grundlage der Berichtskriterien des Ausschusses für Entwicklungshilfe (Development Assistance Committee, DAC) der Organisation für wirtschaftliche Zusammenarbeit und Entwicklung (Organisation for Economic Co-operation and Development, OECD), während neue Geber die Kriterien des FTS selbst verwenden. Aus diesem Grund basiert dieses Kapitel für die alten Geber auf der DAC-Berichterstattung und für die neuen Geber auf eigenen Analysen auf Grundlage von Jahresberichten, Interviews und weiteren Quellen. Die verwendeten Finanzdaten sind immer nur ein erster Anhaltspunkt, um unsere primär politischen Analysen zu ergänzen.

vom 11. September 2001 stark gestiegen. Der Sprung von ca. US$ 600 Mio. im Jahr 2000 auf etwas über US$ 5,6 Mrd. im Jahr 2010 reflektiert, dass die USA humanitäre Hilfe nutzen, um die Akzeptanz ihrer militärischen Einsätze bei den Bevölkerungen im Irak und in Afghanistan zu erhöhen und generell eine positive Außenwahrnehmung zu fördern (Ferris 2011; USAID 2006, S. 3). Der starke Anstieg ist aber auch den global zunehmenden humanitären Bedürfnissen Not leidender Menschen geschuldet (DoS 2011, S. 37). Trotz der vielfältigen Motive für humanitäre Hilfe bekennen sich die USA – ebenso wie alle anderen hier untersuchten alten Geber – zu den Prinzipien der Good Humanitarian Donorship Initiative (GHD). Das Netzwerk macht sich vor allem für bedürfnisorientierte sowie prinzipientreue – und damit „gute humanitäre Geberschaft" stark.

Zwischen 2000 und 2010 ging knapp die Hälfte der US-amerikanischen Nothilfe an afrikanische Länder, ca. 30 % flossen nach Asien. Die drei größten Einzelempfänger dieser Hilfsgelder waren Sudan, Äthiopien und der Irak. Die USA stellten dabei die Hälfte ihrer Gelder über die drei großen NRO CARE, World Vision und Catholic Relief Services zur Verfügung (OECD 2011, S. 74). Auch das IKRK wird Jahr für Jahr von den USA bedacht (im Jahr 2010 mit etwa US$ 260 Mio.; IKRK 2011, S. 531). Humanitäre VN-Organisationen erhalten relativ wenig Geld von den USA. Das 1960 von den USA initiierte und seit 30 Jahren von US-Amerikanern geführte VN-Welternährungsprogramm (World Food Programme, WFP) bildet die Ausnahme. Es verwaltet und verteilt den Großteil der amerikanischen Nahrungsmittelhilfe.

Die enge Verflechtung von humanitären Zielen mit US-amerikanischen Eigeninteressen spiegelt sich auch in der amerikanischen Nahrungsmittelhilfe wider. Sie macht aktuell ein Drittel der amerikanischen Nothilfe aus. Die Hilfe ist so gestaltet, dass sie dem humanitären Ziel dient, Hunger in Krisenregionen zu lindern und gleichzeitig die amerikanische Landwirtschaft und Schifffahrt zu fördern (Gaus et al. 2012, S. 33; Barrett und Maxwell 2005). Restriktive Lieferbindungen zwingen humanitäre Organisationen, vorwiegend US-amerikanische Nahrungsmittel und US-amerikanische Schiffe für den Überseetransport zu verwenden. Alle anderen traditionellen Geber – außer Japan – betrachten diese Art der interessengeleiteten Nahrungsmittelhilfe mit Skepsis und haben bereits vor Jahren ihre Nahrungsmittelhilfe von nationalen Lieferbindungen befreit (Gaus et al. 2012, S. 42).

6.2.1.2 Europäische Kommission

Im Jahr 2010 hat die Generaldirektion für humanitäre Hilfe und Zivilschutz der Europäischen Kommission (Directorate-General for Humanitarian Aid and Civil Protection, DG ECHO) in 80 Ländern humanitäre Hilfe geleistet. Zwischen 2000 und 2010 waren 15 % des jährlichen Budgets von durchschnittlich US$ 1,2 Mrd. für die Finanzierung der sog. „vergessenen Krisen" vorgesehen. ECHO gestaltet seine Hilfe relativ unabhängig von den EU-Mitgliedstaaten; nur wenige Entscheidungen müssen von ihnen oder dem Europäischen Parlament mitgetragen werden. Referenzrahmen für die Kooperation zwischen ECHO und den Mitgliedstaaten ist der rechtlich nicht bindende „Europäische Konsens zur humanitären Hilfe" von 2007. Dieser fordert von der Kommission und den Mitgliedstaaten die Einhaltung der humanitären Prinzipien und die Trennung von humanitären Zielen einerseits und militärischen oder politischen Zielen andererseits. Die Europäische Kommission betrachtet sich im Sinne des Konsenses als prinzipiengeleiteter Geber und wird auch in regelmäßigen Geberrankings, die bisher allerdings nur die OECD-Geber analysieren, als „guter" Geber anerkannt (DARA 2010). ECHOs institutionelle Unabhängigkeit vom Europäischen Auswärtigen Dienst (EAD) macht es dem Generaldirektorat zudem leichter als anderen staatlichen Gebern, prinzipientreu zu agieren (Steets 2009, S. 22).

Zwischen 2000 und 2010 gingen 41% der Hilfen der Kommission an afrikanische und 36% an asiatische Länder. Der Sudan, gefolgt von den Palästinensischen Autonomiegebieten und der Demokratischen Republik Kongo, waren dabei die drei größten Einzelempfänger (OECD 2012). Die EU-Kommission stellt ihre Mittel vorwiegend über NRO zur Verfügung. Im Unterschied zu den USA müssen NRO, die Gelder von ECHO erhalten wollen, in der EU registriert sein (ECHO, ohne Datum). Diese Praxis macht es der Kommission unmöglich, direkt lokale humanitäre Organisationen zu finanzieren.[2] Darüber hinaus gibt die Kommission ihr Geld an die VN (39%) und die Internationale Rotkreuz- und Rothalbmondbewegung (11%). Mit einem im Vergleich zu den USA deutlich höheren Budgetanteil für VN-Organisationen ist die humanitäre Hilfe der Europäischen Kommission stärker multilateral ausgerichtet.

6.2.1.3 Großbritannien, Frankreich und Schweden

Neben den USA und der Europäischen Kommission spielen Großbritannien, Frankreich und Schweden eine aktive Rolle im humanitären System. Großbritannien ist weltweit der drittgrößte öffentliche Geber. Frankreich hat zwar ein geringeres humanitäres Budget, ist aber eine prominente Stimme im humanitären Diskurs. Schweden hat sowohl in absoluten Zahlen als auch im Verhältnis zur Pro-Kopf-Wirtschaftsleistung ein hohes Hilfsbudget und vereint dies mit einer aktiven Rolle in der Debatte um humanitäre Prinzipien und „gute" humanitäre Geberschaft.

In Großbritannien ist das Entwicklungsministerium (Department for International Development, DFID) für die humanitäre Hilfe verantwortlich. Die administrative Abgrenzung zwischen humanitärer Hilfe und Außenpolitik unterstreicht Großbritanniens Anspruch, bedürfnisorientierte humanitäre Hilfe zu leisten (DFID 2011b). Doch wie bei vielen anderen Gebern auch, fallen Anspruch und Wirklichkeit in der britischen humanitären Hilfe auseinander. Die humanitäre Hilfe des Königreichs war in den letzten zehn Jahren immer wieder durchaus interessengeleitet. Zum Beispiel ging 2003 knapp die Hälfte der britischen Nothilfe in den Irak. 2005 erhielt Afghanistan ein Drittel aller humanitären britischen Gelder (OECD 2012). Danach erst folgten als größte Einzelempfänger Sudan, Pakistan und die Demokratische Republik Kongo, für welche die VN größere humanitäre Bedürfnisse ermittelt hat als für Irak und Afghanistan (OCHA 2012a).

---

[2] ECHO ist seit einiger Zeit bemüht, dieses System zu reformieren, um lokale NRO direkt finanzieren zu können. Bisher haben diese Reformversuche jedoch noch keine Ergebnisse erzielt.

Großbritannien setzt neben NRO und dem IKRK viel Vertrauen in VN-Organisationen, die mehr als die Hälfte der britischen humanitären Mittel erhalten. Die Briten sind führend, was den multilateralen Anteil und auch die Finanzierung des Zentralen Nothilfefonds der VN (Central Emergency Response Fund, CERF) angeht. Letzteren haben sie 2011 mit US$ 94 Mio. gefördert, dem höchsten Einzelbeitrag in diesem Jahr (OCHA 2012e, S. 10). Doch das Königreich begleitet die VN mit kritischer Stimme und dringt kontinuierlich auf mehr Effizienz und neuerdings auch auf bessere Katastrophenvorsorge (DFID 2011a). Darüber hinaus stellt Großbritannien zum zweiten Mal hintereinander die VN-Untergeneralsekretärin für Humanitäre Angelegenheiten bzw. VN-Nothilfekoordinatorin[3] (Emergency Relief Coordinator, ERC). Auch das unabhängige zivilgesellschaftliche Engagement für humanitäre Themen hat in Großbritannien eine lange Tradition.

In Frankreich sorgt das ebenfalls starke zivilgesellschaftliche humanitäre Engagement dafür, dass das Land trotz seines vergleichsweise geringen humanitären Budgets im globalen Diskurs präsent ist. Einflussreiche humanitäre NRO wie Ärzte ohne Grenzen (Médecins Sans Frontières, MSF) und Action Contre La Faim (ACF) verstehen sich als politische Akteure, die Verletzungen des humanitären Völkerrechts öffentlichkeitswirksam thematisieren. Das starke zivilgesellschaftliche Engagement ist dabei z. T. eng mit der französischen Außenpolitik verwoben, die oft mit Nachdruck militärische Interventionen zum Schutz der Zivilbevölkerung fordert, wie z. B. in Libyen (2011) und Syrien (2012). Die französische Regierung betrachtet dieses stark politisch und auch militärisch geprägte humanitäre Engagement nicht als unvereinbar mit den humanitären Prinzipien, sondern bekennt sich wie viele andere Geber zumindest auf dem Papier zu diesen (MFA 2012, S. 14). Das Land war auch einer der ersten Geber, die sich der GHD angeschlossen haben.

Das im Durchschnitt rund US$ 174 Mio. pro Jahr umfassende französische Budget entwickelte sich zwischen 2000 und 2010 sehr unstet. 2001 betrug es z. B. nur knapp US$ 1 Mio., 2005 hingegen US$ 800 Mio. (OECD 2012). Dabei stellt Frankreich seine Hilfe teils noch stärker als Großbritannien multilateral über die VN (67%) zur Verfügung. 2006 gingen 23% der Mittel an NRO und 10% an die Internationale Rotkreuz- und Rothalbmondbewegung (OECD 2008). Im Zeitraum von 2000 und 2010 gingen 36% der Gelder nach Afrika und 34% nach Asien. Sri Lanka, Haiti und Algerien waren in dieser Zeit die größten Einzelempfänger (OECD 2012). Mit Haiti und Algerien sind zwei ehemalige französische Kolonien unter den Hauptempfängern. Diese Allokationsentscheidung zeigt, wie im Falle Großbritanniens, dass Theorie und Praxis bezüglich der Bedürfnisorientierung auch in Frankreich auseinanderklaffen.

Im jährlichen Ranking aller OECD-Geber belegt Schweden konstant einen Spitzenplatz. Die schwedische Regierung stellt ein hohes humanitäres Budget zur Verfügung und bekennt sich, wie die anderen traditionellen Geber auch, zu den

---

[3] Die Funktion des VN-Nothilfekoordinators wird vom jeweiligen Direktor des VN-Amtes für Koordinierung humanitärer Angelegenheiten (Office for the Coordination of Humanitarian Affairs, OCHA) ausgeübt, der gleichzeitig auch VN-Untergeneralsekretär für humanitäre Angelegenheiten ist.

Grundsätzen der GHD (DARA 2009, 2010, 2011a; MFA 2010; Mowjee und Randel 2010, S. 44). Im Unterschied zu den bisher diskutierten Gebern hat Schweden allerdings 2005 einen nationalen Plan zur Umsetzung der humanitären Prinzipien in die Praxis vorgelegt (OECD 2009, S. 93). Schweden ist es also mit seiner Bedürfnisorientierung durchaus ernst. Zwei Drittel der durchschnittlich US$ 260 Mio. gingen in den letzten zehn Jahren an afrikanische Länder. Die meisten Hilfsgelder flossen in den Sudan und die Demokratische Republik Kongo. Der drittgrößte Einzelempfänger war allerdings Afghanistan (OECD 2012). In Anbetracht von Schwedens Beteiligung an den Militäroperationen der North Atlantic Treaty Organization (NATO) in Afghanistan ist es naheliegend, dass bei dieser Allokationsentscheidung auch politische Erwägungen eine Rolle gespielt haben.

Schweden greift ähnlich stark wie Frankreich und Großbritannien auf das multilaterale System zurück. Das Land versucht dabei auf alle Aufrufe der VN (appeals) mit Hilfszusagen zu reagieren (OECD 2009). Wie Großbritannien setzt sich Schweden für VN-Koordinierungsmechanismen ein und war 2011 mit einem Beitrag von US$ 74 Mio. nach Großbritannien der zweitgrößte Geber von CERF und OCHA (OCHA 2012e, S. 10, 33). Darüber hinaus war es 2011 mit über US$ 110 Mio. auch einer der größten Unterstützer des IKRK (IKRK 2012, S. 471).

6.2.2 Neue Gesichter: Die humanitäre Hilfe der neuen Gestaltungsmächte

6.2.2.1 Die Vereinigten Arabischen Emirate und Saudi-Arabien

Unter den neuen Gebern haben die Golfstaaten als erste die Aufmerksamkeit der traditionellen humanitären Akteure erregt. Seit Beginn der 2000er-Jahre weckten sie durch ihre großen Spenden für einzelne Krisengebiete oder Organisationen die Hoffnung auf zusätzliche Finanzmittel für das humanitäre System. Die von außen schwer verständlichen Entscheidungsmechanismen und normativen Grundlagen für ihre Allokationsentscheidungen sowie ihre autokratische Regierungsführung schürte bei den traditionellen humanitären Organisationen und Gebern aber auch Skepsis.

Vor allem die VAE versuchen diesem Misstrauen durch erhöhte Transparenz zu begegnen. Sie veröffentlichen sowohl die genaue Höhe ihrer Hilfsgelder als auch die Empfänger. Sie haben eine eigene Behörde für die Koordination ihrer Auslandshilfe gegründet – auch, um sich von der bilateralen Hilfe zu lösen und stärker multilateral zu geben. Dies zeigt sich auch darin, dass sie Mitglied der OCHA Donor Support Group geworden sind (UAE Interact ohne Datum; Binder et al. 2010, S. 20). Diese Mitgliedschaft ist deshalb erwähnenswert, weil der Gruppe sonst neben Südkorea und Russland nur alte Geber angehören. 2009 gewährten die VAE Nothilfe in Höhe von US$ 352 Mio. Entsprechend ihrer Definition von staatlicher humanitärer Hilfe beinhaltet diese Summe sowohl die von der Regierung zur Verfügung gestellten Mittel als auch private Spenden (UAE 2011). Diese Definition von staatlicher humanitärer Hilfe ist auch in anderen muslimisch geprägten Ländern wie Saudi-Arabien und der Türkei verbreitet. Hier organisieren öffentliche Stellen „aid campaigns", in denen Individuen und Unternehmen an die Regierung spenden, um bestimmte Länder mit Nothilfe zu unterstützen. Diese Praxis unterscheidet sich stark von privaten Spenden in westlichen Ländern, die in aller Regel direkt an Hilfsorganisationen gehen. Nach den Kriterien der OECD beläuft sich die Summe der jährlich von den VAE geleisteten humanitären Hilfe auf ca. US$ 136 Mio. (Development Initiatives ohne Datum-c), was nur knapp unter dem Jahresdurchschnitt Frankreichs liegt. Wie in Frankreich schwanken jedoch auch die Budgets der VAE von Jahr zu Jahr mitunter stark (UAE 2011).

Im Vergleich zu seinen öffentlichkeitsbewussten Nachbarn aus den Emiraten ist das Königreich Saudi-Arabien der stille Gigant unter den Golfstaaten. Wie die VAE hat es die finanziellen Mittel, um sich quantitativ mit den traditionellen Gebern zu messen. Zwischen 1975 und 2005 gab das Land pro Jahr im Schnitt geschätzte 3,7 % seines Bruttoinlandsprodukts für Entwicklungszusammenarbeit und humanitäre Hilfe aus (Al-Yahya und Fustier 2011, S. 4). Dabei entfielen in der letzten Dekade jährlich etwa US$ 100 Mio. auf humanitäre Hilfe. Doch auch Saudi-Arabien ist ein unsteter humanitärer Geber. In manchen Jahren belaufen sich die saudischen Beiträge auf US$ 600 Mio., in anderen führt das Land die Liste der Geber mit den am stärksten sinkenden humanitären Budgets an (Development Initiatives ohne Datum-a; Development Initiatives 2012). Diese Schwankungen sind darauf zurückzuführen, dass die saudische humanitäre Hilfe wenig institutionalisiert und daher stark an das öffentliche und königliche Befinden gebunden ist. Wie in den VAE wird ein Teil der bereitgestellten Summen nicht unmittelbar aus der Staatskasse finanziert, sondern im Rahmen sog. „Saudi Public Campaigns" gesammelt (de Geoffroy und Robyns 2009; Al-Yahya und Fustier 2011).

Insgesamt verteilt sich die saudische Hilfe auf eine große Anzahl von Krisenstaaten. Die meisten Gelder gehen an muslimische Länder. Wie die alten Geber ist auch Saudi-Arabien darum bemüht, zu zeigen, dass die geleistete Hilfe Ausdruck von Solidarität mit Not leidenden Ländern ist. Aber natürlich ist humanitäre Hilfe auch für Saudi-Arabien ein Instrument der *Soft Power*, um seine Führungsrolle im Nahen und Mittleren Osten zu untermauern – insbesondere in Abgrenzung zum Iran. Zu multilateraler Hilfe hat das saudische Königshaus ein gespaltenes Verhältnis. Einerseits stellt Saudi-Arabien seine Hilfe durchaus über multilaterale Kanäle zur Verfügung, vor allem, um sich gegen den Vorwurf zu wehren, es finanziere unter dem humanitären Deckmantel terroristische Aktivitäten; ein Vorwurf, der besonders nach den Terroranschlägen vom 11. September 2001 erhoben wurde. Andererseits pflegt Saudi-Arabien Vorbehalte gegenüber multilateralen Organisationen. Die saudischen Entscheidungsträger kritisieren vor allem die mangelnde Effizienz der VN. Die durch Koordination und Expertise gewonnenen Vorteile der multilateralen Hilfe hält Saudi-Arabien dabei für weniger relevant. Darüber hinaus gebieten die Normen der Souveränität und Nichteinmischung, die für Saudi-Arabien sehr wichtig sind, die Regierung eines Krisenstaates direkt zu unterstützen (Al-Yahya und Fustier 2011; Harmer und Martin 2010; de Geoffroy und Robyns 2009; Harmer und Cotterrell 2005).

6.2.2.2 China

Chinas humanitäre Hilfe ist davon geprägt, dass viele Regionen des Landes selbst häufig von Naturkatastrophen heimgesucht werden. Daher wurde Chinas humanitäres Engagement nicht mit einem reinen Blick auf das Ausland konzipiert, sondern ist immer auch mit internem Katastrophenschutz verbunden. Die Legitimität der kommunistischen Regierung hängt stark davon ab, wie gut sie auf Naturkatastrophen reagieren kann. Deshalb sucht China vermehrt die Kooperation mit internationalen Partnern, um Wissen und Technologie für den Katastrophenschutz im Inland zu erwerben (Binder und Conrad 2009).

Verlässliche Daten für Chinas humanitäres Engagement sind nicht verfügbar, da Volumen, Empfänger und Wahl der Finanzierungskanäle und -modalitäten in China Staatsgeheimnisse sind (Harmer und Martin 2010, S. 4; Hirono 2012b). Aber finanzielle Daten allein – egal wie robust – würden dem Charakter der chinesischen humanitären Hilfe nicht gerecht, denn sie spiegelt die kulturelle und politische Komplexität des Landes und dessen Verhältnis zum Westen wider. Offener als die meisten anderen alten und neuen Geber nutzt China humanitäre Hilfe, um bestimmte politische und wirtschaftliche Interessen durchzusetzen. Humanitäre Programme sind z. B. explizit an die Anerkennung der Ein-China-Politik in Bezug auf Taiwan geknüpft. Der weitaus größte Teil chinesischer Hilfsgelder geht direkt an die Regierung eines Krisenstaates und wird somit genutzt, um bilaterale Beziehungen zu gestalten. Dabei kommt das Verständnis der chinesischen Regierung über humanitäre Hilfe zum Tragen, nach dem der Staat der alleinige Akteur für humanitäre Hilfe ist. Dieses Verständnis lässt sich u. a. damit begründen, dass es in der Volksrepublik keine vom Staat oder der kommunistischen Einheitspartei unabhängigen zivilgesellschaftlichen Organisationen gibt. Auf operationaler Ebene führt dies dazu, dass China alle bilateralen humanitären Aktivitäten im In- und Ausland durch die Volksbefreiungsarmee und das Chinesische Rote Kreuz durchführen lässt. In Kombination erklären die staatszentrierte Konzeption von humanitärer Hilfe und ihre interessengeleitete Umsetzung Chinas kompromisslose Haltung, wenn es darum geht, selbst in Krisenzeiten unverbrüchlich an staatlicher Souveränität festzuhalten (Hirono 2012b).

6.2.2.3 Brasilien

Brasiliens humanitäre Hilfeleistungen sind zwischen 2004 und 2011 von etwa US$ 4 Mio. auf US$ 450 Mio. gestiegen (GPPi 2012). Die brasilianischen Gelder konzentrieren sich stark auf den Nahrungsmittelsektor und werden in großen Teilen in Form von Sachspenden zur Verfügung gestellt (Stünkel und Mello i. E.). 2010 trat Brasilien der GHD bei. Auch wenn diese Mitgliedschaft Brasiliens Bereitschaft signalisiert, sich konstruktiv mit dem bestehenden System auseinanderzusetzen, lässt das Land ähnlich wie Saudi-Arabien keinen Zweifel daran, dass es das westlich dominierte System für reformbedürftig hält. Diese Kritik ist bisher jedoch nicht mit konkreten Reformvorschlägen verbunden (Stünkel und Mello i. E.).

Wie China und Saudi-Arabien bevorzugt Brasilien bilaterale Kanäle für die humanitäre Hilfe.[4] Dabei geht die brasilianische Regierung aber weniger explizit interessengeleitet vor. Vielmehr argumentiert sie, dass dem Land aufgrund seiner eigenen Kolonialerfahrung daran gelegen sei, die Hierarchie zwischen Geber- und Nehmerländern, die mit traditionellen Formen von Hilfe verbunden sind, zu vermeiden. Brasilien versteht sich nicht als Geber von „humanitärer Hilfe", sondern als Partner in der „humanitären Kooperation" (Stünkel und Mello i. E.). Brasilien vollzieht in seiner humanitären Politik vor allem mit Blick auf die VN einen Balanceakt. Einerseits versucht es, größeren Einfluss in der Organisation zu erlangen und fordert einen ständigen Sitz im VN-Sicherheitsrat. Andererseits kritisiert Brasilien die VN als taub für die Stimme der neuen Geber und begründet u. a. damit seine Präferenz für bilaterale Hilfe. Ein Beispiel aus der Welt der VN-Friedensmissionen verdeutlicht die Problematik: Nach dem Erdbeben in Haiti 2010 wurde ein ums Leben gekommener brasilianischer VN-Spitzendiplomat der VN-Stabilisierungsmission für Haiti (UN Stabilization Mission in Haiti, MINUSTAH) ohne vorherige Rücksprache durch einen US-Amerikaner ersetzt. Obwohl die VN keine personelle Alternative hatten und die Zeit drängte, wurde dieses Vorgehen von Brasilien als Demütigung durch eine US-amerikanisch dominierte VN wahrgenommen (Binder und Grünewald 2010).

Geografisch konzentriert sich Brasiliens Hilfe vornehmlich auf Mittel- und Südamerika, die Gemeinschaft der Portugiesischsprachigen Länder, die Palästinensischen Autonomiegebiete, Nordkorea und einige Länder in Subsahara-Afrika. Während humanitäre Aktivitäten in Mittel- und Südamerika primär dazu dienen, Brasiliens regionale Führungsrolle zu festigen, ist das Engagement in Afrika stärker normativ geprägt. Brasilien glaubt, aufgrund seiner eigenen Entwicklung ein besonderes Verständnis für den ebenfalls von Kolonialisierung geprägten Kontinent zu haben. Brasilien betrachtet sich mit seinem „fome zero"-Programm, das wohlfahrtsstaatliche Maßnahmen, Investitionen in die Landwirtschaft und finanzielle Direkthilfen miteinander verbindet, als „Politikentrepreneur" (Stünkel und Mello i. E.; Development Initiatives 2012; OCHA 2012b). Brasiliens Erfahrungen mit diesem Programm könnten dem Ansatz der Bargeldzahlungen in der humanitären Hilfe weiter Auftrieb und der Debatte um ein holistischeres Verständnis von humanitärer Hilfe neuen Schwung geben.

6.2.2.4 Indien
Wie Brasilien hat sich Indien in den letzten zehn Jahren von einem Nettoempfänger zu einem Nettogeber der humanitären Hilfe gewandelt. Laut dem indischen Außenministerium hat das Land zwischen 2001 und 2011 im Jahresdurchschnitt über

---

[4] Dies ist das Ergebnis der Analyse von Zahlen, die Stünkel und Mello (i. E.) auf Grundlage einer Anfrage im Rahmen des „Freedom of Information Acts" von der brasilianischen Regierung zur Verfügung gestellt bekommen haben. Diese Analyse steht in Widerspruch zu den Zahlen im FTS, die ein stärkeres multilaterales Engagement nahe legen. Die Berichterstattung im FTS erfolgt auf Grundlage freiwilliger Angaben der Geberländer. Brasilien hat im Zuge des oben beschriebenen Balanceaktes durchaus ein Interesse, sein multilaterales Engagement konsistenter zu berichten als die bilaterale Hilfe.

US$ 38 Mio. für humanitäre Hilfe aufgewendet (Meier und Murthy 2011, überarbeiteter Datensatz 2012). Bereits 50 Jahre zuvor hat Indien als Aufnahmeland für tibetische, bengalische und tamilische Flüchtlinge seine humanitäre Tradition begründet.

Wie die meisten anderen neuen Geber hat Indien aktuell weder eine humanitäre Politik noch eine auf humanitäre Hilfe spezialisierte Abteilung in der Exekutive. Die meisten Hilfsgelder kommen aus den Budgets der regionalen Unterabteilungen des indischen Außenministeriums. Die Abteilungsleiter verfügen über hohe Entscheidungsmacht in humanitären Fragen – erst Beiträge ab US$ 22 Mio. muss das indische Kabinett absegnen. Dies führt dazu, dass Indiens humanitäre Politik ähnlich wie in Saudi-Arabien sehr stark von Individuen abhängt. Oft gehen Hilfsleistungen auf die Initiative eines im Krisengebiet tätigen Botschafters zurück. Auch der Premierminister oder einzelne Bundesstaaten können Hilfsleistungen veranlassen (Meier und Murthy 2011).

Wie alle anderen Geber verfolgt Indien klare außenpolitische Ziele mit seiner humanitären Hilfe. Es nutzt Hilfsleistungen, um die Beziehungen zu den Regierungen betroffener Staaten zu stärken und um international Anerkennung als wichtiges Mitglied der Weltgemeinschaft zu erhalten. Zudem versucht Indien, durch humanitäre Hilfe Stabilität bei seinen unmittelbaren Nachbarn in Südasien zu befördern. Dorthin flossen zwischen 2001 und 2010 drei Viertel der gesamten indischen Nothilfe. Auch in der humanitären Politik ist Indien fast ausschließlich in der Region aktiv. Ein Beispiel hierfür ist das in Neu-Delhi gelegene Katastrophenschutzzentrum der Südasiatischen Vereinigung für regionale Kooperation (South Asian Association for Regional Cooperation, SAARC). Das Zentrum plant, regionale Teams auszubilden, um bei Naturkatastrophen in Mitgliedsländern[5] Nothilfe leisten zu können (Meier und Murthy 2011).

Ebenso wie Brasilien und China ist Indien keine kleine Kopie etablierter Geberländer, sondern bringt seine eigene Identität und Vorstellungen in das humanitäre System ein. Indien betont die Bedeutung von Souveränität und Nichteinmischung in die Angelegenheiten der von Katastrophen betroffenen Staaten. Die von Indien gewählten Hilfskanäle entsprechen diesen Prinzipien: Indien zieht bilaterale Vereinbarungen vor, nimmt aber in politisch schwierigen Situationen multilaterale Kanäle in Anspruch. Indien entsprach beispielsweise 2010 dem Wunsch der pakistanischen Regierung, die indische Hilfe für die Opfer der Flutkatastrophe über multilaterale Kanäle bereitzustellen. Die Hilfe unmittelbar vom Erzrivalen anzunehmen hätte für Pakistans Regierung einen Gesichtsverlust und eine Einmischung in seine inneren Angelegenheiten bedeutet.

6.2.2.5 Türkei

Mit Hilfsleistungen in Höhe von US$ 240 Mio. stieß die Türkei im Jahr 2005 zur Gruppe der großen humanitären Geber hinzu. 2011 lag der türkische Beitrag bei mehr als US$ 300 Mio. (Development Initiatives ohne Datum-c). 2012 wird die türkische humanitäre Hilfe aller Voraussicht nach ein Rekordhoch erreichen. Allein die

---

[5] Afghanistan, Bangladesch, Bhutan, Indien, die Malediven, Nepal, Pakistan, Sri Lanka.

Kosten für die Unterstützung der syrischen Flüchtlinge in der Türkei beliefen sich bereits im Oktober 2012 auf US$ 225 Mio. (Hürriyet 2012). Wie die meisten neuen und einige alte Geber (z. B. Deutschland) hat die Türkei keine festgeschriebene humanitäre Politik. Vielmehr scheint sich die türkische Nothilfe den sich wandelnden Erfahrungen und Interessen des Landes anzupassen.

Die Türkei leistete zunächst hauptsächlich muslimischen Ländern Hilfe. Unter dem Druck der türkischen Öffentlichkeit gewährte die türkische Regierung den „muslimischen Brüdern" im Bosnienkrieg Schutz und humanitäre Hilfe und versuchte aktiv zur Konfliktlösung beizutragen. Diese Ereignisse der 1990er-Jahre gelten als Geburtsstunde des modernen türkischen Humanitarismus (Ozkececi-Taner 2013). Die Grundelemente dieses Initiationsmoments kennzeichnen die Konturen der türkischen humanitären Hilfe: ein Fokus auf muslimisch geprägte Länder sowie ein holistisches Verständnis von humanitärer Hilfe. Für die türkische Regierung gehört die Versorgung mit Essen und Medikamenten ebenso zur humanitären Hilfe wie Wiederaufbaumaßnahmen und das Bemühen um eine friedliche Konfliktlösung.

Dennoch hat sich die türkische humanitäre Hilfe in den letzten Jahren gewandelt. Die Türkei hat mit ihrem prominenten Engagement in Somalia ihren Fokus über die direkte Nachbarschaft hinaus nach Afrika ausgeweitet. Gegenwärtig erhalten rund 25 Länder türkische humanitäre Hilfe (Harmer und Martin 2010). Dabei betont die Türkei, Nothilfe aus Solidarität mit Not leidenden Ländern und auf Grundlage partnerschaftlicher Prinzipien zur Verfügung zu stellen. Ziel ist es, die Hilfe „ungeachtet von Hautfarbe, Religion, Sprache und Geschlecht" zu leisten (Ministry of Foreign Affairs of the Republic of Turkey ohne Datum). Nicht zuletzt deshalb wurde das zunehmende türkische Engagement von westlichen Gebern begrüßt (Binder et al. 2010). Das türkische Engagement macht sich in den letzten Jahren auch operational stärker bemerkbar. Türkische NRO und der Türkische Rote Halbmond sind – teils von der Regierung und teils aus anderen Quellen finanziert – in vielen Krisengebieten aktiv. Die türkische Regierung und die von ihr (mit)finanzierten Organisationen fallen hierbei durch unkonventionelles und risikofreudiges Verhalten auf. Der türkische Premierminister Erdoğan, der mit seiner Familie Mogadischu besucht hat, erhielt für diese Aktion viel Öffentlichkeit und von Somaliern großen Zuspruch. In traditionellen humanitären Kreisen wurde der Besuch teils mit Bewunderung, teils mit Skepsis quittiert. Der Türkei wird allerdings auch nachgesagt, heimlich Kommunikationskanäle mit der somalischen islamistischen Bewegung al-Shabaab unterhalten zu haben (Aynte 2012). Für Außenstehende ist es schwer zu beurteilen, ob es sich um einen vergleichsweise weniger risikoscheuen Ansatz humanitärer Hilfe handelt, der der Türkei Zugang zu den Bedürftigen auch in schwierigen Krisen verschafft, oder ob es sich um politisch motivierte, durch islamistische Verbindungen ermöglichte Aktionen in einem humanitären Gewand handelt.

Als Symbol der Geberschaft arbeiten die Türkei – wie die VAE und Brasilien – daran, eine eigene Abteilung zur Verwaltung der humanitären Hilfe aufzubauen. Die Türkei orientiert sich dabei explizit am Office of US Foreign Disaster Assistance (OFDA). Doch bzgl. ihres Willens, sich mit den traditionellen Akteuren zu koordinieren, ist die Türkei schwer einzuschätzen. Das Land erfüllt zwar alle Anforderungen, um ein Vollmitglied des OECD/DAC zu werden, hat eine Konferenz der OCHA Donor Support Group in Ankara ausgerichtet und war zwischen 2005 und 2010 der zweitgrößte nicht-westliche Geber OCHAs; dennoch hat sich die Türkei bis heute nicht dazu durchgerungen, Vollmitglied in einem dieser Foren zu werden, da dies mit finanziellen Nachteilen verbunden wäre. Eine Vollmitgliedschaft im OECD/DAC würde bedeuten, dass die Türkei als offizielles Geberland nicht länger Zugang zu vergünstigten Krediten bekäme.[6]

6.3 Missverständnisse und Vorurteile: Das Verhältnis der neuen und alten Geber

Es ist wenig verwunderlich, dass aufstrebende Mächte wie Brasilien, Indien oder die Türkei mit steigender volkswirtschaftlicher Kraft in der humanitären Hilfe aktiv werden. Schließlich ist der Imperativ, Mitmenschen in Not zu helfen, in allen Religions- und Kulturräumen vorhanden. Staaten können humanitäre Hilfe auch dazu nutzen, sich international, regional und in den betroffenen Ländern als einflussreiche, aber wohlmeinende Nationen zu präsentieren. Wie die Geberporträts gezeigt haben, gibt es trotz dieser ähnlichen Beweggründe bedeutende Unterschiede zwischen den eingesetzten Ressourcen, den verfolgten Zielen und zugrunde liegenden Normen in der humanitären Hilfe der einzelnen Geber (siehe auch Binder und Meier 2011). Ein genauer Blick zeigt, dass die normativen und interessengeleiteten Bruchlinien nicht unbedingt zwischen den neuen und alten Gebern verlaufen, sondern oftmals quer durch beide Gruppen hindurch.

6.3.1 Priorisierung: globaler versus regionaler Fokus

Staaten haben die freie Wahl, in welchen Ländern sie humanitäre Hilfe finanzieren oder selbst leisten wollen. Geber kommunizieren allerdings selten, auf welcher Grundlage sie diese Wahl treffen. Im traditionellen humanitären Diskurs wird eine möglichst breite geografische Streuung positiv bewertet, weil sie impliziert, dass auf Grundlage von humanitären Bedürfnissen gehandelt wird. Allerdings kann auch der Ansatz, limitierte Mittel auf eine Region zu konzentrieren, in der man sich politisch und kulturell auskennt, durchaus im Sinne des klassischen Humanitarismus sein, denn er verschafft Zugang. Der Vorwurf, der vor allem den neuen muslimischen Gebern gemacht wird, sie engagierten sich nur für andere Muslime in Not, greift daher zu kurz. Saudi-Arabien hält hier auch mit dem empirisch richtigen Argument dagegen, dass diese Länder die größten humanitären Bedürfnisse aufweisen (Al-Yahya und Fustier 2011).

Darüber hinaus zeigt ein genauerer Blick auf alte und neue Geber, dass die Hilfe von fast allen Gebern letztlich einen geografischen Fokus hat, der nicht mit den tatsächlichen humanitären Bedürfnissen vor Ort zu erklären ist. Dies kann verschiedene

---

[6] Interview, Ankara, 18. Oktober 2012.

außen- und innenpolitische sowie administrative Ursachen haben. Einige Geber sind in den Ländern aktiver, die für sie außen- und sicherheitspolitisch relevant sind. Für die USA und Großbritannien waren und sind das Irak und Afghanistan, also Länder, in denen beide Geber im bewaffneten Konflikt involviert waren bzw. sind. Neue Geber sind oft dort aktiv, wo sie Anerkennung als ernst zu nehmende globale oder regionale Macht erlangen können. Innenpolitische Gründe spielen ebenfalls häufig eine Rolle: Krisen mit großem Medien- und Öffentlichkeitsinteresse wie Haiti oder Darfur bringen fast alle Regierungen in die Situation, auf Druck ihrer Bevölkerungen einen Beitrag leisten zu müssen. Häufig beeinflussen auch große Diasporagemeinden aus einem von einer Krise betroffenen Land Geberentscheidungen. Von Saudi-Arabien floss in der Vergangenheit überdurchschnittlich viel Hilfe an Bangladesch, Pakistan oder auf die Philippinen – alles Heimatländer von Arbeitsmigranten, die in Saudi-Arabien tätig sind. Dort sind sie oft schlechten Arbeitsbedingungen ausgesetzt und sollen durch die Nothilfe an ihre Heimatländer zufriedengestellt werden (Al-Yahya und Fustier 2011). Die USA und Kanada engagierten sich aktiv in Haiti, u. a. weil in diesen Ländern viele haitianische Migranten leben. Auch administrative Faktoren sind relevant. Obwohl es schwer nachzuweisen ist, spielen die am Entscheidungsprozess beteiligten Beamten oft eine wichtige Rolle. Vor allem dort, wo die Entscheidungsprozesse für humanitäre Hilfe noch nicht institutionalisiert sind, haben Individuen einen großen Einfluss, wie das Beispiel Indiens gezeigt hat. Das trifft aber auch für besser institutionalisierte Geber zu. In einem Interview mit einer der Autorinnen äußerte ein hoher Beamter eines alten Gebers: „Was brauche ich denn eine ausgefeilte Bedarfsanalyse? Ich spreche mit meinen Länderexperten und dann werden Finanzierungsentscheidungen hier an meinem Tisch getroffen, ich weiß was die Leute brauchen."

Häufig ist es eine Kombination dieser Faktoren, die letztlich dazu führt, dass sowohl neue als auch alte Geber einen geografischen Fokus haben. Momentan führen u. a. geostrategische Präferenzen dazu, dass Gelder nicht bedürfnisorientiert vergeben werden. Länder wie Afghanistan oder Sudan erhalten überproportional viel internationale Hilfe, während die Krisenbearbeitung in der Zentralafrikanischen Republik oder im Jemen seit Jahrzehnten stark unterfinanziert ist. Einzelne Geber wie die Europäische Kommission mit ihrem Forgotten Crisis Index oder die VN über ihren zentralen Nothilfefonds versuchen diesen Tendenzen entgegenzuwirken. Es ist unumstritten, dass *in* einer Krise Gelder bedürfnisorientiert vergeben werden sollten. Allerdings stellt sich die Frage, ob es zielführend ist, wenn jeder Geber seine Empfängerländer nach Bedürfnissen auswählt. Da die globalen humanitären Bedürfnisse ohnehin höher eingeschätzt werden als die vorhandenen Mittel, wäre es wichtiger, über effiziente Koordinierung und Arbeitsteilung zwischen allen Gebern eine Abdeckung zu erreichen, die den objektiven Bedürfnissen der Betroffenen entspricht. Generell ist schwer abzuschätzen, ob und wie die Diversifizierung der Geberlandschaft zu einer besseren geografischen Abdeckung führen kann. Es wäre daher wünschenswert, wenn mehr Geber wie ECHO die Finanzierung von vernachlässigten Krisen als Alleinstellungsmerkmal ihrer Hilfe definieren würden.

6.3.2 Naturkatastrophen versus Konfliktsituationen

Humanitäre Hilfe wird in bewaffneten Konflikten und bei Naturkatastrophen geleistet. In vielen Krisengebieten treffen häufig beide Situationen aufeinander, werden jedoch meist als das eine oder andere wahrgenommen. Das Ausmaß der Fluten in Pakistan oder der Dürre in Somalia hatte auch mit den jeweiligen Konflikten zu tun. Die Krisen wurden aber primär als Naturkatastrophen betrachtet. Ähnlich wurde die Krise in Mali 2012 vor allem als bewaffneter Konflikt wahrgenommen, wobei viele übersehen haben, dass im Land auch eine Nahrungsmittelkrise herrscht. Geber positionieren sich ebenfalls nach dem vereinfachten Schema „Konflikte versus Naturkatastrophen".

Indien und Brasilien leisten vorwiegend in Naturkatastrophen humanitäre Hilfe: Alle zwölf von Indien im Jahr 2010 unterstützten Länder litten an den Folgen von Erdbeben, Dürren oder Flutkatastrophen. 19 der 24 Krisen, in denen Brasilien 2010 Hilfe geleistet hat, waren Naturkatastrophen (Ministério das Relações Exteriores ohne Datum; CGFOME 2010; Meier und Murthy 2011). Der wichtigste Grund für diesen Ansatz ist die Präferenz dieser Geber für bilaterale Hilfe. Ein zweiter Grund ist, dass die bürokratischen Prozesse für Hilfsentscheidungen bei neuen Gebern wenig formalisiert sind. Das führt dazu, dass neue Gestaltungsmächte oft ad hoc über Hilfeleistungen entscheiden, wenn eine Regierung sie um Unterstützung bittet oder einer ihrer Botschafter eine Hilfsanfrage an das Außenministerium stellt, wie es in Indien häufig der Fall ist. Diese Ad-hoc-Anfragen treten viel eher bei plötzlichen Naturkatastrophen auf als bei jahrelangen Konflikten.

Alte Geber wie die USA oder Schweden und neue Geber wie die Türkei oder die Golfstaaten leisten deutlich mehr humanitäre Hilfe in Konfliktsituationen. Dies hängt zum einen damit zusammen, dass Konflikte – zumindest laut der in den Hilfsappellen der VN veröffentlichten Analysen – die größten humanitären Bedürfnisse verursachen (Development Initiatives 2012; OCHA 2012). Staaten, die sich also an den in den Appellen stipulierten Bedürfnissen orientieren oder ihre humanitäre Hilfe nutzen, um in bestimmten Ländern stabilisierend tätig zu werden, engagieren sich damit zwangsläufig mehr in Konfliktsituationen. Dies gilt auch für neue Gestaltungsmächte, die hauptsächlich von Konfliktländern umgeben sind, wie die Türkei oder Saudi-Arabien.

6.3.3 Nahrungsmittelhilfe: Bedürfnisorientiert versus angebotsorientiert

Ein großer Teil der weltweiten humanitären Hilfe ist Nahrungsmittelhilfe (food assistance). Es gibt vereinfacht zwei unterschiedliche Formen der Nahrungsmittelhilfe: Entweder stellen Geber humanitären Organisationen Gelder zur Verfügung, damit diese Nahrungsmittel auf lokalen oder regionalen Märkten kaufen können, Bargeldtransfers oder Gutscheine an die Betroffenen ausgeben oder Spezialnahrung bereitstellen, oder Geber stellen direkt Nahrungsmittel in Form von Sachspenden zur Verfügung (in-kind food aid). Ersterer Ansatz ist stark bedürfnisorientiert; letzterer ist angebotsorientiert und vor allem für Staaten interessant, die Agrar- und Produktionsüberschüsse erzeugen. Sie subventionieren so indirekt ihre nationale Landwirtschaft und können sich gleichzeitig humanitär engagieren. In der Vergangenheit war Hilfe in Form von Sachspenden ausschließlich angebotsorientiert – wenn Überschüsse anfielen, wurden diese weitergegeben – unabhängig davon, ob dieses spezifische Nahrungsmittel gebraucht wurde oder kulturell angemessen war. Ein weiterer Nachteil dieser Form der Nahrungsmittelhilfe ist, dass durch große Liefermengen die lokalen Nahrungsmittelpreise einbrechen und so den Bauern in Empfängerländern die Einnahmequellen versiegen können. Die Mehrheit der alten und neuen Geber gibt daher nur noch selten angebotsorientierte Sachspenden oder lehnt diese Art der Hilfe sogar offen ab. Die USA und Japan hingegen sind die letzten alten Geber, die einen großen Teil ihrer Nahrungsmittelhilfe weiterhin in Form von angebotsorientierten Sachspenden zur Verfügung stellen. Allerdings begeben sich einige neue Geber wie Russland, Indien und Brasilien nun auch in diese eher schlechte Gesellschaft. Die USA, Brasilien und Indien reagieren auf die Kritik an ihrer Praxis und versuchen, Sachspenden bedürfnisorientierter zu gestalten. So gibt Indien z. B. einen großen Teil seiner Nahrungsmittelhilfe an das WFP in Form von eigens produzierten Biskuits, die mit Vitaminen angereichert wurden und als Spezialnahrung vor allem bei starker Mangelernährung Verwendung finden.

6.3.4 Internationale versus nationale Anerkennung

Mit ihrer humanitären Hilfe sprechen Staaten unterschiedliche politische Zielgruppen an. In der internationalen Gemeinschaft wollen sich neue und alte Geber als wohlmeinende und verantwortungsbewusste Akteure positionieren, die ihren Teil zum globalen Gemeinwohl beitragen. Gegenüber betroffenen Menschen und Staaten wollen sie Solidarität ausdrücken; gegenüber der eigenen Bevölkerung können Staaten ihre Hilfsbereitschaft herausstellen. In dieser Hinsicht sind alle Geber ähnlich, die Anreize sind erst im Detail für jeden anders gelagert. Für die USA ist es z. B. in strategisch bedeutenden Ländern wie Pakistan wichtig, mit humanitärer Hilfe ein positives USA-Bild zu vermitteln. Saudi-Arabien hingegen will sich als international verantwortungsbewusster Akteur positionieren, um Kritik an der inneren Menschenrechtslage abzuschwächen. Als aufstrebende Mächte wollen die neuen Geber ihren Nachbarn signalisieren, dass diese vor ihrem Aufstieg zur Regionalmacht keine Angst zu haben brauchen. Indien bezeichnet den Aufbau „freundlicher Beziehungen" als explizites Ziel seiner humanitären Hilfe, die Türkei sucht „keinen Ärger mit den Nachbarn" und Brasilien wollte sich mit dem Engagement in Haiti als „friedfertige Nation" (MEA 2011; Palmes 2012, S. 57) positionieren. Ein ähnliches Verhalten wie Brasilien hatte das außenpolitisch wieder aktivere Deutschland während der Balkankriege gezeigt.

Doch die globale Anerkennung als ernst zu nehmender Staat ist für die neuen Gestaltungsmächte wichtiger als für die traditionellen. Die Entscheidungsmacht in globalen Institutionen ist noch nicht an die neuen globalen Machtverhältnisse angepasst. Staaten wie Indien und Brasilien ringen mit ihren Bewerbungen um einen permanenten Sitz im VN-Sicherheitsrat darum, dass sich dies ändert. Öffentliche Anerkennung für ihr humanitäres Engagement ist ihnen deshalb besonders wichtig. Einige VN-Organisationen sind besonders geschickt darin, neuen Gebern diese Anerkennung zu geben. Das VN-Hilfswerk für Palästina-Flüchtlinge im Nahen Osten (UN Relief and Works Agency for Palestine Refugees in the Near East, UNRWA) hat Brasilien als „ein Land mit wachsendem globalen Einfluss – ein Land der Zukunft" gelobt, als es US$ 7,5 Mio. gespendet hat (UNRWA 2011).

6.3.5 Unparteiische Hilfe versus staatliche Souveränität

Das Spannungsverhältnis zwischen staatlicher Kontrolle auf der einen Seite und unparteiicher Hilfe auf der anderen ist schon immer zentraler Bestandteil der humanitären Debatte gewesen. Es spiegelt sich in den GA wider, die vorschreiben, dass humanitäre Organisationen unparteiisch und unabhängig sein müssen, ihre Arbeit aber nur „mit Einwilligung der am Konflikt beteiligten Parteien [Staaten]" ausüben dürfen.[7] Für Geber übersetzt sich diese Spannung in die Entscheidung, ob sie multilaterale Organisationen oder NRO finanzieren oder die Gelder direkt an die Regierung des betroffenen Staates geben.

In dieser Frage gibt es tatsächlich einen systematischen Unterschied zwischen den alten und neuen Gebern. Während traditionelle Geberländer ihre Mittel überwiegend an multilaterale Organisationen oder NRO geben, stellen neue Geber einen Großteil ihrer Hilfe den Regierungen der betroffenen Länder direkt zur Verfügung. Als Bestandteil der Süd-Süd-Kooperation verteidigen alle neuen Geber die Zentralität der betroffenen Regierung in der Katastrophenhilfe. Wie Abschn. 6.2 gezeigt hat, sind die Kolonialvergangenheit vieler neuer Geberländer und das Interesse, bilaterale Beziehungen zu festigen, die Hauptursache für diese Position.

Der Umgang mit dem Verhältnis von Unparteilichkeit versus Souveränität hat in Naturkatastrophen und Konflikten unterschiedliche Dimensionen. Traditionelle Geber werden oft und zu Recht kritisiert, dass sie die Regierungen betroffener Länder in Naturkatastrophen übergehen. Damit leisten sie dem Problem Vorschub, dass das an sich gut gemeinte Engagement der humanitären Organisationen die Stabilität der betroffenen Regierung auf nationaler und lokaler Ebene untergraben kann, wie die Erfahrungen in Haiti und Pakistan eindrücklich gezeigt haben (Harvey 2009; Binder und Grünewald 2010; DARA 2011b). Wenn Organisationen z. B. ohne Absprache mit lokalen Behörden öffentliche Leistungen wie Wasserversorgung und Abwasserentsorgung zur Verfügung stellen, werden öffentliche Stellen von der Bevölkerung

---

[7] GA I Art. 9. Wie der Kommentar der GA zeigt, wird diese Einwilligung sehr wörtlich ausgelegt: „All these humanitarian activities are subject to one final condition – the consent of the Parties to the conflict concerned. This condition is obviously a harsh one. But one might almost say that it follows automatically. A belligerent Power can obviously not be obliged to tolerate in its territory activities of any kind by any foreign organization. That would be out of the question. The Powers do not have to give a reason for their refusals. The decision is entirely theirs. But being bound to apply the Convention, they alone must bear the responsibility if they refuse help in carrying out their engagements."

oft als inkompetent wahrgenommen. Neue Geber propagieren hier ein anderes Modell, indem sie Gelder direkt der Regierung zukommen lassen oder zumindest eng mit ihr zusammenarbeiten. So kann die Regierung Hilfe über etablierte Mechanismen wie den Zivilschutz leisten und bekommt zudem die politische Anerkennung für die geleistete Hilfe. Traditionelle Geber können von neuen Gebern lernen, mehr auf die Bedürfnisse von lokalen Akteuren einzugehen, oder deren Engagement mit den lokalen Regierungen zumindest in Naturkatastrophen als komparativen Vorteil anerkennen. ECHO z. B. fehlt der rechtliche Rahmen, Geld direkt an Regierungen oder lokale Organisationen zu zahlen. Ein erster Schritt wäre deshalb, die Arbeit über die Regierung und über internationale Organisationen abzustimmen. Dies setzt eine gegenseitige Wertschätzung der Koordinierungsansätze voraus.

Anders ist die Situation in bewaffneten Konflikten, bei denen Regierungen selbst Konfliktpartei sind. Es ist schwer vorstellbar, dass eine Konfliktpartei bedürfnisorientierte, unparteiische humanitäre Hilfe leisten kann. Eine Regierung wie die syrische, die im August 2012 der Zivilbevölkerung mit Waffengewalt den Zugang zu Bäckereien verwehrt hat, kann schwerlich der richtige Ansprechpartner für prinzipienorientierte humanitäre Hilfe sein (Human Rights Watch 2012). In solchen Situationen kann eine kompromisslose Position der Nichteinmischung in innere Angelegenheiten zu fragwürdigen humanitären Entscheidungen führen. Die Regierungen Chinas und Indiens haben z. B. humanitäre Hilfe zur Linderung der Darfur-Krise lange direkt der Regierung des Sudan zukommen lassen, ohne zu berücksichtigen, dass diese selbst Konfliktpartei in Darfur ist (Harmer und Martin 2010). Solche Entscheidungen verstärken die Skepsis traditioneller humanitärer Akteure gegenüber den neuen Gebern. Doch nicht alle neuen Geber sind kohärent im Umgang mit dem Staat als Partner. Während Indien rhetorisch auf uneingeschränkte humanitäre Arbeit über Regierungen pocht und, wie im Fall von Sudan, das auch in der Praxis umsetzt, hält sich das Land in anderen Kriegskontexten gerne zurück oder leistet Hilfe über multilaterale Organisationen, beispielsweise in den Palästinensischen Autonomiegebieten (Meier und Murthy 2011).

6.4 Fazit

Ein besseres Verständnis der Unterschiede und Gemeinsamkeiten im Verhalten der verschiedenen humanitären Geber ist ein erster und notwendiger Schritt, um die allzu oft angenommenen Gegensätze zwischen „alten" und „neuen" Gebern aufzubrechen. Unsere empirisch unterlegte Analyse zeigt, dass – mit der wichtigen Ausnahme des Spannungsverhältnisses von Unparteilichkeit und Souveränität in der humanitären Hilfe – in Konflikten die Grenzen nicht zwischen alten und neuen Gebern verlaufen. Im Gegenteil: Mal befinden sich die USA mit ihrer humanitären Hilfe in der Gesellschaft von Brasilien und Indien, mal in der von Frankreich und England. Eine Dekonstruktion der Vorurteile über typisches Verhalten von „alten" und „neuen" Gebern ist wichtig, um einander besser zu verstehen. Dieses gegenseitige Verständnis ist eine zentrale Bedingung, wenn das zukünftige humanitäre System der vielen Akteure von Kooperation und Koordination geprägt sein soll. Es ist unwahrscheinlich, dass die Zukunft des Systems aus einem Grabenkampf zwischen prinzipienorientierten alten und potenziell finanzkräftigen, aber prinzipienlosen neuen Gebern hervorgehen wird. Aber wie wird sie aussehen? Drei Trends können aus unserer Analyse abgeleitet werden.

Erstens: Das humanitäre System wird weiter fragmentieren. Das finanzielle Potenzial mancher neuer Geber ist jetzt schon hoch genug, um zumindest in einzelnen Krisen als zentraler Akteur aufzutreten. Damit ergänzt die Diversifizierung der Geber die Diversifizierung der operationalen Organisationen, die man seit dem Ende der 1990er-Jahre beobachten kann. Dies wird den Koordinationsdruck erhöhen und die Koordination gleichzeitig erschweren.

Zweitens: Ein Teil der Finanzströme wird weiterhin durch multilaterale Kanäle zur Verfügung gestellt werden. Neue Geber beteiligen sich z. T. mit substanziellen Summen an solchen multilateralen Mechanismen, die nicht westlich dominiert sind oder die das Engagement der einzelnen Geber öffentlich honorieren. Ein prominentes Beispiel ist der zentrale Nothilfefonds der VN, dessen Verwaltungsrat sehr früh aus Persönlichkeiten aus allen Weltregionen zusammengesetzt war; oder das Welternährungsprogramm, das freiwillige Beiträge der neuen Geber öffentlich honoriert. Darüber hinaus wird aber der größte Teil der neu hinzukommenden Summen entweder bilateral von Regierung zu Regierung gegeben oder an Akteure wie die Internationale Rotkreuz- und Rothalbmondbewegung oder NRO.

Drittens: Es wird mit einiger Wahrscheinlichkeit eine normative Auseinandersetzung über die Rolle des betroffenen Staates in der Krisenbewältigung geben. Vor allem China, Indien und Brasilien verleihen ihrer Kritik an der Umgehung der betroffenen Regierungen Nachdruck. Unterstützung bekommen sie, wenn es um Naturkatastrophen geht, von zahlreichen Evaluationen, die gezeigt haben, dass die Vermeidungshaltung der westlichen Akteure in diesen Krisenkontexten zum Problem geworden ist (Harvey 2009; Binder und Grünewald 2010; DARA 2011b). Vor diesem Hintergrund könnte das vor allem von der Volksrepublik China verkörperte alternative Verständnis humanitärer Hilfe, das dem Staat Priorität vor allen anderen Akteuren einräumt, künftig an Bedeutung gewinnen (Binder und Conrad 2009; Harmer und Martin 2010; Hirono 2012). Die Europäische Kommission oder Frankreich betonen hingegen die Notwendigkeit, im Namen der Unabhängigkeit und Unparteilichkeit oder zum Schutz von Zivilisten ohne die betroffene Regierung agieren zu müssen.

Ob diese Trends in ein konstruktiveres oder kompetitiveres humanitäres System münden, hängt maßgeblich davon ab, wie gut die jeweiligen Geber die Interessen, Normen und institutionellen Rahmenbedingungen verstehen, die das humanitäre Verhalten des anderen prägen. Hier unterscheidet sich die humanitäre Hilfe nicht von anderen Politikbereichen wie Sicherheit, Klimawandel, Handel oder Entwicklung. Ein effektives universelles humanitäres System wird nur durch Annäherung, die Bereitschaft, etwaige Differenzen zu diskutieren und die Anerkennung von Komplementarität zu erreichen sein.

Literatur

Al-Yahya K, Fustier N (2011) Saudi Arabia as a humanitarian donor: high potential, little institutionalization. Global Public Policy Institute, Berlin

Aynte A (2012) Turkey's role in Somalia: a new ally? http://changingturkey.com/2012/04/13/turkeys-role-in-somalia-a-new-ally-2/. Zugegriffen: 17. Sept. 2012

Barrett CB, Maxwell D (2005) Food aid after fifty years. Recasting its role. Routledge, London

Binder A, Conrad B (2009) China's potential role in humanitarian assistance. Global Public Policy Institute, Berlin

Binder A, Grünewald F (2010) Inter-agency real-time evaluation in Haiti: 3 months after the earthquake. Global Public Policy Institute, Berlin

Binder A, Meier C (2011) Opportunity knocks: why non-Western donors enter humanitarianism and how to make the best of it. Int Rev Red Cross 93 (884):1135–1149

Binder A, Meier C, Steets J (2010) Humanitarian assistance: truly universal? A mapping study of non-Western donors. Global Public Policy Institute, Berlin

Castañeda JG (2011) Good times down Latin America's way. http://www.project-syndicate.org/commentary/good-times-down-latin-america-s-way. Zugegriffen: 28. Aug. 2012

CGFOME (2010) Assistencia Humanitária. Relatório Orcamentário da Acao 2d28 Janeiro a Setembro de 2010

DARA (2009) The humanitarian response index 2009: whose crisis? Clarifying donor's priorities. DARA, Madrid

DARA (2010) The humanitarian response index 2010: the problems of politicisation. DARA, Madrid

DARA (2011a) The humanitarian response index 2011: addressing the gender challenge. DARA, Madrid

DARA (2011b) Inter-agency real time evaluation of the humanitarian response to the 2010 floods in Pakistan. DARA, Madrid

Development Inititatives (2011) Emergency response funds (ERFs). Profile. Development Initiatives, Somerset

Development Inititatives (2012) GHA report 2012. Development Initiatives, Somerset

Development Inititatives (ohne Datum-a) Saudi Arabia. Country profile (eigene Berechnung). www.globalhumanitarianassistance.org/countryprofile/saudi-arabia. Zugegriffen: 10. Sept. 2012

Development Inititatives (ohne Datum-b) Turkey. Country profile. www.globalhumanitarianassistance.org/countryprofile/turkey. Zugegriffen: 10. Sept. 2012

Development Inititatives (ohne Datum-c) United Arab Emirates. Country profile (eigene Berechnung). http://www.globalhumanitarianassistance.org/countryprofile/united-arab-emirates. Zugegriffen: 10. Sept. 2012

DFID (2011a) Humanitarian emergency response review. Department for International Development, London

DFID (2011b) Saving lives, preventing suffering and building resilience: the UK government's humanitarian policy. Department for International Development, London

DoS (2011) The first quadrennial diplomacy and development review (QDDR): leading through civilian power. U.S. Department of State, Washington D.C.

ECHO (ohne Datum) Framework partnership agreement with humanitarian organisations (2008–2012). http://europa.eu/legislation_summaries/humanitarian_aid/r10007_en.htm. Zugegriffen: 1. Nov. 2012

Ferris E (2011) 9/11 and humanitarian assistance: a disturbing legacy. http://www.brookings.edu/blogs/up-front/posts/2011/09/01-sept11-ferris. Zugegriffen: 7. Sept. 2012

Gaus A, Mathys C, Steets J (2012) Food assistance policy and institutions in the United States and European Union. In: Barrett CB, Binder A, Steets J (Hrsg) Uniting on food assistance. The case for transatlantic cooperation. Routledge, London

Geoffroy VD, Robyns A (2009) Emerging humanitarian donors: the Gulf States. Humanitarian Aid on the move. Groupe URD Newsletter (3)

GPPi (2012) Brazilian humanitarian assistance 2004–2012. Unveröffentlichter Datensatz, eigene Erhebung. Global Public Policy Institute, Berlin

Hanlon J, Hulme D, Barrientos A (2010) Just give money to the poor. The development revolution from the global south. Kumarin Press, Sterling

Harmer A, Cotterrell L (2005) Diversity in donorship. The changing landscape of official humanitarian aid. Overseas Development Institute (ODI), London

Harmer A, Martin E (2010) Diversity in donorship: field lessons. Overseas Development Institute (ODI), London

Harvey P (2009) Towards good humanitarian government: the role of the affected state in disaster response. Overseas Development Institute (ODI), London

Hirono M (2012a) Why does China behave differently from traditional donors? Three legacies of humanitarianism in China. Disasters (i. E.)

Hirono M (2012b) China as humanitarian donor. Unveröffentlichtes Manuskript. Global Public Policy Institute, Berlin

Human Rights Watch (2012) Syria: government attacking bread lines. http://www.hrw.org/news/2012/08/30/syria-government-attacking-bread-lines. Zugegriffen: 18. Sept. 2012

Hürriyet (2012) At least 400 million spent on Syrian refugees: Turkish minister. http://www.hurriyetdailynews.com/at-least-400-million-spent-on-syrian-refugees-turkish-minister.aspx?pageID=238&nID=32528&NewsCatID=338. Zugegriffen: 21. Nov. 2012

IKRK (2011) Annual report 2010. Internationales Komitee vom Roten Kreuz, Genf

IKRK (2012) Annual report 2011. Internationales Komitee vom Roten Kreuz, Genf

Madzimbamuto-Ray K (2012) Africa's jobless growth? http://allafrica.com/stories/201207190370.html. Zugegriffen: 29. Aug. 2012

MEA (2011) India-Haiti bilateral relations. India ministry of external affairs. http://www.indembassyhavana.org/?q=en/node/26. Zugegriffen: 14. Sept. 2012

Meier C, Murthy CSR (2011) India's growing involvement in humanitarian assistance. Global Public Policy Institute, Berlin

MFA (2010) Saving lives and alleviating suffering. Policy for Sweden's humanitarian assistance 2010–2016. Ministry for Foreign Affairs, Stockholm

MFA (2012) Stratégie humanitaire de la République Francaise. Le ministère des Affaires étrangères, Paris

Ministério das Relações Exteriores (ohne Datum) Relatório de Assistência Humanitária Coordenação-Geral de Ações Internacionais de Combate à Fome 2006–2009. Grupo de Trabalho Interministerial sobre Assistência Humanitária Internacional

Ministry of Foreign Affairs of the Republic of Turkey (ohne Datum) Humanitarian assistance by Turkey. http://www.mfa.gov.tr/humanitarian-assistance-by-turkey.en.mfa. Zugegriffen: 4. Okt. 2012

Mowjee T, Randel J (2010) Evaluation of Sida's humanitarian assistance. Final synthesis report. Development Initiatives, Somerset

OCHA (2012a) Consolidated appeal process in 2012. http://fts.unocha.org/pageloader.aspx?page=emerg-emergencies&section=CE&year=2012. Zugegriffen: 19. Sept. 2012

OCHA (2012b) Financial tracking service. Office for the coordination of humanitarian affairs (eigene Berechnung). New York, Geneva

OCHA (2012c) Financial tracking service. Somalia 2011. Table B: total humanitarian assistance per bonor (appeal plus other*) as of 24-September-2012. Office for the Coordination of Humanitarian Affairs, New York

OCHA (2012e) United nations central emergency response fund. 2011 Annual report summary. Office for the Coordination of Humanitarian Affairs, New York

OECD (2008) France. Development assistance committee (DAC) Peer review. Organisation for Economic Co-operation and Development, Paris

OECD (2009) Sweden. Development assistance committee (DAC) Peer review. Organisation for Economic Co-operation and Development, Paris

OECD (2011) The United States. Development assistance committee (DAC) Peer review 2011. Organisation for Economic Co-operation and Development, Paris

OECD (2012) Creditor reporting system Full (eigene Berechnung). Organisation for Economic Co-operation and Development, Paris

Ozkececi-Taner B (2013) Turkish foreign policy: bridge, buffer, and barrier. In: Beasley RK et al (Hrsg) Foreign policy in comparative perspective. Domestic and international influences on state behavior. CQ Press, Thousand Oaks

Palmes S (2012) The rise of new actors in humanitarian assistance. Joining the club or marking the difference? Brazil's ambivalent role as emerging donors. Albert-Ludwigs-University, Freiburg i. Br.

Presidência da República Federativa do Brasil (ohne Datum) Fome zero. http://www.fomezero.gov.br/. Zugegriffen: 1. Nov. 2012

Reinicke W (2012) Purpose beyond power. http://www.project-syndicate.org/commentary/purpose-beyond-power. Zugegriffen: 29. Aug. 2012

Roxburgh C, Dörr N, Leke A, Tazi-Riffi A, Wamelen Av, Lund S, Chironga M, Alatovik T, Atkins C, Terfous N, Zeino-Mahmalat T (2010) Lions on the move: the progress and potential of African economies. McKinsey Global Institute, Egypt

Smith K (2011) Non-DAC donors and humanitarian aid. Shifting structure, changing trends. Development Initiatives, Somerset

Steets J (2009) From B-envelopes to the F-bureau. Understanding Transatlantic Approaches to Humanitarian Assistance. In: Steets J, Hamilton DS (Hrsg) Humanitarian assistance. Improving U.S.-European cooperation. Center for Transatlantic Relations/Global Public Policy Institute, Berlin

Stünkel O, Mello E (i. E.) Brazil as humanitarian donor. Global Public Policy Institute, Berlin

UAE (2011) United Arab Emirates foreign aid 2010. UAE Office for the Coordination of Foreign Aid, Abu Dhabi

UAE Interact (ohne Datum) Humanitarian Aid. http://www.uaeinteract.com/government/development_aid.asp. Zugegriffen: 4. Okt. 2012

UNIDO (2011) Africa investor report 2011. Towards evidence-based investment promotion strategies. United Nations Industrial Development Organization, Vienna

UNRWA (2011) Brazil contributes US$ 960,000 and announces a further donation of US$ 7.5 million to UNRWA. http://www.unrwa.org/etemplate.php?id=1193. Zugegriffen: 12. Sept. 2012

USAID (2006) Administration of assistance awards to U.S. non-governmental organizations; marking requirements. 22 C.F.R. Part 226. United States Agency for International Development, Washington D.C.

Die deutsche humanitäre Hilfe 7

Lioba Weingärtner und Ralf Otto

7.1 Einleitung

Deutschland ist durch das vielfältige Engagement staatlicher und nicht-staatlicher Akteure sowie durch ein erhebliches Aufkommen an finanziellen Mitteln durch die Bundesregierung und, insbesondere im Falle von Großkrisen, auch durch private Spender ein wichtiger Akteur der humanitären Hilfe. In der deutschen Öffentlichkeit und in ihrer Zielsetzung wird die humanitäre Hilfe jedoch noch oft auf das Retten von Leben reduziert und als Wohltätigkeit angesehen. Ein hohes Spendenaufkommen für humanitäre Hilfe gibt es i. d. R. dann, wenn es eine große humanitäre Krise in die Medien geschafft hat. Dabei gibt es eine Vielzahl von komplexen und dauerhaften humanitären Krisen, die mindestens genauso viel Aufmerksamkeit und Unterstützung benötigen, aber oft „vergessen" werden.

Veränderungen der globalen Rahmenbedingungen, Weiterentwicklungen in der internationalen humanitären Hilfe, Analysen der internationalen (ALNAP 2010,

---

Die Autorin und der Autor waren zwischen Januar 2010 und Dezember 2011 als Teamleiterin und Gutachter maßgeblich an der Evaluierung der deutschen humanitären Hilfe im Ausland, einschließlich an fünf der sechs Länderstudien, beteiligt. Die Autorin und der Autor danken Christian Berg, Thomas Hoerz, Gottfried Horneber und Martin Strele, die als Gutachter der Evaluierung zu der in Box 7.1 dargestellten Vision für die deutsche humanitäre Hilfe im Ausland beigetragen haben. Ihre Beiträge zur Evaluierung haben die Ausführungen in diesem Kapitel mit geprägt.

L. Weingärtner (✉)
Königstr. 19, 72108 Rottenburg, Deutschland
E-Mail: Lioba.Weingaertner@t-online.de

R. Otto
Channel Research, Route des Marnières 45B, 1380, Ohain, Belgien
E-Mail: otto@channelresearch.com

ALNAP 2012) und der deutschen humanitären Hilfe (OECD DAC 2006a und 2010) und nicht zuletzt die Zuständigkeitsveränderungen in der humanitären Hilfe der Bundesregierung im Jahr 2011 (BMZ und AA 2011) geben den Anlass, zu betrachten, wie die deutsche humanitäre Hilfe weiterentwickelt werden kann.

Das Kapitel stellt die deutsche humanitäre Hilfe mit ihren Akteuren, Zielen und Verfahren vor. Es analysiert, wie die deutschen Akteure auf nationaler und internationaler Ebene zusammenarbeiten und welche Bedeutung die deutsche humanitäre Hilfe in der Welt hat.

In einem Ausblick wird aufgezeigt, wie sich die deutsche humanitäre Hilfe weiterentwickeln sollte, um zukunftsfähig zu werden und für die Herausforderungen der globalen Entwicklungen und humanitären Krisen besser gerüstet zu sein.

7.2 Kontext

Die deutsche humanitäre Hilfe agiert in einem globalen Kontext, der durch große Veränderungen und neue Herausforderungen mit Bezug zur humanitären Hilfe gekennzeichnet ist. Bewaffnete Konflikte werden zunehmend komplexer. Klimawandel, hohe Nahrungsmittelpreise, Migration, schnelle und ungeplante Verstädterung sowie Pandemien haben Auswirkungen auch auf die humanitäre Hilfe. Naturkatastrophen treten häufiger auf und verursachen größere Schäden. Die Wechselwirkungen zwischen Anfälligkeit für Krisen und chronischer Armut sind zunehmend anerkannt.

Der Großteil der Finanzierungen für humanitäre Hilfe wird heutzutage in langandauernden und komplexen Krisen ausgegeben. Vier Fünftel der internationalen humanitären Hilfe werden in sog. fragilen Staaten, in denen Krisen verschiedenster Art wirken und sich in ihren Auswirkungen gegenseitig verschärfen, verausgabt. Die Zahl und Vielfalt der in der humanitären Hilfe tätigen Organisationen hat deutlich zugenommen – ein Phänomen, das unter dem Begriff „Proliferation von Organisationen" (www.icrc.org[1]; Telford und Cosgrave 2006) bekannt geworden ist. Fragen der Koordination und leadership, aber auch der Beteiligung von und Rechenschaftslegung gegenüber den Begünstigten (beneficiary accountability) gewinnen in diesem Kontext besondere Bedeutung und bleiben wichtige Herausforderungen der internationalen humanitären Hilfe (siehe Kap. 17).

Diesen müssen sich die Akteure der humanitären Hilfe in Deutschland ebenso wie die internationale Gemeinschaft insgesamt stellen. Durch ein vielfältiges Engagement verschiedener Akteure, einschließlich eines erheblichen Spendenaufkommens, leistet Deutschland im Falle von Krisen und Katastrophen wichtige Beiträge zur humanitären Hilfe der internationalen Gemeinschaft.

---

[1] www.icrc.org/eng/resources/documents/misc/57jp85.htm. Zugegriffen: 10. Dez. 2012.

7.3 Akteure

7.3.1 Staatliche humanitäre Hilfe

Die Zuständigkeit für die humanitäre Hilfe der Bundesregierung war bis zum Jahr 2012 auf zwei Ministerien, das Auswärtige Amt (AA) und das Bundesministerium für wirtschaftliche Zusammenarbeit und Entwicklung (BMZ), verteilt. Darüber hinaus leisten auch andere Ressorts der Bundesregierung, insbesondere das Bundesministerium des Innern (BMI) und das Bundesministerium der Verteidigung (BMVg), Beiträge zur humanitären Hilfe (siehe Tab. 7.1).

Das AA mit seinem Arbeitsstab humanitäre Hilfe im Referat für Vereinte Nationen (VN05) hat innerhalb der Bundesregierung die Federführung für die humanitäre Hilfe inne. Das BMZ ist für die entwicklungsorientierte Not-und Übergangshilfe (seit dem Jahr 2012: „entwicklungsfördernde und strukturbildende Übergangshilfe") verantwortlich. Die Ministerien führen Projekte der humanitären Hilfe nicht selbst durch, sondern arbeiten für konkrete Maßnahmen mit verschiedenen Partnern zusammen. Diese Partner der deutschen humanitären Hilfe sind sowohl internationale als auch nationale Organisationen.

Bei den internationalen Organisationen unterstützt die Bundesregierung das Internationale Komitee vom Roten Kreuz (IKRK) und verschiedene Organisationen der Vereinten Nationen (VN) (engl. United Nations, UN), vor allem das VN-Flüchtlingskommissariat (UN High Commissioner for Refugees, UNHCR), das VN-Amt für die Koordinierung humanitärer Angelegenheiten (UN Office for the Coordination of Humanitarian Affairs, OCHA), das VN-Hilfswerk für Palästina-Flüchtlinge im Nahen Osten (UN Relief and Works Agency for Palestine Refugees in the Near East, UNRWA) und das VN-Welternährungsprogramm (UN World Food Programme, WFP), mit Projektfinanzierungen zu deren Programmen.

Zu den nationalen Partnern in der humanitären Hilfe der Bundesregierung gehören einerseits die Deutsche Gesellschaft für Internationale Zusammenarbeit (GIZ) und die Bundesanstalt Technisches Hilfswerk (THW) als staatliche Durchführungsorganisationen. Andererseits finanzieren die Ministerien auch Projekte einer Vielzahl von Nichtregierungsorganisationen (NRO) und des Deutschen Roten Kreuzes (DRK).

Im Zeitraum 2005 bis 2009 hat das AA zwischen 43 und 60 Partner pro Jahr und das BMZ zwischen 10 und 14 Partner pro Jahr gefördert (Weingärtner et al. 2011a, S. 24).

Einmal pro Legislaturperiode erstattet die Bundesregierung dem Bundestag „Bericht über die deutsche humanitäre Hilfe im Ausland" (Deutscher Bundestag 2010; Auswärtiges Amt 2010). In seltenen Fällen werden Fragen der humanitären Hilfe auch im Bundestag beraten. Fragen der humanitären Hilfe werden im „Ausschuss für Menschenrechte und humanitäre Hilfe" und – im Falle der entwicklungsorientierten Not- und Übergangshilfe – im „Ausschuss für wirtschaftliche Zusammenarbeit und Entwicklung" behandelt. Der Haushaltsausschuss beschäftigt sich nur in Einzelfällen spezifisch mit humanitärer Hilfe, z. B. im Jahr 2012 im Nachgang der

Ressortvereinbarung zur humanitären Hilfe aus dem Jahr 2011 oder im Dezember 2012 im Falle von humanitärer Hilfe für Syrien.[2]

7.3.2 Nichtregierungsorganisationen

Deutschland hat eine sehr diversifizierte Landschaft von NRO in der humanitären Hilfe. Die Palette reicht von relativ kleinen und auf einzelne Arbeitsbereiche beschränkten Vereinen mit vergleichsweise geringem Finanzvolumen in der humanitären Hilfe bis hin zu Organisationen, die als Teil internationaler Netzwerke zu großen „globalen Playern" der internationalen humanitären Hilfe geworden sind, wie z. B. Ärzte ohne Grenzen (Médicins sans Frontières, MSF), Caritas international und World Vision.

Dabei kann zwischen drei Typen von Organisationen unterschieden werden:
- Organisationen, die sich selbst – insbesondere in akuten humanitären Krisen – ein rein humanitäres Mandat geben (z. B. MSF),
- Organisationen, die sich selbst ein Mandat für Sofort- und Übergangshilfe geben (z. B. die Diakonie Katastrophenhilfe und Malteser International), und
- Organisationen, die sich selbst ein Mandat für humanitäre Soforthilfe, Übergangshilfe und Entwicklungszusammenarbeit geben (z. B. CARE Deutschland-Luxemburg und die Welthungerhilfe).

Insgesamt ist es schwierig, sich einen systematischen Überblick darüber zu verschaffen, welche Organisation in welcher humanitären Krise mit wie vielen Mitteln und mit welchen Kapazitäten welche Maßnahmen der humanitären Hilfe durchführt. Öffentlich zugängliche Auskünfte geben u. a. die Jahresberichte der jeweiligen Organisationen und der Financial Tracking Service der VN (http://fts.unocha.org).

Eine Reihe von deutschen NRO hat sich unter dem Dach des Verbandes Entwicklungspolitik Deutscher Nichtregierungsorganisationen (VENRO) in einer Arbeitsgruppe (AG) „humanitäre Hilfe" organisiert. Dort arbeiten sie an der Professionalisierung der humanitären Hilfe und verpflichten sich selbst zu grundsätzlichen Prinzipien und Arbeitsweisen (VENRO 2005, 2006). Die AG „humanitäre Hilfe" existiert seit der Gründung des Verbandes im Jahr 1995.[3] Inhaltlich werden in der AG sowohl politische Themen, wie z. B. die zivil-militärischen Beziehungen oder die humanitären Reformen der VN, als auch operative Themen, wie „Linking Relief, Rehabilitation and Development" oder Fragen der Koordination der humanitären Hilfe, diskutiert. In der AG arbeiten ungefähr 20 bis 25 NRO mit.[4]

---

[2] www.bundestag.de/bundestag/ausschuesse17/a08/tagesordnungen/archiv/index.html. Zugegriffen: 10. Dez. 2012.
[3] Zur Geschichte der humanitären Hilfe bei VENRO siehe Lieser 2011.
[4] www.venro.org/humanitaere_hilfe0.html. Zugegriffen: 30. Sept. 2012.

7.3.3 Privatpersonen

Viele NRO der humanitären Hilfe werden in ihrer Arbeit von privaten Spendern unterstützt. Diese Spendenbereitschaft ist stark von Wohltätigkeit und dem Anliegen, Leben zu retten, geprägt.

Das führt dazu, dass insbesondere im Falle großer und akuter humanitärer Krisen, die es in die Medien schaffen, die deutsche Öffentlichkeit großzügig spendet. Dies haben die Beispiele der Tsunami-Katastrophe im Indischen Ozean Ende 2004 und das Erdbeben in Haiti im Januar 2010 gezeigt.

Schon im Rahmen von sich langsam anbahnenden Flut- und Dürrekatastrophen, die im Kontext komplexer Krisen zu extremen humanitären Krisen führen, oder für Maßnahmen der Katastrophenvorsorge ist es sehr viel schwieriger, Spender zu mobilisieren. Das haben die Flutkatastrophe in Pakistan im Jahr 2010, die Krise am Horn von Afrika im Jahr 2010/2011 und die verschiedenen Sahelkrisen (u. a. in den Jahren 2011/2012) gezeigt. Noch dramatischer ist die Lage, wenn die Krisen lange andauern und in Vergessenheit geraten, wie z. B. im Osten der Demokratischen Republik Kongo.

7.3.4 Wirtschaft

Auch die deutsche Wirtschaft engagiert sich, insbesondere im Falle akuter Krisen, in der humanitären Hilfe. So haben, z. B. nach dem schweren Erdbeben in Haiti im Januar 2010, deutsche Unternehmen die humanitäre Hilfe unterschiedlicher Organisationen unterstützt. In Libyen sind Mitte des Jahres 2011 im Rahmen des Besuchs des Bundeswirtschaftsministers humanitäre Hilfsgüter[5] der deutschen Wirtschaft übergeben worden.

Im Rahmen des Deutschen Netzwerks des Global Compact der VN haben sich dessen Mitglieder mit Fragen der humanitären Hilfe auseinandergesetzt (The Global Compact 2010, S. 24–31). PHINEO unterstützt Unternehmen (und andere Spender), die sich in der humanitären Hilfe nach Naturkatastrophen engagieren möchten, mit einem Leitfaden (PHINEO 2011).

7.4 Handlungsfelder der deutschen humanitären Hilfe

Kernbereiche der staatlichen humanitären Hilfe in Deutschland waren über viele Jahre die humanitären Hilfsmaßnahmen des AA und die entwicklungsorientierte Not- und Übergangshilfe des BMZ.

---

[5] Zur grundsätzlichen Problematik von Sachspenden siehe „Merkblatt zu Sachspenden nach Naturkatastrophen und zur freiwilligen Mitarbeit in der humanitären Hilfe", www.auswaertiges-amt.de/cae/servlet/contentblob/344840/publicationFile/132052/MerkblattSachspenden.pdf. zuletzt besucht 23 Dezember 2012.

Humanitäre Hilfsmaßnahmen des AA sollen zur Linderung der ersten, unmittelbaren Not nach Eintritt einer Naturkatastrophe sowie in komplexen Krisen oder bewaffneten Auseinandersetzungen beitragen. Sie umfassen Maßnahmen der Not-, Katastrophen- und Flüchtlingshilfe sowie des humanitären Minenräumens. Aufgrund dieser Zielrichtung sind die Maßnahmen meist auf bis zu 6 Monate angelegt. Maßnahmen der Katastrophenvorsorge ergänzen zunehmend die humanitären Hilfsmaßnahmen.

Bis zur Neuordnung der deutschen humanitären Hilfe in den Jahren 2011/2012 sollte die entwicklungsorientierte Not- und Übergangshilfe des BMZ dazu beitragen, die Lücke zwischen den humanitären Hilfsmaßnahmen und der auf strukturelle Wirkungen angelegten Entwicklungszusammenarbeit zu schließen. Hierdurch sollen die Grundlagen für eine nachhaltige Entwicklung nach akuten Krisen geschaffen werden. Sie umfasst Maßnahmen zur Sicherstellung der Ernährung durch Nahrungsmittelhilfe und Ernährungssicherungsprogramme, Schaffung bzw. Wiederherstellung der sozialen und infrastrukturellen Grundversorgung, Stärkung der Selbsthilfekräfte der betroffenen Frauen und Männer sowie Hilfen für Flüchtlinge. Die Projektlaufzeit beträgt i. d. R. zwischen 6 Monaten und 3 Jahren (Weingärtner et al. 2011b, S. 1).

Mit einer neuen Vereinbarung zwischen den beiden Ministerien vom 11. November 2011, die im Mai 2012 in Kraft getreten ist, wurden die Zuständigkeiten, die Aufgabenteilung und die finanziellen Ressourcen in der staatlichen humanitären Hilfe neu geordnet (BMZ und AA 2011). Das zuständige Referat im BMZ wurde in „entwicklungsfördernde und strukturbildende Übergangshilfe" umbenannt.

7.5 Konzepte

Die Bundesregierung orientiert sich in ihrer humanitären Hilfe an einer Reihe von internationalen Referenzrahmen und verfügt im jeweiligen Geschäftsbereich des AA und des BMZ über mehrere Konzepte und operative Richtlinien. Ein ressortübergreifendes Konzept oder eine Strategie zur deutschen humanitären Hilfe gab es jahrzehntelang nicht. Nach der Neuordnung hat das AA dann seine Strategie zur humanitären Hilfe im Ausland erarbeitet und im November 2012 vorgestellt (Auswärtiges Amt 2012).[6]

Die deutsche humanitäre Hilfe orientiert sich international an den Prinzipien der Good Humanitarian Donorship Initiative (GHD) (Good Humanitarian Donorship 2003) und dem European Consensus for Humanitarian Aid (EC 2007) als ihren übergeordneten strategischen Referenzrahmen, an deren Gestaltung sie auch aktiv mitgewirkt hat. Allerdings erkennt das BMZ – anders als das AA – den Geltungsbereich der GHD-Prinzipien und der im Europäischen Konsens formulierten

---

[6] Da die Strategie des AA zur humanitären Hilfe im Ausland (www.auswaertiges-amt.de/cae/servlet/contentblob/631154/publicationFile/174158/121115_AA-Strategie_humanitaere_hilfe.pdf. Zugegriffen: 9. Jan. 2013) erst kurz vor Drucklegung dieses Buches veröffentlicht wurde, beziehen sich die nachfolgenden Ausführungen vor allem auf die deutsche humanitäre Hilfe vor dem Zeitpunkt der Neuvereinbarung.

Prinzipien der humanitären Hilfe nur für die Nahrungsmittelnothilfe an, nicht aber für die entwicklungsorientierte Not- und Übergangshilfe insgesamt. Für das BMZ sind die Prinzipien zur Wirksamkeit der Entwicklungszusammenarbeit (Paris Erklärung, Accra Agenda for Action) und die Fragile States Principles (OECD DAC 2007) die relevanten übergeordneten strategischen Referenzrahmen.

Weitere, auch für die deutsche humanitäre Hilfe anerkannte internationale Grundlagendokumente existieren für die zivil-militärische Koordinierung, die Katastrophenvorsorge, das humanitäre Minen- und Kampfmittelräumen sowie die Nahrungsmittelhilfe.

National sind das Förderkonzept des AA für Maßnahmen der humanitären Hilfe und das BMZ-Konzept für entwicklungsorientierte Not- und Übergangshilfe die beiden wichtigsten Richtlinien. Beide Konzepte geben ressortspezifisch die relevanten Orientierungen und Zielsetzungen vor. Für die Katastrophenvorsorge gibt es insgesamt drei Referenzdokumente der Bundesregierung.

Weiterhin sind die „Zwölf Grundregeln für die deutsche humanitäre Hilfe im Ausland"[7] eine wichtige Leitlinie für die deutsche humanitäre Hilfe. Sie wurden von allen Mitgliedern des Koordinierungsausschusses humanitäre Hilfe formuliert.

Der Bundesregierung ist nach eigenen Aussagen die Einhaltung international anerkannter Standards der humanitären Hilfe, insbesondere des Code of Conduct for the International Red Cross and Red Crescent Movement and NGOs[8] in Disaster Relief sowie der Sphere-Standards ein besonderes Anliegen (Auswärtiges Amt 2010). Diesen Referenzdokumenten verpflichten sich auch viele NRO der humanitären Hilfe, insbesondere – aber nicht ausschließlich – diejenigen, die in der AG „humanitäre Hilfe" bei VENRO mitarbeiten.

7.6 Ziele der deutschen humanitären Hilfe

In der neuen Strategie hat das AA folgendes Ziel formuliert: „Übergeordnetes Ziel der humanitären Hilfe ist es, bedarfsorientiert Menschen zu helfen, die sich in akuten Notlagen befinden oder bei denen das Risiko besteht, dass sie aufgrund von Krisen, Konflikten, Naturkatastrophen oder anderen Ursachen in akute Not geraten. Dabei geht es darum, den betroffenen Menschen ein Überleben in Würde und Sicherheit zu ermöglichen und das Leid derer zu lindern, die ihre akute Notlage aus eigener Kraft nicht überwinden können. Humanitäre Hilfe soll Grundbedürfnisse der Menschen decken." (Auswärtiges Amt 2012, S. 3).

Im Bericht der Bundesregierung über ihre humanitäre Hilfe heißt es außerdem: „Die deutsche humanitäre Hilfe verfolgt keine politischen, wirtschaftlichen oder sonstigen staatlichen Ziele, sondern folgt ausschließlich dem humanitären Imperativ." (Auswärtiges Amt 2010, S. 10, 17). Zusätzlich betont das AA, dass es in

---

[7] www.auswaertiges-amt.de/DE/Aussenpolitik/HumanitaereHilfe/Grundregeln_node.html. Zugegriffen: 10. Dez. 2012.

[8] NGO = non-governmental organization (Nichtregierungsorganisation, NRO).

der internationalen humanitären Hilfe partnerschaftliche Ansätze verfolgt. Durch die enge Zusammenarbeit mit diesen internationalen Akteuren soll das politische Profil Deutschlands gestärkt werden, um so zu einem aktiven und geschätzten Partner auf internationaler und insbesondere VN-Ebene zu werden (Auswärtiges Amt 2010, S. 15).

7.7 Leistungen

Die Bundesregierung finanziert in ihrer humanitären Hilfe vor allem eine Vielzahl von Projekten in einer Vielzahl von humanitären Krisen in unterschiedlichen Sektoren und Lebensbereichen, die von verschiedenen Partnern durchgeführt werden.

Mit dieser zweckgebundenen Projektfinanzierung hat die Bundesregierung in den Jahren 2005 bis 2009 insgesamt Maßnahmen im Umfang von 804,1 Mio. € finanziert (453,6 Mio. € durch das BMZ und 350,5 Mio. € durch das AA). Hinzu kamen zweckgebundene Maßnahmen aus anderen Haushaltstiteln des BMZ sowie anderer öffentlicher Akteure,[9] sodass die Bundesregierung im genannten Zeitraum insgesamt 1,188 Mrd. € als deutsche humanitäre Hilfe an den Ausschuss für Entwicklung (Development Assistance Committee, DAC) der Organisation für wirtschaftliche Zusammenarbeit und Entwicklung (Organisation for Economic Co-operation and Development, OECD) gemeldet hat (siehe Tab. 7.1).

Im Zeitraum 2005 bis 2009 ging der Großteil der zweckgebundenen Mittel für humanitäre Hilfe in die materielle Nothilfe (56,6 %), gefolgt von Nahrungsmittelnothilfe (25,7 %), Wiederaufbau und Wiederherstellungsmaßnahmen (12,6 %) sowie Katastrophenprävention und -vorsorge (2,4 %). Der Förderbereich „Nothilfekoordinierung, Schutz und Unterstützungsmaßnahmen" erhielt 2,6 % der zweckgebundenen Mittel der Jahre 2005 bis 2009.

Die Hälfte der zweckgebundenen Mittel Deutschlands für humanitäre Hilfe floss im Zeitraum 2005 bis 2009 nach Asien (49,4 %)[10] und knapp zwei Fünftel (38,6 %) nach Afrika. Europa – einschließlich Kaukasus – (2,9 %), Lateinamerika (4,3 %) und Ozeanien (0,03 %) erhielten zusammen weniger als 10 % der Mittel.

Hauptempfängerländer waren Afghanistan, Äthiopien, Burundi, Demokratische Republik Kongo, Irak, Kenia, Kolumbien, Liberia, Myanmar, Pakistan, Palästinensische Gebiete, Simbabwe, Somalia, Sri Lanka, Sudan, Tschad und Uganda. Im Zeitraum 2006 bis 2009 leistete das AA insgesamt in 93 Ländern humanitäre Hilfe und das BMZ in 52 Ländern entwicklungsorientierte Not- und Übergangshilfe (ohne Ernährungssicherungsprogramme) (Weingärtner et al. 2011a, S. 24 f).

Neben diesen Projektfinanzierungen beteiligt sich die Bundesregierung an der Gestaltung und Finanzierung der humanitären Hilfe der EU und der VN. Entsprechend des deutschen Pflichtbeitrages zum EU-Haushalt ist sie mit ca. 20 %

---

[9] Siehe Erläuterung 1 zu Tab. 7.1.
[10] U. a. aufgrund der umfangreichen Maßnahmen der humanitären Hilfe im Gefolge des Tsunami im Indischen Ozean Ende des Jahres 2004.

Tab. 7.1 Zweckgebundene staatliche Auszahlungen für humanitäre Hilfe, 2005–2009 (in Euro). (Quelle: Meldungen der Bundesregierung an das OECD DAC, aus: Weingärtner et al. 2011a, S. 23)

Geber	Haushaltstitel	Jahr					Gesamt
		2005	2006	2007	2008	2009	
AA	Humanitäre Hilfe 687 12	64.762.760	50.887.088	53.193.609	89.795.666	91.892.393	350.531.516
BMZ	ENÜH 687 20[b]	95.299.313	74.840.765	78.314.725	90.329.357	114.789.741	453.573.901
	Finanzielle Zusammen-arbeit 866,01	20.718.978	70.655.401	53.594.775	4.965.240	37.933.584	187.867.978
	Technische Zusammenarbeit 896,03	10.790.912	10.154.792	7.222.253	13.256.559	14.279.352	55.703.868
	Welternährungsprogramm 687,23	23.008.000	23.151.475	0[d]	0[d]	0[d]	46.159.475
	Andere[c]	6.482.038	13.951.717	7.414.988	6.246.008	2.072.136	36.166.887
Andere[a]	Verschiedene	17.914.916	27.033.360	3.832.144	5.424.697	4.212.447	58.417.564
Gesamt		238.976.918	270.674.597	203.572.494	210.017.525	265.179.652	1.188.421.186

[a] Andere Geber sind sonstige Bundesministerien (insbesondere das BMVg und das BMI) und Bundesländer
[b] Ernährungssicherungsprogramme der ENÜH werden nicht unter humanitärer Hilfe berichtet
[c] Im BMZ gibt es acht weitere Haushaltstitel, über die im genannten Zeitraum Gelder für humanitäre Hilfe an nationale und internationale Organisationen ausgezahlt wurden
[d] Seit 2007 berichtet das BMZ die Regelbeiträge an das Welternährungsprogramm nicht mehr als humanitäre Hilfe

an der Finanzierung der europäischen humanitären Hilfe beteiligt. Sie ist in den entsprechenden Beratungs- und Entscheidungsgremien der Europäischen Kommission zur Arbeit der Generaldirektion für Humanitäre Hilfe und Zivilschutz (Directorate General for Humanitarian Aid and Civil Protection, DG ECHO) vertreten (Humanitarian Aid Committee, HAC, und Working Party on Humanitarian Aid and Food Aid, COHAFA). Vergleichbares gilt für die Zusammenarbeit mit den VN-Organisationen, die in der humanitären Hilfe tätig sind (siehe Kap. 7.3.1). Die Bundesregierung ist über die jeweils zuständigen Ministerien in deren Mitglieds- und Gebergremien vertreten. Sie ist durch ihre Ständigen Vertretungen in Genf, New York und Rom an den Standorten der humanitär tätigen VN-Organisationen und des IKRK präsent. Die Verbindung zum WFP der VN erfolgt außerdem durch dessen Verbindungsbüro in Berlin. Die anderen internationalen Organisationen der humanitären Hilfe (IKRK, UNRWA, UN OCHA und UNHCR) führen im AA in Berlin jährliche Konsultationen mit der Bundesregierung durch.

Laut Berichterstattung der Bundesregierung über die humanitäre Hilfe (Auswärtiges Amt 2010; Deutscher Bundestag 2010) setzt sie sich in den genannten Gremien vor allem für eine angemessene Umsetzung der Mandate der jeweiligen Organisationen und den Dialog über jeweils aktuelle Themen und Herausforderungen ein. Sie unterstützt stattfindende Reformprozesse der Organisationen.

Die Bundesregierung bringt sich über das AA außerdem in der Generalversammlung und im Wirtschafts- und Sozialrat der VN (UN Economic and Social Council, ECOSOC) in die Diskussionen über die humanitäre Hilfe ein. Sie ist, vertreten durch das AA, außerdem Mitglied der GHD und seit dem Jahr 2000 Mitglied im Active Learning Network for Accountability and Performance (ALNAP). Deutschland ist Unterzeichner des Internationalen Nahrungsmittelhilfe-Übereinkommens (Food Aid Convention, FAC) und leistet jährlich einen Mindestbetrag von Barmitteln im Rahmen von Projektmaßnahmen deutscher Organisationen oder durch Beiträge an das WFP. Das BMZ beteiligt sich seit Jahren aktiv an der Reform der FAC.

Derzeit bleiben die Zielsetzungen und strategischen Orientierungen, die die Bundesregierung im Rahmen der humanitären Hilfe mit diesen Organisationen verfolgt, unklar und nicht transparent. Die Berichterstattung der Bundesregierung zu diesem Engagement bei den internationalen Organisationen beschränkt sich vor allem auf die Darstellung der Mandate der jeweiligen Organisationen und Aktivitäten der Bundesregierung in diesem Zusammenhang. Über Ergebnisse wird nicht berichtet. Deutschlands Prioritäten sowie Ergebnisse der deutschen Beiträge in diesen Gremien sind nicht ausreichend erkennbar (Weingärtner et al. 2011a, S. 20, 58).

7.8 Zusammenarbeit zwischen staatlicher und nicht-staatlicher humanitärer Hilfe

Fragen der humanitären Hilfe werden zwischen staatlichen und nicht-staatlichen Akteuren in Deutschland über unterschiedliche Mechanismen formell oder informell diskutiert.

7.8.1 Koordinierungsausschuss Humanitäre Hilfe

Der seit dem Jahr 1994 bestehende Koordinierungsausschuss Humanitäre Hilfe ist ein Forum, das relevante Akteursgruppen der deutschen humanitären Hilfe regelmäßig zu einem Austausch über übergeordnete Themen und aktuelle humanitäre Krisen zusammenbringt. Er wird mit wechselndem Vorsitz von Vertretern des AA und von VENRO geleitet. Dem Koordinierungsausschuss gehören 30 Mitglieder an. Dies sind 16 humanitäre Hilfsorganisationen, VENRO, vier Bundesministerien, das THW, die GIZ, das Deutsche Komitee Katastrophenvorsorge sowie Vertreter mehrerer Bundesländer und der Wissenschaft. Der Koordinierungsausschuss hat als wichtigstes Ziel, die von seinen Mitgliedern geleistete oder geförderte humanitäre Hilfe unter Wahrung der humanitären Prinzipien und anerkannter Grundsätze zum Nutzen der Bedürftigen zu optimieren. Er versteht sich selbst als sachkundiges Gremium zur Meinungsbildung zu wichtigen Grundsatzfragen der humanitären Hilfe sowie als Ansprechpartner für die Bundesregierung und das Parlament.[11]

7.8.2 Dialog in Bundestagsausschüssen

In unregelmäßigen Abständen findet im „Ausschuss für Menschenrechte und humanitäre Hilfe" eine Diskussion zu aktuellen Fragen der humanitären Hilfe zwischen den Ausschussmitgliedern und dem Koordinierungsausschuss Humanitäre Hilfe statt.

Ad hoc finden außerdem auf Einladung der Vorsitzenden in einzelnen Fällen Konsultationen zu Fragen der humanitären Hilfe und entwicklungsorientierter Not- und Übergangshilfe in den zuständigen Ausschüssen (siehe oben) statt. Insbesondere im Nachgang der Entscheidung der Bundesminister zur Neuordnung der humanitären Hilfe vom November 2011 gab es mehrere Befassungen der Ausschüsse mit Fragen der humanitären Hilfe.

7.8.3 Gemeinsame Veranstaltungen

Die Bundesregierung und NRO führen außerdem gemeinsame Veranstaltungen zum Thema humanitäre Hilfe durch, z. B. im Rahmen des „Forum Globale Fragen",

---

[11] www.auswaertiges-amt.de/DE/Aussenpolitik/HumanitaereHilfe/KoA_node.html. Zugegriffen: 10. Dez. 2012.

einem Dialog zwischen Regierung und Zivilgesellschaft. Dieses Forum beschäftigte sich im März 2012 in Berlin in einem Expertengespräch und einer öffentlichen Veranstaltung unter dem Thema „Das Humanitäre Dilemma. Neutralität der Humanitären Hilfe in Konflikten" mit einer der zentralen Fragestellungen der humanitären Hilfe im Ausland.

7.8.4 Informelle Zusammenarbeit

Viele NRO der humanitären Hilfe pflegen außerdem individuelle direkte Kontakte zu den finanzierenden Ministerien und/oder zu Parlamentariern, die sich mit diesem Politikbereich beschäftigten. Diese projekt- oder themengebundene Lobbyarbeit der einzelnen Organisationen trägt zur Pflege guter Beziehungen und Meinungsbildung zu Fragen der humanitären Hilfe in Deutschland bei.

7.9 Bewertung der humanitären Hilfe der Bundesregierung

International prominent eingefordert (OECD DAC 2006a, S. 19), hat die Bundesregierung die von ihr geleistete humanitäre Hilfe in den Jahren 2010 bis 2011 erstmals einer umfassenden und ministeriumsübergreifenden unabhängigen Evaluierung unterzogen. Ziel der Evaluierung war eine unabhängige und umfassende Analyse und Bewertung der humanitären Hilfe Deutschlands im Ausland, um Erkenntnisse für die Steuerung der Ministerien zu gewinnen und zu nutzen. Außerdem sollen die Ergebnisse genutzt werden für die Rechenschaftslegung gegenüber dem Parlament.

7.9.1 Hauptfeststellungen der Evaluierung der deutschen humanitären Hilfe

7.9.1.1 „Auf einen Nenner gebracht"
Die Evaluierung hat gezeigt, dass die Bundesregierung den Anspruch hat, ein guter Geber (Good Humanitarian Donor) zu sein und den Humanitären Konsens der Europäischen Union (EU) umzusetzen. Sie zeigt ein umfangreiches und vielfältiges Engagement mit vielen Maßnahmen und Initiativen in Zusammenarbeit mit einer Vielzahl und Vielfalt unterschiedlicher Akteure auf nationaler und internationaler Ebene.

Die Vielzahl und Vielfalt isolierter Einzelmaßnahmen werden allerdings den komplexen Bedarfslagen und Kontexten und den eigenen Ansprüchen nicht gerecht. Vorhandenes Potenzial zur Verbesserung der Wirksamkeit der deutschen humanitären Hilfe wird bisher unzureichend genutzt.

7.9.1.2 Deutschland als humanitärer Akteur in der Welt
Die Bundesregierung gehört international zwar zu den größten bilateralen Gebern der öffentlichen Entwicklungszusammenarbeit, der Anteil der humanitären Hilfe an

diesen Leistungen bleibt aber im internationalen Vergleich weit hinter dem Durchschnitt der anderen Geber zurück.

Deutschland war im Jahr 2008 mit US$ 751,1 Mio., das sind US$ 9,1 pro Einwohner in Deutschland (Development Initiative 2010, S. 7, 149), in absoluten Zahlen gesehen zwar hinter den USA, der Europäischen Kommission und dem Vereinigten Königreich der viertgrößte Geber in der internationalen humanitären Hilfe. 15 Länder gaben jedoch einen höheren Anteil ihres Bruttoinlandsprodukts für humanitäre Hilfe aus und stellten pro Einwohner höhere Finanzmittel für humanitäre Hilfe zur Verfügung als die Bundesregierung. Nach eigenen Angaben der Bundesregierung rangierte Deutschland in der Geberstatistik der humanitären Hilfe als drittgrößte Wirtschaftskraft in der Welt regelmäßig nur um den zehnten Platz. Im Durchschnitt gab die Bundesregierung in den letzten Jahren regelmäßig nur ca. 3 % ihrer öffentlichen Leistungen für Entwicklungszusammenarbeit für humanitäre Hilfe aus, während der Durchschnitt der wichtigsten Industrieländer bei 8 % liegt.

Damit ist die Bundesregierung trotz (zeitweilig) gestiegener finanzieller Mittel bei den beiden zentralen Haushaltstiteln der deutschen humanitären Hilfe im internationalen Vergleich in diesem Politikfeld weiterhin unterrepräsentiert. Mit dem weitestgehend gleichbleibenden Anteil ihrer zweckgebundenen humanitären Hilfe als Teil von steigenden Entwicklungshilfe-Leistungen kommt die Bundesregierung der Aufforderung des European Humanitarian Consensus on Humanitarian Aid, den Anteil zu erhöhen, bisher nicht nach (Weingärtner et al. 2011a, S. 26). Wie die Fallstudien der Evaluierung gezeigt haben, ist der Anteil der von der Bundesregierung finanzierten humanitären Hilfe auch auf Länderebene in den von humanitären Krisen betroffenen Ländern gering. Zusammen mit den begrenzten Kapazitäten der Botschaften zum Themenfeld „humanitäre Hilfe", einer fehlenden Beteiligung an gemeinsamen Finanzierungen humanitärer Hilfe über die länderbezogenen gemeinsamen Fonds der humanitären Hilfe (Emergency Response Funds und Common Humanitarian Funds) und der weit gestreuten, tendenziell kleinteiligen und zweckgebundenen Projektfinanzierungen führt dies dazu, dass Deutschland vor Ort bisher kaum als aktiver und potenter Geber in der humanitären Hilfe wahrgenommen wird.

7.9.1.3 Strategische Schwächen und unzureichende Ergebnisorientierung

Die Bundesregierung orientiert sich in ihrer humanitären Hilfe an relevanten internationalen Vereinbarungen zur humanitären Hilfe und Entwicklungszusammenarbeit. Sie verfügt im jeweiligen Aufgabenbereich der beiden beteiligten Ministerien – nicht jedoch für die Bundesregierung insgesamt – über eine Reihe von jeweils allgemeinen Zielsetzungen sowie Konzepten und Richtlinien. Diese geben relevante und wichtige operative Orientierungen für die Finanzierung von Projekten der nationalen Implementierungspartner der Ressorts. Sie lassen aber bisher die Ergebnisorientierung und eine Reihe von wichtigen Grundsatzfragen der deutschen humanitären Hilfe unzureichend geklärt sowie eine strategische Orientierung der deutschen humanitären Hilfe insgesamt vermissen. Ein ministeriumsübergreifendes, ergebnisorientiertes strategisches Konzept für die deutsche humanitäre Hilfe insgesamt könnte die erforderlichen Klärungen herbeiführen, deren strategische Orientierung verbessern und damit zu deren Stärkung beitragen.

7.9.1.4 Relevanz und Angemessenheit

Die Akteure der deutschen humanitären Hilfe nutzen die durch die VN koordinierten Flash und Consolidated Appeals, die jedoch aufgrund verschiedener Begrenzungen keinen vollständigen Überblick über humanitäre Bedarfe und Kapazitäten vor Ort geben. Die Akteure der deutschen humanitären Hilfe führen nur selten systematische und umfassende Kontext- und Bedarfsanalysen durch oder begründen oft nicht ausreichend den spezifischen Bedarf, der im jeweiligen humanitären Krisenkontext durch die vorgeschlagene Maßnahme gedeckt werden soll. Den Ressorts fehlt es an personellen und fachlichen Kapazitäten, um die Qualität der Analysen ihrer Partner zu überprüfen. Insgesamt ist diese Art der Bedarfsermittlung und Entscheidungsfindung über Maßnahmen der deutschen humanitären Hilfe lückenhaft und führt dazu, dass es der deutschen humanitären Hilfe an Klarheit, Nachvollziehbarkeit und Transparenz in der Auswahl der finanzierten Maßnahmen, Standorte und Zielgruppen fehlt.

Die Projektmaßnahmen der deutschen humanitären Hilfe im Evaluierungszeitraum waren – wie die Länderfallstudien gezeigt haben – in Bezug auf die Bedürfnisse der betroffenen Bevölkerung und den Bedarf in verschiedenen Gebieten überwiegend relevant. Die deutsche humanitäre Hilfe ist häufig durch standardisierte Ansätze gekennzeichnet. Die Hilfsorganisationen intervenieren in den üblichen Sektoren, wie z. B. Trinkwasser, Notfallmedizin und provisorische Unterkünfte. Auch die Umsetzung innerhalb dieser Sektoren ist oft standardisiert. So entsenden deutsche Hilfsorganisationen Teams zur Trinkwasseraufbereitung oder zur medizinischen Versorgung. Es werden Hilfsgüter verteilt, Lebensmittel transportiert und den von Krisen betroffenen Menschen zugeteilt sowie Unterkünfte gebaut. Diese standardisierten Ansätze in der Reaktion auf plötzlich eintretende Naturkatastrophen sind überwiegend angemessen. In den häufiger auftretenden langandauernden und komplexen Krisen, in denen oft längerfristige, lokal angepasste und nicht standardisierte Ansätze erforderlich sind, besteht hinsichtlich der Laufzeit von Maßnahmen, der Ansätze und des strategischen Vorgehens Anpassungsbedarf. Hier sind die Ansätze oft auch zu wenig integriert mit Instrumenten der Entwicklungszusammenarbeit. Eine Debatte zur Berücksichtigung und Umsetzung der Prinzipien der Zusammenarbeit mit fragilen Staaten und des Whole-of-Government-Ansatzes wird in der deutschen humanitären Hilfe bisher kaum geführt. Dies ist insbesondere deshalb von Bedeutung, da fragile Staaten derzeit knapp 80 % der humanitären Hilfe erhalten (Weingärtner et al. 2011a, S. 7). Die Anbindung an nationale Politiken, Strategien und Programme in den von humanitären Krisen betroffenen Ländern ist noch unzureichend.

Welche weiteren Kriterien für die Finanzierungsentscheidungen angewendet werden, wird für die durch die Ministerien geförderten Organisationen nur zum Teil, für die nicht geförderten Organisationen und andere Interessierte nicht transparent. Verfügbare Informationen, Mechanismen und Beispiele deuten darauf hin, dass – anders als es die GHD-Prinzipien und der European Consensus vorsehen, die eine ausschließliche Orientierung an humanitären Bedarfen einfordern – auch weitere Überlegungen eine Rolle bei der Entscheidung für Finanzierungen in der staatlich geförderten deutschen humanitären Hilfe spielen. Dazu gehören z. B. die Unterstützung demokratischer Kräfte, eine Solidaritätsbekundung mit den von den Krisen betroffenen Ländern sowie das Medieninteresse und die Sichtbarkeit als Geber der humanitären Hilfe.[12]

7.9.1.5 Ergebnisse

Die Ergebnisorientierung und die Formulierung von ergebnisorientierten Zielen der deutschen humanitären Hilfe sind bisher unzureichend. Dies gilt für die deutsche humanitäre Hilfe insgesamt und für Maßnahmen auf Projektebene sowohl bei nationalen Organisationen als auch bei internationalen Organisationen. Damit fehlen wichtige Grundlagen für eine angemessene Erfolgskontrolle, die Auskunft geben könnten über den Grad der Zielerreichung, den Deckungsgrad und die Wirksamkeit der deutschen humanitären Hilfe. Rechenschaftslegung gegenüber den Begünstigten (beneficiary accountability) wird noch stark vernachlässigt. Unabhängige Evaluierungen sind in der deutschen humanitären Hilfe bisher selten, ggf. vorliegende Berichte werden nicht veröffentlicht. Ein umfassendes Evaluierungssystem der deutschen humanitären Hilfe gibt es bisher nicht.

Die Ergebnisse der Länderstudien der Evaluierung weisen darauf hin, dass die finanzierten Maßnahmen zumeist gute oder befriedigende Ergebnisse zur Verbesserung der Lebensbedingungen der von Krisen betroffenen Personen geleistet haben. Die technische Umsetzung erschien, wie von professionellen Organisationen zu erwarten ist, bei vielen betrachteten Vorhaben gut. In einzelnen Ländern und Regionen besetzen deutsche Organisationen Schlüsselpositionen in Schlüsselsektoren.

7.9.1.6 Übergangslücken (Transition Gaps)

Die bereits seit vielen Jahren geführte Debatte, wie ein bestmöglicher Übergang von der Nothilfe zur Übergangshilfe und Entwicklungszusammenarbeit erfolgen kann, stellt die humanitären Akteure weiterhin vor große Herausforderungen. Insbesondere mit der Formulierung eines entsprechenden Dokuments durch die Europäische Kommission im Jahre 1996 (EC 1996), setzte sich dafür der Begriff Linking Relief, Rehabilitation and Development (LRRD) durch. Eine Reihe von Akteuren der durch die Bundesregierung finanzierten humanitären Hilfe verfügt über vielfältige konzeptionelle und praktische Erfahrungen mit LRRD und konfliktsensibler Zusammenarbeit in fragilen Staaten. Die Bundesregierung hatte bis zur Neuordnung außerdem mit den beiden spezifischen Budgetlinien für humanitäre Soforthilfe und entwicklungsorientierte Not- und Übergangshilfe gut geeignete Mechanismen, um auf verschiedene Kontexte angemessen reagieren zu können. Die Bundesregierung hat diese Mechanismen und die damit verbundenen spezifischen Potenziale bisher aber noch nicht strategisch und konzertiert genug genutzt. Ob und ggf. wie die

---

[12] Hier unterliegt die staatliche deutsche humanitäre Hilfe derselben Herausforderung bzw. demselben Dilemma wie alle anderen nationalen und internationalen Akteure auch, d. h. die Arbeit nach humanitären Prinzipien sicherzustellen, wenn es aufgrund anderer Logiken, Mechanismen und Interessen Druck von außen gibt.

Neuordnung der humanitären Hilfe im Jahr 2011 diese Situation verbessert oder gar verschlechtert, bleibt abzuwarten.

Wichtig für einen guten Übergang von humanitärer Hilfe zu anderen Politikbereichen ist, dass die Hilfsorganisationen diesen von Beginn an bei ihren Interventionen mit einplanen. Ausstiegsstrategien aus der humanitären Hilfe werden zwar inzwischen standardmäßig beim AA und in den Projektdokumenten des Welternährungsprogramms dargestellt, sie sind jedoch oft unrealistisch und unzureichend, um ein verlängertes Operieren im Nothilfemodus zu vermeiden. Der notwendige Perspektivenwechsel, von Beginn der Maßnahmen der humanitären Hilfe an einen Anschluss oder einen möglichen Ausstieg mitzudenken und eine intelligente Kombination der jeweils angemessenen Instrumente zu sichern, findet bisher unzureichend statt. So gelingt ein Anschluss der Soforthilfe an die Übergangshilfe und der Übergangshilfe an die Entwicklungszusammenarbeit bisher nur unzureichend. Übergangslücken (transition gaps), verursacht durch konzeptionelle Defizite, unterschiedliche Budgetlinien, unterschiedliche Mandate und Kapazitäten der beteiligten Akteure und andere Faktoren können oft nicht geschlossen werden.

7.9.1.7 Qualitätsorientierung

Die gestiegene Zahl und Vielfalt der Akteure und damit verbundene Probleme in der humanitären Hilfe sowie Fragen der Koordination, der leadership und der Beteiligung von und Rechenschaftslegung gegenüber Begünstigten (beneficiary accountability) bleiben wichtige Herausforderungen der internationalen humanitären Hilfe. Diese werden international im Rahmen der Humanitarian Reform und den seit Ende Dezember 2011 dazu formulierten Anpassungen der Transformative Agenda sowie einer Reihe von Professionalisierungs-, Qualitäts- und Lerninitiativen aufgegriffen (vgl. dazu auch Kap. 15 und 16).

An den internationalen Professionalisierungs-, Qualitäts- und Lerninitiativen sind bisher allerdings nur wenige deutsche Organisationen der humanitären Hilfe beteiligt. Zum Beispiel engagieren sich nationale Organisationen der humanitären Hilfe bisher – bis auf wenige Ausnahmen – nicht im Active Learning Network for Accountability and Performance in Humanitarian Action (ALNAP), dem International Council of Voluntary Agencies (ICVA), der Humanitarian Accountability Partnership International (HAP) (siehe Details in Kap. 17) oder länderspezifischen Aktivitäten des Sphere Project, wie sie z. B. im Jahr 2010 in Haiti und Pakistan durchgeführt wurden. Einige wenige deutsche NRO sind aber – durch ihre Mitgliedschaft in internationalen Netzwerken oder als Teil internationaler Nichtregierungsorganisationen – Teil dieser Initiativen.

7.9.2 Hauptempfehlungen der Evaluierung der deutschen humanitären Hilfe

Die Hauptempfehlungen der Evaluierung der deutschen humanitären Hilfe richten sich insbesondere an die finanzierenden Ministerien, aber auch an deren Partner, also vor allem die deutschen Organisationen der humanitären Hilfe. Ein Teil dieser Empfehlungen wurden in der neuen Strategie des Auswärtigen Amtes aufgegriffen. Die Antwort auf die Frage, ob und wann sie auch tatsächlich umgesetzt werden, bleibt zukünftigen Analysen überlassen.

7.9.2.1 Die deutsche humanitäre Hilfe stärker strategisch ausrichten
Dazu sind eine Reihe von Fragen zu klären: Welche Ziele verfolgt die Bundesregierung mit ihrer humanitären Hilfe? Welches strategische Konzept hat sie dazu? Mit welchen Partnern soll ein solches Konzept umgesetzt werden? Wie soll das Konzept umgesetzt werden? Wie soll die Umsetzung beobachtet und evaluiert werden?

7.9.2.2 Den Geltungsbereich relevanter internationaler Rahmenvereinbarungen und humanitärer Prinzipien klären
Relevante Fragen dazu sind: Was genau ist als deutsche humanitäre Hilfe, die den humanitären Prinzipien folgt, zu verstehen und wird offiziell als solche an den DAC gemeldet? Welche Rahmenvereinbarungen gelten noch? Welche werden wie ergänzt und/oder geändert?

7.9.2.3 LRRD-Kontiguum im Konzept verankern und Strategie zur Umsetzung erarbeiten
Dazu gilt es, folgende Fragen zu klären: Wer finanziert was zu „Rehabilitation" in der von Deutschland finanzierten internationalen Zusammenarbeit und wie wird der Link und das Schnittstellenmanagement zwischen humanitärer Soforthilfe, Rehabilitierung und Entwicklungszusammenarbeit sichergestellt?

7.9.2.4 Auf Schlüsselsektoren und ausgewählte Krisen(-länder) konzentrieren
Wichtig ist es, dazu folgende Frage zu beantworten: In welchen Sektoren und Krisen(-ländern) hat Deutschland komparative Vorteile in der Deckung humanitärer Bedarfe?

7.9.2.5 An internationalen Professionalisierungs-, Qualitäts- und Lerninitiativen beteiligen und einen umfassenden Ansatz zur Evaluierung der deutschen humanitären Hilfe einführen
Relevante Fragen dazu sind: Welcher Akteur wird sich an welchen Initiativen aktiv beteiligen und wie werden die Erkenntnisse in Zukunft in der deutschen humanitären Hilfe umgesetzt? Wie wird das System der Evaluierung aussehen?

7.9.2.6 Operative Verbesserungen im Rahmen des strategischen Konzepts umsetzen
Folgende Fragen dazu brauchen weitere Klärungen: Wie sind Systeme, Organisationen und Regelwerke zu gestalten und in angemessene Maßnahmen umzusetzen, damit die von Krisen betroffenen Menschen den größtmöglichen Nutzen ziehen können?

7.10　Ausblick – die deutsche humanitäre Hilfe am Scheideweg

Die deutsche humanitäre Hilfe muss sich weiterentwickeln, wenn sie den Bedarfen der Zukunft und den selbst formulierten Ansprüchen aus der GHD und dem Europäischen Konsens für humanitäre Hilfe gerecht werden will. Es gilt, eine Vision zu entwickeln, wie die deutsche humanitäre Hilfe in 3 bis 5 Jahren aussehen könnte (siehe Box 7.1).

Box 7.1　Eine Vision für die deutsche humanitäre Hilfe im Ausland

In 3 bis 5 Jahren könnte die deutsche humanitäre Hilfe wie folgt aussehen:
- Die Bundesregierung hat formuliert, was sie in der humanitären Hilfe erreichen will, verfügt über ein entsprechendes ergebnisorientiertes, strategisches Konzept und evaluiert systematisch die Wirksamkeit ihrer humanitären Hilfe.
- Die humanitäre Hilfe der Bundesregierung entspricht den humanitären Prinzipien und folgt international anerkannten Qualitätsstandards.
- Die Bundesregierung fokussiert ihre humanitäre Hilfe regional und sektoral auf ausgewählte humanitäre Krisen. Unter Wahrung der humanitären Prinzipien folgt die Unterstützung einem kohärenten Whole-of-Government-Ansatz, der Maßnahmen der humanitären Soforthilfe, der Übergangshilfe und der Entwicklungszusammenarbeit bedarfsgerecht verbindet und keinen Schaden anrichtet (Do-No-Harm).
- Die Bundesregierung arbeitet in ihrer humanitären Hilfe mit systematisch und transparent ausgewählten, qualifizierten und professionellen Partnern zusammen.
- Die humanitäre Hilfe der Bundesregierung trägt substanziell und qualifiziert zur wirksamen Antwort der internationalen Gemeinschaft auf humanitäre Krisen bei, ohne hierbei überall die deutsche Fahne aufzustellen.
- Die Ministerien und ihre Partner lernen von Krise zu Krise systematisch aus den Erfahrungen.
- Parlament und Öffentlichkeit sind regelmäßig über die Ergebnisse der deutschen humanitären Hilfe im Ausland informiert und eingebunden. Sie befürworten substanzielle Ausgaben für die humanitäre Hilfe der Bundesregierung.

In ihrer fachlichen Stellungnahme zur Evaluierung der deutschen humanitären Hilfe im Ausland nehmen das AA und das BMZ für sich in Anspruch, dass mit der neuen Vereinbarung der beiden Ministerien die Kohärenz und Effizienz der humanitären Hilfe innerhalb der Bundesregierung erhöht und die derzeitige Fragmentierung bei der Bereitstellung von Sach- und Nahrungsmittelhilfsgütern beendet werden. Die weltweite Präsenz deutscher Auslandsvertretungen und die Hilfe aus einer Hand würden ermöglichen, Menschen in Not noch schneller, bedarfsgerechter und effektiver zu unterstützen (Weingärtner et al. 2011c, S. 13).

In der Tat bietet die Vereinbarung diese Chance, wenn substanzielle Veränderungen der bisherigen Praxis erfolgen und die Kapazitäten für humanitäre Hilfe in den Botschaften auch tatsächlich aufgestockt werden. Weltweite Präsenz allein reicht nicht und es braucht auch keine verstärkte Präsenz einzelner Geber. Vielmehr braucht es kapazitätsstarke Geber, die ein starkes internationales System der humanitären Hilfe mit aufbauen und unterstützten und die dort einen spezifischen Mehrwert einbringen. Gelingt es, eine visionäre, ministerienübergreifende Strategie für die deutsche humanitäre Hilfe als Teil der internationalen Hilfe zu formulieren und die angemessenen Regularien in der Umsetzung entsprechend zu entwickeln? Business as usual, das „Drehen von Schrauben" am bestehenden System und eine Strategie, der keine neuen und innovativen Umsetzungsansätze folgen, reichen nicht. Noch klaffen Anspruch und Wirklichkeit weit auseinander. Mit der Neuordnung der deutschen humanitären Hilfe und der Strategie des AA ist seit vielen Jahren erstmals Bewegung in das System gekommen. Dieses Momentum zu nutzen und angemessene Taten folgen zu lassen ist Aufgabe aller Akteure der deutschen humanitären Hilfe.

Literatur

ALNAP (2010) The state of the humanitarian system assessing performance and progress. A pilot study. http://alnap.org. Zugegriffen: 10. Dez. 2012

ALNAP (2012) The state of the humanitarian system, 2012 edition. http://www.alnap.org/ourwork/current/sohs.aspx. Zugegriffen: 10. Dez. 2012

Auswärtiges Amt (2010) Bericht der Bundesregierung über die deutsche humanitäre Hilfe im Ausland 2006 bis 2009. http://www.auswaertiges-amt.de/DE/Aussenpolitik/HumanitaereHilfe/WieHelfenWir_node.html. Zugegriffen: 30. Sept. 2012

Auswärtiges Amt (2012) Strategie des Auswärtigen Amts zur humanitären Hilfe im Ausland. http://www.auswaertiges-amt.de/DE/Aussenpolitik/HumanitaereHilfe/WieHelfenWir_node.html. Zugegriffen: 10. Dez. 2012

BMZ, AA (2011) Auswärtiges Amt und Bundesministerium für wirtschaftliche Zusammenarbeit und Entwicklung erhöhen Effizienz und intensivieren Zusammenarbeit. http://www.bmz.de/de/presse/aktuelleMeldungen/2011/november/20111111_aa_bmz/index.html. Zugegriffen: 30. Sept. 2012

Development Initiative (2010) GHA report 2010. http://www.globalhumanitarianassistance.org/reports. Zugegriffen: 10. Dez. 2012

Deutscher Bundestag (2010) Unterrichtung durch die Bundesregierung. Bericht der Bundesregierung über die deutsche humanitäre Hilfe im Ausland 2006 bis 2009. Drucksache 17/2725. 5.8.2010. http://dip21.bundestag.de/dip21/btd/17/027/1702725.pdf. Zugegriffen: 30. Sept. 2012

EC (1996) Communication from the Commission to the Council and the European Parliament on Linking Relief, Rehabilitation and Development (LRRD). COM(96) 153 final. http://eur-lex.europa.eu/smartapi/cgi/sga_doc?smartapi!celexplus!prod!DocNumber&lg=en&type_doc=COMfinal&an_doc=1996&nu_doc=153. Zugegriffen: 30. Sept. 2012

EC (2007) European Consensus on Humanitarian Aid. http://ec.europa.eu/echo/policies/consensus_en.htm. Zugegriffen: 10. Dez. 2012

Good Humanitarian Donorship (2003) Principles and good practice of humanitarian donorship. http://www.goodhumanitariandonorship.org/gns/principles-good-practice-ghd/overview.aspx. Zugegriffen: 10. Dez. 2012

Lieser J (2011) Eine Liebe auf den zweiten Blick. VENRO und die humanitäre Hilfe. In: VENRO (Hrsg) VENRO – die ersten 15 Jahre, Bonn. http://www.venro.org/1125.html. Zugegriffen: 10. Dez. 2012

OECD DAC (2006a) DAC peer review Germany. http://www.oecd.org/dac/peerreviewsofdacmembers/36058447.pdf. Zugegriffen: 30. Sept. 2012

OECD DAC (2007) Fragile states principles. http://www.oecd.org/dac/conflictandfragility/effectiveengagementinfragilestates.htm. Zugegriffen: 10. Dez. 2012

OECD DAC (2010) DAC peer review Germany. http://www.oecd.org/dac/peerreviews/46439355.pdf. Zugegriffen: 10. Dez. 2012

PHINEO (2011) Im Notfall besser helfen. Ratgeber zum Spenden bei Naturkatastrophen. http://www.phineo.org/services/ratgeber/katastrophenhilfe/. Zugegriffen: 30. Sept. 2012

Telford J, Cosgrave J (2006) Joint evaluation of the international response to the Indian Ocean tsunami. Synthesis report. http://www.alnap.org/ourwork/tec/synthesis.aspx. Zugegriffen: 10. Dez. 2012

The Global Compact (2010) Global compact Deutschland. Macondo, Münster

VENRO (2005) Humanitäre Hilfe auf dem Prüfstand. Prinzipien, Kriterien und Indikatoren zur Sicherstellung und Überprüfung der Qualität in der humanitären Hilfe. VENRO-Arbeitspapier Nr 14. Bonn. http://www.venro.org/arbeitspapiere0.html. Zugegriffen: 30. Sept. 2012

VENRO (2006) Linking relief, rehabilitation and development. Ansätze und Förderinstrumente zur Verbesserung des Übergangs von Nothilfe, Wiederaufbau und Entwicklungszusammenarbeit. Arbeitspapier Nr 17. Bonn. http://www.venro.org/linkingrelief.html. Zugegriffen: 30. Sept. 2012

Weingärtner L, Otto R, Hoerz T (2011a) Die deutsche humanitäre Hilfe im Ausland. Band I: Hauptbericht. Unveröffentlichter Evaluierungsbericht. Bonn/Berlin: Bundesministerium für wirtschaftliche Zusammenarbeit und Entwicklung/Auswärtiges Amt. http://www.oecd.org/derec/49865428.pdf. Zugegriffen: 30. Sept. 2012

Weingärtner L, Otto R, Hoerz T (2011b) Die deutsche humanitäre Hilfe im Ausland. Band II: Anlagen. Unveröffentlichter Evaluierungsbericht. Bonn/Berlin: Bundesministerium für wirtschaftliche Zusammenarbeit und Entwicklung/Auswärtiges Amt. http://www.oecd.org/derec/49865461.pdf. Zugegriffen: 30. Sept. 2012

Weingärtner L, Otto R, Hoerz T (2011c) Die deutsche humanitäre Hilfe im Ausland. Gemeinschaftsevaluierung. Bonn/Berlin: Bundesministerium für wirtschaftliche Zusammenarbeit und Entwicklung/Auswärtiges Amt. http://www.bmz.de/de/publikationen/reihen/index.html#evaluierungen und http://www.auswaertiges-amt.de/DE/Aussenpolitik/HumanitaereHilfe/WieHelfenWir_node.html. Zugegriffen: 30. Sept. 2012

Almosenempfänger oder selbstbewusste Akteure? Die Rolle der lokalen Partner

8

Oliver Müller

8.1 Die Rolle der lokalen Partner als Akteure in der humanitären Hilfe

Ein Blick auf die mediale Berichterstattung während Großkatastrophen erweckt zuweilen den Eindruck, dass internationale Nichtregierungsorganisationen (NRO) mit den von ihnen ins Land gebrachten Mitarbeitern die zentralen Akteure der humanitären Hilfe sind. Neben den politisch Verantwortlichen des Katastrophenlandes sind es i. d. R. die der westlichen Verkehrssprachen kundigen Vertreter internationaler Organisationen, die in den Medien über die Situation vor Ort informieren und – so scheint es zumindest – die notwendigen Hilfsmaßnahmen durchführen. Tatsächlich aber sind es die lokalen Hilfsorganisationen, die die Hauptlast der Hilfe tragen und zwischen den Regierungsstellen ihres Landes und den Betroffenen stehen. Ihre Rolle beleuchtet der vorliegende Beitrag.

Einer der hartnäckigsten Mythen über die humanitäre Hilfe besteht in der Annahme, dass die Soforthilfe nach einer Katastrophe mit der Ankunft der internationalen Hilfsteams beginnt. „Auch wenn sie in der Darstellung unserer Medien dann als die ‚ersteintreffenden Helfer' gefeiert werden, so sind sie für die Überlebenden vor Ort doch immer die Letzten, die endlich am Unglücksort eintreffen. Dass sie dafür im Gegenzug als die Lautesten auftreten, die Interviews geben und sich sehr gerne vor Kameras und Mikrofonen aufhalten, kaum dass sie das Katastrophengebiet auch nur betreten haben, macht sie bei den einheimischen Kräften oft unbeliebt und kann die Zusammenarbeit durchaus belasten", resümiert der langjährige Katastrophenhelfer Richard Munz (2007, S. 52). Es wird kaum wahrgenommen, welche überwältigende Hilfsbereitschaft und Solidarität es unter den Einheimischen sehr oft gibt. Im zeitlichen Vorsprung besteht sicherlich einer der größten komparativen

---

Dr. O. Müller (✉)
Caritas international, Deutscher Caritasverband,
Karlstr. 40, 79104, Freiburg, Deutschland
E-Mail: oliver.mueller@caritas.de

Vorteile lokaler Organisationen – und genau hierauf kommt es z. B. bei der Bergung Verschütteter nach einem Erdbeben besonders an. Selbst im günstigen Fall vergehen 40 bis 50 Stunden, bis eine ausländische Einsatzstaffel im Land ist. Für sehr viele Katastrophenopfer wäre dies viel zu spät; ihr Überleben hängt vielmehr von den lokalen Hilfskapazitäten ab. Und auch hier ist die Kostenfrage zu stellen. Die Entsendung einer Rettungsstaffel aus Europa in ein Katastrophengebiet kostet mindestens 40.000 €. Mit dem gleichen Betrag könnte ein Ausbildungsprogramm für lokale Einsatzkräfte finanziert werden.

Die heterogene Gruppe der organisierten lokalen Akteure setzt sich aus staatlichen Institutionen des Katastrophenschutzes und privaten Hilfsorganisationen verschiedenster Größe und Herkunft zusammen, oftmals unterstützt vom Militär. Unter den Hilfsorganisationen zu unterscheiden sind Organisationen, die entweder einem internationalen Netzwerk angehören (z. B. Internationale Rotkreuz- und Rothalbmondbewegung, Action by Churches Together Alliance (ACT) oder Caritas), die also über langjährige und eingespielte Kontakte zu internationalen NRO verfügen, oder solche, die weitgehend mit lokalen Ressourcen Hilfe leisten. Beide Gruppen lokaler Hilfsorganisationen sollen mit all ihren unterschiedlichen Ausprägungen im Mittelpunkt dieser Ausführungen stehen. Abzugrenzen davon sind internationale Organisationen, die durch die Einstellung zahlreicher lokaler Mitarbeiter und womöglich mit einer nationalen Registrierung versuchen, eine Durchführungsstruktur für eigene Programme zu schaffen. In diesen Fällen kann nicht von unabhängigen lokalen Partnern mit gesellschaftlicher Verankerung gesprochen werden.

Es dürfte unter Fachleuten unwidersprochen sein, dass die lokalen Partnerorganisationen den Hauptteil der humanitären Hilfe tragen. In den westlichen Medien führen sie hingegen oft ein Schattendasein, erscheinen bestenfalls als Anhängsel oder Befehlsempfänger der westlichen Hilfsorganisationen – wobei sie sich doch ganz beträchtlich von diesen unterscheiden. In vielen Veröffentlichungen zur humanitären Hilfe ist jedoch eine weitgehende Gleichsetzung von lokalen Hilfsorganisationen mit internationalen Akteuren zu beobachten. Beispielsweise ist in dem Standardwerk „Do no harm" von Anderson im Stichwortverzeichnis lediglich ein Hinweis auf „Local participation" zu finden, der dann u. a. auf die „Einstellung lokaler Mitarbeiter" (Anderson 1999, S. 45) verweist. Aber auch in zahlreichen jüngeren breitenwirksamen Publikationen zur humanitären Hilfe erfährt die Arbeitsrealität lokaler Hilfsorganisationen fast keine Aufmerksamkeit. Die sog. humanitäre Hilfsgemeinschaft wird als „Jetset im Urlaub" (Polman 2010, S. 65) charakterisiert, die teils zu Recht, teils zu Unrecht der interessenorientierten unangepassten Hilfe bezichtigt wird. Die Gleichsetzung der humanitären Hilfe mit der Präsenz und Durchführungskapazität internationaler Organisationen beschreibt aber nur einen Teilaspekt der Realität, der nicht repräsentativ für das Gesamtbild ist.[1]

Der Schlüssel zu einer nachhaltigen Katastrophenhilfe liegt i. d. R. nicht bei den internationalen NRO, sondern in der Hand der lokalen Partner. Sie sind es, die lange

---

[1] Wenn im Folgenden von „Partnern" im humanitären Bereich die Rede ist, so beschreibt dies i. d. R. die Beziehungen zwischen unabhängigen selbständigen Organisationen, die durch die Zugehörigkeit zu einem gemeinsamen Netzwerk oder durch existierende Arbeitsstrukturen geprägt sind.

vor und lange nach einer Krise in der betroffenen Region tätig sind. Ob sie dabei „hilflose Almosenempfänger" oder „selbstbewusste Akteure" sind, hängt von einer Vielzahl von Faktoren ab. Um zu einer Partnerschaft auf Augenhöhe zu kommen, ist die Bereitschaft der westlichen NRO unerlässlich, sich auf einen langfristigen Dialog einzulassen, der Zeit, Geld und personelle Ressourcen bindet und auf der Bereitschaft zu gegenseitigem Lernen und Vertrauen gründen sollte. Worin besteht also der Mehrwert lokaler Partner, der einen solchen Aufwand rechtfertigt?

8.2 Lokale Partner – schnelle und nachhaltige Hilfe zum Ortstarif

Die Unterstützung lokaler Partnerorganisationen in der humanitären Hilfe ist zunächst eine ethische Notwendigkeit und ein Gebot der Subsidiarität. Dies bedeutet, dass Probleme nach Möglichkeiten auf der Ebene angegangen und gelöst werden sollten, auf der sie auftreten. Erst wo dies nicht möglich ist, soll und darf Hilfe von außen angeboten werden. Das Subsidiaritätsprinzip ist somit auch für die humanitäre Hilfe in hohem Maße relevant: Die Vielfalt der sich von unten aufbauenden gesellschaftlichen Einheiten ist in ihrer Eigenfunktion zu achten und zu bewahren. Selbst wenn diese nicht in der Lage sind, notwendige Hilfsleistungen zur Verfügung zu stellen, so darf die übergeordnete Struktur (nationale wie internationale Akteure) nicht von vornherein Kompetenzen an sich ziehen, sondern hat auch die Aufgabe, durch Unterstützung (lat. subsidium) die Funktionsfähigkeit kleiner „Lebenskreise" zu erhalten bzw. zu stärken (Bohrmann 2004, S. 295 f.).

Die Beachtung dieses Prinzips vermag letztlich die Würde der von Not und Krisen betroffenen Personen besser zu sichern, weil auch in besonderer Weise ihre kulturelle Identität respektiert wird. In den Grenzsituationen, die eine Katastrophe mit sich bringt, sind einheimische Helfer am ehesten in der Lage, den Opfern umfassend beizustehen und ihre Würde zu schützen. Sie sind vertraut mit religiösen und kulturellen Traditionen und können auch in Extremsituationen stabilisierend wirken. Zudem können lokale Partnerorganisationen die Selbsthilfe und Eigeninitiative der Betroffenen durch ihre natürliche Nähe zu diesen Gruppen besser fördern. Gerade die aktivierende psychosoziale Arbeit mit Katastrophenopfern in einem ihnen vertrauten Umfeld kann Apathie, Passivität und anhaltender Traumatisierung wirkungsvoll entgegenwirken. Es liegt auf der Hand, dass einheimische Psychologen Katastrophenopfern besser beistehen können als dies eingeflogene Berufskollegen mit einem Übersetzer und ohne Kenntnis der lokalen Kultur zu tun vermögen. Gleichwohl widerspricht dieses Beispiel den Wünschen mancher westlicher Fundraiser, worauf im Abschn. 8.5 noch einzugehen sein wird.

Humanitäre Hilfe über lokale Partner führt auch zu einer bedeutenden Effizienzsteigerung. In vielfacher Hinsicht ist Lokalkenntnis ein entscheidendes Kriterium für die Auswahl geeigneter angepasster Hilfsmaßnahmen und -güter (vor allem auch Lebensmittel). Im Sinne des „Do-No-Harm"-Ansatzes kommen lokale Partnerorganisationen in vielen Fällen in weit geringerem Maße in Gefahr, Fehler bei der Auswahl und Versorgung der Katastrophenopfer zu begehen, vorausgesetzt, sie widerstehen dem hohen sozialen Druck anderer Anspruchsgruppen. Besonders in der Akutphase von Katastrophen kommt es darauf an, der Expertise lokaler Experten Gehör zu schenken und damit z. B. die Verteilung von Hilfsgütern zu vermeiden, die eher an den Maßstäben ausländischer Helfer als an jenen der Zielgruppe vor Ort orientiert sind. Ungeeignete Hilfsgüter, wie z. B. die gelegentlich zu beobachtende Lieferung schweinefleischhaltiger Kost in muslimische Länder, sind in mehrerlei Hinsicht äußerst schädlich: Sie zerstören das Vertrauen der Bevölkerung in die Hilfe, ihre Beschaffung und auch ihre Lieferung kosten wertvolles Geld und darüber hinaus werden extrem knappe Ressourcen in der Katastrophenregion wie Transport und Lagerraum blockiert. Alleine die Schwierigkeiten bei der Entzollung derartiger gut gemeinter Gaben binden personelle Ressourcen nicht selten über Tage und Wochen hinweg. Das Wissen zur Bewältigung einer Katastrophe ist in sehr vielen Fällen vor Ort vorhanden, es muss nur genutzt werden.

8.3 Vor der Katastrophe ist nach der Katastrophe

Verschiedene Evaluierungen nach Großkatastrophen untermauern, dass vor allem dort schnell und wirkungsvoll geholfen werden konnte, wo es vor dem Eintreten der Katastrophe bereits eine funktionierende Zusammenarbeit ausländischer und einheimischer Partner gegeben hat.[2] Lokale Partner handeln – ihre Kompetenz vorausgesetzt – schneller und angepasster als externe Organisationen. Hieraus entstehen auch bedeutende positive Effekte bei der Verwirklichung des LRRD-Ansatzes (Linking Relief, Rehabilitation and Development), der die Dimension des Wiederaufbaus und der Entwicklung von vornherein in die humanitäre Hilfe miteinbezieht (vgl. hierzu Kap. 13). Wie schwierig die Integration dieser Ziele ist, zeigt auch die Evaluierung der von den Vereinten Nationen und Hilfsorganisationen gebildeten Tsunami Evaluation Coalition, die die zahlreichen humanitären Maßnahmen nach dem Seebeben 2004 unter die Lupe nahm und feststellte, dass lokale Kapazitäten nicht ausreichend einbezogen wurden (Telford et al. 2006, S. 93 f.). In Hinblick auf die Reaktion der deutschen Organisationen kommt VENRO in einer Selbsteinschätzung von Mitgliedsorganisationen zu einem positiveren Urteil: „Viele NGOs [...], die über z. T. langjährige Partnerbeziehungen zu lokalen NRO verfügen, kennen den Bedarf der Zielgruppen sehr genau und arbeiten eng mit ihren lokalen Partnern zusammen. Aus Sicht der deutschen NRO, von denen viele partizipative Hilfsansätze verfolgen, ist die Zusammenarbeit mit den Partnerorganisationen vor Ort der entscheidende Schlüssel, wenn es um die Bedarfsermittlung, die Beschaffung geeigneter Hilfsgüter, die Rekrutierung von Personal und die Kooperation mit einheimischen Behörden geht. Besonders produktiv kann diese Kooperation sein, wenn

---

[2] In Hinblick auf die deutsche humanitäre Hilfe nach dem Hurrikan Mitch in Mittelamerika 1998 resümiert Tanz (2004, S. 260) in ihrer Evaluierung hierzu: „Wenn keine eigenen Strukturen in der Katastrophenregion bestehen und in der Kürze der Zeit ein kompetenter Partner gefunden werden muss, ist die Gefahr groß, dass die erwünschte Wirkungstiefe der geplanten Maßnahmen ausbleibt oder zumindest verringert wird."

die Zusammenarbeit mit einer Partnerorganisation bereits vor dem Eintreten der Katastrophe etabliert war" (VENRO 2007, S. 16).

Schließlich ist auch auf die besondere Rolle lokal verankerter NRO in der gemeinwesenorientierten Katastrophenvorsorge hinzuweisen. Lokale NRO sind als Teil ihrer jeweiligen Zivilgesellschaft ein wichtiges Bindeglied zwischen gesellschaftlichen Initiativen und öffentlichen Strukturen, wie z. B. dem Zivilschutz. In chronisch überschwemmungsgefährdeten Regionen Kambodschas hat Caritas Cambodia z. B. über lange Zeiträume Dorfgemeinschaften dazu befähigt, sich gegen die Fluten besser zu schützen. Die Hauptinvestitionen dieses Projekts waren personeller Natur. In zahlreichen Workshops identifizierten die Betroffenen die wesentlichen Risiken und entwarfen Krisenszenarios. Am Ende des Prozesses stand ein Maßnahmenplan, der neben Notfallplänen zur Evakuierung, Erste-Hilfe-Kursen und Schwimmunterricht für Kinder und Erwachsene u. a. auch den einfachen Bau eines etwas höheren Getreidespeichers sowie die Aufschüttung erhöhter Sicherheitsplätze für das Vieh vorsah, um die Existenzgrundlage zu sichern. Die Nähe der Caritas-Mitarbeiter und ihr langfristiger Kontakt zu den Dorfbewohnern erlaubte auch die Thematisierung sensibler Fragen, die z. B. lauteten: Was geschieht mit den behinderten Menschen? Wie kann die Einbeziehung anderer schutzbedürftiger marginalisierter Mitbürger in der Katastrophe (und im Alltag) gelingen? Nicht zuletzt kam es dann auch darauf an, das lokale Präventionskonzept mit den kommunalen Behörden abzustimmen und dort nachhaltig zu verankern. Vorangegangen war diesem Projekt eine ausführliche Schulung der Caritas Cambodia in Disaster Risk Reduction, was unterstreicht, dass Partnerorientierung auch immer Partnerförderung beinhaltet.

8.4 Risiken und Nebenwirkungen lokaler Akteure

In den bisherigen Ausführungen war von einem Idealtyp lokaler Partnerorganisation die Rede. Es ist jedoch nicht zu übersehen, dass in der Realität ein weites Spektrum von lokalen Hilfsorganisationen mit unterschiedlichem Leistungsspektrum im humanitären Bereich existiert. Sog. Hilfsorganisationen, die im Grunde Selbstgründungen arbeitsloser Akademiker oder ehemaliger Beamter sind, sind in den vergangenen Jahren aufgrund des hohen Mittelaufkommens auch als lokales Geschäftsmodell in der humanitären Hilfe zu finden. Von diesen sind die Organisationen zu unterscheiden, die über tatsächliche Wurzeln in ihrer jeweiligen Gesellschaft verfügen und auf diese Weise z. B. auch größere Zahlen Freiwilliger in ihren Reihen haben. Die Bereitstellung derartiger qualifizierter ehrenamtlicher personeller Ressourcen kann für die Durchführung von humanitären Maßnahmen von großer Bedeutung sein. Die Tatsache, dass viele lokale Organisationen, insbesondere jene aus dem kirchlichen Spektrum, sehr auf Ehrenamtlichkeit und Freiwilligen sowie einer starken Verankerung in dezentralen Gemeindestrukturen aufbauen, ist einerseits eine große Stärke, gleichzeitig aber auch eine Schwäche, die sich mitunter in mangelnder Professionalität zeigt. Kontinuierliche Qualifizierung lautet hier die zentrale Aufgabe.

Es darf nicht übersehen werden, dass auch die in den Katastrophenregionen ansässigen lokalen Partnerorganisationen mit ihren Angestellten und ihrem freiwilligem Personal von den Folgen eines Unglücks betroffen sind, was ihren Handlungsspielraum einschränkt. Dem Erdbeben 2010 in Haiti sind z. B. nicht nur zahlreiche Mitarbeiter lokaler Partnerorganisationen zum Opfer gefallen, sondern es hat auch die Infrastruktur vieler lokaler Hilfsorganisationen beeinträchtigt oder sogar völlig zerstört. Weniger sichtbar war jedoch, dass die überlebenden Mitarbeiter lokaler Organisationen in hohem Umfang auch selbst mittelbar oder unmittelbar von dem Beben betroffen waren (Traumatisierungen, Verlust von Wohnraum oder Familienangehörigen etc.). Dies führte in der Folge zu vermehrten Ausfällen durch Erschöpfung oder Krankheit. Kaum eine Organisation war hierauf wirklich eingestellt und unterstützte einheimische Mitarbeiter mit Angeboten, wie sie in Deutschland mittlerweile üblich sind (Supervision, Traumabewältigung etc.). Am Beispiel Haitis wird auch eine andere potenzielle Schwäche lokaler Hilfsorganisationen offenbar. Es fehlt im NRO-Bereich i. d. R. an hochspezialisierten technischen und medizinischen Hilfsangeboten in der Erstversorgung (z. B. Wasseraufbereitung etc.). Allerdings kann auch hier vieles in Eigenregie auf den Weg gebracht werden, wenn das entsprechende Know-how vorhanden ist. Im Gesundheitsbereich zeigt sich immer wieder, dass vorhandene lokale Kapazitäten durch den kurzfristigen Aufbau ausländischer hochspezialisierter Mobilkliniken ins Abseits gestellt werden, da die Bevölkerung sich hier bessere und (zumeist) kostenlose Behandlung erhofft. Besonders dann, wenn solche externe Angebote über die Akutphase hinaus aufrechterhalten werden, können sie lokalen Gesundheits- und Sozialdiensten ernsthaft schaden.

In bewaffneten Konflikten muss die Rolle lokaler Partnerorganisationen in jedem Einzelfall gesondert beurteilt werden. Die Verwurzelung in der jeweiligen Gesellschaft kann auch in solchen Situationen von Vorteil sein, insbesondere unter dem Aspekt „Sicherheit durch Akzeptanz", muss es aber nicht. Bei politischen und ethnischen Konfliktursachen können lokale Helfer besonderen Gefahren ausgesetzt sein, wenn sie – zu Recht oder zu Unrecht – mit einer der Streitparteien in Verbindung gebracht werden. Im religiös wie ethnisch aufgeladenen Balkankrieg (1991–1995) mussten sich kirchliche wie auch weltanschaulich orientierte Hilfsorganisationen mit dieser Thematik auseinandersetzen. Ein bloßer Verweis auf die im Leitbild einer Organisation festgesetzte Neutralität war in der damaligen Situation nicht ausreichend, um die Arbeitsfähigkeit zu gewährleisten. Es bedurfte darüber hinaus des Dialogs und weiterer vertrauensbildender Maßnahmen, um Hilfe für alle Kriegsopfer anbieten und durchführen zu können. Während internationale Helfer in gewissen Konfliktregionen der Gefahr von Entführungen oder der Gewalt fundamentalistischer Gruppen ausgesetzt sind, so können auch lokale Helfer Repressionen ausgesetzt sein, wenn auch z. T. in anderer Weise. Entziehen sich ausländische Mitarbeiter i. d. R. durch Verlassen des Landes weiteren Schwierigkeiten, so sind lokale Helfer durch ihre Familien aber vor allem durch die Tatsache, dass sie auch in der Postkonflikt-Ära in der Krisenregion leben wollen bzw. müssen, besonders angreifbar und verwundbar. In bestimmten Konfliktregionen wie dem Irak verfügten über Jahre hinweg nur lokale Helfer über Zugang zu bestimmten Regionen, was den Austausch zwischen den Partnerorganisationen enorm erschwerte.

Evaluierungen solcher Situationen eines „Remote Managements" haben gezeigt, dass eine derartige Arbeitsweise nur sehr eingeschränkt funktioniert und zahlreiche Nachteile mit sich bringt (vgl. hierzu Carle und Chkam 2006, S. 32 f.).

Mögliche Abhängigkeiten durch die ethnische Herkunft oder private wie wirtschaftliche Verflechtungen müssen in der Arbeit mit lokalen Kapazitäten immer mitbedacht werden. Dies schließt auch spezielle Maßnahmen der Korruptionskontrolle mit ein. Gerade in der Erstphase nach einer Katastrophe werden in unübersichtlichen Verhältnissen sehr hohe Summen für die Beschaffung von Hilfsgütern verausgabt. Dies erfordert die Kenntnis und Einhaltung von Beschaffungsrichtlinien (vgl. Kap. 18 zu Korruption und Korruptionskontrolle).

8.5 Zusammenarbeit auf Augenhöhe?

Nicht nur in der humanitären Hilfe ist die Beschreibung der partnerschaftlichen Zusammenarbeit über Grenzen hinweg der Gefahr einer unzulässigen Idealisierung ausgesetzt. Das gemeinsame Engagement für Menschen in Not und verbindende Werte dürfen nicht über ein letztlich asymmetrisches Verhältnis zwischen Nord und Süd hinwegtäuschen. Nicht zu leugnen ist die Finanzhoheit der Nordpartner, die – wenn auch nicht immer explizit genannt – doch ein zentrales strukturierendes Element in der Gestaltung der Beziehungen zu den Partnerorganisationen in der Nothilfe ist. Die daraus resultierenden Disparitäten und Ungleichgewichte zwischen den Partnern verunmöglichen einen Dialog auf Augenhöhe zwar keineswegs, dürfen aber im Zuge einer falschen Harmonisierung auch nicht ausgeblendet werden.

Ein wirksames Mittel zur Verringerung ihrer Abhängigkeit ist für viele Süd-NRO die Diversifizierung ihrer Partnerstruktur. Während dies in der Entwicklungszusammenarbeit ein planbares Unterfangen darstellt, so ist dies in der humanitären Hilfe wesentlich schwieriger, wo sich Angebot und Nachfrage kurzfristig tiefgreifend verändern können. Großkatastrophen in Weltregionen mit eingeschränkter Zugangsfähigkeit oder schwacher NRO-Ausstattung sind dazu angetan, existierende Süd-Hilfsorganisationen über Nacht in ein „Objekt der Begierde" für die humanitäre Gemeinschaft zu verwandeln. Der Zyklon Nargis in Myanmar (2008) oder auch das bereits genannte Haiti-Erdbeben sind Beispiele dafür, wie sich die Abhängigkeiten zwischen Nord- und Südpartnern gleichsam über Nacht in ihr Gegenteil verkehren können. Vergleichsweise wenig beachtete Regionen stehen quasi über Nacht im Fokus der weltweiten Aufmerksamkeit. Die mit umfangreichen Spendenmitteln ausgestatteten Nordpartner befinden sich in dieser Situation auch in einem Wettbewerb untereinander um leistungsfähige Durchführungspartner vor Ort. Es sind genau diese Situationen, in denen auf beiden Seiten die Versuchung besteht, trotz fehlender Expertise in der humanitären Hilfe neue Kooperationen zu beginnen – zum möglichen Schaden der Betroffenen.

Der hohe Handlungsdruck mit Projektfördersummen, die das normale Jahresbudget des Südpartners innerhalb weniger Tage um ein Mehrfaches übersteigen können, beschreibt die große Herausforderung für die lokalen NRO in einer derartigen Situation. Ein Blick auf die Praxis zeigt, dass Organisationen in derartigen Stresssituationen wachsen, aber auch zugrunde gehen können. Es kommt für die Südpartner darauf an, die oftmals in hohem Umfang zur Verfügung stehenden Finanzmittel für Soforthilfe und den systematischen Wiederaufbau für einen Wachstums- und Transformierungsprozess ihrer eigenen Organisation zu nutzen. Dies schließt mit ein, dass die Geber die Leistungsfähigkeit ihrer Südpartner nicht überdehnen und Letztere eine realistische Einschätzung ihrer Möglichkeiten vornehmen.

Generell gilt, dass sich frühzeitige und langfristige Investitionen in die Leistungs- und Krisenreaktionsfähigkeit der Südorganisation vor allem in der humanitären Hilfe auszahlen, weil dies unter dem genannten Zeitdruck einer Katastrophe kaum nachzuholen ist.

An der Partnerfindung wie auch am Partnerverständnis der Nord-NRO entscheidet sich somit letztlich auch die Qualität der Hilfe. Ein reines „Geber-Nehmer"-Verhältnis wird der Komplexität der zu leistenden Aufgabe in der Katastrophenhilfe nicht gerecht. Die notwendige Partnerförderung umfasst verschiedene Ebenen. Zunächst empfehlen sich häufig Maßnahmen des capacity buildings, die Mitarbeiter auf mögliche Nothilfeeinsätze vorbereiten, um ihnen das nötige Wissen (besonders in Hinblick auf Schnelleinschätzungen nach Krisenereignissen/ rapid assessments und die Erarbeitung von Projektkonzepten nach den Sphere Standards) vermitteln. Gleichzeitig können bei Bedarf bewährte Maßnahmen der Organisationsentwicklung sowie der Betriebs- bzw. Personalführung die Leistungsfähigkeit der Südpartner erhöhen. Schließlich müssen den Südpartnern angemessene Verwaltungskostenpauschalen gewährt werden, die diesen helfen, ihre Overhead-Kosten abzudecken. Derartige Maßnahmen erfordern ein vertrauensvolles, auf langfristige Zusammenarbeit angelegtes Klima, das die Autonomie und Identität der Südpartner stärkt.

8.6 Von der Theorie zur Praxis: Selbstbewusste Partner brauchen mehr Raum

Niemand in der professionellen humanitären Szene würde wahrscheinlich bestreiten, dass es für eine erfolgreiche Arbeit unbedingt Südpartner als „selbstbewusste Akteure" geben muss, nicht zuletzt wegen der oben aufgezeigten Vorteile für die Betroffenen. So verwundert es umso mehr, dass es den lokalen Partnern bis heute schwer fällt, ihren Platz, ja vielleicht überhaupt einen Platz in der Koordinierung humanitärer Hilfe wie auch in der Öffentlichkeit zu erhalten. In der Theorie und im fachwissenschaftlichen Diskurs ist der Sachverhalt im Grunde weitgehend geklärt, die Praxis sieht jedoch anders aus.

Eine Ursache dafür ist die Nordzentrierung in der Koordination der Hilfe, die lokalen Akteuren oftmals nur eine Assistenzfunktion zuweist. Nach dem Erdbeben in Haiti (2010) fanden die meisten offiziellen Koordinationstreffen (Cluster-Meetings) über Wochen hinweg in englischer Sprache statt, weil die Mehrzahl der eingereisten ausländischen Experten des in Haiti üblichen Französisch nicht mächtig war. Dies führte zu einem De-facto-Ausschluss großer Teile der haitianischen NRO, dessen negative Folgen für die Erdbebenopfer kaum zu ermessen sind. Das Amt für die Koordinierung humanitärer Angelegenheiten der Vereinten Nationen (Office for the Coordination of Humanitarian Affairs, OCHA) musste in seiner Evaluierung zu Haiti eingestehen: „As the products were mainly in English, some of which sent by e-mail, the local organisations and the government could not make use of these. Because of these, in the beginning, the government agencies and local NGOs were not involved in the coordination meetings or of the clusters as (a) almost all meetings were in English, and (b) the log base where most [of] the meetings were taking place was inaccessible to local people" (Bhattacharjee und Lossio 2011, S. 31). Es liegt auf der Hand, dass auf diese Weise die Einbeziehung wertvoller lokaler Ressourcen versäumt wurde und die Reichweite sowie Nachhaltigkeit zahlreicher Maßnahmen beschränkt blieb. Ein in Haiti tätiger OCHA-Mitarbeiter bemerkte hierzu: „We do not interact with local NGOs or government, forget about interacting with communities" (Bhattacharjee und Lossio 2011, S. 32). Die in weltweiten Netzwerken organisierten NRO wie öffentlichen Geber müssen hier in Zukunft noch wesentlich stärker auf die gleichberechtigte Beteiligung ihrer Südpartner achten.

Aber auch die Nord-NRO selbst haben ihre Hausaufgaben für die Erreichung eines fairen Dialogs mit ihren Partnern noch nicht erledigt. Dies hängt weniger mit fehlender Einsicht in notwendige Strukturen der Kooperation zusammen als vielmehr mit den Bedürfnissen der Öffentlichkeitsarbeit im Heimatland. In zahlreichen medienbeachteten Katastrophen ist das Phänomen zu beobachten, dass sich viele ausländische Helfer aufgrund der fehlenden Kontakte zu lokalen Organisationen und dem mangelnden Wissen über die Situation im Hinterland vorwiegend in den Metropolen niederlassen, um dort Flagge zu zeigen. Die daraus resultierende massive Präsenz in Ballungszentren führt dort zu einer enormen Nachfrage nach Partnerorganisationen und einheimischen Mitarbeitern, die nicht wenige negative Auswirkungen nach sich ziehen. So wird z. B. die Arbeitsfähigkeit lokaler Organisationen beeinträchtigt, weil deren Mitarbeiter durch wesentlich höhere Löhne kurzfristig abgeworben werden. Aber auch andere Institutionen des Katastrophenlandes können auf diese Weise in Mitleidenschaft gezogen werden. Nach dem Kosovokrieg 1999 kam vorübergehend der universitäre Betrieb in Pristina zum Erliegen, weil die Dozenten vorzugsweise als Dolmetscher bei internationalen Organisationen arbeiteten.

Vielen deutschen Nothilfe-NRO fällt es nach wie vor schwer, sich der Versuchung zur Profilierung in den Medien als „Macher" der Hilfe zu verweigern und auf die Kompetenz lokaler Partner zu verweisen. Dieses Verhalten würde, mag man zur Entschuldigung anführen, auch von zahlreichen Medien nicht belohnt. Die Konzentration auf den *deutschen* Helfer, auf den aus *Deutschland* startenden Hilfsgüterflug, auf die idealerweise aus *Deutschland* stammenden (mehr oder weniger passenden) Hilfsgüter ist offenbar tief im kollektiven Bewusstsein verankert (vgl. Kap. 10 zur Rolle der Medien). Kaum eine Nothilfeorganisation kann es sich heute noch leisten, in einer Großkatastrophe nicht vor Ort präsent zu sein. Bereits am Flughafen werden die eintreffenden Experten dann um ihre Einschätzung gebeten – die Antwort hierauf basiert i. d. R. auf den Auskünften der lokalen Partner, die längst da sind bzw. schon lange da waren. In diesem Kontext erliegen viele NRO der Verlockung, die eigentliche Arbeitsteilung mit dem lokalen Partner verzerrt darzustellen, anstatt die eigene operative Rolle zu relativieren. Dies ist insofern sehr bedauerlich, weil wesentliche konzeptionelle Aspekte der humanitären Hilfe somit kaum in die Öffentlichkeit gelangen. Nur wenn die zentrale Rolle lokaler Partner in puncto LRRD und Katastrophenvorsorge einem größeren Publikum bekannt werden, können Nothilfe-NRO auch in Zukunft darauf hoffen, außerhalb der Großkatastrophen Unterstützung ihrer Spender für die so wichtigen präventiven Maßnahmen zu erhalten.

Literatur

Anderson MB (1999) Do no harm. How aid can support peace – or war. Lynne Rienner, Boulder
Bhattacharjee A, Lossio R (2011) Evaluation of OCHA response to the Haiti Earthquake, o. O.
Bohrmann T (2004) Subsidiarität. In: Heimbach-Steins M (Hrsg) Christliche Sozialethik. Ein Lehrbuch, Bd 1. Pustet, Regensburg
Carle A, Chkam H (2006) Humanitarian action in the new security environment: policy and operational implications in Iraq. Overseas Development Institute (ODI), London
Munz R (2007) Im Zentrum der Katastrophe: Was es wirklich bedeutet, vor Ort zu helfen. Campus, Frankfurt a. M.
Polman L (2010) Die Mitleidsindustrie. Hinter den Kulissen internationaler Hilfsorganisationen. Campus, Frankfurt a. M.
Tanz, K (2004) Hurrikan Mitch und seine Folgen in den Ländern Zentralamerikas (1998). Eine Wirksamkeitsanalyse der deutschen staatlich unterstützten Humanitären Hilfe. LIT, Münster
Telford J, Cosgrave J, Houghton R (2006) Joint evaluation of the international response to the Indian Ocean tsunami: synthesis report. Tsunami Evaluation Coalition, London
VENRO (2007) Lernen aus der Katastrophe? Die Tsunami-Hilfe der deutschen NRO. VENRO-Arbeitspapier 18, Bonn

Humanitäre Hilfe – für wen? 9

Katharina Behmer

9.1 Einführung[1]

> When people talk about disasters, there is a tendency to think of them as being the great equaliser. The devastating wave, the debilitating drought, or the sudden earthquake, are seen as unifying moments where societies suffer as one, and unite in their response – rich and poor, young and old, men and women. The reality, however, is often strikingly different. (Valerie Amos, United Nations Under-Secretary-General for Humanitarian Affairs and Emergency Relief Coordinator, DARA 2011, S. 15).

Im Dezember 2004 richtete der Tsunami im Indischen Ozean in zwölf Ländern verheerenden Schaden an. Allein 220.000 Menschen fanden durch die Flutkatastrophe ihren Tod. Über 1,6 Mio. Menschen mussten fliehen. Schnell wurde deutlich, dass unter den Todesopfern mehrheitlich Frauen waren. In den am stärksten betroffenen Gebieten in Indonesien waren 80 % von ihnen weiblich. Viele der Männer hatten als Fischer in ihren Booten auf dem Meer bessere Überlebenschancen oder hielten sich als Arbeitsmigranten im Landesinneren auf. Der überwiegende Anteil der Frauen hingegen befand sich zum Zeitpunkt der Katastrophe zu Hause oder an der Küste, wo sie auf die Fischerboote warteten, um den Fisch auf dem Markt zu verkaufen. Viele konnten nicht schwimmen und investierten Zeit und Kraft in den Versuch, Kinder und ältere Familienmitglieder zu versammeln oder zu retten (Oxfam 2005).

Die Autorin dankt Rita Schäfer und Katrin Radtke sowie Manuela Rossbach, Claudia Meier und den Herausgebern dieses Buches, Jürgen Lieser und Dennis Dijkzeul, für ihre wertvolle Mitwirkung an dem vorliegenden Kapitel.

---

[1] Obwohl widersprüchlich im Kontext des Kapitels, musste hier aus redaktionellen Gründen auf eine genderneutrale Schreibweise verzichtet werden.

K. Behmer (✉)
Institut für Friedenssicherungsrecht und Humanitäres Völkerrecht (IFHV),
Ruhr-Universität Bochum, NA 02/28, 44801, Bochum, Deutschland
E-Mail: katharina.behmer@rub.de

Das Beispiel des Tsunamis verdeutlicht, dass die Intensität der Betroffenheit bei einer Naturkatastrophe oder einem bewaffneten Konflikt nicht nur von dem Ereignis an sich abhängt, sondern vor allem von lokalspezifischen sozioökonomischen und kulturellen Bedingungen, wie dem Status, dem Geschlecht und dem Alter eines Menschen. Um die Qualität der Hilfe für alle Betroffenen gleichermaßen sicherzustellen, ist die Frage, für wen humanitäre Hilfe geleistet wird, zentral.

Seit ca. 20 Jahren wird aufgrund dieser Einsicht vermehrt auf eine stärkere Differenzierung der vulnerablen (Ziel-)Gruppen geachtet. Die Berücksichtigung der spezifischen und z. T. differenzierten Bedürfnisse einzelner gesellschaftlicher Gruppen wurde im Sinne einer bedarfsgerechten Hilfe zu einem wichtigen Leitgedanken. Andererseits rückte auch die Frage der Rechenschaftslegung (siehe Kap. 17) gegenüber den Zielgruppen humanitärer Hilfe zunehmend in den Blick. Immer wieder wird deutlich, dass humanitäre Hilfe trotz guter Absichten auch Schaden anrichten und z. B. Ungleichheiten verschärfen kann (vgl. Hoare et al. 2012, S. 210) (siehe näher dazu, insb. zum Do No Harm-Ansatz, Kap. 20). Aus dieser Erkenntnis resultiert die Forderung, die Perspektiven der Betroffenen in Planungen, Durchführungen, Rechenschaftsberichten und Evaluationen der humanitären Hilfe stärker zu berücksichtigen und sie als Akteure anzuerkennen, um die Legitimität und Qualität humanitärer Hilfe zu verbessern.

Der folgende Beitrag setzt sich mit der Berücksichtigung unterschiedlicher Zielgruppen in der humanitären Hilfe auseinander. Zunächst wird erläutert, warum eine Zielgruppenperspektive für die Qualitätssicherung in der humanitären Hilfe wichtig ist. Gender als wichtiges Querschnittsthema in der humanitären Hilfe wird dabei als Fallbeispiel herangezogen. Es folgt eine kritische Bilanz bezüglich der Frage, inwiefern Theorie und Praxis einer Zielgruppenperspektive in der humanitären Hilfe auseinanderklaffen.

9.2 Gleiche Rechte, unterschiedliche Bedürfnisse

Das Recht auf humanitäre Hilfe wird als Bestandteil des Rechts auf ein Leben in Würde angesehen. Jede Hilfe muss bedarfsgerecht und gemäß dem Grundsatz der Unparteilichkeit geleistet werden. Es soll niemand aufgrund seines Alters, seines Geschlechts, seiner sexuellen Orientierung, seiner Hautfarbe, ethnischen Zugehörigkeit, Sprache, Religion, Behinderung, Gesundheit, politischen oder anderen Überzeugung, nationalen oder sozialen Herkunft diskriminiert oder benachteiligt werden (Code of Conduct, IFRC/ICRC 1994). In der Praxis der humanitären Hilfe hat sich jedoch herausgestellt, dass dieser Grundsatz nur umgesetzt werden kann, wenn auf die Differenzen in den Zielgruppen eingegangen wird; denn die lokalen gesellschaftlichen und wirtschaftlichen Rahmenbedingungen haben zur Folge, dass Gruppen und Individuen unterschiedlich verletzlich durch Krisen, Konflikte und Katastrophen sind und einen spezifischen Grad an Widerstandskraft (Resilienz) aufweisen (Wisner et al. 2003).

9.2.1 Vulnerable Gruppen in bewaffneten Konflikten und Naturkatastrophen

Gesellschaftliche Gruppen, die ökonomisch schwach und/oder politisch einflusslos sind, weisen i. d. R. eine größere Anfälligkeit für Katastrophen auf. Zu den wichtigsten Gruppen mit besonderen Bedürfnissen gehören Arme, Kinder, Frauen, Ältere, Menschen mit Behinderungen und mit chronischen Krankheiten, HIV-Infizierte, AIDS-Kranke sowie Menschen mit Kriegsverletzungen oder Verletzungen durch Naturkatastrophen (The Sphere Project 2011a). Soziale Ungleichheiten werden in Krisen und gewaltsamen Konflikten häufig verstärkt, weil die Ressourcen knapper sind und soziale Sicherungsnetze brüchig werden (Byrne und Baden 1995).

Die physische und psychische Verfassung eines Menschen hat dabei großen Einfluss auf dessen Partizipations- und Artikulationsmöglichkeiten, Mobilität und Überlebensstrategien. So zeigt z. B. eine genaue Analyse der Opfer des oben erwähnten Tsunamis im Indischen Ozean, dass, abgesehen von den deutlich höheren weiblichen Opferzahlen, Kinder unter 9 Jahren und ältere Menschen über 70 Jahren beider Geschlechter zusammen die Hälfte aller Opfer ausmachten (Mazurana et al. 2011, S. 19).

Ethnizität, Religion und sozioökonomischer Status sind ebenfalls wichtige Indikatoren, die über den Grad der Betroffenheit von Katastrophen und den Zugang zu humanitärer Hilfe entscheiden. Das ist vor allem in sozial gespaltenen Gesellschaften der Fall, in denen ethnische oder religiöse Gruppen bereits vor einer Naturkatastrophe oder vor Kriegsbeginn marginalisiert wurden. Diese Exklusion verstärkt sich häufig in Krisenzeiten. Am Beispiel des Hurrikans Katrina, der 2005 den Südosten der USA erschütterte, wird dies besonders deutlich: Am stärksten betroffen waren die ärmsten Einwohner der Stadt, zumeist Afro-Amerikaner. Sie verfügten kaum über Mittel, um sich selbst zu helfen. Zudem hatten sie die niedrigste soziale Position in der Gesellschaft. Viele kannten ihre Rechte nicht und hatten so nicht die Möglichkeit, diese einzufordern. Durch fehlende Hilfe entstanden Probleme wie Trinkwassermangel, medizinische Unterversorgung, gesundheitsgefährdende, unhygienische Zustände und sogar Gewaltausbrüche mit Todesfolgen (Buckner Inniss 2007).

Wie am Beispiel des Tsunamis verdeutlicht, ist das Geschlecht ebenfalls ein wichtiger Faktor, der Vulnerabilität determiniert: Frauen und Männer, Mädchen und Jungen sind in unterschiedlichem Ausmaß von Katastrophen und bewaffneten Konflikten betroffen (IASC 2006). So liegt die Sterberate von Frauen in Naturkatastrophen meist weit über der von Männern (Neumayer und Plümer 2007). Demgegenüber sterben mehr junge Männer in unmittelbarer Folge bewaffneter Konflikte, während Frauen davon häufig indirekt betroffen sind (ebd.). Da die Männer entweder von staatlichen oder nicht-staatlichen bewaffneten Gruppen rekrutiert werden oder vor der Rekrutierung flüchten müssen, erhöht sich der prozentuale Anteil der von Frauen geführten Haushalte signifikant (Dijkhorst und Vonhof 2005, S. 12). Frauen und Kinder bilden u. a. aus diesem Grund ca. 80 % der Binnenflüchtlinge (internally displaced persons, IDPs) und die Mehrheit der Flüchtlinge weltweit (IASC 2006). Sie sind als Zivilistinnen oder auch als Soldatinnen häufig von sexueller Gewalt durch die gegnerische Konflikt- oder Kriegspartei, durch sexuelle Ausbeutung, Zwangsheirat und Zwangsprostitution (auch durch Helfer) betroffen (Roth und Klein 2007). Sexualisierte Gewalt wird als Kriegstaktik eingesetzt; Frauen werden dabei als Trägerinnen kultureller Identität zur Zielscheibe, denn die sexualisierte Gewalt gegenüber Frauen zieht neben der individuellen Traumatisierung und dem Risiko der Infektion mit HIV deren Stigmatisierung und Ausgrenzung nach sich und bezweckt die nachhaltige Zerstörung von Gemeinschaften. Ähnliches gilt für Männer, wenn sexuelle Handlungen instrumentalisiert werden, um gegenüber der gegnerischen Konfliktpartei Macht und Gewalt auszuüben.[2]

9.2.2 Zielgruppenorientierung in der humanitären Hilfe: Bedürfnisse erkennen, Mitbestimmung ermöglichen, Qualität der Hilfe sichern

Die Analyse der unterschiedlichen Vulnerabilitäten der Zielgruppen ermöglicht die Berücksichtigung ihrer spezifischen Bedürfnisse. Dazu ist das Wissen über den kulturellen Kontext und die Kenntnis der Perspektive der Zielgruppen notwendig. Beim Kampf um das Überleben entwickeln alle Menschen und Gruppen unterschiedliche Strategien, u. a. durch Unterstützung der vor Ort tätigen Hilfsprogramme. So belegt eine Studie von Harragin und Chol (1998), dass eine ethnische Gruppe im Süden des ehemaligen Sudan ausgehändigte Hilfsgüter, die nach dem spezifischen Bedarf der Menschen in Not bemessen waren, auf der Basis bestimmter verwandtschaftlicher Beziehungen umverteilte. Ohne die Kenntnis solcher kulturell bedingten Praktiken ist kaum nachzuvollziehen, warum Hilfsgüter nicht bei den besonders benachteiligten Zielgruppen ankommen. Hilfsprogramme können entweder direkt oder indirekt einen wichtigen Beitrag für den zukünftigen Aufbau gerechter Gesellschaften leisten. Denn die Verteilungskämpfe in Krisensituationen entscheiden über die akute Existenz- und Überlebenssicherung hinaus, wer in Zukunft über wichtige Ressourcen und politische Entscheidungsmacht verfügt (VENRO 2010, S. 39).

Die lokale Bevölkerung in Krisengebieten ist allerdings nicht nur passiver Empfänger von Hilfsgütern, sondern auch Ersthelfer in Katastrophen (siehe Kap. 8). Eine partizipative Zusammenarbeit mit lokalen Akteuren zielt darauf ab, die Integration der Perspektiven und des Wissens aller Beteiligten zu fördern und zu effizienterem Schutz und wirkungsvollerer Hilfe zu führen (DARA 2011).

Die Perspektiven der Empfänger zu beachten erfordert hohe interkulturelle Kompetenzen und ein gutes Verständnis der lokalen soziokulturellen, ökonomischen und

---

[2] Umfangreiche Literatur sowie eine Vielzahl von Publikationen humanitärer Organisationen, setzt sich gezielt mit den Auswirkungen von Katastrophen, bewaffneten Konflikten und humanitären Krisen auf Frauen und Mädchen auseinander. Einen Überblick über einschlägige Quellen bietet beispielsweise die Website http://www.frauen-und-kriege-afrika.de von Rita Schäfer. Der Forschungsstand zu sexualisierter Gewalt gegenüber Männern weist noch große Lücken auf, siehe hierzu beispielsweise http://www.refugeelawproject.org.

politischen Kontexte. Sicherheitsrisiken und Zeitdruck in akuten Krisen können die Möglichkeit für differenzierte Zielgruppenanalysen einschränken. Umso deutlicher wird die Notwendigkeit der Einbindung und Mitbestimmung der Empfänger. Unter Mitbestimmung ist gemeint, dass die Empfänger im gesamten Projektkreislauf die Möglichkeit haben, ihrer Perspektive und Meinung Gehör zu verschaffen und ihre Prioritäten einzubringen (Barry und Barham 2011). Das heißt, es gilt die Analyse und Bewertung der Bedürfnisse in Kooperation mit den Empfängern durchzuführen und die Hilfsprogramme darauf abzustimmen. Dabei sollten lokale Kapazitäten in jeder Hinsicht gestärkt werden. Gleiches gilt für Evaluation und Monitoring. Gerade in der Überprüfung von Effizienz und Wirksamkeit humanitärer Hilfsprogramme muss die Perspektive der Empfänger im Vordergrund stehen.

In allen Gemeinschaften herrschen soziale Unterschiede aufgrund von Alter, Geschlecht, Ethnizität, Kaste, Klasse oder Status. Die Herausforderung besteht darin, die sozialen Unterschiede zu erkennen und benachteiligte Gruppen und Individuen ebenso in alle Bereiche von Nothilfe und Prävention einzubinden, wie dominante Anführer, die traditionell Macht ausüben (Oxfam 2009). Dabei geht es nicht nur um Bedürfnisse, sondern auch um Wissen und Fähigkeiten: Alle gesellschaftlichen Gruppen können auf besondere Art und Weise am Wiederaufbau nach Katastrophen und an Friedensentwicklung nach bewaffneten Konflikten mitwirken.

Die Zusammenarbeit zwischen internationalen humanitären Fachkräften und lokalen Akteuren (die Empfänger der humanitären Hilfe eingeschlossen) verläuft dabei nicht immer reibungslos. Das Aufeinandertreffen lokaler und globaler Normen und Werte im Kontext der humanitären Hilfe kann Konfliktpotenzial bieten und stellt somit Chancen und Risiken dar. Westlich geprägtes medizinisches Wissen kann als unvereinbar mit den lokalen kulturellen Vorstellungen von Gesundheit wahrgenommen werden. Lokale Geschlechterbeziehungen können von internationalen Abkommen zur Gleichberechtigung von Frauen und Männern abweichen.[3] Dabei sind soziale Ordnungen keineswegs als statisch zu begreifen. Kriege oder Konflikte können zu deren Neuinterpretation führen (Hilhorst 2007, S. 7). Seit über 20 Jahren legen humanitäre Organisationen daher mehr Wert darauf, herauszufinden, wie ihre Arbeit von der lokalen Bevölkerung wahrgenommen wird bzw. welche Auswirkungen die externe humanitäre Hilfe auf die lokalen Gemeinschaften hat (Dijkzeul und Wakenge 2010, S. 1140).[4]

Internationale rechtliche und politische Vereinbarungen wie z. B. die Genfer Abkommen (GA) geben humanitären Organisationen die Möglichkeit, Regierungen auf die Einhaltung der Rechtsgrundsätze und Vereinbarungen hinzuweisen, zu denen sie sich verpflichtet haben. Auch können sie Betroffene über die ihnen zuste-

---

[3] Hierbei dürfen lokale Normen und Werte oder traditionelles Wissen nicht als weniger gültig, berechtigt oder relevant betrachtet werden. Traditionelle soziale Ordnungen und Strukturen können Stabilität bieten und – wie z. B. im Fall der Gacaca-Gerichte in Ruanda – zu Versöhnung und Wiederherstellung von Frieden beitragen. Ebenso kann traditionelles Wissen eine wertvolle Ressource in der Katastrophenvorsorge darstellen. Auch hier gilt es, den Austausch und die Zusammenarbeit mit lokalen Akteuren und den Empfängern humanitärer Hilfe zu suchen.

[4] Eine der ersten Autorinnen, die sich mit der Perspektive von Flüchtlingen (in Lagern in Uganda) beschäftigt hat, ist Barbara Harrell-Bond (1986).

henden Rechte aufklären. Gleichzeitig müssen sich humanitäre Organisationen an den international vereinbarten Maßstäben messen lassen. So sollten sie kontinuierlich überprüfen, ob sie ihren eigenen und den international verankerten Standards (siehe Kap. 15) in der Praxis gerecht werden. Das Beispiel von Gender und dem Gender-Mainstreaming-Ansatz zeigt im Folgenden exemplarisch die Verknüpfung internationaler Rechtsnormen und deren Verankerung und Umsetzung im Vorgehen humanitärer Organisationen.

9.3 Fallbeispiel Gender

In der Entwicklungszusammenarbeit ebenso wie in der Friedens- und Sicherheitspolitik wird seit vielen Jahren versucht, bei allen Maßnahmen die Auswirkungen auf das Geschlechterverhältnis und den Nutzen für Frauen wie für Männer zu prüfen. Dieser Anspruch besteht auch für die humanitäre Hilfe. Ein genderbasierter Ansatz bedeutet zunächst, Frauen und Männer in ihrer jeweiligen Rolle und gesellschaftlichen Stellung und das Verhältnis der Geschlechter zueinander bei der Planung und Durchführung humanitärer Hilfsmaßnahmen zu berücksichtigen. Dabei gilt es, Geschlecht nicht als biologisch vorgegeben, sondern als gesellschaftlich konstruierte Kategorie wahrzunehmen. Das Thema Gender in der humanitären Hilfe ist ein wichtiges Beispiel für die differenzierte Wahrnehmung der Zielgruppen, da das Geschlecht als bedeutender Faktor die Auswirkung von Krisen mitbestimmt. Die Genderperspektive in der humanitären Hilfe geht jedoch, wie im Anschluss aufgezeigt wird, auch über die Zielgruppenthematik hinaus.

9.3.1 Zielgruppe Frauen

Die besondere Benachteiligung von Frauen, wie etwa ihre höhere Anfälligkeit bei Katastrophen, ihre niedrige soziale Stellung, ihre Gefährdung durch sexuelle Gewalt, die Vernachlässigung ihrer geschlechtsspezifischen Bedürfnisse etc., darf bei einem genderbasierten Ansatz nicht unter den Tisch fallen. In zahlreichen Gesellschaften herrschen Geschlechterhierarchien vor, die Kernelemente sozioökonomischer Ungleichheiten und komplexer politischer Machtverhältnisse sind. Diese werden in Kriegen und Katastrophen oft verschärft. In der Regel verstärken die Marginalisierung und rechtliche Diskriminierung von Frauen die negativen Auswirkungen von Katastrophen (Hoare et al. 2012). Diesem Ungleichgewicht gilt es entgegenzuwirken. Das Völkerrecht liefert dazu wichtige Impulse: In Art. 1 Abs. 3 der Charta der Vereinten Nationen (VN) (engl. United Nations, UN) wird die Diskriminierung aufgrund des Geschlechts untersagt.[5] Bereits 1974 verabschiedete die VN-Generalversammlung die Erklärung zum Schutz von Frauen und Kindern in Zeiten eines Not-

---

[5] Auch in den meisten nationalen Verfassungen und Gesetzesgrundlagen genießen Frauen formal die gleichen Rechte wie Männer, mit Ausnahme einiger diskriminierender Rechtsvorschriften beispielsweise bzgl. Familien-, Erb-, Staatsangehörigkeits- oder Arbeitsrecht (Peters 2007, S. 208).

stands und in bewaffneten Konflikten. Die VN-Frauenrechtskonvention (Convention on the Elimination of All Forms of Discrimination Against Women, CEDAW) von 1979 und die VN-Erklärung zur Beseitigung der Gewalt gegen Frauen (Declaration on the Elimination of Violence Against Women) aus dem Jahr 1993 bilden wichtige Grundlagen zur strafrechtlichen Verfolgung geschlechtsspezifischer Gewalt. CEDAW erwähnt bereits Gewalt und Missbrauch von Frauen im Umfeld der humanitären Hilfe. Durch die erschütternden Massenvergewaltigungen in Bosnien und Herzegowina und Ruanda erlangte das Thema „Frauen, Frieden und Sicherheit" internationale sicherheitspolitische Bedeutung. Mit der Weltfrauenkonferenz in Peking 1995 entstand eine größere öffentliche Auseinandersetzung über „Frauen in bewaffneten Konflikten". In der Folge erkannte der VN-Sicherheitsrat im Jahr 2000 in der VN-Resolution 1325 an, dass Frauen und Kinder zu den am stärksten von Konflikten betroffenen Gruppen gehören. Unter den Schlagworten Partizipation, Protektion und Prävention sollten alle VN-Abteilungen und -Organisationen sowie alle Mitgliedstaaten Maßnahmen ergreifen, die eine stärkere Integration und Teilhabe von Frauen in Friedensmissionen und relevanten Entscheidungsprozessen zum Ziel haben. Auch die Entwicklung besserer Schutzmechanismen und präventiver Strategien war vorgesehen.[6]

Zur Minderung geschlechtsspezifischer Auswirkungen von Krisen greift die Fokussierung auf Frauen jedoch zu kurz. Damals wie heute gilt daher eine Doppelstrategie: erstens ein gendersensibler Ansatz, der die Analyse der geschlechtsspezifischen Gefahren und Bedürfnisse von Frauen und Männern, Mädchen und Jungen gleichermaßen ermöglicht. Zweitens, darauf aufbauende, zielgerichtete Aktivitäten zum Schutz von Frauen und Mädchen und zur Stärkung ihrer Rechte als der i. d. R. benachteiligten und weniger repräsentierten Gruppe (King 2002; IASC 2006).

9.3.2 Gender und Gender-Mainstreaming in humanitären Krisen und humanitärer Hilfe

Gender-Mainstreaming, die systematische Integration von Genderaspekten in alle Programmbereiche – und zwar in allen Prozessen der Planung, Durchführung und Evaluation von Maßnahmen oder Projekten (King 2002), wurde von der Pekinger Aktionsplattform im Nachklang der VN-Weltfrauenkonferenz in Peking 1995 als globale Strategie entwickelt. Mit Bezug auf das ECOSOC[7]-Abschlussdokument der

---

[6] Die Forderungen werden in Folgeresolutionen bekräftigt und ausgebaut. Die 2008 verabschiedete VN-Folgeresolution 1820 verurteilt Gewalt gegen Frauen als Kriegsverbrechen und stuft sie als Hindernis bei der Wiederherstellung des Weltfriedens und der internationalen Sicherheit ein. Vergewaltigungen und sexualisierte Gewalt gelten seither als Kriegsverbrechen bzw. als Verbrechen gegen die Menschlichkeit, womit die Nationalstaaten zur strafrechtlichen Verfolgung verpflichtet sind. In den Resolution 1888 und 1989 aus dem Jahr 2009 wird die Gefährdung des Weltfriedens durch den Einsatz sexueller Gewalt als Kriegstaktik hervorgehoben und eine VN-Sonderbeauftragte für Gewalt gegen Frauen und Kindern in Konflikten eingesetzt. Jährliche Berichte sollen über die Umsetzung der Resolution 1820 informieren.

[7] ECOSOC = Economic and Social Council (Wirtschafts- und Sozialrat der VN).

Konferenz nahmen VN-Institutionen und -Organisationen 1997 den Ansatz in ihre Arbeit auf.

Die sozialen Zuschreibungen der Rollen, Verantwortlichkeiten und Identitäten von Frauen und Männern beeinflussen sich wechselseitig. Somit ist es unverzichtbar, Frauen und Männer in die Analyse einzubeziehen. Frauen und Männer in Konflikten pauschal als weibliche Opfer bzw. männliche Täter wahrzunehmen, ist zu kurz gedacht (Roth und Klein 2007). Frauen können als Soldatinnen und Rebellinnen, aber auch als Verbreiterinnen von ethnischen oder religiösen Feindseligkeiten zur Eskalation und Legitimation von Gewalt beitragen. Männer können ebenso wie Frauen Opfer sexualisierter Gewalt werden. Ein gendersensibler Ansatz bedeutet, diese Differenzierungen zu erkennen und die humanitäre Arbeit darauf einzustellen. Die Notwendigkeit dazu unterstreicht ein Beispiel aus Uganda. Hier stellten humanitäre Helfer fest, dass zahlreiche männliche Flüchtlinge aus der Demokratischen Republik Kongo von sexualisierter Gewalt betroffen waren. Für diese Gewaltopfer gab es im Gegensatz zu Angeboten für Frauen kaum Ansprechpartner zur Verarbeitung der Traumatisierungen. Im Gegenteil, die Opfer sahen sich sogar vom Personal einiger Hilfsorganisationen als Homosexuelle verurteilt, obwohl die Vergewaltigungen nichts mit der sexuellen Orientierung von Opfern und Tätern zu tun hatten. Das Risiko, als Homosexuelle angefeindet zu werden, gefährdete die Opfer zusätzlich, da Homosexualität in Uganda strafbar ist (IRIN 2011). Der Zugang zu humanitärer Hilfe muss daher auf die spezifischen Bedürfnisse und Gefahrenlagen von Frauen und Männern aller Altersgruppen abgestimmt sein (VENRO 2010, S. 39 f.).

In einigen Fällen kann die Negierung von geschlechtsspezifischen Bedürfnissen und Gefahren bei der Planung und Durchführung humanitärer Hilfsleistungen die Bedrohungslagen verschärfen: Wenn Frauen z. B. gezwungen sind, für das Wissen über den Bau von Unterkünften sexuelle Gegenleistungen zu bieten (Oxfam 2009) oder beim Bau von Notunterkünften und sanitären Anlagen nicht ausreichend auf die Risiken geschlechtsspezifischer Gewalt geachtet wird. Einfache Maßnahmen wie Schlösser an Toiletten können in solchen Situationen die Risiken insb. für Mädchen und Frauen enorm verringern.

Durch geschlechtsspezifisches Wissen und den unterschiedlichen Zugang zu Ressourcen müssen Frauen und Männer auch differenzierte Überlebensstrategien entwickeln und brauchen dementsprechende Unterstützung. Katastrophen und Konflikte können die traditionelle Arbeitsteilung und soziale Ordnung verändern. In Flüchtlingslagern geschieht dies besonders häufig, teilweise mit fatalen Folgen: Junge männliche burundische Flüchtlinge in einem Flüchtlingslager in Tansania fühlten sich in ihrer Rolle als respektierte Versorger gedemütigt, weil sie nicht zum Überleben der Familie beitragen konnten. Der Versuch, Maskulinität (wieder-) herzustellen resultierte dabei nicht selten in der Verschärfung von Geschlechterhierarchien und sozialen Spannungen zwischen Altersgruppen (Turner 2004). Die oft militarisierte Konstruktion von Männlichkeit im Kontext von Konflikten kann zur Ausbreitung von Gewaltkulturen führen (Moran 2010).

9.3.3 Gender-Mainstreaming[8] in der Politik humanitärer Organisationen

Nachdem Gender Mitte der 1990er Jahre stärker in den Fokus der humanitären Hilfe gerückt ist, wird die Bedeutung von Geschlechtergerechtigkeit in Reaktion auf Krisen und Konflikte mittlerweile weitreichend anerkannt (Hoare et al. 2012, S. 205). In dem von der Internationalen Föderation der Rotkreuz- und Rothalbmond-Gesellschaften und dem Internationalen Komitee vom Roten Kreuz (IKRK) entwickelten Code of Conduct von 1994 wird zwar nicht explizit von Gender gesprochen, mit dem Verweis auf die Bedeutung der Einbeziehung von Betroffenen in die Gestaltung, das Management und die Implementierung von Hilfsprogrammen wird jedoch implizit ein gendersensibler Ansatz nahe gelegt. Das Sphere Project behandelt Gender als Querschnittsthema, weist allerdings auf Frauen als besonders gefährdete Gruppe hin und fordert die Berücksichtigung aller Zielgruppen. Darüber hinaus wird betont, dass beim Aufbau und Management von Notunterkünften und der Verteilung von Hilfsgütern sowie dem Zugang zur Gesundheitsversorgung darauf geachtet werden muss, die Sicherheit der betroffenen Personen bestmöglich zu gewährleisten und z. B. Risiken bzgl. der Ausübung geschlechtsspezifischer Gewalt zu minimieren (The Sphere Project 2011a, S. 288 ff.). Gender wird dabei folgendermaßen definiert: Rollen, Verantwortungsbereiche und Identitäten von Frauen und Männern sowie die Art und Weise, wie diese in einer Gesellschaft bewertet werden. Sie sind kulturell unterschiedlich und im Lauf der Zeit veränderbar. Gender-Identitäten definieren gesellschaftliche Erwartungen an das Denken und Handeln von Frauen und Männern. Gender-Rollen, -Verantwortungsbereiche und -Identitäten können sich ändern, weil sie erlernt werden (The Sphere Project 2011b). Für das VN-Amt für die Koordinierung humanitärer Angelegenheiten (Office for the Coordination of Humanitarian Affairs, OCHA) bedeutet Gender-Mainstreaming, dass in allen Aktivitäten die unterschiedlichen Bedürfnisse von Frauen und Männern, Mädchen und Jungen berücksichtigt werden (OCHA 2010). Geschlechtsspezifische Rollen und Beziehungen werden im lokalen Kontext analysiert und in die Projektarbeit bzw. -ziele integriert. So können Projekte der Unterstützung von Frauen und Männern dienen.

Bereits 1999 verfasste das Inter-Agency Standing Committee (IASC) gemeinsam mit UN-Organisationen, dem IKRK und der Föderation ein Policy Statement für die Integration einer Gender-Perspektive in der Humanitären Hilfe (IASC 1999). Das IASC-Handbuch „Gender in Humanitarian Action" (IASC 2006)[9] gilt als eine der wichtigsten Grundlagen für gendersensibles Arbeiten in der humanitären Hilfe.

---

[8] Gender-Mainstreaming stellt einen wichtigen, aber nicht den einzigen Aspekt der organisationsübergreifenden Qualitätssicherungsinstrumente humanitärer Organisationen dar. So haben viele humanitäre Organisationen eigene Qualitätsstandards und Überprüfungsmechanismen zur Geschlechtergerechtigkeit und zur Erreichung verschiedener Zielgruppen sowie zur Verankerung von Querschnittsthemen entwickelt, die aus Platzgründen hier nicht erörtert werden können.

[9] Weitere wichtige Akteure zur Bearbeitung von Querschnittsthemen im Bereich Gender und humanitäre Hilfe in Zusammenarbeit mit verschiedenen VN-Institutionen und spezialisierten Programmen sowie anderen humanitären Akteuren sind u. a. das Inter-Agency Network on Women

Framework for Gender Equality Programming

for Use by Sector Actors

Analyse gender differences.

Design services to meet needs of all.

Access for women, girls, boys and men.

Participate equally.

Train women and men equally.

and

Address GBV in sector programmes.

Collect, analyse and report sex- and age-disaggregated data.

Target actions based on a gender analysis.

Coordinate actions with all partners.

ADAPT and ACT Collectively

to ensure gender equality

Abb. 9.1 IASC-Kurzanleitung für gendersensibles Arbeiten in der humanitären Hilfe. (Quelle: IASC 2006, S. 9)

Darin werden sechs Bereiche genannt, in denen Gender in der humanitären Hilfe berücksichtigt werden sollte: Gewaltprävention und Schutz; genaue Zielgruppenadressierung und Hilfsgüterverteilung; Gesundheit und reproduktive Gesundheit; Ernährung und Ernährungssicherheit von Haushalten; Einkommen schaffende Maßnahmen und Weiterbildung; nach Geschlechtern aufgeschlüsselte Datenerhebung, Information und Anwaltschaft. Das Handbuch bietet außerdem praktische Anleitungen für gendersensible Herangehensweisen in der Programm- und Projektplanung (siehe z. B. Abb. 9.1). Mit dem IASC Gender Standby Capacity Project (GenCap) wird gezielt der Aufbau dieser Kapazitäten humanitärer Akteure auf Länderebene gefördert.

---

and Gender Equality (IANWGE) und das Gender and Disaster Network (http://www.gdnonline.org/index.php http://www.gdnonline.org/index.php).

9.4 Fazit und Ausblick

Wenn die Genderperspektive systematisch genutzt wird, schließt sie eine gleichberechtigte Berücksichtigung der verschiedenen Zielgruppen mit ein und öffnet den Blick für andere Vulnerabilitäten. Dabei muss insbesondere hinsichtlich Gender als intersektionale Kategorie auch auf den additiven Zusammenhang mit anderen Faktoren für Vulnerabilität geachtet werden. Gerade im Hinblick auf Gender ist es darüber hinaus wichtig, auf die Überschneidung von genderspezifischen sozialen Ungleichheiten mit Machtassymetrien zu achten. Dies gilt auch in der Auseinandersetzung mit der Rolle der Hilfsgesellschaften im lokalen Kontext, da die Beziehungen zwischen Hilfsorganisationen und den Empfängern humanitärer Hilfe i. d. R. auf ungleichen Macht- und Abhängigkeitsverhältnissen basieren. Hilfsorganisationen sind daher in besonderem Maße gefragt, Gender-Mainstreaming-Standards nicht nur in Projekten und Programmen zu erfüllen, sondern auch organisationsintern die gleichen Maßstäbe an das Personal zu stellen. Wie am Beispiel Gender gezeigt, ist die Wahrnehmung der speziellen Bedürfnisse von Zielgruppen in humanitären Krisen nur der Anfang: Eine Reduzierung auf die Opferrolle kann dazu führen, dass der lokalen Bevölkerung die Kompetenzen zur selbstständigen Konfliktlösung und zum Wiederaufbau ihrer Gesellschaften abgesprochen werden. Um langfristig allen Gruppen die gleichberechtigte gesellschaftliche Teilhabe und den Zugang zu lebenswichtigen Ressourcen zu ermöglichen und damit präventiv ihre Widerstandskraft zu stärken, ist ein ganzheitlicher Ansatz notwendig. Dazu gehört die Stärkung ihrer Rechte auf internationaler und nationaler Ebene und gleichberechtigte Partizipation bzw. Zugang zu Gestaltungs- und Entscheidungsmöglichkeiten in allen Bereichen humanitärer Hilfe sowie den angrenzenden politischen Kontexten wie der Entwicklungs-, Friedens- und Sicherheitspolitik.[10]

Entscheidend für eine zielgruppenorientierte Analyse ist lokales Wissen über soziale Strukturen, Prozesse und Ungleichheiten sowie eine regelmäßige Überprüfung und Evaluation der Wirkung von Hilfsprogrammen auf Basis erhobener Daten. Mazurana et al. (2011) weisen in ihrer aktuellen Studie „Sex and Age matters" darauf hin, dass fast alle Leitlinien und Standards der führenden humanitären Organisationen (die VN-Organisationen eingeschlossen) die Erhebung von geschlechts- und altersspezifischen Daten fordern. Allerdings stellt die Studie auch fest, dass fast keine der einschlägigen Publikationen dieser Akteure oder die Arbeit vor Ort den Anforderungen gerecht wird. Die Autoren raten dringend dazu, Geschlecht und Alter in Evaluations- und Monitoring-Systeme aufzunehmen sowie bei der Erhebung der Daten darauf zu achten, Frauen und Männer verschiedener Altersgruppen separat in Gruppeninterviews zu befragen. Eklund und Tellier (2012) kommen zum gleichen Ergebnis und heben hervor, wie sorgfältig erhobene geschlechts- und altersspezifische Daten in vielen Fällen zu überraschenden Ergebnissen und strategischen Neuausrichtungen von humanitären Programmen geführt haben.

Humanitäre Hilfe findet immer unter schwierigen Bedingungen vor Ort statt. Neben Zeitmangel und einer Vielzahl unterschiedlicher Akteure mit verschiedenen

---

[10] Siehe hierzu z. B. die Entwicklung internationaler Richtlinien zum Schutz und zur Berücksichtigung von Menschen mit Behinderungen, z. B. die VN-Behindertenrechtskonvention.

kurz- und/oder langfristigen Zielen fehlt vielerorts Transparenz und eine Kritikkultur, die vor dem Hintergrund humanitärer Handlungsmotive eine nüchterne Auseinandersetzung mit Erfolgen, Misserfolgen und Wirkungsdynamiken ermöglicht.

Die systematische Einrichtung von Beschwerdewegen und (Pilot-)Projekten zur Erforschung der Empfängerperspektiven zeigten positive Resultate (ALNAP 2010). Durch die neuen sozialen Medien können zudem neue Partizipationsmöglichkeiten geschaffen werden. Viele Empfänger kennen aber noch immer ihre Rechte nicht ausreichend, um sie einfordern zu können (HAP 2008). Ihr Wissen, ihre Kapazitäten und Prioritäten werden noch zu häufig bei der Planung von Einsätzen übersehen und ignoriert (Oxfam 2009).

Der Mangel an verbindlichen Regeln, um die dargestellten Qualitätskriterien umzusetzen, kann nur überwunden werden, wenn auch Geldgeber und politische Entscheidungsträger ihre Verantwortung für Rechenschaftseinforderung und Sanktionierung bei Fehlverhalten übernehmen (ALNAP 2010, S. 40 ff.). Der IASC Gender Marker, mit dem Projekte gekennzeichnet werden, die gendersensible Ansätze integrieren, kann dabei z. B. ein wichtiges Instrument für Geldgeber in der Auswahl von Projekten sein. Geldgeber und Entscheidungsträger müssen die Partizipation der Empfänger und eine gendersensible Herangehensweise einfordern und dürfen sich nicht mit Berichten über quantitative Ergebnisse zufrieden geben. Zum Beispiel reicht es nicht, über den erfolgreichen Bau von sanitären Anlagen oder medizinischen Einrichtungen zu berichten, ohne zu dokumentieren, wie bzw. unter welchen Umständen und von wem diese genutzt werden (DARA 2011, S. 16).

Die Lücken zwischen Anspruch und Wirklichkeit, Theorie und Praxis in der Orientierung an den Zielgruppen der humanitären Hilfe sind noch immer nicht geschlossen. Eine vom DARA (2011) angeführte VN-Studie stellt fest, dass weniger als 50 % des VN-Personals wissen, was mit „Gender-Mainstreaming" gemeint ist und wie eine Integration des Konzeptes in der Praxis erfolgen kann (Muir et al. 2010). Die seit 2007 verfügbaren GenCap Advisors können eine Hilfestellung in der Implementierung von Gender-Mainstreaming bieten. Eine Evaluation des GenCap und Protection Standby Project (ProCap) zeigte auf, dass sich das Bewusstsein für Gender-Sensibilität und Schutz bei humanitären Helfern auf allen Ebenen erhöhte. Eine längerfristige Umsetzung in der Praxis konnte jedoch nicht in signifikantem Ausmaß beobachtet werden (Steets und Meier 2011). Das bedeutet, dass in Forschung und humanitärer Praxis die Ansätze zur Integration der Zielgruppenperspektive weiterentwickelt und durch kontinuierlich geschultes Personal umgesetzt werden müssen. Darüber hinaus sind alle humanitären Akteure, ihre Geldgeber und die politischen Entscheidungsträger gefragt, international vereinbarte Prinzipien und Qualitätsstandards zu überprüfen und für deren Einhaltung zu sorgen.

Literatur

ALNAP (Active Learning Network for Accountability and Performance in Humanitarian Action) (2010) The state of the humanitarian system. Assessing performance and progress. A pilot study. http://www.alnap.org/stateofsystem.aspx. Zugegriffen: Jan. 2013

Barry N, Barham J (2011) Review of existing practices to ensure participation of disaster affected communities in humanitarian aid operations. Bericht im Auftrag von DG-ECHO (Directorate-General für Humanitarian Aid). http://www.aguaconsult.co.uk/case-studies/disaster-risk-reduction-case-study/. Zugegriffen: Jan. 2013

Buckner Inniss L (2007) A domestic right of return?: race, rights, and residency in New Orleans in the aftermath of Hurricane Katrina, Boston College Third World Law Journal 27(1):1–50. http://lawdigitalcommons.bc.edu/twlj/vol27/iss2/2. Zugegriffen: Jan. 2013

Byrne B, Baden S (1995) Gender, emergencies and humanitarian assistance. BRIDGE report no 33 Institute of Development Studies, Brighton. http://www.ids.ac.uk/bridge. Zugegriffen: Jan. 2013

DARA (2011) The humanitarian response index (HRI) 2011. Addressing the Gender Challenge. DARA, Madrid. http://daraint.org/humanitarian-response-index/humanitarian-response-index-2011/download-the-report/. Zugegriffen: Jan. 2013

Dijkhorst H. van, Vonhof S (2005) Gender and humanitarian aid: a literature review of policy and practice. Disaster studies, Wageningen University/CORDAID. http://www.disasterstudies.wur.nl/UK/Publications/. Zugegriffen: Jan. 2013

Dijkzeul D, Wakenge CI (2010) Doing good, but looking bad? Local perceptions of two humanitarian NGOs in the Eastern DRC. Disasters 34(4):1139–70

Eklund L, Tellier S (2012) Gender and international crisis response. Do we have the data, and does it matter? Disasters 36 (4):589–608

GHA (Global Humanitarian Assistance) (2012) GHA report 2012, Global humanitarian assistance report. A development initiative. http://www.globalhumanitarianassistance.org/dataguides/defining-humanitarian-aid. Zugegriffen: Jan. 2013

Harragin S, Chol CC (1998) The sourthern sudan vulnerability study. Save the children fund. South Sudan Programme, Nairobi

Harrel-Bond B (1986) Imposing aid. Emergency assistance to refugees. Oxford University Press, Oxford

Hilhorst D (2007) Saving lives or saving societies? Realities of relief and reconstruction. Wageningen Universiteit

Hoare J, Smyth I, Sweetman C (2012) Introduction: post-disaster humanitarian work. Gender & Development 20(2):205–217. http://dx.doi.org/10.1080/13552074.2012.698914. Zugegriffen: Jan. 2013

HAP (Humanitarian Accountability Partnership International (2008) The humanitarian accountability report, London. http://www.hapinternational.org/projects/publications.aspx. Zugegriffen: Jan. 2013

IASC (Inter-Agency Standing Committee) (1999) Policy statement for the integration of a gender perspective in humanitarian assistance, Geneva. http://humanitarianinfo.org/iasc. Zugegriffen: Jan. 2013

IASC (Inter-Agency Standing Committee) (2006) Women, girl, boys and men. Different needs, equal opportunities. Gender handbook in humanitarian action. Geneva. http://www.humanitarianinfo.org/iasc. Zugegriffen: Jan. 2013

IFRC/ICRC (International Federation of Red Cross and Red Crescent Societies/International Committee of the Red Cross) (1994) Code of conduct for the International Red Cross and Red Crescent Movement and Non-Governmental Organizations (NGOs) in disaster relief. http://www.icrc.org/eng/resources/documents/publication/p1067.htm. Zugegriffen: Jan. 2013

IRIN (Humanitarian news and analysis. A Service of the UN office for coordination of humanitarian affairs) (2011) DRC-Uganda: Luzolo, he abused me. The pain was awful. http://www.irinnews.org/Report/93400/DRC-UGANDA-Luzolo-He-abused-me-The-pain-was-awful. Zugegriffen: Jan. 2013

King A E V (2002) Gender mainstreaming. An overview. United Nations, office of the special advisor on gender issues and advancement of women, New York

Mazurana D, Benelli P, Gupta H, Walker P (2011) Sex and age matter: improving humanitarian response in emergencies. Feinstein International Center, Tufts University

Moran MH (2010) Gender, militarism, and peace-building: projects of the postconflict moment. The Annual Review of Anthropology 39:261–274

Muir J, Jogoo N, Rieper H (2010) Thematic evaluation of gender mainstreaming in the United Nations Secretariat. A/65/266. http://www.un.org/depts/oios/pages/other_oios_reports.html. Zugegriffen: Jan. 2013

Neumeyer E, Plümper T (2007) The gendered nature of natural disasters: the impact of catastrophic events on the gender gap in life expectancy, 1981–2002. Annals of the Association of American Geographers 97(3):551–566

OCHA (United Nations Office for the Coordination of Humanitarian Affairs) (2005) OCHA Gender Toolkit. Tools to help OCHA address gender equality. OCHA, New York. http://www.unocha.org/what-we-do/policy/thematic-areas/gender-equality. Zugegriffen: Jan. 2013

OCHA (2010) OCHA gender action plan. OCHA, New York. http://www.unocha.org/what-we-do/policy/thematic-areas/gender-equality. Zugegriffen: Jan. 2013

Oxfam (2005) The Tsunami's impact on women. Oxford: Oxfam. http://www.oxfam.org/en/policy/bn050326-tsunami-women. Zugegriffen: Jan. 2013

Oxfam (2009) Collaboration in crises. Summary report: lessons from the Oxfam International tsunami research program. Oxfam, Oxford. http://www.oxfamamerica.org/publications/collaboration-in-crises. Zugegriffen: Jan. 2013

Peters A (2007) Völkerrecht im Gender Fokus-In: Zimmermann A, Giegerich T (Hrsg) Gender und Internationales Recht. Duncker & Humblot, Berlin

Roth S, Klein A (Hrsg) (2007) Humanitäre NGO's im Spannungsfeld von Krisenprävention und Sicherheitspolitik. VS Verlag für Sozialwissenschaften, Wiesbaden

Steets J, Meier C (2011) Evaluation of the protection standby capacity (ProCap) and gender standby capacity (GenCap) projects. Evaluation report. GPPi. http://www.gppi.net/publications/reports/evaluation_of_the_procap_and_gencap_projects/. Zugegriffen: Jan. 2013

The Sphere Project (2011a) Humanitarian charter and minimum standards in disaster response. Practical Action Publishing, Rugby, U.K, dritte Auflage. http://www.SphereProject.org. Zugegriffen: Jan. 2013

The Sphere Project (2011b) The Sphere Handbook Glossary. http://www.SphereProject.org. Zugegriffen: Jan. 2013

Turner S (2004) New Opportunities: Angry young men in a Tanzanian refugee camp. In: Essed P, Frerks G, Schrijvers J (Hrsg) refugees and the transformation of societies. Berghahn Press, Oxford, 94–105

United Nations General Assembly (1974) Declaration on the protection of women and children in emergency and armed conflict, A/RES/3318(XXIX), New York. http://www.un.org/documents/instruments/docs_en.asp?year=1970. Zugegriffen: Jan. 2013

United Nations General Assembly (1979) Convention on the elimination of all forms of discrimination against women, A/RES/34/180, New York. http://www.un.org/documents/instruments/docs_en.asp?year=1970. Zugegriffen: Jan. 2013

United Nations General Assembly (1993) Declaration on the elimination of violence against women, A/RES/48/104, New York. http://www.un.org/documents/instruments/docs_en.asp?year=1990. Zugegriffen: Jan. 2013

United Nations Security Council (2000) Women and peace and security, S/RES/1325, New York. http://www.un.org/en/sc/documents/resolutions/2000.shtml. Zugegriffen: Jan. 2013

United Nations Security Council (2008) Women and peace and security, S/RES/1820, New York. http://www.un.org/en/sc/documents/resolutions/2008.shtml. Zugegriffen: Jan. 2013

United Nations Security Council (2009) Women and peace and security, S/RES/1888, New York. http://www.un.org/en/sc/documents/resolutions/2009.shtml. Zugegriffen: Jan. 2013

United Nations Security Council (2009) Women and peace and security, S/RES/1889, New York. http://www.un.org/en/sc/documents/resolutions/2009.shtml. Zugegriffen: Jan. 2013

VENRO (2010) Gewusst wie – Gender in der Entwicklungszusammenarbeit. VENRO Gender Handbuch. http://www.venro.org/gender2.html. Zugegriffen: Jan. 2013

Wisner B, Blaikie PM, Cannon T (2003) At risk: natural hazards, people's vulnerability and disasters. Routledge, London

Humanitäre Hilfe und Medien

10

Markus Moke und Maria Rüther

10.1 Darstellung von Katastrophen in den Medien

Ob und wie über eine Katastrophe in den Medien[1] berichtet wird, hängt von unterschiedlichen Kriterien ab, die sich den Rezipienten, vor allem aber den Betroffenen einer Katastrophe kaum erschließen. Große Katastrophen wie etwa der Tsunami in Südostasien 2004, das Erdbeben in Haiti 2010 oder die Dreifachkatastrophe[2] in Japan 2011 sind Ereignisse, die weltweit von den Medien aufgegriffen werden und bei Rezipienten Angst, Mitleid und Ohnmachtsgefühle erzeugen können. Die Medien bringen die Bilder mitten in unsere Wohnzimmer – und damit die Emotionen. Diese sind für die NRO wichtig wegen der Spenden, für die Medien als miteinander konkurrierende kommerzielle Unternehmen gleichermaßen wichtig wegen der Auflage oder Einschaltquote.

10.1.1 Worüber wird berichtet? Die Agenda-Setting-Funktion der Medien

Bevor eine humanitäre Katastrophe die Öffentlichkeit erreicht, haben diverse Interessenvertreter wie Medien, humanitäre Hilfsorganisationen[3] und Politik bereits

---

[1] In diesem Kontext ist die Rede von westlichen Medien (Gattungen: Print, Hörfunk und TV) sowie sog. „neuen Medien" (global).

[2] Erdbeben, Tsunami und atomarer GAU in Fukushima.

[3] Unter humanitären Hilfsorganisationen werden im Folgenden staatliche Organisationen, Nichtregierungsorganisationen, Rotkreuz- und Rothalbmondgesellschaften und Organisationen der Vereinten Nationen (VN) (engl. United Nations, UN) verstanden.

M. Moke (✉) · M. Rüther
Aktion Deutschland Hilft e. V., Kaiser-Friedrich-Straße 13, 53113, Bonn, Deutschland
E-Mail: moke@aktion-deutschland-hilft.de

M. Rüther
E-Mail: ruether@aktion-deutschland-hilft.de

J. Lieser, D. Dijkzeul (Hrsg.), *Handbuch Humanitäre Hilfe,*
DOI 10.1007/978-3-642-32290-7_10, © Springer-Verlag Berlin Heidelberg 2013

Einfluss darauf genommen, auf welche Art und Weise dies geschieht. Dabei gehen die in der Soforthilfe tätigen NRO oft von der Annahme aus, dass Medien an humanitären Krisen ein ebensolches Interesse haben wie sie selbst, unterschätzen allerdings häufig die Arbeitsethik der Journalisten, die Themen eigenverantwortlich auszuwählen (Cottle und Nolan 2009).

Aus wissenschaftlicher Perspektive spielen die in der Nachrichtenforschung dargelegten Nachrichtenfaktoren eine entscheidende Rolle. Schulz (1976) führt 18 verschiedene Faktoren an und macht deutlich, dass ein Ereignis umso mehr an Nachrichtenwert gewinnt, je mehr dieser Faktoren zusammenkommen.[4] So hatte beispielsweise der Tsunami in Südostasien eine sehr große Medienaufmerksamkeit, weil vordringlich die Faktoren Nähe (Urlaubsländer), Identifikation (deutsche Urlauber) und Plötzlichkeit (Echtzeitberichte zur Weihnachtszeit) eine Rolle spielten. Wie die praktische Erfahrung mit Redaktionen zeigt, lässt sich zusätzlich auch das Phänomen Themenloch nennen, bei dem Journalisten ein an sich für sie weniger interessantes Thema aufgreifen, wenn es sonst kaum Neues zu berichten gibt – so beispielsweise geschehen bei den Überschwemmungen in Pakistan 2010.[5]

Nach wie vor kommt vor allem in den klassischen Medien – also Print- und audiovisuellen Medien – einem Redakteur bei der Erstellung von Nachrichten die Rolle eines Schleusenwärters (Gatekeeper[6]) zu, der entscheidet, welche Informationen „durchgelassen", also veröffentlicht, werden und welche nicht. Einflussfaktoren gibt es dabei mehrere, wie etwa die redaktionelle Organisation oder professionelle

---

[4] Schulz hat dazu 18 Nachrichtenfaktoren in sechs Dimensionen aufgeteilt: Die Dimension „Zeit" umfasst die Entwicklung von Ereignissen („Dauer") und die Beziehung zu anderen Ereignissen („Thematisierung"). „Nähe" beinhaltet verschiedene Formen („räumliche", „politische", „kulturelle Nähe") und bezieht auch die Betroffenheit durch Ereignisse mit ein („Relevanz"). Unter der Dimension „Status" werden die Bedeutung des Ortes („regionale", „nationale Zentralität") und der Beteiligten von Ereignissen („persönlicher Einfluss", „Prominenz") zusammengefasst. „Dynamik" beinhaltet besondere Eigenheiten in Ablauf („Überraschung") und Inhalt von Ereignissen („Struktur"). Die Dimension „Valenz" berücksichtigt neben negativen („Konflikt", „Kriminalität", „Schaden") auch positive Ereignismerkmale („Erfolg"). „Identifikation" beinhaltet den personalen und sozialen Bezug zu Ereignissen („Personalisierung", „Ethnozentrismus"). Dieses Modell steht beispielhaft für die Auswahl von möglichen Nachrichtenfaktoren, die Ansätze wurden mehrfach überarbeitet. In der Nachrichtenforschung gilt dabei, dass ein Ereignis einen höheren Nachrichtenwert besitzt, je mehr dieser Faktoren zusammenkommen.
Ergänzen aus der praktischen Erfahrung mit Redaktionen lässt sich zu diesen Faktoren auch das Phänomen Themenloch, bei dem Journalisten ein an sich für sie weniger interessantes Thema aufgreifen, wenn es sonst kaum Neues zu berichten gibt – so beispielsweise geschehen bei den Überschwemmungen in Pakistan 2010.
Aktuelle Erkenntnisse enthält die Studie von Ruhrmann und Göbbel (2007).

[5] Mehrfacherfahrungen in der Pressestelle von Aktion Deutschland Hilft. Das Bündnis hat dann erstaunlicherweise mehr Spenden für Pakistan gesammelt als für Haiti.

[6] Der Begriff „Gatekeeper" ist auf den amerikanischen Sozialpsychologen Kurt Lewin zurückzuführen, der ursprünglich Entscheidungsprozesse bezüglich der Verwendung von Lebensmitteln in Familien untersuchte. David Manning White übertrug den Ansatz in den 1950ern auf die Nachrichtenforschung. Im Gegensatz zur Gatekeeper-Forschung beschäftigt sich die Nachrichtenwert-Theorie nicht mit den Eigenschaften der Journalisten oder den Einflussfaktoren durch die jeweilige Organisation, sondern setzt bei den Medieninhalten an.

Erfahrungswerte. In Bezug auf humanitäre Katastrophen folgt die Berichterstattung über die journalistische Aufklärungspflicht hinaus auch dem Grad der persönlichen emotionalen Betroffenheit. Auf eben diese Empathie des Berichtenden sind die NRO angewiesen, wollen sie eines ihrer Ziele erreichen: Beim Rezipienten des Berichts einen altruistischen Impuls zu erzeugen und die Bereitschaft zum Spenden zu wecken. Auch die Frequenz, d. h. wie häufig über ein Ereignis in wie vielen Medien bereits berichtet wurde, ist ein weiterer Faktor.

Erfahrungsgemäß werden Naturkatastrophen eher zu einem Medienereignis als etwa Gewaltkonflikte oder lang anhaltende Notsituationen. Im „besten Fall" werden dabei sämtliche Bedingungen erfüllt (großes Ausmaß, plötzliches Ereignis, Zerstörungsgewalt, persönlicher Bezug). Dagegen haben es von Menschen verursachte Katastrophen wie etwa der Bürgerkrieg in Syrien (seit 2011) weitaus schwerer, die Medienbarriere zu überwinden. Zwar wird über derartige Krisen viel berichtet; in erster Linie geht es aber um den politischen bzw. ethnischen und religiösen Konflikt und weniger um den Bedarf an humanitärer Hilfe.

Der Nachrichtenwert scheint auch dann nicht zwangsläufig hoch zu sein, wenn eine große Anzahl von Menschen hungert oder in Bürgerkriegen misshandelt oder getötet wird. Zu groß ist die Konkurrenz der „Leidensnachrichten". So gab es in den 1990ern eine weitaus höhere Aufmerksamkeit für den Krieg auf dem Balkan als parallel für den Genozid in Ruanda. Oder: 2009 starben in Nigeria ebenso viele Menschen an HIV/Aids (CIA-World-Factbook 2011) wie 2010 beim Erdbeben in Haiti. Diese Zahlen sollen Ausmaße verdeutlichen, obwohl die Katastrophen in ihrem Charakter (slow-onset disaster versus sudden-onset disaster) nicht vergleichbar sind.

Wie etwa eine Auswertung von Aktion Deutschland Hilft über den Verlauf der Berichterstattung bei Katastrophen zeigt, folgt in Deutschland das Interesse der Medien innerhalb von drei bis vier Wochen nach einem Ereignis großen Ausmaßes wie dem Erdbeben in Haiti dem gleichen Muster: 1) Initialereignis und die Folgen für die Betroffenen; 2) Hilfe und Helfer: Logistik und Gesichter der Hilfe, Ausstattung, Umstände, Erlebnisberichte vor Abflug, vor Ort und nach Rückkehr; 3) Spendenaufrufe von Prominenten, Aktionen von Dritten zugunsten der NRO; 4) Spendenphänomene: Tipps für sicheres Spenden (Gauner und Gefahren), Missbrauch, und später Statistik, wer am meisten spendet.[7]

Humanitären NRO ist es bislang trotz erheblicher Anstrengungen in der Kommunikation mit der Öffentlichkeit nicht gelungen, mit Klischees über die Soforthilfe – wie angeblich benötigte Kleiderspenden oder die Vorstellung, dass jeder Spendeneuro vor Ort im Projekt eingesetzt werden muss – aufzuräumen, sodass die Berichterstattung im Katastrophenfall über diese Stereotype kaum hinauskommt, mithin Hintergründe nicht beleuchtet werden (können). Dabei hätte ein Hinterfragen der Ursachen zu diesem Zeitpunkt vielleicht die größere Chance auf maximale bessere öffentliche Wahrnehmung. Da Redaktionen i. d. R. selten über Experten zum Thema humanitäre Hilfe verfügen, mangelt es häufig auch dem journalistischen Gegenüber an Kenntnissen, die es ihm erlauben, Sachverhalte angemessen zu vermitteln.

---

[7] Medienresonanzanalyse Aktion Deutschland Hilft Q3 2010.

Die mediale Darstellung von Katastrophen und ihren Folgen wird u. a. auch dadurch geprägt, dass negative Nachrichten einen höheren Nachrichtenwert haben. Dies führt dazu, dass kaum Berichte über Erfolge von Hilfsaktivitäten, sondern tendenziell negativ-kritische Berichte im Fokus der Medien stehen. Positive Nachrichten stoßen hingegen auf geringere Resonanz. Die üblichen Jahresberichte zu Katastrophen interessieren vorwiegend im Hinblick auf Geld, das bereits ausgegeben wurde. Bestrebungen der Organisationen, die „gute Tat" des Spenders sichtbar zu machen, werden von den Medien selten unterstützt.

Dabei spielen auch ökonomische Aspekte eine Rolle. Eine journalistische Weisheit lautet „if it bleeds, it leads": Gewaltsame Ereignisse überschreiten eher die Medienbarriere als Themen, die sich nicht so gut verkaufen lassen. Kurzum: Medien berichten eher über laute Katastrophen und weniger über politische Krisen, deren Hintergründe für die Rezipienten kaum durchschaubar sind. Die Tendenz, überwiegend über Konflikte zu berichten, führt dazu, dass für Medienkonsumenten Krisen- und Konfliktberichterstattung zur Norm wird (Bratic und Schirch 2007).

10.1.2 Wie wird berichtet? Die Konstruktion von Wirklichkeit durch Medien und humanitäre Organisationen

Für humanitäre NRO ist die sofortige Präsenz im Katastrophengebiet von existenzieller Bedeutung. Wer schnell vor Ort ist, vermittelt den Eindruck von Effektivität. Die Sichtbarkeit der eigenen Marke sorgt dafür, dass Spenden auf das „richtige" Konto fließen. Munz (2007) hat allerdings gezeigt, dass in den seltensten Fällen Katastrophenopfer hilflos auf den „weißen" Retter warten. Doch auch dieses Klischee erfüllt eine Erwartungshaltung beim Rezipienten von Berichten zu Katastrophen, der sich mit dem Helfer identifizieren will. Dem wiederum tragen die Medien mit ihren Fragen nach „deutschen Helfern" Rechnung. Bei der Dominanz westlicher Medien in der globalen Nachrichtenwelt werden somit Berichte über ferne Katastrophen häufig der Erwartungshaltung des westlichen Lesers angepasst.

Verbreitet ist dabei weithin eine mittlerweile vielfach kritisierte Bildsprache:[8] Unschuldige Opfer sind i. d. R. Kinder, Frauen und alte Menschen, Hilfe wird ihnen zuteil von „weißen Helden". Dramatisierungen reichen bis hin zur sog. Hungerpornographie.[9] Mit diesen Maßnahmen folgen humanitäre NRO häufig einer von den Medien vorgegebenen Logik, nicht zuletzt in ihrer Bildsprache, um Medienaufmerksamkeit zu erzeugen. Die Phasen „Bilder der Zerstörung/Bedürftigkeit", „Bilder von Hilfsleistungen (aus Deutschland...)" und „wieder erstarkte/selbständige Betroffene" bilden dabei den dramaturgischen Bogen. Eine fragwürdige Ausprägung dessen sind Spendengalas im Fernsehen: Sie reduzieren komplexe Situationen auf Infotainment-Formate. Der Blick auf die Hintergründe ist nicht gefragt, es zählt

---

[8] Beispielsweise im Film „White Charity" von Carolin Philipp und Timo Kiesel. Er analysiert die Konstruktionsweisen von Schwarzsein und Weißsein in Bildwerbung anhand von Werbeplakaten großer entwicklungspolitischer Organisationen.

[9] Abgebildete Kinder etwa, die mit ausgezehrten Körpern, aufgeblähten Bäuchen und Fliegen übersät auf ausgetrocknetem Boden sitzen, sollen mit Schockbildern Spendenbereitschaft auslösen.

das Einzelschicksal, das zu Tränen rührt (und Portemonnaies öffnet). Vielfach werden die von Medien angestoßenen Spendenkampagnen selbst zum zentralen Thema der Berichterstattung.

In diesem Zusammenspiel von Betroffenen, NRO, Medien und Spendern versuchen die NRO, in der Vielfalt der globalen Themen gehört und gesehen zu werden. Die vereinfachende und dramatisierende Sprache des Fundraisings steht dabei im Gegensatz zu einer (selbst-)kritischen Informationsarbeit humanitärer NRO. Damit verbunden ist der Vorwurf, die Glaubwürdigkeit der Berichterstattung gehe verloren (Moeller 1999). Der Verlust der Glaubwürdigkeit ist eine Bedrohung für Medien und humanitäre Hilfsorganisationen. Die NRO sind jedoch bestrebt, das zu ändern und das Potenzial und die Stärken der von Katastrophen betroffenen Menschen auch in ihrer Bildsprache in den Mittelpunkt zu stellen.

Durch Studien an der Freien Universität Berlin nach dem Tsunami 2004, Hurrikan Katrina 2005 sowie den Erdbeben in Pakistan 2005, China 2008 und Haiti 2010 wurde belegt, dass Konsumenten, wenn sie selbst einen Bildfolgebeitrag zusammenstellen müssen, der narrativen Logik von bebilderten Katastrophenberichten im Fernsehen oder Nachrichtenmagazin wie „Stern" oder „Newsweek" folgen (Scholz 2012), und so die Bildsprache verinnerlichen. Wie eine Katastrophe beim i. d. R. räumlich entfernten Rezipienten „ankommt" und ihn möglicherweise zum aktiven Handeln (Spenden) motiviert, mithin die Hürden kommunikativ überwunden werden, ist vordringliche „Leistung" der Medien. Erst wenn die Katastrophe zum Medienereignis wird, kann sie zum Spendenerfolg führen. Das „macht nicht alle Rezipienten zu Helfern, jedoch haben die, die helfen, sich durch die Medien dazu aufrufen lassen". (Scholz 2012).

Katastrophen erzielen ohne Medienwirkung keine Spenden. Die Überzeichnung wird dabei nicht nur von humanitären NRO betrieben, sondern auch von Medien im Interesse hoher Einschaltquoten/Auflagen. Diese Verzerrungen (media-bias) werden somit von Medien und humanitären NRO gestützt. Letztere versuchen so auch, Einfluss zu nehmen auf die Gatekeeper-Rolle der Journalisten, in deren Macht es liegt, über die „Opferwürdigkeit" von Betroffenen zu entscheiden. Laut Knaup (2000) fehlt der Medienseite ihrerseits der professionelle, nüchterne Umgang mit den Interessen der Organisationen, die „die Medien instrumentalisieren".

> Der Spender wird sich die Mühe machen müssen, auch bei diesem Thema zwischen quotenbringender Unterhaltung und sachlicher Information zu unterscheiden. Die Regeln und Gesetze des Medienmarktes sind auf den Verkauf der Information an eine möglichst große Kundschaft ausgerichtet. Dies ist eine Realität, mit der umzugehen sowohl die Öffentlichkeit als auch die Hilfsorganisationen lernen müssen. (konstatierte Munz (2007, S 137))

10.1.3 Die Bedeutung des CNN-Effekts

Wenn über den sog. „CNN-Effekt" gesprochen wird, dann ist damit gemeint, dass die Medien, insbesondere das Fernsehen – angelehnt an den gleichnamigen US-Fernsehsender – mit ihrer Berichterstattung über Krisen und bewaffnete Konflikte nicht nur diese oder andere humanitäre Katastrophen auf die Agenda setzen, sondern sie für andere Medien verstärken. Im Umkehrschluss bedeutet es auch, dass humanitäre Katastrophen, die von Medien nicht als solche wahrgenommen werden, in der Öffentlichkeit auch keine sind. Besonders augenscheinlich wird dies bei sog. „stillen", im Verborgenen stattfinden den Krisen oder vergessenen Katastrophen wie etwa die anhaltende Notsituation der Menschen in der Zentralafrikanischen Republik, über die – wenn überhaupt – nur am Rande berichtet wird.

Neben der direkten angenommenen Kausalität zwischen der Berichterstattung durch Nachrichtenmedien und der Wahrnehmung von Krisen und Katastrophen in der Öffentlichkeit wurde in der Wissenschaft die These diskutiert, ob und inwieweit der CNN-Effekt auch die Außenpolitik eines Landes maßgeblich beeinflussen könne (Robinson 2002). Mehr noch: Die zunehmende Mediatisierung von Krisen und Konflikten führt dazu, dass politisches Handeln zunehmend in der Öffentlichkeit stattfindet, somit unter einem öffentlichen Rechtfertigungszwang steht und konsequenterweise mehr Aktion aller Beteiligten hervorruft. Dies gilt umso mehr, als politische Mandatsträger, die wiedergewählt werden möchten, die öffentliche Meinung sowie die mediale Berichterstattung nicht ignorieren können (Caritas international – Brennpunkte 2007).

Aber nicht nur die Außenpolitik unterliegt dem Zwang, mediengerecht zu agieren. Auch humanitäre Organisationen unterstellen bestimmten Medien – insbesondere sog. Leitmedien wie „CNN" oder „Der Spiegel" – einen Einfluss auf die Öffentlichkeit und die Eigenschaft, Ereignisse und Themen in bestimmter Weise zu betonen, sodass diese von anderen Medien aufgegriffen werden. Damit wirken sie als Verstärker für solche Ereignisse.

10.2 Macht und Ohnmacht humanitärer Organisationen – Einfluss auf die Berichterstattung

Bei großen Naturkatastrophen treffen meist alle Bedingungen – vor allem die der unschuldigen Opfer – zu, dass sie zu einem Medienereignis werden. Schleichende Katastrophen (slow-onset disasters) wie etwa die Hungersnöte in Ost- oder Westafrika 2011 bzw. 2012 werden in den Medien häufig als Folgen von Dürren oder anderen Naturereignissen dargestellt. Sie sind allerdings meist Ausdruck von Missständen, die von Menschen verursacht werden, wie eine verfehlte Agrarpolitik, Bürgerkriege, aber auch Interessen von Industrieländern.

10.2.1 Was tun humanitäre Organisationen, um die Medienaufmerksamkeit zu lenken?

Einerseits simplifizieren humanitäre NRO Krisen und Katastrophen, um Medienaufmerksamkeit zu erlangen und Spenden für ihre Arbeit zu sammeln, andererseits wollen sie Menschen, die von Katastrophen betroffenen sind, eine Stimme verleihen. In ihrer Rolle als early warner, also frühzeitig auf sich anbahnende Katastrophen hinzuweisen, fühlen sich humanitäre NRO von den Medien oftmals wenig ernst genommen – wie die Hungerkrise in Westafrika im 1. Halbjahr 2012 zeigte, bei der NRO eine Entwicklung wie bei der Hungerkatastrophe in Ostafrika 2011 vermeiden wollten. Die Bemühungen, das Thema in die Medien zu bringen, verliefen wenig erfolgreich. NRO, die deutschen Journalisten im Frühjahr 2012 anboten, sich in Niger oder Mali einen Eindruck von der Notsituation der Menschen zu verschaffen, um die Dringlichkeit frühzeitiger Hilfe aufzuzeigen, wurden abgewiesen mit Antworten wie: „Das haben wir für Juni auf der Agenda", dem prognostizierten Höhepunkt der Krise. Es ist den NRO nicht gelungen, allein mit dem drohenden Szenario von 18 Mio. Hungernden Aufmerksamkeit zu erlangen. Es fehlten die drastischen Hungerbilder.

Um dem mangelnden Interesse an bestimmten humanitären Krisen und Katastrophen entgegenzuwirken, bemühen sich Hilfsorganisationen darum, die Aufmerksamkeit von Medien auf unbeachtete Krisen zu lenken. Das geschieht etwa über Symposien oder Journalistenreisen, wobei damit oft nur Journalisten mit besonderem Interesse erreicht werden. Auch die Einbindung von prominenten Unterstützern aus dem politischen oder gesellschaftlichen Bereich sorgt, wenn auch nur begrenzt, für einen größeren Verbreitungsgrad von Themen, die ansonsten nicht zur Nachricht würden.

Daher gehen humanitäre NRO zunehmend andere Wege: Sie etablieren eigene Informationskanäle und Kommunikationsstrategien (Dijkzeul und Moke 2005). So gibt es etwa in Organisationen angestellte Online-Journalisten, die sich um vielseitige Content-Erstellung, also Aufbereitung redaktioneller Inhalte, für die eigene Website kümmern. Oder Video-Journalisten, die neben Produktionen für die Website und YouTube auch selbst erstelltes Footage-Material[10] Sendern zur Verfügung stellen.

Möglicherweise sind humanitäre NRO damit – sofern sie nach internationalen Standards und professionalisiert auf hohem Qualitätslevel vorgehen – gut aufgestellt als Content-Lieferanten (Ersatz-Berichterstatter für die Bereitstellung von Stories, Hintergrundberichten, (Bewegt-)Bildern etc.) in einer veränderten Medienwelt, in der es sich Redaktionen nur bedingt leisten können, einen Korrespondenten zu beschäftigen oder einen Redakteur auf Reisen zu schicken.

10.2.2 In welchem Abhängigkeitsverhältnis stehen Medien und Hilfsorganisationen?

Humanitäre NRO brauchen Medien, um die Öffentlichkeit über ihre Arbeit zu informieren und Spendengelder für ihre Aktivitäten zu akquirieren. Medien brauchen ihrerseits die NRO, um Zugang zu Hilfsprojekten und Einsatzgebieten zu erhalten, in die sie ohne die logistische Unterstützung und das Know-how der Hilfsorganisationen kaum gelangen würden. Außerdem stellen die NRO den Medienvertretern Hintergrundmaterial und Interviewpartner zur Verfügung. Dabei ist die Verflechtung von Medien und NRO für die Mediennutzer nur bedingt sichtbar. Man kann behaupten, dass die Organisationen einen Teil der Auslandsberichterstattung finanzieren (o. g. Journalistenreisen). Nur große Redaktionen können es sich unter

---

[10] Rohmaterial zur weiteren Verwendung.

dem Konkurrenzdruck, unter dem Medienunternehmen stehen, leisten, Redakteure oder Korrespondenten auf eigene Kosten zu entsenden. Das führt möglicherweise zu Interessenskonflikten, die eine objektive Berichterstattung beeinträchtigen, und veranlasst zu der Forderung, die Rolle des kritischen Berichterstatters müsse unabhängig von kommerziellen oder quotengesteuerten Interessen gewahrt bleiben (Knaup 2000).

Indem humanitäre Hilfsorganisationen Journalisten Einsicht in ihre Arbeit gewähren, sorgen sie auf der einen Seite für mehr Transparenz über ihr Tun, andererseits gehen sie das Risiko ein, dass über ihre Arbeit tendenziös oder falsch berichtet wird. Hilfsorganisationen fürchten nicht die kritischen Fragen seitens der Medien, aber öffentlich verbreitete negative Interpretationen der Antworten. Wenn das positive Image einer NRO durch negative Berichte infrage gestellt ist, dann wirkt sich das nachteilig auf die Akquisition von Spenden in weiteren Katastrophenfällen aus. So haben Marketing-Studien ergeben, dass weniger das Ausmaß einer Katastrophe oder die Anzahl der Toten ausschlaggebend für die Mobilisierung von Spendern sind als vielmehr das Medienereignis selbst (Royal 2005), bei dem entweder positiv oder negativ über Organisationen berichtet wird.

10.3 Die neuen Medien: Chancen und Risiken

McLuhans These, „the medium is the message" (Mc Luhan 1964), hat heute umso mehr Relevanz, als neue Medien wie das Internet einen globalen Raum schaffen, zu dem Menschen rund um die Uhr Zugang haben, Zeitzonen und räumliche Distanzen werden bedeutungslos. Menschen können sich selbst jederzeit mitteilen oder informieren – auch während einer Katastrophe oder inmitten eines politischen Konflikts. Lokal wird damit global, interaktiv und grenzüberschreitend. Das nutzen zunehmend auch humanitäre NRO.

10.3.1 Humanitäre Hilfe und soziale Netzwerke

Mithilfe neuer Medien und sozialer Netzwerke wie Twitter, YouTube oder facebook können Informationen nicht nur innerhalb kurzer Zeit weltweit verbreitet werden, sondern Menschen auch selbst auf ihre humanitäre Situation aufmerksam machen. Nach dem Erdbeben in Haiti 2010 etwa wurden die sog. social media von Überlebenden des Erdbebens genutzt, um ihre Geschichte zu erzählen, was wiederum die Berichterstattung in den traditionellen Medien beeinflusste (START 2012). Diese Form der digitalen Interaktion von Nutzern und Rezipienten, bei der auf unterschiedlichen Wegen Informationen gesammelt, verarbeitet und bereitgestellt werden, ist unter dem Begriff „crowdsourcing" bekannt. Allerdings bergen diese Formen der digitalen Kommunikation ebenso die Gefahr, falsche oder inakkurate Informationen – gezielt oder ungewollt – zu verbreiten. Eine neue Plattform, die versucht, solche Gefahren zu minimieren, ist Ushahidi (Coyle und Meier 2009).

Von kenianischen Bloggern 2007 erfunden, können Nutzer durch verschiedene Dienste (u. a. facebook, Twitter, SMS oder Blogs) Informationen etwa zu humanitären Katastrophen oder auch zu Menschenrechtsverletzungen auf dieser Plattform bekannt machen, „mappen" und abrufen (Nelson et al. 2010). Diese Informationen werden dabei stets von einer Vielzahl anderer Nutzer auf ihren Informations- und Wahrheitsgehalt überprüft. Dies ist nur ein Beispiel für die Chancen und Risiken des Einsatzes neuer Medien sowie der Möglichkeit der Vernetzung von Menschen in Katastrophensituationen.

Neben der Information der Menschen in von Katastrophen betroffenen Gebieten nutzen Hilfsorganisationen solche neuen Kommunikationswege zunehmend auch, um schneller mit ihren Spendern zu kommunizieren. Nach dem Tsunami 2004 spielte etwa die mobile Kommunikation als Fundraising-Tool eine zentrale Rolle. In Großbritannien nahmen z. B. über 700.000 Menschen an einer gemeinsamen Kampagne aller Mobilfunkunternehmen teil, die in nur zwei Monaten rund £ 1,1 Mio. in die Kassen des britischen Katastrophenbündnisses Disaster Emergency Committee (DEC) spülten (Coyle und Meier 2009).

Darüber hinaus ermöglichen neue Medien wie das Internet humanitären NRO, Hintergrundinformationen zu humanitären Katastrophen breiter aufzubereiten oder Schwerpunkte ihrer Arbeit thematisch tiefgehender zu beschreiben als dies bei klassischen Medien möglich ist. Durch die Hyperlink-Struktur etwa wird es möglich, unbegrenzten Raum für Information in Form von Schrift, Bildern oder Filmmaterial bereitzustellen. Zudem nutzen humanitäre NRO soziale Netzwerke auch, um schneller und gezielter mit an einer Krise oder Katastrophe interessierten Menschen sowie potenziellen Spendern in Kontakt zu treten. Auch können Journalisten und humanitäre Helfer soziale Netzwerke nutzen, um direkt aus Krisen- oder Katastrophenregionen über die humanitäre Arbeit zu berichten.

Aber nicht nur die NRO, sondern auch Medienunternehmen erkennen die Chancen der neuen Medien und bieten verstärkt Online-Inhalte an. Wie das Beispiel von Spiegel Online zeigt, können diese Versionen ihrerseits zu Leitmedien im Internet avancieren, mit Live-Tickern, Hintergrundberichten und Fotostrecken. Diese Angebote führen beim Rezipienten zu einer Parallelnutzung zwischen klassischen Medien (Fernsehen, Print und Rundfunk) und Online Versionen von Medieninhalten. Mediennutzer können sich komplementär zu einem zuvor im Fernsehen gesendeten Bericht oder einem gelesenen Artikel unabhängig von Zeit und Ort interaktiv über humanitäre Krisen und Katastrophen informieren und austauschen.

Neben dem sozialen Austausch und der Vernetzung von Menschen können neue Medien aber auch lebensrettende Funktionen wahrnehmen. Die VN und einige internationale Hilfsorganisationen nutzen dies mittlerweile, um zeitnah Informationen über akute Krisen und Katastrophen zu erhalten und Menschen schnell zu informieren, z. B. wo sauberes Trinkwasser zu bekommen ist oder wo medizinische Versorgungsstationen zu finden sind (Nelson et al. 2010).

10.3.2 Überprüfung des Wahrheitsgehalts von Informationen

Vor allem vor dem Hintergrund der vielfältigen Einsatzmöglichkeiten neuer Medien stellt sich die Frage nach dem Wahrheitsgehalt verbreiteter Informationen und dessen Überprüfbarkeit. Traditionelle Medien befürchten, aus unsicheren oder nicht überprüfbaren Quellen falsche Nachrichten zu verbreiten, vor allem dann, wenn sie keine eigenen Journalisten vor Ort haben. Orient-Experte Günter Meyer etwa beklagte angesichts der ungesicherten Informationslage zur politischen Krise in Syrien 2011: „So eine Form von Desinformation habe ich noch nie erlebt. [...] Jede Menge Videofilme werden verbreitet, die völlig falsche Informationen enthalten. Selbst die Nachrichtenagentur Reuters fiel auf eine solche Fälschung herein und verkaufte einen Film aus dem Libanon von 2008 als aktuelles Dokument zur Syrien-Krise". (Meyer 2012). Bei RTL verwendet man eigenes oder Agenturmaterial: „Unsere Devise lautet: ‚Better safe than sorry'", sagt Peter Klöppel, der Chefmoderator der RTL-Hauptnachrichten (Klöppel 2012).

Die Überprüfung von Quellen, besonders bei der Berichterstattung über Kriegsgeschehen, ist schwierig. Es bleibt nur die Möglichkeit der Überprüfung des Wahrheitsgehalts über die Verwendung verschiedener Quellen. Hier können gerade auch lokale Medien in einem Krisen- oder Katastrophengebiet wertvolle Unterstützung bieten, insofern als sie vor Ort sind und somit angemessener berichten können. Gleichwohl ist aber auch die Gefahr zu sehen, dass lokale Medien, besonders in politischen Krisen, der Instrumentalisierung durch Machthaber ausgeliefert sein können. In jedem Fall müssen für die Überprüfung von Videomaterial oder Quellen, die dem Internet entstammen, Fragen geklärt werden: Wer ist der Urheber des Materials? Ist die Quelle schon in Erscheinung getreten, wenn ja – ist sie seriös? Wann wurde das Material erstellt? Wer wird gezeigt? Worüber wird geredet? Passt das Gesagte zur Umgebung? Für diese Art der Bearbeitung unterhält etwa die ARD seit April 2011 eine eigene Abteilung, die auch Experten vor Ort in die Beurteilung mit einbezieht. Doch letzten Endes ist es auch ein Abbild der Realität, dass „im Krieg immer ein Stückchen Wahrheit stirbt".[11]

10.4 Fazit: Qualitätsjournalismus – ein Anliegen seriöser Redakteure und Hilfsorganisationen

Hilfsorganisationen versuchen zunehmend, der Medienlogik zu entsprechen. Dies spiegelt sich in der Tatsache wider, dass sie Anfragen von Medien heute professioneller bedienen können als dies noch vor einigen Jahren der Fall war. Viele NRO verfügen dazu mittlerweile über eigene Medien- und PR-Abteilungen mit Experten. Ihre Kommunikationsstrategien zielen auch darauf, den Nachrichtenhunger der Medien zu stillen und dem Mainstream-Bedarf gerecht zu werden: Human Interest Stories werden geschrieben und ihre humanitären Helfer als Interviewpartner im

---

[11] ARD-Hörfunk-Korrespondent Ulrich Leidholdt im WDR 5 Funkhaus Wallrafplatz, 18. August 2012.

Umgang mit Medien trainiert, um ein Bewusstsein dafür zu schaffen, wie schnell Aussagen, die aus dem Kontext gerissen werden, missdeutet und missbraucht werden können. Dies schadet der Sache und führt zu einem Glaubwürdigkeitsverlust der NRO. Zudem zielen Medientrainings darauf ab, Helfer so zu trainieren, dass sie authentisch wirken und in der Lage sind, kurz und präzise über ihre Arbeit in einer Katastrophe berichten zu können.

Bei all dem dürfen die Medienprodukte jedoch ihre Glaubwürdigkeit nicht verlieren. Deshalb muss es ein Anliegen der Medien und humanitären NRO gleichermaßen sein, Wert auf die Qualität der Berichterstattung zu legen. Nachteilig ist, wenn zunehmend Informationen ungeprüft von Medien übernommen werden (Schnedler 2006).

Ein wichtiger Beitrag zur Qualität und Glaubwürdigkeit kann dabei sein, wenn lokale Medien in einem Katastrophengebiet besser in die Berichterstattung integriert werden, was nicht zuletzt der Ausbildung lokaler Kapazitäten und Stützung demokratischer Entwicklungen zuträglich wäre.

Literatur

Bratic V, Schirch L (2007) http://www.sfcg.org/articles/media_for_conflict_prevention.pdf. Zugegriffen: 14. Jan. 2013

Caritas international – Brennpunkte (2007) Barmherzigkeit braucht Qualität. Möglichkeiten und Grenzen der humanitären Hilfe. Lambertus, Freiburg

Cottle S, Nolan D (2009) http://www.niemanlab.org/2009/11/simon-cottle-and-david-nolan-how-the-medias-codes-and-rules-influence-the-ways-ngos-work/. Zugegriffen: 11. Jan. 2013

Coyle D, Meier P (2009) http://www.unfoundation.org/news-and-media/publications-and-speeches/new-technologies-emergencies-conflicts.html. Zugegriffen: 14. Jan. 2013

Dijkzeul D, Moke M (2005) Public communication strategies of international humanitarian organizations. Int Rev Red Cross 860:673–692

Klöppel P (2012) http://m.faz.net/aktuell/feuilleton/medien/bilder-aus-syrien-die-kamera-als-waffe-11860622.html. Zugegriffen: 11. Jan. 2013

Knaup H (2000) Die Rollenverteilung muss klarbleiben. Überblick 4:102

McLuhan HM (1964) Understanding media. The extensions of man. McGraw-Hill, New York

Meyer G (2012) http://www.uni-mainz.de/magazin/544_DEU_HTML.php. Zugegriffen: 11. Jan. 2013

Moeller S (1999) Compassion fatigue. How the media sell disease, famine, war and death. Routledge, London

Munz R (2007) Im Zentrum der Katastrophe: Was es wirklich bedeutet, vor Ort zu helfen. Campus, Frankfurt a. M.

Nelson A, Sigal I, Zambrano D (2010) http://www.knightfoundation.org/media/uploads/publication_pdfs/KF_Haiti_Report_English.pdf. Zugegriffen: 14. Jan. 2013

Robinson P (2002) The CNN effect: the myth of news, foreign policy and intervention. Routledge, London

Royal A (2005) http://www.oulala.net/Portail/article.php3?id_article=1602. Zugegriffen: 30. Nov. 2012

Ruhrmann G, Göbbel R (2007) http://www.netzwerkrecherche.de/files/nr-studie-nachrichtenfaktoren.pdf. Zugegriffen: 30. Nov. 2012

Schnedler T (2006) http://www.netzwerkrecherche.de/files/nr-werkstatt-04-journalismus-und-pr.pdf. Zugegriffen: 30. Nov. 2012

Scholz T (2012) Distanziertes Mitleid. Campus Verlag, Frankfurt a. M.

Schulz W (1976) Die Konstruktion von Realität in den Nachrichtenmedien. Alber Verlag, Freiburg
National Consortium for the Study of Terrorism and Responses to Terrorism (START) (2012) Social media use during disasters. A review of the knowledge base and gaps. http://reliefweb.int/sites/reliefweb.int/files/resources/Social%20Media%20Use%20during%20Disasters.pdf. Zugegriffen: 10. Jan. 2013

Teil III
Humanitäre Hilfe in der Praxis

Naturkatastrophen und ihre Ursachen

11

Thorsten Klose

Dieses Kapitel befasst sich mit dem Auftreten von Naturkatastrophen und ihren Ursachen. Zunächst werden die zentralen Begrifflichkeiten geklärt, um eine einheitliche Verständnisgrundlage im Kontext von Katastrophen und ihren Ursachen zu gewährleisten. Anschließend setzt sich dieses Kapitel mit der Frage auseinander, welche Faktoren in den betroffenen Ländern überhaupt zu Katastrophen führen. Hierbei wird es um das Verständnis der unterschiedlichen Faktoren von Katastrophenanfälligkeit, auch Vulnerabilität genannt, gehen. Dabei wird grundsätzlich zwischen physischen, ökonomischen und sozialen Vulnerabilitätsfaktoren sowie Umweltfaktoren unterschieden. Nach der Klärung dieser eher theoretischen Grundlagen werden die Häufigkeit und Zunahme der Intensität von Naturkatastrophen in den letzten Jahrzehnten genauer betrachtet. Da vor allem die Menschen in weniger entwickelten Ländern aufgrund ihrer Vulnerabilität von Naturkatastrophen betroffen sind, befasst sich das Kapitel mit den Trends zukünftiger Katastrophenrisiken in Entwicklungsländern. Dabei werden insbesondere die Themen Verstädterung, Bevölkerungswachstum und Armut berücksichtigt. Da bereits heute die überwiegende Zahl der Naturkatastrophen mit extremen Wetterereignissen in Verbindung steht, wird auf den Klimawandel ein besonderer Schwerpunkt gelegt. Daraus wird abschließend abgeleitet, welche zukünftigen Herausforderungen sich für die humanitäre Hilfe aus einer weiteren Steigerung dieser Extremwetter und Katastrophenrisiken in Kombination mit der aktuellen Bevölkerungsdynamik ergeben.

Der Verfasser dankt Sarah Klinkenbusch (Network on Humanitarian Assistance Studiengang an der Ruhr-Universität Bochum) und Theresa Vogel (Studiengang Rescue Engineering der Hochschule für angewandte Wissenschaften in Hamburg) für ihre Unterstützung bei der Recherche zum Kapitel 11.3.

T. Klose (✉)
Internationale Zusammenarbeit, Deutsches Rotes Kreuz Generalsekretariat, Carstennstraße 58,
12205, Berlin, Deutschland
E-Mail: KloseT@drk.de

11.1 Naturkatastrophen – Was ist natürlich an Katastrophen?

In der Diskussion über Katastrophen und ihre Ursachen trifft eine Vielzahl unterschiedlicher Begriffe aufeinander, die von den Akteuren der humanitären Hilfe und auch der Entwicklungszusammenarbeit nicht immer einheitlich verwendet werden. Das liegt daran, dass im Zusammenhang mit Naturkatastrophen und in der Naturgefahrenforschung eine Vielzahl von Faktoren eine Rolle spielen, die sowohl die Naturwissenschaften als auch die Sozialwissenschaften beschäftigen. Jede dieser Fachdisziplinen, gerade auch im internationalen Kontext, verfügt dabei über unterschiedliche theoretische Grundlagen und folglich gibt es in unterschiedlichen Fachdisziplinen auch verschiedene fachliche Traditionen, Paradigmen und unterschiedliche Begriffsverständnisse. In der Praxis ist es allerdings von Bedeutung, dass die verschiedenen Akteure in der humanitären Hilfe eine klare und möglichst einheitliche Verständnisgrundlage über die Kernbegriffe ihrer täglichen Arbeit herstellen. Dem Problem einer teils diffusen Benutzung von Begriffen im Kontext von Katastrophen und Risikomanagement sahen sich u. a. auch die Vereinten Nationen (VN) (engl. United Nations, UN) gegenüber, was dazu führte, dass die United Nations International Strategy for Disaster Reduction (UNISDR) im Jahr 2004 eine Terminologie zentraler Begrifflichkeiten des Katastrophenmanagements in ihrem Global Review of Disaster Reduction Initiatives (UNISDR 2004, S. 16 f.) veröffentlichte. Die Notwendigkeit einer solchen einheitlichen Terminologie wurde anschließend während der World Conference on Disaster Reduction im Januar 2005 in der japanischen Stadt Kobe (Präfektur Hyogo) zusätzlich unterstrichen, da auch das Abschlussdokument dieser Konferenz, das sog. Hyogo Framework for Action 2005–2015 (siehe Kap. 14), von UNISDR u. a. forderte, eine internationale Standardterminologie für die Begriffe im Kontext von Katastrophen und Katastrophenmanagement zu erstellen und international zu verbreiten. Die Terminologie aus dem Jahr 2004 wurde von UNISDR regelmäßig angepasst und mündete im Jahr 2009 in die bis dahin umfangreichste Zusammenstellung entsprechender Begriffsdefinitionen (UNISDR 2009b), an denen sich auch dieses Kapitel orientiert. Im Folgenden werden die Begriffe Naturereignis, Naturgefahr, Natur- bzw. Katastrophenrisiko sowie Naturkatastrophe einer genaueren Betrachtung unterzogen, wobei auch immer der englische Begriff genannt wird.

11.1.1 Naturereignis (natural event)

Der Begriff des Naturereignisses ist innerhalb der unterschiedlichen Fachdisziplinen und der Fachliteratur unumstritten und es besteht Einigkeit darüber, dass es sich bei einem Naturereignis um einen natürlichen Prozess handelt, der nicht absichtsvoll durch den Menschen herbeigeführt wird. Ein Naturereignis steht immer in Zusammenhang mit geologischen, hydrologisch-meteorologischen und geomorphologischen Prozessen (Dikau und Weichselgartner 2005, S. 31 ff.; Laskowski und Klose 2010, S. xvii). Daraus lässt sich ableiten, dass Erdbeben, Tsunamis, Vulkaneruptionen, tropische Wirbelstürme, Sturmfluten, Winterstürme, Hitzewellen und

Dürren zunächst als natürliche Prozesse verstanden werden sollten und nicht als Katastrophe, schon gar nicht als Naturkatastrophe. Niemand würde von einer Katastrophe sprechen, wenn sich ein Naturereignis nicht auf die Gesundheit und das Eigentum von Menschen oder das soziale Gefüge von Gesellschaften ausgewirkt hat.

11.1.2 Naturgefahr (natural hazard)

Ein Naturereignis wird folglich dann zu einer Naturgefahr, wenn es droht, sich auf bewohntes Gebiet und die dort lebende Bevölkerung negativ auszuwirken. Eine Naturgefahr kann daher als natürlicher Prozess definiert werden, der zum Verlust von Menschenleben, zu Verletzungen oder anderen gesundheitlichen Beeinträchtigungen, zu Schäden an Eigentum, zum Verlust von Existenzgrundlagen und diversen Dienstleistungen und auch zu Umweltschäden sowie zur Störung der sozialen und ökonomischen Rahmenbedingungen einer Gesellschaft führen kann (UNISDR 2009b, S. 9). Die Naturgefahr sollte dabei jedoch nur als ein Teil des Gefahrenpotenzials gesehen werden, da z. B. die Gefahren, die von technisch-industriellen Anlagen ausgehen, durch diesen Begriff noch nicht abgedeckt werden. Der allgemeine Gefahrenbegriff für Mensch und Gesellschaft (hazard) setzt sich daher sowohl aus den Naturgefahren (natural hazard) als auch den technologischen Gefahren (technological hazard) zusammen.

Die Naturgefahren können noch spezifischer untergliedert werden und zwar in geologisch-geomorphologische, hydrologisch-meteorologische und glaziologische sowie biologische Gefahren. Geologisch-geomorphologische Naturgefahren leiten sich vor allem aus den Prozessen und Phänomenen der Erdkruste und der Erdoberfläche ab, wie z. B. Erdbeben, Vulkaneruptionen oder Erosionsprozesse und Massenbewegungen. Hydrologisch-meteorologische Gefahren stehen in Verbindung mit atmosphärischen, hydrologischen und ozeanographischen Prozessen (z. B. Tornados, Hitzewellen, tropische Wirbelstürme und Überschwemmungen) und glaziologische Gefahren beziehen sich auf natürliche Prozesse in Verbindung mit Eis und Schnee, wie z. B. Schneelawinen oder Gletscherabbrüche. Als biologische Gefahr sind z. B. der Ausbruch von Epidemien oder Erkrankungen von Nutzpflanzen sowie Tierseuchen, vor allem unter Nutztieren, zu verstehen (siehe Tab. 11.1). Tsunamis lassen sich nicht sofort zuordnen. Sie entstehen zwar meistens infolge eines starken Erdbebens unter dem Meeresboden (auch Seebeben genannt), das zu einem vertikalen Versatz des Meeresbodens geführt hat. Aber auch ein Vulkanausbruch oder Hangrutschungen unter Wasser können Tsunamis auslösen, sodass sie vor allem mit geologischen Prozessen in Verbindung stehen. Ein Tsunami entfaltet jedoch seine Zerstörungskraft erst in flachen Gewässern und beim Auflaufen auf die Küste. Da es sich hierbei um eine bestimmte Wellenart mit einer speziellen Form der Wellenausbreitung handelt (Laskowski und Klose 2010, S. 45 ff.), stehen Tsunamis auch in Verbindung mit ozeanographischen Prozessen, weshalb UNISDR in Bezug auf diese Naturgefahr von einer küstentypischen wasserbezogenen Gefahr (coastal water-related hazard) spricht (UNISDR 2009b, S. 16).

Tab. 11.1 Gliederung von Naturgefahren. (Quelle: Eigene Darstellung nach Dikau und Weichselgartner 2005, S. 22)

Naturgefahren	
Natürliche Prozesse, die zum Verlust von Menschenleben, zu Verletzungen oder anderen gesundheitlichen Beeinträchtigungen, zu Schäden an Eigentum, zum Verlust von Existenzgrundlagen und diversen Dienstleistungen sowie zur Störung der sozialen und ökonomischen Rahmenbedingungen einer Gesellschaft führen können	
Gliederung	*Beispiele*
Geologisch-geomorphologische Naturgefahren Natürliche Prozesse oder Phänomene der Erdkruste und der Erdoberfläche. Dabei werden endogene Ursachen (z. B. Tektonik, Magmatismus) und exogene Ursachen (z. B. Hangrutschungen oder Bodenerosion durch Niederschlag) unterschieden	Erdbeben
	Vulkaneruption
	Tsunami
	Gravitative Massenbewegungen
	Bergsenkung
	Bodenerosion, Küstenerosion, Flusserosion
Hydrologisch-meteorologische und glaziologische Naturgefahren Natürliche Prozesse oder Phänomene der Atmosphäre, Hydrosphäre (mit Wasser bedeckter Teil der Erdoberfläche) und Kryosphäre (alle Formen von Eis und Schnee im Klimasystem der Erde, außer dem Eis in den Wolken)	Tropische Wirbelstürme (Hurrikan, Zyklon, Taifun)
	Tornados
	Wintersturm
	Hagelsturm, Eisregen, Schneesturm, Sandsturm
	Blitzschlag, Hitzewelle, Kältewelle
	Nebel
	Extremniederschlag, Überschwemmung
	Sturmfluten, Sturzfluten
	Dürren
	Schneelawine, Gletscherabbrüche
	Permafrostschmelze, Frosthub
Biologische Naturgefahren Prozesse der Biosphäre im weitesten Sinne mit organischer Ursache sowie jene Vorgänge, die durch biologische Pfade übertragen werden, einschließlich pathogener Mikroorganismen, Gifte und bioaktiver Substanzen	Epidemien
	Tier- und Pflanzenkrankheiten
	Seuchen
	Insektenplagen (z. B. Heuschreckenplagen)
Extraterrestrische Naturgefahren Prozesse der Meteoritenbewegung im Weltall	Meteoriteneinschlag
Technologische Gefahren Gefahren in Verbindung mit dem Betrieb von technologischen oder industriellen Anlagen und darin auftretenden Unfällen	Verschmutzung durch Industrieanlagen, Industrieunfall
	Radioaktive Verseuchung, Giftabfälle
	Ölverschmutzung
	Pipelinebruch
	Dammbruch
	Explosion und Feuer
	Flugzeugabsturz
	Sabotage

Tab. 11.1 Fortsetzung

Gliederung	Beispiele
Umweltzerstörung bzw. sozial beeinflusste Naturgefahren	Klimaveränderung und Anstieg des Meeresspiegels
Durch menschliches Verhalten oder Aktivität verursachte Phänomene, die natürliche Ressourcen zerstören oder natürliche Prozesse oder Ökosysteme negativ verändern. Potenzielle Auswirkungen sind unterschiedlich und können zu einer Zunahme der Frequenz und Intensität von Naturgefahren beitragen	Bodenerosion, Bodendegradation
	Entwaldung
	Verlust an Biodiversität
	Boden-, Wasser- und Luftverschmutzung

Grundsätzlich können Naturgefahren nach Stärke (Magnitude), Dauer und räumlicher Ausdehnung unterschieden werden. Erdrutsche oder Erdbeben haben z. B. i. d. R. nur eine kurze Dauer von wenigen Sekunden und betreffen meist nur einen relativ kleinen Raum, während eine Dürre über Monate andauern und gleichzeitig eine große räumliche Ausdehnung haben kann. Hinzu kommt, dass sich Naturgefahren gegenseitig bedingen können, da einem Tsunami zunächst ein Seebeben vorausgeht oder eine Überschwemmung häufig infolge eines tropischen Wirbelsturms verursacht wird. Bestimmte Naturgefahren werden außerdem durch menschliches Handeln so stark beeinflusst, dass es zu einer Verschärfung der Gefahr kommen kann. So kann die Abholzung von Wäldern zweifellos das Auftreten von Erdrutschen begünstigen und insofern bietet sich je nach Kontext auch der Begriff von sozial beeinflussten Naturgefahren an (vgl. Tab. 11.1), weshalb UNISDR hier von socio-natural hazards spricht, aber gleichzeitig darauf hinweist, dass sich diese Definition aktuell noch in der Diskussion befindet (UNISDR 2009b, S. 30).

11.1.3 Naturrisiko (natural risk)

Das menschliche Handeln und die daraus resultierenden Wechselwirkungen mit natürlichen Prozessen sind von zentraler Bedeutung für den Begriff des Naturrisikos. Gerade am Begriff des Risikos zeigen sich erneut die Unterschiede zwischen einer eher naturwissenschaftlichen und einer eher sozialwissenschaftlichen Betrachtungsweise. In der naturwissenschaftlichen Betrachtung ist Risiko „eine Schadenswahrscheinlichkeit pro Wahrscheinlichkeitszeitraum (pro Jahr, pro Monat etc.) und damit nichts anderes als eine Häufigkeitsverteilung, die dann extrapoliert werden kann. […] Aus sozialwissenschaftlicher Sicht wird der Umstand betont, dass Risiken in der Öffentlichkeit in Zusammenhang mit Entscheidungen diskutiert werden" (Felgentreff und Dombrowsky 2008, S. 19 f.), die nur schwer zu quantifizieren sind.

In der Praxis sind jedoch oftmals eine mangelhafte Risikokommunikation und eine unzureichende Klärung von Zuständigkeiten der verschiedenen Akteure zu beobachten. In Zusammenhang mit der natur- und sozialwissenschaftlichen Betrachtungsweise unterstreicht dies die Notwendigkeit, einen interdisziplinären Ansatz zu verfolgen. Das Vorhandensein einer Naturgefahr und die berechenbare

Wahrscheinlichkeit eines durch sie ausgelösten Schadens für Menschen und Sachgüter in einem bestimmten Zeitraum spielen zweifellos eine wichtige Rolle, um Naturrisiken zu erfassen. Menschliche Entscheidungen sind aber in Anbetracht des potenziellen Schadens von mindestens ebenso großer Bedeutung, wobei diese Entscheidungen wiederum in Verbindung mit den gesellschaftlichen Rahmenbedingungen und der daraus resultierenden sog. Katastrophenanfälligkeit (siehe unten) gesetzt werden müssen. Wenn sich eine Gesellschaft einer Naturgefahr, ihrer Eintrittswahrscheinlichkeit und des potenziellen Schadens klar geworden ist und auch Maßnahmen zur Abwendung dieses Schadens bekannt sind, aber diese Maßnahmen entweder bewusst nicht umgesetzt werden oder weil es an den Ressourcen zur Umsetzung mangelt, dann ist die Gesellschaft in dem Moment dem Risiko ausgesetzt, dass sich der Schaden realisiert und es u. U. zu einer Katastrophe kommt, die bei einem anderen Umgang mit der Naturgefahr hätte verhindert werden können. „Wer in einem als erdbebengefährdet bekannten Gebiet [...] auf erdbebensichere Bauweise seines Hauses verzichtet, handelt [...] riskant. Kommt er zu Schaden, dann bewerten wir das anders, als wenn [...] niemand hätte wissen können, dass der Baugrund erdbebengefährdet ist. Naturgefahr meint i. d. S. dann eher die latent vorhandene vage Möglichkeit des Schadenseintritts, der man nicht entgehen kann. Einem Naturrisiko kann man hingegen ausweichen, man kann sich schützen, den Prozess selbst verhindern, mildern oder umlenken" (Felgentreff und Glade 2008, S. 4 f.), indem die Katastrophenanfälligkeit auf ein Minimum reduziert wird, vorausgesetzt man verfügt über die dafür notwendigen Ressourcen.

In der humanitären Praxis ist der Einbezug von menschlichen Entscheidungen und gesellschaftlicher Verantwortung von großer Bedeutung.[1] Bei den Maßnahmen des Katastrophenmanagements geht es u. a. darum, das Risikobewusstsein zu beeinflussen und frühzeitig Maßnahmen der Risikoreduktion zu ergreifen. Gleichzeitig sollten jedoch nicht die potenzielle Magnitude und Eintrittswahrscheinlichkeit extremer Naturereignisse in der Bewertung des Risikos vernachlässigt werden. Im Kontext der humanitären Hilfe und des Katastrophenmanagements lässt sich der Risikobegriff aus der Verbindung von Naturgefahr und Katastrophenanfälligkeit daher zunächst wie folgt ableiten: *Risiko = Naturgefahr × Katastrophenanfälligkeit.*

11.1.4 Naturkatastrophe (natural disaster)

Die Naturkatastrophe ist die Realisierung des Naturrisikos und zeichnet sich dadurch aus, dass es zu einer ernstzunehmenden Störung der Funktionsfähigkeit der Gesellschaft mit hohen Opferzahlen und massiven wirtschaftlichen Verlusten gekommen ist, die gleichzeitig die Selbsthilfefähigkeit der betroffenen Bevölkerung übersteigt (UNISDR 2009b, S. 4; Dikau und Weichselgartner 2005, S. 180). In einem solchen Fall ist zusätzliche Hilfe notwendig, um das Überleben der Bevölkerung zu sichern,

---

[1] An dieser Stelle sei auf den WeltRisikoBericht 2012 verwiesen, welcher den sog. WeltRisikoIndex berechnet und dadurch für 173 Länder darstellt, wie hoch hier jeweils das Risiko ist, Opfer einer Naturkatastrophe zu werden. In den Berechnungen werden sowohl die Naturgefahren als auch gesellschaftliche Faktoren einbezogen (Bündnis Entwicklung Hilft 2012).

Wiederaufbau zu unterstützen und Maßnahmen der Katastrophenvorsorge durchzuführen. Das Ausmaß der Katastrophe hängt damit zusammen, welche Maßnahmen der Risikoreduktion im Vorfeld ergriffen oder eben nicht ergriffen wurden. Es ist ein großer Unterschied, ob man in Haiti einem starken Erdbeben oder tropischen Wirbelsturm ausgesetzt ist oder in Japan. Die unterschiedlichen Auswirkungen eines Erdbebens oder eines Wirbelsturms sind dann nicht mehr allein durch die Magnitude des Naturereignisses zu erklären. Menschen sterben z. B. bei einem Erdbeben meist nicht unmittelbar durch das Naturereignis, sondern dadurch, dass das Haus nicht stabil genug gebaut wurde und infolge des Bebens eingestürzt ist oder keine Rettungskräfte oder medizinische Versorgung vor Ort zur Verfügung stehen. „Der Verzicht auf weitergehende Vorsorge ist Resultat menschlicher Entscheidungen, nicht aber der Natur in die Schuhe zu schieben" (Felgentreff und Glade 2008, S. 1).

Es ist folglich nicht allein das extreme Naturereignis, das die Katastrophe auslöst, sondern das Zusammentreffen des Naturereignisses mit den vom Menschen beeinflussten Sozialstrukturen. Insofern ist der Begriff der Naturkatastrophe irreführend, da die Ursachen und Folgen der Katastrophe nicht natürlich sind, sondern durch menschliches Handeln beeinflusst werden. Felgentreff und Glade haben sich dieser Thematik ausführlich angenommen und sprechen in ihrem Buch „Naturrisiken und Sozialkatastrophen" ganz bewusst nicht von Naturkatastrophen, sondern von Sozialkatastrophen, um die gesellschaftliche Verantwortung bei der Betrachtung der Ursachen von Katastrophen zu betonen (Felgentreff und Glade 2008, S. 2 ff.). Historisch betrachtet leuchtet jedoch schnell ein, warum sich der Begriff der Naturkatastrophe dennoch so stark etablieren konnte, da extreme Naturereignisse für lange Zeit mit übernatürlichen Kräften in Zusammenhang gebracht wurden, auf die der Mensch glaubte, keinen Einfluss zu haben. Die Menschen verfügten nur über ein begrenztes Wissen und eingeschränkte Maßnahmen zur Risikoreduktion, was sich erst mit Beginn der Aufklärung in Kombination mit technologisch-wissenschaftlichen Errungenschaften änderte.

Auch heute noch werden immer wieder die sozialen, wirtschaftlichen, politischen und kulturellen Gegebenheiten ignoriert, die maßgeblich an einer Katastrophe beteiligt sind, um damit von der gesellschaftlichen Verantwortung abzulenken. Anstatt z. B. vorangegangene Versäumnisse in der Stadtplanung oder Mittelkürzungen im Katastrophenschutz zu diskutieren, ist es für politisch Verantwortliche oftmals bequemer, die Schuld an der Katastrophe auf die Natur abzuwälzen (Felgentreff und Glade 2008, S. 2). Auch wenn der Begriff der Naturkatastrophe im Folgenden weiter verwendet wird, sollte dem Leser klar geworden sein, dass diese Verwendung nicht unkritisch erfolgt.

11.2 Katastrophenanfälligkeit bzw. Vulnerabilität – Was führt zur Katastrophe?

An der Schnittstelle von extremen Naturereignissen und den gesellschaftlichen Rahmenbedingungen spielt die Katastrophenanfälligkeit bzw. Verwundbarkeit oder Vulnerabilität eine herausragende Rolle. Mit dem Begriff und Konzept der Vulnerabilität soll beschrieben werden, welche Faktoren eigentlich zum Auftreten von Naturkatastrophen geführt haben. Zunächst ist allerdings zu beobachten, dass in den Sozial- und Naturwissenschaften im Hinblick auf die Definition und das Konzept von Vulnerabilität und über die Faktoren, welche die Vulnerabilität bestimmen, erneut unterschiedliche Auffassungen bestehen, was nicht sonderlich verwundern sollte, wenn bereits der Begriff des Risikos unterschiedlich verstanden wird (vgl. oben).

Die naturwissenschaftliche Vulnerabilitätsforschung „fokussiert sich auf die Umsetzung von vulnerabilitätsbestimmenden Faktoren mit jeweiligen Abhängigkeiten in mathematischen Ansätzen" (Bohle und Glade 2008, S. 106). Die im naturwissenschaftlichen Sinn definierte Vulnerabilität steht dabei in direktem Zusammenhang mit der Stärke eines schadenbringenden Naturereignisses und der Empfindlichkeit von vorher definierten Risikoelementen gegenüber einer Naturgefahr, z. B. die Berechnung des Schadenpotenzials in einer erdbebengefährdeten Region anhand der Bevölkerungs- oder Bebauungsdichte je nach Erdbebenstärke. Es geht um die konkrete Berechnung von Konsequenzen infolge eines potenziellen Schadensereignisses anhand von numerischen Werten, um daraus schließlich ein quantifizierbares Risiko ableiten und z. B. Aussagen über die Gefährdung von kritischen Versorgungseinrichtungen treffen zu können (Bohle und Glade 2008, S. 106 f.). Hierbei spielen folgende Faktoren eine wichtige Rolle: Häufigkeit, Stärke, Wahrscheinlichkeit, Dauer und räumliche Ausdehnung des Ereignisses. In der sozialwissenschaftlichen Betrachtung wird Vulnerabilität vor allem als gesellschaftliches Phänomen verstanden. Hier stehen die unterschiedlichen und risikoträchtigen gesellschaftlichen Prozesse im Mittelpunkt sowie die Frage, warum Naturereignisse mit gleicher oder ähnlicher Stärke, Dauer und räumlicher Ausdehnung zu unterschiedlichen Schäden führen, je nachdem, *wo* sie auftreten. Die Vulnerabilität entsteht bei dieser Betrachtung aus dem Zusammenspiel von historischen, sozialen, kulturellen und wirtschaftlichen Prozessen, wobei die Naturgefahr eher als gegeben und wenig veränderbar angesehen wird (Dikau und Weichselgartner 2005, S. 97). Sie findet in der Analyse von Vulnerabilität im Vergleich zu den gesellschaftlichen Prozessen deutlich weniger Beachtung.

Die unterschiedlichen gesellschaftlichen Prozesse stehen meist auch in der humanitären Praxis im Vordergrund, was nicht zuletzt daran liegt, dass die soziale Vulnerabilitätsforschung ihre Wurzeln in den verheerenden Hungerkatastrophen der 1970er- und 1980er-Jahre im Sahel hat. Damalige Untersuchungen stellten fest, dass die Ursache der Hungerkrisen nicht in einem Mangel an Lebensmitteln zu finden war, sondern darin, dass weite Teile der Bevölkerung aufgrund von spezifischen Verfügungsrechten und gesellschaftspolitischen Machtstrukturen keine Nahrung erwerben konnten und deshalb besonders anfällig gegenüber der Hungerkrise waren (van Dillen 2002, S. 145 f.). Die soziale Ursachenstruktur von Verwundbarkeit bzw. Katastrophenanfälligkeit rückte Anfang der 1990er Jahre in den Fokus der sozialwissenschaftlichen Vulnerabilitätsforschung, und Watts und Bohle (1993) platzierten die Vulnerabilität in ein soziales Umfeld, „das eine Art Koordinatensystem aus sozial-ökologischen, verfügungsrechtlichen und politisch-ökonomischen Theorieansätzen bildet" (Bohle und Glade 2008, S. 103). Dieser soziale Raum von Vulnerabilität verdeutlicht, dass die Katastrophenanfälligkeit

Tab. 11.2 Klassifizierung von Vulnerabilitätsfaktoren. (Quelle: Eigene Darstellung nach BMZ 2010, S. 9)

Vulnerabilitätsfaktoren	
Soziale Faktoren	*Ökonomische Faktoren*
Traditionelle Wissenssysteme	Sozioökonomischer Status
Risikowahrnehmung, Bildung, Erziehung	Armut und Ernährungslage
Zugang zu Informationen und Pressefreiheit	Einkommens- und Wirtschaftsstruktur
Rechtslage, Gesetze, Besitzverhältnisse, Menschenrechte	Saatgut, Anbaustrukturen, Technologie
Beteiligung und Einbezug von Minderheiten	Zugang zu Ressourcen und Dienstleistungen (Wasser, Energie, Gesundheit, Transport)
Bürgerbeteiligung, soziale Organisationen, Institutionen (Zivilgesellschaft)	Finanzreserven und Versicherung
Politik und Korruption	Anreiz- und Sanktionssysteme für Risikoreduktion
Gesundheitsstatus	Forschung und Entwicklung
Machtstrukturen und Konflikte	
Physische Faktoren	*Umweltfaktoren*
Technische Bauweise, Qualität von Siedlungen und Gebäuden	Nutzbarer Boden
Basisinfrastruktur	Nutzbares Wasser und Zugang zu Trinkwasser
Bevölkerungswachstum und -dichte	Biodiversität
Verstädterung	Stabilität der Ökosysteme

bestimmter Bevölkerungsgruppen nicht nur auf naturräumlich geprägte Risiken zurückzuführen ist, sondern auf gesellschaftliche Umstände.

Durch den Begriff der Vulnerabilität lassen sich also die Eigenschaften einer Person oder Gruppe gegenüber einer spezifischen Naturgefahr beschreiben, welche die Kapazitäten der Person oder Gruppe beeinflussen, die Auswirkungen der Naturgefahr abzuwenden, ihnen zu widerstehen, sie zu beherrschen oder zu verkraften und sich von ihnen wieder zeitnah zu erholen (Wisner et al. 2004, S. 11). Katastrophenanfälligkeit ist dabei von einer Vielzahl von Faktoren gekennzeichnet. Grundsätzlich sollte zwischen sozialen, ökonomischen und physischen Vulnerabilitätsfaktoren sowie Umweltfaktoren unterschieden werden (siehe Tab. 11.2). Soziale Faktoren beziehen sich z. B. auf den Zustand des Bildungssektors, die bestehende Risikowahrnehmung oder die gesellschaftliche Beteiligung von Minderheiten in einer bestimmten Region. Ökonomische Faktoren konzentrieren sich u. a. auf die Armutssituation oder den Zugang zu Ressourcen und Dienstleistungen. Physische Faktoren machen Aussagen, wie sich u. a. die technische Bauweise oder die Bevölkerungsdichte auf die Vulnerabilität vor Ort auswirken, und anhand von Umweltfaktoren lässt sich die Stabilität von Ökosystemen oder der Zugang zu sauberem Trinkwasser beurteilen.

Richtungsweisend für das aktuelle Verständnis von Katastrophenanfälligkeit sind zweifellos Wisner et al. (2004), welche die unterschiedlichen Vulnerabilitätsfaktoren ebenfalls klassifizieren, aber Vulnerabilität darüber hinaus in ihrem Pres-

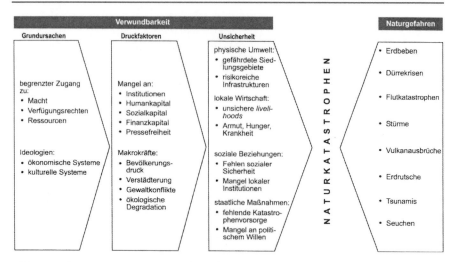

Abb. 11.1 Der Prozess von Katastrophenanfälligkeit. (Quelle: Bohle und Glade 2008, S. 105, nach Wisner et al. 2004, S. 51)

sure-and-Release-Modell als fortschreitenden Prozess darstellen (siehe Abb. 11.1). In diesem Prozess wird zwischen Grundursachen (root causes), Druckfaktoren (dynamic pressures) und Unsicherheit (unsafe conditions) unterschieden, die in ihrer Kombination die Vulnerabilität kontextabhängig bestimmen. Als Grundursachen von Vulnerabilität werden dabei die allgemeinen gesellschaftlichen, politischen und wirtschaftlichen Prozesse in einer katastrophenanfälligen Region verstanden, die auch eine Aussage über das grundsätzliche Funktionieren eines staatlichen Systems machen. Diese Grundursachen sind eng verknüpft mit der jeweiligen historischen und kulturellen Entwicklung und den vorherrschenden Ideologien, wobei die Verteilung von Macht und Ressourcen innerhalb einer Gesellschaft eine wichtige Rolle spielt, sodass sich auch die bereits oben angesprochenen Verfügungsrechte hier wiederfinden (Wisner et al. 2004, S. 53).

Bei den Druckfaktoren handelt es sich um die Prozesse innerhalb der Gesellschaft, die aus den Grundursachen konkrete Faktoren der Unsicherheit werden lassen. Der Mangel an Einkommen oder Ersparnissen, das Fehlen einer kritischen Presse aufgrund eingeschränkter Pressefreiheit, Landflucht, eine ungeplante Urbanisierung, gewalttätige Konflikte in einer Region oder die Abholzung von Mangrovenwäldern können hier exemplarisch als Druckfaktoren genannt werden, die dann bestimmte und mitunter auch unterschiedliche Bevölkerungsgruppen in eine unsichere Lage versetzen können. Die Unsicherheitsfaktoren sind der unmittelbare Ausdruck der Vulnerabilität von bestimmten Bevölkerungsgruppen, wobei diese Faktoren in Bezug zu den vorherrschenden Naturgefahren gesetzt werden müssen. Auch wenn dieser Prozess der Vulnerabilität im Pressure-and-Release-Modell (vgl. Abb. 11.1) detailliert beschrieben wird, weist das Modell eine gewisse Lücke in Hinblick auf die unterschiedliche Ausprägung bestimmter Naturgefahren auf. Es entsteht mitunter der Eindruck, dass die Naturgefahr unbeeinflussbar von außen auf die Bevölkerung einwirkt. Das gesellschaftliche Handeln, welches die Ausprägung von Naturgefahren direkt mitbeeinflusst, kommt im Modell etwas zu kurz. Dennoch ist das Modell von Wisner et al. (2004) gut geeignet, um zu verstehen, dass nicht jede Gesellschaft oder Bevölkerungsgruppe gleich vulnerabel gegenüber extremen Naturereignissen ist, vor allem nicht im globalen Vergleich. Der Zusammenhang zwischen Katastrophenanfälligkeit und Entwicklungsstand eines Landes oder einer Region ist dabei offensichtlich, und so sind heute etwa zwei Drittel der Todesfälle infolge von Naturkatastrophen in Ländern zu beklagen, die nur über einen niedrigen Index der menschlichen Entwicklung (Human Development Index, HDI) verfügen (vgl. BMZ 2010, S. 14 und siehe Abschn. 11.3).

Die Bedeutung von Armut als Treiber der Katastrophenanfälligkeit muss besonders hervorgehoben werden. Zwischen Armut und Vulnerabilität bestehen enge Wechselwirkungen, da Armut ein zentraler Faktor für Todesfälle in Zusammenhang mit extremen Naturereignissen ist. Heute leben noch immer etwa eine Milliarde Menschen weltweit in absoluter Armut und haben weniger als einen US-Dollar in lokaler Kaufkraft zur Verfügung (BMZ 2010, S. 14). Diese besonders katastrophenanfälligen Bevölkerungsgruppen haben nur unzureichende Möglichkeiten, sich gegen die negativen Auswirkungen von extremen Naturereignissen ausreichend zu schützen. Zudem benötigen sie aufgrund der Vulnerabilitätsfaktoren deutlich länger, um sich von den Folgen einer Katastrophe wieder zu erholen, was ihre Anfälligkeit noch weiter verschärfen kann. Dies hat entsprechende Implikationen für die humanitäre Hilfe. Katastrophenanfällige Gruppen sind deutlich länger auf Unterstützung angewiesen und humanitäre Akteure müssen sich die Frage stellen, mit welchen Maßnahmen sie möglichst frühzeitig zur Verringerung der Vulnerabilität beitragen können. Vulnerabilität darf dabei aber nicht als Passivität der bedrohten Bevölkerung missverstanden werden. Menschen mit einer hohen Katastrophenanfälligkeit sind nicht nur potenziell Betroffene einer Katastrophe, sondern vor allem als lokale Akteure des Katastrophenmanagements zu begreifen. In gefährdeten Regionen wird man vor Ort auf eine Vielzahl von Bewältigungsmechanismen treffen, wie z. B. Maßnahmen zur Diversifizierung der Landwirtschaft in dürre- oder überflutungsgefährdeten Gebieten oder bereits erprobte Evakuierungswege in sturmgefährdeten Regionen. Diese Selbsthilfekapazitäten sollten von humanitären Akteuren zu Beginn jeglicher Maßnahmen unterstützt und ausgebaut werden, da sie zur Stärkung der sog. Widerstandsfähigkeit (Resilienz) essenziell beitragen, wodurch sich gleichzeitig auch das zukünftige Katastrophenrisiko reduziert:

$$\text{Risiko} = \frac{\text{Naturgefahr} \times \text{Katastrophenanfälligkeit}}{\text{Selbsthilfekapazität}}$$

Die Arbeit von humanitären Organisationen, z. B. in einem Katastrophengebiet, wirkt sich nach einer Katastrophe ebenfalls unmittelbar auf die Katastrophenanfälligkeit der betroffenen Bevölkerung aus (z. B. durch die Art und Weise der Hilfsgüterverteilung und den Einbezug von besonders vulnerablen Bevölkerungsgruppen). Die in weniger entwickelten Ländern bestehenden sozialen, wirtschaftlichen und physischen Faktoren sowie die Umweltfaktoren der Katastrophenanfälligkeit müssen daher auf der praktischen Handlungsebene von Beginn an in der Planung und Durchführung von humanitären Projekten Berücksichtigung finden. Zeitgleich muss der Ausgrenzung von marginalisierten Bevölkerungsgruppen von Beginn an entgegengewirkt werden. Humanitäre Akteure sollten eine frühzeitige Berücksichtigung und Beteiligung von besonders katastrophenanfälligen Personen und Bevölkerungsgruppen gewährleisten, um dadurch die vor Ort bereits vorhandenen Selbsthilfekapazitäten und Bewältigungsstrategien zunächst zu verstehen und anschließend unterstützen zu können. Durch die zeitnahe Durchführung von Risiko- und Vulnerabilitätsanalysen (siehe Kap. 14) können zudem frühzeitig Maßnahmen identifiziert werden, die z. B. zur Stärkung der Einkommensstruktur beitragen oder den Zugang zu Lebensmitteln sowie zu Gesundheitsdienstleistungen fördern. Diese frühzeitige Integration von vulnerablen Gruppen gewährleistet einen möglichst reibungslosen Übergang in den anschließenden Wiederaufbauprozess und kann den Grundstein dafür legen, die Resilienz vor Ort nachhaltig zu stärken. Zeitgleich müssen die vulnerablen Gruppen auch durch die zuständigen Behörden berücksichtigt werden und einen Zugang zu den staatlichen Leistungen und die notwendige Unterstützung zur Verbesserung ihrer Lebenssituation erhalten.

Zusammenfassend lässt sich festhalten, dass sich Naturkatastrophen erst in der Verknüpfung von Umwelt (vor allem in Form extremer Naturereignisse) und Gesellschaft ereignen. Sie sind das Ergebnis des realisierten und bereits auch teilweise sozial bedingten Naturrisikos. Die unterschiedlichen Ansätze in der Analyse von Vulnerabilität müssen deshalb in der Praxis noch stärker zusammengeführt werden, vor allem in der Katastrophenvorsorge (siehe Kap. 14). In der humanitären Hilfe sollte Vulnerabilität sowohl in Form von naturräumlichen Risikofaktoren interpretiert werden als auch in Form von durch den Menschen beeinflussbare soziale, ökonomische und physische Faktoren.

11.3 Häufigkeit, Intensität und Trends – Gibt es immer mehr Naturkatastrophen?

Im Folgenden rücken die Anzahl von Großkatastrophen mit Tausenden von Toten und Verletzten und schweren volkswirtschaftlichen Schäden im Verlauf der letzten Jahrzehnte ins Zentrum der Betrachtung. Die folgenden Ausführungen konzentrieren sich auf die Auswertung der Global Assessment Reports von UNISDR (UNISDR 2009a, 2011) sowie die World Disaster Reports der Internationalen Föderation der Rotkreuz- und Rothalbmondgesellschaften (IFRC), die vor allem auf die Daten der International Emergency Database (EM-DAT) zurückgreifen (vgl. IFRC 2001, 2011). Der Fokus der Betrachtung liegt dabei auf dem Zeitraum von 1991 bis 2010. In Tab. 11.3 werden die Anzahl der unterschiedlichen Katastrophen von 1991 bis 2010 und die dadurch verursachten Todesfälle dargestellt. Dabei wird zwischen hydrologisch-meteorologischen (kurz: hydrometeorologischen) und geologisch-geomorphologischen (kurz: geologischen) Katastrophen sowie zwischen technologischen und sonstigen Katastrophen unterschieden. In den Jahren 1991 bis einschließlich 2010 wurden weltweit 11.773 Katastrophen registriert, inklusive der technologischen Katastrophen (siehe Tab. 11.3). Bei diesen Katastrophen starben 2.065.704 Personen. Die meisten Todesopfer sind in diesem Zeitraum in Zusammenhang mit hydrometeorologischen Extremereignissen (1.143.045 Tote) und geologischen Extremereignissen (740.896 Tote) zu beklagen gewesen. In Verbindung mit technologischen Katastrophen kamen 178.774 Menschen und durch andere Katastrophen 2.989 Menschen ums Leben (IFRC 2001, S. 178 f; IFRC 2011, S. 212 f.).

Zwischen 1991 und 2010 haben sich insgesamt 5.920 Katastrophen in Verbindung mit hydrometeorologischen Naturgefahren ereignet, wobei die meisten Personen infolge von Dürren, Sturmereignissen und extremen Temperaturen (Hitze- und Kältewellen) zu Tode kamen, gefolgt von Überschwemmungen, Massenbewegungen hydrologischen Ursprungs (vor allem Erdrutsche und Lawinen) und Waldbränden. Im selben Zeitraum ereigneten sich 611 Katastrophen in Verbindung mit geologischen Naturgefahren, und hier forderten Erdbeben mit Abstand die meisten Todesopfer. Bei den technologischen Katastrophen wird zwischen Verkehrsunfällen (z. B. Flugzeugabstürze), Industrieunfällen und anderen Unfällen unterschieden. Verkehrsunfälle haben in dieser Kategorie mit Abstand zu den meisten Todesfällen geführt. In der Kategorie der sonstigen Katastrophen wird vor allem zwischen Insektenbefall und sonstigen Massenbewegungen geologischen Ursprungs (z. B. Steinschläge und Bergsenkungen) unterschieden. Infolge von 48 dieser sonstigen Katastrophen starben zwischen 1991 und 2010 insgesamt 2.989 Menschen, wobei sich nicht darstellen lässt, welche dieser Ereignisse die meisten Todesopfer forderten.

In Anbetracht ihrer Anzahl und Auswirkungen werden sich die folgenden Darstellungen auf die Katastrophen hydrometeorologischen Ursprungs und geologischen Ursprungs (nur Erdbeben und Vulkanausbrüche) konzentrieren. Die sonstigen Katastrophen (Insektenbefall und sonstige Massenbewegungen geologischen Ursprungs) werden nicht weiter analysiert. Auch auf die technologischen Katastrophen wird im Folgenden nicht weiter eingegangen, da sich dieses Kapitel mit den humanitären Konsequenzen infolge von Naturkatastrophen auseinandersetzt. Es sei an dieser Stelle dennoch kurz auf die Bedeutung von technologischen Katastrophen hingewiesen. Die letzten Jahre haben eindrucksvoll vor Augen geführt, wie schnell es zu katastrophalen Wechselwirkungen zwischen Naturgefahren und technologischen Gefahren kommen kann. Der Atomunfall in dem japanischen Atomkraftwerk Fukushima im Frühjahr 2011 in Zusammenhang mit einem vorangegangenen Erdbeben und Tsunami ist hierfür nur ein Beispiel (UNISDR 2011, S. 7). In zahlreichen Ländern existieren nur unzureichend gesicherte Gift- und Chemikalienlager, die in Verbindung mit extremen Naturgefahren sehr schnell ein großes und zusätzliches Risiko für die Bevölkerung darstellen (UNISDR 2011, S. 51).

Tabelle 11.3 zeigt, dass sich die Todesopfer nicht gleichmäßig auf die unterschiedlichen Kategorien von Katastrophenereignissen verteilen. Es ist außerdem zu betonen, dass nicht jede Überschwemmung oder jedes Erdbeben zu einer ähnlichen Anzahl an Todesopfern führt. Im Gegenteil, es ist eine vergleichsweise geringe Anzahl an sog. Megaereignissen oder Megakatastrophen, welche in der Vergangenheit schlagartig zu einer großen Anzahl von Opfern geführt haben, wie z. B. der Tsunami

Tab. 11.3 Katastrophen und Todesopfer zwischen 1991 und 2010. (Quelle: Eigene Darstellung nach IFRC 2001, S. 178 f. und IFRC 2011, S. 212 f.)

Hydrometeorologische Katastrophen		
Art	Anzahl	Todesopfer
Überschwemmung	2.680	154.047
Sturmereignisse	1.792	377.981
Dürren	483	433.809
Massenbewegungen (hydrologisch):	369	19.574
Extreme Temperaturen	352	156.284
Waldbrände	244	1.350
Gesamt	*5.920*	*1.143.045*
Geologische Katastrophen		
Art	Anzahl	Todesopfer
Erdbeben	495	739.394
Vulkanausbrüche	116	1.502
Gesamt	*611*	*740.896*
Technologische Katastrophen		
Verkehrsunfälle	3.516	126.976
Industrieunfälle	911	25.577
Sonstige Unfälle	767	26.221
Gesamt	*5.194*	*178.774*
Sonstige Katastrophen[a]		
Insektenbefall, starke Brandung und Wellen von 1991 bis 2000	25	2.989
Insektenbefall von 2001 bis 2010	16	
Sonstige Massenbewegungen (geologisch) von 2001–2010	7	
Gesamt	*48*	*2.989*

[a] In den IFRC World Disaster Reports wurden zwischenzeitlich die Kategorien der Katastrophenereignisse verändert: Von 1991 bis 2000 wurden in der Kategorie „Sonstige Katastrophen" noch Insektenbefall sowie starke Brandungs- und Wellenereignisse zusammengefasst. Von 2001 bis 2010 entfiel diese Kategorie. Katastrophen in Zusammenhang mit Insektenbefall wurden als eigene Kategorie aufgeführt und starke Brandungs- und Wellenereignisse der Kategorie „Überschwemmungen" zugeordnet. Folglich ist zu beachten, dass die Kategorie „Überschwemmungen" von 1991 bis 2000 noch keine starken Brandungs- und Wellenereignisse enthält. In Anbetracht der geringen Anzahl von aufgeführten sonstigen Katastrophen von 1991 bis 2000 (25 Ereignisse) ist dieser Umstand zu vernachlässigen. Sonstige Massenbewegungen geologischen Ursprungs wurden von 1991 bis 2000 noch nicht gesondert in den IFRC World Disaster Reports aufgeführt, sondern erst von 2001 bis 2010 als eigene Kategorie aufgenommen. Es ist unklar, in welcher Kategorie die Katastrophen in Verbindung mit diesen sonstigen Massenbewegungen geologischen Ursprungs zwischen 1991 und 2000 berücksichtigt wurden. In Anbetracht der sehr geringen Gesamtzahl dieser sonstigen Massenbewegungen ist dieser Umstand ebenfalls zu vernachlässigen. Katastrophen in Verbindung mit Massenbewegungen hydrologischen Ursprungs wurden von 1991 bis 2000 noch als Kategorie „Lawinen und Erdrutsche" aufgeführt, aber 2001 bis 2010 in die Kategorie „Massenbewegungen hydrologischen Ursprungs" umbenannt. Diese Bezeichnung findet sich auch in Abb. 11.4

im Indischen Ozean 2004 oder das Erdbeben in Haiti 2010. Die EM-DAT verzeichnete zwischen Januar 1975 und Oktober 2008 beispielsweise fast 8.700 Katastrophen mit mehr als 2,2 Mio. Todesopfern, wobei jedoch mehr als 1,7 Mio. Todesopfer auf nur 23 Megaereignisse zurückzuführen waren. In Prozentzahlen ausgedrückt bedeutet dies, dass zwischen 1975 und 2008 nur 0,26 % der Katastrophen für 78,2 % der Mortalität verantwortlich waren (UNISDR 2009a, S. 3). Die Todesopfer infolge dieser Katastrophen waren vor allem in weniger entwickelten Ländern zu beklagen. Bei einer Analyse der vergangenen Katastrophen wird schnell deutlich, dass in Ländern mit einem geringen Bruttoinlandsprodukt (BIP) und einer eher schlechten Regierungsführung ein deutlich höheres Sterblichkeitsrisiko (mortality risk) infolge von Naturkatastrophen besteht als in Ländern mit einem hohen BIP und einer guten Regierungsführung (UNISDR 2011, S. 21). Dies ist insbesondere in Zusammenhang mit wetterbedingten Extremereignissen der Fall, wie tropische Wirbelstürme, Überflutungen und durch Regenfälle verursachte Erdrutsche.

Naturkatastrophen haben aber nicht nur zu Todesopfern, sondern auch zu einer großen Anzahl an Betroffenen geführt, die in Zusammenhang mit katastrophalen Naturereignissen Verletzungen erlitten haben, obdachlos geworden sind oder ihre Existenzgrundlagen verloren haben. Die World Disaster Reports verzeichnen hier für die beiden Jahrzehnte von 1991 bis 2010 ca. 4,8 Mrd. Betroffene infolge von Naturkatastrophen in Zusammenhang mit hydrometeorologischen und geologischen Naturereignissen. Die meisten Menschen wurden dabei durch Überschwemmungen (ca. 2,5 Mrd. Personen), Dürren (ca. 1,4 Mrd. Personen) und Sturmereignisse (ca. 640 Mio. Personen) betroffen (IFRC 2001, S. 180; IFRC 2011, S. 216). Die Verwendung dieser absoluten Gesamtzahlen eines Jahrzehntes kann allerdings etwas irreführend sein, da z. B. Personen, die zweimal im Jahrzehnt von einer Überschwemmung betroffen worden sind, auch zweimal in der Statistik erscheinen. Insofern ist es sinnvoller, die Anzahl an Betroffenen pro Jahr zu betrachten. Hier variiert die Anzahl von Betroffenen von 1991 bis 2010 zwischen ca. 67 Mio. Personen (im Jahr 1997) und ca. 708 Mio. (im Jahr 2002). Im Durchschnitt wurden zwischen 1991 und 2010 pro Jahr ca. 240 Mio. Menschen durch Naturkatastrophen betroffen.

Seit 2001 beschreiben die World Disaster Reports das Auftreten von Katastrophen auch in Verbindung mit dem HDI der betroffenen Länder. Die Länder werden dabei den Gruppen „Geringer Entwicklungsstand", „Mittlerer Entwicklungsstand", „Hoher Entwicklungsstand" oder „Sehr hoher Entwicklungsstand" zugeordnet (IFRC 2011, S. 220). Die Anzahl an Naturkatastrophen hat sich dabei seit 2001 relativ gleichmäßig auf die jeweiligen Gruppen verteilt. Auf die Länder mit einem mittleren Entwicklungsstand entfallen 35 % der Katastrophenereignisse, auf die mit niedrigem Entwicklungsstand und mit hohem Entwicklungsstand jeweils 22 % und auf die Länder mit sehr hohem Entwicklungsstand 21 %. Diese Verteilung beschreibt jedoch noch nicht die Folgen der Katastrophen in den jeweiligen HDI-Gruppen. Betrachtet man die Anzahl an Todesopfern infolge von Naturkatastrophen in Zusammenhang mit den HDI-Gruppen, zeigen sich gravierende Unterschiede: Die meisten Todesopfer (45 %) sind dabei in Ländern mit geringem Entwicklungsstand zu verzeichnen, gefolgt von den Ländern mit mittlerem Entwicklungsstand (40 %). Deutlich weniger Todesopfer infolge von Katastrophen treten dabei in Ländern mit hohem Entwicklungsstand (8 %) und Ländern mit sehr hohem Entwicklungsstand (7 %) auf (siehe Abb. 11.2), was die Relevanz der in Abschn. 11.2 beschriebenen Vulnerabilitätsfaktoren unterstreicht.

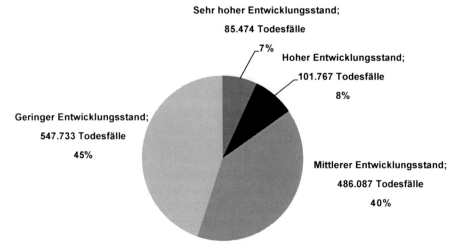

Abb. 11.2 Anzahl der getöteten Personen nach HDI-Index von 1991 bis 2010. (Quelle: Eigene Darstellung nach IFRC 2011, S. 222)

Während in den Ländern mit niedrigem Entwicklungsstand die meisten Todesopfer infolge von Naturkatastrophen zu beklagen sind, finden sich die meisten Betroffenen in den Ländern mit einem mittleren Entwicklungsstand. Zwischen 2001 und 2010 wurden ca. 2,67 Mrd. Betroffene registriert; davon entfallen 80 % auf die Länder mittleren Entwicklungsstands (IFRC 2011, S. 224 f.). Auch wenn es hier in Anbetracht der Darstellung von Gesamtzahlen eines Jahrzehnts, wie oben bereits dargestellt, ebenfalls zu statistischen Verzerrungen kommen kann, entfallen erheblich weniger Betroffene auf die anderen HDI-Gruppen.

Durch Naturkatastrophen sind aber nicht nur Menschenleben zu beklagen, sondern auch enorme wirtschaftliche Verluste. Von 1991 bis 2010 wurden durch Katastrophen in Verbindung mit hydrometeorologischen und geologischen Naturgefahren wirtschaftliche Gesamtschäden in Höhe von mindestens US$ 4,8 Bio. verursacht (siehe Abb. 11.3). Noch nicht in diesen Berechnungen berücksichtigt ist das Jahr 2011, in dem es besonders aufgrund des Erdbebens, Tsunamis und des sich anschließenden Atomunfalls in Japan zu wirtschaftlichen Schäden in Höhe von ca. US$ 366 Mrd. kam (UNISDR 2012, S. 1). Damit hat 2011 das Jahr 2005 als das Jahr mit den höchsten wirtschaftlichen Gesamtschäden infolge von Naturkatastrophen (ca. US$ 240 Mrd. Schaden) abgelöst.

Die Daten zu den wirtschaftlichen Schäden aufgrund von Naturkatastrophen basieren i. d. R. auf Angaben von Regierungen der betroffenen Länder und auf Versicherungsangaben. Die tatsächliche Aussagekraft dieser Zahlen ist daher eher als begrenzt zu betrachten, da Menschen in weniger entwickelten Länder selten über Versicherungen verfügen und die Schäden an der Infrastruktur in diesen Ländern – rein monetär betrachtet – oft geringer ausfallen als Schäden an der Infrastruktur in Industrieländern (Walker et al. 2012, S. 13). Zudem werden der Verlust von Menschenleben oder die Zerstörung von traditionell-kulturell wichtigen Stätten

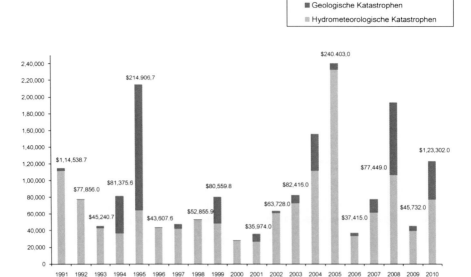

Abb. 11.3 Wirtschaftliche Schäden durch Katastrophen (in Mio. US$) von 1991 bis 2010. (Quelle: Eigene Darstellung nach IFRC 2001, S. 181 und IFRC 2011, S. 218)

und Ökosystemen bei der Berechnung von wirtschaftlichen Schäden nicht beachtet, da diese Faktoren monetär schwierig zu bemessen sind, jedoch einen hohen Einfluss auf die Wirtschaftskraft eines Staates haben können (IPCC 2012, S. 7).

Im Vergleich zwischen weniger entwickelten Ländern und Industrieländern besteht in Entwicklungsländern nicht nur eine höhere Wahrscheinlichkeit, infolge von Naturkatastrophen zu sterben, sondern ärmere Länder leiden auch deutlich stärker unter den ökonomischen Implikationen von Katastrophen, da diese Länder die Katastrophenfolgen wirtschaftlich deutlich schlechter absorbieren können und folglich größere Schwierigkeiten haben, sich wirtschaftlich wieder von diesen Folgen zu erholen (UNISDR 2011, S. 7). Betrachtet man die kontinentale Verteilung von Naturkatastrophen in Verbindung mit hydrometeorologischen und geophysikalischen Naturgefahren zwischen 1991 und 2010, wird deutlich, dass sich die meisten Katastrophen in Asien ereignet haben. Hier spielen die oben aufgeführten Vulnerabilitätsfaktoren, wie z. B. Bevölkerungswachstum und -dichte, Verstädterung und vor allem die Besiedelung von Risikogebieten sowie eine oftmals anfällige Infrastruktur eine zentrale Rolle.

Vergleicht man den Zeitraum 1991 bis 2000 mit dem Zeitraum 2001 bis 2010, so ist es auf allen Kontinenten zu einer Zunahme von Naturkatastrophen gekommen, vor allem zu einer Zunahme von Katastrophen in Verbindung mit hydrometeorologischen Extremereignissen. Weltweit gab es hier im Vergleich der beiden Jahrzehnte einen Anstieg von 61 %, am deutlichsten in Afrika mit 101 %. Dieser Trend einer Zunahme von Naturkatastrophen wird auch bei der Betrachtung der einzelnen Katastrophenereignisse zwischen 1991 und 2010 deutlich. Während die Anzahl

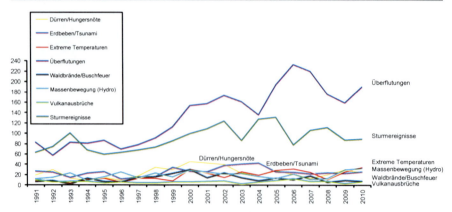

Abb. 11.4 Anzahl von Katastrophen nach Ursprung und Jahr von 1991 bis 2010. (Quelle: Eigene Darstellung nach IFRC 2001, S. 182 und IFRC 2011, S. 220)

an Naturkatastrophen in Verbindung mit geologischen Naturgefahren relativ unverändert geblieben ist, gab es bei den Katastrophen in Verbindung mit hydrometeorologischen Naturgefahren teilweise einen erheblichen Anstieg, vor allem von Überschwemmungen, Massenbewegungen hydrologischen Ursprungs, extremen Temperaturen und Sturmereignissen (siehe Abb. 11.4).

Die durchschnittliche Anzahl von Todesopfern pro Jahr infolge von Naturkatastrophen ist im direkten Vergleich der beiden Jahrzehnte (1991–2000 und 2001–2010) ebenfalls deutlich angestiegen. Während zwischen 1991 und 2000 durchschnittlich pro Jahr ca. 66.000 Personen ums Leben kamen, starben zwischen 2001 und 2010 durchschnittlich 122.000 Personen pro Jahr. Dieser Trend ist auch bei der Anzahl von Betroffenen zu erkennen. Lag die durchschnittliche Anzahl von Betroffenen infolge von Naturkatastrophen zwischen 1991 und 2000 noch bei ca. 210 Mio. Personen pro Jahr, waren es zwischen 2001 und 2010 bereits durchschnittlich ca. 267 Mio. Betroffene pro Jahr (IFRC 2001, S. 180; IFRC 2011, S. 216). Wie bereits deutlich geworden ist, sind die Menschen in weniger entwickelten Ländern durch diese Zunahme an Naturkatastrophen am meisten gefährdet. Die in diesen Ländern z. T. stark ausgeprägten Vulnerabilitätsfaktoren tragen erheblich dazu bei, dass die Anzahl an Katastrophen, Todesopfern und Betroffenen infolge von extremen Naturereignissen in den vergangenen Jahren eine derartige Steigerung erfahren hat. Von besonderer Relevanz sind hier die Faktoren Armut, Bevölkerungswachstum und Verstädterung (Urbanisierung) in Verbindung mit dem anthropogenen, also durch den Menschen verursachten Klimawandel (siehe Kap. 11.4).

Die Global Assessment Reports von UNISDR verdeutlichen, dass Armut eng mit dem Risiko verknüpft ist, Opfer einer Katastrophe zu werden. Die geringe Widerstandsfähigkeit von Menschen unterhalb der Armutsgrenze ist auf die Abwesenheit von sozialen Schutzmaßnahmen und die mangelhafte Verbreitung von Katastrophenvorsorgestrategien in weniger entwickelten Ländern zurückzuführen (UNISDR 2009a, S. 9). Die von Armut betroffenen und häufig auch marginalisierten Gruppen der Gesellschaft weisen gegenüber extremen Naturereignissen eine besonders hohe Verwundbarkeit auf, da sie nur einen begrenzten Zugang zu lebenswichtigen Ressourcen, einer Gesundheitsversorgung, sicherer Unterkunft und Bildung haben. Besonders gefährdet sind dabei von Frauen geführte arme Haushalte, Kinder, ältere und kranke Menschen, Menschen mit Behinderungen oder von Subsistenzlandwirtschaft lebende Bauern. Gleichzeitig besteht die Gefahr, dass Naturkatastrophen bestehende Armut noch weiter verschärfen, da extreme Naturereignisse binnen kürzester Zeit Entwicklungsfortschritte von Jahrzehnten wieder zerstören können. Menschen, die in Armut leben, werden daher häufiger Opfer von Katastrophen und die Langzeiteffekte von Katastrophen wirken sich besonders auf diese anfälligsten Bevölkerungsgruppen aus.

Zwischen 1970 und 2010 ist die Weltbevölkerung von 3,7 Mrd. auf 6,9 Mrd. Menschen gestiegen und immer mehr Menschen leben inzwischen in Überschwemmungsgebieten und in Regionen, die z. B. einem hohen Risiko tropischer Wirbelstürme ausgesetzt sind. Die Zahl der Menschen, die in potenziell gefährdeten Küstenregionen lebt, wächst dabei sogar noch schneller als die Weltbevölkerung. Über 600 Mio. Menschen leben heute in Regionen, die weniger als zehn Meter über dem Meeresspiegel und damit in Hochrisikogebieten liegen (UNISDR 2009a, S. 110). Gleichzeitig nimmt die Urbanisierung immer weiter zu, und während heute bereits die Hälfte der Weltbevölkerung in städtischen Zentren lebt, wird diese Zahl bis 2030 noch auf fast zwei Drittel ansteigen (BMZ 2011, S. 17), wobei die Mehrzahl der Großstädte mit über 5 Mio. Einwohnern bereits heute in weniger entwickelten Ländern liegt. Zahlreiche Großstädte, wie z. B. Mexiko City oder Istanbul, sind zudem einem hohen Erdbebenrisiko ausgesetzt, andere wiederum einem hohen Hochwasserrisiko. Mit einem rasanten Wachstum der Städte nimmt auch die Zahl der Bewohner von sog. informellen Siedlungen zu. Nicht zuletzt aufgrund mangelhafter Stadt- und Regionalplanung handelt es sich bei diesen informellen städtischen Besiedelungen i. d. R. um die am stärksten gefährdeten Bereiche der Stadt, wie Überflutungsflächen oder Steilhänge (Walker et al. 2012, S. 23). Infolge von fehlenden Baunormen besteht ein entsprechend hohes Zerstörungspotenzial auf engem Raum, wie u. a. das Erdbeben in Haiti 2010 verdeutlichte, und unklare Besitzverhältnisse benachteiligen die in Armut lebende Slumbevölkerung im Wiederaufbauprozess zusätzlich. „Unzureichende Evakuierungspläne und ungeklärte Zuständigkeiten zwischen einzelnen Behörden und Zivilschutzorganisationen können im Katastrophenfall zu komplexen Ausfällen städtischer Dienstleistungssysteme führen. Bei Katastropheneintritt droht insbesondere in großen Städten ein Zusammenbruch öffentlicher Ordnung […]" (BMZ 2011, S. 18).

11.4 Klimawandel und seine Folgen – Was gibt es für Herausforderungen für die humanitäre Hilfe?

In Abschn. 11.3 ist bereits angedeutet worden, dass der Klimawandel in Kombination mit dem erwähnten Bevölkerungswachstum, einer in weniger entwickelten Ländern oftmals ungeplanten Verstädterung, der damit verbundenen Abhängigkeit von krisenanfälligen Versorgungswegen sowie der Übernutzung lebenswichtiger

Ressourcen derzeit eine der größten Herausforderungen, vielleicht sogar die größte Herausforderung für die humanitäre Hilfe und das internationale Katastrophenmanagement, aber auch für die Entwicklungszusammenarbeit ist. Vor allem aufgrund des zukünftigen Gefahrenpotenzials, das vom Klimawandel ausgeht, werden die damit einhergehenden Herausforderungen für die humanitäre Hilfe im Folgenden etwas detaillierter umrissen. Der sog. Weltklimarat (Intergovernmental Panel on Climate Change, IPCC) hat bereits in seinem vierten Sachstandbericht 2007 prognostiziert, dass sich die globale Mitteltemperatur der Atmosphäre um bis zu 6,4 Grad Celsius bis zum Ende dieses Jahrhunderts erwärmen und es zu einem Anstieg des Meeresspiegels kommen könnte, der die Existenz von Menschen in Küstenregionen und in zahlreichen Inselstaaten gefährden wird (IPCC 2007a, b, c). Der Grund für diese Entwicklung ist der ungebremste Ausstoß von Treibhausgasen, vor allem CO_2, infolge der Nutzung von fossilen Energieträgern und der großflächigen Abholzungen von Wäldern in zahlreichen Regionen der Erde. In einem Sonderbericht über extreme Wetterereignisse, dem Special Report on Managing the Risks of Extreme Events and Disasters to Advance Climate Change Adaptation (SREX) (IPCC 2012), weist der IPCC zudem auf die Gefahr einer Zunahme von Extremwetterereignissen wie z. B. Hitzewellen und Starkniederschlägen in verschiedenen Regionen der Erde infolge des Klimawandels hin und betont dabei das Risiko, welches sich dadurch für katastrophenanfällige Bevölkerungsgruppen in weniger entwickelten Ländern ergibt.

Die Kernaussagen des SREX können wie folgt zusammengefasst werden (IPCC 2012; ODI und RC/RC Climate Centre 2011, S. 1 ff.):

- Aufgrund des Bevölkerungswachstums, rasanter Urbanisierung, sozioökonomischer Veränderungen und der Besiedlung von küstennahen Regionen nimmt das Katastrophenrisiko auch ohne Einbezug des Klimawandels zu.
- Es gibt deutliche Anzeichen, dass sich die Magnitude und Frequenz von extremen Wetterereignissen in bestimmten Regionen aufgrund des Klimawandels bereits verändert haben, vor allem in Bezug auf die Zunahme von extrem kalten und extrem heißen Tagen sowie im Hinblick auf extreme Niederschläge.
- Der Klimawandel wird signifikanten Einfluss auf die Magnitude und das Schadenspotenzial von extremen Wetterereignissen in der Zukunft haben und mit einem immer dramatischeren Voranschreiten des Klimawandels werden im weiteren Verlauf des 21. Jahrhunderts Extremwetter- und Katastrophenereignisse erheblich zunehmen.
- Die Informationslage über die Veränderungen von Extremwettergefahren und die Aussagewahrscheinlichkeit bzgl. der Extremwetter-Trends hat sich in zahlreichen Regionen verbessert. Dennoch wird es infolge des Klimawandels gleichzeitig schwieriger, einzelne Extremwetterereignisse vorherzusagen, da der Klimawandel auch zu Ereignissen in einer Art führen kann, wie sie bisher noch nicht aufgetreten sind (z. B. Niederschlagsmengen in bisher unbekannten Höhen, Auftreten von tropischen Wirbelstürmen in bislang sicheren Regionen).
- Aufgrund der Kombination aus hoher Katastrophenanfälligkeit und der Zunahme von extremen Wetterereignissen wird es in bestimmten Regionen, wie z. B. Atollen, schwierig sein zu leben. Diese Aussage könnte ebenfalls für Regionen

zutreffen, die einer Zunahme von Hitzewellen und Dürren ausgesetzt sein werden.
- Es bedarf einer neuen Gewichtung von Maßnahmen der Risikoreduktion, des Risikotransfers (z. B. durch Versicherungen) und des Katastrophenschutzes.
- Katastrophenmanagement-Strukturen in zahlreichen Ländern müssen nicht nur aufgrund der zukünftigen Risiken, sondern auch aufgrund der aktuellen Risiken verbessert werden.
- Die Kapazität der Länder, die Herausforderungen in Zusammenhang mit zukünftigen Katastrophentrends zu meistern, wird durch die Effektivität der nationalen Katastrophenmanagement-Systeme bestimmt sein.
- Jegliche Verzögerung in der Reduktion von Treibhausgasen wird wahrscheinlich zu stärkeren und häufigeren Extremwetterereignissen führen.

In den vorangegangenen Abschnitten ist deutlich geworden, dass die Katastrophenereignisse in den letzten Jahren vor allem in Zusammenhang mit den Faktoren Bevölkerungswachstum und Besiedlung von Hochrisikogebieten gesehen werden müssen. Die deutliche Zunahme von hydrometeorologischen Katastrophen legt nahe, dass hier zusätzlich auch ein atmosphärisches Signal zu erkennen ist und der Klimawandel nicht nur ein Problem der Zukunft ist, sondern bereits stattfindet. Extreme Wetterereignisse sind inzwischen für 75 % der Naturkatastrophen verantwortlich (DKKV 2009, S. 5) und können besonders in katastrophenanfälligen Entwicklungsländern binnen kürzester Zeit zum Zusammenbruch von ganzen Infrastrukturen führen. Der Wissenschaftliche Beirat der Bundesregierung Globale Umweltveränderungen (WBGU 2008, S. 5 ff.) beschreibt den Klimawandel daher nicht ohne Grund als internationales Sicherheitsrisiko.

Spezifische Klimamodelle weisen mittlerweile besonders stark gefährdete Regionen aus, wie z. B. die Sahelzone, das westliche und südliche Afrika, die Karibik sowie Süd- und Südostasien. In Afrika droht der Klimawandel in zahlreichen Regionen die Wasserknappheit weiter zu verschärfen – mit entsprechenden negativen Folgen für die Agrarwirtschaft und Nahrungsmittelproduktion. In Kombination mit einer durch den Klimawandel ebenfalls begünstigten Zunahme wasserbedingter Krankheiten (water borne diseases) und der bereits heute vorherrschenden Katastrophenanfälligkeit handelt es sich bei Afrika um einen der Kontinente mit der höchsten Vulnerabilität gegenüber dem Klimawandel (RC/RC Climate Centre 2007, S. 134). In Asien bedroht das Abschmelzen der Gletscher im Himalaya ebenfalls die Wasserressourcen, was Auswirkungen auf Millionen von Menschen in Pakistan, Indien und Bangladesch haben würde. In den Megadeltas und Küstenregionen in Süd-, Ost- und Südostasien werden der prognostizierte Anstieg des Meeresspiegels und die damit einhergehende Versalzung der Böden die landwirtschaftliche Anbaufläche reduzieren – mit entsprechenden Konsequenzen für die Ernteerträge. Der Rückgang der Gletscher bedroht auch die Wasserversorgung in zahlreichen Ländern Lateinamerikas. Darüber hinaus besteht die Gefahr, dass steigende Temperaturen in bereits heute trockenen Regionen Lateinamerikas die Probleme der Wüstenbildung und Versalzung weiter verschärfen (RC/RC Climate Centre 2007, S. 136). In diesen vom Klimawandel besonders bedrohten Regionen sind humanitäre Akteure teilweise schon seit Jahrzehnten tätig.

Der Anstieg des Meeresspiegels, die Zunahme von Starkniederschlägen und Überschwemmungen, eine Steigerung der Intensität von tropischen Wirbelstürmen, eine gleichzeitige Zunahme von Dürren und eine stärkere Ausbreitung von Krankheiten wie Malaria als Folgen des Klimawandels können gesellschaftliche Destabilisierungsprozesse noch weiter beschleunigen. Es besteht akut die Gefahr, dass der Klimawandel und die daraus resultierenden Extremwetterereignisse zu einer Zunahme von humanitären Krisen führen werden, von denen zunächst die Ärmsten am stärksten betroffen sein werden, und es besteht das Risiko einer sich verschärfenden Armutsentwicklung vor allem in den bisher weniger entwickelten Ländern. Dies wiederum wird die Erreichbarkeit der Millennium-Entwicklungsziele, wie sie von den VN-Mitgliedstaaten auf dem Millenniumsgipfel im Jahr 2000 in Johannesburg verabschiedet wurden, noch stärker infrage stellen (BMZ 2011, S. 7). Die Folgen des Klimawandels werden sich daher unmittelbar auf die Arbeitsbereiche der humanitären Hilfe auswirken: Eine Zunahme von Katastrophenereignissen wird sowohl die akute Katastrophenhilfe vor neue Herausforderungen stellen als auch zusätzliche Anstrengungen für die sich anschließenden Rehabilitationsprozesse nötig werden lassen. Damit es nicht zu einer Überforderung der humanitären Akteure kommt, ist es notwendig, diese Kapazitäten für die Reaktion auf zukünftige Katastrophenfälle zu stärken und auszubauen. Nur eine Stärkung der Reaktionsfähigkeit des humanitären Systems wird als Antwort auf die Folgen des Klimawandels und die Zunahme von Extremwetterereignissen jedoch nicht ausreichen. Humanitäre Akteure sind gefordert, verstärkt in eine verbesserte und auf Nachhaltigkeit ausgerichtete Katastrophenvorsorge zu investieren und die Menschen in Entwicklungsländern darin zu unterstützen, sich besser an die Folgen des Klimawandels anzupassen, z. B. durch den Aufbau von Frühwarnsystemen (siehe Kap. 14 und vgl. Bündnis Entwicklung Hilft 2012, S. 58 ff.). Gleichzeitig wird es immer wichtiger, im Zusammenhang mit der Stärkung der Widerstandsfähigkeit (Resilienz) katastrophenanfälliger Bevölkerungsgruppen vor allem programmatische Ansätze zu verfolgen und weniger in einzelnen Sektoren, wie z. B. Wasser, Gesundheit oder Ernährungssicherung, zu denken (Deutsche Welthungerhilfe 2011, S. 50 ff.).

In Zusammenhang mit dem anthropogenen Klimawandel stellt sich zudem die Frage, inwieweit vor allem hydrologisch-meteorologische Naturereignisse, wie z. B. Stürme oder Starkniederschläge, zukünftig weiterhin als rein natürliche Prozesse verstanden werden sollten. Die Auswirkungen menschlichen Handelns haben inzwischen eine globale Dimension, nehmen erheblichen Einfluss auf hochkomplexe Umweltsysteme wie das Klima und verändern diese Systeme dauerhaft und schwerwiegend. Die zuvor noch betonte Natürlichkeit von Naturereignissen geht somit zumindest teilweise verloren, da sowohl die Häufigkeit als auch die Intensität von bestimmten Naturereignissen inzwischen direkt vom Menschen beeinflusst werden und Naturereignisse dann doch entgegen der aktuellen Definition z. T. absichtsvoll durch den Menschen herbeigeführt werden. Umso wichtiger wird es für die Akteure der humanitären Hilfe sein, in Zukunft einen noch stärkeren interdisziplinären Ansatz zu verfolgen, um einerseits die gesellschaftlichen Rahmenbedingungen zu berücksichtigen, die die unterschiedlichen Faktoren der Vulnerabilität bedingen, aber gleichzeitig auch die eher naturwissenschaftlichen Prognosen bzgl. zukünftiger Klimarisiken zu verstehen und in die eigene Arbeit zu integrieren.

11.5 Zusammenfassung und Fazit

Ein möglichst einheitliches Verständnis im Zusammenhang mit Naturkatastrophen ist der erste Schritt, um die Ursachen solcher Katastrophen zu verstehen und entsprechende Bewältigungsstrategien zu entwickeln. Eine Naturkatastrophe kann erst dann entstehen, wenn ein extremes Naturereignis auf die vom Menschen beeinflussten Sozialstrukturen und Infrastruktur trifft. Eine Naturgefahr beschreibt dabei ein Naturereignis, welches droht, sich auf menschliche Gesellschaften negativ auszuwirken. Dem menschlichen Handeln bzw. Nicht-Handeln kommt also im Kontext von Naturkatastrophen eine zentrale Bedeutung zu und ist somit auch von Relevanz für die humanitäre Hilfe. Ob jemand in der Lage ist, Maßnahmen zum Schutz vor Naturgefahren zu ergreifen, hängt außerordentlich stark mit den grundsätzlichen Faktoren der Katastrophenanfälligkeit zusammen. Es ist deutlich geworden, dass die Menschen in weniger entwickelten Ländern den sozialen, wirtschaftlichen und physischen Faktoren sowie den Umweltfaktoren von Katastrophenanfälligkeit besonders stark ausgesetzt sind und hier oftmals die geringsten Selbsthilfekapazitäten zur Reduktion dieser Faktoren bestehen. Insofern verwundert es nicht, dass mehr als zwei Drittel der Todesopfer und 80 % der Betroffenen infolge von Naturkatastrophen in Ländern mit geringem und mittlerem Entwicklungsstand zu verzeichnen sind. Zudem hat die Anzahl an Katastrophenereignissen in den vergangenen 20 Jahren deutlich zugenommen, besonders im Zusammenhang mit hydrometeorologischen Extremereignissen. Diese Zunahme steht bisher vor allem in Zusammenhang mit dem Bevölkerungswachstum und der Besiedelung von Hochrisikobereichen, wie z. B. Küsten und Deltas. Darüber hinaus wird der anthropogene Klimawandel zukünftig einen signifikanten Einfluss auf Ausmaß und Schadenspotenzial von extremen Wetterereignissen haben, was sich direkt auf die Arbeit von humanitären Akteuren auswirken wird.

Im Kontext des Klimawandels sind humanitäre Akteure gleich auf mehreren Ebenen gefordert: Die Forderungen zur internationalen Reduktion von Treibhausgasemissionen müssen zukünftig noch stärker mit dem Hinweis auf die humanitären Folgen des Klimawandels mitgetragen werden. Da infolge des Klimawandels mit einer weiteren Zunahme von extremen Wetterereignissen zu rechnen ist, ist es unerlässlich, dass sich die humanitären Akteure im Bereich der Anpassung an den Klimawandel engagieren. Die humanitäre Hilfe sollte die Reduktion von Vulnerabilität der bereits heute betroffenen und in Zukunft gefährdeten Bevölkerungsgruppen noch stärker in ihr Handeln einbeziehen und diese katastrophenanfälligen Gruppen darin unterstützen, sich den nicht mehr vermeidbaren Folgen des Klimawandels bestmöglich anzupassen. Trotz aller Bemühungen im Bereich der Anpassung ist es zudem sehr wahrscheinlich, dass es zukünftig zu einer weiteren Zunahme von Katastrophenereignissen vor allem in weniger entwickelten Ländern kommen wird. Hier sind die nationalen Regierungen und die internationale Gemeinschaft gefordert, mehr Kapazitäten auch für die akute Katastrophenhilfe bereitzustellen, um die Reaktionsfähigkeit der humanitären Akteure in Anbetracht von Naturkatastrophen zukünftig noch gewährleisten zu können. Durch diese Trends stehen die Akteure der humanitären Hilfe einer Aufgabe gegenüber, die zunächst von Unsicherheit überschattet wird. Es bedarf daher zukünftig auch in der humanitären Hilfe einer stärkeren vorausschauenden Planung und des Einbezugs von Wahrscheinlichkeiten für Katastrophenereignisse, um einen Umgang mit diesen Unsicherheiten zu finden.

Literatur

Bündnis Entwicklung Hilft (Hrsg) (2012) Welt Risiko Bericht 2012. Entwicklung Hilft e. V., Berlin

Bohle HG, Glade T (2008) Vulnerabilitätskonzepte in Sozial- und Naturwissenschaft. In: Felgentreff C, Glade T (Hrsg) Naturrisiken und Sozialkatastrophen. Spektrum, Heidelberg

Bundesministerium für wirtschaftliche Zusammenarbeit und Entwicklung (BMZ) (2010) Katastrophenvorsorge – Beiträge der deutschen Entwicklungszusammenarbeit. Materialien 192. BMZ, Bonn

Bundesministerium für wirtschaftliche Zusammenarbeit und Entwicklung (BMZ) (2011) Klimawandel und Entwicklung. BMZ Informationsbroschüre 1/2011. BMZ, Bonn

Deutsche Welthungerhilfe e. V. (2011) Klimaanpassungsprüfung: Ein Instrument zur Berücksichtigung des Klimawandels und seiner Auswirkungen auf die Programme und Projekte der Welthungerhilfe. Welthungerhilfe, Bonn

Deutsches Komitee Katastrophenvorsorge (DKKV) (2009) Adressing the challenge: recommendations and quality criteria for linking disaster risk reduction and adaptation to climate change. DKKV, Bonn

Dikau R, Weichselgartner J (2005) Der unruhige Planet: Der Mensch und die Naturgewalten. Primus Verlag, Darmstadt

Felgentreff C, Dombrowsky W (2008) Hazard-, Risiko- und Katastrophenforschung. In: Felgentreff C, Glade T (Hrsg) Naturrisiken und Sozialkatastrophen. Spektrum Verlag, Heidelberg

Felgentreff C, Glade T (2008) Naturrisiken – Sozialkatastrophen: zum Geleit. In: Felgentreff C, Glade T (Hrsg) Naturrisiken und Sozialkatastrophen. Spektrum Verlag, Heidelberg

Intergovernmental Panel on Climate Change (IPCC) (2007a) Climate change 2007. The physical science basis. Cambridge University Press, Cambridge

Intergovernmental Panel on Climate Change (IPCC) (2007b) Climate change 2007. Impacts. adaptation and vulnerability. Cambridge University Press, Cambridge

Intergovernmental Panel on Climate Change (IPCC) (2007c) Climate change 2007. Mitigation of climate change. Cambridge University Press, Cambridge

Intergovernmental Panel on Climate Change (IPCC) (2012) Summary for policy makers. In: Managing the risks of extreme events and disasters to advance climate change adaptation. A special report of working groups I and II of the intergovernmental panel on climate change. Cambridge University Press, Cambridge

International Federation of Red Cross and Red Crescent Societies (IFRC) (2001) World disaster report 2001. IFRC, Genf

International Federation of Red Cross and Red Crescent Societies (IFRC) (2011) World disaster report 2011. Focus on hunger and malnutrition, IFRC, Lyon

Laskowski S, Klose T (2010) Den Tsunami verstehen. Die Bedeutung geographischer Bildungsarbeit als Teil katastrophenpräventiver Maßnahmen am Beispiel des Tsunami Education Project in Sri Lanka. Südwestdeutscher Verlag für Hochschulschriften, Saarbrücken

Overseas Development Institute (ODI), Red Cross/Red Crescent Climate Centre (RC/RC Climate Centre) (2011) Headlines from the IPCC special report on extreme events. http://www.climatecentre.org/downloads/File/IPCC/SREX–Printversionofthelongerdocument.pdf. Zugegriffen: 17. Dez. 2012

Red Cross/Red Crescent Climate Centre (RC/RC Climate Centre) (2007) Climate guide. RC/RC Climate Centre, Den Haag
United Nations International Strategy for Disaster Reduction (UNISDR) (2004) Living with risk: a global review of disaster risk reduction initiatives. Vereinte Nationen, Genf
United Nations International Strategy for Disaster Reduction (UNISDR) (2009a) Global assessment report on disaster risk reduction. Vereinte Nationen, Genf
United Nations International Strategy for Disaster Reduction (UNISDR) (2009b) Terminology on disaster risk reduction. Vereinte Nationen, Genf
United Nations International Strategy for Disaster Reduction (UNISDR) (2011) Global assessment report on disaster risk reduction. Vereinte Nationen, Genf
United Nations International Strategy for Disaster Reduction (UNISDR) (2012) UNISDR warns against ignoring seismic threats as quakes wreak havoc for second year, UNISDR Press Release 18 January 2012. http://www.unisdr.org/files/24692_201202.pdf. Zugegriffen: 10. Sept. 2012
Van Dillen S (2002) Naturrisikoforschung und das Konzept der sozialen Verwundbarkeit: zum Stand der Diskussion. In: Tetzlaff G et al (Hrsg) Zweites Forum Katastrophenvorsorge, Extreme Naturereignisse-Folgen, Vorsorge, Werkzeuge. DKKV, Bonn
Walker P et al (2012) Climate change as a driver of humanitarian crises and response. Feinstein International Centre, Sommerville
Watts MJ, Bohle HG (1993) The space of vulnerability: the causal structure of hunger and famine. Progress in Human Geography 17:43–67
Wisner B et al (2004) At risk, natural hazards, people's vulnerability and disasters. Routledge, Trowbridge
Wissenschaftlicher Beirat der Bundesregierung Globale Umweltveränderungen (WBGU) (2008) Welt im Wandel: Sicherheitsrisiko Klimawandel. Springer, Berlin

Humanitäre Hilfe und staatliche Souveränität in Gewaltkonflikten

12

Hans-Joachim Heintze

Die internationale humanitäre Hilfe hat ihre rechtliche Fundierung im Völkerrecht. Allerdings ist der Begriff des „Gewaltkonflikts" kein völkerrechtlicher Terminus. Dennoch spielt der Begriff „Gewalt" im Völkerrecht eine ganz erhebliche Rolle, denn das Verbot der Anwendung von Gewalt gegen die territoriale Unversehrtheit und politische Unabhängigkeit eines Staates in Art. 2 (4) der Charta der Vereinten Nationen (VN) (engl. United Nations, UN) kann als die Grundnorm dieses Rechtszweiges angesehen werden (Ipsen 2004, S. 1065 ff.). Diese Verpflichtung wurde sogar mit einem Durchsetzungsmechanismus versehen, denn bei Verletzungen des Gewaltverbotes kann auf Kap. 7 der VN-Charta zurückgegriffen und der das Gewaltverbot verletzende Akteur durch Zwangsmaßnahmen zu einem rechtstreuen Verhalten veranlasst werden. Aus der Interpretation des in der VN-Charta verwendeten Gewaltbegriffs ergibt sich, dass damit die Anwendung militärischer Gewalt gemeint ist (Randelzhofer 2002, S. 112 ff.). Kommt es zu einer Verletzung von Art. 2 (4), findet das humanitäre Völkerrecht Anwendung. Für die humanitäre Hilfe bedeutet dies die Anwendung der Genfer Abkommen (GA) und ihrer Zusatzprotokolle (ZP), sodass ein klarer Rechtsrahmen vorgegeben ist (siehe Kap. 4). Dieses Kapitel beschreibt die möglichen Reaktionen auf Gewaltkonflikte in Situationen in denen kein bewaffneter Konflikt vorliegt, die Menschen aber gleichwohl unter einer humanitären Katastrophe leiden und der Hilfe bedürfen.

H.-J. Heintze (✉)
Institut für Friedenssicherungsrecht und humanitäres Völkerrecht (IFHV), Ruhr-Universität Bochum, NA 02/23, 44801, Bochum, Deutschland
E-Mail: Hans-Joachim.Heintze@rub.de

12.1 Gewaltkonflikte, die eine Bedrohung des Friedens darstellen

Allerdings ist der Ansatz der VN-Charta breiter, denn er ermächtigt die Weltorganisation, nicht nur bei der Anwendung militärischer Gewalt einzuschreiten, sondern auch bei Gefährdungen des internationalen Friedens. Gewaltkonflikte innerhalb eines Staates, die nicht unter den Geltungsbereich des Art. 2 (4) subsumiert werden können, wurden vom VN-Sicherheitsrat verschiedentlich als eine solche Friedensbedrohung angesehen. Da es keine Legaldefinition der in Art. 39 der VN-Charta genannten Friedensbedrohung gibt, kann dieser Begriff durch den Sicherheitsrat sehr breit und letztlich sogar willkürlich ausgelegt werden (Frowein und Krisch 2002, S. 718 ff.). Die Praxis des Sicherheitsrates spiegelt wider, dass es sich bei diesem Organ um ein politisches Instrument handelt, das entsprechend den politischen Interessen der fünfzehn, besonders aber der fünf ständigen, Ratsmitglieder entscheidet. Auf dieser Grundlage kann der Sicherheitsrat jede Situation, auch innerhalb eines Staates, als Bedrohung des Friedens ansehen und Zwangsmaßnahmen gegen den Friedensstörer ergreifen. Diese Zwangsmaßnahmen schließen nicht-militärische Maßnahmen nach Art. 41, wie Embargos oder zielgerichtete Sanktionen gegen Personen und Unternehmen, ebenso ein wie die Anwendung von Waffengewalt nach Art. 42 der VN-Charta.

Die Praxis zeigt, dass sich der Sicherheitsrat nach dem Ende des Ost-West-Konflikts zunehmend dazu durchgerungen hat, Situationen innerhalb eines Staates als Friedensbedrohungen anzusehen und mit Zwangsmaßnahmen einzuschreiten. Dies hat seine Ursache einerseits darin, dass die durch den Kalten Krieg bedingte Patt-Situation im Sicherheitsrat (die Großmächte blockierten wechselseitig Resolutionen der jeweils anderen Seite mit einem Veto) überwunden wurde, und andererseits die Menschenrechte durch die fortschreitende Kodifizierung in der Weltorganisation eine immer größere Bedeutung bekamen.

Diese Entwicklung im Sicherheitsrat hatte auch erhebliche Konsequenzen für die humanitäre Hilfe. Bei Gewaltkonflikten innerhalb eines Staates ist die Rechtslage hinsichtlich des Anspruchs auf Zugang zu den Opfern des Konfliktes, anders als bei zwischenstaatlichen Gewaltkonflikten, wesentlich komplizierter. Die GA enthalten diesbezüglich keine exakten Regelungen, sodass letztlich auf die recht schwammigen Bestimmungen des gemeinsamen Art. 3 der GA (BGBl. 1954 II, S. 783) und auf das ZP II zu den GA (BGBl. 1990 II, S. 1637) zurückgegriffen werden muss. Voraussetzung ist aber in jedem Fall, dass der Gewaltkonflikt die Dimension eines bewaffneten Konflikts erreicht hat. Die Einschätzung, wann dies der Fall ist, ist mit einem erheblichen Ermessensspielraum verbunden. Eine restriktive Definition enthält Art. 1 des ZP II, wonach lediglich dann ein solcher bewaffneter Konflikt vorliegt, wenn zumindest eine Partei des Konflikts eine nicht-staatliche Einheit ist, die über eine Kommandostruktur verfügt, lang anhaltende Kampfhandlungen durchführen kann und Territorium kontrolliert. Aufstände und Unruhen erfüllen diese Kriterien nicht, sodass das humanitäre Völkerrecht mit seinen Zugangsregeln zu den Opfern nicht zur Anwendung kommt. Gleichwohl können hier Gewaltkonflikte vorliegen, die humanitäre Hilfe erfordern. Hier kann letztlich nur der völkerrechtliche

Menschenrechtsschutz zur Rechtfertigung des Anspruchs auf Hilfeleistung herangezogen werden. Spätestens mit den beiden VN-Menschenrechtspakten von 1966 (BGBl. 1973 II, S. 1534, 1570) haben die rund 155 Mitgliedstaaten das Recht auf Leben ebenso anerkannt wie das auf Gesundheit, Nahrung und Wohnung; Rechte, die, wenn sie durch den betroffenen Staat nicht gewährleistet werden können, durch die Staatengemeinschaft auch im Wege der humanitären Hilfe durchgesetzt werden müssen. Durch die wachsende Bereitschaft der Staatengemeinschaft, eine Schutzverpflichtung gegenüber den Menschen im eigenen Territorium und darüber hinaus zu übernehmen, hat die Bedeutung der Menschenrechte als Rechtsgrundlage für die humanitäre Hilfe und den Zugang zu den Opfern zugenommen (BGBl. 1973 II, S. 1534, 1570) (siehe Kap. 21).

12.2 Somalia 1993: Humanitäre Hilfe in einem Gewaltkonflikt

Somalia ist ein einzigartiger Fall (Philipp 2005, S. 517), zeigt aber blitzlichtartig die Dilemmata humanitärer Hilfe in einem Gewaltkonflikt auf. 1991 kam es nach dem Sturz des Diktators Barre in Somalia zu einem völligen Zusammenbruch der öffentlichen Ordnung. Warlords teilten das Land unter sich auf. Die Clankämpfe und eine Dürre führten zu einem dramatischen Mangel an Lebensmitteln. Internationale Hilfslieferungen wurden behindert, sodass die Hilfsorganisationen bewaffneten Schutz anheuerten. Ende 1991 bezeichnete der VN-Generalsekretär die Lage in der Hauptstadt Mogadischu als ein „nightmare of violence and brutality to victims" (UN-Doc SG/SM/1286). Die humanitäre Hilfe der VN sei nur im Norden des Landes erfolgreich gewesen, weil sich die humanitären Organisationen in anderen Landesteilen wegen der Kämpfe zum Abzug veranlasst sahen. Trotz der Aufforderung des VN-Generalsekretärs lehnten einige Staaten die Behandlung des Somalia-Problems ab, da sich die VN nach Art. 2 (7) VN-Charta nicht in die inneren Angelegenheiten der Staaten einmischen dürften. Um diesen Einwand zu umgehen, berief sich der VN-Generalsekretär auf „the request by Somalia for the Security Council to consider the situation in Somalia" und setzte das Problem auf die Tagesordnung. Die daraufhin verabschiedete Resolution 733 (1992) „calls upon all States and international organizations to contribute to the efforts of humanitarian assistance to the population of Somalia".

An dieser Resolution ist bemerkenswert, dass sich der Rat erstmals mit einer Menschenrechtsverletzung innerhalb eines Staates auseinandersetzte, denn es gab keine grenzüberschreitende Dimension des Elends der somalischen Bevölkerung. Beachtung verdient auch, dass der Rat dieser Herausforderung ursprünglich mit einem klassischen Blauhelmeinsatz beggnen wollte. Da dieser nicht von Erfolg gekrönt war, die humanitäre Hilfe wegen der Kampfhandlungen ihre Adressaten nicht erreichte und der Hungertod Hunderttausender drohte, entschloss sich der Rat mit der Resolution 794 (1992) unter Verweis auf Kap. 7 zu einer militärischen Durchsetzung des humanitären Einsatzes, indem er die Ermächtigung aussprach „to use all necessary means to establish as soon as possible a secure environment for humanitarian relief operations in Somalia". Die USA setzten sich an die Spitze der UNITAF[1]-Truppen, die diese Aufgabe durchsetzen sollten (Clark und Herbst 1996, S. 70). Die Hauptaufgabe war die Absicherung der Lebensmittelhilfe im ganzen Staat sowie die Wiederstellung der öffentlichen Ordnung, um schließlich die Verantwortung auf die Blauhelmmission „United Nations Operation in Somalia" (UNOSOM) zu übertragen. Über die Auslegung des Begriffs der „secure environment" kam es zu Meinungsverschiedenheiten zwischen den USA und dem VN-Generalsekretär, denn die USA verstanden darunter nur die Absicherung der Lebensmittellieferungen, nicht aber die Entwaffnung der Milizen. Dieser Disput führte schließlich mit der Resolution 814 (1993) zu UNOSOM II, deren Aufgabe neben der humanitären Hilfe auch die Friedenssicherung war. Bald wurde aber offenkundig, dass sich einzelne Warlords nicht an die Absprachen hielten. Stattdessen spitzte sich der Konflikt zu, und UNOSOM II wurde 1995 beendet. Der Versuch der Staatenbildung war gescheitert.

Angesichts dieser Niederlage gerät allerdings oftmals in Vergessenheit, dass durch die Erzwingung humanitärer Hilfe eine humanitäre Katastrophe verhindert wurde. Als Lehre aus dieser ersten humanitären Intervention unter Kap. 7 der VN-Charta bleibt zu konstatieren, dass das Mandat nicht akkurat ausgearbeitet und letztlich darauf beschränkt wurde, die Hilfskanäle offen zu halten, Hilfe zu leisten und dann das Land wieder zu verlassen. Das unklare Mandat führte zu Widersprüchen zwischen den Truppenstellern, dem VN-Generalsekretär und den teilnehmenden Nichtregierungsorganisationen (NRO). Der Mission fehlte damit Nachhaltigkeit und es zeigte sich, dass sich die humanitäre Hilfe der Frage stellen muss, ob sie nicht auch einen Beitrag zur Stabilisierung gescheiterter Staaten leisten muss (Philipp 2005, S. 551). Diese stellt sich umso mehr, wenn die Hilfe militärisch durchgesetzt werden soll. Allerdings zeigte sich in Somalia, dass die Durchsetzung humanitärer Hilfe mit militärischen Mitteln keine dauerhafte Lösung ist.

12.3 Irak 1991: Humanitäre Hilfe als militärischer Vorteil?

1990 führte der Irak eine Aggression gegen Kuwait durch und besetzte das Land. Mit der Resolution 678 vom 29. November 1990 ermächtigte der VN-Sicherheitsrat die mit Kuwait verbündeten Staaten unter der Führung der USA zur kollektiven Selbstverteidigung des kleinen Staates. Kuwait wurde befreit und die irakische Armee erlitt eine schwere Niederlage. Diese Schwäche des diktatorischen Saddam-Regimes wollten die Kurden im Norden und die Schiiten im Süden des Irak ausnutzen und starteten einen Aufstand. Allerdings erwies sich das Regime als stärker und beendete den Befreiungsversuch brutal. Die Folge war eine humanitäre Katastrophe, denn die Menschen wurden vielfach in die Flucht getrieben. Viele Kurden versuchten die Grenze zu den Nachbarstaaten zu überschreiten, was ihnen wegen des Winters vielfach nicht gelang. Reporter berichteten über die Notsituation und Fernsehstationen verbreiteten Bilder der hilflosen Menschen, sodass es zu einem typischen „CNN-Effekt" kam, der die Politik zum Handeln zwang. Aufgrund

---

[1] UNITAF = Unified Task Force.

dessen verabschiedete der Sicherheitsrat am 5. April 1991 die Resolution 688, mit der der Irak aufgefordert wurde, die Menschenrechte zu achten und humanitäre Hilfe zuzulassen. Angesichts des Elends war dies zu begrüßen und entsprach dem humanitären Anliegen der Hilfe in Gewaltkonflikten. Allerdings muss die Auslegung dieser Resolution durch die USA überraschen, denn sie startete unter Berufung auf die Resolution am 22. April 1991 die Operation Provide Comfort, indem sie eine Schutzzone (safe haven) für die verfolgten kurdischen und schiitischen Bevölkerungsgruppen ausrief. Das Ziel war die Errichtung von Flüchtlingslagern und die Rückkehr der Flüchtlinge in ihre Heimat. Besondere Aufmerksamkeit erheischte der Umstand, dass das irakische Militär die Gebiete nördlich des 36. Breitengrades räumen musste und sie nicht mehr überfliegen durfte (Eflein 1998, S. 46). Es entstand de facto ein autonomes Territorium der Kurden im Irak.

Bereits im Juni 1991 zogen die US-Streitkräfte ab, sicherten das Gebiet aber weiterhin aus der Luft. Als Ermächtigungsgrundlage wurde von den USA, Großbritannien und Frankreich die Resolution 688 angesehen, was aber nicht zu überzeugen vermochte, da hier lediglich der humanitäre Zugang gefordert wurde (Delbrück 1993, S. 106). Frankreich zog schließlich 1997 seine Überwachungsflugzeuge aus den Schutzzonen wegen des offensichtlichen Fehlens eines humanitären Charakters ab (Krisch 1999, S. 74). Die USA und Großbritannien setzen ihre Flüge fort und beschossen regelmäßig irakische Radarstationen in dem Gebiet. 1996 kam es zu einer regelrechten Intervention, für die in der Literatur keine Berechtigung gesehen wurde (Symes 1998, S. 581 ff.). Vor diesem Hintergrund drängt sich der Verdacht auf, dass die angeblich humanitäre Zielsetzung der Operation Provide Comfort der Vorbereitung des USA-geführten Krieges gegen den Irak von 2003 diente (sog. „Dritter Golfkrieg"). Die Durchsetzung eines humanitären Anliegens einschließlich der Erzwingung humanitärer Hilfe könnte somit auch militärischen Zielen gedient haben.

Eine solche Befürchtung wird durch die jüngste Staatenpraxis erhärtet. Die US-Okkupation des Iraks 2003 wurde als ein Instrument des regime change genutzt, obwohl das traditionelle auf dem humanitären Völkerrecht beruhende und auf das Wohlergehen der Zivilbevölkerung ausgerichtete Okkupationsrecht gerade dies nicht vorsieht (Roberts 2006, S. 580). Der Einsatz der North Atlantic Treaty Organization (NATO) zum Schutz der Zivilbevölkerung in Libyen auf der Grundlage der Resolution 1973 (2011) wurde als eine „geeignete Maßnahme" zur „humanitären und damit zusammenhängender Hilfe in der Libysch-Arabischen Dschamahirija [Republik]" betrachtet (Präambel der Resolution), führte letztlich aber ebenfalls zu einem regime change in diesem Staat. Auch hier drängt sich wiederum der Eindruck auf, dass mit dem humanitären Anliegen politische Ziele verbunden wurden.

12.4 Haiti 2010: Natur- und menschgemachter Gewaltkonflikt

In Theorie und Praxis wird ein Unterschied zwischen der Katastrophenhilfe, die bei Naturkatastrophen zur Anwendung kommt, und der humanitären Hilfe im Kontext von bewaffneten Konflikten gemacht. Vielfach überschneiden sich allerdings die beiden Formen der Hilfe, wie das Beispiel Haitis zeigt. Die Naturkatastrophe von 2010 hat die ohnehin bestehenden Gewaltkonflikte nur noch drastisch verschärft. Die Situation in Haiti wurde vom Sicherheitsrat bereits 1994 durch die Resolution 940 als Friedensbedrohung eingestuft und unter Kap. 7 anschließend internationale Stabilisierungstruppen in das Land geschickt. Deren Aufgabe war es, die Aufrechterhaltung der öffentlichen Ordnung zu gewährleisten. Deshalb stellt sich die Frage nach den völkerrechtlichen Verpflichtungen des betroffenen Staates und der Staatengemeinschaft in Bezug auf humanitäre Maßnahmen. Von Harvey und Harmer wird sie kurz und bündig beantwortet: „The earthquake in Haiti revealed the inadequacy of the legal frameworks for both declaring a disaster and for the receiving of international assistance" (Harvey und Harmer 2011, S. 30).

Um welche Verpflichtungen geht es im Einzelnen? Der betroffene Staat muss ein offizielles Hilfsersuchen an die Staatengemeinschaft richten. In Haiti gab es einen flash appeal erst drei Tage nach dem Erdbeben. Aber auch Japan sandte nach dem schweren Erdbeben und Tsunami im März 2011 keinen offiziellen Appell aus, akzeptierte aber Angebote anderer Staaten und von NRO. In beiden Fällen gab es erhebliche Mängel in der Informationspolitik, denn bei Natur- und menschgemachten Katastrophen ist der betroffene Staat völkergewohnheitsrechtlich verpflichtet, andere Staaten über das Ereignis und seine Folgen zu informieren (Blix 1987, S. 431). Dies resultiert aus der Verantwortung der Staaten für den Schutz von Leib und Leben der ihm rechtsunterworfenen und möglicherweise gefährdeten Personen. Für die Staatengemeinschaft entsteht eine Kooperationspflicht, wobei drei Aspekte zu berücksichtigen sind: Erstens ist die Souveränität des betroffenen Staates zu respektieren, zweitens sind die helfenden Staaten rechtlich zu Kooperation und einem bestimmten Verhalten verpflichtet und drittens beschränkt sich die Verpflichtung auf die Katastrophenhilfe (UN-Doc. A/CN.4/652, para. 81).

12.5 Pflicht zur Hilfeleistung

Die Staatengemeinschaft ist aus Gründen der Humanität verpflichtet, den Opfern von Katastrophen zur Hilfe zu kommen. Die humanitäre Hilfe folgt dann den Prinzipien der Unparteilichkeit, Unabhängigkeit und Neutralität, die zur Konsequenz haben, dass sie grundsätzlich nicht von Staaten geleistet werden kann. Staaten müssen die humanitären Organisationen aber unterstützen, denn das moralische und rechtliche Fundament der Hilfe ist das Gebot der Humanität. Es gebietet auch, bei der Hilfe nicht zu diskriminieren. Es ist unerheblich, welcher Gruppe oder welchem Lager die Opfer angehören. Die Hilfe muss folglich unparteiisch geleistet werden. Sie folgt zudem der Proportionalität, d. h., nach der Maßgabe der Bedürftigkeit sind zuerst die Schwächsten und Gefährdetsten zu versorgen. Um diesen Anforderungen gerecht zu werden, müssen die humanitären Organisationen unabhängig sein und dürfen nicht von Staaten beherrscht oder kontrolliert werden. Des Weiteren sind die Organisationen neutral und nehmen nicht zu den Konflikten Stellung. Diese Grundsätze spielen insbesondere bei bewaffneten Konflikten eine herausragende Rolle, denn die GA (insbesondere Art. 23 und 55) sowie Art. 70 ZP I verpflichten die

Staaten grundsätzlich, humanitäre Hilfe zu gewähren und zuzulassen. Wenn dies selbst bei bewaffneten Konflikten der Fall ist, so gilt dies erst recht bei Naturkatastrophen, die mit Gewaltkonflikten verbunden sind.

Gleichwohl vollzieht sich die Hilfe nicht fernab der Politik. Schließlich sind neben humanitären Organisationen noch eine Vielzahl von Akteuren an der humanitären Hilfe beteiligt, die wie die staatlichen Repräsentanten, VN-Organisationen oder Streitkräfte politische Interessen verfolgen. Politisiert wird die humanitäre Hilfe insbesondere dadurch, dass bei solchen Großkatastrophen wie in Haiti eine Zusammenarbeit der humanitären Helfer mit den Streitkräften unumgänglich ist. Zwangsläufig stoßen dann die Prinzipien der politisch bedingten militärischen Einsatzbefehle auf die der Unabhängigkeit und Neutralität der nicht-staatlichen humanitären Organisationen.

Hinzu kommt, dass auch die Massenmedien politisierend wirken, denn sowohl die Politik als auch die nicht-staatlichen Organisationen wollen sich dort ins rechte Bild gesetzt sehen. Humanitäre Organisationen sind für ihre Hilfsoperationen vor allem auf Spenden angewiesen, und die diesbezüglichen Aufrufe müssen durch die Medien ihre Adressaten erreichen (siehe Kap. 10). Schließlich ist die humanitäre Hilfe bei der Bevölkerung populär und „humanitäre" Aktionen werden von ihr ideell und materiell großzügig unterstützt. Bei der Verteilung der zur Verfügung stehenden Geldmittel wird folglich mit harten Bandagen gekämpft, sodass eine Einflussnahme über die Massenmedien von allen Akteuren angestrebt wird. Dies bedingt einen Profilierungswettbewerb, der eine detaillierte, kritische und differenzierte Darstellung kaum mehr ermöglicht.

Bedenklich ist, dass Naturkatastrophen in gescheiterten Staaten oder Militärdiktaturen zum Anlass genommen werden, vordergründige propagandistische Kampagnen gegen Regierungen dieser Staaten zu betreiben. So wurde der gewaltige Zerstörungen in Myanmar hervorrufende Zyklon vom 2. Mai 2008 zum Ausgangspunkt einer politischen Kampagne gegen die dortigen, die Menschenrechte mit Füßen tretenden Machthaber. Kritisiert wurde tagelang, dass internationale Experten nicht in das betroffene Irrawaddy-Delta einreisen durften. Dieser Umstand wurde von westlichen Politikern als Beleg für die Menschenfeindlichkeit des Regimes angesehen. Es ist zweifellos zutreffend, dass die Militärs in Rangoon für großflächige und schwere Menschenrechtsverletzungen verantwortlich sind, gleichwohl ist zu fragen, was dieselben Politiker gegen dieses Regime unternommen haben, als keine Chance bestand, mit diesen Äußerungen Eingang in die Medienberichterstattung zu finden. Durch die vom französischen Außenminister Bernard Kouchner losgetretene Kampagne, Druck auf die Regierung Myanmars auszuüben, wurde das eigentliche Problem der Katastrophenhilfe weithin aus dem Blick verloren. Tatsächlich war es so, dass die humanitären Organisationen ihre Hilfssendungen bis zum Flughafen von Rangoon, der völlig überlastet war, bringen konnten. Von dort wurden sie durch die lokalen Kräfte in das betroffene Gebiet gebracht. Mit diesen lokalen Helfern hatten die Organisationen über Jahre eine effektive Arbeit geleistet und die politisch bedingte Kampagne war eher geeignet, die tatsächliche Hilfe zu stören. Auch der Umstand, dass die Machthaber aus der Hilfe politisches Kapital schlagen wollten und die tatsächliche Herkunft der Güter durch neue Aufschriften verschleierten, änderte nichts daran, dass die Hilfe ins Land kam und die Kritik an den Machthabern in diesem Zusammenhang fehl am Platze war. Die Konsequenz der politischen Kampagne gegen die menschenverachtenden Militärs war ein bedauerlicher Rückgang der Spendenbereitschaft der Bevölkerung in den Geberstaaten, die den Eindruck hatte, die Hilfe würde die Opfer nicht erreichen.

12.6 Staatliche Souveränität und humanitäre Hilfe

Zu hinterfragen ist, inwieweit die Souveränität eines in einen Gewaltkonflikt verstrickten gescheiterten Staates dem internationalen Engagement entgegensteht. So fühlte sich der haitianische Präsident Préval bei der Koordination der humanitären Hilfe übergangen und der Präsident von Ecuador, Correa, sprach in diesem Zusammenhang von einem „Imperialismus der Geberländer". Insbesondere wurde kritisiert, das für die Hilfe verwendete Geld lande wieder in den Geberländern.

Vor diesem Hintergrund ist zu hinterfragen, inwieweit die Regierung eines gescheiterten Staates in die Hilfsmaßnahmen einbezogen werden muss bzw. kann und woher die zu verteilenden Hilfsgüter kommen können. In dem seit 2008 von der International Law Commission (ILC) betriebenen Kodifikationsprojekt „Protection of Persons in the Event of Disasters" wurde wiederholt auf das Verhältnis von Souveränität und humanitärer Hilfe eingegangen. Unterstrichen wurde insbesondere, dass die souveräne Gleichheit und territoriale Integrität „are widely invoked in the context of disaster response" (UN-Doc. A/CN.4/629, para. 69). Auch die Resolution 46/182 der VN-Generalversammlung bekräftigt, dass „humanitarian assistance should be provided with the consent of the affected country and in principle on the basis of an appeal by the affected country". Die auf Maßnahmen zur Überwindung bestehender Schranken bei der effektiven Kooperation abzielende Framework Convention on Civil Defense Assistance (Desk Study 2007, S. 46) fordert in Art. 1: „All offers of assistance shall respect the sovereignty, independence and territorial integrity of the beneficiary State" (UNTS 2172, No 38131).

Somit heben Katastrophen und Gewaltkonflikte, ja selbst offensichtliches Staatsversagen, nicht automatisch die Souveränität des Staates auf, und andere Staaten dürfen sich folglich nicht in die inneren Angelegenheiten des betroffenen Staates einmischen. So hebt der Sicherheitsrat in der Präambel seiner Resolution 1892 (2009) ausdrücklich hervor, dass er tätig wird „*in Bekräftigung* seines nachdrücklichen Bekenntnisses zur Souveränität, Unabhängigkeit, territorialen Unversehrtheit und Einheit Haitis, unter Begrüßung der bislang erzielten Fortschritte auf Gebieten, die für die Festigung der Stabilität Haitis von entscheidender Bedeutung sind, in Bekräftigung seiner Unterstützung für die Regierung Haitis und unter Begrüßung ihres Beitrags zur politischen Stabilität und zur Konsolidierung der Demokratie in Haiti".

Dies bedeutet, dass die Hilfe grundsätzlich in Abstimmung mit der Regierung des betroffenen gescheiterten Staates zu leisten ist. Freilich war diese Regierung überfordert, da sie nicht tatsächlich die effektive Kontrolle über das gesamte Staatsgebiet ausübte. Zudem waren die rudimentär existierenden Staatsorgane bei der

Bevölkerung wegen Misswirtschaft, Korruption und Verbindungen zu Kriminellen diskreditiert. Die Staatsmacht war in Haiti nach dem Erdbeben auch deshalb nicht handlungsfähig, weil ein großer Anteil der lokalen Polizeiangehörigen zum Opfer des Erdbebens geworden war. Als eines der größten Probleme bei der Hilfegewährung stellte sich daher neben der zusammengebrochenen Infrastruktur auch die Abwesenheit jeder öffentlichen Sicherheit heraus. Deshalb konnte die ordnungsgemäße Verteilung der Hilfsgüter an die Notleidenden nicht gewährleistet werden. Gleichwohl bestätigte auch die nach dem Erdbeben in Haiti angenommene Resolution 64/251 der VN-Generalversammlung wiederum den Souveränitätsanspruch der Regierung Haitis.

Unter Souveränitätsgesichtspunkten hat der betroffene Staat die Aufgabe, die Hilfsoperationen zu initiieren und die internationale Hilfe muss dann entsprechend der vom Staat vorgegebenen Aufgaben folgen (UN-Doc. A/CN.4/629, para. 85). Dies erfolgte nach dem Erdbeben nur sehr rudimentär, denn die Regierung akzeptierte das Angebot der USA zur Entsendung von 11.000 Soldaten sofort. Die Aufgaben dieser Militärs waren klar umrissen, denn sie sollten die öffentliche Ordnung gewährleisten und die humanitäre Hilfe unterstützen. Deshalb zeigten sie öffentliche Präsenz und verteilten Lebensmittel. Allerdings geschah dies nicht in Abstimmung mit den humanitären Organisationen und unprofessionell, denn die Hilfe wurde nicht an die Bedürftigen planmäßig vergeben, sondern wahllos verteilt. Dies verursachte wiederum eine solche Unordnung, dass die humanitären Organisationen ihre systematische und nach Bedürftigkeit auf der Grundlage von Berechtigungskarten geordnete Verteilung von Lebensmitteln zeitweise einstellen mussten.

Fraglich ist, warum sich die Rolle der Streitkräfte nicht auf die Sicherung der öffentlichen Ordnung beschränkte, sondern auch die Einbindung in die Verteilung humanitärer Hilfe einschloss. Erklären lässt sich dies nur mit dem allgemein herrschenden Chaos und dem Versuch der USA, durch die anrührenden Bilder die öffentliche Meinung zu beeinflussen. Zugleich dürfte ein weiteres Bestreben gewesen sein, durch die humanitäre Hilfe größere Akzeptanz der ausländischen Streitkräfte bei der lokalen Bevölkerung zu erreichen und so Hungerrevolten und Zusammenstöße mit den vom Leid gezeichneten Menschen zu vermeiden. Nicht gefolgt werden kann der Kritik Venezuelas und Boliviens, die die Entsendung der US-Truppen als Okkupation bezeichneten. Wegen der Zustimmung der haitianischen Regierung hat diese Ansicht keinerlei rechtliche Grundlage. Somit wurde die Souveränität Haitis trotz der Endsendung ausländischer Soldaten geachtet.

12.7 Schlussfolgerung

Humanitäre Hilfe in Gewaltkonflikten basiert grundsätzlich auf der Zustimmung des betroffenen Staates. Der Gewaltkonflikt an sich hebt nicht die staatliche Souveränität und das Verbot der Einmischung in die inneren Angelegenheiten auf. Insofern gibt es keinen internationalen Rechtsanspruch auf den Zugang zu den Opfern von Gewaltkonflikten oder Naturkatastrophen, und zwar selbst dann nicht, wenn es sich um gescheiterte Staaten handelt. Auch hier wird die Fiktion der Souveränität aufrecht erhalten, obwohl der „Staat" nicht handlungsfähig ist. Ein Rechtsanspruch auf Zugang zu den Opfern besteht nur bei einer Form des Gewaltkonflikts, dem bewaffneten Konflikt, auf den das humanitäre Völkerrecht Anwendung findet.

Die Lage ändert sich schlagartig, wenn der VN-Sicherheitsrat einen Gewaltkonflikt als eine Bedrohung des Friedens charakterisiert. Damit wird die vormalige innere Angelegenheit eines Staates automatisch zu einer internationalen Angelegenheit und berechtigt den Sicherheitsrat, mit Zwangsmaßnahmen auf die Wiederherstellung des Friedens und der Stabilität hinzuwirken. Vor dem Hintergrund der Herausbildung völkerrechtlicher Menschenrechtsstandards ist der Sicherheitsrat in den letzten zwei Jahrzehnten verschiedentlich zu dem Ergebnis gekommen, dass bei massenhaften Verletzungen grundlegender Menschenrechte militärische Mittel zur Erzwingung des Zugangs zu den Opfern angewendet werden müssen. Diese Konsequenz ist aus der Sicht des Menschenrechtsschutzes grundsätzlich zu begrüßen. Aus der Perspektive des Rechts der humanitären Hilfe ist allerdings zu bezweifeln, ob dieser Weg tatsächlich zu einer dauerhaften Verbesserung der Lage der Menschen bei Gewaltkonflikten führt. Gerade das Beispiel der humanitären Intervention in Somalia 1993 zeigt, dass kurzfristig den Menschen der Weg zu humanitärer Hilfe eröffnet wurde, letztlich aber der Gewaltkonflikt nach dem Abzug der ausländischen Truppen eine neue Dimension annahm.

Mehr Engagement ist demgegenüber nötig, wenn gescheiterte Staaten wie Haiti von einer verheerenden Naturkatastrophe heimgesucht werden, die den ohnehin vorhandenen Gewaltkonflikt noch weiter anheizt. Hier ziehen sich die Staatengemeinschaft und die Literatur weiterhin auf die Position zurück, dass die Souveränität des betroffenen Staates zu respektieren ist und er die Aufgabe der Koordinierung der humanitären Hilfe hat. Zu fragen ist aber, ob in solchen Situationen nicht die Etablierung internationaler Verwaltungen wie seinerzeit in Osttimor angebracht ist, um tatsächlich ein internationales Vorgehen in einem Gewaltkonflikt zu erreichen, das letztlich einen Zugang zu den Opfern sicherstellt.

Literatur

Blix H (1987) The chernobyl reactor accident: the international significance and results. SIPRI Yearbook 1987:425–432
Clark W, Herbst J (1996) Somalia and the future of humanitarian intervention. Foreign Aff 75:70–85
Delbrück J (1993) Wirksames Völkerrecht oder neues „Weltinnenrecht"? In: Kühne W (Hrsg) Blauhelme in einer turbulenten Welt. Nomos, Baden-Baden
Desk Study (2007) Law and legal issues in disaster response. International Federation of the Red Cross and Red Crescent Societies, Geneva
Eflein DR (1998) A case study of rules of engagement in joint operations: the air force shootdown of army helicopters in operation provide comfort. Air Force Rev 44:33–75
Frowein J, Krisch N (2002) Art. 39. In: Simma B (Hrsg) The charter of the United Nations. A commentary, 2. Aufl. Oxford University Press, Oxford
Harvey P, Harmer A (2011) International dialogue on strengthening partnership in disaster response: bridging national and international support. Humanit Outcomes 1:3–44
Ipsen K (2004) Völkerrecht, 5. Aufl. C.H. Beck, München
Krisch N (1999) Unilateral enforcement of the collective will: Kosovo, Iraq, and the security council. Max Planck Yearbook of United Nations Law 3:59–103

Philipp CE (2005) Somalia – a very special case. Max Planck Yearbook of United Nations Law 9:517–554
Randelzhofer A (2002) Art. 2(4). In: Simma B (Hrsg) The charter of the United Nations. A commentary, 2. Aufl. Oxford University Press, Oxford
Roberts A (2006) Transformative military occupation: applying the laws of war and human rights. Am J Int Law 100:580–622
Symes GA (1998) Force without law: seeking a legal justification for the September 1996 U.S. Military intervention in Iraq. Mich J Int Law 19:581–622

Katastrophenmanagement

13

Peter Schmitz

13.1 Katastrophenmanagement aus verschiedenen Blickwinkeln

Katastrophenmanagement wird dann notwendig, wenn Menschen durch Krisen und Katastrophen direkt oder mittelbar wie z. B. durch Zerstörung von Infrastruktur in Not geraten. Insbesondere Naturkatastrophen wie Überschwemmungen, Wirbelstürme und Erdbeben kommen in bestimmten Regionen immer wieder vor, werden als Risiko und potenzielle Bedrohung wahrgenommen und die Menschen kennen die z. T. existenziellen Folgen aus eigener Erfahrung. Aus dem Erlebten und der Betroffenheit heraus wird die Notwendigkeit hergeleitet, sich über Mittel und Möglichkeiten klar zu werden, wie mit diesen wiederkehrenden Katastrophen in Zukunft umgegangen werden kann. Idealerweise werden Verantwortlichkeiten geklärt und Kapazitäten identifiziert und gestärkt. Dann wird geplant und geübt, was bei der nächsten Überschwemmung zu tun ist, um die Auswirkungen zu mindern, die Notlage der Menschen zu lindern und darauf vorbereitet zu sein, sie rasch in ausreichendem Maß zu versorgen.

Aus Sicht der humanitären Helfer geht es darum, die Reaktionsbereitschaft für den Katastrophenfall herzustellen und stetig zu verbessern (disaster response). Die gute Vorbereitung der Reaktionsbereitschaft und der Abläufe in der Planung und Umsetzung der Soforthilfe[1] ist daher ein essenzieller Teil des Katastrophenmanagements.

Dabei muss eingeschätzt und berücksichtigt werden, welche Auswirkungen die Katastrophe haben kann, und welche Kapazitäten und Ressourcen vor Ort zur

---

[1] Die Begriffe Soforthilfe, Nothilfe, Akuthilfe oder Not- und Katastrophenhilfe beziehen sich hier auf die akute oder frühe Phase der humanitären Hilfe und werden synonym verwendet.

P. Schmitz (✉)
Deutsche Gesellschaft für Internationale Zusammenarbeit – GIZ, Friedrich-Ebert-Allee 40,
Bonn, Deutschland
E-Mail: kp.schmitz@t-online.de

Verfügung stehen, um auf die Katastrophensituation zu reagieren, und die Folgen möglichst zu mindern. Ob und in welchem Ausmaß im Vorfeld und unmittelbar nach der Katastrophe entsprechende Kapazitäten, Mittel und Möglichkeiten vorhanden sind, ist im Wesentlichen davon abhängig, ob sie ein Entwicklungsland oder ein wirtschaftlich potentes Industrieland mit funktionierender Infrastruktur getroffen hat. Wenn Verantwortlichkeiten, Entscheidungsprozesse und Koordinationsstrukturen im Vorfeld nicht geklärt sind oder das Ausmaß der Katastrophe die Erwartungen bei weitem übersteigt, kann das Katastrophenmanagement allerdings auch in einem Industrieland trotz vorhandener Mittel und Möglichkeiten scheitern. Leider haben die Ereignisse in Japan 2011 dies eindrücklich gezeigt. Grundsätzlich sind auch in einem Industrieland die ärmeren, mittellosen Bevölkerungsgruppen anfälliger für die Auswirkungen einer Katastrophe.

Die Perspektive für die jeweilige Bevölkerung und deren Regierungen und Behörden, die durch bestimmte Krisen und Katastrophenszenarien gefährdet sind, ist grundsätzlich eine andere als die der internationalen Hilfe, die sich aus staatlichen, nicht-staatlichen und internationalen Organisationen und Akteuren zusammensetzt (siehe Kap. 5). In den vergangenen Jahrzehnten hat sich das Katastrophenmanagement erheblich professionalisiert. Der Bedarf ist ständig gestiegen, da weltweit immer mehr Menschen in prekären, vulnerablen Verhältnissen leben und durch Naturkatastrophen und/oder politische Krisen bedroht werden. Die Ansätze, Regeln und Methoden im Katastrophenmanagement sind stetig weiterentwickelt worden. Dennoch müssen wir mit der Einsicht leben, dass die unmittelbare Not- und Katastrophenhilfe trotz all der Bemühungen nie perfekt sein kann und ein wesentlicher Aspekt des Katastrophenmanagements die Fähigkeit ist, in einer chaotischen, unübersichtlichen, unstrukturierten Katastrophensituation in möglichst kurzer Zeit möglichst viele betroffene Menschen mit dem Notwendigsten zu versorgen und ihnen menschenwürdige Lebensbedingungen zu ermöglichen.

Chaos, Zerstörung, Versorgungslücken und zusammengebrochene Strukturen bilden das typische Arbeitsumfeld. Darauf vorbereitet zu sein, unter solchen Rahmenbedingungen effizient und zielstrebig zu agieren, gehört zu den Anforderungen an die Professionalität, die Kapazitäten und Kompetenzen der humanitären Helfer und ihrer Organisationen (siehe Kap. 16).

> In diesem Kapitel soll die Perspektive der internationalen humanitären Hilfe eingenommen werden, die in Krisen- und Katastrophensituationen in armen bzw. besonders anfälligen Ländern und Regionen i. d. R. zusammen mit lokalen Partnern Unterstützung leistet.

Dabei sollen die dynamischen Prozesse und Veränderungen für das Katastrophenmanagement berücksichtigt werden, die sich im zeitlichen Verlauf von der akuten Not- und Katastrophenhilfe bis zum Wiederaufbau ergeben. Dieses Kapitel orientiert sich an den Phasen der Projektplanung von der Vorbereitung, Erkundung, Umsetzung und Evaluierung. Querverweise zu anderen Kapiteln, insbesondere zu

Qualitätsstandards und Richtlinien (siehe Kap. 15) wie den Sphere Minimum Standards in Disaster Response des Sphere Handbuches (The Sphere Project 2011) werden geknüpft und in ihrer praktischen Bedeutung in den Planungs-, Umsetzungs- und Koordinierungsprozessen beleuchtet.

In den Abläufen der Planung und Durchführung der humanitären Hilfe ist es unumgänglich und immer wieder lehrreich, die Perspektive der betroffenen Bevölkerung einzunehmen und aus diesem Blickwinkel zu analysieren, welche Folgen mögliche Krisen- und Katastrophenszenarien für sie haben können bzw. haben. Daher wird auf zentrale Fragen der Einbindung der Betroffenen eingegangen: Wie können sie in das Katastrophenmanagement einbezogen werden und selbst mitentscheiden, welche Maßnahmen eingeleitet werden sollen und welche Prioritäten gesetzt werden müssen? Wie kann sichergestellt werden, dass die Maßnahmen sich an den Bedürfnissen der Betroffenen orientieren und effizient und kompetent in ihrem Sinne umgesetzt werden? Wie finden Querschnittsthemen wie Geschlechtergleichstellung, Menschen mit Behinderungen, Umweltverträglichkeit oder Konfliktsensibilität Eingang im Katastrophenmanagement?

13.2 Vor der Katastrophe – Vorbereitung auf Katastrophenmanagement

Eine gute Vorbereitung ist die entscheidende Voraussetzung für eine effiziente und schnelle Nothilfe. Dazu muss sich eine Hilfsorganisation[2] zunächst darüber klar werden, welchen Beitrag sie in welchem Schwerpunkt oder Sektor leisten will, welche Mittel sie z. B. über Spendeneinnahmen und/oder Finanzierungsanträge bereitstellen kann und welche personellen Ressourcen sie mit welcher Erfahrung und Expertise mobilisieren kann.

Der Wunsch zu helfen allein reicht nicht aus. Organisationen müssen für sich klären, aus welcher Motivation heraus, mit welchem Mandat und mit welchen Verpflichtungen sie sich in die internationale humanitäre Hilfe einbringen können. Die Selbstverpflichtung, z. B. den Code of Conduct[3] der Internationalen Rotkreuz- und Rothalbmondbewegung oder die Humanitarian Charter des Sphere-Handbuches (The Sphere Project 2011, S. 20) in der eigenen Arbeit zu respektieren und zu berücksichtigen helfen dabei, innerhalb der eigenen Organisation und nach außen klarzustellen, dass die Hilfe auf der Basis international anerkannter Richtlinien geleistet werden soll. Gleichzeitig ist die Orientierung an anerkannten Verhaltenscodizes und Standards ein erstes Qualitätsmerkmal. Die Entscheidung, welche sektorale Ausrichtung eine Organisation hat, ist meist über Jahre gewachsen oder wurde in den Statuten der Organisation festgelegt. Die sektoralen Ausrichtungen beziehen sich

---

[2] Der Begriff Hilfsorganisationen umfasst hier Nichtregierungsorganisationen (NRO), internationale Organisationen (IO) und Organisationen der Vereinten Nationen (VN) (engl. United Nations, UN) sowie die Internationale Rotkreuz- und Rothalbmondbewegung.

[3] Code of Conduct. http://www.ifrc.org/en/publications-and-reports/code-of-conduct. Zugegriffen: 9. Okt. 2012.

i. d. R. auf Grundbedürfnisse wie Wasser- und Sanitärversorgung, Nahrungsmittelversorgung und Ernährungssicherung, Gesundheitsversorgung, Unterbringung und Versorgung mit Haushaltsgütern, psychosoziale Unterstützung, soziale und wirtschaftliche Unterstützung, Bildung, aber auch Schutz vor Verfolgung und Gewalt. Eine Organisation kann sich in mehreren Sektoren gleichzeitig einbringen.

Eine realistische, klare Einschätzung der eigenen Leistungsfähigkeit muss vor dem Katastropheneinsatz erarbeitet werden. Auf der Basis dessen werden potenzielle Helfer ausgebildet und vorbereitet. Um die konkrete Hilfe zu planen und auf den Weg zu bringen, müssen die Helfer wissen, wie viele Menschen ihre Organisation in der Nothilfe z. B. mit Nahrungsmitteln oder medizinisch versorgen kann. Sie müssen auch lernen, mit welchen Methoden und Ansätzen die Hilfsmaßnahmen umgesetzt werden sollten und welche Rahmenbedingungen berücksichtigt werden müssen. Diese variieren regional sehr, sodass in einem Land die Kontexte, in denen die humanitäre Hilfe geleistet wird, sehr unterschiedlich sein und die Vorgehensweise in erheblichem Maße beeinflussen können. Es hat in der Vergangenheit lange gedauert, von einem „one-fits-all"-Ansatz der Katastrophenhilfe weg und zu einem an die jeweiligen Bedingungen angepassten, bedarfsgerechten, menschenrechtsbasierten Ansatz zu kommen.

13.2.1 Referenzen und Richtlinien im internationalen Katastrophenmanagement

Wie in Kap. 15 weiter ausgeführt, haben die negativen Erfahrungen aus der humanitären Hilfe infolge des Genozids in Ruanda 1994, die insbesondere in den Flüchtlingslagern Goma im damaligen Zaire gesammelt und analysiert wurden (OECD 1996a; b), die internationalen Bemühungen in Gang gesetzt, die humanitäre Hilfe effizienter und besser zu machen.

Die Standards, Richtlinien und Referenzdaten, die daraufhin mit breitem Konsens im Rahmen des Sphere Projects[4] abgestimmt und im Sphere-Handbuch (The Sphere Project 2011) systematisch gesammelt und erklärt wurden, waren ein großer Schritt zur Verbesserung der humanitären Hilfe. Insbesondere in der praktischen Planung und Umsetzung von Hilfsmaßnahmen sind die regelmäßig weiterentwickelten Sphere Standards heutzutage im internationalen Katastrophenmanagement nicht mehr wegzudenken. In der Vorbereitung und Schulung der humanitären Helfer sind die Anwendung und die Nutzung der Standards und Richtlinien ein wesentlicher Aspekt. Sie fördern ein gemeinsames Verständnis, erleichtern die Kommunikation im Rahmen der Koordinierung und Absprachen vor Ort und international.

Internationale Geber wie z. B. das European Community Humanitarian Office (ECHO) haben darüber hinaus in ihren Förderrichtlinien klar formuliert, dass die Sphere Standards und Indikatoren neben einigen anderen geeigneten Referenzen für die Prüfung der Projektanträge und -berichte relevant sind. Um Gelder bei ECHO beantragen zu können, müssen die Organisationen einen Vertrag abgeschlossen ha-

---

[4] The Sphere Project. http://www.sphereproject.org. Zugegriffen: 13. Nov. 2012.

ben, das Framework Partnership Agreement[5] (FPA). Darin sind sehr detailliert die Regeln und Anforderungen festgelegt, die in der Zusammenarbeit mit ECHO befolgt werden müssen. Andere Geber, in Deutschland z. B. das Auswärtige Amt oder auch das Bundesministerium für wirtschaftliche Zusammenarbeit und Entwicklung (BMZ) haben ähnliche, aber jeweils andere Anforderungen und Verfahren, deren Kenntnis Voraussetzung einer möglichen Mittelzuweisung ist. Erfahrung bei der Beantragung von Fördergeldern von verschiedenen Gebern gehört zu den nachgefragten Kompetenzen der Mitarbeiter von Hilfsorganisationen.

> Die internationale fachliche Abstimmung entwickelt sich stetig weiter. Regelmäßig werden Fachpublikationen herausgegeben, in denen, basierend auf Praxiserfahrungen, unter Beteiligung vieler internationaler Organisationen und NRO, Konzepte, Richtlinien und Handlungsempfehlungen dargestellt und an entsprechenden Stellen, z. B. das Humanitarian Practice Network (HPN)[6] oder das Inter-Agency Standing Committee (IASC)[7], veröffentlicht werden.

13.2.2 Wie bereiten sich Hilfsorganisationen auf Einsätze vor?

Die tragende Säule in der professionellen, effizienten humanitären Hilfe ist qualifiziertes, gut vorbereitetes Personal, welches die Mittel und Möglichkeiten der eigenen Organisation kennt. Zusätzlich brauchen die Helfer Erfahrung und Kenntnisse, wie man sich in einem fremden kulturellen Umfeld bewegt und wie die traditionellen Eigenheiten sowie die politischen und sozialen Kontexte berücksichtigt werden können. Das sind Themen und Inhalte der Vorbereitungskurse für humanitäre Helfer. Oft werden interne Kurse zum Katastrophenmanagement durch externe Angebote zu speziellen Themen ergänzt. Solche Kurse können z. B. Logistik und Beschaffungsrichtlinien, Umgang mit Medien und Interviewtraining oder Gesunderhaltung und Sicherheit zum Thema haben.

Informationen über die Ziele und Konzepte der eigenen Organisation müssen vermittelt werden. Organisationsstruktur, Kommunikationslinien, Verantwortlichkeiten und Entscheidungskompetenzen müssen klar definiert und kommuniziert werden. Für den Einsatzfall werden oft im Vorfeld die Abläufe und Regelungen in Form von standardisierten Prozessen (standard operational procedures, SOP) festgelegt und eingeübt.

Während man früher Hilfsgüter für den Katastrophenfall gesammelt und eingelagert hat, um sie dann mit Lastwagen oder mit Hilfsgüterflügen in die Katastrophenregion zu schaffen, wird heute Wert darauf gelegt, die Hilfsgüter mög-

---

[5] European Community Humanitarian Office (ECHO), The Framework Partnership Agreement (FPA). http://ec.europa.eu/echo/partners/humanitarian_aid/fpa_en.htm. Zugegriffen: 27. Sept. 2012.
[6] http://www.odihpn.org/. Zugegriffen: 3. Dez. 2012.
[7] http://www.humanitarianinfo.org/iasc/. Zugegriffen: 3. Dez. 2012.

lichst lokal oder regional zu beschaffen. Dabei können die jeweiligen Besonderheiten und Erwartungen oder die Ernährungsgewohnheiten besser berücksichtigt werden. Einige Hilfsgüter werden gerade in der akuten Nothilfe dennoch vorgehalten und per Luftfracht transportiert. Es werden z. B. speziell für die Nothilfe produzierte, mit Vitaminen angereicherte Nahrungsmittel zur Bekämpfung der Unterernährung bei Kindern eingesetzt.[8] In der Gesundheitsversorgung können Emergency Health Kits[9] kurzfristig bei entsprechenden Anbietern geordert werden. Die Medikamente, Verbrauchsmaterialien und die medizinische Ausrüstung sind universell einsetzbar und so gepackt, dass 10.000 Menschen damit für ca. drei Monate durch Fachpersonal und Laienhelfer versorgt werden können. Große Organisation wie z. B. die Internationale Föderation der Rotkreuz- und Rothalbmondgesellschaften (IFRC) oder Ärzte ohne Grenzen haben mobile Einsatzkrankenhäuser, die innerhalb von ein bis zwei Wochen am Ort der Katastrophe aufgestellt und in Betrieb genommen werden können. Die Ausstattung und Ausrüstung ist dergestalt, dass sie an die üblichen Rahmenbedingungen eines Entwicklungslandes angepasst sind. Es war ein langjähriger gemeinsamer Lernprozess, diese angepasste Technik zu entwickeln und die Vorteile für die Praxis zu erkennen. Hinzu kommt, dass das internationale Fachpersonal, Ärzte, Pflegepersonal, Logistiker und Techniker regelmäßig in der Anwendung dieser Methoden geschult werden.

Insbesondere die Sphere-Standards und deren Schlüsselindikatoren helfen dabei, sich bei der Beschaffung von Ausstattungsgegenständen und bei der Nahrungsmittel-, Wasser- und Sanitärversorgung an typischen Qualitätsstandards und geeigneten Methoden zu orientieren. Dort, wo es relevant ist, geben die Standards Orientierung für Personalausstattung und Personalmanagement.

13.2.3 Personalmanagement in der humanitären Hilfe

An die idealen humanitären Helfer werden hohe, aber oft unrealistische Anforderungen gestellt. Sie sollen drei bis vier Sprachen sprechen, fünf bis zehn Jahre Auslandserfahrung mitbringen, fachlich in einem Sektor qualifiziert sein, die Antrags- und Berichtsverfahren der üblichen Geber kennen, Erfahrung in der Bedarfserhebung, der Planung und Umsetzung von Projekten sowie in der Koordinierung mit Partnern und anderen Akteuren haben. Sie müssen interkulturelle Sensibilität und Kompetenz mitbringen und in der Lage sein, als Interviewpartner für die Medien zur Verfügung zu stehen (vgl. Kap. 16). Es ist unwahrscheinlich, dass jemand all diese Erwartungen erfüllt. Daher liegt nahe, dass Teams zusammengestellt werden, in denen viele Erfahrungen und Qualifikationen zusammen-

---

[8] Informationen des Welternährungsprogrammes.
http://www.wfp.org/nutrition/special-nutritional-products. Zugegriffen: 22. Nov. 2012.

[9] Weltgesundheitsorganisation (WHO), New Emergency Health Kit 98.
http://www.who.int/hac/techguidance/ems/new_health_kit_content/en/index1.html. Zugegriffen: 30. Sept. 2012.

kommen, um dann im Einsatzfall die Herausforderungen des Katastrophenmanagements in der Nothilfe vor Ort bewältigen zu können.

In der Realität ist es aber oft nicht möglich, perfekte Teams zusammenzustellen, da gerade in der akuten Phase von allen Hilfsorganisationen nach gerade diesen Fachleuten gesucht wird. Viele Organisationen bemühen sich daher, einige wenige Fachleute fest anzustellen oder kurzfristig abrufen zu können, die dann in den Erkundungsteams die Leitung und Koordination übernehmen. Die Teams müssen in der Lage sein, in der jeweiligen Katastrophe vor Ort einzuschätzen und zu entscheiden, wo welche Hilfsmaßnahmen durch die eigene Organisation eingeleitet werden können.

Neben den erfahrenen Spezialisten müssen alle humanitären Helfer auf einen Einsatz vorbereitet sein. Mittlerweile gibt es viele, die sich mit relevanter Berufserfahrung oder nach einem Grundstudium in ganz unterschiedlichen Fächern in Diplom- oder Master-Kursen von bis zu einem Jahr für die Tätigkeit im internationalen Katastrophenmanagement bzw. in der humanitären Hilfe qualifizieren. Sie bekommen dann oft durch studienbegleitende Praktika oder Berufseinsteiger-Programme die Möglichkeit, in einer Hilfsorganisation mitzuarbeiten und im Ausland eingesetzt zu werden. Die meisten Organisationen haben eigene Einführungskurse oder können über NRO-Bündnisse und Netzwerke wie z. B. dem Verband Entwicklungspolitik Deutscher Nichtregierungsorganisationen[10] (VENRO) gemeinsam Fortbildungskurse zu relevanten Themen nutzen. Die Geber haben Interesse, dass die Organisationen ihre Antrags- und Abrechnungsverfahren kennen, und fördern entsprechende Fortbildungen, die z. B. durch die Beratungsstelle BENGO[11] regelmäßig angeboten werden.

Ausgewiesene Fachleute, die in ihrem Beruf in Deutschland sehr erfolgreich und kompetent sind, sind mit ihrer Erfahrung nicht per se für die Arbeit in der humanitären Hilfe qualifiziert. Gerade für diese Fachleute ist eine Vorbereitung notwendig, in der vermittelt wird, dass neben den fachlichen Fähigkeiten auch die Kenntnis der Rahmenbedingungen und der soziokulturellen Besonderheit des Einsatzlandes wesentlich dazu beitragen, um erfolgreich arbeiten zu können.

In der humanitären Hilfe ist die Meinung weit verbreitet, dass es in Krisen- und Katastrophensituationen grundsätzlich an Fachleuten mangelt und jede Hand gebraucht wird (Munz 2007, S. 107). Hierbei handelt es sich um eine nicht folgenlose Fehleinschätzung, die dazu führt, dass Hilfsorganisationen erheblichen Aufwand betreiben müssen, um den vielen Bewerbern, die sich ad-hoc allein aufgrund ihrer Fachkompetenz bewerben, höflich und bestimmt abzusagen. Munz befürchtet zu Recht, dass die Entsendung von schlecht ausgebildeten Helfern Verschwendung von Spendenmitteln ist (Munz 2007, S. 209). Trotz allem wird es aber in der Nothilfe immer wieder viele spontane Helfer geben, die ohne jegliche Vorbereitung anreisen und vor Ort tätig werden wollen. Die Folge ist ein zusätzliches Durcheinander in den ersten Wochen nach einer Katastrophe, das Nursey in Bezug auf die Situation

---

[10] http://www.venro.org/service.html. Zugegriffen: 17. Nov. 2012.
[11] Beratungsstelle für private Träger in der Entwicklungszusammenarbeit (BENGO), http://www.bengo.de/start-bengo.html. Zugegriffen:15. Nov. 2012.

nach dem Tsunami im Indischen Ozean 2004 treffend als „humanitarian circus" (Nursey 2005) beschreibt. In einem gut vorbereiteten Team mit unterschiedlichen Talenten braucht es Menschen, die bereit sind, sich auf dieses große Durcheinander einzulassen, und die Freude daran haben, es mit Flexibilität und Improvisation gut gelaunt aufzulösen (Munz 2007, S. 111).

Humanitäre Helfer arbeiten vor Ort z. T. unter sehr widrigen, schwierigen und risikoreichen Bedingungen. Daher ist die Unterstützung und Vorbereitung der Helfer essenziell. Neben der medizinischen Untersuchung und einer Impfberatung sind Informationen über vorbeugende Maßnahmen zur Gesunderhaltung und Minderung der Risiken zu vermitteln. Empfehlungen zum Personalmanagement und zur Personalsicherheit im Auslandseinsatz müssen von den entsendenden Organisationen, aber auch von den Helfern befolgt und respektiert werden. Auch in diesem Bereich gibt es zur Orientierung international anerkannte Richtlinien zur Personalbetreuung (People in Aid – Code of Conduct (People In Aid 2003), VENRO – Personalsicherheit in der humanitären Hilfe (VENRO 2003), ECHO – Security Guide for Humanitarian Organisations (ECHO 2004)).

13.3 Katastrophenmanagement in der akuten Not- und Katastrophenhilfe vor Ort

> Eine wesentliche Erkenntnis sei an den Anfang dieses Absatzes gestellt: Katastrophenmanagement ist insbesondere in der ersten Phase der Not- und Katastrophenhilfe trotz bester Vorbereitung Chaosmanagement.

Es liegt im Wesen einer Katastrophe begründet, dass Infrastruktur und/oder Verkehrswege zerstört sind, die zuständigen Stellen des Staates vorübergehend überfordert, Kommunikations- und Koordinationsstrukturen nicht klar und das Ausmaß und die Auswirkungen der Katastrophe noch weitgehend unbekannt sind. Darauf vorbereitet zu sein, in solch einem chaotischen Umfeld zu arbeiten, zu planen, zu agieren und Hilfsmaßnahmen zu koordinieren, ist entscheidend. Selbstverständlich geht es drunter und drüber, die beteiligten Akteure tun alle ihr Bestes, aber es wird immer einige Zeit dauern, bis die Maßnahmen all diejenigen Menschen in ausreichendem Maße erreicht haben, die unterstützt werden müssen.

Es ist schlichtweg unrealistisch zu glauben, eine wohlstrukturierte und bestmöglich koordinierte humanitäre Hilfe könne das in wenigen Wochen und Monaten bewältigen. Daher ist es unverständlich, wenn die Medien frühzeitig immer wieder titeln, die Hilfe sei schlecht koordiniert und erreiche nicht die Bedürftigen. Realistisch ist hingegen die Einsicht, dass das anfängliche Chaos mit der Zeit durch die Bereitschaft der Akteure zur Zusammenarbeit, gegenseitigen Information und zum regelmäßigen Austausch immer mehr abgebaut werden kann. Koordinierungs- und Kommunikationsstrukturen verbessern sich stetig, Zuständigkeiten klären sich und die verantwortlichen Behörden und Institutionen können ihre Aufgaben und

Funktionen wieder aufnehmen. Dabei müssen nationale, internationale, staatliche und nicht-staatliche Akteure zusammenarbeiten. Oft müssen die lokalen Akteure unterstützt werden, lernen in diesem Prozess und sind dann für die nächste Katastrophe besser gewappnet (vgl. Kap. 8).

13.3.1 Einleitung der humanitären Hilfe – die Erkundungsmission

Die Hilfsorganisationen schicken heute sog. assessment teams, die die Lage im Katastrophengebiet erkunden sollen. Begriffe wie emergency unit, emergency response team oder rapid deployment unit stehen für diese Aufgabe. Solche Teams sollen so schnell wie möglich vor Ort sein. Ihre Mitglieder sind möglichst erfahren, wissen wie sie sich in einer Krisen- und Katastrophensituation bewegen und bringen in der Zusammensetzung des Teams unterschiedliche Erfahrungen ein, um die Situation aus unterschiedlichen Perspektiven beurteilen und die Verantwortung für unterschiedliche Aufgaben übernehmen zu können. Viele Organisationen haben zusätzlich Partnerorganisationen oder einheimische Ansprechpartner vor Ort, die sich in der Region bzw. in dem Land auskennen. Diese Kontakte sind sehr wichtig und leisten wertvolle Unterstützung. Sie kennen die politischen, sozialen, wirtschaftlichen und kulturellen Besonderheiten ihres Landes.

> Die Identifizierung und Kenntnis der formalen, aber auch der informellen Strukturen und Beziehungsgeflechte sind für die Planung, Koordinierung und Umsetzung der humanitären Hilfe unentbehrliche Informationen, da sie Zuständigkeiten und Entscheidungsebenen widerspiegeln.

Auf diese Weise werden erste Gesprächspartner kontaktiert und aktuelle Informationen über die Situation im Katastrophengebiet gesammelt. Für die IFRC sind die Nationalen Rotkreuz- und Rothalbmondgesellschaften die Anlaufstelle und Partner, mit denen sie zusammenarbeiten und deren bereits eingeleitete Hilfsmaßnahmen sie unterstützten wird. Europäische Caritasverbände haben sich in der Vergangenheit für den Nothilfe-Einsatz untereinander abgestimmt und können auf ähnliche Netzwerke zurückgreifen. Andere Organisationen nehmen während der Erkundungsmission Kontakt zu potenziellen Partnern auf. Das können staatliche, nicht staatliche oder kirchliche Strukturen oder Organisationen sein. Es können auch die Bewohner eines zerstörten Dorfes sein, deren Gemeindevertreter über die lokalen Verwaltungsstrukturen mit den nächsthöheren Behörden z. B. auf Distrikt- oder Provinzebene verbunden sind.

Hilfsorganisationen sollten sich in der Katastrophenregion bei den zuständigen Behörden vorstellen und anmelden. Dazu gehören die Informationen, wer sie sind, welchen Beitrag sie leisten können und wie sie vor Ort zu erreichen sind. Dokumentiert wird diese vorläufige Registrierung i. d. R. durch ein Memorandum of Understanding (MoU). Ohne diese Anmeldung und Informationen sind die zuständigen Behörden nicht in der Lage, den Überblick zu behalten, welche Organisation in welcher Region, welchem Dorf oder Teil des Flüchtlings- oder Vertriebenenlagers welche Unterstützung anbietet.

Die Erkundungsteams werden versuchen, in das Katastrophengebiet zu gelangen, um sich ein eigenes Bild zu machen, das Ausmaß der Katastrophe einzuschätzen und erste Hilfsmaßnahmen zu planen. Dabei ist es nicht selbstverständlich, dass die Verkehrswege frei sind oder gar Plätze in Flugzeugen oder Hubschraubern zur Verfügung stehen. Die Preise für geeignete Fahrzeuge schnellen wegen der plötzlich gestiegenen Nachfrage sprunghaft in die Höhe. Die Anzahl der Hilfsorganisationen, die z. B. nach einem Erdbeben im Katastrophengebiet aktiv werden wollen, stieg nach eigenen Beobachtungen von 10–50 Anfang der 1980er-Jahre auf etwa 1.000 heutzutage. Dementsprechend sind Kommunikation, Logistik und Koordinierung in dem beschriebenen chaotischen Arbeitsumfeld eine permanente Herausforderung.

In diesem Arbeitsumfeld ist es unrealistisch zu erwarten, dass alle Abläufe sofort reibungslos ineinandergreifen. Alle Akteure müssen aktiv einen Beitrag zur besseren Abstimmung leisten. Die gute Nachricht ist, dass – unabhängig davon, in welchem Land in welchem Katastrophengebiet das Erkundungsteam unterwegs ist, – es heute i. d. R. Anlaufstellen gibt, wo wichtige Informationen gesammelt und weitergegeben werden. In der akuten humanitären Hilfe wird es regelmäßig ein Koordinierungsangebot durch OCHA geben. OCHA koordiniert nicht nur die Aktivitäten der VN-Organisationen, sondern unterstützt auch die lokalen Behörden dabei, die vielen Organisationen sinnvoll einzusetzen. Ein von OCHA gestelltes United Nations Disaster Assessment and Coordination (UNDAC) (OCHA ohne Datum) Team wird in der akuten Nothilfe so schnell wie möglich in das Katastrophengebiet geschickt, um die lokal zuständigen Behörden (local emergency management authority, LEMA) und die ankommenden internationalen humanitären Helfer im Rahmen der Bedarfserhebung und Planung zu unterstützen. OCHA unterhält das ReliefWeb[12], die Website der humanitären Hilfe, auf der Situationsberichte, Kartenmaterial sowie Schulungs- und Stellenangebote weltweit zusammengeführt sind.

Weitere Anlaufstellen sind nach Sektoren oder thematischen Clustern wie Nahrungsmittelversorgung, Wasserversorgung, Gesundheit, Schutz vor Gewalt, Gender oder psychosoziale Unterstützung aufgeteilt. Es gibt regelmäßige Treffen (cluster meetings), anfangs oft täglich, die von Organisationen mit entsprechender Erfahrung und entsprechenden Kapazitäten geleitet und koordiniert werden. Hilfsorganisationen, sektoral zuständige VN-Organisationen und die zuständigen Behörden sind auf nationaler, regionaler oder lokaler Ebene vertreten. Die aktive Beteiligung an diesen sektoralen Treffen sollte eine Verpflichtung für alle Akteure sein. Nur durch diese Kommunikations- und Informationsplattform kann Koordination stattfinden. Obwohl oder gerade weil anfangs täglich neue Situationsberichte eintreffen, sind die Informationen oft lückenhaft und widersprüchlich. Es ist mühsam, die Informationen zu verifizieren oder die Gesamtlage einzuschätzen. Aber mit jeder zusätzlichen Information der Erkundungsteams, der Partnerorganisationen, der Be-

---

[12] OCHA Reliefweb, http://reliefweb.int/. Zugegriffen: 30. Sept. 2012.

hörden oder von Einzelpersonen aus der Katastrophenregion setzt sich allmählich ein realistisches Lagebild zusammen.

13.3.2 Die Bedarfsermittlung vor Ort

In der Katastrophenregion angekommen, ist die Situation nicht übersichtlicher. Verschiedene Szenarien sind typisch. Die Betroffenen bleiben nach einem Erdbeben, soweit möglich, in der Nähe ihrer Häuser oder sie bringen sich vor Überflutung und Überschwemmung in Sicherheit. Meist bleiben sie in der Nähe ihrer Dörfer oder Stadtteile in kleinen Lagern, in denen sie notdürftig untergebracht sind. Große Flüchtlingslager können durch Naturkatastrophen, aber auch durch politische Krisen und Kriegshandlungen entstehen. Hier können die Lager u. U. jenseits der Staatsgrenze sein, da die Flüchtlinge sich im Heimatland bedroht und gefährdet fühlen.

Bei der Beurteilung solcher Situationen ist eine der entscheidenden Fragen immer, wie viele Menschen betroffen sind und versorgt werden müssen. Humanitäre Helfer brauchen diese Zahlen, damit sie planen und koordinieren können. Auch wenn es unmöglich scheint, die Anzahl der betroffenen Menschen zu erfahren, muss es dennoch eine grobe Schätzung geben, da ohne eine solche Quantifizierung weder Wasser-, Nahrungsmittel- oder Gesundheitsversorgung noch Unterbringung geplant werden können.

Im Unterschied dazu beschreiben Journalisten, die ebenso schnell vor Ort sind wie die Helfer, die Notsituation durch Berichte über Einzelschicksale und Interviews mit Betroffenen. In den Medien schildern sie dadurch eindrücklich die Notlage und erzeugen Betroffenheit bei ihren Zuhörern, Zuschauern und Lesern. Humanitäre Helfer schauen bei Einzelschicksalen nicht weg, müssen aber in der Lage sein, die Situation und den Bedarf an Unterstützung ganzheitlich zu erfassen und basierend darauf Hilfsmaßnahmen zu planen.

Erkundungsteams tun gut daran, die vielen Informationen, die sie sammeln, quantifiziert zu erfassen und zu dokumentieren. Die Gespräche, die mit Einzelpersonen und Vertretern von Organisationen, Institutionen oder Behörden geführt werden, sollten ebenso dokumentiert werden. Neben Namen, Adressen und Telefonnummern können kommentierte Einschätzungen wichtig sein, die Hinweise geben, welche positive, unterstützende oder auch problematische, hinderliche Rolle bestimmte Personen spielen könnten (stakeholder list/stakeholder analysis). Darüber hinaus werden regelmäßige Lageberichte (situation reports) erstellt, in denen die gesammelten Informationen chronologisch dokumentiert sind. Eine gute, nachvollziehbare Dokumentation der Ergebnisse der Erkundungsmission mit Quellenangaben, Kontakten und sonstigen relevanten Daten ist die Grundlage für die Planung und Durchführung der Hilfsmaßnahmen. Die Kommunikation in der eigenen Organisation wird sichergestellt und die Übergabe an das jeweils folgende Team, das die geplanten Projekte umsetzen soll, wird erleichtert.

Katastrophenmanagement in der Nothilfe wird auch durch die Konkurrenz unter den Hilfsorganisationen beeinflusst. Es wäre unglaubwürdig, zu verneinen, dass das Ringen um die besten Plätze, die gut sichtbar für die Medien zeigen, dass die eigene Organisation präsent ist und gute Arbeit leistet, das Handeln bestimmt. Erkundungsteams sollten sich nicht durch allzu pauschale Aussagen und Informationen oder gar durch Fähnchen mit Logos, die bestimmte Areale markieren, in die Irre führen lassen. In der Regel ist der Bedarf größer als die verfügbaren Hilfsangebote, allerdings muss Zeit in Gespräche mit Betroffenen und zuständigen Behörden und in die Absprache mit anderen Organisationen investiert werden. Zeit, die vermeintlich nicht zur Verfügung steht, da die Zentrale der Organisation zu Hause und insbesondere deren Presseabteilung, um die Präsenz in den Medien konkurriert. Sie wollen möglichst schnell und exklusiv über die bereits eingeleiteten Hilfsmaßnahmen berichten und damit unterstreichen, dass die Spenden, für die geworben wird, bei ihnen sinnvoll eingesetzt werden (siehe Kap. 10). Das bringt die Helfer vor Ort oft in die Zwickmühle, einerseits rasche Erfolgsmeldungen zu liefern, andererseits die notwendigen Schritte in der Projektplanung abzuarbeiten. Dazu gehört auch, die Ergebnisse der Erkundung dort verfügbar zu machen, wo die Maßnahmen koordiniert werden. Das Zusammenführen dieser Informationen und der Aufbau der Koordinierungsstrukturen erledigt sich nicht von selbst, sondern verlangt Initiative und Engagement aller Beteiligten. Oft fehlt es bei humanitären Helfern an der Einsicht, dass dieses Engagement die notwendige Grundlage für koordiniertes, bedarfsrechtes Handeln ist. Aber auch der Zeitdruck, der Mangel an Personal oder Frustrationserlebnisse bei der Teilnahme an Koordinierungstreffen stehen einer guten Abstimmung der Maßnahmen entgegen.

13.3.3 Standards und Schlüsselindikatoren in der Projektplanung

Sobald das Erkundungsteam entschieden hat, die Menschen z. B. in einem Dorf oder einer bestimmten Region oder einem Flüchtlingslager zu unterstützen, sollte die Situation systematisch erfasst werden. Die Anzahl der betroffenen Menschen, weitere soziodemografische Daten und die Verfügbarkeit von notwendigen Versorgungsgütern wie Nahrung, Trinkwasser, Unterkünften und Gesundheitsversorgung müssen in Erfahrung gebracht werden. Ein wichtiger Schritt ist die Einschätzung, ob die vorhandene Versorgung ausreicht, um ein menschenwürdiges Leben in der Katastrophensituation zu führen oder nicht. Bei der Frage, was erforderlich ist, um ein menschenwürdiges Leben zu führen, sind die Sphere Standards (The Sphere Project 2011) heute die wichtigste Referenz in der praktischen Arbeit.

> Das Sphere-Handbuch ermöglicht – nicht nur in der humanitären Hilfe – nachweisbar die Überprüfung und Einschätzung, ob die Mindestanforderungen für ein menschenwürdiges Leben erfüllt sind oder nicht. Dabei wird die reine Versorgung genauso berücksichtigt wie der Schutz vor Gewalt und Verfolgung und das Recht auf Mitbestimmung.

13.3.3.1 Nutzung der Sphere Standards im Katastrophenmanagement

Die Humanitäre Charta des Sphere-Handbuches (The Sphere Project 2011, S. 20) stellt die Verbindung zum humanitären Völkerrecht und zum Menschenrechtsansatz her. Sie unterstreicht damit, dass humanitäre Hilfe nicht aus Mitleid, wohltätiger oder philanthropischer Motivation heraus geleistet wird, sondern dass die Menschen, die keine Chance haben, ein menschenwürdiges Leben zu führen, ein Recht auf Unterstützung und humanitäre Hilfe haben. Bei dem Nachweis, dass es an Mindestvoraussetzungen fehlt, bieten die Standards und Indikatoren des Sphere-Handbuches (The Sphere Project 2011) gerade im Rahmen der Erkundungsmission für die Situationsanalyse und die Projektplanung wertvolle praktische Unterstützung. So gibt es in jedem Kapitel eine assessment checklist, die zur Situationsanalyse des jeweiligen Themas genutzt werden kann. Diese Listen helfen dabei, die Versorgungslücken zu identifizieren und in Bezug auf die betrachtete Anzahl von betroffenen Menschen die notwendigen Hilfsgüter und Hilfsmaßnahmen zu quantifizieren. Die Schlüsselindikatoren geben konkrete Hinweise und Empfehlungen, z. B. wie viel Wasser pro Kopf und Tag zur Verfügung stehen sollte, um den Standard zu erfüllen, dass alle Betroffenen Zugang zu ausreichend Wasser haben.

Für das Erkundungsteam empfiehlt es sich dringend, Informationen und Daten möglichst in quantifizierter Form zu sammeln. Das wird die Erstellung von Projektplänen und Kostenaufstellungen enorm erleichtern, da diese auf den festgestellten Mängeln aufbauen. Die Feststellung, dass in einem Flüchtlingslager, in dem 50.000 Menschen leben, eigentlich 2.500 Latrinen[13] oder Toiletten gebraucht würden, aber bisher nur 500 vorhanden sind, diktiert quasi das Projektziel. Dementsprechend müssen bis zu einem bestimmten Zeitpunkt 2.000 weitere Latrinen für die 50.000 Menschen gebaut werden. Ist diese Zahl einmal festgelegt, können alle dazu notwendigen Aktivitäten einschließlich der Baumaterialien sowie der Personal- und Transportkosten quantifiziert und kalkuliert werden. In kürzester Zeit steht der Arbeitsplan, der hilft, ein Projekt von mehreren hunderttausend Euro zu koordinieren und zu steuern. Neben den Standards und Indikatoren zur Versorgung der betroffenen Menschen ist in der neuesten Auflage des Sphere-Handbuches das Thema Sicherheit und Schutz vor Gewalt (protection principles) aufgenommen worden (The Sphere Project 2011, S. 29). Es werden praktische Anleitungen gegeben, wie die Betroffenen vor Gewalt und Verfolgung geschützt und in der Wahrnehmung und Einforderung ihrer Rechte unterstützt werden können. Diese Standards und Prinzipien helfen auch, Menschenrechtsverletzungen zu erkennen, zu analysieren und entsprechend die Risiken für die Betroffenen zu mindern.

13.3.3.2 Beispiel: Wasser- und Sanitärversorgung im Katastrophenmanagement

Drei Monate nach dem verheerenden Erdbeben auf Haiti titelte ein Artikel: „HAITI: Humanitarian best practice – dignity, not just digits" (IRIN 2010a). Es geht darum, dass bei der Beurteilung der Qualität der humanitären Hilfe nicht nur die Erreichung

---

[13] Entsprechend dem Schlüsselindikator: 1 Latrine/20 Personen.

der Indikatoren allein berücksichtigt werden darf. Gerade in Haiti war es aufgrund der Ausmaße des Erdbebens in dichtbesiedelten Gebieten enorm schwierig, zügig die Versorgung entsprechend der Indikatoren sicherzustellen. Viele Organisationen haben sich beklagt, dass sie einerseits die Sphere Standards nicht einhalten könnten, andererseits aber bei Evaluierungen danach beurteilt würden. Hier muss klargestellt werden, dass die Standards zunächst qualitative Aussagen machen, z. B.: „People should have adequate numbers of toilets, sufficiently close to their dwellings, to allow them rapid, safe and acceptable access at all times of the day and night." (The Sphere Project 2011, S. 107). Die dazugehörigen Indikatoren geben u. a. die Empfehlung, dass es eine Latrine für 20 Personen geben sollte, die nach Geschlechtern getrennt und nicht mehr als 50 m von der Unterkunft entfernt sein sollte. Wie im vorausgehenden Absatz kurz skizziert, ist nicht zu erwarten, dass eine entsprechende Anzahl von Latrinen in wenigen Wochen gebaut werden kann. Bei der Beurteilung der Erfolge nach drei Monaten muss dies in realistischer Weise berücksichtigt werden. Hinzu kommt, dass entsprechend der allgemeinen Standards zum Katastrophenmanagement im Sphere Handbuch (The Sphere Project 2011, S. 50) Wert darauf gelegt wird, dass die jeweiligen Rahmenbedingungen und Kontexte berücksichtigt werden. Daher können die Hilfsmaßnahmen, auch wenn sie aus nachvollziehbaren Gründen nicht die Indikatoren erreichen, immer noch den gesetzten Standards gerecht werden. Die Analyse der Gründe, warum die Kennzahlen nicht erreicht wurden, hilft zudem im Verlauf, das Projekt gezielter auf die aktuellen Probleme auszurichten. Dies ist letztlich ein wünschenswerter Effekt des Monitorings und der Qualitätssicherung.

Der Artikel endet mit guten Beispielen aus der Praxis. So berichtet ein Mitarbeiter von Oxfam, dass sie nicht nur registrieren, wie viel Liter Wasser oder wie viele Latrinen sie in ihrem WASH[14]-Programm zur Verfügung stellen. Sie untersuchen zusätzlich, wie die Menschen das Wasser und die Latrinen nutzen. In den ersten drei Monaten konnte nur eine Latrine pro 100 Menschen errichtet werden, und es wurde geplant, nach sechs Monaten ein Verhältnis von 1:50 und nach einem Jahr von 1:20 zu erreichen. Die IFRC wurde zitiert, dass anfangs nur fünf Liter Wasser pro Kopf zur Verfügung standen und nach drei Monaten etwa zehn Liter. 15 L Wasser pro Person und Tag ist die empfohlene Menge im Sphere-Handbuch (The Sphere Project 2011, S. 97).

An dieser Stelle sei angemerkt, dass die Indikatoren und Richtwerte des Sphere-Handbuches aus vielen Quellen zusammengetragen, beraten und im weltweiten Konsens vieler beteiligter Fachleute als Richtwerte in Zusammenhang mit den qualitativen, universell gültigen Standards aufgenommen wurden. Ziel war es, eine zuverlässige Informationsquelle und Anleitung für die Praxis der humanitären Hilfe unter Einbeziehung des Menschenrechtansatzes zu entwickeln. Rein technische Handbücher oder Bücher zu speziellen Themen gibt es von vielen Organisationen, z. B. den Field Operations Guide for Disaster Assessment and Response (USAID 1998) von der United States Agency for International Development (USAID). Sie

---

[14] WASH = water, sanitation and hygiene.

sind i. d. R. frei verfügbar und informieren zuverlässig über weitere Kennzahlen und Referenztabellen.

13.3.4 Dynamik in der Bedarfsanalyse, Planung und Umsetzung

Zu den typischen Problemstellungen einer Erkundungsmission und der Bedarfsanalyse in der akuten Not- und Katastrophenhilfe gehört, dass zu Beginn nur wenige, unzuverlässige und lückenhafte Informationen und Daten vorliegen. Die Anzahl der betroffenen Menschen kann nur geschätzt werden, aber gleichzeitig müssen schnelle Entscheidungen getroffen werden. Je später die Hilfsmaßnahmen in ausreichendem Umfang einsetzen, desto mehr sind die Menschen gefährdet, unter den Auswirkungen der Katastrophe zu leiden und u. U. daran zu sterben. Alle Anstrengungen sollten darauf ausgerichtet sein, Erkrankungen, Unterernährung und Sterberaten möglichst gering, d. h. unter einen Todesfall pro 10.000 Personen und Tag (The Sphere Project 2011, S. 346) zu halten. Normale Sterberaten liegen weltweit im Durchschnitt bei 0,25/10.000/Tag (UNICEF 2003, S. 87). In Katastrophensituationen können Sterberaten bis 30/10.000/Tag – wie in den Flüchtlingslagern in Goma 1994 (Toole 1995) – registriert werden und unterstreichen damit die Dringlichkeit, schnell zu handeln. Allerdings soll an dieser Stelle darauf hingewiesen werden, dass die Erhebung der Sterberaten in Katastrophensituationen nicht ohne entsprechenden Aufwand realisiert werden kann. Es setzt wiederum ein hohes Maß an Bereitschaft zur Kooperation, Kommunikation und Abstimmung aller beteiligten Akteure voraus. Heutzutage übernehmen diese Aufgaben i. d. R. Fachleute der VN, der WHO und großer internationaler NRO. Sie sind aber darauf angewiesen, Berichte, Informationen und Zahlen über Erkrankungs- und Todesfälle zu bekommen. Eine grundlegende Analyse über die wesentlichen Erkrankungen, Todesursachen und Sterberaten, die durch Hungersnöte, Flucht und Vertreibung und die damit verbundene Unterernährung, mangelhafte Hygiene und Übertragung von Infektionskrankheiten verursacht werden, wurde vor 20 Jahren publiziert (Malkki und Toole 1992). In dieser umfassenden Arbeit wurden bereits die wesentlichen Maßnahmen beschrieben, die in der humanitären Hilfe an erster Stelle stehen, um die Erkrankungs- und Sterbefälle zu senken. Dazu müssen schnelle Entscheidungen getroffen werden, ohne die Zeit zu haben, Informationen und Ergebnisse aus den Erkundungsmissionen detailliert zu verifizieren.

> In der akuten Nothilfe wird die detaillierte Informations- und Datenlage dem Zeitdruck geopfert, mit dem Entscheidungen in der Planung und Umsetzung gefällt werden müssen.

Allerdings vervollständigen und präzisieren sich die Informationen und Detailkenntnisse im Laufe der Umsetzung der Hilfsmaßnahmen. Anfangs gibt es täglich neue Aspekte zu berücksichtigen, später werden die Abstände größer, in denen

Tab. 13.1 Population Breakdown – Gruppen als Anteil (in %) der Bevölkerung. (Quelle: Eigene Darstellung)

„Population Breakdown" Altersgruppen, Menschen mit besonderen Bedürfnissen (geschätzte Prozentangaben für die Projektplanung)		
Kinder unter 5 Jahre alt	*12–20 %*	Abhängig von der Geburtenrate
Kinder unter 1 Jahr alt	*2–4 %*	Abhängig von der Geburtenrate
Schwangere (sowie stillende Mütter)	*2–4 %*	Abhängig von Geburtenrate, Stillzeit (hier 1 Jahr)
Menschen mit Behinderungen	*3–10 %*	Bezogen auf schwere Behinderungen
Ältere Menschen	*15–20 %*	Sie sind nicht per se bedürftig, allerdings ist der Anteil älterer Menschen mit Behinderungen, z. B. durch chronische Krankheiten, hoch.
Weitere Gruppen, die in Krisen und Katastrophen besonders gefährdet oder anfällig sind, sogenannte *„social vulnerabilities"* haben		Von Armut Betroffene; Migranten ohne Zugang zu sozialen Leistungen; Zugehörige von Randgruppen/ zu niedriger Kaste; Haushalte mit Alleinerziehenden; Waisen und Kinder, die von ihren Familien getrennt wurden; Betroffene von Gender-Ungleichheiten

neue, relevante Informationen und Erkenntnisse dazu kommen. Alle Beteiligten sind kontinuierlich aufgerufen, sich immer wieder zu fragen, ob die Menschen, die besonders betroffen sind oder besonders gefährdet sind, auch wirklich erreicht werden. Es soll verhindert werden, dass eine ohnehin marginalisierte Gruppe bei der Bedarfserhebung übersehen wird, da sie in der Gesellschaft keine Rechte hat, nicht repräsentiert ist und nicht wahrgenommen wird.

Sobald die Anzahl der betroffenen Menschen abgeschätzt wurde, kann an Altersgruppen orientiert nach Erfahrungswerten aufgeteilt werden. Typische Kategorien sind alle Kinder unter fünf Jahren, stillende Mütter und Schwangere, ältere Menschen sowie Menschen mit Behinderungen (siehe Tab. 13.1).

Die geschätzte prozentuale Verteilung erlaubt dann, konkret die Anzahl von besonders anfälligen Menschen zu erfassen. Dies erzeugt zudem ein sehr viel besser vorstellbares Bild, welche Probleme und besonderen Bedürfnisse die Betroffenen haben. Dadurch fällt es leichter, Ideen zu entwickeln, mit welchen Maßnahmen bedarfsgerecht und rasch geholfen werden kann. Die Betrachtung der Anfälligkeit bestimmter Bevölkerungsgruppen ist ein wesentlicher Schritt, die Folgen der Katastrophe zu mindern.

> Vulnerabilitätsanalysen tragen sehr zum Verständnis der Probleme und Risiken der Betroffenen bei und bilden die Grundlage für die Einleitung von akuten, aber auch langfristigen Maßnahmen zur Minderung der Folgen von Katastrophen.

13.3.5 Einbeziehung der Betroffenen in die Bedarfserhebung und Projektplanung

Gerade für die Planungsprozesse ist es hilfreich, sich über die Phasen und Veränderungsprozesse in der jeweiligen Katastrophensituation klar zu werden. Erfahrungsgemäß ist die Phase der akuten Nothilfe eher kurz, d. h. sie dauert wenige Wochen bis Monate. In dieser Phase geht es darum, Leben zu retten, die Betroffenen mit dem Notwendigsten zu versorgen, sie in Sicherheit zu bringen und in angemessener Weise unterzubringen. Hier kann frühzeitig entschieden werden, was am dringlichsten gebraucht wird, um die größte Not zu lindern. Es sollte aber immer berücksichtigt werden, dass sich wenige Wochen nach dieser reinen Nothilfe-Phase (relief) eine Wiederaufbauphase anschließt (recovery, rehabilitation). In letztgenannter Phase ist es unumgänglich, die betroffene Bevölkerung in den Erkundungsprozess und die Planung einzubeziehen. Sie sind diejenigen, die am besten verstehen und wissen, was die Katastrophe in ihrem Dorf, in ihrer Stadt oder ihrer Region angerichtet hat, welche Probleme daraus erwachsen sind und welche Maßnahmen helfen würden, die Folgen der Katastrophe zu bewältigen.

Bei der Einbeziehung der Bevölkerung und der lokalen Strukturen ergeben sich allerdings durch das Zusammentreffen von unterschiedlichen Kulturen der Betroffenen und der internationalen Helfer besondere Anforderungen. Aufgrund der sprachlichen Hürden sind die Helfer meist auf Übersetzungen angewiesen, deren Qualität nur schwer zu beurteilen ist. Vermeintlich gleiche Begriffe können unterschiedliche Bedeutungen haben. In vielen Kulturen ist es unhöflich, negative Auskünfte zu geben oder Fragen mit „nein" zu beantworten. Auch die Unkenntnis, ob der Dorfvorsteher als mächtiger Mann mehr seine eigenen Interessen oder die aller Gemeindemitglieder vertritt, ist eine erste Hürde. Vielleicht gibt es bei den Betroffenen unterschiedliche Meinungen oder Gruppen, die unterschiedliche Ziele verfolgen. Oft müssen zur Klärung der Fragen langwierige, zeitraubende Gespräche geführt werden. Der Wunsch der Helfer, von den Betroffenen schnelle Entscheidungen zu bekommen, wird nicht erfüllt. Entscheidungen ohne ihre Zustimmung zu fällen birgt aber das Risiko, an ihren Bedürfnissen vorbei zu planen. Regelmäßig gibt es gescheiterte Projekte, weil z. B. nach einem Erdbeben zu schnell und ohne Einbeziehung der Menschen ein neues Dorf für sie gebaut wurde, sie sich aber weigerten, dorthin umzuziehen.

Wie solche Fehlplanungen vermieden werden können und wie sichergestellt werden kann, dass die Maßnahmen im Sinne der Betroffenen geplant werden, sind zentrale Fragen der humanitären Hilfe. Qualität und Effizienz der humanitären Hilfe, impact measurement, accountability oder die Frage, was mittel- und langfristig die positiven Auswirkungen der Maßnahmen aus Sicht der Betroffenen sind, werden aktuell immer wieder diskutiert. Das Ziel ist, die Wirkung der humanitären Hilfe zu verbessern (Proudlock und Ramalingam 2009).

In der Praxis gibt es einige Methoden und Möglichkeiten, die Bevölkerung und Gruppen der Bevölkerung in den Analyse- und Planungsprozess einzubeziehen. Es sind letztlich partizipatorische Projektplanungsmethoden, die auch in der humanitären Hilfe frühzeitig angewandt werden sollten. Eine Gruppe von internationalen

NRO[15] hat den „Good enough Guide" (ECB 2007) herausgegeben und in 13 Sprachen übersetzt ins Netz gestellt. Er ist „gut genug" geeignet, um Tipps, Hinweise und Anleitungen zu geben, wie solche Methoden, z. B. Fokusgruppen-Diskussionen mit Frauen oder mit Jugendlichen, frühzeitig in der Projektplanung genutzt werden können. Sie bringen authentische Informationen zutage und fördern bei den Betroffenen das Gefühl, selbst mitzubestimmen. Dieser Ansatz senkt das Risiko, im Nachhinein bei einer Evaluierung zu erfahren, dass das Projekt zwar planmäßig abgewickelt und korrekt abgerechnet und verbucht wurde, aber von der Bevölkerung attestiert wird, dass es eigentlich nicht das war, was ihre Lebensbedingungen nach der Katastrophe verbessert hat.

Der Ansatz, den Betroffenen als direkte Hilfsmaßnahme Bargeld zur Verfügung zu stellen (Peppiatt 2001), mit dem sie selbst entscheiden können, was sie damit kaufen, um die Notsituation zu überwinden, trägt dazu bei, sie als aktive, selbstbestimmte Menschen zu behandeln. Gleichzeitig wirkt dies der Reduzierung auf die Rolle der passiven Empfänger von Hilfe und Versorgung entgegen (Harvey 2007, S. 40).

Obschon es in allen Standards und Richtlinien eine klare Forderung ist, die im jeweiligen Land vorhandenen Kapazitäten, also Fachleute, lokale NRO oder zuständige Behörden und Institutionen zu nutzen und zu stärken, wird bei großen Evaluierungen immer wieder festgestellt, dass diese wichtigen Beiträge nicht in ausreichendem Maße berücksichtigt werden (ALNAP). Gerade in den Ländern und Regionen, die häufig von Katastrophen heimgesucht werden, sind der Aufbau und die Förderung der Fähigkeiten und Kompetenzen im lokalen Katastrophenmanagement eine wesentliche Maßnahme, um die Risiken und Auswirkungen zu mindern. Allerdings wurde in der Vergangenheit immer wieder festgestellt, dass die internationale Hilfe die lokalen Kapazitäten dadurch schwächt, dass die qualifizierten, erfahrenen einheimischen Fach- und Führungskräfte abgeworben und für bessere Gehälter bei internationalen Organisation angestellt werden.

13.4 Erstellung von Projektplänen und Finanzierungsanträgen

13.4.1 Problemanalyse

Die Analyse der vom Erkundungsteam gesammelten Informationen und die daraus gezogenen Schlussfolgerungen sind die Grundlage eines möglichst mit der Zielgruppe und den beteiligten Partnern abgesprochenen Projektplanes. Hier fließen die quantifizierten Informationen, die vor Ort gesammelt wurden, ein. In der Entwicklung von Projektplänen und in den Diskussionen über Ursachen und Folgen der Katastrophe im konkreten Kontext werden die gesammelten Daten als Probleme gesammelt. Wurde z. B. festgestellt, dass in einer Region für 50.000 Menschen 500 Kubikmeter Wasser täglich fehlen, kann dieses Problem mithilfe eines

---

[15] Emergency Capacity Building Project (ECB), http://www.ecbproject.org/home/home. Zugegriffen: 4. Nov. 2012.

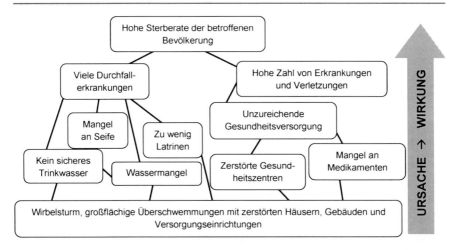

Abb. 13.1 Der Problembaum. Ein Hilfsmittel der Projektplanung. Ursache und Wirkung, Probleme und deren Folgen werden dargestellt und können diskutiert werden. (Quelle: Eigene Darstellung)

Problembaumes (Abb. 13.1) in einen Ursache-Wirkungs-Zusammenhang gebracht werden. Dabei wird dargestellt, wie es zu dem Wassermangel kam, welche direkten Folgen und Probleme zu erwarten sind (z. B. mangelhafte Lebensmittelhygiene, kontaminiertes Trinkwasser, Vernachlässigung der persönlichen Hygiene). Letztendlich gibt diese Problemanalyse wieder, warum infolge des Wassermangels vermehrt Durchfallerkrankungen – insbesondere bei Kindern – resultieren, die zu einer erhöhten Sterberate beitragen. Hilfreich ist, dass der Problembaum den Entwurf für den Projektantrag darstellt, denn er zeigt logisch strukturiert, welche Maßnahmen eingeleitet werden müssen, um die Folgen des Wassermangels zu verhindern und die Erkrankungen und Sterberaten zu senken. Ähnliche Analysen können in allen Sektoren durchgeführt werden und das Sphere-Handbuch ist dabei eine praktische Informationsquelle, um z. B. herauszufinden, wie viel Seife[16] gebraucht wird, um die Hygiene zu verbessern oder wie viel Fachpersonal[17] für die Gesundheitsversorgung eingeplant werden muss.

Schulungen zu Projektplanungszyklen (Abb. 13.2) bzw. das in der Europäischen Kommission 1992 eingeführte Project Cycle Management (Europäische Kommission 2004) gehören zu den Kernelementen von Fortbildungen im Katastrophenmanagement – sowohl bei den Mitarbeitern der Geber als auch in den Hilfsorganisationen.

---

[16] The Sphere Project, Sphere Handbook, Hygiene promotion standard 2: Identification and use of hygiene items, http://www.spherehandbook.org/en/hygiene-promotion-standard-2-identification-and-use-of-hygiene-items/. Zugegriffen: 28. Sept. 2012.

[17] The Sphere Project, Sphere Handbook, Health systems standard 2: Human resources, http://www.spherehandbook.org/en/health-systems-standard-2-human-resources/. Zugegriffen: 28. Sept. 2012.

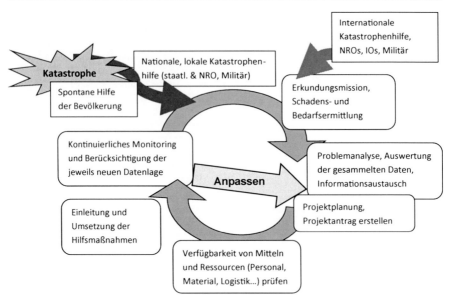

Abb. 13.2 Der Projektzyklus. (Quelle: Eigene Darstellung)

13.4.2 Planungsmatrix und logical framework im Projektmanagement

Neben der Diskussion der Ursachen und Wirkungszusammenhänge ist aus eigener Erfahrung die Erstellung einer Planungsmatrix bzw. eines logical framework (siehe Tab. 13.2) in der Praxis sehr hilfreich. Diese Übersicht wird zudem von manchen Gebern in unterschiedlichen Formatvorlagen als Teil des Projektantrages verlangt. Schon bei der Problem- und Bedarfsanalyse vor Ort können Daten und Mengengerüste für geplante Maßnahmen einschließlich der voraussichtlichen Kosten eingetragen werden und die Grundlage eines Projektplanes bilden. In der Anwendung müssen Problembaum und Planungsmatrix als praktische Hilfsmittel betrachtet werden, die durchaus die Rahmenbedingungen und den besonderen Kontext des jeweiligen Projektes widerspiegeln können. Sie dürfen jedoch in ihrer Funktion bzw. der Möglichkeit, die realen Prozesse des Projektmanagements, des Monitorings und der Wirkungsbeobachtung abzubilden, nicht überschätzt werden. Hummelbrunner hat in einem Artikel die Entwicklung sowie die Vor- und Nachteile des logical frameworks und aktuelle Alternativen zur Nutzung systemischer Ansätze in der Evaluierung diskutiert und zusammengestellt (Hummelbrunner 2010, S. 1).

Tab. 13.2 Beispiel einer Planungsmatrix, in der notwendige Maßnahmen zur Zielerreichung einschließlich Kostenplan dargestellt sind. (Quelle: Eigene Darstellung in Abwandlung der ECHO FPA guideline logical framework matrix)

Logical framework	Objective, aim, targets and activities	Indicators	Source of information for verification	Assumptions and risks
Overall objective	To reduce mortality of 50.000 disaster affected population in Country X within 6 months	CMR (crude mortality rate) < 1/10.000/d	Overall surveillance reports	Coordination is established
Project purpose	Curative health services for 50.000 affected population are accessible and functioning	1 Performance data 2 Epidemiology 3 Utilisation rates	Reports and on site visits	
Result 1	5 health centres (HC) are reconstructed	1 HC/10000 pop.	Reports and on site visits	
Result 2	Sufficient staff is available – medical doctors (MD), nurses, community health workers (CHW)	1 Nurse or MD/HC 20 CHW/HC employed	Staff establishment	
Result 3	HC are equipped with material and medicines	No. of emergency health kits received	On site visits	Transport and logistic
		Means/Input	Unit costs (EUR)	Total costs (EUR)
Activities 1.1	Procurement of building material for 5 HC	Material transport	2.500,00	12.500,00
Activities 1.2	Employment of 4 skilled workers per HC for 20 days	Constructors	10,00/person/day	4.000,00
Activities 2.1	Employment of 5 professional health care workers (HCW)	Skilled staff	250,00/month	7.500,00
Activities 2.2	Incentives for 100 lay staff (CHW)	Lay staff	20,00/month	12.000,00
Activities 2.3	Conduct five 3-day training workshops for 20 lay workers	Accomodation, catering, trainer, transport	1.500,00	7.500,00
Activities 3.1	Procurement of 10 emergency health kits	Transport Medicines, equipment	500,00 7.500,00	80.000,00
Activities 3.2	Procurement of office material, shelves, examination stretcher, 1 computer per HC	Transport Equipment Computer	200,00 1.000,00 800,00	10.000,00
			Grand Total	133.500,00

ECHO FPA Guideline, http://ec.europa.eu/echo/files/partners/humanitarian_aid/fpa/2003/guidelines/logical_framework_guidelines_en.pdf. Zugegriffen: 28. Sept. 2012

Der „logical framework" gehört zu den Antragsformularen[18] von ECHO. Die ca. 200 europäischen Hilfsorganisationen, die im Rahmen des FPA[19] eine Finanzierung bei ECHO beantragen können, müssen die sehr detailliert gegliederten Anträge ausfüllen und einreichen.

13.4.3 Umgang mit Indikatoren und Qualität der humanitären Hilfe

Bei der Erstellung von Projektplänen sind Diskussionen über die Formulierung von Projektzielen und Ergebnissen an der Tagesordnung. Die Formulierungen sollen so präzise und realistisch wie möglich sein und eindeutig Projektlaufzeiten sowie direkte und indirekte Zielgruppen bzw. Nutznießer des Projektes benennen. Daher gehört der Umgang mit Indikatoren (Benner und Schmitz 2009) zum Handwerkszeug in der humanitären Hilfe. Mit der Zeit wird Erfahrung gesammelt, welche Indikatoren auf welcher Ebene sinnvoll sind, um zu verfolgen, ob die Ziele des Projektes planmäßig erreicht werden. Projektpläne und Berichte mit Zielsetzungen, Indikatoren, Informationen über Rahmenbedingungen und Beurteilung möglicher Risiken und unerwarteter Nebenwirkungen bilden die Grundlage von Evaluierungen, in denen analysiert wird, ob die Ziele erreicht wurden und die Projekte effizient und bedarfsgerecht umgesetzt wurden. Das Ziel ist, die Qualität der humanitären Hilfe stetig zu verbessern. Dazu werden wiederum die internationalen Standards als Referenz herangezogen. Projekt- oder Katastrophenmanagement muss die Anforderungen an die Qualitätsstandards nachvollziehbar erfüllen und die Chance nutzen, aus den gemachten Fehlern zu lernen. Dabei helfen die vielfältigen internationalen Konzepte, gepaart mit einem großen Angebot an frei verfügbaren Materialien und Fortbildungsangeboten. Trotz der unterschiedlichen Quellen decken sich die Ansätze und Qualitätsanforderung weitgehend und bilden somit eine zuverlässige Basis für die Weiterentwicklung der humanitären Hilfe. Der Verband Entwicklungspolitik Deutscher Nichtregierungsorganisationen (VENRO) hat für seine Mitgliedsorganisationen ein Arbeitspapier (VENRO 2005) herausgegeben, welches die Bezüge zu den internationalen Qualitätsstandards knüpft. Die französische NRO „Groupe URD" bietet Training und Materialien zum gesamten Themenkomplex Projektmanagement, Qualitätskriterien und Evaluierung (Groupe URD 2005, 2009) an.

13.4.4 Evaluierung der humanitären Hilfe

Durch kontinuierliches Monitoring und Evaluierungen soll in Erfahrung gebracht werden, ob die Ziele der humanitären Hilfe im Sinne der betroffenen Bevölkerung unter effizientem Einsatz der verfügbaren Mittel und in guter Qualität erreicht wur-

---

[18] European Community Humanitarian Office (ECHO) Antragsformular zur Projektförderung, http://ec.europa.eu/echo/files/partners/humanitarian_aid/fpa/2010/upd_nov/annex_I_%20single_form_en.pdf. Zugegriffen: 27. Sept. 2012.

[19] European Community Humanitarian Office (ECHO), The Framework Partnership Agreement (FPA), http://ec.europa.eu/echo/partners/humanitarian_aid/fpa_en.htm. Zugegriffen: 27. Sept. 2012.

den. Wirkungsbeobachtung und Wirkungsnachweis sind heute standardisierte Anforderungen an die Projektabwicklung in der humanitären Hilfe. Allerdings gehen die Begrifflichkeiten und die Erwartungen an Evaluierungen weit auseinander. Es muss jeweils geklärt werden, welche Fragen durch eine Evaluierung beantwortet, d. h. was in Erfahrung gebracht werden soll. Evaluierung dient dem Lernen aus der Analyse der guten und schlechten Erfahrung. Es wird jedoch oft befürchtet, dass es ein Kontrollinstrument ist, Fehler aufgedeckt werden und das Projekt in die Kritik gerät.

In den letzten Jahren ist viel in Evaluierungen und Evaluierungsmethoden investiert worden. Im Katastrophenmanagement ist es mittlerweile üblich, Evaluierungen in die Projektplanung mit einzubeziehen und entsprechend Mittel dafür einzuplanen.

Es muss zwischen der internen und externen Evaluierung einer Hilfsorganisation oder gemeinsamen Evaluierungen von mehreren Organisationen unterschieden werden. Einerseits wollen die Organisationen wissen, welche Erfolge und Verbesserungen für die Betroffenen erreicht wurden, andererseits sollen sie herausfinden, welche Abläufe und Methoden in ihrem Katastrophenmanagement gut gelaufen sind und welche verbessert werden müssen. Allerdings ist der Nachweis der mittel- und langfristigen Wirkung der humanitären Hilfe in der Bevölkerung nicht ohne entsprechenden Aufwand (Vorbereitung, Durchführung und Auswertung von Haushaltbefragungen in ausreichender Anzahl) zu führen und i. d. R. nicht auf ein Projekt oder ein Programm allein zurückzuführen (Schmitz 2009b). Praktische Hilfe für die Planung von Evaluierungen bietet ein für die NRO erstelltes Handbuch von ECHO (ECHO 2007).

13.4.5 Berücksichtigung der Rahmenbedingungen und Querschnittsthemen

In den vergangenen Jahren hat sich immer mehr durchgesetzt, dass die Konzentration auf die Versorgung mit dem Notwendigsten wie Nahrung, Wasser, Gesundheitsversorgung und Unterbringung nicht ausreicht, um einerseits alle betroffenen Menschen zu erreichen und andererseits die durch den jeweiligen Kontext gegebenen Notwendigkeiten zu berücksichtigen. Diese Rahmenbedingungen können durch geografische, klimatische und infrastrukturelle Faktoren oder durch politische Unruhen oder Sicherheitsrisiken sehr kompliziert werden. Sie beeinflussen den Aufwand, die Versorgung zu sichern, oft erheblich. Die Berücksichtigung solcher Kontextfaktoren und die Beurteilung der Risiken gehören zu den Aufgaben der Projektplanung. In der neuesten Ausgabe des Sphere-Handbuches sind die „Protection Principles" (The Sphere Project 2011, S. 30) hinzugekommen, da die Notwendigkeit gesehen wurde, Standards und Indikatoren zu vereinbaren, die dazu beitragen, die betroffenen Menschen im Rahmen der humanitären Hilfe vor Verfolgung und Bedrohung durch Gewalt zu schützen. Der Artikel (IRIN 2010b) über sexualisierte Gewalt und Bedrohung von Frauen und Mädchen in einem Flüchtlingslager in Haiti schildert ein typisches Beispiel, wie diese Risiken verhindert werden können. In komplexen Katastrophen, im Rahmen bewaffneter Konflikte und in Kriegsgebieten kann der Schutz der Betroffenen zu einer großen, manchmal unlösbaren Herausforderung werden.

An dieser Stelle sei darauf hingewiesen, dass Betroffene von Katastrophen die gleichen Grundrechte haben wie diejenigen, die nicht betroffen sind, – oder wie die humanitären Helfer. Sie müssen sich nicht damit zufrieden geben, dass sie gerettet wurden und das Notwendigste zum Überleben haben. Grundrechte einfordern zu können, selbstbestimmt leben zu können, gehört ebenso zum menschenwürdigen Leben wie das Recht auf ausreichend Nahrung. Diese Haltung oder Sichtweise kann nach eigener Einschätzung in der Realität weder bei den Betroffenen noch bei den Helfern grundsätzlich vorausgesetzt werden. Daran zu erinnern hilft, die Betroffenen nicht als hilfsbedürftige Opfer zu sehen, sondern als Menschen, die aktiv in der humanitären Hilfe und beim Wiederaufbau mitentscheiden und mitwirken können.

Die Querschnittsthemen müssen bereits in den Projektplanungsprozessen mitbedacht werden. Insbesondere in der Bedarfsanalyse sind sie sehr gut geeignet, gezielt die Bedürfnisse bestimmter Gruppen wie Kinder, ältere Menschen und Menschen mit Behinderungen zu berücksichtigen (Tab. 13.1) und in die Planung einzubeziehen. Gerade in den letzten Jahren werden die Bezüge zwischen Klimawandel, Katastrophen und Katastrophenvorsorge immer wieder deutlich. Die Analyse der konkreten Probleme und der jeweils aktuellen Erfahrungen, die in der humanitären Hilfe gesammelt werden, eignen sich hervorragend, um Ideen und Konzepte zu entwickeln, wie z. B. bei der nächsten Überschwemmung oder dem nächsten Wirbelsturm besser reagiert werden kann. Darauf basierend können auch Maßnahmen entwickelt werden, die die Anfälligkeit der Menschen und ihrer Lebensräume in Hinblick auf ihr lokales, spezifisches Katastrophenrisiko mindern. Disaster risk reduction und Vulnerabilitätsanalysen sind daher auch Querschnittsaufgaben in den Sphere Standards (The Sphere Project 2011, S. 14). Weitere wesentliche Querschnittthemen sind die Gleichstellung der Geschlechter, Konfliktsensibilität, HIV und Aids, Umweltverträglichkeit sowie psychosoziale Unterstützung der Betroffenen, aber auch der humanitären Helfer, die durch die Arbeit z. T. erheblichen Belastungen ausgesetzt sind.

13.5 Linking Relief, Rehabilitation and Development (LRRD)

Die Frage, inwieweit die humanitäre Hilfe dazu beiträgt, mittel- und langfristig lokale Strukturen oder Gemeinschaften zu stärken und aufzubauen, wird heute grundsätzlich gestellt (vgl. Kap. 8). Dahinter steckt die Forderung, den Übergang von der Nothilfe zum Wiederaufbau und schließlich zur Entwicklungszusammenarbeit frühzeitig in der humanitären Hilfe mit einzuplanen. Das LRRD-Konzept ist seit Anfang der 1990er-Jahre anerkannt.

Nach Diskussionen und Beratungen, wie die humanitäre Hilfe und die Entwicklungszusammenarbeit der EU besser auf die Herausforderungen in den von Krisen und Katastrophen betroffenen Entwicklungsländern reagieren kann, wurde der LRRD-Ansatz im April 2001 in der Entwicklungspolitik der EU festgeschrieben.[20]

Aus der Erfahrung vieler humanitärer Helfer ist das LRRD-Konzept eine Reaktion auf die Einsicht, dass zwischen Nothilfe und Entwicklungshilfe oft eine Lücke klafft. Im Wesentlichen ist es eine Finanzierungslücke – und eine Aufmerksamkeitslücke. Der Spendenfluss ist in der akuten Nothilfe immer am größten, verebbt aber, sobald die Katastrophe nicht mehr im Fokus der Medien steht. Dazu kommt die Problematik, dass Spendengelder oft zweckgebunden sind und nicht für längerfristige Vorhaben verwendet werden können. Auch die öffentlichen Fördermittel für humanitäre Hilfe werden oft nicht lang genug zur Verfügung gestellt, um Hilfsprogramme ohne Unterbrechung an die Entwicklungszusammenarbeit zu übergeben. Die Zeit, die gebraucht wird, um den Übergang von der Nothilfe zum Wiederaufbau und zur Entwicklung zu gestalten, wird meist unterschätzt. Zudem darf der LRRD-Ansatz nicht als lineare Abfolge von Phasen betrachtet werden. Es gibt keine klare zeitliche Abfolge, sondern die Phasen überschneiden sich je nach Region und Zielgruppe. Daher ist es nicht einfach, die notwendige Unterstützung des Wiederaufbaus in dieser Grauzone zu leisten (Schmitz 2009a). Ein besonderes Problem sind lang andauernde Bürgerkriege. Hier kann Nothilfe und Rehabilitierung zum Dauerzustand werden. Die Anerkennung durch die Geber, dass sich diese Lücke oder Grauzone im Laufe der humanitären Hilfe auftut, war eine wichtige Voraussetzung, den Problemen in den zunehmenden chronischen Krisenherden, vergessenen Katastrophen und in Post-Konflikt- oder Post-Katastrophen-Situationen besonders in den am wenigsten entwickelten Ländern zu begegnen. Mittlerweile gibt es Beispiele und Erfahrungen, wie der Übergang verbessert und erreicht werden kann (VENRO 2006). Der LRRD-Ansatz hat durch die Stärkung lokaler Kapazitäten einen direkten Bezug zur Katastrophenvorsorge.

13.6 Gründe, warum humanitäre Hilfe nie perfekt sein kann. Mythen in der humanitären Hilfe und Herausforderungen für die Zukunft

Als Zusammenfassung soll hier stichwortartig eine realitätsnahe Einschätzung gegeben werden, mit welchen Problemen im Katastrophenmanagement auch in der Zukunft immer wieder gerechnet werden muss, welche Mythen sich hartnäckig halten (PAHO 1999) und welche kontinuierlichen Herausforderungen sich daraus ergeben.

---

[20] Communication from the Commission to the Council and the European Parliament of 23 April 2001 entitled 'Linking Relief, Rehabilitation and Development – An assessment' [COM(2001) 153 final – Not published in the Official Journal]: "The objective of this communication is to assess the measures designed to fill the gap that exists between relief (short-term) and development aid (long-term) and to provide a broader view of the problems involved in assisting the Third World, taking account of the various types of crises, other actors on the international stage and the risk of structural dependence", http://europa.eu/legislation_summaries/humanitarian_aid/r10002_en.htm. Zugegriffen: 29. Sept. 2012.

- Es liegt in der Natur der Katastrophe, dass Vieles zerstört wird und notwendige Strukturen, Mechanismen und Verantwortliche auch bei guter Vorbereitung im Ernstfall immer überlastet sind. Das jeweilige Ausmaß der Katastrophe wird einer schnellen Versorgung der betroffenen Menschen nach anerkannten Standards immer entgegenstehen, und es braucht Zeit, Hilfsmaßnahmen einzuleiten und zu koordinieren.
- Die Lagebeurteilung ändert sich insbesondere in der Frühphase nach der Katastrophe ständig, weil immer neue Informationen und Daten einbezogen werden müssen. Daher basiert die Planung der akuten Nothilfe oft auf unvollständigen Informationen und unsicheren Datenlagen. Es bleibt aber keine Zeit, detaillierte Informationen und exakte Daten zu sammeln.
- Die große Anzahl der Akteure und Organisationen fördern in der Akutphase ein chaotisches, unstrukturiertes Arbeitsumfeld und erschweren Koordination und Abstimmung.
- Die soziokulturellen Rahmenbedingungen und die Verwaltungs- und Organisationsstrukturen der Katastrophenregion sind i. d. R. anfangs nicht ausreichend bekannt. Politische, geografische, kulturelle und soziale Kontextfaktoren sind noch unbekannt und müssen im Laufe der humanitären Hilfe identifiziert und berücksichtigt werden. Vorerfahrung und Kenntnisse durch Präsenz in dem Land oder in der Region oder durch die enge Zusammenarbeit mit lokalen Partnern sind ein großer Vorteil.
- Die lokal Verantwortlichen und die zuständigen Behörden werden oft nicht ausreichend in die Planungs- und Entscheidungsprozesse einbezogen. Andererseits gibt es immer wieder mangelnde Bereitschaft und/oder Kompetenz der zuständigen Behörden, Verantwortung und Koordination zu übernehmen.
- Es besteht das Risiko, dass Korruption durch Katastrophen, Krisen und chaotische Verhältnisse bei nationalen und internationalen Akteuren auf allen Ebenen gefördert wird.
- Die Konkurrenz der Helfer um Medienpräsenz und Aufmerksamkeit der Spender steht der Bereitschaft, Hilfsmaßnahmen unter den Organisationen abzustimmen und gemeinsam zu agieren, teilweise entgegen.
- Es werden immer noch mangelhaft vorbereitete und für die Aufgaben nicht qualifizierte Helfer entsandt. Die Anforderungen an die Professionalität der humanitären Helfer sind hoch und es mangelt gerade in der akuten Nothilfe oft an qualifizierten Helfern.
- Die Einschätzung, dass viele internationale Freiwillige mit jeglicher Art medizinischer Ausbildung benötigt werden, ist ein typischer Mythos in der Katastrophenhilfe. In der Realität kann der Bedarf an lebensrettenden Maßnahmen aber durch lokale Kapazitäten gedeckt werden. Es wird nur medizinisches Fachpersonal benötigt, welches Kompetenzen und Erfahrungen hat, die lokal nicht zur Verfügung stehen.
- Regelmäßig wird von den Medien verbreitet, dass Epidemien und Seuchen nach jeder Katastrophe unvermeidbar seien. Aber auch hier handelt es sich um einen Mythos. Epidemien entwickeln sich nicht zwangsläufig in Katastrophensituationen. Insbesondere droht keine Seuchengefahr durch Leichen. Epidemien und

übertragbare Krankheiten werden maßgeblich durch Verbesserung der Wasser- und Sanitärversorgung und der Hygiene eingedämmt.
- Eine weitere Fehleinschätzung ist, die betroffene Bevölkerung sei schockiert und nicht in der Lage, sich selbst zu helfen. Richtig ist, dass die betroffenen Menschen durch eigenes Engagement und eigene Kapazitäten einen wesentlichen Beitrag zur humanitären Hilfe leisten können. Sie sind keine hilflosen Opfer, sondern können aktiv in die humanitäre Hilfe einbezogen werden.
- Katastrophen treffen zwar alle Menschen in gleicher Weise und unvorhersehbar. Diejenigen, die besonders anfällig und vulnerabel sind wie Arme, Menschen mit Behinderungen, Frauen, Kinder und ältere Menschen sind allerdings wesentlich mehr gefährdet und leiden überdurchschnittlich an den Folgen von Katastrophen.
- Immer wieder wird erwartet, dass in wenigen Wochen die Normalität wieder hergestellt werden kann. In der Realität wirken die Folgen von Katastrophen lange nach. Die betroffenen Länder verbrauchen Großteile ihrer finanziellen und materiellen Ressourcen in der akuten Katastrophenhilfe. Die humanitäre Hilfe muss darauf vorbereitet sein, dass die Spenden und die kurz nach der Katastrophe zur Verfügung stehenden Mittel schnell aufgebraucht sind und kaum für die Phase des Wiederaufbaus reichen.
- Es ist eine falsche Erwartung, dass die internationale Hilfe (Hilfsgüter, Maßnahmen) den akuten Bedarf der Bevölkerung decken kann. Dieser kann zwar abgeschätzt werden, der jeweilige Bedarf muss dennoch vor Ort unter Einbeziehung der Betroffenen in Erfahrung gebracht und analysiert werden.

Die Gründe, warum humanitäre Hilfe niemals perfekt sein kann, und die Mythen über die Katastrophenhilfe werden auch in Zukunft den Diskurs über die Qualität der humanitären Hilfe und des Katastrophenmanagements fördern. Es wird eine kontinuierliche Herausforderung bleiben, diese Themen immer wieder zu bearbeiten, stetig aus den Erfahrungen zu lernen und gemeinsam daran zu arbeiten, Konzepte, Richtlinien und Handlungsempfehlungen weiter zu entwickeln.

Literatur

Benner M, Schmitz P (2009) Indicators and reference data: a practical tool for project managers in humanitarian assistance, Malteser international operational guideline. Malteser International. http://www.malteser-international.org//fileadmin/dam/oeffentlich/malteser-international.de/Publikationen/Policies_and_Guidelines/Indicators_and_Reference_Data_den.pdf. Zugegriffen: 29. Sept. 2012

Emergency Capacity Building Project (ECB) (2007) The good enough guide –impact measurement and accountability in emergencies. http://www.ecbproject.org/inside-the-guide/view-the-good-enough-guide. Zugegriffen: 27. Sept. 2012

ECHO (2004) Generic security guide for humanitarian organisations. http://ec.europa.eu/echo/evaluation/files-en/pdf-en/guide-en.pdf. Zugegriffen: 6. Dez. 2012

ECHO (2007) Evaluation of humanitarian aid by and for NGOs – a guide with ideas to consider when designing your own evaluation activities. http://ec.europa.eu/echo/files/evaluation/2007/humanitarian_guide.pdf. Zugegriffen: 6. Dez. 2012

Europäische Kommission (2004) Aid delivery methods, volume 1: project cycle management guidelines. Brüssel. http://ec.europa.eu/europeaid/multimedia/publications/publications/manuals-tools/t101_en.htm. Zugegriffen: 17. Nov. 2012

Groupe URD (2005) Quality compass companion book. Groupe URD, Plaisians

Groupe URD (2009) Quality compas. http://www.compasqualite.org/en/index/index.php. Zugegriffen: 29. Sept. 2012

Harvey P (2007) Cash-based responses in emergencies, HPG (humanitarian practice network) Report 24. ODI. http://www.odi.org.uk/sites/odi.org.uk/files/odi-assets/publications-opinion-files/265.pdf. Zugegriffen: 6. Juni 2012

Hummelbrunner R (2010) Critique, variations and alternatives. In: Foundation for Advanced Studies on International Development (FASID) (Hrsg) Beyond logframe; using systems concepts in evaluation, Tokyo. http://www.fasid.or.jp/_files/publication/oda_21/h21-3.pdf. Zugegriffen: 17. Nov. 2012

IRIN (2010a) HAITI: Humanitarian best practice – dignity, not just digits. IRIN news. 9. April 2010. http://www.irinnews.org/printreport.aspx?reportid=88752. Zugegriffen: 28. Sept. 2012

IRIN (2010b) HAITI: Women at risk in the camps. IRIN news. 9. März 2010. http://www.irinnews.org/Report/88360/HAITI-Women-at-risk-in-the-camps. Zugegriffen: 29. Sept. 2012

Malkki RM, Toole MJ (1992) Famine-affected, refugees, and displaced populations: recommendations for public health issues. RR no. 13. Morbidity and Mortality Weekly Reports (MMWR) 41:1–76

Munz R (2007) Im Zentrum der Katastrophe: Was es wirklich bedeutet, vor Ort zu helfen. Campus, Frankfurt a. M.

Nursey C (2005) The international tsunami response: showcase or circus? Humanit Exch Mag 32:2–4

OCHA (ohne Datum) UN Disaster Assessment and Coordination (UNDAC). http://www.unocha.org/what-we-do/coordination-tools/undac/overview. Zugegriffen: 30. Sept. 2012

OECD (1996a) The international response to conflict and genocide: lessons from the Rwanda experience synthesis report. http://www.oecd.org/derec/50189495.pdf. Zugegriffen: 7. Okt. 2012

OECD (1996b) Study 3: humanitarian aid and effects. http://www.oecd.org/derec/50189439.pdf. Zugegriffen: 7. Okt. 2012

Pan American Health Organization (PAHO) (1999) Humanitarian assistance in disaster situations: a guide for effective aid, emergency preparedness and disaster relief coordination program. PAHO, Washington D.C. http://helid.digicollection.org/en/d/Jh0185e/1.1.html. Zugegriffen: 15. Dez. 2012

People In Aid (2003) The people in aid code of good practice. http://www.peopleinaid.org/pool/files/code/code-en.pdf. Zugegriffen: 29. Sept. 2012

Peppiatt M (2001) Cash transfers in emergencies: evaluating benefits and assessing risks. HPN Network Paper. http://www.odihpn.org/documents/networkpaper035.pdf. Zugegriffen: 19. Nov. 2012

Proudlock K, Ramalingam B (2009) Re-thinking the impact of humanitarian aid: Background paper for the 24th ALNAP biannual. http://www.alnap.org/pool/files/24_background.pdf. Zugegriffen: 30. Sept. 2012

Schmitz P (2009a) Die Grauzone in Krisenregionen und nach Katastrophen. In: Hackenbruch E (Hrsg) Go International!. Huber, Bern

Schmitz P (2009b) Improving quality and assessing impact of humanitarian assistance – do we expect too much in our complex working environment?, presented on the panel: standards, indicators, guidelines and quality of humanitarian assistance, 1. World Conference on Humanitarian Studies. Groningen

The Sphere P (2011) Humanitarian charter and minimum standards in disaster response. Practical Action Publishing, Rugby U.K

Toole M (1995) Public health impact of Rwandan refugee crisis: what happened in Goma, Zaire, in July, 1994? Lancet 345:339–344

UNICEF (2003) State of the world's children. UNICEF, New York

USAID (1998) FOG for disaster assessment and response. Version 3.0. Washington, D.C. http://transition.usaid.gov/policy/ads/200/fog_v3.pdf. Zugegriffen: 29. Sept. 2012

VENRO (2003) Mindeststandards für die Personalsicherheit in der humanitären Hilfe. http://www.venro.org/fileadmin/Publikationen/Einzelveroeffentlichungen/Humanitaere_Hilfe/personalsicherheit.pdf. Zugegriffen: 29. Sept. 2012

VENRO (2005) Arbeitspapier Nr. 14, Humanitäre Hilfe auf dem Prüfstand – Prinzipien, Kriterien und Indikatoren zur Sicherstellung und Überprüfung der Qualität in der humanitären Hilfe. August 2005. http://www.venro.org/fileadmin/Publikationen/arbeitspapiere/arbeitspapier_14.pdf. Zugegriffen: 29. Sept. 2012

VENRO (2006) Arbeitspapier Nr. 17, LRRD – Ansätze und Förderinstrumente zur Verbesserung des Übergangs von Nothilfe, Wiederaufbau und Entwicklungszusammenarbeit. Februar 2006. Bonn. http://www.venro.org/fileadmin/Publikationen/arbeitspapiere/arbeitspapier_17.pdf. Zugegriffen: 29. Sept. 2012

Katastrophenvorsorge: Sind Katastrophen vermeidbar? Von der Reaktion zur Prävention

14

Karl-Otto Zentel

14.1 Hintergrund

14.1.1 Trends

Die Häufigkeit und Intensität von extremen Naturereignissen nimmt zu. Folgen sind ein Anstieg der wirtschaftlichen Schäden und der Zahl der betroffenen Menschen. Nach Angaben der Münchener Rückversicherung hat sich die Zahl der Großkatastrophen im Jahresdurchschnitt von 63 in den 1980er-Jahren auf 91 in den 1990er-Jahren erhöht. Die volkswirtschaftlichen Schäden haben sich in demselben Zeitraum fast verdreifacht. Seit der Jahrtausendwende hat sich dieser Trend ungebrochen fortgesetzt. Beispielhaft sind hier zu nennen: Der Tsunami im Indischen Ozean, der Hurrikan Katrina, das Erdbeben in Haiti, die Überschwemmungen in Pakistan und das Erdbeben mit dem folgenden Tsunami in Japan. Eine zunehmende Bedeutung haben wetterbedingte Extremereignisse, die für mehr als 75 % der Katastrophen verantwortlich sind. Zudem haben diese Ereignisse im Zeitraum 2000–2007 um jährlich 8,4 % zugenommen. Die durch sie verursachten Schäden lagen im Schnitt bei US$ 80 Mrd. jährlich.[1]

14.1.2 Ursachen

Ursache für diese Katastrophen ist neben dem Klimawandel auch eine in vielen Bereichen zunehmende Verwundbarkeit (Vulnerabilität) der menschlichen

---

[1] Ban Ki Moon, Bericht an die Generalversammlung der Vereinten Nationen, A/63/351, 10. September 2008.

K.-O. Zentel (✉)
Deutsches Komitee Katastrophenvorsorge,
Friedrich-Ebert-Allee 40, 53113, Bonn, Deutschland
E-Mail: zentel@care.de

Gesellschaft. Diese entsteht u. a. durch das Bevölkerungswachstum, die zunehmende Abhängigkeit von krisenanfälligen Versorgungswegen, unkontrollierte Stadtentwicklung in Risikogebieten oder die ungehemmte Übernutzung lebenswichtiger Ressourcen.
- Seit 2008 lebt mehr als die Hälfte aller Menschen in Städten. Es wird geschätzt, dass diese Zahl bis 2030 auf 5 Mrd. angewachsen sein wird. Das stärkste Wachstum wird in Afrika und Asien stattfinden, wo zwischen den Jahren 2000 und 2030 eine Verdopplung der Stadtbewohner erwartet wird. Vor allem ungeplante Stadtentwicklung in Risikogebieten kombiniert mit Faktoren sozialer Vulnerabilität (hohe Bevölkerungsdichte, Fehlen von Basisinfrastruktur) führen zu einem schnellen Anwachsen des Katastrophenrisikos.
- Mehr als 600 Mio. Menschen leben in den besonders risikogefährdeten Küstengebieten. 75 % dieser Menschen leben in Flussdeltas in Asien oder auf „Small Island"-Staaten. Auch liegen zwei Drittel der Megacities mit einer Bevölkerung von über 5 Mio. zumindest teilweise in niedrig liegenden Überschwemmungsgebieten an Küsten oder Flüssen.
- In Industrienationen besteht eine zunehmende Abhängigkeit von Versorgungslinien (lifelines), die anfällig für Extremereignisse sind.

Alle Vorhersagen zum Klimawandel weisen auf ein Anwachsen und eine Ausdehnung der Extremereignisse hin, sodass auch Gegenden, die bisher verschont blieben, hohen Risiken ausgesetzt werden.

Entwicklungsländer sind von diesen negativen Entwicklungen besonders hart betroffen. Sie verfügen nur über unzureichende Möglichkeiten, auf solche Ereignisse zu reagieren oder sich darauf vorzubereiten. Diese zusätzlich entstehenden Schäden können Entwicklungsfortschritte vieler Jahre zunichte machen. Aber auch Industrienationen werden sich auf verändernde Klimasituationen einstellen müssen. Der Hitzesommer des Jahres 2003 und der Sturm Kyrill 2007 waren für Deutschland deutliche Warnsignale.

14.1.3 Katastrophenvorsorge

Die Katastrophenvorsorge beinhaltet alle systematischen und konzeptionellen Maßnahmen, die eingesetzt werden können, um negative Auswirkungen eines Naturereignisses auf die Gesellschaft zu mindern oder zu vermeiden. Das zentrale Ziel ist die Verringerung des Katastrophenrisikos für die gefährdeten Menschen durch die Reduzierung ihrer Vulnerabilität und Steigerung ihrer Resilienz.

Dass Katastrophenvorsorge einen effektiven Beitrag zur Minderung der negativen Auswirkungen leisten kann, zeigt das Beispiel Bangladesch. Dank der konsequenten Arbeit der Regierung und internationaler Organisationen konnten die Schäden durch Zyklone deutlich reduziert werden. Während 1970 300.000 Menschen durch einen Zyklon getötet wurden und 1991 noch 138.000 Opfer nach einem Zyklon zu beklagen waren, tötete der Zyklon Sidr 2007 3.400 Menschen. So tragisch dieses Ereignis ist, zeigt es doch, dass konsequent umgesetzte Vorsorge einen entscheidenden Beitrag leistet.

14.2 Felder der Katastrophenvorsorge

14.2.1 Risikoanalyse (risk assessment)

Die Risikoanalyse stellt die Grundlage für die Konzeption von Katastrophenvorsorgemaßnahmen in einem bestimmten Gebiet/einer bestimmten Region dar. Ausgehend von dem Verständnis, dass sich das Risiko aus der Gefährdung (durch ein Naturereignis) und der Vulnerabilität von Infrastruktur, Naturkapital und menschlicher Gesellschaft zusammensetzt (siehe Kap. 11), besteht die Risikoanalyse aus den beiden Schritten der Gefährdungsanalyse und der Vulnerabilitätsanalyse. Es gibt nur sehr wenige und spezifische Risikoanalysen. Bei vielen der sog. Risikoanalysen handelt es sich konkret um Gefährdungsanalysen, da sie nur die Seite der Naturgefahr und in Ausnahmefällen noch die Exposition von Infrastruktur und Menschen erfassen. Gerade im Bereich der Vulnerabilitätsanalyse stehen wir noch vor vielen Herausforderungen.

Viele Risikoanalysen bauen auf Informationen der Vergangenheit auf. Die dynamischen Entwicklungen von Gefährdung und Vulnerabilität zu erfassen, steht in den Anfängen. In der Wissenschaft wird die Forderung nach der Entwicklung von Szenarien für Risikoanalysen immer lauter. Dieser Ansatz könnte einen wichtigen Beitrag zur Entwicklung zukunftsgerichteter Planungen zur Reduzierung des Risikos leisten.

14.2.1.1 Gefährdungsanalyse (hazard assessment)

Grundlage für die Ausarbeitung einer Risikoanalyse ist zunächst die Erfassung der vorhandenen Gefährdungen durch Naturereignisse. Dazu können vergangene Ereignisse herangezogen werden. Die zunehmend präziser werdenden Aussagen über Klimaveränderungen ermöglichen aber auch Projektionen in die Zukunft hinein. Die Gefährdung kann durch die maximale Stärke ihres Auftretens aufgrund historischer Erfahrungen, aber auch potenzieller Berechnungen gemessen werden. Diese maximale Stärke dient in vielen Fällen als Grundlage für die Bemessung von Schutzmaßnahmen. Dabei muss berücksichtigt werden, dass die Bemessung der Gefährdung mit Unsicherheiten behaftet ist, da verlässliche Daten oftmals fehlen. Partizipative Ansätze zur Ermittlung von Gefährdungen und ihre Darstellung in Karten wurden inzwischen in vielen Projekten erprobt und haben sich als sinnvolles Instrument erwiesen, das vor allem die Risikoakzeptanz der Bevölkerung fördert.

14.2.1.2 Vulnerabilitätsanalyse (vulnerability assessment)

Die Gefährdungsanalyse muss um die Analyse der vorhandenen Vulnerabilitäten von Infrastruktur, Naturkapital und sozialer Ebene ergänzt werden. Die Vulnerabilität wird daran gemessen, welche Schäden bei einem Eintreten der Gefährdung zu erwarten sind. So würde z. B. die Vulnerabilität von Gebäuden gegenüber einem zu erwartenden Erdbeben mit 100 % eingeschätzt, falls man von einer Zerstörung aller Gebäude ausgeht. Im Bereich der Infrastruktur müssen auch Kaskadeneffekte (weitergehende Schäden, die durch den Ausfall/das Versagen einer Infrastruktur ausgelöst werden) erfasst und dargestellt werden. Die Vulnerabilität ist keine feste

Größe, sondern wird in großem Maße durch das Verhalten der potenziell Betroffenen bestimmt. Sie ist in hohem Maße dynamisch. Gerade die gesellschaftliche Vulnerabilität verändert sich aufgrund der Mobilität der Menschen z. B. auch im Verlauf eines Tages. So ist z. B. zu erwarten, dass ein Erdbeben nachts mehr Opfer fordern wird als zu bestimmten Tageszeiten, wenn sich ein großer Teil der Bevölkerung außerhalb von Gebäuden aufhält.

14.2.2 Katastrophenvorbeugung (prevention)

Ausgehend von den Ergebnissen der Risikoanalyse können vorbeugende Maßnahmen getroffen werden, um bei Eintreten des Extremereignisses Schäden zu verhindern oder zumindest zu mindern. Dabei ist ein erster wichtiger Schritt, die Bevölkerung über die vorhandenen Gefährdungen zu informieren, um so die Bereitschaft für vorbeugendes Handeln zu schaffen. Welche Maßnahmen wie umgesetzt werden, hängt von einer Reihe von Rahmenbedingungen administrativer, politischer und finanzieller Natur ab. Die Schadengröße bei Eintritt des Ereignisses und die zu erwartende Häufigkeit des Eintretens spielen ebenfalls eine entscheidende Rolle.

Vorbeugende Maßnahmen müssen nach Möglichkeit auf der Ebene der Risikoräume geplant werden. Diese vorbeugenden Maßnahmen umfassen auch den Bereich der Minderung der Katastrophenfolgen (mitigation).

14.2.2.1 Bauliche Maßnahmen zur Vorbeugung

Bauliche Maßnahmen umfassen die Verstärkung von Gebäuden und Infrastruktur gegen Extremereignisse z. B. durch die Erhöhung der Windresistenz, Hochwasserschutzmaßnahmen, aber auch erdbebensichere Bauformen. Darüber hinaus ist auch im Falle von Versorgungsnetzen für Infrastrukturen (lifelines) die gezielte Einrichtung von Redundanzen[2], um Ausweichmöglichkeiten zur Verfügung zu haben, eine wichtige Vorbeugungsmaßnahme.

14.2.2.2 Nicht-technische Maßnahmen zur Vorbeugung

Im nicht-technischen Bereich der Vorbeugung spielt die Raumplanung eine wichtige Rolle durch Ausweisung von Risikogebieten und die Entwicklung von Nutzungsauflagen. In Ländern mit einem entwickelten Versicherungsmarkt kann die Prämiengestaltung der Versicherer einen Anreiz zur Umsetzung von Vorsorgemaßnahmen geben. Angepasste nachhaltige Landnutzung kann einen wichtigen Beitrag z. B. bei der Stabilisierung von rutschgefährdeten Hängen, aber auch zum Hochwasserschutz leisten. Die Gestaltung der Forstwirtschaft hat entscheidenden Einfluss auf die Brandgefahr in Wäldern und auch die Widerstandsfähigkeit des Waldes gegen Stürme.

---

[2] Der Begriff *Redundanz* (von lateinisch *redundare* „überlaufen", „sich reichlich ergießen") bezeichnet allgemein in der Technik das zusätzliche Vorhandensein funktional gleicher oder vergleichbarer Ressourcen eines technischen Systems, wenn diese bei einem störungsfreien Betrieb im Normalfall nicht benötigt werden. Diese zusätzlichen Ressourcen dienen der Erhöhung der Betriebs- und Ausfallsicherheit.

Tab. 14.1 Die verschiedenen Komponenten eines Frühwarnsystems. (Quelle: Zentel nach ISDR Platform for the Promotion of Early Warning in (Global Survey of Early Warning Systems, September 2006))

Kenntnis des Risikos	Monitoring und Warnservice
Systematische Datensammlung und Risikoerfassung	Entwicklung eines Monitorings der Gefährdungen und von Frühwarndiensten
Verbreitung der Informationen und Kommunikation	Reaktionsfähigkeit
Kommunikation von Risikoinformationen und Frühwarnungen	Aufbau von nationalen und lokalen Reaktionsfähigkeiten

Die Information der Bevölkerung über Risiken und angepasste Reaktions- und Verhaltensweisen sind ein entscheidender Faktor zum Schutz von Menschenleben.

14.2.3 Vorbereitung auf den Katastrophenfall (preparedness)

Die Vorbereitung auf den Katastrophenfall sollte idealerweise auf einer Risikoanalyse aufbauen. Eine Risikoanalyse gibt Informationen darüber, wie viele Einsatzkräfte und welches technische Gerät nach Eintreten des Ereignisses benötigt werden. Die Vorbereitung umfasst Einsatzkräfte und Material, die Vorratshaltung von Hilfsgütern sowie die Einrichtung und Wartung von Schutzbauten (Beispiel: Golf von Bengalen). Die Einsatzkräfte können sowohl freiwillige als auch professionelle Helfer umfassen. Da in vielen Fällen keine Risikoanalyse vorliegt, wird ein flexibler Ansatz, der auf kurzen (dezentralen) Entscheidungswegen basiert und die lokale Bevölkerung soweit wie möglich einbezieht, zu wählen sein. Information und möglichst Training der lokalen Bevölkerung spielen dabei eine Schlüsselrolle, da sie als erste vor Ort ist und aktiv werden kann. Eine möglichst frühzeitige Warnung (Frühwarnung) ist von entscheidender Bedeutung, um Menschenleben zu retten.

14.2.4 Frühwarnsysteme

Frühwarnung ist eines der effektivsten Mittel der Katastrophenvorsorge, um Menschenleben zu retten und Schäden zu mindern. Dabei gestalten sich die Möglichkeiten bei verschiedenen Naturereignissen sehr unterschiedlich. Während bei großräumigen Flusseinzugsgebieten und Wirbelstürmen Frühwarnzeiten von bis zu mehreren Tagen möglich sind, bleiben bei Erdbeben nur wenige Sekunden.

Lange Zeit wurde ein Schwerpunkt auf die technischen Komponenten der Frühwarnung gelegt. In diesem Bereich wurden deutliche Verbesserungen erzielt. Die Warnungen wurden präziser und die Vorwarnzeiten länger. Dann setzte sich die Erkenntnis durch, dass eine Warnung ohne angepasste Reaktion nur wenig Erfolg hat. Die sog. „last mile" (Erreichung und Reaktion der bedrohten Bevölkerung) wurde stärker berücksichtigt. Eine Frühwarnung ist mehr als das Herausgeben einer Warnung. Sie beinhaltet auch die Reaktion der Bevölkerung.

Damit eine Frühwarnung funktioniert, muss sie in ein komplettes System eingebettet sein (end to end early warning). Diese Systeme müssen an die jeweiligen spezifischen Anforderungen angepasst sein. Sie müssen sicherstellen, dass eingehende Informationen überprüft und verifiziert werden, um die Herausgabe falscher Warnungen zu verhindern. Die Frühwarnsysteme bestehen aus vier Elementen, die im Folgenden vorgestellt werden.

14.2.4.1 Kenntnis des Risikos

Nur wenn das Risiko bekannt ist, kann es von dem System erkannt und erfasst werden. Das System muss auf die spezifischen Gefährdungen ausgerichtet sein. Gleichzeitig muss es so aufgebaut sein, dass es bei Eintreten des Extremereignisses noch funktionsfähig bleibt.

14.2.4.2 Monitoring und Warndienst

Die richtigen Parameter müssen überwacht werden. Es muss sichergestellt sein, dass Informationen überprüft werden, um Warnungen nur bei hinreichender Überprüfung herauszugeben. Dabei ist es Zielsetzung, möglichst frühzeitig die Warnung zu veranlassen, um der gefährdeten Bevölkerung möglichst viel Zeit zur Reaktion einzuräumen.

14.2.4.3 Verbreitung und Kommunikation

Es müssen alle gefährdeten Personen erreicht werden. Damit sie verstanden werden, müssen die Warnungen klar und verständlich formuliert und die Risiken deutlich kommuniziert werden.

14.2.4.4 Reaktionsfähigkeit

Die betroffene Bevölkerung muss wissen, wie sie auf die Warnung zu reagieren und wie sie sich zu verhalten hat. So sind z. B. nicht immer Evakuierungsmöglichkeiten gegeben. Manchmal müssen aufgrund kurzer Frühwarnzeiten auch Schutzmöglichkeiten geschaffen werden, die von der Bevölkerung genutzt werden können. So wurde z. B. bei einer Untersuchung der Stadt Padang im Rahmen des deutsch-indonesischen Tsunami-Frühwarnsystems festgestellt, dass ca. 150.000 Einwohner der Stadt nicht in der Lage sein werden, sich auf höher gelegenem Gebiet in Sicherheit zu bringen. Es ist ein Ergebnis dieses Projektes und ein Bestandteil des dortigen Frühwarnsystems, dass für diese Menschen Schutzmöglichkeiten in der Stadt geschaffen werden.

14.2.5 Frühwarnsysteme

Gute Frühwarnsysteme haben enge Verbindungen zwischen den vier Elementen. Vergangene Ereignisse werden ausgewertet und Erfahrungen in die Systeme integriert. Dabei müssen sich Frühwarnsysteme einer Reihe von Herausforderungen stellen: Extremereignisse können sich durch den Klimawandel verändern oder in Regionen auftreten, in denen sie bislang unbekannt waren. Die Monitoring- und

Warnkapazitäten müssen dem angepasst werden. Durch Veränderungen der Gesellschaft und Siedlungsstrukturen werden andere/zusätzliche Informationen von der Bevölkerung benötigt.

14.2.6 Rehabilitierung und Wiederaufbau (building back better)

Die Phase des Wiederaufbaus nach einem Katastrophenereignis ist von vielen, teilweise gegensätzlichen, Interessenlagen gekennzeichnet. Die Geschwindigkeit des Wiederaufbaus steht oftmals in Konflikt zu exakter Planung. Der Bedarf an Mitteln korrespondiert nur bedingt mit den vorhandenen Möglichkeiten. In Industrienationen leisten Versicherungssysteme einen wichtigen Beitrag zum Wiederaufbau. In weniger entwickelten Ländern sind diese Systeme nur bedingt verfügbar. Die internationale Gebergemeinschaft übernimmt hier eine wichtige Rolle.

Die Phase des Wiederaufbaus bietet aber auch Chancen, die Vulnerabilitäten, die zum Eintreten der Katastrophe beigetragen haben, zu reduzieren. Die Menschen und die Regierungen sind in der Phase nach dem Ereignis für das Risiko sensibilisiert und relativ leicht dazu zu bewegen, in Vorsorge zu investieren.

Dafür ist Voraussetzung, dass frühzeitig Daten über Vulnerabilitäten erhoben werden und verfügbar sind. Die Identifizierung der zugrunde liegenden Ursachen (root causes), die zu dem Katastrophenereignis führten, ist von entscheidender Bedeutung. Nur so kann zielgerichtet an der Reduzierung des Risikos durch einen resilienten Wiederaufbau (building back better) gearbeitet werden. Eine Erweiterung der aktuell genutzten Methoden zur Bedarfserhebung (assessment) im humanitären Bereich um die Erfassung der zugrunde liegenden Ursachen von Katastrophen ist geboten.

14.3 Risikoverständnis

Das der International Decade for Natural Disaster Reduction (IDNDR[3]) und der International Strategy for Disaster Reduction (ISDR[4]) zugrunde liegende Verständnis des Risikos setzt sich aus zwei Faktoren zusammen: der Bedrohung (durch eine Naturgefahr) und der Vulnerabilität (der menschlichen Gesellschaft). Beide zusammen ergeben das Risiko.

> Die Formel zur Berechnung des Risikos lautet:
> Katastrophenrisiko = Gefährdung × Vulnerabilität

---

[3] Die Vereinten Nationen erklärten aufgrund der verheerenden Schäden durch Naturkatastrophen in den 1970er- und 1980er-Jahren die 1990er-Jahre zur Internationalen Dekade zur Reduzierung von Naturkatastrophen (International Decade for Natural Disaster Reduction, IDNDR).

[4] Das Programm der IDNDR (s. o.) wurde nach Ende der Dekade in Form der Internationalen Strategie zur Reduzierung von Katastrophen (International Strategy for Disaster Reduction, ISDR) weitergeführt.

Kontrovers diskutiert wird der relativ neue Begriff der „Resilienz" (Widerstandsfähigkeit). In seiner ursprünglichen Bedeutung beinhaltet er die Fähigkeit eines Systems, seinen ursprünglichen Zustand wieder herzustellen. Diese Fähigkeit ist im Sinne der Katastrophenvorsorge nur bedingt sinnvoll, wenn dadurch auch das alte Risiko wieder hergestellt würde – also keine Verbesserung stattfinden würde. Deshalb wird „Resilienz" zunehmend im Sinne der Fähigkeit(en) zu einem verbesserten risikomindernden Wiederaufbau verwendet (siehe Kap. 11).

14.4 Übergreifende Aspekte

14.4.1 Sensibilisierung der Bevölkerung

Wichtig zur Erhöhung der Sensibilität der Bevölkerung ist die Steigerung des Risikobewusstseins auf allen Ebenen. Ein vorhandenes Risikobewusstsein schafft Bereitschaft zur Handlung im Sinne der Katastrophenvorsorge. Für administrative Entscheidungsträger mögen dafür Kosten-Nutzen-Analysen der Katastrophenvorsorgemaßnahmen eine wichtige Rolle spielen. Aber gerade im Bereich der Kosten-Nutzen-Analysen bestehen Problempunkte, da das Verhältnis von Kosten und Nutzen von Vorsorgemaßnahmen stark in Relation zu den Wiederkehrfrequenzen von Ereignissen steht. Wenn z. B. ein erdbebenresistent gebautes Haus während seiner Existenz nicht von einem Erdbeben getroffen wird, ist die Kosten-Nutzen-Bilanz negativ. Trotz aller Bemühungen gibt es zwar gute Kalkulationen bei Einzelereignissen, aber zu generellen Aussagen sind in diesem Bereich noch viele Fragen offen und konnten noch nicht abschließend geklärt werden (World Bank und United Nations 2010).

Eine weitere wichtige Ebene stellt die bedrohte Bevölkerung selbst dar. Durch Risikosensibilisierung entsteht das nötige Verständnis, um die Bereitschaft zur Investition zur Risikoreduzierung zu schaffen.

14.4.2 Stärkung lokaler Katastrophenvorsorgestrukturen

Die in vielen Ländern fehlenden oder unzureichend ausgerüsteten staatlichen Strukturen machen eine Stärkung und Einbeziehung der lokalen Ebene in das Katastrophenmanagement zwingend erforderlich.

Die lokale Bevölkerung stellt die Helfer der ersten Stunden – vielleicht sogar Tage, je nachdem, wie abgelegen und schwer zugänglich das Einsatzgebiet ist. Starke geografische Unterschiede des Katastrophenrisikos sind ein weiteres Argument für die Stärkung der lokalen Ebene, die über direkte Erfahrungen und Kenntnisse verfügt. Das Wissen um die direkte Betroffenheit im Ereignisfall ist Grundlage für eigenes Engagement. Die Stärkung lokaler Katastrophenvorsorgestrukturen erfordert zwingend einen langfristigen Ansatz, der durch Information über Gefährdungen und Risiken die Betroffenen sensibilisiert. An diese Phase müssen Trainingsmaßnahmen angeschlossen werden, um effektives Handeln zu ermöglichen. Ausrüstung muss bereitgestellt und Verantwortlichkeiten geklärt werden. Zielsetzung muss sein, ein langfristiges Interesse zu wecken und damit dauerhaft funktionsfähige Strukturen zu schaffen.

14.5 Entwicklung und Stand der internationalen Katastrophenvorsorge

14.5.1 Entstehung

Während der 1970er- und 1980er-Jahre waren mehr als 800 Mio. Menschen von Naturkatastrophen betroffen und Schäden in Höhe von mehr als US$ 23 Mrd. wurden verursacht. Die Überschwemmungen/Taifune in Südostasien und die Dürren in Subsahara-Afrika forderten jeweils mehrere hunderttausend Menschenleben und waren damit die schlimmsten Katastrophenereignisse dieses Zeitraums. Dadurch rückten die Katastrophenereignisse und Anstrengungen, diese zu verhindern bzw. deren Schäden zu minimieren, stärker in den Fokus der öffentlichen Aufmerksamkeit.

Die Weltkommission für Umwelt und Entwicklung (Brundlandt-Kommission[5]) stellte 1987 eine klare Verbindung zwischen der Umsetzung von Katastrophenvorsorge und nachhaltiger Entwicklung her. Deutlich wurden die steigenden Zahlen von durch Dürre und Überschwemmungen betroffenen Menschen angeführt und mit weitergehenden Szenarien für die 1990er die zwingende Notwendigkeit abgeleitet, mit Katastrophenvorsorge gegen diese Entwicklung anzugehen (Weltkommission für Umwelt und Entwicklung 1987, S. 23).

Aufbauend auf diesem Bericht traf die 42. Generalversammlung der Vereinten Nationen (VN) (engl. United Nations, UN) 1987 erste weitreichende Entscheidungen, um die 1990er zu einer Dekade der Reduzierung von Naturkatastrophen zu erklären. Eine Expertengruppe unter Frank Press (dem damaligen Vorsitzenden der US-amerikanischen National Academy of Sciences) wurde eingesetzt, die in der sog. „Tokyo Declaration 1989"[6] die Struktur und Ausrichtung der Dekade weiterentwickelte.

In der 44. VN-Generalversammlung (1989) wurden die 1990er-Jahre zur IDNDR erklärt. Als Zielsetzung wurde formuliert, durch gemeinsame internationale Anstrengungen Verluste von Leben und Schäden durch Naturgefahren – insbesondere in Entwicklungsländern – zu mindern.[7]

Ein Sekretariat in Genf wurde eingerichtet und die Mitgliedstaaten wurden aufgefordert, nationale Komitees zu gründen, um die Aktivitäten des Landes zur Erreichung der Ziele der Dekade zusammenzuführen. In Deutschland griff der damalige Bundesaußenminister, Hans-Dietrich Genscher, diese Initiative auf und initiierte

---

[5] Die Weltkommission für Umwelt und Entwicklung wird inoffiziell auch als Brundtland-Kommission bezeichnet (nach der norwegischen Ministerpräsidentin Gro Harlem Brundtland, die den Vorsitz der Kommission innehatte).

[6] Die Deklaration erhielt diesen Namen nach dem Tagungsort der Expertengruppe.

[7] UN Doc. A/RES/44/236, 22. Dezember 1989, http://www.un.org/documents/ga/res/44/a44r236.htm. Zugegriffen: 14. Jan. 2013.

die Gründung des deutschen IDNDR-Komitees, das nach Ende der Dekade in Deutsches Komitee Katastrophenvorsorge (DKKV) umbenannt wurde und die Nationale Plattform der Bundesregierung ist.

Auf der internationalen Ebene wurde ein wissenschaftlich-technisches Komitee (Scientific and Technical Committee, STC) eingerichtet, das drei konkrete Ziele für die Dekade formulierte: Bis zum Jahr 2000 sollten alle Länder
- alle im Land durch natürliche Extremereignisse vorhandenen Gefährdungen erfasst haben
- landesweite Pläne zum Katastrophenschutz und zur Katastrophenvorsorge erstellt haben
- Zugang zu lokalen, nationalen, regionalen und globalen Vorhersagesystemen haben.

Die Ausgestaltung der Dekade war in den ersten Jahren stark auf wissenschaftliche Arbeit sowie Technologie- und Wissenstransfer in Entwicklungsländer ausgerichtet. Das zugrunde liegende Verständnis war, dass alleine die Entwicklung von Techniken und Unterstützung im Rahmen technischer Lösungen ausreichen würde, um Schäden durch Naturereignisse zu reduzieren. Durch diesen Ansatz wurde die Diskussion über die Ursachen von Armut und fehlender Entwicklung zugunsten eines mehrheitsfähigen Aktionsprogramms ausgeklammert. Die starke Ausrichtung auf Naturereignisse als Auslöser von Katastrophen kann unter dem gleichen Gedanken verstanden werden (siehe Kap. 11).

14.5.1.1 Die Yokohama-Strategie

Erst Mitte der Dekade gelang es im Rahmen der Weltkonferenz in Yokohama, soziale und politische Dimensionen in die Ausrichtung der Dekade zu integrieren. Die 1994 auf der Konferenz angenommene Yokohama-Strategie stellt einen wichtigen Meilenstein in der konzeptionellen Entwicklung eines erweiterten Verständnisses der Katastrophenvorsorge und der daraus folgenden Erweiterung des Mandates der IDNDR dar.

14.5.1.2 Ende der Dekade und Überleitung zur Internationalen Strategie für Katastrophenreduzierung

Trotz dieser internationalen Bemühungen nahm die Anzahl der Katastrophenereignisse im Verlauf der Dekade weiter zu. Nach Angaben der Münchener Rückversicherungs-Gesellschaft (MunichRe) stieg die Anzahl der großen Katastrophenereignisse verglichen mit den 1980ern um ca. ein Drittel. In der Abschlussveranstaltung der Dekade 1999 (Genfer Programm Forum/Geneva Programme Forum) wurde deshalb vom damaligen VN-Generalsekretär, Kofi Annan, gefordert, einen Wechsel von einer „Kultur der Reaktion" zu einer „Kultur der Prävention" zu vollziehen.

In der Resolution 1999/63 des Wirtschafts- und Sozialrats (Economic and Social Council, ECOSOC) wurde der VN-Generalsekretär aufgefordert, eine Fortsetzung der Dekade bei Beibehaltung der gegebenen Strukturen umzusetzen. Mit der Resolution der Generalversammlung A/RES 54/219, 3. Februar 2000[8] wurde die ISDR etabliert.

---
[8] http://www.unisdr.org/files/resolutions/N0027175.pdf. Zugegriffen: 14. Jan. 2013.

14.5.1.3 Hyogo Framework for Action

Zehn Jahre nach der Weltkonferenz von Yokohama stimmte die VN-Generalversammlung zu, eine zweite Weltkonferenz zur Katastrophenvorsorge im Januar 2005 in Kobe (der Hauptstadt der japanischen Präfektur Hyogo), Japan, abzuhalten. Die Konferenz stand unter dem Eindruck des wenige Tage zuvor aufgetretenen Tsunamis im Indischen Ozean. Das von 168 Mitgliedstaaten erarbeitete und angenommene Abschlussdokument, der „Hyogo Framework for Action 2005–2015" (HFA 2013a, b)[9], bildet die Grundlage für die weiteren Schritte in der Umsetzung der ISDR. In fünf Prioritäten werden die Hauptarbeitsgebiete dargestellt:

- Katastrophenvorsorge soll eine nationale und lokale Priorität mit einer starken institutionellen Basis zur Umsetzung sein
- Katastrophenrisiken sollen erfasst und Frühwarnsysteme aufgebaut werden
- Wissen, Innovation und Bildung sollen genutzt werden, um eine Kultur der Sicherheit und Widerstandsfähigkeit auf allen Ebenen aufzubauen
- Die zugrunde liegenden Risikofaktoren sollen reduziert werden
- Die Vorbereitung auf Katastrophen für eine verbesserte Reaktionsfähigkeit soll auf allen Ebenen gestärkt werden.

Die in Kobe beschlossene regelmäßige Berichterstattung über die Umsetzung der gefassten Beschlüsse bietet erstmals die Möglichkeit, Entwicklungen im Bereich Katastrophenvorsorge weltweit zu erfassen. Infolge der Weltkonferenz in Kobe verstärkte das ISDR-Sekretariat in Genf (United Nations International Strategy for Disaster Reduction, UNISDR[10]) seine Kontakte mit Mitgliedstaaten, indem es in einem zweijährigen Zyklus Konferenzen auf der Ebene der Mitgliedstaaten (Global Platform) in Genf abhält. Seit 2009 veröffentlicht UNISDR zudem alle zwei Jahre den Global Assessment Report, der auf globaler Ebene Veränderungen von Risiken erfasst.

14.5.1.4 Midterm-Review

Im HFA war festgelegt worden, dass zur Mitte der Laufzeit eine Bewertung der Umsetzung erfolgen sollte (Midterm-Review). Dieser Review wurde durch regionale Treffen, Befragungen und Literaturuntersuchung durchgeführt. Neben vielen Fortschritten, die festgestellt werden konnten, wurden aber auch die Begrenzungen des HFA deutlich. In Kobe war es nicht möglich gewesen, quantitative Ziele zu vereinbaren. Dadurch bestehen Bewertungsmöglichkeiten nur auf der qualitativen Ebene. Seit Kobe haben sich verschiedene Prozesse deutlich weiterentwickelt. So z. B. die Frage der Anpassung an die negativen Auswirkungen des Klimawandels und die Rolle der Katastrophenvorsorge in diesen Anpassungsmaßnahmen.

Die Empfehlungen des Midterm-Review adressieren auch die Frage möglicher Standards in einem Folgeabkommen und wie Möglichkeiten zur Rechenschaftslegung (accountability) auf der nationalen und lokalen Ebene bei der Umsetzung

---

[9] http://www.preventionweb.net/files/1037_hyogoframeworkforactionenglish.pdf. Zugegriffen: 14. Jan. 2013.

[10] UNISDR wird als Abkürzung und Bezeichnung für das Sekretariat verwendet und unterscheidet sich damit von der Abkürzung ISDR, die für die Internationale Strategie für Katastrophenreduzierung verwendet wird.

verbessert werden können. Damit wurde mit dem Midterm-Review bereits die Diskussion über die weitere Fortsetzung der Katastrophenvorsorge nach 2015 eröffnet.

14.6 Strukturen

14.6.1 Politischer Rahmen und Auswirkungen

Die Dekade zur Reduzierung von Naturkatastrophen entstand aus der Nachhaltigkeitsdebatte. Katastrophenvorsorge war somit inhaltlich von Beginn an mit Nachhaltigkeit verbunden. Trotzdem wurde die auf VN-Ebene gegründete IDNDR-Struktur administrativ im humanitären Bereich des VN-Systems (zunächst im Department of Humanitarian Affairs (DHA) und seit 1998 im United Nations Office for the Coordination of Humanitarian Affairs (OCHA)) verankert. Diese administrative Einbindung wurde auch über das Ende der Dekade hinaus in der ISDR beibehalten. Erst durch die Einrichtung der Position eines Sondergesandten des VN-Generalsekretärs (Special Representative of the Secretary General (SRSG)) im Jahre 2009 wurde die Integration in das OCHA-System gelockert, indem ein direkter Zugang zum Generalsekretär eröffnet wurde.

In Deutschland wurde die Dekade als VN-Initiative und infolgedessen als Aufgabengebiet des Auswärtigen Amtes gesehen. Damit wurden Rahmenbedingungen geschaffen, die neben der politischen auch praktische finanzielle Konsequenzen hatten. Die politische Führung des Themas wurde im humanitären Bereich verankert.

Bis heute kommt ein Großteil der für Katastrophenvorsorge ausgewiesenen Finanzierungen aus dem Bereich der humanitären Hilfe. So hat sich das Auswärtige Amt seit 2002 freiwillig verpflichtet, 10 % seines humanitären Budgets für Projekte der Katastrophenvorsorge einzusetzen. Andere Geber wie z. B. die norwegische und schwedische Regierung sind diesem Beispiel gefolgt und haben damit eine Forderung von ISDR erfüllt. Die ebenfalls formulierte Erwartung, dass 1 % des entwicklungspolitischen Budgets für Katastrophenvorsorge eingesetzt werden sollte, fand bislang international kein positives Echo in den entwicklungspolitischen Finanzierungen der Regierungen.

14.6.2 Konzeptionelle Weiterentwicklung von den Anfängen bis heute

14.6.2.1 Ausgangspunkt

Zu Beginn der „Dekade zur Reduzierung von Naturkatastrophen" war das Verständnis darauf ausgerichtet, durch die Entwicklung und Bereitstellung technischer Lösungen Risiken zu mindern. Das Verständnis von Katastrophenvorsorge war zudem konzentriert auf den Bereich der Vorbereitung (preparedness). So finanzierte z. B. das deutsche Auswärtige Amt umfangreiche „fact-finding missions", um weltweit den Stand der Katastrophenschutzstrukturen zu erheben. Parallel dazu fanden große

Forschungsvorhaben im naturwissenschaftlichen Bereich statt, um wissenschaftliche Lösungen zu entwickeln. Diesem Denken entsprachen die sehr technisch formulierten Zielsetzungen der Dekade. Erst langsam setzte sich die Erkenntnis über die Bedeutung des gesellschaftlichen Verhaltens bei der Entstehung des Risikos durch. Wie in Abschn. 14.4.2.2 und 14.4.2.3 dargestellt, waren die Weltkonferenz in Yokohama 1994[11] und das Programmforum am Ende der Dekade Meilensteine in der konzeptionellen Weiterentwicklung. Die Ziele der Internationalen Strategie zur Katastrophenvorsorge spiegeln dieses veränderte Verständnis wider. Sie zielen auf eine Veränderung gesellschaftlichen Verhaltens ab.

14.6.2.2 Verankerung im Kontext der Debatte zu nachhaltiger Entwicklung

Parallel zu dieser Entwicklung im Kontext der Katastrophenvorsorge fanden intensive Anstrengungen – maßgeblich unterstützt durch die Bundesregierung – statt, mit dem Ziel einer stärkeren Integration der Katastrophenvorsorge in die Diskussion über nachhaltige Entwicklung. Der Weltkongress in Rio de Janeiro 1992[12] führte in der Agenda 21 zwar viele Themengebiete auf, in denen Katastrophenvorsorge eine wichtige Rolle einnimmt, enthielt aber keinerlei direkte Referenz zu dem Thema. Die Weltkonferenz für nachhaltige Entwicklung 2002 in Johannesburg[13], zehn Jahre nach dem Weltgipfel in Rio de Janeiro, erwähnte in ihren Ergebnissen erstmals Katastrophenvorsorge als Voraussetzung für nachhaltige Entwicklung. Die notwendige Integration in diesem Kontext hat zehn Jahre später die Konferenz „Rio+20" (2012)[14] geleistet, auf der Katastrophenvorsorge als eines von sieben Themen für die Erzielung einer nachhaltigen Entwicklung im Abschlussdokument verankert wurde.

14.6.2.3 Konzeptionelle Weiterentwicklungen

Der HFA setzte die Zielrichtung einer stärkeren Betonung der gesellschaftlichen Komponente in der Katastrophenvorsorge fort. Die in drei strategische Ziele und fünf Prioritäten unterteilte Struktur des HFA in Verbindung mit der vereinbarten regelmäßigen Berichterstattung über Fortschritte in der Umsetzung stellt einen Fortschritt dar. Durch die Einrichtung der alle zwei Jahre in Genf stattfindenden Globalen Plattform[15] wurde ein politisches Forum geschaffen, in dem mit den Mitgliedstaaten Fortschritte und Verbesserungsbedarf bei der Katastrophenvorsorge

---

[11] Yokohama Strategy and Plan for a Safer World, World Conference on Natural Disaster Reduction, Yokohama, Japan, 23–27 May 1984.

[12] Konferenz für Umwelt und Entwicklung der Vereinten Nationen (UNCED) in Rio de Janeiro (1992).

[13] Report of the World Summit on Sustainable Development, Annex, Plan of Implementation of the World Summit on Sustainable Development (Document A/CONF.199/20). Chapter IV: Protecting and managing the natural resource base of economic and social development, Nr. 37, S. 27–28.

[14] Rio+20 The Future We Want.

[15] Die Globale Plattform stellt das politische Forum für Katastrophenvorsorge dar. Sie wird durch das UNISDR organisiert. In erster Linie werden Regierungen eingeladen, die Veranstaltung ist aber auch offen für internationale Organisationen und Nichtregierungsorganisationen (NRO).

diskutiert werden. Der zeitgleich präsentierte Global Assessment Report bildet den fachlichen Hintergrund der Veranstaltung.

Katastrophenvorsorge und Klimawandel Im HFA wurden nur bedingt Verknüpfungen mit den Themen Klimawandel und Urbanisierung hergestellt. Diese beiden Themengebiete traten erst nach 2005 stärker in den Vordergrund. Durch die Einrichtung des Nairobi Work Programme (NWP) zur Anpassung an den Klimawandel wurde 2005 erstmals ein Forum geschaffen, in dem sich Klimafachleute und Experten der Katastrophenvorsorge treffen. Einen deutlichen Impuls bekam die Diskussion durch den 4. Sachstandsbericht des Weltklimarates (Intergovernmental Panel on Climate Change, IPCC(2012)), der eindeutig feststellte, dass Klimawandel bereits stattfindet und sich auch bei einem sofortigen Stopp aller Emissionen weiter fortsetzen wird. Die Notwendigkeit zur Anpassung an die negativen Auswirkungen wurde damit evident.

Dabei ist zu beachten, dass Katastrophenvorsorge und Anpassung an den Klimawandel keine Synonyme sind. Katastrophenvorsorge konzentriert sich auf die Reduzierung von Vulnerabilitäten gegenüber Extremereignissen. Auch sich langsam entwickelnde Ereignisse, die ab einem gewissen Kipppunkt extreme Auswirkungen haben werden (z. B. Meeresspiegelanstieg) müssen berücksichtigt werden.

Auf Initiative der norwegischen Regierung und UNISDR wurde durch den Weltklimarat ein einmaliger Sonderbericht über die Auswirkungen des Klimawandels auf Extremereignisse ausgearbeitet und 2012 der Öffentlichkeit vorgestellt (Special Report on Managing the Risks of Extreme Events and Disasters to Advance Climate Change Adaptation, SREX). Die besondere Problematik der Vorhersage von Extremereignissen und ihrer Wirkung (seltenes Auftreten, lokal meist geringe Ausdehnung) machte die Bearbeitung der Thematik sehr schwierig. Insgesamt kam der Bericht zu dem Ergebnis, dass ausgehend von vorliegenden Daten die Zunahme der Vulnerabilität (inkl. der Exposition) der Bevölkerung der treibende Faktor für die Zunahme der Schadensereignisse ist. Veränderungen der Extreme wie z. B. zunehmende Hitzeperioden und sich in Intensität und Häufigkeit verändernde Sturm- und Niederschlagsereignisse sind sehr wahrscheinlich. Der Anstieg des Meeresspiegels konnte eindeutig dem Klimawandel zugewiesen werden.

Trotz einer Vielzahl von Aktivitäten und der von ISDR erhobenen Forderung, die beiden Themen Katastrophenvorsorge und Anpassung an den Klimawandel stärker miteinander zu verzahnen, steht man bei diesem Punkt noch an den Anfängen. Die starke Politisierung der Diskussion um den Klimawandel stellt ein Hindernis dar.

Katastrophenvorsorge und Urbanisierung Die Notwendigkeit einer stärkeren Beschäftigung mit dem Thema liegt in der zunehmenden Urbanisierung der Welt – gerade in Entwicklungsländern – und der stärkeren Vernetzung der globalen Gesellschaft begründet. Ereignisse wie der Hurrikan Katrina in New Orleans, mehrere Erdbeben in China und das Erdbeben in Haiti haben die Notwendigkeit einer stärkeren Beschäftigung mit der Thematik überdeutlich gemacht.

Der Zusammenhang von Stadtentwicklung und Risikoentwicklung erhält bei weitem nicht die politische Aufmerksamkeit wie die Diskussion um den Klimawandel.

Neben dem VN-Programm für menschliche Siedlung, VN-Habitat, haben sich Städtenetzwerke wie z. B. „ICLEI – Local Governments for Sustainability"[16] des Themas angenommen. Seit 2010 findet jährlich eine internationale Konferenz mit dem Titel „Resilient Cities" statt. Zusätzlich entwickelt ICLEI Beratungskompetenzen im Risikomanagement, die es seinen Mitgliedern zur Verfügung stellt.

Das Auswärtige Amt finanzierte ein Projekt des Deutschen Komitee Katastrophenvorsorge zum Aufbau von Katastrophenschutzstrukturen in Manila und Kathmandu, das über die Earthquake Megacity Initiative (EMI) umgesetzt wurde. Die Weltbank unterstützt finanziell Städtepartnerschaften und den Austausch von Erfahrungen im Risikomanagement in Asien. All diese Initiativen stellen noch einzelne Bausteine im Bereich des urbanen Risikomanagements dar. Ein umfassendes Konzept zum städtischen Risikomanagement wurde bis heute noch nicht entwickelt, wird aber dringend benötigt.[17]

14.7 Ausblick auf zukünftige Aufgabenfelder

14.7.1 Globaler Wandel

Der globale Wandel mit seinen vielfältigen Auswirkungen stellt eine besondere Herausforderung für die Katastrophenvorsorge dar. Dieser Wandel manifestiert sich zum einen in der Veränderung der Bedrohungen, zum anderen in einem Wandel der Vulnerabilität der Gesellschaften.

Die zunehmende Vulnerabilität wird u. a. verursacht durch das Bevölkerungswachstum, den demografischen Wandel, die zunehmende Abhängigkeit von krisenanfälligen Versorgungswegen, den Klimawandel, die unkontrollierte Stadtentwicklung in Risikogebieten oder die ungehemmte Übernutzung lebenswichtiger Ressourcen. Diese Punkte wurden bereits unter Abschn. 14.1.2 und 14.6.2.3 dargestellt.

14.7.2 Zugrunde liegende Faktoren (root causes)

In seinem Global Assessment Report 2011 stellte ISDR eine Reihe von positiven Entwicklungen bei der Frühwarnung und Vorbereitung auf den Katastrophenfall fest. Gerade bei großen Ereignissen hat sich das internationale System professionalisiert und ist in der Lage, schnell und effektiv zu handeln. Ein deutliches Defizit wurde aber bei kleinen und mittleren Ereignissen festgestellt, die unterhalb der Wahrnehmungsschwelle der Medien und damit oft auch des internationalen Systems stattfinden. Als zugrunde liegende Ursachen identifizierte der Global Assessment Report (GAR) u. a. den fehlenden Zugang zu Entscheidungsprozessen,

---

[16] Die Abkürzung ICLEI geht auf den von der Gründung im Jahr 1990 bis 2003 verwendeten Namen der Organisation „International Council for Local Environmental Initiatives" zurück.

[17] Siehe hierzu auch den Weltkatastrophenbericht der Internationalen Föderation der Rotkreuz- und Rothalbmondgesellschaften 2010, „Städtische Risiken/Focus on Urban Risks".

schlechte Regierungsführung, fehlende Risikotransfersysteme (z. B. Versicherungen) und staatliche Strukturen der Basisversorgung. Der GAR 2011 hat die Bekämpfung dieser Grundursachen als eine der wichtigsten Aufgaben für eine langfristige Reduzierung des Katastrophenrisikos identifiziert.

14.7.3 Von der Empirik zur Projektion und Szenarienentwicklung

Informationen über zu erwartende Gefährdungen werden auch heute noch aus Erfahrungen der Vergangenheit (empirisch) abgeleitet. So werden z. B. Hochwasserschutzmaßnahmen in Deutschland an dem empirisch ermittelten Wert eines im Durchschnitt alle 100 Jahre auftretenden Hochwasserereignisses (HQ100) ausgerichtet. Dieses empirisch basierte Vorgehen und Planen führt dazu, dass die preparedness in Hinblick auf vergangene Katastrophenereignisse optimal ist. Die Diskussion über Vulnerabilitätsfaktoren ist relativ neu und noch wenig in die Praxis umgesetzt. Entwicklungen des Risikos, die sich aus verändernden Gefährdungen, aber vor allem auch aus sich verändernden Vulnerabilitäten ergeben, werden noch zu wenig erfasst. Wie lange kann z. B. der Katastrophenmanagementplan einer Stadt seine Funktion erfüllen, wenn er nicht den Zuzug von weiteren 500.000 Einwohnern pro Jahr berücksichtigt?

Im Sinne eines umfassenden Risikomanagements muss es Ziel sein, diese Entwicklungen in Form von Szenarien zu berücksichtigen und in den Planungen und Katastrophenmanagementplänen zu berücksichtigen. Nur so können zukunftsorientierte Katastrophenmanagementpläne entwickelt werden, die flexibel verschiedene Entwicklungsmodelle integrieren und die Grundlage für die Katastrophenvorsorge der Zukunft bilden.

14.8 Wie geht es nach 2015 weiter?

2015 endet die Laufzeit des HFA. Eine weitere Weltkonferenz wurde von der japanischen Regierung angekündigt. Gleichzeitig ist 2015 das Jahr, in dem über die Ergebnisse der Milleniumsziele (Millennium Development Goals, MDGs) verhandelt wird. Die Federführung für die Verhandlungen zu den MDGs liegt in Deutschland beim Bundesministerium für wirtschaftliche Zusammenarbeit und Entwicklung (BMZ 2010), während für die Katastrophenvorsorge das Auswärtige Amt die Verhandlungsführung wahrnimmt.

Nach der verstärkten Verankerung von Katastrophenvorsorge in politischen Papieren zur Nachhaltigkeit „Rio+20/ The Future We Want" muss das Thema im Gesamtkontext verhandelt werden. Die Frage, ob nach 2015 noch ein eigenständiges Thema „Katastrophenvorsorge" auf der politischen Agenda verankert sein muss oder es in die andiskutierten „Nachhaltigkeitsziele" (sustainable development goals) integriert wird, muss offensiv von den Vertretern der Katastrophenvorsorge angegangen werden.

Während die Abstimmungsgespräche gerade beginnen, hat die Bundesregierung signalisiert, dass ein robustes Mandat für Katastrophenvorsorge nach 2015 angestrebt wird. Die weiteren Schadensentwicklungen in den kommenden Jahren werden dies dringend erforderlich machen.

Literatur

Auswärtiges Amt (Hrsg) (2004) Sind Katastrophen unvermeidbar? http://www.auswaertiges-amt.de/cae/servlet/contentblob/401756/publicationFile/4551/Katastrophen.pdf. Zugegriffen: 12. Jan. 2013

Bundesministerium für wirtschaftliche Zusammenarbeit und Entwicklung (BMZ) (2010) Katastrophenvorsorge – Beiträge der deutschen Entwicklungszusammenarbeit. Materialien 192. BMZ, Bonn

Hyogo Framework for Action 2005–2015 (2013b) Building the resilience of nations and communities to disasters. http://www.preventionweb.net/english/professional/publications/v.php?id=1037&pid:22&pif:3. Zugegriffen: 12. Jan. 2013

Hyogo Framework for Action 2005–2015 (2013b) Building the resilience of nations and communities to disasters – midterm review Hyogo Framework for Action, 2010–2011. http://www.preventionweb.net/english/hyogo/hfa-mtr/. Zugegriffen: 12. Jan. 2013

IPCC (2012) Sonderbericht zu extremen Wetter- und Klimaereignissen/Managing the risks of extreme events and disasters to advance climate change adaptation, SREX. http://www.ipcc-wg2.gov/SREX/. Zugegriffen: 12. Jan. 2013

Plate EJ, Merz B (Hrsg) (2001) Naturkatastrophen: Ursachen, Auswirkungen, Vorsorge. Schweizerbart'sche Verlagsbuchhandlung, Stuttgart

Tokyo Declaration on the International Decade for natural Disaster Reduction (11 April 1989)

Vereinte Nationen (1987) Report of the world commission on environment and development 23 A/42/427, 4 August 1987

Vereinte Nationen (1987) 85th Plenary meeting GA 44/236, 22 Dezember 1987

Vereinte Nationen (1999) Programme forum a safer world in the 21st century: disaster and risk reduction. http://www.unisdr.org/2011/docs/genevamandate/Geneva-mandate-EN.pdf. Zugegriffen: 12. Jan. 2013

Vereinte Nationen (2000) Generalversammlung A/RES/54/219, 3. Februar 2000. http://www.un.org/Depts/german/gv-54/band1/ar54219.pdf. Zugegriffen: 12. Jan. 2013

Vereinte Nationen (2002) Report of the world summit on sustainable development, annex, plan of implementation of the world summit on sustainable development A/CONF.199/20. Zugegriffen: 12. Jan. 2013

Vereinte Nationen, Ban Ki Moon (2008) Bericht an die Generalversammlung der Vereinten Nationen A/63/351, 10. September 2008. http://www.unisdr.org/files/resolutions/N0850245.pdf. Zugegriffen: 12 Jan. 2013

Vereinte Nationen/UNISDR (2011) Global assessment report on disaster risk reduction 2011 – revealing risk, redefining development. http://www.preventionweb.net/english/hyogo/gar/2011/?pid:34&pih:2. Zugegriffen: 12. Jan. 2013

Weltkatastrophenbericht der Föderation der Rotkreuz- und Rothalbmondgesellschaften (Hrsg) (2010) Focus on urban risks

Weltkommission für Umwelt und Entwicklung (1987) Our common future. http://www.un-documents.net/ocf-02.htm#II. Zugegriffen: 14. Jan. 2013

World Bank, United Nations (Hrsg) (2010) Natural hazards, unnatural disasters: the economics of effective prevention

Teil IV
Qualität in der humanitären Hilfe

Qualitätsstandards in der humanitären Hilfe 15

Manuela Roßbach

Seit den 1990er-Jahren befassen sich Experten mit der Entwicklung von Standards für die humanitäre Hilfe. Naturkatastrophen brachten seit den 1980er-Jahren weltweit nicht nur viele Tote und Verletzte mit sich, sondern auch enorme wirtschaftliche, soziale und politische Schäden (siehe ausführlicher dazu Kap. 11). Darüber hinaus stieg mit dem Ende des Kalten Krieges die mediale Wahrnehmung von humanitären Katastrophen in der Öffentlichkeit, was sich zusätzlich auf die Organisation und Finanzierung von internationalen Hilfsmaßnahmen auswirkte. Erwartungen an die Regierungen der OECD-Länder, mehr finanzielle Mittel für humanitäre Hilfsmaßnahmen zur Verfügung zu stellen, wurden laut (Davis 2007, S. 6). Der Zerfall staatlicher Strukturen führte in den 1990er-Jahren häufig zu Bürgerkriegen und politischen Krisen, unter denen hunderttausende von Menschen litten und zu Tode kamen (u. a. die Auflösung Jugoslawiens, der Zerfall Somalias und der Genozid in Ruanda). Zur Beschreibung der damit zusammenhängenden Herausforderungen für die humanitären Hilfsorganisationen wurde der Begriff der komplexen politischen Notlage (complex political emergency) geprägt. Humanitäre Helfer wurden zunehmend mit Situationen konfrontiert, die sie vor die Frage stellten, wie sie es schaffen könnten, als unabhängige und unparteiische Akteure den Notleidenden zu helfen (Buchanan-Smith 2003, S. 6). Die Zahl der Nichtregierungsorganisationen (NRO), die weltweit humanitäre Hilfe leisteten, stieg mit jeder Katastrophe an und damit auch die Anzahl humanitärer Helfer. Ebenso begannen zunehmend andere Akteure aus dem privaten, aber auch aus dem staatlichen Bereich humanitäre Hilfe anzubieten. Es gab keine einheitlich verbindliche Festlegung zur Qualität von Hilfsmaßnahmen, und nach humanitären Katastrophen wurden Antworten auf folgende Fragen gesucht: Wie sollte humanitäre Hilfe aussehen? Was sollte sie leisten? Welche Rolle spielten die handelnden Menschen, die Mitarbeiter der NRO, dabei? Wie sollten sie sich gegenüber den betroffenen Menschen, die in anderen kulturellen Kontexten als sie selbst lebten, verhalten?

M. Roßbach (✉)
Aktion Deutschland Hilft, Kaiser-Friedrich-Str. 13, 53113, Bonn, Deutschland
E-Mail: rossbach@aktion-deutschland-hilft.de

Die Beschreibung von Prozessen und deren Regelung war aus anderen gesellschaftlichen Bereichen bekannt: Die Begriffe „Qualität" und „Standard" wurden seit den 1980er-Jahren weltweit nicht mehr nur in der Industrie (bei der Produktion von Waren) genutzt. Sie wurden zunehmend auch für die Beurteilung von Dienstleistungen herangezogen. Qualität wurde in einer ersten Fassung der international gültigen Qualitätsnorm DIN[1] ISO[2] 8402 (1995) definiert als „die Gesamtheit von Eigenschaften und Merkmalen einer Einheit, eines Produktes, einer Dienstleistung, eines Prozesses, eines Systems in Hinblick auf ihre Eignung zur Erfüllung vorausgesetzter oder vereinbarter Erfordernisse" (www.olev.de[3]). Die internationalen Standards wurden weiterentwickelt und hielten in den 1990er-Jahren Einzug in das Qualitätsmanagement von Unternehmen und sozialen Dienstleistungsgesellschaften. Seit Dezember 2000 gilt die Qualitätsnorm EN[4] ISO 9000:2005 für das Qualitätsmanagement.

15.1 Wie kommt die Qualität in die humanitäre Hilfe?

Anfang der 1990er-Jahre begann in der humanitären Hilfe die Suche nach Konzepten, die es ermöglichten, die Leistungen und Wirkungen von humanitären Hilfsmaßnahmen in einem zunehmend komplexer werdenden Umfeld zu beurteilen. Der Begriff „Qualitätsstandard" entstand und mit ihm die Idee, dass nicht nur die Qualität selbst, die Beschaffenheit der humanitären Dienstleistung am Menschen, beurteilt werden soll, sondern zugleich auch, ob sie einem bestimmten, vorher festgelegten Anspruch genügt; einem Standard, der gemessen werden kann.

In Europa machte das Französische Rote Kreuz 1991 einen ersten Vorschlag zur Entwicklung gemeinsamer Standards für die Arbeit von Hilfsorganisationen (Buchanan-Smith 2003, S. 6). Bis dahin gab es keine Richtlinien für die humanitäre Hilfe, die von allen Hilfswerken anerkannt und angewendet worden wären. Zudem herrschte in der Öffentlichkeit die Meinung vor, dass humanitäre Hilfe primär karitativ und daher alles, was getan würde, per se gut sei, unabhängig davon, wie die Betroffenen es empfinden. Der Vorschlag des Französischen Roten Kreuzes wurde im „Steering Committee for Humanitarian Response" (SCHR) aufgegriffen und in den nächsten zwei Jahren mit weiteren Hilfsorganisationen diskutiert. Mitte 1994 war es dann so weit; der Verhaltenskodex der Internationalen Rotkreuz- und Rothalbmondbewegung und regierungsunabhängigen Organisationen für die Nothilfe (Code of Conduct) wurde der Öffentlichkeit vorgestellt.

Etwa zur selben Zeit diskutierten in den USA die Mitgliedsorganisationen von InterAction[5] die Herausforderungen und Konsequenzen von humanitärer Hilfe in

---

[1] DIN = Deutsches Institut für Normung.
[2] ISO = International Organization for Standardization (Internationale Organisation für Normung).
[3] www.olev.de. Version 1.31. Zugegriffen:18. Aug. 2012.
[4] EN = European Standard (europäische Norm).
[5] InterAction (www.interaction.org) ist der größte US-amerikanische NRO-Dachverband, mit 190 Mitgliedsorganisationen.

Konfliktsituationen. Es entstanden die Prinzipien der Fürsorge (providence principles) und ein Verhaltenskodex für Praktiker. Beides sollten Grundsätze für die humanitäre Hilfe sein und Kennzahlen liefern, die zur Messung der humanitären Hilfsleistungen geeignet waren (Buchanan-Smith 2003, S. 7).

Das Aufkeimen dieser beiden Initiativen auf verschiedenen Kontinenten weist auf einen Trend hin: Der humanitäre Sektor erachtete es als notwendig, sich Klarheit darüber zu verschaffen, wie man am besten in politischen Konfliktsituationen, aber auch in Naturkatastrophen arbeiten kann, und wie man Konsens, Verstetigung und Professionalisierung dieses Wissens erreichen kann (Buchanan-Smith 2003, S. 7).

Zwar wurde in den Jahren 1991 bis 1993 der Entwurf des Verhaltenskodex diskutiert und es gab Bestrebungen, Standards für die humanitäre Hilfe zu entwickeln, aber erst das Versagen der internationalen Gemeinschaft beim Genozid in Ruanda im Sommer 1994 mit über 800.000 Toten und fast 2 Mio. Flüchtlingen in der Demokratischen Republik Kongo (siehe ausführlicher zum Fall Ruanda Kap. 3), führte dazu, dass sich die humanitären Akteure intensiver und verbindlicher mit dem Thema „Qualität in der humanitären Hilfe" auseinandersetzten.

Auf Anregung der dänischen Regierung fand 1995 eine gemeinsame Evaluation (Joint Evaluation of Emergency Assistance to Rwanda, JEEAR) statt. Sie war in fünf Studien untergliedert, wovon die Evaluation der geleisteten humanitären Hilfe und ihrer Auswirkungen den größten Bereich darstellte (Borton 2004, S. 14).

Leitfragen der Evaluation waren, ob es möglich sei, sich künftig auf politisch motivierte Katastrophen besser vorzubereiten, eine Art Frühwarn- oder Konfliktmanagementsystem für politisch motivierte Konflikte zu entwickeln und auch den Übergang von humanitärer Hilfe zur Rehabilitation und Entwicklungszusammenarbeit besser zu planen. Die Berichte aller fünf Studien der Evaluation wurden im März 1996 publiziert, sie enthielten insgesamt 64 Empfehlungen. Die Hauptbotschaften für die humanitäre Hilfe bezogen sich auf die geleistete humanitäre Hilfe. Die englischen Stichworte dazu heißen „Professional NGO[6] Performance" und „Ensuring Accountability" (Borton 1996, S. 24 ff.). So wurde anerkannt, dass die Leistung in Anbetracht der Größe der humanitären Katastrophe beeindruckend war, kritisiert wurden jedoch die unzureichende Vorbereitung und die mangelhafte Koordination der Hilfsmaßnahmen sowie die damit verbundenen hohen Kosten.

Als Empfehlungen zur Verbesserung künftiger Einsätze wurde vorgeschlagen, den bereits vorhandenen Verhaltenskodex des Roten Kreuzes/der NRO als verbindliche ethische Grundlage für die humanitäre Arbeit zu definieren und ihn mit technischen Standards zu ergänzen, die von NRO oder Netzwerken gemeinschaftlich entwickelt werden könnten. Außerdem sollte ein unabhängiges internationales Akkreditierungssystem aufgebaut werden, dessen Träger wahlweise eine autonome NRO-Struktur, eine unabhängige Einheit der Vereinten Nationen (VN) (engl. United Nations, UN) oder eine anerkannte, unabhängige Organisation sein sollte. In jedem Fall sollte diese neue Struktur eine breite Zustimmung zu den von ihr vertretenen Standards erwirken und bei allen Handlungen zur Umsetzung der JEEAR-

---

[6] NGO = non-governmental organization (Nichtregierungsorganisation).

Empfehlungen immer das Wohl und die Würde der von der Katastrophe betroffenen Menschen im Blick behalten (Borton 1996, S. 24 ff.).

Das für die Ruanda-Evaluation zuständige internationale Management-Team beschloss, ein Jahr später eine Folgeevaluation – Joint Evaluation Follow-up, Monitoring and Facilitation Network (JEFF) – durchzuführen, die untersuchen sollte, welche Empfehlungen bereits umgesetzt worden waren. Die Ergebnisse beider Evaluationen führten innerhalb des humanitären Sektors weltweit zu intensiven Diskussionen darüber, wie die Effizienz und die Effektivität humanitärer Arbeit verbessert werden könnten.[7]

In den Medien wurde der Fokus der Debatte vor allem auf die unzulänglichen Leistungen einzelner NRO und das generelle Fehlen von Professionalität in der Branche gelegt; es ging um den starken Anstieg der Zahl der Hilfsorganisationen in den 1990er-Jahren, das Fehlen einer Regulation im Sektor und schließlich auch um die angemessene Abgrenzung der Verantwortung und der Rollen in der humanitären Hilfe zwischen den humanitären Hilfsorganisationen und den politischen Akteuren (Buchanan-Smith 2003, S. 7).

15.2 Standards in der humanitären Hilfe

Die Ergebnisse der Ruanda-Evaluationen hatten auch eine Art Katalysatorfunktion für jene Strömungen im humanitären Sektor, die sich schon vor dem Genozid in Ruanda und der anschließenden humanitären Hilfe in mehreren Flüchtlingslagern mit den Fragen nach Verantwortung, Rechenschaftspflicht und Leistung in der humanitären Arbeit befasst hatten. Insofern fielen die Empfehlungen der Ruanda-Evaluation auf einen fruchtbaren Boden und beschleunigten die Gründungen von internationalen Projekten und Initiativen wie „The Sphere Project", „Humanitarian Accountability Partnership International" (HAP) und „People In Aid". Positiv und stärkend haben sich die Ergebnisse der Ruanda-Evaluation auch auf die Organisationsbereiche in den humanitären Hilfsorganisationen ausgewirkt, die sich mit der Analyse und Evaluation ihrer Arbeit befassen. Dies wird in der hohen Akzeptanz bei der Gründung des „Active Learning Network for Accountability and Performance in Humanitarian Action" (ALNAP) deutlich (Borton und Erikson 2004, S. 12).

Seit 1996 hat der internationale humanitäre Bereich selbst Initiativen zur Verbesserung der humanitären Hilfe ergriffen und Definitionen von Qualität und Standards, mit der Operationalisierung von Verantwortung gegenüber den betroffenen Menschen in den Krisen und Katastrophen, aber auch gegenüber den Geldgebern sowie in Hinblick auf Professionalisierung der humanitären Helfer entwickelt.

Zu den oben genannten Projekten und Netzwerken kamen in den 2000er-Jahren weitere hinzu wie z. B. der „Quality COMPAS (1999)" der französischen Groupe

---

[7] Ausführlicher zu den beiden Ruanda-Evaluationen siehe Buchanan-Smith 2003; Borton und Erikson 2004.

URD[8] und Lehrmaterialien wie z. B. der „Good Enough Guide"[9] des von sieben internationalen NRO-Familien getragenen Emergency Capacity Building Project (ECB)[10] im Jahr 2003. Der Verband Entwicklungspolitik Deutscher Nichtregierungsorganisationen (VENRO) hat 2005 zum Thema Qualitätssicherung ein Arbeitspapier herausgegeben, in dem die Qualitätsstandards in der humanitären Hilfe beschrieben und Empfehlungen für deren Erreichung ausgesprochen werden.[11]

Die folgende Tabelle gibt einen Überblick über Ziele und inhaltliche Schwerpunkte der jeweiligen Standards sowie über die Möglichkeit einer Zertifizierung (Tab. 15.1).

Neben den Bestrebungen der NRO kam es auch aufseiten der Regierungen Anfang der 2000er-Jahre zu einer Initiative, deren Ziel es war, zur Verbesserung der humanitären Hilfe beizutragen. Bei einem Treffen staatlicher Geber 2003 in Stockholm gründeten 17 Staaten – darunter Deutschland und die Europäische Kommission – das informelle Gebernetzwerk „Good Humanitarian Donorship Initiative" (GHD) und verabschiedeten ein Grundsatzdokument zu den Prinzipien und guten Praktiken humanitärer Geberschaft. Im April 2006 erkannten die Mitglieder des Ausschusses für Entwicklungshilfe (Development Assistance Committee, DAC) der Organisation für wirtschaftliche Zusammenarbeit und Entwicklung (Organisation for Economic Co-operation and Development, OECD) diese 23 GHD-Prinzipien als verbindliche Standards an (Deutscher Bundestag Drucksache 17/2725, S. 25).

Die Anzahl der Initiativen, die sich mit Standards in der humanitären Hilfe befassen, ist in den letzten Jahren stark gestiegen.[12] An dieser Stelle sollen jene Standards vorgestellt werden, die sich infolge der großen Ruanda-Evaluation ausbildeten und auf der Grundlage des „Code of Conduct" weiterentwickelt wurden. Dazu gehören „The Sphere Project", ALNAP, HAP und People In Aid. Ausführlicher wird auf die Entstehung des Sphere Projects und der Organisation HAP eingegangen. An diesen beiden Initiativen werden die beiden Strömungen, die die Debatte um Qualität und Standards seit Anfang der 1990er-Jahre dominieren, besonders deutlich.

---

[8] Ausführlicher zur Groupe URD (URD = „urgence, réhabilitation, développement") siehe unter www.urd.org und zum Quality Compas siehe unter www.compasqualite.org. Zugegriffen: 20. Sept. 2012.

[9] Good Enough Guide (2007). http://www.ecbproject.org/the-good-enough-guide/the-good-enough-guide. Zugegriffen: 29. Aug. 2012

[10] Das ECB-Projekt wurde von folgenden sieben NRO-Familien ins Leben gerufen: CARE International, Catholic Relief Services, International Rescue Committee, Mercy Corps, Oxfam GB, Save the Children und World Vision International. In der ersten Projektphase wurden der „Good Enough Guide to Accountability and Impact Measurement in Emergencies", das „Emergency Simulations Toolkit" und das „Building Trust in Emergencies Toolkit" entwickelt. Weitere Informationen siehe auch unter www.ecbproject.org. Zugegriffen: 29. Aug. 2012.

[11] Ausführlicher dazu siehe VENRO (2005), Arbeitspapier Nr. 14.

[12] Die unabhängige britische NRO „One World Trust" gibt mit ihrer Datenbank „A database of civil society self-regulatory initiatives" einen guten Einblick in verschiedene Initiativen – nicht nur zur Qualität in der humanitären Hilfe: www.oneworldtrust.org. Zugegriffen: 30. Nov. 2012.

Tab. 15.1 Überblick über Standards in der humanitären Hilfe. (Quellen: Webseiten der jeweiligen Organisationen[a])

Initiative (Jahr des Beginns)	Ziel	Vermittelte Inhalte/ Standards	Zertifizierung/ Q-Siegel[b]
Sphere Project (1997)	Verbesserung der Qualität und Rechenschaft in der humanitären Hilfe Anerkennung der Grund- und Mindeststandards als Normen Freiwillige Übernahme bei der Ausbildung humanitärer Helfer	Humanitäre Charta grundlegende ethische und rechtliche Prinzipien der humanitären Hilfe 4 Grundsätze zum Schutz und Sicherheit 6 Grundstandards 4 Mindeststandards	Nein
Begleitstandards von Sphere	Verbesserung der Qualität der Hilfe durch die kombinierte Anwendung der Begleitstandards		
INEE (2000) International Network for Education in Emergencies (seit 2008)	Verbesserung der humanitären Hilfe im Bereich Bildung nach humanitären Notlagen	Insgesamt 19 Mindeststandards für 5 Arbeitsfelder im Bereich Bildung: Grundlegende Standards Zugang zu Bildungsmöglichkeiten Lehren und Lernen Lehrer und Lehrpersonal, Grundsätze im Bildungsbereich Sowie: Formulierung von Schlüsselaktivitäten und Richtlinien	Nein
SEEP (1985) Small Enterprise Education and Promotion (seit 2011)	Einkommensverbesserung von Kleinunternehmen nach einer humanitären Notlage	4 Mindeststandards für die Bereiche „Finanzservice", „Entwicklung von Produktionsvermögen", „Erwerbstätigkeit", „Unternehmensentwicklung"	Nein

Tab. 15.1 Fortsetzung

Initiative (Jahr des Beginns)	Ziel	Vermittelte Inhalte/ Standards	Zertifizierung/ Q-Siegel[b]
LEGS (2004) Livestock Emergency Guidelines and Standards (seit 2011)	Verbesserung der Situation von Nutzvieh nach humanitären Notlagen	Leitlinie zur Prüfung der Situation nach einer humanitären Katastrophe 8 übliche Mindeststandards 6 spezielle Mindeststandards	Nein
Humanitarian Accountability Partnership International (HAP) (2003)	Rechenschaft, Verantwortung und Qualitätsmanagement in der humanitären Hilfe	Qualitätssystem nach ISO-Standards aufgebaut: HAP 2010 Standards in Accountability and Quality Management HAP eigene Richtlinien zur Rechenschaft und Verantwortung HAP Verhaltenskodex	Ja Q-Siegel „HAP certified" d. h. zertifiziert in „HAP 2012 accountability and quality management"
People In Aid (1995)	Fokus auf Personal: Verbesserung der Qualität im Personalbereich in der humanitären Hilfe und Entwicklungszusammenarbeit	People In Aid Code of Good Practice (2003)	Ja Q-Siegel 1: „committed" Q-Siegel 2: „verified compliant"
ALNAP – Active Learning Network for Accountability and Performance in Humanitarian Action (1997)	Gemeinsames Lernen Qualitätsstandards Evaluationen Austausch von Good Practice Beispielen	Hochwertige Instrumente und Analysen für den humanitären Bereich Trainingsmodule und Richtlinien zu Evaluationen	Nein
Emergency Capacity Building (ECB) – u. a „Good Enough Guide" (2003)	Erarbeitung von Lehrmaterialien für die humanitäre Hilfe und die Entwicklungszusammenarbeit Einfache und praktische Lösungen	Phase I (2005–2008): mehr als 20 Studien und drei Trainingspakete für die Bereiche Mitarbeiterkapazität, Rechenschaft, Verantwortung und Risikominderung Phase II: Verbesserung der Geschwindigkeit, Qualität und Effektivität der humanitären Akteure	Nein

Tab. 15.1 Fortsetzung

Initiative (Jahr des Beginns)	Ziel	Vermittelte Inhalte/ Standards	Zertifizierung/ Q-Siegel[b]
Groupe URD – Quality Compas (1999)	Verbesserung der Qualität in der humanitären Hilfe in Bezug auf die Dienstleistungen gegenüber den Zielgruppen der humanitären Hilfe, die technischen und finanziellen Implikationen, der Transparenz und der politischen Dimension humanitären Handelns	Quality Compas (2004) mit 3 Prinzipien und 12 Qualitätskriterien Er bezieht sich auf die gesamte Organisation Die Partizipation der Betroffenen ist essenziell für die Qualität	Nein

[a] The Sphere Project. http://www.sphereproject.org. Zugegriffen: 20. Dez. 2012; INEE: http://www.ineesite.org/en/minimum-standards/handbook. Zugegriffen: 20. Dez. 2012; SEEP: http://www.seepnetwork.org/minimum-economic-recovery-standards-resources-174.php. Zugegriffen: 20. Dez. 2012; LEGS: http://www.livestock-emergency.net/. Zugegriffen: 20. Dez. 2012; HAP: http://www.hapinternational.org. Zugegriffen: 29. Aug. 2012; People In Aid: http://www.peopleinaid.org/pool/files/code/code-de.pdf. Zugegriffen: 20. Aug. 2012; ALNAP: http://www.alnap.org. Zugegriffen: 29. Aug. 2012; ECB: www.ecbproject.org. Zugegriffen: 29. Aug. 2012; Groupe URD: www.urd.org. Zugegriffen: 20. Sept. 2012
[b] „Q-Siegel" steht als Abkürzung für Qualitäts-Siegel

15.2.1 The Sphere Project

15.2.1.1 Die Anfänge des Sphere Projects

Das Sphere Project geht auf zwei Bewegungen zurück: Zum einen befasste sich Anfang 1995 die größte US-amerikanische NGO-Dachorganisation InterAction mit dem Thema „best practice for disaster work" und diskutierte Standards für die humanitäre Hilfe. Etwa zum selben Zeitpunkt kursierte in Europa im SCHR ein Entwurf zum Thema „Towards Quality and Accountability Standards in Humanitarian Relief". Die Autoren, selbst Mitglieder im SCHR, kannten die JEEAR-Evaluation und schlugen vor, technische Standards für vier Sektoren der humanitären Hilfe zu entwickeln. Noch im Juni 1995 traf sich eine informelle Arbeitsgruppe in London, um über technische Standards, Leistungen, Beurteilung und Überwachung in humanitären Hilfsprogrammen zu sprechen. Zehn Monate später, im April 1996, wurden offiziell Gespräche zwischen InterAction und Mitgliedern des SCHR aufgenommen. Im Oktober 1996 lud das SCHR zu einem Treffen nach Genf ein, an dem verschiedene Dachorganisationen (darunter auch InterAction) und zwölf individuelle NRO teilnahmen.

Ziel war, eine Einigung darüber herzustellen, die bisher von verschiedenen Gremien mit dem Fokus „best practices" und Standards diskutierten und entwickelten Arbeiten in einem gemeinsam getragenen Projekt im Rahmen des SCHR-Mandates weiter zu verfolgen. An InterAction erging das Angebot, im Management-Team des

Projektes mitzuarbeiten. Schließlich einigte man sich auf die Zusammenarbeit in diesem vom SCHR getragenen Projekt unter dem Titel „Quality and Accountability Standards in Humanitarian Relief" (Buchanan-Smith 2003, S. 11, 33).

Nach dieser Entscheidung wurde im Januar 1997 ein „Performance Standards Management Team" gebildet, das u. a. vereinbarte, wie der Prozess zur Generierung der Standards ablaufen sollte, dass das Projekt eine reine NRO-Initiative bleiben sollte und dass Regierungen um finanzielle Unterstützung für das Projekt gebeten werden sollten. Kurze Zeit später war eine Managementstruktur etabliert, die Finanzierung für ein Jahr gesichert und ein Name gefunden, der für die Globalität des Projektes stehen sollte. Im Juli 1997 wurde aus dem „Standards Project" „The Sphere Project"[13]. Zur selben Zeit nahm Susan Purdin als erste Projektmanagerin des Sphere Projectes in Genf ihre Arbeit auf. Ziel war, in dieser ersten Phase die Entwicklung von Standards unter umfassender Beteiligung vieler humanitärer Helfer so weit in die Wege zu leiten, dass am Ende ein Dokument dazu verfügbar war.

Die Projektmanagerin arbeitete mit Hochdruck an der Erstellung der „Humanitarian Charta", die die grundlegenden ethischen und rechtlichen Prinzipien der humanitären Hilfe darstellt. Parallel dazu entwickelten Experten aus den beteiligten Organisationen, die sich als „Sphere Sector Manager" zur Verfügung stellten, technische Standards, die sog. „minimum technical standards". Sie benötigten sechs Monate für den ersten Entwurf, den sie von Februar bis April 1998 in regionalen Treffen mit humanitären Helfern weltweit diskutierten (Buchanan-Smith 2003, S. 34).

Die Humanitäre Charta wurde im Mai 1998 vom Sphere Management Komitee beschlossen und zusammen mit den technischen Standards auf der Website von Sphere veröffentlicht, mit dem Ziel, dass möglichst viele Kollegen das Dokument kommentierten. Insgesamt beteiligten sich an der Erstellung des ersten Handbuches über 400 NRO in 80 Ländern (Borton und Erikson 2004, S. 80).

Am Ende der ersten Phase im Oktober 1998 wurde eine Probeauflage des Sphere Handbuches erstellt. Die zweite Phase des Sphere Projects begann im November 1998. Sie hatte das Ziel, zur Verbreitung und Akzeptanz der entwickelten Standards in der humanitären Hilfsgemeinschaft beizutragen. Die Probeauflage des Sphere Handbuches wurde 1999 im Feld getestet, die Testergebnisse fanden Eingang in die finale Version, die 2000 veröffentlicht wurde (Buchanan-Smith 2003, S. 34).

Das englische Original des Sphere-Handbuchs wurde in zahlreiche Fremdsprachen übersetzt; von der neuesten Auflage von 2011 gibt es auch eine deutsche Fassung.[14]

Das Sphere Project genießt im internationalen humanitären Bereich eine sehr hohe Akzeptanz und Anerkennung als Initiative, die sich mit den Bereichen Qualität und Verantwortung befasst. Dies wird an der Mitarbeit so vieler humanitärer Ex-

---

[13] Ursprünglich sollte als Name für das Projekt eine Abkürzung gefunden werden, die direkt Bezug nahm auf die Begriffe „standards", „humanitarian", „relief" und „assistance". Dies war nicht leicht, so entschied man sich, einen Namen zu wählen, der für die Globalität des Projektes stand, grafisch leicht umsetzbar und leicht zu merken war (Walker und Purdin 2004).

[14] http://www.sphereproject.org. Zugegriffen: 9. Dez. 2012.

perten und der weltweiten finanziellen Unterstützung durch Außen- und Entwicklungsministerien bei der Erstellung der Handbücher deutlich. Auch das deutsche Auswärtige Amt unterstützte das Sphere Project mit einem Zuschuss zur deutschen Übersetzung der 2011er Auflage des Sphere Handbuches und zur Entwicklung eines e-learning tools, mit Hilfe dessen das Expertenwissen ab 2013 über das Internet abrufbar sein wird.

15.2.1.2 Selbstverständnis des Sphere Projects

Das Sphere Project hat zum Ziel, für das Recht aller Menschen, die von einer Katastrophe oder einem Konflikt betroffen sind, auf Schutz und Hilfe einzutreten. So soll dazu beigetragen werden, grundlegende Bedingungen für ein Leben in Würde sicherzustellen, ohne diese Menschen zu bevormunden. Die Philosophie des Sphere Project basiert auf Grundsätzen des Völkerrechts (siehe ausführlicher dazu Kap. 4), die durch den „humanitären Imperativ" Eingang in die humanitäre Handlung finden. Nach Katastrophen oder Konflikten sollen Maßnahmen ergriffen werden, die zur Verhinderung oder Linderung menschlichen Leids beitragen. Dabei sollen die betroffenen Bevölkerungsgruppen in Abstimmungsprozesse eingebunden werden. Dies wird mit den Sphere-Standards ermöglicht.

Das Sphere Project soll keine rechtlich eigenständige Organisation sein. Es ist als Projekt bei der Internationalen Föderation der Rotkreuz- und Rothalbmondgesellschaften (IFRC) angesiedelt. Ein Projektleiter ist mit wenigen Mitarbeitern für die operative Umsetzung der Aufgaben zuständig. Das Sphere Project wird von derzeit 18 großen NRO-Familien bzw. NRO-Netzwerken, die den Vorstand von Sphere als Leitungsgremium bilden, geführt.[15] Deutsche Hilfsorganisationen sind zum einen über ihre internationalen Familien vertreten, zum anderen über Aktion Deutschland Hilft, das als Bündnis deutscher Hilfsorganisationen Mitglied im Vorstand des Sphere Project ist. Jedes Vorstandsmitglied wirkt als Multiplikator in seinem eigenen Netzwerk für die Themen des Sphere Project.

Der Vorstand des Sphere Project sieht die Notwendigkeit von Standards für die humanitäre Hilfe und lädt andere humanitäre Akteure dazu ein, die Sphere Standards bei ihrer Arbeit zu übernehmen: „Wir laden alle Parteien, unter anderem die Regierungen der betroffenen Staaten und der Geberländer, die internationalen Organisationen, die privaten und nicht staatlichen Akteure, ein, die Grund- und Mindeststandards von Sphere als anerkannte Normen zu übernehmen." (Sphere Project 2011, S. 12).

---

[15] Mitglied im Sphere-Vorstand waren 2012: ACT Alliance, Aktion Deutschland Hilft, CARE International, Caritas Internationalis, InterAction, International Council of Voluntary Agencies (ICVA), International Federation of Red Cross and Red Crescent Societies, International Medical Corps (Mitglied in InterAction), Lutheran World Federation/ DanChurchAid, Office Africain pour le Développement et la Coopération (Mitglied im ICVA), Oxfam International, Plan International, Policy Action Group on Emergency Response (PAGER), RedR International, Save the Children Alliance, Sphere India, The Salvation Army und World Vision International.

15.2.1.3 Das Sphere-Handbuch – Humanitäre Charta und Mindestanforderungen in der humanitären Hilfe

Das Sphere-Handbuch stellt das Herzstück des Sphere Project dar. Es ist ein praxisnahes Instrument, mit dem humanitäre Helfer bei der Durchführung eines Einsatzes nah an den Bedürfnissen der betroffenen Menschen bleiben. Mehr als 650 Experten von ca. 300 Organisationen aus über 20 Ländern haben bei der Überarbeitung mitgewirkt und auch VN-Organisationen, die maßgeblich in der Katastrophenhilfe tätig sind, stellten ihr Expertenwissen zur Verfügung.

Das Handbuch setzt sich inhaltlich aus fünf Teilen zusammen (siehe Abb. 15.1, S. 284): einer generellen Einleitung, der Humanitären Charta, den vier Grundsätzen zu Schutz und Sicherheit für die von einer Katastrophe oder Krise betroffenen Menschen, den Grundstandards und den Mindeststandards (Sphere Project 2011).

Zusätzlich enthält das Handbuch Verweise auf Begleitstandards von „Inter-Agency Network for Education in Emergencies" (INEE), „Small Enterprise Education and Promotion Network" (SEEP) und „Livestock Emergency Guidelines and Standards" (LEGS). Alle drei Initiativen sind seit Jahren in ihren Schwerpunktbereichen in der humanitären Hilfe aktiv und haben ihre Standards mit der methodischen Genauigkeit und dem Abstimmungsprozess wie beim Sphere Project erarbeitet: INEE für den Bereich „Bildung in humanitären Notlagen", SEEP für die „wirtschaftliche Erholung von Kleinunternehmen nach einer Krise" und LEGS für das „Halten von Nutzvieh nach einer Krise".

Die relevanten Leitlinien der INEE-, SEEP- und LEGS-Standards finden direkten Eingang in die fachlichen Kapitel des Sphere Project Handbuches. Sie sind kenntlich gemacht durch Querverweise (Abb. 15.1).

15.2.2 Humanitarian Accountability Partnership International (HAP)

15.2.2.1 Vom Ombudsman Project über das Humanitarian Accountability Project zur Humanitarian Accountability Partnership International (HAP)

Ein Jahr nach der Veröffentlichung des JEEAR-Berichtes (1996) wurde das „Ombudsman Project" ins Leben gerufen. Nachdem der Vorschlag, das UN Department of Humanitarian Affairs (DHA) mit der Ombudsmann Funktion zu betrauen, nicht akzeptiert wurde, nahm sich eine Gruppe britischer NRO dieser Thematik an. Eine Machbarkeitsstudie wurde durchgeführt, die Aufschluss darüber geben sollte, welches System am besten geeignet sei, für die regelmäßige Überprüfung und Evaluation der Arbeit von NRO in humanitären Katastrophen zu sorgen und damit als Ombudsmann für die betroffene Bevölkerung aufzutreten. Der Bericht stellte zwar die Möglichkeit der Einführung eines Ombudsman-Systems nicht infrage, warf allerdings prinzipielle Fragen zum Zugang zu der von den Hilfsmaßnahmen abhängigen Bevölkerung, zur Internationalisierung des Projektes, zu den Standards und auch zu dessen Finanzierung auf. Ein Ergebnis der Diskussion war der Übergang des „Ombudsman Project" in ein Pilotprojekt mit dem Namen „Ombudsman for

Struktur des Handbuchs

- Über Sphere
- Humanitäre Charta
- Grundsätze zum Schutz
- Die Grundstandards

Grundsätze und Grundstandards

- Mindeststandards im Bereich Wasser-, Sanitärversorgung und Hygieneaufklärung
- Mindeststandards im Bereich Nahrungsmittelsicherheit und Ernährung
- Mindeststandards im Bereich Notunterkünfte, Ansiedlung und Non-Food Items
- Mindeststandards im Bereich Gesundheitsmaßnahmen

Die Grund- und Mindeststandards: Grundsätze in die Praxis umgesetzt

Jedes Kapitel enthält eine Reihe von Standards, sowie Anhänge und Verweise/weiterführende Literatur

Die Standards sind:
Grundstandard
Schlüsselaktivitäten
Schlüsselindikatoren
Richtlinien

- Zentrale Dokumente, die der humanitären Charta zugrunde liegen
- Der Verhaltenskodex

Abb. 15.1 Struktur des Sphere Project Handbuches. (Quelle: Sphere Project 2011, S. 2)

Humanitarian Assistance" (HAO). Grundlage weiterer Entwicklungen waren der Verhaltenskodex der Internationalen Rotkreuz- und Rothalbmondbewegung und regierungsunabhängiger Organisationen für die Nothilfe sowie die Mindeststandards des Sphere Projects. Darauf aufbauend sollte ein regulatorischer Ansatz entwickelt werden, mit der Möglichkeit, auch Sanktionen auszusprechen (Doane 1998, S. 11).

Aus der ehemals britischen Initiative „Ombudsman for Humanitarian Assistance" wurde zwei Jahre später auf einer internationalen Konferenz in Genf ein internationales Projekt mit dem Namen „Humanitarian Accountability Project". Ziel war, Maßnahmen und Standards zu identifizieren, die zur Überprüfung der Verantwortung und Rechenschaftspflicht von NRO gegenüber den Betroffenen in humanitären Katastrophen und den institutionellen Gebern eingesetzt werden konnten. Diese Standards sollen perspektivisch auch zur Akkreditierung von künftigen Mitgliedern des Projektes dienen (Borton und Erikson 2004, S. 81).

In der Zeit zwischen 2000 und 2003 fand eine umfangreiche Forschungsphase mit Aufenthalten in Sierra Leone, Afghanistan und Kambodscha statt. Das Ergebnis war die Empfehlung für die Gründung einer autonomen Organisation, die in ihrer Arbeit die Betroffenen der Katastrophen in den Fokus nehmen sollte. Zusammen mit ihnen sollten Standards zur humanitären Verantwortung und Rechenschaftspflicht entwickelt und festgelegt werden. Die Einhaltung der Standards sollte durch eine eigene Zertifizierung überprüft werden. Die zu gründende Organisation sollte Ansprechpartner für Beschwerden sein, die gegen ihre Mitglieder erhoben würden. Darüber hinaus sollte sie den Mitgliedern strategische und technische Unterstützung gewähren. Im Januar 2003 beschlossen die Geschäftsführer von 14 humanitären Hilfsorganisationen die Gründung des HAP. Im selben Jahr ließ sich HAP in Genf als internationale Organisation registrieren (www.hapinternational.org).

15.2.2.2 Selbstverständnis von HAP

HAP International hat sich zum Ziel gesetzt, die Verantwortung und Rechenschaftspflicht von humanitären Akteuren gegenüber der betroffenen Bevölkerung bei Katastrophen und Krisen zu stärken und überprüfbar zu machen.

Nach dem systemischen Ansatz von HAP hängen Qualität, Rechenschaft und Verantwortung und damit die Ergebnisse und Erfolge von Hilfsprogrammen unmittelbar zusammen. Daher folgert HAP, dass sich mit der Verbesserung der Aspekte „Rechenschaft und Verantwortung" einer NRO auch die Qualität, die Wirkungen und die Ergebnisse der Hilfsprogramme verbessern werden. Als notwendiges Instrument für diesen Veränderungsprozess wird die Anwendung eines Programm-Qualität-Management-Systems angesehen, das verstärkt wird durch gemeinsame Lernprozesse und überprüft durch eine unabhängige Beurteilung. HAP geht davon aus, dass für alle Teilhaber an diesem Prozess, seien es die betroffenen Menschen oder Gemeinden, die Zuwendungsgeber oder die NRO selbst, als Konsequenz dieser Partnerschaft die Verbesserungen in der Qualität der geleisteten Arbeit messbar werden.

Der Begriff „Accountability" ist ein Schlüsselbegriff in dem Konzept von HAP. Nach dem Verständnis von HAP ist damit zum einen die Rechenschaftspflicht demjenigen gegenüber gemeint, der ihn zum Handeln autorisiert hat. Zum anderen die Rechenschaft gegenüber der Person, die dem Handelnden ausgesetzt ist. Und schließlich kommt der Aspekt der Macht, die der Handelnde über den Begünstigten ausübt, noch hinzu: „accountability is the means through which power is used responsibly".[16] Einige NRO, die um diese soziale und wirtschaftliche Macht im Einsatzfall wissen, haben bereits interne Verfahren zur Teilhabe der Betroffenen von Katastrophen an den Entscheidungen zu ihrer Hilfe oder auch für Beschwerden.

HAP International beschreibt sich selbst als die erste internationale Institution des humanitären Sektors, die sich selbst reguliert und deren Mitglieder für die Einhaltung hoher Standards im Qualitätsmanagement einstehen. Die Vision von HAP ist, dazu beizutragen, dass es im humanitären Bereich ein vertrauenswürdiges und in der Breite akzeptiertes Qualitätssystem für den Bereich „Rechenschaft und Verantwortung" (siehe hierzu ausführlicher Kap. 17) gibt, das transparent und für alle relevanten Parteien leicht zugänglich ist. Seine Absicht ist, die höchsten Prinzipien, die es für die Verantwortung und die Rechenschaft gibt, anzustreben und diese auch zu erreichen. Dies soll über ein Selbstregulierungssystem der Mitglieder von HAP erfolgen, verbunden mit dem gemeinsamen Respekt für die Rechte und Würde der Menschen, für deren Unterstützung die Mitgliedsorganisation arbeitet.[17]

Um Mitglied bei HAP werden zu können, müssen NRO ihre Aktivitäten nach den Standards der Selbstverpflichtung und den Richtlinien der Akkreditierung ausrichten. Darüber hinaus verpflichten sich die Mitglieder von HAP, das aktuelle Qualitätsmanagementsystem „HAP 2010 Standard in Accountability and Quality Management" einzuhalten, eine eigene Richtlinie zur Rechenschaft und Verantwortung (accountability framework) sowie einen Verhaltenskodex zu erstellen, der sexuelle Ausbeutung und den Missbrauch durch Mitarbeiter verbietet. Ein jährlicher Rechenschaftsbericht ist für Mitglieder ebenso verpflichtend. Es ist Mitgliedern jedoch freigestellt, sich zertifizieren zu lassen.

HAP International wird von NRO aus dem Bereich der humanitären Hilfe und der Entwicklungszusammenarbeit ebenso getragen wie von institutionellen Zuwendungsgebern. Im Jahr 2004 hatte HAP 16 Mitglieder, 2012 sind es bereits 87, davon sind 68 Vollmitglieder und weitere 19 Organisationen oder Netzwerke sind assoziiertes Mitglied. 14 der Vollmitglieder sind zertifiziert, 15 Vollmitglieder haben die sog. „baseline analysis" durchlaufen und 39 NRO sind unzertifiziertes Vollmitglied, darunter die Deutsche Welthungerhilfe als einzige deutsche NRO.[18]

15.2.2.3 The HAP 2007 Standard in Humanitarian Accountability and Quality Management

HAP arbeitete seit 2003 kontinuierlich an der Entwicklung eines eigenen Qualitätssystems für die Arbeit in humanitären Katastrophen und Krisen. Im Jahr 2007 wurde

---

[16] Ausführlicher hierzu siehe: www.hapinternational.org. Diese drei Bedeutungen für den Begriff „accountability" lassen sich im Deutschen mit den beiden Begriffen „Verantwortung" und „Rechenschaft" übersetzen. Daher sprechen wir in der Übersetzung des HAP Titels und der Textstellen, die den Begriff „accountability" beinhalten, von Rechenschaft und Verantwortung.
[17] Ausführlicher hierzu siehe unter www.hapinternational.org.
[18] Ausführlicher hierzu siehe unter www.hapinternational.org/members.aspx.

der erste, 2010 der zweite HAP Standard veröffentlicht: der „HAP 2010 Standard in Accountability and Quality Management". Er ist in neun Sprachen erhältlich.

Unter „Standard" versteht HAP eine „Vergleichsgrundlage oder einen Referenzpunkt, gegen den evaluiert werden kann. Es kann sowohl quantitative wie auch qualitative Kriterien oder Anforderungen enthalten." (www.hapinternational.org). Die Entwicklung internationaler Standards findet dann breite Anerkennung, wenn sie mit allen wichtigen Teilhabern abgestimmt ist, auch mit denen, die sie bewerten sollen. Bei der Entwicklung des „HAP Standard in Accountability and Quality Management" wurden internationale Prinzipien der Standardentwicklung befolgt, er wurde in Anlehnung an die ISO/IEC[19] Richtlinien Teil 2 erarbeitet. Entsprechend basierte der erste (2007) wie auch der nachfolgende HAP 2010 Standard auf umfassenden Konsultationen mit Vertretern aus dem humanitären Bereich, Mitarbeitern, Zuwendungsgebern, Projektpartnern und Unterstützern.[20] In seine Entwicklung flossen die wichtigsten Informationen über Bedingungen, Praxis und Anforderungen der humanitären Hilfe ein. Der HAP 2010 Standard misst darüber hinaus, ob die Selbstverpflichtungen der Organisationen zur Verantwortung und Qualität, die sie in ihrem eigenen Regelwerk fixiert haben, eingehalten wurde, ob ein Qualitätsmanagementsystem eingeführt wurde und ob die geleistete Dienstleistung die Qualität hat, die die Betroffenen von Katastrophen, die Gemeinden, die Partner und die humanitären Helfer als notwendig erachten.

Das Qualitätsmanagementsystem von HAP besteht aus den Prinzipien des HAP Standards, einer Art Eignungsprüfung und den HAP Richtlinien (zur Verpflichtung zu Rechenschaft, Verantwortung und einem entsprechenden Management; zur Mitarbeiterkompetenz; zur Informationsverteilung; zur Teilnahme; zum Beschwerdemanagement; zur Überprüfung, Evaluation und Weiterbildung).

Ein Zertifikat erhält nur jene NRO, die bereit ist, sich in Übereinstimmung mit dem HAP Standard zu verhalten und die Einhaltung dieser Standards durch externe Prüfer in einem Verifizierungsprozess überprüfen zu lassen. HAP selbst stellt auf der Grundlage dieser externen Verifizierungsprozesse die Zertifikate aus. Damit übernimmt HAP die Rolle eines unabhängigen Fürsprechers, der gegenüber allen an der Hilfsmaßnahme direkt oder indirekt beteiligten Parteien bestätigt, dass sich die zertifizierte NRO entsprechend ihren eingegangenen Verpflichtungen in Bezug auf ihre Verantwortung und Qualität in der Arbeit verhält.

15.2.3 People In Aid

Der Fokus von People In Aid liegt auf dem Management und der Auswahl der Mitarbeiter und humanitären Helfer von NRO. Das Mandat von People In Aid ist, die Qualität im Personalbereich in der humanitären Hilfe wie auch in der Entwick-

---

[19] IEC = International Electrotechnical Commission (Internationale Elektrotechnische Kommission).

[20] Der HAP Standard 2010 wurde in einem Überarbeitungsprozess entwickelt, an dem über 1.900 Personen aus 56 Ländern teilnahmen.

lungszusammenarbeit zu verbessern. Dafür stellt People In Aid verschiedene Materialien und Arbeitsmittel, u. a. den „People In Aid Code of Good Practice" (2003) zur Verfügung.[21]

People In Aid stellt ein globales Netzwerk von derzeit mehr als 206 NRO[22] dar, die im Bereich der Entwicklungszusammenarbeit und in der humanitären Hilfe arbeiten. Die Wurzeln von People In Aid gehen ebenfalls auf die Ruanda-Evaluation Mitte der 1990er-Jahre zurück und auch diese Organisation begann als Projekt: Vier britische NRO hatten 1994 mit Mitteln der britischen öffentlichen Entwicklungszusammenarbeit (Official Development Assistance, ODA) (heute Department for International Development, DFID) eine Studie zur Frage der Entwicklung von Mindeststandards im Personalbereich der humanitären Hilfe durchgeführt (Macnair 1995) und kamen 1995 in London als Arbeitsgruppe zusammen, um die Empfehlungen der Studie umzusetzen. Die Studie wurde unter dem Titel „Room for Improvement" veröffentlicht. Sie basierte auf qualitativen Forschungsmethoden, der Durchführung und Analyse von Interviews mit humanitären Helfern. Bei der Auswertung wurde deutlich, dass in allen Bereichen des Personalmanagements, angefangen vom Auswahlprozess über die Einarbeitungszeit, die Zeit vor Ort und schließlich bei der Rückkehr, Verbesserungen möglich seien. Das Personalmanagement der Entsendeorganisation wie auch die zuständigen Personalmanager waren wenig professionell im Umgang mit den Mitarbeitern. Etliche Mitarbeiter der NRO beklagten außerdem die fehlende Unterstützung bei ihren Auslandsaufenthalten. Die beiden wichtigsten Empfehlungen der Studie waren daher, einen Verhaltenskodex für das Personalmanagement – sowohl für Manager als auch für die humanitären Helfer – zu erarbeiten und einen Verein oder Interessenverband zu gründen, der helfen sollte, den Verhaltenskodex in der Praxis zu implementieren.

Die Ergebnisse wie auch die Empfehlungen wurden in der Branche diskutiert und fanden eine breite Zustimmung. Die Arbeitsgruppe zu People In Aid formulierte erste Richtlinien unter dem Titel „People In Aid Code of Best Practice in Management and Support of Aid Personnel" (Borton und Erikson 2004, S. 81). Der Verhaltenskodex selbst wurde in den Jahren 1995–1997 entwickelt und 2003 überarbeitet, seither heißt er „People In Aid – Code of Good Practice". Sein Leitprinzip lautet: „die Menschen stehen bei der Erfüllung des Auftrages im Mittelpunkt" (People In Aid 2003). Die Prinzipien, denen sich die Mitglieder von People In Aid verpflichten, beziehen sich auf den strategischen Bereich, wie auch auf Mitarbeiterrichtlinien, Beratung, Personalgewinnung, Ausbildung und Weiterbildung sowie Gesundheit und Sicherheit. Insgesamt sind es sieben Prinzipien für die Personalführung, die einzuhalten sind. Die Vollversion des Codes liegt in vier Sprachen vor (Englisch, Französisch, Spanisch und Deutsch). Darüber hinaus existiert eine Anwendungsrichtlinie zur Umsetzung.

People In Aid ermöglicht verschiedene Mitgliedschaften: die volle Mitgliedschaft, die assoziierte Mitgliedschaft, die Mitgliedschaft als Partner und als Netz-

---

[21] Ausführlicher zur Professionalität in der humanitären Hilfe siehe Kap. 13.
[22] Ausführlicher zur Anzahl der Mitglieder siehe www.peopleinaid.org/membership/directory. aspx. Zugegriffen: 10. Dez. 2012.

werk. Mitglieder haben die Möglichkeit, ihr Personalmanagement zertifizieren zu lassen. Dafür stellt People In Aid zwei international anerkannte Qualitätssiegel zur Verfügung. Das Qualitätssiegel 1 „committed" stellt eine veröffentlichte Selbstverpflichtung des Mitgliedes dar, die People In Aid Standards einzuhalten. Das Qualitätssiegel 2 „verified compliant" erhält ein Mitglied, wenn es die Einhaltung des People In Aid Codes extern überprüfen lässt.[23] Von den 206 NRO, die Mitglied bei People In Aid sind, tragen 13 das Qualitätssiegel 2 „verified compliant", haben sich also extern überprüfen lassen. Als einzige deutsche Organisation gehört Islamic Relief Deutschland zu dieser Gruppe. 15 NRO tragen das Qualitätssiegel 1 „committed" – hierunter befindet sich keine deutsche NRO. Unter den restlichen 178 Mitgliedern befinden sich sechs deutsche NRO.[24]

15.2.4 Active Learning Network for Accountability and Performance in Humanitarian Action (ALNAP)

ALNAP ist ein informeller, internationaler Verbund von staatlichen und nicht-staatlichen Akteuren der humanitären Hilfe, die sich für Evaluationen und Qualitätsstandards, den Austausch von „Good Practice"-Beispielen und für das Lernen voneinander engagieren.

Bei einem europäischen Gebertreffen 1996 wurde über die Ruanda-Evaluation gesprochen und die Idee geboren, ein Forum zu gründen, in dem sich bi- und multilaterale Zuwendungsgeber, VN-Organisationen, NRO und die internationale Rotkreuz- und Rothalbmondbewegung über die Bereiche Bildung, Rechenschaftspflicht und Leistungsfähigkeit im humanitären Sektor austauschen könnten. Die Idee wurde aufgegriffen und schon kurze Zeit später entstand das Netzwerk und die Nachfrage an den angesprochenen Themen war groß.

Das Netzwerk ALNAP besteht aus Vollmitgliedern und Mitgliedern mit Beobachterstatus, es wird von einem Lenkungsausschuss geführt und von einem Sekretariat gemanagt. Die Mitgliedschaft reflektiert die bestehenden Strukturen im humanitären Sektor, was sich auch in der Besetzung des Lenkungsausschusses widerspiegelt. Die Mitgliedschaft ist auf 100 Organisationen oder Institute beschränkt; den Beobachterstatus können mehr Organisationen erhalten. Derzeit hat ALNAP 70 Vollmitglieder, die aus fünf Bereichen kommen: Geberorganisationen, Internationale Rotkreuz- und Rothalbmondbewegung, VN-Organisationen, NRO sowie unabhängige wissenschaftliche Organisationen und Experten.

ALNAP hat verschiedene innovative Projekte ins Leben gerufen, in den Jahren 2005/2006 die „Tsunami Evaluation Coalition" beherbergt und Leitfäden für wichtige Themen erstellt. 2010 wurde der Bericht „Review of Humanitarian Action" als wichtige Pilotstudie für den humanitären Sektor veröffentlicht. Er präsentierte Forschungsergebnisse und Analysen im Detail, was den Akteuren ermöglichte, ihre

---

[23] Ausführlicher dazu siehe www.peopleinaid.org/membership/certification. Zugegriffen: 10. Okt. 2012.
[24] Siehe dazu auch www.peopleinaid.org/membership/directory.aspx.

humanitäre Arbeit einzuordnen und über Verbesserungen nachzudenken. Seit Juli 2012 gibt es den ersten vollständigen Bericht mit dem Titel „The State of the Humanitarian System". In diesem Bericht wird der Versuch unternommen, Fortschritte wie auch die zugrunde liegende humanitäre Leistung zu überprüfen. Es wird aufgezeigt, in welchen Bereichen Fortschritte festgestellt werden konnten und wo Mängel identifiziert wurden. Die aktuell vorherrschende Bereitschaft der Mitglieder von ALNAP und anderer Interessenten, die humanitäre Arbeit kritisch und offen zu betrachten, lässt die Möglichkeit zu, aus den Fehlern zu lernen und nach praktischen und kreativen Lösungen für die Mängel zu suchen.[25] ALNAP erreichte durch seine qualitativ hochwertigen Instrumente und Analysen für den humanitären Bereich bei Themen wie „Lernen" und „Rechenschaft" schnell eine hohe Reputation. Die Evaluation von humanitären Maßnahmen ist seither ein Spezialinteresse von ALNAP, weshalb ALNAP dazu Training, Module und Richtlinien erarbeitet hat und eine Datenbank pflegt, in der Evaluationsberichte archiviert werden. Es ist nicht zuletzt der Verdienst von ALNAP, dass Evaluationen im humanitären Sektor heute als Routinemaßnahme zur Überprüfung und zum Lernen angesehen werden und dass ihre Qualität deutlich besser geworden ist (Borton und Erikson 2004, S. 81).

15.3 Joint Standards Initiative (JSI) versus Certification Review des SCHR

Die verschiedenen Standard-Initiativen entwickelten sich in den vergangenen Jahren entsprechend der Schwerpunktsetzung, die ihre Mitglieder als relevant für die Verbesserung der Qualität in der humanitären Arbeit ansahen. Seit 2003 trafen sich die Standard-Initiativen regelmäßig und prüften, welche Ähnlichkeiten und Unterschiede zwischen ihnen bestünden.[26] Seit 2010 intensivierten sich die Gespräche zwischen HAP, People In Aid und The Sphere Project. Es wurde vereinbart, eine gemeinsame Initiative zu starten, die sich mit den künftigen Rahmenbedingungen für die Arbeit in humanitären Katastrophen auseinandersetzen und die Bedeutung der Standards dafür in der Zukunft diskutieren sollte. Im April 2012 trafen sich die Vorstände aller drei Initiativen zum ersten gemeinsamen Treffen der „Joint Standards Initiative" (JSI) in Genf. Im Ergebnis dieses Treffens einigten sich die Vorstände darauf, an der Entwicklung gemeinsamer, kohärenter Standards zu arbeiten, sie bestätigten eine Arbeitsgruppe für die JSI, beschlossen die Entwicklung einer gemeinsamen Webseite (www.jointstandards.org) und die Einstellung eines Koordinators, der den Prozess ein Jahr lang begleiten wird.[27] Ziel dieses Prozesses ist

---

[25] Siehe hierzu ausführlicher www.alnap.org/ourwork/current/sohs.aspx.

[26] Besonders erwähnenswert sind in diesem Zusammenhang die Veröffentlichungen „Quality and Accountability Initiatives: Questions and Answers" (2006) (siehe auch: http://www.hapinternational.org/pool/files/q-&-a.pdf. Zugegriffen: 10. Dez. 2012) und The Sphere Project, Taking the initiative: exploring quality and accountability in the humanitarian sector: an introduction to eight initiatives, Geneva, July 2009, S. 4.

[27] Sphere Board – unveröffentlichtes Protokoll: JSI Joint Meeting of the Boards, HAP International, People In Aid and the Sphere Project, 25 April 2012 Hosted by IFRC, Geneva.

es, in Konsultation mit vielen humanitären Akteuren das bestmögliche Ergebnis in Bezug auf die humanitäre Arbeit zu erhalten, ohne notwendigerweise ein neues Qualitätssiegel zu entwickeln.

Parallel dazu befasste sich das SCHR mit dem Design eines Zertifizierungssystems für humanitäre Organisationen. Die Idee dazu leitete sich einerseits von JEEAR, andererseits von der Tsunami-Evaluation im Jahr 2006 (TEC)[28] ab. Das SCHR begann dazu im Oktober 2012 ein Projekt mit einer Laufzeit von zwei Jahren mit folgenden Leitprinzipien, die die Erarbeitung eines Zertifizierungssystems begleiten[29]:

- das Zertifizierungssystem soll helfen, die Qualität der Programme zu verbessern,
- das Zertifizierungssystem muss flexibel sein, damit kleinere NRO nicht ausgeschlossen werden,
- das Zertifizierungssystem muss transparent und konsultativ mit den beteiligten Akteuren entwickelt werden.

Beide Initiativen haben sich zugesichert, komplementär zu arbeiten. Es bleibt abzuwarten, zu welchem Ergebnis die beiden Initiativen gelangen.

15.4 Zusammenfassung

Im humanitären Bereich gibt es ein gemeinsames Verständnis, dass Qualität und Rechenschaft in der humanitären Hilfe wichtige Konzepte sind, und es herrscht Einigkeit, dass sie in jeder humanitären Krise besonders zu berücksichtigen sind. Die einzelnen Standard-Initiativen weisen daher viele Ähnlichkeiten, aber auch einige Unterschiede auf.

Die Ähnlichkeiten resultieren aus der Anerkennung der Werte und Prinzipien des Code of Conduct und der Werte und Prinzipien der Humanitären Charta des Sphere Project. Auch, dass die Person und Ausbildung des humanitären Helfers in den Fokus rückt, ist einigen der Standards gemein. People In Aid war zwar die erste Organisation, die eine Verbindung zwischen der Wertschätzung und Anerkennung der Mitarbeiter und deren geleisteter humanitärer Hilfe herstellte, aber gutes Personalmanagement wird von allen Standard-Initiativen als wesentlich angesehen. HAP z. B. hat sich sogar selbst auf die Einhaltung des „People In Aid – Code of Good Practice" verpflichtet. Schließlich sehen alle Standard-Initiativen das gemeinsame Lernen voneinander als wichtigen Teil der humanitären Hilfe an. Alle Initiativen haben Lehr- und Trainingsmaterial in verschiedenen Formaten und Ausführungen für ihre Standards entwickelt und tragen damit dazu bei, dass die bestehenden Standards und Richtlinien nicht nur kognitiv verstanden, sondern auch eingehalten werden.

Der größte Unterschied zwischen den Initiativen besteht in der Einschätzung, wie Qualität in der humanitären Hilfe zu messen und zu bewerten ist. Vor allem für

---

[28] Joint Evaluation of the International Response to the Indian Ocean Tsunami: Synthesis Report, 2006, Tsunami Evaluation Coalition (TEC) (Cosgrave 2007).
[29] VOICE out loud, No. 16, October 2012, S. 9.

das Sphere Project und seine Begleitstandards, aber auch für den Quality Compass der Groupe URD und das ECB ist die Selbstverpflichtung der Hilfsorganisationen und ihrer Mitarbeiter auf Verhaltenskodices und die einzuhaltenden Standards ausreichend. Sie argumentieren, dass deren Einhaltung jederzeit mit einer internen oder externen Evaluation überprüft werden kann. Die Grundidee ist, das vorhandene Wissen breit zu streuen und auch für kleine Organisationen zugänglich zu machen, ohne dass diese erst einen teuren Zertifizierungsprozess durchlaufen müssen.

HAP geht einen Schritt weiter: Mitglied kann nur werden, wer seine Aktivitäten nach den Richtlinien der Akkreditierung ausrichtet und sich verpflichtet, die relevanten HAP-Qualitätsstandards einzuhalten sowie jährliche Rechenschaftsberichte über deren Einhaltung zu veröffentlichen. Freigestellt ist Mitgliedern die externe Überprüfung, für die sie zertifiziert werden können. HAP hat mit dem Schritt der Zertifizierung als einzige Organisation die Empfehlungen aus der Ruanda-Evaluation von 1996 (JEEAR) komplett umgesetzt. Darüber hinaus hat HAP neue Maßstäbe gesetzt, als es sich bei der Erarbeitung der HAP-Standards an den Kriterien der ISO orientierte. Auch People In Aid bietet verschiedene Möglichkeiten, die Einhaltung ihrer Standards zu gewährleisten. Wie bei HAP gibt es die Möglichkeit der Selbstverpflichtung mit Berichtspflicht wie auch die Möglichkeit der externen Prüfung mit der Vergabe eines Zertifikats.

Auch wenn sich die Initiativen und Projekte, die sich mit Standards und Qualität in der humanitären Hilfe befassen, weiterentwickelt haben, gibt es weiterhin zwei große Strömungen in der humanitären Hilfe, die unterschiedliche Ansätze haben: jene humanitären Akteure, die die Qualität und die Wirkung verbessern wollen, indem sie auf die Selbstverpflichtung, das Selbstmanagement und die Selbstregulierung der NRO vertrauen. Für sie ist der offene Zugang zu Wissen für alle humanitären Akteure der Schlüssel für qualitativ gute Arbeit. Demgegenüber stehen andere, für die erst die Möglichkeit, die angewandten Standards intern und extern überprüfen zu können, zu qualitativ hochwertiger Arbeit führt. Es bleibt abzuwarten, mit welchen Ergebnissen die Konsultationsprozesse der drei Standard-Initiativen sowie das vom SCHR geplante Zertifizierungsprojekt aufwarten.

Literatur

Borton J (1996) The joint evaluation of emergency assistance to Rwanda: study III principal findings and recommendations. ODI, HPN Network Paper, 16 June 1996

Borton J (2004) The joint evaluation of emergency assistance to Rwanda Humanitarian Practice Network at ODI, HPN, No 26, March 2004

Borton J, Eriksson J (2004) Assessment of the impact and influence of joint evaluation of emergency assistance to Rwanda Lessons from Rwanda—Lessons for Today. Danish Ministry of Foreign Affairs, December 2004. http://www.oecd.org/countries/rwanda/35084497.pdf.

Buchanan-Smith M (2003) How the sphere project came into being: a case study of policy-making in the humanitarian aid sector and the relative influence of research. ODI, UK: Working Paper 215, July 2003. http://www.odi.org.uk/resources/docs/176.pdf.

Code of Conduct of the International Red Cross and Red Crescent Movement and NGOs in Disaster Relief, HPN, Relief and Rehabilitation Network, Paper 7, September 1994 . http://www.ifrc.org/en/publications-and-reports/code-of-conduct/. Zugegriffen: 01. Okt. 2012

Cosgrave J (2006) Joint evaluation of the international response to the indian ocean tsunami. Synthesis Report, 2006. Tsunami Evaluation Coalition. http://www.alnap.org/ourwork/tec.aspx. Zugegriffen: 17. Dez. 2012

Davis A (2007) Concerning accountability of humanitarian action, HPN, No. 58, February 2007, Overseas Development Institute (ODI), London

Doane D (1998) An ombudsman for humanitarian assistance? HPN, Humanitarian Exchange Magazine, Issue 12 November 1998 (Deborah Doane from Ombudsman Project, British Red Cross)

Deutscher Bundestag, Drucksache 17/2725 (2012) S 25. http://dip21.bundestag.de/dip21/btd/17/027/1702725.pdf. Zugegriffen: 29 Aug. 2012, NGO VOICE: VOICE out loud (newsletter) issue 16, October 2012

Macnair R (1995) Room for Improvement: the management and support of relief and development workers, report on a study commissioned by British Red Cross Society, International Health Exchange, Registered Engineers for Disaster Relief, Save the Children Fund (UK). HPN Network Paper 10. Overseas Development Institute (ODI) UK

People In Aid (2003) Code of good practice in Management und Unterstützung von humanitärem Personal. London. Dt. Übersetzung.

The Sphere Project, Geneva (2011) The sphere project: humanitarian charter and minimum standards in humanitarian response, 3rd edn. Practical Action Publishing, Rugby U.K. (Deutsche Ausgabe: Sphere Handbuch: Humanitäre Charta und Mindeststandards in der humanitären Hilfe)

The Sphere Project (2009) Taking the initiative: exploring quality and accountability in the humanitarian sector: an introduction to eight initiatives Geneva July 2009

VENRO (2005) Humanitäre Hilfe auf dem Prüfstand – Prinzipien, Kriterien und Indikatoren zur Sicherstellung und Überprüfung der Qualität in der humanitären Hilfe. Arbeitspapier Nr. 14

Walker P, Purdin S (2004) Birthing sphere—disasters. Feinstein International Famine Center. Friedman School of Nutrition Science and Policy, Tufts University

Humanitäres Personal: Anforderungen an die Professionalität

16

Jürgen Lieser

Dieses Kapitel lenkt den Blick auf die Menschen, die vor Ort im Auftrag humanitärer Hilfsorganisationen arbeiten, die sog. humanitären Helferinnen und Helfer. Nach einer näheren Beschreibung, wer eigentlich zu dieser Berufsgruppe zählt und wie deren professionelles Selbstverständnis definiert werden kann, geht es um die Anforderungen an die Helfer und die Frage, was Professionalität im Berufsfeld humanitäre Hilfe bedeutet. Die vielfältigen Bemühungen und Initiativen zur Schaffung eines formellen Rahmens mit anerkannten Standards, einem zertifizierten Abschluss und einer internationalen berufsständischen Organisation werden beschrieben. Am Ende steht ein kritischer Diskurs zum engeren und weiteren Verständnis von Professionalität in der humanitären Hilfe. Neben den technisch-operativen Anforderungen im Sinne von handwerklichen Qualitätsstandards wird dafür plädiert, auch die ethische und die politische Dimension von Professionalität nicht zu vernachlässigen.

16.1 Humanitäre Helfer: Wer sie sind und woher sie kommen

Menschen, die in der humanitären Hilfe arbeiten, kommen aus unterschiedlichen Berufen und werden von unterschiedlichen Motiven geleitet. Manche haben die humanitäre Hilfe zu ihrem Lebensinhalt und Hauptberuf gemacht, andere nehmen nur gelegentlich und auf ehrenamtlicher Basis an Hilfseinsätzen teil. Als Sammelbegriff und weil es – jedenfalls bisher – keine treffendere deutsche Bezeichnung gibt, wird hier die Bezeichnung „humanitäre Helfer" benutzt. Dabei wird in Kauf genommen, dass Begriffe wie „Hilfe" und „Helfer" nicht unproblematisch sind, weil sie ungewollte Assoziationen begünstigen (z. B. eher das Gegenteil von „professionell" suggerieren) und gängige Klischees der humanitären Hilfe verstärken (z. B. das Klischee vom kompetenten weißen Helfer und vom hilflosen dunkel-

---

J. Lieser (✉)
Alemannenstr. 2a, 79299, Wittnau, Deutschland
E-Mail: juergen.lieser@web.de

häutigen Hilfeempfänger). Eine einschlägige Definition, wie sie etwa im Falle von „Entwicklungshelfern" zumindest juristisch existiert,[1] gibt es für diese Berufsgruppe nicht. Im internationalen Kontext werden sie als „aid workers", „humanitarian workers" oder „relief workers" bezeichnet. Unter der großen Zahl weltweit tätiger, aber nicht genau definierter „aid workers" gibt es eine kleinere, aber ebenfalls ungenau bestimmte Anzahl von „humanitarian aid workers", und innerhalb dieser Gruppe wiederum die Untergruppe der „professional humanitarian aid workers" (Walker und Russ 2010, S. 11).

Hier geht es um das professionelle Selbstverständnis aller Helfer und die professionellen Anforderungen, die an sie gestellt werden, gleich, ob sie haupt- oder nebenberuflich in der humanitären Hilfe arbeiten. Das sind entweder internationale, von der Zentrale ihrer jeweiligen Hilfsorganisation entsandte Fachkräfte oder sog. Ortskräfte, also Mitarbeiter, die im Gastland unter Vertrag genommen werden. Neben den „hauptberuflichen" Helfern gibt es die freiwilligen Helfer, die ehrenamtlich an einem humanitären Einsatz teilnehmen und dafür von ihrem Arbeitgeber freigestellt werden oder ihren Jahresurlaub nutzen.

Genaue Zahlen über die weltweit tätigen humanitären Helfer sind, wohl auch wegen der schwierigen definitorischen Abgrenzung, kaum zu finden. Während die ELRHA-Studie[2] von Walker und Russ (2010, S. ii) zur Professionalisierung im humanitären Sektor feststellt: „we simply do not know how many humanitarian workers there are in the world, let alone how many we might reasonably class as ‚professional'", schätzen die Autoren des Berichts über den Status des humanitären Systems die Zahl des weltweit in der humanitären Hilfe tätigen Personals auf rund 275.000 (ALNAP 2012, S. 26). Davon entfallen 141.400 auf internationale Nichtregierungsorganisationen (NRO). Die übrigen sind für Organisationen der Vereinten Nationen (VN) (engl. United Nations, UN) (85.681) bzw. für die Internationale Rotkreuz- und Rothalbmondbewegung (47.157) tätig. Diese Zahlen umfassen sowohl die internationalen Fachkräfte als auch die lokalen Mitarbeiter. Letztere stellen bei den Hilfsorganisationen immerhin 95 % des gesamten humanitären Personals.

In welchem Maße eine Hilfsorganisation mit Ortskräften oder mit „Expats" – so die gebräuchliche Abkürzung für die ausländischen Fachkräfte – arbeitet, hängt von den jeweiligen Rahmenbedingungen, vom Selbstverständnis, von den Grundsätzen und von der Arbeitsweise der jeweiligen Organisation ab. In der Regel wird man in verantwortlichen Leitungs- und Koordinationsfunktionen fest angestellte, internationale Fachkräfte antreffen, während Aufgaben des mittleren Managements und erst recht einfache Tätigkeiten wie Lagerverwaltung, Fahrdienst, Buchhaltung, Hauswirtschaft oder Wachdienst von Ortskräften wahrgenommen werden. Dafür kann

---

[1] Das deutsche Entwicklungshelfergesetz definiert in § 1, dass Entwicklungshelfer ist, wer ohne Erwerbsabsicht und für mindestens zwei Jahre in einem Entwicklungsland Dienst leistet. Als Oberbegriff, der auch Personen einschließt, die diese Kriterien (z. B. ohne Erwerbsabsicht) nicht erfüllen, und wegen der teilweise negativen Konnotation hat sich der Terminus „Fachkräfte in der Entwicklungszusammenarbeit" etabliert.

[2] ELRHA = Enhancing Learning & Research for Humanitarian Assistance; die Studie ist 2010 erschienen und trägt den Titel „Professionalising the Humanitarian Sector".

es gute Gründe geben. Es wäre sicherlich unsinnig, hoch bezahlte internationale Experten mit Aufgaben zu betrauen, die genauso gut (oder besser?) von lokalen Mitarbeitern geleistet werden können. Es sind aber nicht ausschließlich ökonomische Erwägungen, die diese verbreitete Einstellungspraxis und Personalpolitik der Hilfsorganisationen prägen. Oft liegen die Gründe in mangelndem Vertrauen der ausländischen Fachkräfte in die Zuverlässigkeit, Kompetenz und Ehrlichkeit von lokalem Personal. Im Extremfall spielen sogar rassistische Vorurteile eine Rolle. Manchmal trägt auch die Vergabepraxis bei öffentlichen Fördergeldern zu dieser Einstellungspraxis bei, weil sie Hilfsorganisationen begünstigt, die internationale Mitarbeiter vor Ort beschäftigen. Bei Anfragen deutscher Medien haben Organisationen, die keine deutschsprachigen Interviewpartner anbieten können, i. d. R. das Nachsehen. Ähnliches dürfte auch für Nachrichtensender anderer Länder zutreffen. Lokale Fachkräfte fühlen sich dadurch oftmals wie Mitarbeiter zweiter Klasse behandelt. Große Unterschiede bei der Bezahlung, der sozialen Absicherung und dem persönlichen Lebensstil zwischen Ortskräften und ausländischem Personal führen zusätzlich zu Spannungen und Kritik. Der lokale Hochschullehrer, der sich bei einer Hilfsorganisation als Fahrer oder Dolmetscher anstellen lässt, weil er dort weit mehr verdient als in seinem akademischen Beruf, ist keine Seltenheit.

16.2 Anforderungen an die Professionalität der Helfer

Humanitäre Helfer wurden gelegentlich als eine Art Übermenschen beschrieben, die nicht nur diverse Universitätsabschlüsse haben und mehrere Sprachen sprechen, sondern die möglichst auch praktische Fertigkeiten in Landwirtschaft, Wasserbau, Erziehung, Buchhaltung, Medizin, Psychologie und Automechanik mitbringen sollten. Zusätzlich sollten sie einen untadeligen Lebenswandel und eine hohe ethische Gesinnung an den Tag legen (George 1990). Slim hat in Anspielung auf diese satirische Zuspitzung den Helfer als ein Chamäleon beschrieben, der nicht nur übermenschliche Fähigkeiten besitzen muss, sondern sich darüber hinaus auch noch ständig an neue veränderte Rahmenbedingungen anpassen muss. So seien zusätzliche Qualifikationen erforderlich, wie etwa die Fähigkeit zur politischen Analyse und zum Konfliktmanagement, Dialog- und Verhandlungsgeschick, Umgang mit Medien, Beobachtung und Berichterstattung zu Menschenrechtsfragen, Umgang mit militärischen Akteuren, Personalsicherheit und Teambildung (Slim 1995).

Auch wenn man den Katalog notwendiger und erwünschter Qualifikationen auf ein realistisches Maß reduziert, ist festzuhalten: Die Erwartungen an die Professionalität der Helfer sind hoch (VENRO 2002). Sie sollen ihre Arbeit schnell und effizient erledigen, also wirksame Hilfe leisten, und das unter oftmals extrem schwierigen Rahmenbedingungen. Zu den fachspezifischen Kompetenzen, z. B. als Mediziner, Logistiker oder Projektmanager, kommen die besonderen Anforderungen, die sich aus der Katastrophensituation und dem Arbeiten in einem fremden Land unter klimatisch anstrengenden Bedingungen ergeben können. Das Leben und Arbeiten in einem fremden kulturellen Umfeld und Kontext erfordert ein hohes Maß an Anpassung, Einfühlungsvermögen und interkultureller Sensibilität. Von humanitären

Helfern wird erwartet, dass sie mit der Landessprache vertraut sind und dass sie die Lebensgewohnheiten, Normen und Werte der lokalen Gesellschaft kennen und respektieren. Sie sollen zudem die humanitären Prinzipien, Regelwerke wie den Code of Conduct und Qualitätsstandards wie das Sphere Project kennen und danach handeln. Die Helfer sind darüber hinaus den allgemeinen berufstypischen Anforderungen und Belastungen ausgesetzt, die mehr oder weniger für alle helfenden Berufe charakteristisch sind: anstrengende, oft ungeregelte Arbeitszeiten; hohe psychische Belastung durch die Konfrontation mit Krankheit, Leid und Tod; und die Erfahrung eigener Ohnmacht. Dazu kommen oft einfache, unzureichende Wohn- und Hygienebedingungen oder fehlende Möglichkeiten zur Erholung und Entspannung. Zusätzliche Stressfaktoren sind Frustration über unzureichende Hilfsmittel, geringe Planungssicherheit, mangelnde Kommunikation und Koordination, bürokratische Hindernisse und Korruption sowie fehlende Unterstützung durch die Zentrale ihrer Organisation. Es ist also nicht verwunderlich, dass Burnout- und Helfersyndrom nicht selten zu frühzeitiger Erschöpfung und Arbeitsunfähigkeit bei humanitären Helfern führen (Bronner 2003).

Einsätze finden häufig im Rahmen eines Gewaltkonfliktes statt, was für die Helfer mit einem hohen Sicherheitsrisiko verbunden ist. Die Gefährdung humanitärer Helfer durch Bedrohung, Entführung oder Plünderung hat in den vergangenen Jahren deutlich zugenommen.[3] Nach der „Aid Worker Security Database"[4] hat sich die Zahl der Helfer, die Opfer von gewaltsamen Angriffen wurden, in den letzten zehn Jahren mehr als verdreifacht. Die mit diesen Sicherheitsrisiken einhergehenden Belastungen können traumatisierende Ausmaße annehmen (Treptow 2011, S. 717). Trotz dieser Risiken, Anforderungen und Belastungen gibt es ein hohes Interesse am Beruf des humanitären Helfers, wobei die Beweggründe und Motivationen laut einer Studie des Wissenschaftszentrums Berlin von 2003 sehr unterschiedlicher Natur sein können (Bronner 2003).

Medienberichte und Bücher über die Arbeit humanitärer Helfer bewegen sich oft zwischen mythischer Überhöhung und vernichtender Kritik. Zwischentöne sind selten. Manche Autoren „enthüllen" mit missionarischem Eifer die finsteren Machenschaften der „Mitleidsindustrie". Das Muster ist simpel: Beispiele für zweifellos vorhandene strukturelle Missstände und individuelles Fehlverhalten werden aneinander gereiht und sollen belegen, dass die ganze Hilfsindustrie dekadent ist. Mit den Spenden würden Kriege finanziert, die Helfer führten ein Luxusleben, die NRO (non-governmental organizations, NGOs) seien „No Good Organizations" (Polman 2010).

Noch häufiger aber wird den humanitären Helfern ein Heldenstatus zugeschrieben. Die meisten Helfer wollen aber weder als Helden hochstilisiert noch als Bösewichte diffamiert werden. Die Arbeit humanitärer Helfer ist häufig gefährlich. Sie muss hohen professionellen Standards genügen und sie ist eine besondere Herausforderung an Motivation und Berufsethik.

---

[3] Vgl. auch: „Immer weniger Respekt für humanitäre Helfer", Interview mit Deza-Chef Martin Dahinden in swissinfo.ch vom 8. Mai 2012, http://www.swissinfo.ch/ger/politik_schweiz/Immer_weniger_Respekt_fuer_humanitaere_Helfer.html?cid=32617300. Zugegriffen: 20. Nov. 2012.

[4] Siehe www.aidworkersecurity.org/incidents/reports/summary. Zugegriffen: 20. Nov. 2012.

16.3 Professionalisierung durch Training, Vernetzung und Zertifizierung

Zur Entwicklung von Qualitätsstandards in der humanitären Hilfe gehört auch die Professionalisierung des Personals. Während Qualitätsstandards sich allgemein auf die institutionelle Ebene beziehen, also Normensetzung für Organisationen der humanitären Hilfe zum Inhalt haben (siehe Kap. 15), zielt Professionalisierung auf die individuellen Anforderungen an die humanitären Helfer vor Ort. Deren professionelle Kompetenzen, Fähigkeiten, Werte und Normen sind gemeint, wenn hier von Professionalität oder Professionalisierung gesprochen wird.

Mindestens seit Anfang der 1990er Jahre gibt es Bemühungen und Initiativen zur Professionalisierung der Helfer und zur Verbesserung des Personalmanagements humanitärer Organisationen. Als Beispiel sei der „People In Aid Code"[5] genannt, der mit dem Ziel entwickelt wurde, den NRO Prinzipien und Indikatoren für das Personalmanagement in der humanitären Hilfe an die Hand zu geben (People In Aid 2003). Die Notwendigkeit einer Professionalisierung der humanitären Arbeit ist heute unumstritten. Geldgeber und Spender erwarten dies von den Hilfsorganisationen. Auch die Hilfeempfänger dürfen erwarten, dass ihnen professionelle Helfer und nicht Dilettanten gegenüberstehen. Die Handlungen humanitärer Helfer betreffen oft viele Menschen und können über Leben und Tod entscheiden. Was in der Medizin unumstritten ist, dass nämlich nur gut ausgebildetes medizinisches Personal Schwerverletzte richtig versorgen und behandeln kann, sollte für die humanitäre Hilfe genauso selbstverständlich sein. Insbesondere bei großen, mit hoher Medienaufmerksamkeit verbundenen Katastrophen lässt sich beobachten, dass zahlreiche nicht professionelle Akteure bei der Verteilung von Hilfsgütern oder bei der Bereitstellung von Unterkünften, Wasser oder medizinischen Maßnahmen tätig werden, ohne über das geringste professionelle Wissen zu verfügen und ohne mit den lokalen Gegebenheiten vertraut zu sein. Sie rechtfertigen ihren Einsatz damit, dass die Not groß sei und Hilfe in jeder Form benötigt werde. Für die Fehler, die bei einem solchen naiven Verständnis und häufig übereiltem und unprofessionellem Agieren begangen werden, hat Richard Munz zahlreiche Beispiele aufgeführt (Munz 2007). Auch der jüngste ALNAP-Bericht über den Stand des humanitären Systems konstatiert einen „lack of skills/contextual knowledge" bei vielen Helfern und eine amateurhafte Vorbereitung des Personals in Bezug auf den politischen Kontext ihres Arbeitsfeldes (ALNAP 2012, S. 59).

Angesichts dieser Defizite ist es erstaunlich, dass es bisher weder einheitliche Kriterien für die Ausbildung humanitärer Helfer noch einen anerkannten Abschluss gibt. Die bereits erwähnte ELRHA-Studie zur Professionalisierung des humanitären Sektors kommt zu dem Ergebnis, dass sich die humanitäre Arbeit in den letzten drei Jahrzehnten zwar zu einer fest etablierten Vollzeitbeschäftigung entwickelt hat, dass aber die üblichen Elemente eines Berufsstandes fehlen: kein anerkanntes, systematisches Ausbildungscurriculum, keine berufsständische Organisation, keine anerkannte Definition von Kompetenzen und keine Kriterien, woran kompetente

---

[5] Siehe http://www.peopleinaid.org/code. Zugegriffen: 20. Nov. 2012.

und inkompetente Praktiker zu unterscheiden wären. Außerdem fehle ein anerkannter Abschluss im Sinne einer Lizensierung oder Zertifizierung sowie ein „Ethikkodex" für humanitäre Helfer (Walker und Russ 2010, S. 9).

Allerdings hat die Diskussion um die Professionalisierung im humanitären Sektor eine ganze Reihe von bemerkenswerten Initiativen und Netzwerken hervorgebracht, die sich auf unterschiedliche Weise um Verbesserungen bemühen, sei es durch Trainingsangebote, Entwicklung von Kodizes und Standards für das Personalmanagement humanitärer Organisationen oder in Bezug auf eine Zertifizierung. Zu diesen durchaus erfolgreichen Initiativen gehören etwa der Code of Conduct, der People In Aid Code, das Sphere Project, ALNAP, RedR und weitere Zusammenschlüsse. Unverkennbar ist, dass die anglophonen Länder und Organisationen hierbei eine führende Rolle spielen; Deutschland hinkt diesbezüglich deutlich hinterher.

Obwohl nahezu alle Hilfsorganisationen unter großer Personalfluktuation leiden und Mühe haben, ausreichend qualifiziertes Personal für Auslandseinsätze zu finden (Loquercio et al. 2006), ist es bisher nicht gelungen, entsprechende Strukturen und Verfahren zur Rekrutierung, Vorbereitung und Ausbildung humanitärer Helfer zu schaffen. Der Verband Entwicklungspolitik Deutscher Nichtregierungsorganisationen (VENRO) hat 2002 Kriterien für die Personalplanung in der humanitären Hilfe erarbeitet (VENRO 2002) und Elemente benannt, die unbedingt zum Vorbereitungs-Curriculum für humanitäre Helfer gehören sollten: „Grundsätze der humanitären Hilfe, Humanitäres Völkerrecht, Projektmanagement, Interkulturelle Kommunikation, Stress- und Konfliktbewältigung, Sicherheitstraining, Logistik, gesundheitliche (Tropenkrankheiten) und psychische Risiken" (VENRO 2002, S. 4). Der Koordinierungsausschuss Humanitäre Hilfe, ein Gesprächs- und Abstimmungsforum zwischen der Deutschen Bundesregierung, humanitären NRO sowie weiteren Institutionen mit Bezug zur humanitären Hilfe, hat sich diese Kriterien zu Eigen gemacht.[6]

Das Angebot an Trainings im humanitären Sektor ist durchaus umfangreich und vielfältig. Besonders zu nennen ist der NOHA[7]-Studiengang am Institut für Friedenssicherungsrecht und Humanitäres Völkerrecht (IFHV) der Ruhr-Universität Bochum, ein interdisziplinäres und internationales Aufbaustudium mit dem Ziel, praxisorientiert auf humanitäre Tätigkeiten vorzubereiten. Auf der Website des Amtes für die Koordinierung humanitärer Angelegenheiten der Vereinten Nationen (United Nations Office for the Coordination of Humanitarian Affairs, OCHA) „reliefweb.int" sind mehrere Hundert Trainingsangebote aufgelistet.[8] In der ELRHA-Studie sind 126 aktuell angebotene „Humanitarian Trainings" und 82 „Master's Degree Programmes" aufgeführt (Walker und Russ 2010, S. 77 ff.). Es mangelt also nicht an Angeboten. Was jedoch fehlt, sind einheitliche und anerkannte Qualitätsstandards für Ausbildung und Abschlüsse in den verschiedenen humanitären Tätigkeitsfeldern.

---

[6] Vgl. http://www.auswaertiges-amt.de/DE/Aussenpolitik/HumanitaereHilfe/KoA_node.html. Zugegriffen: 20. Nov. 2012.

[7] NOHA = Network on Humanitarian Assistance. Für weitere Informationen siehe http://www.ruhr-uni-bochum.de/ifhv/3-noha/3-noha-master.html. Zugegriffen: 11. Jan. 2013.

[8] http://reliefweb.int/trainings. Zugegriffen: 7. Aug. 2012.

16.4 Helfen allein genügt nicht: Die ethische und politische Dimension professioneller Hilfe

Professionalität bedeutet allerdings weit mehr als die Beherrschung technischer Fertigkeiten und den adäquaten Einsatz von fachlichem Know-how. Eine allein auf formalen Qualitätsstandards beruhende fachliche Kompetenz reicht nicht aus. Hilfsorganisationen sehen sich mit immer höheren Anforderungen an ihre operativen und administrativen Kompetenzen zur Planung und Durchführung humanitärer Hilfsprogramme konfrontiert. Institutionelle Geber setzen immer neue Normen und Standards für das Projektmanagement und für die Koordination im internationalen Verbund. Dadurch wächst die Gefahr, dass Professionalität allein an diesen operativen Kompetenzen und Qualitätsstandards gemessen wird, mit der Folge, dass zukünftig Akteure das Feld der humanitären Hilfe dominieren, die zwar hohe Standards hinsichtlich der handwerklich-technischen Durchführungskapazitäten garantieren können, denen aber die ethischen und politischen Implikationen von Professionalität in der humanitären Hilfe gewissermaßen artfremd sind, weil sie außerhalb ihres institutionellen Selbstverständnisses liegen. Eberwein (2008, S. 2) hat diesen Sachverhalt als „Kompetenz-Falle" bezeichnet.

Der Grundgedanke der humanitären Hilfe ist, Menschenleben zu retten, das unmittelbare Überleben zu sichern und die humanitären Folgen von Krisen und Katastrophen zu lindern. Das klingt zunächst einfach und beinhaltet in seiner elementaren Aussage eine Grundregel menschlichen Zusammenlebens, die vermutlich in allen Kulturen und Religionen in unterschiedlicher Form gilt: die ethische Verpflichtung, Menschen in existenzieller Not Hilfe zu leisten, und zwar unmittelbar und ohne danach zu fragen, wie die Notlage entstanden ist und ob das Opfer diese selbst verschuldet hat. Wer aus ethischer, religiöser oder humanitärer Motivation Erste Hilfe leistet, stößt schnell an die Grenzen seiner Kenntnisse und Fähigkeiten. Es ist nämlich keineswegs einfach, angesichts einer akuten Notlage das Richtige zu tun und das Falsche zu lassen. Gut gemeinte, aber unprofessionelle Hilfe kann nämlich sehr schnell mehr Schaden anrichten als sie nützt. Allein die Entscheidung, wem unter mehreren Opfern einer Katastrophe am dringendsten Hilfe gewährt werden muss und welcher Art diese Hilfe sein soll, kann unausgebildete Hilfskräfte überfordern. Notfallärzte kennen dieses Dilemma unter dem Fachbegriff der „Triage". Für das Verständnis von Professionalität in der humanitären Hilfe und für die damit verbundenen Fallstricke ist es hilfreich, zwischen einer operativen, einer ethischen und einer politischen Dimension professionellen Handelns zu unterscheiden. Mit anderen Worten: Professionalität hat eine handwerkliche, eine moralisch-empathische und eine strategisch-politische Ausprägung.

Die *operative Dimension* von Professionalität in der humanitären Hilfe bezieht sich auf das Reaktionspotenzial humanitärer Organisationen, also auf Strukturen, Verfahren, Personal- und Sachausstattung sowie technische Standards, die notwendig sind, um schnelle, bedarfsgerechte und wirksame Hilfe in humanitären Notlagen leisten zu können. Operative Kompetenz und Professionalität setzt qualifiziertes Personal voraus. Professionelles Personalmanagement ist für humanitäre Hilfsorganisationen eine notwendige und gleichzeitig schwierige Aufgabe. Seit der

Gründung von People In Aid ist das Bewusstsein bei den Organisationen gewachsen, dass durch gutes Personalmanagement die Qualität der Arbeit deutlich verbessert werden kann. Auch hat sich das Profil des humanitären Helfers verändert: Während früher die persönliche Motivation und die Identifikation mit der eigenen Organisation im Vordergrund standen, spielen heute verstärkt die fachlichen Qualifikationen und auch Karriereaspekte beim Personalmanagement eine Rolle. Für die Helfer bedeutet das, dass sie für das „Helferhandwerk" neben guten Fachkenntnissen auch die zusätzlichen Qualifikationen und Fertigkeiten, also die „soft skills" mitbringen sollten, die für professionelles Arbeiten in der humanitären Hilfe unerlässlich sind (Bronner 1999, S. 13).

Die *ethische Dimension* des Helfens bezieht sich auf die humanitären Prinzipien und Grundsätze, insb. die der Menschlichkeit, Unparteilichkeit, Neutralität und Unabhängigkeit (vgl. Kap. 4 und 19). Helfer müssen diese ethischen Anforderungen kennen und danach handeln. Eine Ethik der humanitären Hilfe beinhaltet aber mehr als die individuelle oder kollektive Verpflichtung zur Hilfeleistung und die Einhaltung dieser grundlegenden Prinzipien. Sie richtet ihr Augenmerk auch auf das Verhältnis des Helfenden zu den Betroffenen einer Katastrophe. Welches „Opferverständnis" des Helfers wird aus seinen Handlungsmustern erkennbar? Hierbei geht es um eine der schwierigsten Aufgaben für die Helfer. Gemeint ist das, was bei den Verhaltensgrundsätzen des Code of Conduct zur Menschenwürde gesagt ist (wenn auch an letzter Stelle): „Wir betrachten die Opfer von Katastrophen als Menschen mit Würde, nicht als Objekte ohne Hoffnung."[9] Erfahrende Katastrophenhelfer wissen, dass die ersten Hilfsmaßnahmen i. d. R. von den Betroffenen selbst und von lokalen Kräften eingeleitet werden und dass es oft Tage dauert, bis internationale Helfer eintreffen. Zur ethischen Professionalität gehört also auch, sich die eigenen Grenzen und Möglichkeiten einzugestehen und keine falschen Opferbilder oder überhöhten Heldenmythen zu pflegen.

Eine humanitäre Berufsethik sollte es auch verbieten, dass Hilfsorganisationen und ihre Mitarbeiter aufgrund von Mediendruck oder im Konkurrenzwettlauf mit anderen Spenden sammelnden Organisationen, sich an einem Profilierungswettbewerb um schnelle Erfolge, Vorzeigeprojekte und Medienaufmerksamkeit beteiligen. Die Wahrhaftigkeit gegenüber Spendern und Hilfeempfängern, der sorgsame Umgang mit anvertrauten Geldern (wozu auch die Bekämpfung von Korruption gehört), Transparenz und Rechenschaftslegung, all dies sind wichtige Aspekte ethischer Professionalität. Es sind hohe Anforderungen, die an die Organisationskultur der Hilfsorganisationen, aber auch an die einzelnen Helfer gestellt werden.

Die dritte Dimension von Professionalität ist die *politische*. Die Grundsätze der Neutralität und Unparteilichkeit, denen sich die humanitäre Hilfe verpflichtet hat, werden zuweilen dahingehend interpretiert, dass die humanitäre Hilfe grundsätzlich unpolitisch zu sein habe. Dies trifft aber nur eingeschränkt zu, wie Eberwein und Runge (2002, S. 26 f.) feststellen: „Reduziert man die humanitäre Hilfe lediglich

---

[9] Code of Conduct of the Red Cross and Red Crescent Movement and NGOs in Disaster Relief. http://www.ifrc.org/Docs/idrl/I259EN.pdf. Zugegriffen: 11. Jan. 2013.

auf die operative Tätigkeit, ließe sich das Postulat unpolitisch eindimensional anwenden. Doch gerade das ist nicht möglich. Die Charakterisierung unpolitisch trifft auf die Ausübung der Tätigkeit zu, während die Tätigkeit selbst als Ausdruck des politischen Willens der Staaten – aber auch, nota bene, der Gesellschaft – als hochpolitisch gelten muss."

Professionelle humanitäre Hilfe zeichnet sich also auch dadurch aus, dass sie in der Lage ist, die politische Dimension des eigenen Tuns zu erkennen und Tendenzen der politischen Vereinnahmung und Instrumentalisierung auf den verschiedenen Ebenen entgegenzuwirken. Humanitäre Hilfe soll zwar unabhängig von politischen Interessen geleistet werden, aber sie findet nicht in einem politischen Vakuum statt. Insbesondere seit den Terroranschlägen vom 11. September 2001 ist die humanitäre Hilfe zunehmend in den Sog sicherheitspolitischer Erwägungen geraten. Seitdem wird mit unterschiedlichen Begrifflichkeiten versucht, humanitäre NRO zum Instrument der Terror- und Aufstandsbekämpfung zu machen, entweder indem man sie als „force multiplier" betrachtet[10] oder durch die Einbindung der Hilfe in ein „Konzept der Vernetzten Sicherheit" oder in „Integrated Missions" der VN. David Rieff hat diesen Sachverhalt beschrieben mit „How NGOs became pawns in the war of Terrorism" (Rieff 2010). Man muss nicht diese radikale These von den NRO als Schachfiguren des Krieges gegen den Terrorismus teilen, aber professionelle Helfer sollten sich dieser politischen Implikationen ihres Berufes bewusst sein. Die politischen Fallstricke sind nämlich vielfältiger Natur: Sie reichen von der Zuteilung der Mittel für humanitäre Hilfe durch die staatlichen Geber bis hin zur Frage, ob durch die Gewährung von Nothilfe lokale Regierungen möglicherweise von ihrer Pflicht entbunden werden, der eigenen Not leidenden Bevölkerung zu helfen, und stattdessen Prestigeprojekte oder Rüstungsausgaben finanzieren. Missbrauch und Instrumentalisierung von humanitärer Hilfe können vom einzelnen Mitarbeiter kaum verhindert werden, aber es ist gut, die Gefährdungen zu kennen.

16.5 Schlussfolgerungen

Welche Schlussfolgerungen sind aus diesen Überlegungen zu ziehen? Professionelle humanitäre Hilfe muss handwerklich solide, politisch unabhängig und ethisch motiviert sein. Sie muss immer die drei Dimensionen der Professionalität umfassen, sonst greift sie zu kurz. Humanitäre Hilfe ist kein Ersatz für gescheiterte Politik und kein Instrument der Krisenbewältigung. Sie ist auch kein Tummelplatz für wohlmeinende Laien, sondern ein schwieriges und verantwortungsvolles Tätigkeitsfeld für professionelle und erfahrene Organisationen und ihre Helfer. Die Anforderungen an die Professionalität der Helfer werden angesichts der zunehmenden Zahl, Frequenz und Komplexität humanitärer Krisen und Katastrophen eher noch zunehmen.

---

[10] So Colin Powell, US-Außenminister unter George W. Bush, in einer Rede vor NRO-Vertretern kurz nach der Invasion in Afghanistan Ende 2001.

Literatur

ALNAP – Active Learning Network for Accountability and Performance (2012) The state of the humanitarian system. London

Bronner U (1999) Helfer in humanitären Projekten: Strategien und Probleme der Personalplanung, Discussion Paper 99–305, Wissenschaftszentrum Berlin für Sozialforschung, Berlin

Bronner U (2003) Humanitäre Helfer in Krisengebieten. Motivation, Einsatzerleben, Konsequenzen – Eine psychologische Analyse. Berliner Schriften zur Humanitären Hilfe und Konfliktprävention, Bd. 3. Lit Verlag, Münster

Eberwein WD (2008) Humanitarian aspects: a permanent need for coordination; contribution prepared for the International Forum for the Challenges of Peace Operations. Paris 20–22 October 2008

Eberwein WD, Runge P (2002) Humanitäre Hilfe statt Politik? Neue Herausforderungen für ein altes Politikfeld. Lit Verlag, Münster

George S (1990) Ill fares the land: essays on food, hunger and power. Penguin, London

Loquercio D, Hammersley M, Emmens B (2006) Understanding and addressing staff turnover in humanitarian agencies. Overseas Development Institute, London

Munz R (2007) Im Zentrum der Katastrophe. Was es wirklich bedeutet, vor Ort zu helfen. Campus, Frankfurt a. M.

People In Aid (2003) Code of Good Practice Management und Unterstützung von humanitärem Personal. London. http://www.peopleinaid.org/pool/files/code/code-de.pdf. Zugegriffen: 9. Feb. 2013

Polman L (2010) Die Mitleidsindustrie. Hinter den Kulissen internationaler Hilfsorganisationen. Campus, Frankfurt a. M.

Rieff D (2010) How NGOs became pawns in the war of terrorism. The New Republic. 3. August 2010. www.tnr.com/print/blog/foreign-policy/76752/war-terrorism-ngo-perversion. Zugegriffen: 11. Jan. 2013

Slim H (1995) The continuing metamorphosis of the humanitarian practitioner: some new colours for an endangered chameleon. Disasters 19: 110–126/. Article first published online: 18 Dec 2007, doi: 10.1111/j.1467-7717.1995.tb00362.x

Treptow R (2011) Katastrophenhilfe und humanitäre Hilfe. In: Otto HU, Thiersch H (Hrsg) Handbuch Sozialpädagogik/Sozialarbeit. Reinhardt-Verlag, München

VENRO (2002) Kriterien für die Personalplanung in der humanitären Hilfe, Bonn

Walker P, Russ C (2010) Professionalising the humanitarian sector. A scoping study. Report commissioned by ELRHA, London

Rechenschaft und Transparenz 17

Ralf Otto

17.1 Einleitung

Humanitäre Akteure leisten Hilfe für Menschen, die von lebensbedrohlichen Krisen betroffen sind. Diese Menschen und ihr Bedarf an Hilfe stehen im Mittelpunkt der humanitären Hilfe. Hilfsorganisationen und Geber verpflichten sich in ihren Mandaten und aus ihrem Selbstverständnis heraus gegenüber diesen Menschen. Sie sind ihnen Rechenschaft schuldig.

Hilfsorganisationen sind neben den Empfängern der humanitären Hilfe auch gegenüber ihren privaten und staatlichen Gebern, die ihnen das Geld für ihre Aktivitäten zur Verfügung stellen, zur Rechenschaft verpflichtet. Die Geldgeber erteilen den Organisationen den „Auftrag", mit diesen Mitteln humanitäre Hilfe zu leisten. Im Gegenzug können sie Rechenschaft über die Verwendung der Mittel verlangen. Staatliche Geber sind wiederum gegenüber dem Steuerzahler verantwortlich. Diese Verantwortlichkeiten begründen die Pflicht, Rechenschaft abzulegen und die zur Verfügung gestellten Mittel in transparenter Weise einzusetzen.

Das Kapitel zeigt die spezifischen Herausforderungen für Transparenz und Rechenschaftslegung im Kontext der humanitären Hilfe auf. Es analysiert, was funktioniert und was noch verbessert werden sollte.

17.2 Begriff, Geschichte und Entwicklung

17.2.1 Definition von Rechenschaftspflicht

Bereits bei der Definition von Rechenschaftspflicht wird deutlich, dass es um Pflichten sowie um Verantwortung und das „Geradestehen für das Geleistete" geht.

R. Otto (✉)
Momologue, Avenue Lambeau 29, 1200 Woluwe St. Lambert, Belgien
E-Mail: ralf.otto@momologue.be

Im Englischen steht für Rechenschaftspflicht der Begriff „accountability"[1], und dies lässt sich auch mit „Verantwortung", „Verantwortlichkeit" sowie mit „Zurechnungsfähigkeit", „Haftung" oder „Strafmündigkeit" übersetzen.

Für die Entwicklungszusammenarbeit bringt die Definition des Ausschusses für Entwicklungshilfe (Development Assistance Committee, DAC) der Organisation für wirtschaftliche Zusammenarbeit und Entwicklung (Organisation for Economic Co-operation and Development, OECD) mit dem Bezug zu Regeln und Standards einen Aspekt ins Spiel, der auch für die humanitäre Hilfe sehr wichtig ist: „Obligation to demonstrate that work has been conducted in compliance with agreed rules and standards or to report fairly and accurately on performance results vis a vis mandated roles and/or plans." (OECD 2002, S. 15). Die Akteure sind also verpflichtet, zu zeigen, dass sie vereinbarte Regeln und Standards einhalten und über die Erreichung der geplanten Ergebnisse berichten. Welche Regeln, Standards und Ergebnisse hier für die humanitäre Hilfe infrage kommen, wird noch im folgenden Unterkapitel behandelt werden, doch eines bereits vorweg.

Seit dem Jahr 2007 gibt es eine Initiative, die spezifisch für die humanitäre Hilfe Standards für die Rechenschaftslegung entwickelt hat. Es handelt sich um die Standards der Humanitarian Accountability Partnership Initiative (HAP 2010).[2] Grundlage dieser Standards ist eine Definition von Rechenschaftspflicht, die sich auf den verantwortlichen Umgang mit der „Macht" bezieht, die humanitären Akteuren durch ihr Mandat oder durch die ihnen zur Verfügung gestellten Mittel verliehen wird: „For the purpose of the HAP Standard, accountability is the means through which power is used responsibly." (Box 17.1)[3]

> **Box 17.1 Humanitarian Accountability Partnership-HAP**
> ist eine Mitgliedsorganisation mit derzeit 68 Vollmitgliedern und 18 assoziierten Mitgliedern[4]. Die Mitglieder sind überwiegend NROs. Mit der Welthungerhilfe und Transparency International gibt es zwei deutsche Mitglieder. Mitglieder von HAP verpflichten sich, die HAP-Standards umzusetzen und regelmäßig darüber zu berichten.[5] Die Standards führen aus, wie eine Verpflichtung zur Rechenschaftslegung umgesetzt werden kann und welche Prozesse hierfür notwendig sind. HAP-Standard Nr. 3 beschäftigt sich mit Fragen der Transparenz und sieht vor, dass die Hilfsorganisationen sicherstellen, dass Hilfsbedürftige rechtzeitig wichtige und klare Informationen über die Aktivitäten der Organisation erhalten.

---

[1] Im Französischen: „responsabilité de rendre compte" (redevabilité). Im Spanischen: „rendición de cuentas".

[2] Zu HAP siehe Box 17.1 und ausführlicher in Kap. 15.

[3] www.hapinternational.org. Zugegriffen: Sept. 2012.

[4] Stand: September 2012.

[5] Mit der Welthungerhilfe und Transparency International gibt es zwei deutsche Mitglieder bei HAP.

17.2.2 Geschichte der Rechenschaftspflicht in der humanitären Hilfe

Während in der internationalen humanitären Hilfe zunächst die Rechenschaftspflicht überwiegend mit finanzieller Rechnungslegung gleichgesetzt wurde, brachten die 1990er-Jahre international signifikante Veränderungen. Die generell zunehmende Bedeutung von Nichtregierungsorganisationen (NRO) ging nicht nur im humanitären Sektor mit einer größeren Beachtung der internen Führungsstrukturen und mit einer Formalisierung von Mandaten und Prinzipien einher (Jordan und van Tuijl 2006, S. 9). Eine besondere Dynamik erhielt diese Entwicklung in der humanitären Hilfe durch die erste umfassende und systematische Untersuchung einer großen humanitären Intervention (siehe Kap. 15 zur Ruanda-Gemeinschaftsevaluierung). Diese erste große systematische Betrachtung einer humanitären Krise zeigte große Schwächen im System der humanitären Hilfe auf. Lösungsvorschläge bezogen sich auf die Bereiche Rechenschaftspflicht, Beteiligung der von Krisen Betroffenen und die Schaffung von Beschwerdemöglichkeiten (Johnson 1996, S. 24).

Während der sog. „accountability revolution" in den 1990er-Jahren wurden eine Reihe von Initiativen gegründet, die Ziele, Prinzipien, Standards und Verfahren für die humanitäre Hilfe festlegen (Mitchell 2003, S. 2).[6] Neben der Schaffung des Sphere Project mit seinen Minimumstandards, der Humanitarian Charter und der Gründung des Active Learning Network for Accountability and Performance in Humanitarian Action (ALNAP) war eine der Konsequenzen auch die Gründung von HAP.

Weitere wichtige Initiativen für die Rechenschaftspflicht folgten. Im Jahr 2003 verpflichteten sich Regierungen im Rahmen der Good Humanitarian Donorship Initiative (GHD) erstmals auf Ziele und Prinzipien der „guten Praxis". Am Ende der Liste der 23 Prinzipien geht es um Lernen und Rechenschaftspflicht sowie um Transparenz.[7] Die GHD-Prinzipien sind allerdings ebenso wie die zuvor genannten Initiativen und auch der im Jahre 2007 verabschiedete Europäische Konsens über die humanitäre Hilfe nicht bindend. Die Einhaltung der Prinzipien und Standards unterliegt keiner Kontrolle und bei Nichteinhaltung drohen keine Konsequenzen.

17.2.3 Aktuelle Entwicklungen

In den vergangenen Jahren gab es immer wieder Appelle, die Empfänger der Hilfe besser in die Hilfsmaßnahmen einzubinden, sie besser über die Hilfe zu informieren und ihnen gegenüber Rechenschaft abzulegen. Einige Hilfsorganisationen führen vermehrt Konsultationen mit Hilfeempfängern durch. Ein weiterer Schwerpunkt liegt auf der Einführung von systematischen Beschwerdeverfahren. Gut die Hälfte der Mitglieder von HAP gibt an, dass sie Beschwerdeverfahren für alle oder fast alle ihrer Aktivitäten haben (HAP 2011, S. 54).

---

[6] Eine ausführliche Beschreibung dieser Initiativen findet sich in Kap. 15.
[7] Prinzipien 21–23 (www.goodhumanitariandonorship.org).

Der technologische Fortschritt und insbesondere die neuen Möglichkeiten der Informationstechnologie sorgen für Veränderungen im Bereich der Informierung von Betroffenen und deren Möglichkeiten, bei Problemen Abhilfe einzufordern. Das Mobiltelefon steht bei ersten Versuchen zur Nutzung moderner Kommunikationsmittel im Vordergrund.[8] Weitere elektronische Kommunikationsmittel wie Websites, Facebook, E-Mail-Newsletter, Twitter, YouTube, Blogs etc. könnten ebenfalls zu einer erhöhten Transparenz beitragen, sind jedoch i. d. R. für die Betroffenen nicht verfügbar. Anders ist dies bei der Information gegenüber den Spendern, die Zugang zu Onlineressourcen haben. In den meisten Fällen werden diese Methoden bisher für PR-Zwecke eingesetzt und weniger zur Rechenschaftslegung oder als Mittel der Beteiligung.

Vor allem NRO bemühen sich, Rahmen und Verfahren der Rechenschaftslegung systematisch zu erstellen. Ein Beispiel ist CARE International. Die Organisation hat 2010 bestehende Maßnahmen in einem Pilotkonzept zusammengefasst, das auf klaren Zielen und Maßstäben sowie Verfahren zu deren Einhaltung basiert (siehe Abb. 17.1[9]).

Um mit speziellen Anforderungen an die Rechenschaftspflicht in der humanitären Hilfe umzugehen, entwarf eine Reihe von großen internationalen NRO Leitlinien für die Praxis: Good Enough Guide on Impact Measurement and Accountability in Emergencies (www.ecbproject.org). Diese Leitlinien stellen die Empfänger der Hilfe in den Vordergrund und fördern partizipative Ansätze, was zu begrüßen ist.

2011 verabschiedete das Inter-Agency Standing Committee (IASC) die Commitments on Accountability to Affected Populations.[10] Es soll ein operationeller Rahmen und Instrumente zur Rechenschaftslegung gegenüber der betroffenen Bevölkerung entworfen und in drei Ländern getestet werden (www.oneresponse.info).[11]

17.3 Besondere Herausforderungen an die Rechenschaftslegung und Transparenz in der humanitären Hilfe

17.3.1 Kontextspezifische Herausforderungen

Es gibt Herausforderungen, die es zweifelsohne schwierig machen, die Empfänger der Hilfe vor Ort einzubinden, sie zu informieren und ihnen gegenüber Rechenschaft abzulegen. Humanitäre Hilfe findet oftmals an Projektstandorten statt, die aufgrund mangelnder Sicherheit oder ihrer abgelegenen Lage für das Personal

---

[8] Siehe z. B. die Schaffung eines SMS-basierten Beschwerdeverfahrens im Rahmen der humanitären Hilfe anlässlich der Flutkatastrophe in Pakistan (www.frontlinesms.com).

[9] http://www.care-international.org/Accountability. Zugegriffen: 18 Feb. 2013.

[10] Teil der sog. „Transformative Agenda" der Vereinten Nationen (VN) (engl. United Nations, UN) (www.humanitarianinfo.org/iasc/).

[11] Nicht eingegangen wird hier auf weitere Initiativen, wie z. B. die INGO Accountability Charter (INGO = international non-governmental organization/internationale Nichtregierungsorganisation) aus dem Jahr 2006, da diese Initiativen nicht spezifisch für die humanitäre Hilfe sind.

CARE's Humanitarian Accountability

Humanitarian Benchmarks

Eight benchmarks define CARE's key quality and accountability commitments for an emergency response

1. Leadership on accountability
2. Impartial assessment
3. Design and monitoring
4. Participation
5. Feedback and complaints
6. Information sharing
7. Evaluation and learning
8. Capacity of CARE staff and human resources management

Response Targets

Five sets of response targets and indicators help us have an effective emergency response and monitor performance at a global level

1. How quickly we respond
2. The quality and accountability of our response
3. Our competency in our core areas (water and sanitation, food security, shelter, logistics)
4. Fundraising by CARE members for our response
5. Financing of our global emergency capacities.

Compliance System

CARE confirms that we are meeting the benchmarks and response targets through regular internal and external monitoring and reviews

1. Our approach to reviewing compliance is based on learning, supportive relationships, local voices and is context appropriate
2. Roles and responsibility for HAF compliance are clearly allocated
3. We use the following processes for compliance monitoring:
   - Regular monitoring
   - After Action Reviews
   - Independent evaluations
   - HAF and participatory accountability reviews
   - Interagency peer review

Abb. 17.1 Drei Pfeiler der Rechenschaftslegung bei CARE International. (Quelle: CARE International)

von Hilfsorganisationen schlecht oder gar nicht zugänglich sind. Oftmals handelt es sich um sensitive Konfliktkontexte, in denen der öffentliche Kontakt zu einer (westlichen) Hilfsorganisation die Hilfeempfänger in Gefahr bringen kann. In Somalia und in Pakistan z. B. sind Hilfsorganisationen gezwungen, Projekte im sog. „Remote Management" durchzuführen.[12] Wie kann man informieren und Rechenschaft ablegen, wenn man die eigentliche Zielgruppe gar nicht, nur sehr schwer oder selten treffen kann? Es bleibt die Möglichkeit über das lokale Personal, über lokale Partnerorganisationen und über die Vertreter innerhalb der Zielgruppe für Transparenz und Rechenschaftslegung zu sorgen. Dies erfordert eine erhöhte Aufmerksamkeit für das Thema, dem Kontext angepasste Verfahren und oft auch den Aufbau von entsprechenden Kapazitäten. Das Personal vor Ort ist oft nicht ausreichend informiert über Standards und gute Praxis in der Rechenschaftslegung. Dies

---

[12] Im Jahr 2012 ist erstmalig systematisch untersucht worden, welche Auswirkungen die Steuerung eines Projektes aus der Distanz für die Rechenschaftslegung und die Beteiligung der Bevölkerung hat (Bryony 2012).

liegt vielfach an den individuellen Kapazitäten des Personals, die wiederum mit der nur langsam fortschreitenden Professionalisierung im Sektor zusammenhängen. Im Bereich Rechenschaftslegung und Transparenz gibt es einen Bedarf zum Aufbau von Kapazitäten. Dieser Bedarf kann vor allem von den Organisationen gut gedeckt werden, die selber eine starke Kultur der Rechenschaftslegung haben.

17.3.2 Der Zeitfaktor

Als weiteres Hindernis wird regelmäßig ein Mangel an Zeit angeführt. In der akuten Nothilfephase können nicht erst Konsultationen und Informationskampagnen durchgeführt werden, die Zeit kosten. Sobald die erste Phase des Chaos jedoch vorbei ist, gibt es i. d. R. Raum für angepasste Methoden zur Einbindung der betroffenen Bevölkerung. Hierbei gibt es noch viel Potenzial für mehr Konsultationen und partizipative Ansätze in der humanitären Hilfe. Die Hilfe zur Selbsthilfe und damit die stärkere Einbindung und auch Informierung der Hilfeempfänger ist in der humanitären Hilfe noch weniger ausgeprägt als in der Entwicklungszusammenarbeit.

17.3.3 Der kulturelle Rahmen

Accountability und Transparenz sind u. a. deshalb oft schwer zu verwirklichen, weil die humanitäre Hilfe häufig in Ländern und Gesellschaften stattfindet, in denen die Praxis und Kultur der Rechenschaftslegung und Transparenz wenig ausgeprägt sind. Hierarchische Regierungsführung, schwach ausgeprägte Zivilgesellschaften, Mangel an Kontrollorganen und unabhängigen Medien sind die Stichworte. Als Beispiele lassen sich wiederum Somalia, aber auch die Demokratische Republik Kongo, Haiti und viele andere Länder anführen. Oft wird die Bevölkerung schon in alltäglichen Fragen und außerhalb von Notsituationen nicht in Entscheidungen einbezogen. Ihr gegenüber legt i. d. R. niemand Rechenschaft ab. Wenn sich eine Katastrophe ereignet hat und es um die Frage der Leistung von lebenswichtiger Hilfe geht, werden die Bevölkerungen dieser Länder nicht anfangen, kritische Fragen zu stellen und eine Beteiligung einzufordern.

Aus diesem Grund muss die Initiative zu Transparenz und guter Rechenschaftslegung i. d. R. von den externen Hilfsakteuren ausgehen. Für diese Eigeninitiative seitens der Hilfsakteure fehlt es vielfach an den Rahmenbedingungen oder schlicht an dem nötigen Wissen über Pflichten und Instrumente der Rechenschaftslegung. Wie bereits angesprochen, besteht auch deshalb ein Bedarf für den Aufbau von Kapazitäten im Bereich der Rechenschaftslegung.

17.3.4 Vielzahl von Akteuren

Mängel bei der Transparenz und Rechenschaftslegung gibt es auch deshalb, weil es in der humanitären Hilfe stets eine sehr große Anzahl an (neuen) Akteuren gibt.

Nicht alle sind im internationalen System eingebunden und somit in Kenntnis der vorhandenen Standards, Praktiken und Instrumente. Die oben angeführten NRO-Initiativen (z. B. HAP, Good Enough Guide) werden nur von einer sehr begrenzten Zahl von NRO genutzt. So kommt es insbesondere in Großkrisen mit extrem vielen Akteuren immer wieder zu Kritik an den zahlreichen Hilfsorganisationen, die ohne eine vorherige Präsenz in dem Land tätig werden und ohne die Einbindung der Bevölkerung Hilfe leisten. „Agencies come, intervene and leave without informing anyone." (Kiani et al. 2012, S. 7).

17.3.5 Unklare Ziele und Zuständigkeiten

Transparenz und Rechenschaftslegung sind leichter möglich, wenn die Ziele und die geplanten Ergebnisse der humanitären Hilfe klarer formuliert werden. Denn dort, wo die Ziele unklar sind, kann man auch kaum jemanden für die Erreichung oder Nicht-Erreichung verantwortlich machen. Geht es tatsächlich immer um „Leben retten"? Und wenn ja, wie viele Leben sollen gerettet werden und wie genau? Kann man jemanden dafür in die Verantwortung nehmen, dass trotz humanitärer Hilfe Menschen sterben?

Und wenn es nicht um Leben retten geht, sondern um die Vermeidung oder Linderung von menschlichem Leiden, wann ist das erreicht? Wann ist z. B. das menschliche Leid in der Sahelzone ausreichend gelindert? Wann ist ein Dasein in Würde ermöglicht? Ist es oft nicht schon genug, überhaupt etwas getan zu haben, oder sollte man auch fragen, was genau mit der Hilfe erreicht wurde?

Noch komplizierter wird es, wenn zu einer unklaren Zielsetzung unklare Zuständigkeiten und Verantwortlichkeiten hinzukommen. In der humanitären Hilfe kann kein Akteur seine Ziele alleine erreichen. Wer ist z. B. dafür verantwortlich, dass in Haiti auch nach über zwei Jahren nach dem schweren Erdbeben immer noch Menschen in Zelten leben und nicht alle Betroffenen eine adäquate provisorische Unterkunft erhalten haben?

17.3.6 Mangel an verbindlichen Regeln

Letztendlich ist die internationale humanitäre Hilfe trotz der zahlreichen Standards und Abstimmungsverfahren noch immer durch ein geringes Maß an Regulation gekennzeichnet. Es gibt kaum verbindliche Regeln oder Standards für eine humanitäre Intervention. So sind z. B. die Sphere Standards genauso unverbindlich wie eine Teilnahme im VN-geleiteten Koordinierungssystem. Ohne verbindliche Regeln kann man am Ende kaum jemanden für etwas verantwortlich machen.

Konsequenzen gibt es in der humanitären Hilfe allenfalls, wenn man die Ausgabe öffentlicher Gelder nicht ordnungsgemäß gegenüber der zuständigen staatlichen Stelle nachweist. Hilfsorganisationen, die öffentliche Gelder erhalten, müssen Belege und Berichte über ihre Verwendung einreichen. Bei privaten Spenden ist dies nicht zwingend vorgeschrieben. Seriöse NRO legen über die Verwendung der privaten Spenden Rechenschaft ab. Es gibt aber auch Negativbeispiele wie anlässlich der Tsunamikatastrophe im Indischen Ozean: Die größte Regionalzeitung Deutschlands, die Westdeutsche Allgemeine Zeitung (WAZ), hatte in einem von Helmut Kohl initiierten Spendenaufruf fast 7 Mio. € für den Bau eines Kinderkrankenhauses in Sri Lanka gesammelt. Das Projekt, an dem auch namhafte deutsche Hilfsorganisationen beteiligt waren, kam nicht über eine Betonplatte in sandigem Untergrund hinaus. Das Geld war verschwunden und die WAZ-Leser haben hierüber nie etwas erfahren (ARD Dokumentation, 2011 „Das Geschäft mit den Armen – Streit um die deutsche Entwicklungshilfe" vom 2.2.2011 mit einem Beitrag über die Helmut Kohl Maternity Hospital Galle Stiftung, Mawbima Newspaper, Sri Lanka vom 11.3.12).

17.4 Was klappt, und was muss noch verbessert werden?

17.4.1 Formale Prüfung der Mittelverwendung

Bei professionellen Hilfsorganisationen gibt es in der finanziellen Rechnungslegung keinen Mangel an Regeln, Systemen und Kontrollen. Die Buchprüfung und die Veröffentlichung von Geschäftsberichten der Hilfsorganisationen sowie Kontrollgremien, interne Revision und Controlling sind Standard. Geber verlangen schriftliche Belege für die Verwendung der Mittel und die Rechnungsprüfung durch unabhängige Prüfer.

In Deutschland trägt vor allem das Deutsche Zentralinstitut für soziale Fragen (DZI) durch sein DZI-Spendensiegel dazu bei, dass es allgemein akzeptierte Regelungen und Selbstverpflichtungen gibt. Sie betreffen die Bereitstellung von Informationen über Strukturen, die Werbung und Öffentlichkeitsarbeit sowie die Mittelverwendung von Hilfsorganisationen. Im öffentlichen Interesse steht hierbei häufig der Anteil der Verwaltungskosten der Hilfsorganisationen (siehe Box 17.2).

Box 17.2 Transparenz bei den Verwaltungskosten
Viel Beachtung bei der Frage der Transparenz der Budgets der Hilfsorganisationen findet oft das Verhältnis der Verwaltungskosten und der Kosten zur Einwerbung von Spenden zu den Mitteln, die direkt den Hilfeempfängern zugute kommen. Private Spender haben ebenso wie institutionelle Geber ein großes Interesse daran, die durchaus notwendigen Verwaltungskosten gering zu halten. Die Hilfsorganisationen versichern dementsprechend, dass sie besonders kosteneffizient arbeiten. Seriöse Organisationen geben öffentlich den Anteil ihrer Verwaltungs- und Werbungskosten an. Ziel dieser Angaben ist es in der Regel, den Teil der Mittel, der „direkt" für die Hilfe ausgezahlt wird, als möglichst groß und den Anteil der Kosten, die am Hauptsitz der Organisation anfallen, besonders klein darzustellen

> Eine Auskunft über die Art der anfallenden Kosten ist sehr begrüßenswert. Die Angaben wären noch aussagekräftiger, wenn es auch Angaben über alle Kosten gäbe, die bei der Umsetzung anfallen. Hierzu gehören u. a. die Kosten, die für die Verwaltung vor Ort, für Partner- und Länderbüros sowie für sonstige Transaktionen anfallen.
> Zu einer verbesserten Transparenz gehört auch, die Kosten auszuweisen, die für die Qualitätssicherung und Rechenschaftslegung anfallen. Begrüßenswert wäre es zudem, wenn nicht allein den Fragen der Verwaltungskosten die Aufmerksamkeit zukäme. Wichtig ist, zunächst zu fragen, welche Wirkung die Hilfe aus der Perspektive der Betroffenen hat. Befragungen unter Empfängern von humanitärer Hilfe im sog. „Listening Project" zeigen, dass die Empfänger der Hilfe ein Verständnis von Kosteneffizienz haben, dass weniger auf Verwaltungskosten ausgerichtet ist als auf zeitige und bedarfsgerechte Hilfe (CDA 2008, S. 5).

Zum Teil sind diese formalen Prüfungen ein Hindernis für gute humanitäre Hilfe. So klagen Organisationen, die von verschiedenen institutionellen Gebern Mittel erhalten, über die stetig zunehmenden Kontrollverfahren. Sie kosten Zeit und binden Personal. Gebervorschriften bei der Mittelvergabe könnten auch flexibler sein. Hilfsorganisationen sehen sich aufgrund der starren Regeln, die im Wege des Auditing kontrolliert werden, immer wieder gezwungen, Ausgaben – zumindest formell – innerhalb einer vorgeschriebenen Frist oder für einen streng festgelegten Zweck zu tätigen. Und dies, auch wenn durch Veränderungen vor Ort – in instabilen Kontexten keine Seltenheit – die Ausgaben besser zu einem späteren Zeitpunkt oder für andere Projektaktivitäten eingesetzt würden.

Nicht immer befinden sich die vertraglich vereinbare Ziele, Indikatoren und Umsetzungsfristen in Einklang mit den Interessen der Menschen, denen die humanitäre Hilfe zukommt. Eine Hilfsorganisation kann leicht in einen Interessenkonflikt geraten, wenn sie einerseits zur Einhaltung der vertraglichen Pflichten gehalten ist und andererseits eine Beteiligung der betroffenen Menschen entsprechend gängiger Standards Sinn machen soll. So fällt es z. B. schwer, eine ergebnisoffene Bedarfsanalyse unter Beteiligung der Bevölkerung durchzuführen, wenn man sich mit einem Geldgeber bereits auf eine bestimmte Intervention geeinigt hat.

Umfassende formale Prüfungen sind gut, reichen jedoch allein nicht aus. (Buch-) Prüfungen können nur einen Teil der Rechenschaftslegung ausmachen. Die Einforderung von Buchprüfungen ist immer auch ein Zeichen von mangelndem Vertrauen gegenüber den Hilfsorganisationen. Sie können nicht eine Kultur der Verantwortlichkeit für Ergebnisse und Qualität ersetzen und können sie im schlimmsten Fall eher untergraben. Dies geschieht, wenn Kontrolle Eigenverantwortung ersetzt.

Die Mittel der Buchprüfer haben in jedem Fall ihre Grenzen. In der Regel können (und sollen) sie wenig dort prüfen, wo die eigentlichen Ergebnisse der humanitären Arbeit getätigt werden, nämlich bei den Menschen vor Ort. Buchprüfer haben zudem nicht die humanitäre Expertise und können so keinen Zusammenhang zwischen den formalen Ergebnissen ihrer Prüfungen und den häufig komplexen Realitäten in den Projektgebieten herstellen.

Die Verfahren der formalen Prüfung sind auch nicht spezifisch für die humanitäre Hilfe geschaffen worden. Sie decken vor allem den „traditionellen" Bereich der Rechenschaftslegung ab. Sie konzentrieren sich auf die Auskunfts- und Rechnungslegungspflichten gegenüber den Spendern/Geldgebern und lassen – im Gegensatz zu den oben dargestellten speziellen internationalen Standards und Instrumenten – die Empfänger der Hilfe außen vor.

Sie tragen letztendlich nicht dem Umstand Rechnung, dass humanitäre Hilfe oft in Kontexten stattfindet, die sich sehr von westlichen „Geschäftsgepflogenheiten" unterscheiden. Was bedeuten schon Belege, ordentliche Buchführung, Unterschriften und Stempel in einem Land, in dem seit Jahrzehnten die Strukturen verkümmern und Korruption im Alltag fest verankert ist?

17.4.2 Öffentliche Berichterstattung

Einige Hilfsorganisationen berichten in ihren Jahresberichten recht detailliert über Einnahmen und Ausgaben sowie darüber, wo das Geld ausgegeben wurde. Was die nicht-finanziellen Inhalte dieser Berichte angeht, sind sie dem Stil nach oft wie PR-Material verfasst. Sie erlauben nur begrenzt eine Einschätzung über Erfolge und auch Misserfolge der Organisation in der Projektarbeit.

Obwohl die humanitäre Hilfe von sehr schwierigen Rahmenbedingungen und somit oft auch von Rückschlägen gekennzeichnet ist, liest man darüber selten. Dass man über Probleme ruhig berichten kann, zeigen einige Hilfsorganisationen. Die NRO World Vision hat z. B. in ihrem Jahresbericht auch ein Kapitel „Rückschläge und Krisen in der Projektarbeit" vorgesehen. Die Organisation Oxfam Großbritannien veröffentlicht zudem gemeinsam mit ihrem Jahresbericht einen eigenen Rechenschaftsbericht (accountability report). Er gibt detailliert darüber Auskunft, wie die Organisation gegenüber Spendern und den Hilfeempfängern ihre Pflicht zur Rechenschaft erfüllt und auch (noch) nicht erfüllt hat. Oxfam und Save the Children haben auch gemeinsam einen selbstkritischen Bericht zu ihrem verspäteten Tätigwerden in der Nahrungsmittelkrise am Horn von Afrika veröffentlicht (A dangerous delay 2012).

Nach dem Erdbeben in Haiti wurden bei der Untersuchung von öffentlichen Berichten und Quellen von fast 200 Hilfsorganisationen Defizite in der Transparenz festgestellt (Disaster Accountability Project 2011). Es fehlt an aktuellen und ausreichend detaillierten Informationen über die Hilfsaktivitäten vor Ort. Zu häufig finden sich Anekdoten und emotionale Geschichten.

Wer sich als Gutachter in der humanitären Hilfe betätigt, lernt schnell, dass sich bis auf einige Ausnahmen öffentlich zugängliche Informationen der Hilfsorganisationen nicht zu einer angemessenen Bewertung der Aktivitäten eignen. Interne Berichte der Organisationen sowie Berichte an institutionelle Geber sind hierzu eher geeignet. Dies gilt allerdings nur, wenn sie eine differenzierte Situationsanalyse enthalten, einen Soll-Ist-Vergleich für die Planung und Umsetzung sowie aussagekräftige Indikatoren für die Ergebnisse der Maßnahmen. Die Realitäten an den Projektstandorten kann man am Ende nur durch einen Besuch vor Ort betrachten.

Die systematische Berichterstattung über die Ergebnisse der humanitären Hilfe findet mittlerweile langsam Einzug in die Arbeit professioneller (meist größerer) Hilfsorganisationen. So führen einige Organisationen wirkungsorientiertes Monitoring ein, also die systematische und regelmäßige Betrachtung der Veränderungen in einem Projektkontext. Streng genommen müsste das bereits jede Organisation tun, wenn sie ein DZI-Spendensiegel erhält. Laut DZI-Standard verpflichtet sich jede Organisationen zur Überprüfung der „Wirkungen ihrer Aktivitäten und zieht die dadurch gewonnenen Erkenntnisse zur Steuerung des künftigen Mitteleinsatzes heran".[13]

Grundsätzlich eignen sich Evaluierungen – bewertende und systematische Untersuchungen von Projekten und Programmen – sehr gut als Instrument für die Transparenz und die Rechenschaftslegung. Evaluierungen haben in den vergangenen 15 Jahren international in der humanitären Hilfe einen wahren Boom erlebt. In Studien kann anhand von Kriterien die Einhaltung von Standards und die Zielerreichung untersucht werden. Einige Organisationen veröffentlichen mit den Studien auch eine Stellungnahme des Managements. Hierin bezieht das Management Stellung zu den Ergebnissen der Studie. Gegebenenfalls äußert es sich zu der Umsetzung der Empfehlungen.

In Deutschland ist die Welthungerhilfe mit einer eigenen Evaluierungsfunktion und der regelmäßigen Veröffentlichung von Evaluierungsberichten auf ihrer Website positiv hervorzuheben. Die Bundesregierung hat in den vergangenen Jahren einige unabhängige Evaluierungen in der humanitären Hilfe durchgeführt, allerdings nur teilweise veröffentlicht. Es steht noch aus, dies systematisch und regelmäßig zu betreiben.

17.4.3 Transparenz über finanzielle Leistungen

Klar verbessert hat sich in den vergangenen Jahren die Transparenz über die Verfügbarkeit und Verteilung der finanziellen Mittel für die humanitäre Hilfe. Die verfügbaren Zahlen erlauben eine besser informierte Diskussion über den Einsatz der finanziellen Mittel. Für die globale humanitäre Hilfe sind z. B. die Zahlen des von den VN betriebenen Financial Tracking Service (FTS) sowie die Zahlen von Development Initiatives verfügbar. Professionelle Hilfsorganisationen geben in ihren Jahresberichten Auskunft über Einnahmen und Ausgaben.

Die Bundesregierung meldet finanzielle Zuwendungen im Rahmen der oben angeführten Verfahren. Sie selbst veröffentlicht über die Websites des Auswärtigen Amtes und des Bundesministeriums für wirtschaftliche Zusammenarbeit und Entwicklung unregelmäßig Zahlen über finanzielle Zuwendungen anlässlich einzelner Krisen. Nur alle vier Jahre berichtet die Bundesregierung in ihrem „Bericht über die

---

[13] DZI-Standard 4.c.

humanitäre Hilfe" im Detail über die finanziellen Zuwendungen an einzelne Länder und Organisationen. Eine regelmäßigere und nutzerfreundlichere Präsentation am Beispiel von Development Initiatives wäre hier zu begrüßen.

17.4.4 Die andere Seite: Einforderung der Rechenschaftslegung

Für die Steuerzahler nehmen insbesondere der Bundesrechnungshof und der Bundestag Rechte im Rahmen der Rechenschaftslegung wahr. Bezüglich Letzterem fällt in Deutschland auf, dass die humanitäre Hilfe im Vergleich zu anderen Themen weniger Beachtung findet. Im Bundestag gibt es einen „Ausschuss für Menschenrechte und humanitäre Hilfe", in dem das erste Themenfeld i. d. R. eine viel größere Aufmerksamkeit erfährt als die humanitäre Hilfe. Letztere findet vor allem anlässlich großer Medienkrisen oder politisch umkämpfter Länderkontexte wie z. B. Afghanistan Beachtung im Bundestag.

Dieses Muster trifft auch auf die Beachtung des Themas durch die Medien zu. Kaum ein Journalist verfolgt die internationale humanitäre Hilfe kontinuierlich. Da es auch sonst in Deutschland nur spärlich eine „Fachöffentlichkeit" für das Thema gibt, fordert kaum jemand öffentlich Rechenschaft von den deutschen humanitären Akteuren.[14]

17.5 Fazit und Ausblick

Es kann im Allgemeinen gut nachvollzogen werden, dass die Spenden und Steuergelder für die humanitäre Hilfe tatsächlich ausgegeben worden sind. Eine andere – und relevantere – Frage ist, ob die Hilfe denn auch qualitativ gut war und ob sie etwas bewirkt hat. Um hierzu eine Aussage treffen zu können, bedarf es zwar noch weiterer Anstrengungen; Instrumente hierfür sind jedoch bereits vorhanden.

Am Ende bleiben vor allem die Hilfeempfänger weiterhin ein schwaches Glied in der Hilfskette. Die Rechenschaftslegung in der humanitären Hilfe wird immer unzureichend sein, wenn die Hilfeempfänger nicht im Vordergrund stehen. Beim Thema Rechenschaftslegung wird ein Problem offensichtlich, das den gesamten Sektor der humanitären Hilfe kennzeichnet: Mechanismen, welche die Interessen der Geber wahren, sind ausgeprägter als solche, die den Empfängern der Hilfe dienen. Die finanzielle Rechnungslegung erfährt mehr Aufmerksamkeit als die Informierung und Einbindung der von lebensbedrohlichen Krisen betroffenen Menschen.

Es braucht Hilfsorganisationen, die klar bekennen, dass ihre Pflicht zur Rechenschaftslegung nicht nur gegenüber den Geldgebern besteht, sondern eben auch – und vor allem – gegenüber den Hilfeempfängern. Dieses Bekenntnis müssen sie

---

[14] Um diese Lücke zu schließen, ist im Frühjahr 2012 das Forum Humanitäre Hilfe als unabhängiges öffentliches Forum zur inhaltlichen Diskussion über die deutsche humanitäre Hilfe gegründet worden (www.forhumhilfe.org).

auch tatsächlich umsetzen. Lediglich weitere Appelle und politische Absichtserklärungen genügen nicht. Diese gibt es schon seit Jahrzehnten und sie fruchten nur wenig. Nötig sind Anpassungen im institutionellen Rahmen, die zu mehr Information über und Aufmerksamkeit für die Beteiligung der Hilfeempfänger führen. Ebenfalls notwendig sind verstärkt Initiativen, um den Hilfeempfängern eine Stimme zu geben.[15] HAP ist eine zu begrüßende Initiative. Deutsche Organisationen sollten sich dieser Initiative vermehrt zuwenden.

Wahrscheinlich kommt man um eine verbindliche Regulierung in den Bereichen Transparenz und Rechenschaftslegung nicht herum. Diese wird vor allem in der Peripherie des humanitären Systems gebraucht, also bei den Akteuren, die nicht seit vielen Jahren im internationalen System verankert sind. Die systematische (und idealerweise obligatorische) Einführung von Beschwerdeverfahren und Anhörungen, wie sie von HAP und anderen Standards empfohlen werden, sind dabei gute Schritte.

Die Initiative muss von den humanitären Akteuren selbst ausgehen. Es braucht mehr Verantwortung bei den etablierten Organisationen. Sie sollten verstärkt mit guten Beispielen vorangehen und sich stets um die Weiterentwicklung von Standards und Qualitätsinitiativen bemühen, denn auch ihre Tätigkeiten werden mehr und mehr infrage gestellt.

Auf der anderen Seite braucht es weniger Rechenschaftspflicht und Kontrolle im Rahmen von einzelnen Projekten. Statt über jedes einzelne Projekt (personal-)aufwendig zu berichten oder es zu prüfen, könnte mehr in Partnerschaften zwischen Gebern und großen und professionellen Organisationen investiert werden. Letztere müssten dann die notwendigen Instrumente zur Rechenschaftslegung vorhalten, anwenden und gegenüber den Gebern nachweisen. So arbeiten bereits international mehr und mehr Geber mit mehrjährigen Rahmenverträgen für ihre Partnerorganisationen.[16] Um Zugang zu diesen Rahmenvereinbarungen zu erlangen, müssen die Organisationen ihre Kapazitäten nachweisen. Hierzu gehört auch der Nachweis des Vorhandenseins und der Anwendung von angemessenen Instrumenten in der Rechenschaftslegung.

Transparenz und Rechenschaftslegung sind gute Prinzipien für eine bedarfsgerechte humanitäre Hilfe. Sie können dazu beitragen, dass humanitäre Hilfe weiterhin Akzeptanz findet. Nur die Akteure, die diese Prinzipien ernst nehmen und danach handeln, werden den anstehenden Herausforderungen der humanitären Hilfe gerecht werden.

---

[15] Dass dies auch unter schwierigen Bedingungen möglich ist, zeigt eine junge Initiative aus der Demokratischen Republik Kongo, die mittels Audio und Video den Betroffenen direkt eine Stimme gibt: http://localvoicescongo.com.

[16] Zum Beispiel das Framework Partnership Agreement der Generaldirektion für humanitäre Hilfe und Zivilschutz der Europäischen Kommission (Directorate-General for Humanitarian Aid and Civil Protection, DG ECHO) oder die Rahmenverträge von Sida (Styrelsen för internationellt utvecklingssamarbete), der schwedischen Zentralbehörde für internationale Entwicklungszusammenarbeit.

Literatur

A Dangerous Delay (2012) The cost of late response to early warnings in the 2011 drought in the Horn of Africa

Bryony N (2012) Monitoring and accountability practices for remotely managed projects implemented in volatile operating environments, Report prepared by Tearfund under a project supported by the Humanitarian Innovation Fund

CDA Collaborative Learning Projects (2008) The listening project issue paper international assistance as a delivery system, Cambridge

Disaster Accountability Project (2011) One year follow up report on the transparency of the relief organizations responding to the 2010 Haiti Earthquake. http://www.disasteraccountability.org

HAP (2010) The 2010 HAP standard in accountability and quality management. http://www.hapinternational.org/pool/files/2010-hap-standard-in-accountability.pdf. Zugegriffen: 17. Jan. 2013

HAP (2011) Humanitarian accountability report. http://www.hapinternational.org/pool/files/2011humanitarian-accountability-report.pdf. Zugegriffen: 17. Jan. 2013

Johnson E (1996) The international response to conflict and genocide: lessons from the Rwanda Experience, Synthesis Report, Steering Committee of the Joint Evaluation of Emergency Assistance to Rwanda

Jordan L, van Tuijl P (2006) NRO accountability, politics, principles and innovations. Earthscan, London

Kiani M, Gleed G, Uyoga CH (2012) Accountability and quality mapping exercise report, In-Country Network on Protection from Sexual Exploitation and Abuse and the Joint Deployment of Joint Standards Initiative (The Sphere Project, HAP International and People In Aid)

Mitchell J (2003) Humanitarian exchange, number 24, Humanitarian Practice Network

OECD (2002) Glossary of key terms in evaluation and results based management

Korruption und Korruptionskontrolle 18

Georg Cremer

18.1 Zum Begriff der Korruption

Kern des sozialwissenschaftlichen Verständnisses von Korruption ist der Missbrauch anvertrauter Macht zur Erlangung eines privaten Vorteils.[1] Um eine Handlung als korrupt bezeichnen zu können, muss somit zumindest einer der Beteiligten über anvertraute Macht verfügen und dabei die Normen, an die dies gebunden ist, mit der Intention verletzen, sich einen Vorteil zu verschaffen. Die Vorteile können materieller oder immaterieller Art sein und dem Amtsträger direkt oder indirekt zugute kommen. Soweit die Normen, die mit einer korrupten Handlung verletzt werden, verrechtlicht sind, hat Korruption eine juristische Dimension. Dies ist i. d. R. der Fall. Kein Staatswesen ist dauerhaft funktionsfähig, wenn nicht z. B. die Veruntreuung öffentlichen Eigentums strafbewehrt ist und eine zumindest rudimentäre Rechtsdurchsetzung Veruntreuung begrenzt. Auch wenn Korruption lange Zeit als vorrangiges Phänomen des staatlichen Sektors gesehen wurde, ist sie nicht auf diesen beschränkt. Auch Verantwortungsträger in der humanitären Hilfe nicht-staatlicher Organisationen haben eine Vertrauensstellung, die sie zum privaten Vorteil missbrauchen können.

Es gibt vielfältige Formen der Korruption in der humanitären Hilfe (Bailey 2008; TI 2010). Der Beitrag behandelt Veruntreuung, Bestechung, Erpressung und Nepotismus. Er konzentriert sich auf Verhaltensweisen, die eindeutig als Korruption bezeichnet werden können, und auf Strategien zur Begrenzung von Korruptionsrisiken. In der politischen Debatte wird der Korruptionsbegriff z. T. weiter gefasst und auch ethisch fragwürdige Handlungen im Bereich der humanitären Hilfe werden als Ausdruck eines „korrumpierten" Verhaltens bezeichnet, etwa ein als zu

---

[1] So die Definition von Transparency International (TI 2010, S. X). Zu den ausdifferenzierten Debatten zum Begriff der Korruption vgl. Heidenheimer et al. 1999, S. 3 ff.

G. Cremer (✉)
Deutscher Caritasverband e. V., Karlstr. 40, 79104 Freiburg i. Br., Deutschland
E-Mail: georg.cremer@caritas.de

J. Lieser, D. Dijkzeul (Hrsg.), *Handbuch Humanitäre Hilfe*,
DOI 10.1007/978-3-642-32290-7_18, © Springer-Verlag Berlin Heidelberg 2013

aufwendig empfundener Lebensstil von Experten in der humanitären Hilfe, ihre Vergütung oder zu hohe Verwaltungskosten, auch wenn dies den vereinbarten Normen entspricht (Ewins et al. 2006, S. 23). Ethische Fragen der humanitären Hilfe im weiteren Sinne werden in anderen Beiträgen dieses Handbuchs behandelt (vgl. insbesondere Kap. 2, 4 und 16).

18.2 Korruption als „externes" Problem in der humanitären Hilfe

Da humanitäre Hilfe häufig in einem Umfeld fehlender oder ungenügender Rechtsstaatlichkeit geleistet werden muss, sind Verantwortliche in der humanitären Hilfe immer wieder Situationen ausgesetzt, in denen sie, um die Durchführung der Hilfe nicht zu gefährden, zur Mitwirkung oder Duldung einer korrupten Handlung genötigt werden. Dies ist z. B. der Fall, wenn Nothilfegüter oder Fahrzeuge nicht rechtzeitig ohne Bestechung der Zollbehörden in das Einsatzland gebracht werden können oder erforderliche staatliche Genehmigungen nicht ohne „Beschleunigungszahlungen" zu erhalten sind. Wenn unter diesen Bedingungen Verantwortliche in der humanitären Hilfe gesetzlich nicht vorgesehene Zahlungen leisten, dann nicht, um sich selbst missbräuchlich Vorteile zu verschaffen, sondern um extern verursachte Gefahren für die Durchführung der Hilfe abzuwehren (Cremer 2008, S. 47 f.). Dort, wo die Beamtenschaft im Vergleich zu anderen qualifikationsadäquaten Beschäftigungen äußerst gering vergütet und ihr Verhalten gleichzeitig nicht ausreichend kontrolliert wird oder gar Gehaltszahlungen krisenbedingt nicht mehr geleistet werden und somit Beamte wesentliche Teile ihres Unterhalts durch Korruption sichern, ist dieses Problem notorisch. Gegebenenfalls besteht bei einem einheitlichen Vorgehen der vor Ort tätigen Organisationen der humanitären Hilfe die Möglichkeit, dem Zwang zu gesetzlich nicht vorgesehenen Zahlungen entgegenzutreten (TI 2010, S. 53). Nicht immer sind diese jedoch zu vermeiden, ohne eine zeitnahe Durchführung der Hilfen zu gefährden. Mitarbeitende der humanitären Hilfe sollten, soweit möglich, diesbezügliche Entscheidungen nicht allein treffen und verantworten, um zumindest eine organisationsinterne Transparenz hierüber herzustellen (Caritas international 2009, S. 6). Im Folgenden geht es ausschließlich um Korruption als internes Problem der humanitären Hilfe, d. h., Mitarbeitende in den Organisationen der humanitären Hilfe, Entscheidungsträger und Beteiligte an ihrer Durchführung missbrauchen ihre Stellung zur Erzielung illegaler Vorteile.

18.3 Korruption in der humanitären Hilfe

18.3.1 Spezifische Risiken

Die humanitäre Hilfe unterliegt grundsätzlich vergleichbaren Korruptionsrisiken wie die Entwicklungszusammenarbeit (vgl. hierzu Cremer 2008, S. 47 ff.): Sie wird häufig in einem Umfeld geleistet, in dem Korruption ein Alltagsphänomen ist, in dem Verfahren der Transparenzsicherung, Aufdeckung und Strafverfolgung von Korruption ungenügend erfolgen und somit das Risiko, das Verantwortliche bei Korruption eingehen, gering ist. Zudem kooperieren Beteiligte bei der Absicherung illegaler Praktiken. Externe Organisationen, die Programme und Projekte durchführen bzw. fördern, verfügen nur über eingeschränkte Möglichkeiten, die Defizite im institutionellen Umfeld ihrer Arbeit durch von ihnen veranlasste Kontrollen zu kompensieren.

Die humanitäre Hilfe weist zudem spezifische Risiken auf (Ewins et al. 2006). Sie darf nicht aus politischen Erwägungen verweigert werden; im Vergleich zur Entwicklungszusammenarbeit sind in der humanitären Hilfe keine oder weit geringere Möglichkeiten gegeben, Einsatzfelder und Einsatzregionen danach auszuwählen, ob die Bedingungen des Projektumfeldes für die Durchführung günstig sind. Die Einsatznotwendigkeiten werden durch eine humanitäre Notlage vorgegeben. Häufig muss bedingt durch den Entstehungsprozess der Notlage die humanitäre Hilfe in sehr kurzer Zeit implementiert werden, dies erschwert eine Projektvorbereitung einschließlich der erforderlichen Maßnahmen der Prävention der Korruption. Kurzfristig muss Personal rekrutiert werden, das mit den örtlichen Bedingungen des Einsatzgebietes nicht vertraut ist. Lokale Partnerorganisationen sind in kurzer Zeit zu gewinnen, ohne dass eine ausreichende Organisationsentwicklung und der Aufbau ausreichender interner Kontrollstrukturen sichergestellt werden kann.

18.3.2 Veruntreuung

Verantwortliche in der humanitären Hilfe veruntreuen, wenn sie sich Mittel, die ihnen anvertraut sind, normwidrig aneignen oder diese Mittel zu anderen Verwendungen umleiten, um daraus einen persönlichen Vorteil zu ziehen. Sofern zumindest rudimentäre Kontrollmechanismen wirksam sind, verbinden risikobewusste Akteure Veruntreuung mit gewissen Verfahren der Absicherung, die die Aufdeckung der Veruntreuung erschweren. Diese Verfahren erfordern in aller Regel die Zusammenarbeit mit Dritten. Das bei weitem wichtigste Verfahren zur Absicherung einer Veruntreuung ist der sog. „Kick-back" bei der Vergabe von Aufträgen (Cremer 2008, S. 52 ff.). In der humanitären Hilfe erfolgen in umfangreichem Maße Beschaffungen von Nothilfegütern, Fahrzeugen und logistischem Material sowie Bauprogramme im Rahmen des Wiederaufbaus. Beim Kick-back stellt der Auftragnehmer in Absprache mit dem Auftraggeber einen überhöhten Preis in Rechnung, d. h. einen Preis, der über dem Marktpreis bzw. dem Preis liegt, der bei einem ordnungsgemäßen Ausschreibungsverfahren ermittelt worden wäre. Der Auftragnehmer reicht den Aufschlag ganz oder teilweise an den (bzw. die Gruppe der) Auftraggeber zurück, der den zurückgereichten Betrag dann privat vereinnahmt. Der Kick-back ist in aller Regel verbunden mit der Manipulation von Ausschreibungsverfahren durch Vorselektion der Bieter, durch Submissionsabsprachen oder die normwidrige Bevorzugung des Bieters, der zum Kick-back bereit ist, im Entscheidungsprozess (Cremer 2008, S. 98 ff.; TI 2010, S. 63 ff.). Das Problem, den veruntreuten Betrag zu belegen, wird beim Kick-back auf den Auftragnehmer abgewälzt, da dem

Abfluss der Mittel ja der – überhöhte – Rechnungsbetrag gegenübersteht. Allein mit einer administrativen Kontrolle der Finanzunterlagen ist der Kick-back nicht nachzuweisen. Neben einer Manipulation von Lieferpreisen vor Vertragsabschluss kann der Kick-back auch über eine Akzeptanz minderwertiger Qualität während der Programmdurchführung erfolgen.

Eine Form der Veruntreuung in der humanitären Hilfe ist der Weiterverkauf von Hilfsgütern durch Projektverantwortliche; zur Absicherung werden Empfängerlisten gefälscht, um eine normkonforme Verteilung vorzutäuschen. Veruntreuung stellt es auch dar, wenn Verantwortliche die Auswahl der zu Begünstigenden manipulieren und gegen eine Vorteilsgewährung Personen Hilfe zukommen lassen, die hierzu nach den Regeln des Programms nicht berechtigt sind.

18.3.3 Bestechung

Bei der Bestechung erhält der Bestechende (der „Aktive") vom Bestochenen (dem „Passiven") für Geld oder für ein beliebiges Gut eine Bestechungsleistung, die er sonst nicht erhalten hätte. Der Bestochene missbraucht hierbei die ihm anvertraute Macht und trifft mit dem Bestechenden eine illegale Vereinbarung zu Lasten Dritter. Die Bestechungsleistung kann z. B. die Manipulation eines Auswahlprozesses zugunsten des Bestechenden oder die Hilfe bei der Absicherung einer illegalen Handlung sein.

Aktive Bestechung seitens Verantwortlicher in der humanitären Hilfe erfolgt insbesondere, um eine Veruntreuung abzusichern, etwa wenn sie an Funktionsträger in Kontrollbehörden eine Geldzahlung leisten, damit diese einem manipulierten Ausschreibungsverfahren die korrekte Durchführung bescheinigen. Passive Bestechung erfolgt z. B., wenn Verantwortliche gegen eine Bestechungssumme einen Anbieter trotz fehlender Qualifizierung in einem Ausschreibungsverfahren als Bieter zulassen oder den Entscheidungsprozess zu seinen Gunsten manipulieren.

18.3.4 Erpressung

Während bei der Bestechung „Aktiver" und „Passiver" einen Tausch zum gegenteiligen Vorteil (und in aller Regel zu Lasten Dritter) durchführen, wird bei der Erpressung in der humanitären Hilfe die existenzielle Abhängigkeit von Hilfesuchenden ausgenutzt. Dies ist z. B. gegeben, wenn legitime Begünstigte eines Hilfsprogramms ohne Zahlung keinen Zugang zu Hilfsleistungen erhalten. Dies stellt gleichzeitig eine Form der Veruntreuung dar, da dies den Nettowert der Hilfe für die Empfänger senkt. Eine besonders krasse Form der Erpressung ist es, wenn die Gewährung der Hilfe verweigert wird, sofern Hilfesuchende nicht bereit sind, sexuelle Ausbeutung zu erdulden (Lattu 2008).

18.3.5 Nepotismus

Nepotismus liegt vor, wenn Verantwortliche ihre Stellung missbrauchen, um Einzelpersonen oder Gruppen normwidrig zu bevorzugen, zu denen sie in einer Beziehung der Nähe stehen, wie Angehörige ihrer Familien/ethnischen Gruppe oder Personen gleicher regionaler Herkunft/politischer Ausrichtung. Risiken des Nepotismus in der humanitären Hilfe bestehen insbesondere bei der Einstellung von Personal, bei der Vergabe von Aufträgen und bei der Auswahl der zu begünstigenden Personen. Gegebenenfalls unterliegen Verantwortliche, die Personen der Nähe bevorzugen, konfligierenden Loyalitätsverpflichtungen – einerseits gegenüber den Normen der Organisation der humanitären Hilfe und andererseits den Solidaritätsverpflichtungen gegenüber ihrem näheren Umfeld. Elemente des Nepotismus können im Umfeld, in dem Hilfe zu leisten ist, durchaus als sozial akzeptiertes Verhalten gelten. Nepotismus kann negative Folgen für die Durchführung der humanitären Hilfe haben: Das aufgrund nepotistischer Beziehungen eingestellte Personal ist für die zu leistenden Aufgaben nicht kompetent, die Bevorzugung von Auftragnehmern, zu denen eine Beziehung der Nähe besteht, führt zum überteuerten Einkauf von Hilfsgütern oder legitime Empfänger der Hilfe werden, da ihnen diese Beziehungen fehlen, bei der Bereitstellung der Hilfe zurückgesetzt. Weiterreichende Folgen können auftreten, wenn Nepotismus das Ansehen der betroffenen Organisation der humanitären Hilfe schädigt. In humanitären Krisen, die als ethnische Konflikte attribuiert werden, stehen humanitäre Organisationen unter ständiger Beobachtung, ob sie ihre Hilfe angemessen austarieren.

18.3.6 Kosten der Korruption

Generalisierende Aussagen darüber, welcher Anteil der Ressourcen in der humanitären Hilfe durch Korruption dem eigentlichen Zweck entzogen wird, sind nicht möglich. Das Ausmaß hängt ab vom institutionellen Umfeld, in dem humanitäre Hilfe geleistet wird, den programmspezifischen Risiken und dem Grad der Korruptionskontrolle, die in der Programmdurchführung zum Tragen kommt. Abschätzungen in einzelnen Hilfsprogrammen (die nicht generalisiert werden können) zeigen aber, dass die Verluste sehr erheblich sein können. Wichtig für das Verständnis ist, dass Korruption nicht allein ein Faktor der Verteuerung der Hilfe ist, da Ressourcen privat angeeignet werden. Wenn Verantwortliche im Rahmen einer Kick-back-Vereinbarung Baumaterialien minderwertiger Qualität akzeptieren, so kann dies die Lebensdauer der im Rahmen von Präventionsprogrammen oder im Wiederaufbau erstellten Infrastruktur deutlich reduzieren. Der ökonomische Schaden einer Veruntreuung kann dann den „Veruntreuungsgewinn" der Beteiligten um ein Vielfaches übersteigen (Cremer 2008, S. 70 ff.). Ein durch Nepotismus verzerrter Zugang zur Hilfe kann ethnisch attribuierte Konflikte verstärken, Erpressung von Hilfesuchenden die Reputation von Hilfsorganisationen (und ihrer Herkunftsländer) massiv schädigen.

18.4 Korruptionskontrolle

18.4.1 Prozedurale Kontrollen

Korruption ist i. d. R. illegal, das Strafrecht hat eine generalpräventive Wirkung. Diese kann sich aber nur entfalten, wenn mit ausreichend hoher Wahrscheinlichkeit der Gesetzesbruch festgestellt und dann auch strafrechtlich verfolgt wird. Dazu dienen u. a. prozedurale Kontrollen der Mittelverwendung. In der humanitären Hilfe gelten die gleichen Regularien für die Programmdurchführung einschließlich des Nachweises der Mittelverwendung wie in der Entwicklungszusammenarbeit (vgl. hierzu auch Kap. 17). Bei staatlichen Mitteln leiten sich diese aus dem öffentlichen Haushaltsrecht ab, auch die Eigen- und Spendenmittel der Nichtregierungsorganisationen (NRO) unterliegen heute i. d. R. vergleichbaren Standards. Die Mittelverausgabung ist nachzuweisen und Beschaffungen größeren Umfangs erfolgen nach einem Ausschreibungsverfahren. Ob diese Verfahren eingehalten wurden, ist Teil der Projektkontrolle. Klar definierte administrative Kontrollverfahren sind wichtig, da sie die Beteiligten zur Rechenschaft über die Projektmittelverwendung zwingen. Teil der notwendigen prozeduralen Verfahren sind Regeln zur Budgeterstellung und Budgetkontrolle, der Mittelnachweis in einer ordnungsgemäßen, transparenten und nachvollziehbaren Buchführung, Regeln zur Inventarisierung von Projekteigentum und zur Dokumentation der Lieferungen über die Versorgungskette. Festzulegen sind funktionale Trennungen z. B. zwischen der Anordnung und der Ausführung von Zahlungen; das Vier-Augen-Prinzip bei relevanten Entscheidungen muss grundsätzlich gelten. Regeln zur Vergabe von Aufträgen müssen verbindlich festlegen, ab welchen Schwellenwerten förmliche Vergabeverfahren durchzuführen sind, und wie die Entscheidung erfolgt und dokumentiert wird. Erforderlich sind Regeln zur Rekrutierung von Personal und Verhaltensregeln, die in aller Deutlichkeit benennen, das korrupte Verhaltensweisen gegen die Ziele der Organisation verstoßen, und zudem in Risikosituationen Orientierung geben (Caritas international 2009; TI 2010). Diese Regeln sind nicht allein dem Ziel der Korruptionskontrolle geschuldet, sondern sind zwingende Voraussetzung zur Sicherung der Programmqualität (Bailey 2008). Auch in der akuten Nothilfephase mit hoher Eilbedürftigkeit müssen zumindest vereinfachte Verfahren (z. B. bezüglich der Vergabe von Aufträgen) verbindlich greifen. Es sollte auch festgelegt sein, wann die Regelverfahren im weiteren Vollzug des Programms wieder gelten (TI 2010, S. 33 f.).

Korruptionskontrolle, die sich auf die administrative Kontrolle der Mittelverwendung beschränkt, bietet in einem schwachen institutionellen Umfeld nur einen begrenzten Schutz. Wo Korruption ein Alltagsphänomen ist, können auch die Dokumente und Verfahren, auf die sich die Kontrolle stützt, von Amtsträgern manipuliert werden. Die Verantwortlichen werden, wenn Kontrollmaßnahmen etabliert sind oder Korruption für die Beteiligten ein gewisses Risiko birgt, aus Gründen des Selbstschutzes gewisse Absicherungsmaßnahmen ergreifen, damit Veruntreuung nur schwer nachweisbar ist. Dazu gehören, wie bereits erwähnt, die Produktion von Belegen, Kick-back-Vereinbarungen oder die Manipulation von Verteilungslisten. Dies ist von außen häufig schwer aufzudecken.

18.4.2 Wirkungsbezogene Kontrollen

Da die Wirkung rein administrativer Kontrollen oft begrenzt ist, müssen wirkungsbezogene Kontrollen Teil der Kontrollpolitik sein. Bei umfangreicher Veruntreuung können die Programmziele nicht erreicht werden, sofern nicht Budgetpositionen deutlich überhöht sind, was bereits mit der Absicht erfolgen kann, Veruntreuung zu erleichtern. Kann dies im Rahmen einer angemessenen Programmplanung verhindert werden, so lässt das Fehlen gravierender Soll-Ist-Divergenzen den Schluss zu, dass es nicht zu großen Veruntreuungen bei der Programmdurchführung gekommen ist. Erforderlich ist zudem, dass die Ziele und Maßnahmen von Programmen der humanitären Hilfe soweit operationalisiert sind, dass eine Bewertung der Programmergebnisse möglich ist.

Werden die Programmziele verfehlt, so liegt darin kein Beweis für Veruntreuung, denn dies kann auch ohne Verletzung der Legalität auftreten. Gravierende Soll-Ist-Divergenzen begründen aber einen Verdacht. Für international tätige Organisationen, die Programme der humanitären Hilfe vor Ort tätiger Partnerorganisationen fördern, ergeben sich dadurch Ansatzpunkte der Korruptionskontrolle, die über administrative Kontrollansätze hinausreichen. Sie können auf Änderungen der Programmarbeit ihres Partners drängen und ggf., wenn Änderungen nicht zu erreichen sind, die mangelnde Wirksamkeit durch Verweigerung oder Senkung weiterer Hilfen sanktionieren. Dabei müssen sie dies nicht zwangsläufig mit dem Verdacht des Missbrauchs von Projektmitteln begründen (hier sind sie ja i. d. R. in der Beweisnot), sondern können mit der ungenügenden Wirksamkeit der Programme argumentieren, ganz unabhängig davon, ob diese auf Missbrauch oder etwa unqualifiziertes Führungspersonal zurückzuführen ist. Ein Sanktionsmechanismus, der auf den Ergebnissen einer wirkungsbezogenen Kontrolle beruht, kann Anreize für Projektpartner schaffen, Missbrauchskontrolle auch in Situationen durchzuführen, in denen administrative Kontrollregularien nicht greifen.

18.4.3 Einbindung von Zielgruppen

Große Teile der humanitären Hilfe richten sich in direkter Weise an Opfer humanitärer Notlagen, so bei der Sicherstellung der Grundversorgung in der Nothilfephase, bei der Wiederinstandsetzung von Wohnraum oder der Wiederaufnahme einer produktiven Tätigkeit. Korruption, insbesondere Veruntreuung in größerem Maße, schädigt diese Zielgruppen unmittelbar, da sie die Hilfen nicht, nicht rechtzeitig oder in schlechterer Qualität erhalten werden. Sie haben somit grundsätzlich ein Interesse, zur Korruptionskontrolle beizutragen. Eine Befragung von Zielgruppen oder ihrer Vertreter kann Aufschluss darüber geben, ob vorgesehene Leistungen wie geplant zur Verfügung gestellt wurden oder z. B. nur gegen im Programm nicht vorgesehene Zahlungen verfügbar waren. Sie kann somit auch Hinweise auf korrupte Praktiken auf der untersten ausführenden Ebene von Programmen geben und ist somit zentrales Element einer wirkungsbezogenen Kontrolle. Allerdings kann dies in der Umsetzung mit Problemen verbunden sein. Je nach den vorherrschenden

Bedingungen (z. B. fehlende Rechtssicherheit) wird es nur eingeschränkt möglich sein, die Befragungen unabhängig von den Verantwortungsträgern vor Ort durchzuführen, zu deren Kontrolle die Befragung dienen soll. Statt in einer Verbesserung ihrer Situation kann die Beschwerde möglicherweise in einer Sanktionierung seitens der Verantwortungsträger münden, von denen die Befragten auch bei der Zuteilung der weiterer Hilfen abhängig sind (Bailey 2008, S. 6; Lattu 2008). Somit werden sie sich vorsichtig oder sehr unbestimmt äußern, sofern sie nicht organisiert sind und dadurch ein Potenzial der Gegenwehr haben.

Die Einbindung von Zielgruppen in die Korruptionskontrolle wird erleichtert, wenn transparent gemacht werden kann, nach welchen Kriterien die Zielgruppen bestimmt werden und welche Leistungen für sie vorgesehen sind. Förderlich kann auch die Beteiligung von zivilgesellschaftlichen Organisationen, die Zielgruppen vertreten können, an der Programmplanung und Durchführung sein, wobei zu berücksichtigen ist, dass Korruptionsrisiken auch in diesen Organisationen bestehen (Cremer 2008, S. 154 ff.).

18.4.4 Abbau organisationsinterner institutioneller Hemmnisse

Es ist auch in den Blick zu nehmen, ob es in den Organisationen, die Programme ihrer Partner im Einsatzland finanziell und personell fördern, Hemmnisse für eine wirksame Korruptionskontrolle gibt. Hierzu gehören Informationssperren. Sie bestehen, wenn in der Organisation Fragen der Korruptionskontrolle nicht Teil der Regelkommunikation sind. Mitarbeitende geben missbrauchsrelevante Informationen nur weiter, wenn dies Teil der organisationsinternen Verhaltensstandards ist und wenn sie nicht befürchten müssen, dass die Irregularitäten, auf die sie in ihrem Arbeitsumfeld hinweisen, als Defizit ihrer eigenen Arbeit im Programm attribuiert werden. Wird Korruption organisationsintern tabuisiert, so wird den Mitarbeitenden implizit signalisiert, es sei der unhinterfragte Normalzustand, dass Korruption in den Programmen in ihrem Verantwortungsbereich nicht vorkommt. Gerade Organisationen der humanitären Hilfe taten sich lange Zeit damit schwer, Korruptionsrisiken offen zu benennen, da sie u. a. negative Rückwirkungen auf ihre Position bei Spendern befürchteten. Zur Überwindung organisationsinterner Informationssperren können Vertrauenspersonen (Ombudsman) beitragen, an die sich Mitarbeitende im Falle eines Verdachts wenden können. Auch sollten Risiken der Korruption, Verfahren zu ihrer Vertuschung sowie Fragen des Verhaltens in kritischen Situationen selbstverständlicher Gegenstand der organisationsinternen Fortbildung sein. Hierzu gehört auch die Sensibilisierung für mögliche Sicherheitsrisiken, die insbesondere in einem Umfeld fehlender Rechtssicherheit für Mitarbeitende und Informanten bestehen können, wenn sie zur Aufdeckung von Korruption beitragen.

Informationssperren zwischen Förderer und Partner können auch durch unangemessene Förderbedingungen verursacht werden. Werden diese den legitimen institutionellen Interessen der Partnerorganisation nicht gerecht (Personalfinanzierung, Verwaltungskosten), dann ist die Versuchung für die Verantwortlichen in der Partnerorganisation sehr hoch, die aus ihrer Sicht notwendigen, aber nicht richtlinienkonformen Ausgaben etwa aus den Erträgen von Kick-back-Vereinbarungen zu decken. Unter solchen Bedingungen widerspricht Transparenz den institutionellen Interessen der Partnerorganisation.

Zu den institutionellen Hemmnissen sind auch sog. Mittelabflusszwänge zu rechnen. Zweckbindungen und Verausgabungsfristen, die politisch vorgegeben werden bzw. aus haushaltsrechtlichen Vorgaben resultieren, können bei Verantwortlichen Druck erzeugen, Mittel zu verausgaben, auch wenn die Voraussetzungen für eine zufriedenstellende Programmdurchführung ungenügend sind. Insbesondere in der Akutphase humanitärer Krisen kann ein Druck zur Mittelverausgabung auch aus strategischen Überlegungen humanitärer Organisationen resultieren. Die Durchführung eines umfangreichen Programms in kurzer Frist dient als Signal an Spender und öffentliche Geldgeber für die Leistungsfähigkeit der Organisation. Mittelabflusszwänge sind kontraproduktiv für eine wirksame Korruptionskontrolle, da sie organisationsintern das Interesse der Beteiligten an einer möglichst sorgfältigen Bewertung der Korruptionsrisiken schwächen und es zudem erschweren, auf Indizien des Missbrauchs mit einer Unterbrechung der Förderung zu reagieren. Auch dürften sie moralische Hemmungen bei den Partnerorganisationen senken, wenn dortigen Mitarbeitenden nicht verborgen bleibt, dass der auswärtige Förderer unter dem Zwang steht, seine Mittel verausgaben zu müssen (Cremer 2008, S. 122 ff.).

18.4.5 Organisationsentwicklung bei Partnerorganisationen

Soweit die Durchführung der humanitären Hilfe durch staatliche Instanzen erfolgt, wird der erreichbare Grad der Korruptionskontrolle vorrangig davon bestimmt, wie weit im öffentlichen Dienst des Einsatzlandes Standards der Transparenz durchgesetzt sind und die zur Korruptionskontrolle erforderlichen Verfahren greifen, wie hoch somit das Risiko ist, das Amtsträger eingehen, wenn sie korrupt handeln. Eine Verbesserung dieser Umfeldbedingungen ist nur im Rahmen einer Reform des öffentlichen Dienstes und des politischen Systems (z. B. unabhängige Aufsichtsgremien, Pressefreiheit) zu erreichen. In einer akuten humanitären Krise sind diese weitgehend als gegeben anzusehen.

Träger der humanitären Hilfe, die nicht-staatliche Partnerorganisationen im Einsatzland unterstützen, können die Bedingungen der Korruptionskontrolle verbessern, wenn sie ihre Zusammenarbeit nicht auf die Unterstützung in der akuten humanitären Krise beschränken, sondern darüber hinaus die Organisationsentwicklung ihrer Partnerorganisationen fördern (siehe hierzu auch Kap. 8). Zentrale Elemente der Organisationsentwicklung sind die Personalentwicklung, die Etablierung von Planungsverfahren und eines professionellen Finanzmanagements sowie die Einrichtung eines Aufsichtsgremiums, das die Politik der Organisation und die gültigen Verfahrensweisen festlegt, von der operativen Verantwortung getrennt ist und dem gegenüber die leitenden Mitarbeitenden verantwortlich sind. Bei einer langfristig orientierten Zusammenarbeit kann zwischen der externen Förderorganisation und ihrer Partnerorganisation auch eine Klärung erfolgen, wie die institutionellen Interessen der Partnerorganisation (u. a. langfristige Finanzierung der

Organisationskosten, Sicherung der Beschäftigung qualifizierten Personals) auf transparente Weise gesichert werden können. Die Organisationsentwicklung ist nicht allein aus Gründen der Korruptionskontrolle geboten, sondern trägt generell zur Leistungsfähigkeit der Organisation bei.

18.5 Abschließende Bemerkungen

Risiken der Korruption sind in der humanitären Hilfe nicht vermeidbar. Sie muss, um ihrem Auftrag gerecht zu werden, häufig in einem Umfeld äußerst ungenügender Rechtsstaatlichkeit geleistet werden. Wirksame Kontrollen sind daher erschwert. Korruption in der humanitären Hilfe schädigt in aller Regel die Opfer humanitärer Notlagen, die die Hilfe nicht, verspätet oder in minderwertiger Ausführung erhalten oder gar zu Gegenleistungen erpresst werden, um Hilfe zu erhalten. Es liegt in aller Regel außerhalb der Macht der Akteure der humanitären Hilfe, die politischen Umfeldbedingungen ihrer Arbeit grundlegend zu ändern. Dies ist nur in langfristig orientierten Reformprozessen zu erreichen. Von zentraler Bedeutung sind Strategien seitens der Akteure, Korruptionsrisiken unter den gegebenen Umfeldbedingungen einzugrenzen. Die Risikoabschätzung muss integraler Bestandteil der Programmplanung sein. Prozedurale Kontrollverfahren sind verlässlich zu etablieren, eine Erfassung der Wirkung der Hilfen muss erfolgen, um den Spielraum für Veruntreuung wirksam begrenzen zu können. Korruptionsrisiken dürfen organisationsintern nicht tabuisiert werden. Es bleiben Risiken, die nur vermeidbar wären, wenn der Anspruch aufgegeben würde, humanitäre Hilfe auch unter schwierigen Rahmenbedingungen zu leisten. Korruptionskontrolle hat eine dienende Funktion. Sie muss dazu beitragen, dass die humanitäre Hilfe ihrem Auftrag gerecht werden kann, Leben zu retten und Leid zu mildern.

Literatur

Bailey S (2008) Need and greed: corruption risks, perceptions and prevention in humanitarian assistance. Policy brief 32. Humanitarian policy group. Overseas Development Institute (ODA), London. http://www.odi.org.uk/resources/details.asp?id=2385&title=corruption-risks-perceptions-prevention-humanitarian-assistance. Zugegriffen: 8. Dez. 2012

Caritas international/Deutscher Caritasverband (2009) Leitlinien zur Bekämpfung von Betrug und Korruption in der Projektarbeit von Caritas international. http://www.caritas-international.de/wasunsbewegt/stellungnahmen/korruptionbekaempfen. Zugegriffen: 11. Dez. 2012

Cremer G (2008) Korruption begrenzen. Praxisfeld Entwicklungspolitik. Lambertus, Freiburg

Ewins P, Harvey P, Savage K, Jacobs A (2006) Mapping the risks of corruption in humanitarian action. A report for Transparency International and the U4 Anti-Corruption Resource Centre. Overseas Development Institute and Management Accounting for NGOs (MANGO). http://www.odi.org.uk/resources/docs/874.pdf. Zugegriffen: 8. Dez. 2012

Heidenheimer A, Johnston M, LeVine V (Hrsg) (1999) Political corruption. A handbook, 5. Printing. Transaction Publishers, New Brunswick

Lattu K (2008) To complain or not to complain: still the question. Consultations with humanitarian aid beneficiaries on their perceptions of efforts to prevent and respond to sexual exploitation and abuse. Humanitarian Accountability Partnership, Geneva. http://www.hapinternational. org/pool/files/bbc-report-lowres.pdf. Zugegriffen: 8. Dez. 2012

Transparency International (TI) (2010) Preventing corruption in humanitarian operations. Handbook of good practices. http://www.transparency.org/whatwedo/pub/handbook_of_good_ practices_preventing_corruption_in_humanitarian_operations. Zugegriffen: 8. Dez. 2012

Teil V
Herausforderungen der humanitären Hilfe

Humanitäre Dilemmata: Anspruch und Wirklichkeit der humanitären Prinzipien

19

Beat Schweizer

Der Impuls, Menschen in einer akuten Notlage beizustehen, scheint eine der angenehmeren menschlichen Eigenschaften zu sein, und die Pflicht, Gutes zu tun, ist denn auch ein wesentlicher Bestandteil aller moralphilosophischen Theorien und Religionen. Menschen und Organisationen, die sich dieser Aufgabe annehmen, stoßen in der Öffentlichkeit im Allgemeinen auf Wohlwollen und genießen hohes Ansehen. Sie können deshalb auch auf ein beträchtliches Ausmaß an Unterstützung zählen. Dies drückt sich u. a. darin aus, dass sowohl die privaten als auch die öffentlichen Ausgaben für die humanitäre Hilfe in den letzten Jahren weltweit kontinuierlich gestiegen sind (Fearon 2008).

Andererseits zeigen gezielte Angriffe auf humanitäre Helfer in Ländern wie Afghanistan, Somalia, dem Jemen oder dem Irak, dass nicht alle Beteiligten die Arbeit von Hilfsorganisationen positiv bewerten. Die Anzahl solcher Angriffe hat in den letzten Jahren beträchtlich zugenommen. Das hat dazu geführt, dass in einigen Krisengebieten praktisch keine humanitäre Hilfe mehr geleistet werden kann, weil es für die Helfer zu gefährlich geworden ist (Stoddard et al. 2006). In einigen Ländern, in denen ausländische Hilfsorganisationen tätig sind, wird die Legitimität der immer zahlreicheren professionellen Helfer auch von betroffenen Regierungen zunehmend infrage gestellt. Humanitäre Organisationen werden z. T. beschuldigt, willige Komplizen einer Agenda zu sein, deren Ziel es im Wesentlichen sei, die politischen und wirtschaftlichen Interessen ihrer westlichen Geldgeber durchzusetzen. Die Tatsache, dass der Begriff „humanitäre Intervention" in neuerer Zeit ausschließlich für militärische Operationen benützt wird, deren deklarierte Zielsetzung es sein soll, Menschenrechtsverletzungen zu verhindern oder zu beenden, scheint eine solche Sichtweise zu unterstützen.[1] Militärische Interventionstruppen betätigen sich ganz

---

[1] Die erste als „humanitäre Intervention" deklarierte militärische Operation war wohl der verunglückte Einsatz von Truppen der Vereinten Nationen (VN) (engl. United Nations, UN) unter US-Führung in Somalia 1993. Siehe dazu Kap. 12.

B. Schweizer (✉)
Internationales Komitee vom Roten Kreuz (IKRK), Avenue de la Paix 19, 1202 Genf, Schweiz

allgemein gerne als humanitäre Helfer, meist in der Hoffnung, damit ihr Ansehen in der lokalen Bevölkerung aufzubessern und deren Unterstützung zu gewinnen.[2] Im angelsächsischen Sprachraum hat sich dafür die Bezeichnung „winning hearts and minds" eingebürgert.[3]

Auch die Effizienz der humanitären Hilfe wird sogar von wohlmeinenden Beobachtern oftmals kritisch beurteilt. Es wird z. B. bemängelt, dass die verschiedenen Organisationen zunehmend in einen von Eigeninteressen geprägten Konkurrenzkampf verwickelt sind. Gerade bei großen Naturkatastrophen, wie z. B. dem Erdbeben in Haiti im Januar 2010, kann die riesige Anzahl von Hilfsorganisationen, die sich vor Ort um Projekte bemühen, in der Tat zu z. T. grotesken Auswüchsen führen.

Die Tatsache, dass humanitäre Hilfe – sogar wenn sie mit den besten Absichten geleistet wird – auch eine Kehrseite hat, ist natürlich nicht neu, und mahnende Stimmen kommen immer wieder auch von erfahrenen humanitären Helfern selbst.[4] Kritische Berichterstattung über bestimmte Hilfsoperationen in den Medien beschränkt sich allerdings oft darauf, Begebenheiten aufzuzeigen, in denen eigentlich gut gemeinte Taten sich im Endeffekt für die Zielgruppe oder den individuellen Hilfsempfänger als wirkungslos oder gar als nachteilig erweisen, was leider immer wieder vorkommt. Solche Vorkommnisse stellen für die beteiligten Hilfsorganisationen kein Dilemma dar und sind normativ relativ einfach zu lösen: Hilfsleistungen, die ihren Zweck nicht erfüllen, oder die für die Hilfsempfänger überwiegend negative Konsequenzen haben, sollten unterlassen oder ggf. beendet werden. Positiv formuliert heißt das: Humanitäre Organisationen sind moralisch verpflichtet, bedürfnisgerechte Hilfe zu leisten, die allgemein anerkannte Standards bezüglich Qualität und Effizienz erfüllen muss. Dies gilt insbesondere für Organisationen, die professionelle Mitarbeiter einsetzen. Es muss allerdings angefügt werden, dass es in der Praxis nicht immer ganz einfach ist, die direkten Auswirkungen einer Hilfsleistung objektiv zu messen, und die Frage, ob eine bestimmte Operation positive Auswirkungen für die Begünstigten hat oder nicht, führt mitunter zu polemischen Diskussionen.

Schwieriger ist die Entscheidungsfindung, wenn die geleistete Hilfe ihre beabsichtigte Zielsetzung zwar erreicht, vielleicht sogar für viele Hilfsempfänger lebensrettend wirkt, sie jedoch gleichzeitig auch unbeabsichtigte negative Konsequenzen hat. Wenn diese unerwünschten Auswirkungen einer als geboten erachteten Hilfsleistung vom praktischen oder vom moralischen Standpunkt aus gleich groß oder sogar größer sind als der erzielte Nutzen für die Begünstigten, kann sich daraus ein echtes Dilemma für die beteiligten Hilfsorganisationen ergeben. Dies kann z. B. der Fall sein, wenn eine bestimmte Handlung dazu führt, dass zwar einerseits Menschenleben gerettet, andererseits aber ungewollt andere Leben dadurch

---

[2] Zur Art und Weise wie der Begriff „humanitär" von verschiedenen Akteuren benutzt wird, und wie sich dessen Verwendung im Laufe der Zeit geändert hat, siehe z. B. Davies 2012, Coupland 2001, Leader 2000 oder Slim 1998.

[3] Der Begriff „Winning Hearts and Minds" wurde schon von den englischen Kolonialtruppen in Malaysia für eine Taktik benützt, die darauf abzielte, die Sympathien der Zivilbevölkerung zu gewinnen. Heute bezieht sich der Begriff aber meistens auf eine gleichnamige Operation von US-Truppen im Vietnamkrieg.

[4] Neuere Beispiele für eine durch eigene Erfahrungen untermauerte Fundamentalkritik an der humanitären Hilfe sind: Polman 2010; de Waal 2009; Riddell 2008; Rieff 2002; Vaux 2001.

gefährdet werden. Jede mögliche Handlungsoption verletzt also einen moralischen Imperativ, nämlich die Pflicht, Menschenleben zu retten oder zu beschützen. Für Entscheidungsträger kann es durchaus den Anschein haben, dass es keinen ethisch vertretbaren Ausweg aus einer solchen Situation gibt und es sich dabei um ein echtes Dilemma handelt.

Unter den Entscheidungsträgern und Mitarbeitern von humanitären Organisationen werden Diskussionen zu solchen Dilemmata meist sehr emotional geführt, weil der Wille, moralisch richtig zu handeln, zum Selbstverständnis aller Helfer gehört. Es ist deshalb unerlässlich, dass sich Hilfsorganisationen neben professionellen Qualitätsstandards auch einen moralischen Rahmen für ihre Entscheidungsfindung geben. Wenn es darum geht, einen solchen Rahmen zu definieren, berufen sich viele Organisationen auch heute noch auf vier humanitäre Grundsätze, die von Jean Pictet schon 1956 für die Internationale Rotkreuz- und Rothalbmondbewegung vorgeschlagen wurden: Menschlichkeit, Unparteilichkeit, Unabhängigkeit und Neutralität (Pictet 1956).[5]

Es liegt in der Natur der Sache, dass auch diese humanitären Prinzipien keine einfachen Antworten auf die gestellten moralischen Herausforderungen geben können, und es ist außerdem – wie in der Folge gezeigt wird – in der Praxis nicht immer einfach, sie auch wirklich zu befolgen. Pictets humanitäre Grundsätze sind allerdings sehr nützlich, um eine Diskussion über Ethik und Moral der humanitären Hilfe zu strukturieren.

19.1 Der Grundsatz der Menschlichkeit oder der humanitäre Imperativ

Der zentrale Grundsatz der Menschlichkeit steht für Pictet als Synonym für bedingungslose Wohltätigkeit gegenüber anderen und als Ausdruck für wahrhaft altruistische Gesinnung im Sinne einer christlichen Tugendethik (Wortel 2009). Er ist die eigentliche Motivation, humanitäre Hilfe zu leisten. Menschen beizustehen, wenn sie in eine Notlage geraten sind, ist allerdings nicht nur ein zentraler Wert der christlichen Ethik, sondern wird auch in allen anderen Religionen und moralphilosophischen Theorien als geboten angesehen.

Da es für alle Menschen geboten ist, in einer Notlage Hilfe zu leisten, können humanitäre Organisationen übrigens kein Monopol für den Grundsatz der Menschlichkeit einfordern.[6] Das heißt z. B., dass auch politische und militärische Akteu-

---

[5] Freiwilligkeit, Einheit und Universalität sind drei weitere von Pictet vorgeschlagene Grundsätze, die allerdings außerhalb der Internationalen Rotkreuz- und Rothalbmondbewegung keine Bedeutung erlangt haben.

[6] Hugo Slim hat dafür eine interessante Analogie geschaffen: „I wonder if there is an analogy between humanitarianism and humour. Laughter is a universal good. What would the world be like if only clowns were allowed to be funny and make people laugh? This would be a terrible world that confined humour to a professional class and restricted a universal human desire and capacity." (Slim 2003).

re an den Grundsatz der Menschlichkeit gebunden sind und Bedürftigen beistehen müssen, falls sie dazu in der Lage sind.

Auch neuere Initiativen, die es sich zum Ziel gesetzt haben, eine gemeinsame moralische Basis für die ständig wachsende Anzahl von Hilfsorganisationen zu schaffen, stellten den Grundsatz der Menschlichkeit in den Mittelpunkt ihrer Überlegungen. In den 1990er Jahren einigten sich z. B. verschiedene größere Nichtregierungsorganisationen (NRO) auf Initiative der Internationalen Rotkreuz- und Rothalbmondbewegung auf einen heute weit verbreiteten Verhaltenskodex für Nothilfeoperationen (Code of Conduct 1994). Auch in diesem Verhaltenskodex wird der Grundsatz der Menschlichkeit als erstes von zehn Prinzipien festgeschrieben. Als neues Element wird dafür allerdings der Begriff des „humanitären Imperativs" eingeführt.

Die Anlehnung an Kants kategorischen Imperativ ist kein Zufall. Während Pictet von der Menschlichkeit als einem zentralen moralischen Wert spricht, impliziert der Begriff „humanitärer Imperativ" eine moralische Pflicht, die nach einer Handlung verlangt. Es entsprach klar dem Willen der an den Diskussionen beteiligten Organisationen, die humanitäre Hilfe als eine vollkommene Pflicht im Sinne Kants zu definieren; als eine Pflicht also, die unter allen Umständen und bedingungslos befolgt werden muss (Slim 2002). Einer solchen vollkommenen Pflicht stehen naturgemäß ebenso absolute Rechte der von einer Notlage Betroffenen gegenüber.[7]

Eine solche Interpretation von Hilfspflichten beruft sich auf eine deontologische Ethik, die davon ausgeht, dass bestimmte Handlungen – z. B. einem Verletzten Erste Hilfe zu leisten – in sich gut sind, weitgehend unabhängig von den weiterreichenden Konsequenzen dieser Handlungen. Einem verhungernden Kind zu essen zu geben, eine von einem Erdrutsch verschüttete Frau zu befreien oder einen Kranken zu heilen sind Handlungen, die wohl universell als gut und moralisch richtig angesehen werden. Deshalb benützen Hilfsorganisationen bezeichnenderweise oft genau solche Bilder, wenn sie ihr Tun beschreiben, insbesondere dann, wenn sie an die Hilfsbereitschaft potenzieller Geldspender appellieren wollen.

Mit der zunehmenden Instrumentalisierung der humanitären Hilfe für politische und militärische Zielsetzungen ist allerdings eine Debatte darüber entstanden, ob tatsächlich unter allen Umständen Hilfe geleistet werden sollte, ob der humanitäre Imperativ also wirklich absolut und bedingungslos gelten soll. Was soll man tun, wenn gut gemeinte und lebensrettende Hilfe unbeabsichtigt eine der Kriegsparteien unterstützt? Wie soll man reagieren, wenn sie von skrupellosen Warlords oder bewaffneten Banden für ihre Zwecke missbraucht wird? Dürfen humanitäre Organisationen zu gravierenden Menschenrechtsverletzungen schweigen, um so ihre lebensrettenden Operationen nicht zu gefährden? Oder anders ausgedrückt: Wie sollen sich humanitäre Helfer verhalten, wenn die unbeabsichtigten negativen Kon-

---

[7] Im ersten Prinzip des Code of Conduct wird deshalb das Recht, humanitäre Hilfe zu erhalten, in den Vordergrund gerückt: „The humanitarian imperative comes first – the right to receive humanitarian assistance, and to offer it, is a fundamental humanitarian principle which should be enjoyed by all citizens of all countries. As members of the international community, we recognise our obligation to provide humanitarian assistance wherever it is needed. [...]" (Code of Conduct 1994).

sequenzen ihrer Handlungen so gravierend sind, dass sie die möglichen positiven Auswirkungen für die Hilfsempfänger deutlich überwiegen?

Das Spannungsverhältnis zwischen einer mit Hilfspflichten argumentierenden Moral und einer Sichtweise, die dafür plädiert, den moralischen Wert einer Tat nach der Summe aller ihrer Auswirkungen und Resultate zu beurteilen, hat die oft mit großen Emotionen geführten ethischen Diskussionen zwischen humanitären Helfern seit langem geprägt. Es ist die Kontroverse zwischen denen, die sich mit einer kurzfristigen Symptombehandlung begnügen, und denen, die die Ursachen eines Übels bekämpfen wollen; eine Diskussion zwischen Helfern, die sich als apolitisch sehen, und solchen, die mit politischen Mitteln die Welt verändern wollen.[8] Es ist schwierig, diese beiden ethischen Ansätze gegeneinander aufzuwiegen, denn beide haben für sich gesehen recht. Es ist aber oft unmöglich, beide Ansätze miteinander zu vereinbaren.

Schon in den Anfängen der humanitären Bewegung in der zweiten Hälfte des 19. Jahrhunderts wurde diese Diskussion zwischen zwei noch heute berühmten Protagonisten ausgetragen. Henry Dunant (siehe Kap. 3) trat für seine Idee ein, ein Korps von freiwilligen Helfern zu schaffen, deren Bestreben es sein sollte, selbstlos und bedingungslos die Verletzten aller Kriegsparteien vom Schlachtfeld zu evakuieren und ihre Wunden in neutralisierten Krankenstationen zu behandeln. Diese Idee hat bis heute in der Form der Internationalen Rotkreuz- und Rothalbmondbewegung und des humanitären Völkerrechts überlebt. Henry Dunants Zeitgenossin Florence Nightingale argumentierte dagegen, dass solche freiwilligen Helfer es den kriegführenden Staaten viel leichter machten, in den Krieg zu ziehen, und dass sie damit gesamthaft gesehen mehr Schaden als Nutzen anrichteten. Sie setzte sich deshalb dafür ein, dass die Kriegsparteien selbst für ihre Verwundeten verantwortlich gemacht werden sollten (Moorehead 1998, S. 29). Das Argument, dass humanitäre Hilfe die Kriegsparteien entlastet und damit bewaffnete Konflikte verlängert oder sogar erst möglich macht, wird übrigens auch heute noch gelegentlich vorgebracht (Luttwak 1999).

Ein viel zitiertes Beispiel für eine Situation, die in neuerer Zeit zu großen Diskussionen zur Ethik der humanitären Hilfe führte, sind die Begebenheiten, die sich 1994 im Anschluss an den Völkermord in Ruanda[9] in den Flüchtlingslagern im Osten Zaires (der heutigen Demokratischen Republik Kongo) ereigneten. Nach der Machtübernahme in Ruanda durch die von Tutsis dominierte Rwandan Patriotic Front (RPF) im Juli 1994 suchten über 1,5 Mio. ruandische Flüchtlinge Zuflucht in Zaire, die große Mehrheit von ihnen Hutus. Viele dieser Flüchtlinge waren die Anstifter und Ausführenden des Völkermords in Ruanda gewesen und zeigten wenig

---

[8] Von einigen wird diese Debatte auch als eine zwischen humanitären „Puristen" und „New Humanitarians" beschrieben (Varga et al. 2005, S. 72–82). Eine solche Beschreibung unterstellt, dass die Puristen eher altmodisch und überholt sind, während die „New Humanitarians" eine moderne humanitäre Hilfe verkörpern. Vgl. dazu Kap. 2.

[9] In nur drei Monaten wurden 1994 in Ruanda rund 800.000 Tutsi und gemäßigte Hutu, die sich weigerten mitzumachen, durch radikale Hutu-Milizen getötet. Drei von vier Angehörige der Tutsi-Minderheit fielen dem Genozid zum Opfer.

bis gar keine Reue über die Ereignisse. Die humanitäre Situation der Menschen in den Flüchtlingslagern war dramatisch und eine Vielzahl von Hilfsorganisationen leistete vor Ort lebensrettende Hilfe. Die Lager in Zaire, in denen diese Hilfe geleistet wurde, dienten aber auch als sicheres Rückzugsgebiet und als Rekrutierungsbecken für die gefürchteten Interahamwe-Milizen, die auch nach 1994 regelmäßig nach Ruanda eindrangen, um Tutsis anzugreifen und zu töten. Einige humanitäre Organisationen kamen zum Schluss, dass eine – wenn auch indirekte – Unterstützung von Operationen solcher bewaffneten Gruppen moralisch nicht verantwortet werden konnte. Als Konsequenz zogen sie sich von den Hilfsoperationen in den Flüchtlingslagern zurück.[10] Andere NRO argumentierten mit dem Grundsatz des humanitären Imperativs, wonach auch unter solchen Umständen die betroffenen Menschen mit lebensnotwendiger Hilfe zu versorgen seien. Sie wiesen darauf hin, dass die moralische Verantwortung für die militärischen Aktionen der Interahamwe-Milizen nicht bei den humanitären Organisationen liege, sondern bei den staatlichen Akteuren, die diese zuließen und z. T. sogar dazu ermutigten.[11]

Im Bosnienkrieg wurde im Sommer 1992 eine große Anzahl bosnischer Muslime und Kroaten im Norden des Landes durch bosnisch-serbische Milizgruppen aus ihren Häusern und Dörfern vertrieben und in Lagern zusammengepfercht. Die Hilfsorganisationen vor Ort standen vor der schwierigen Entscheidung, ob sie diese Vertriebenen vor Ort versorgen sollten, trotz der ständigen Gefahr von Übergriffen auf die Vertriebenen, oder ob sie diese Menschen an sichere Orte im Ausland evakuieren sollten. Das Letztere hätte bedeutet, dass die humanitären Organisationen – wenn auch sehr unfreiwillig – zu ausführenden Komplizen einer ethnischen Säuberungspolitik geworden wären.[12]

Nach der Machtübernahme der radikalislamischen Taliban in Afghanistan 1996, verfügten diese, dass humanitäre Organisationen keine Frauen mehr anstellen und auch Hilfsgüter nicht mehr direkt an Frauen ausgehändigt werden durften. Viele humanitäre Organisationen, die diese Bedingungen nicht akzeptieren wollten, mussten das Land verlassen und ihre Hilfsprojekte einstellen. Andere, wie das IKRK, entschieden sich, im Angesicht einer äußerst schwierigen humanitären Situation, auch unter diesen eigentlich inakzeptablen Bedingungen weiter zu arbeiten.

Auch nach dem Sturz der Taliban im Oktober 2001 wurden in Afghanistan regelmäßig öffentliche Debatten zur Ethik der humanitären Hilfe geführt. Im Mai 2010 entstand z. B. in einigen Medien eine Polemik darüber, dass das IKRK in seinen Krankenhäusern im Süden Afghanistans auch Talibankämpfer behandelte und so-

---

[10] Ärzte ohne Grenzen (Médecins Sans Frontières, MSF) und das Internationale Komitee vom Roten Kreuz (IKRK) stellten z. B. ihre Hilfsoperationen in den Flüchtlingslagern im Osten Zaires ein

[11] Für eine genauere Beschreibung der Begebenheiten im Zusammenhang mit dem Genozid in Ruanda und der schwierigen Diskussionen unter humanitären Organisationen über die Hilfsoperationen in den Flüchtlingslagern in Zaire siehe z. B. Terry 2002 oder Lischer 2006. Vgl. auch Kap. 3.

[12] Der VN-Flüchtlingskommissar (UN High Commissioner for Refugees, UNHCR) entschied sich, aus ihren Dörfern vertriebene ethnische Minderheiten nicht ins Ausland zu evakuieren, während das IKRK zum Schluss kam, dass unter den gegebenen Umständen eine Evakuierung in sichere Gebiete die einzige Möglichkeit war, zehntausende von Menschenleben zu retten (Terry 2002, S. 47 f.).

gar Erste-Hilfe-Kurse für diese organisierte. Einige Politiker argumentierten, dass die Lebensumstände der Menschen in Afghanistan nur dauerhaft und nachhaltig verbessert werden könnten, indem man die Taliban vollständig zum Verschwinden bringe. Es sei deshalb unangebracht und kontraproduktiv, wenn medizinische Hilfe für verletzte Talibankämpfer geleistet würde.[13] Selbstverständlich wird kein verantwortungsvoll handelnder Arzt seine Hilfe verweigern, wenn er vor einem Verletzten steht. Wenn eine humanitäre Organisation jedoch entscheiden muss, ob sie Ärzte in von Taliban kontrollierte Gebiete Afghanistans schicken soll, kann sich die Frage, ob dies moralisch vertretbar ist, allerdings durchaus stellen, vor allem dann, wenn es in anderen Landesteilen ebenfalls große Bedürfnisse abzudecken gibt.

Außerhalb von Konfliktgebieten kann gut gemeinte Hilfe ebenso ungewollte Nebenwirkungen haben, sogar wenn sie für viele überlebensnotwendig ist. In einer akuten Hungersnot führt z. B. die Verteilung von Lebensmitteln i. d. R. dazu, dass die Preise für lokal angebaute Lebensmittel drastisch fallen, was deren Anbau für die lokalen Bauern unattraktiv macht. Dies kann u. U. zu einem Teufelskreis von Abhängigkeiten führen.

Dennoch sind humanitäre Organisationen in erster Linie in Konfliktgebieten gezwungen, sich mit den unerwünschten Auswirkungen ihres Handelns auseinanderzusetzen. In der Praxis ist eine Güterabwägung allerdings oft sehr heikel und häufig auch umstritten. Versuche, einen kausalen Zusammenhang zwischen Hilfsleistungen und einer nachhaltigen Verbesserung der Situation herzustellen, sind notorisch schwierig. Hilfsorganisationen, die ja nicht nur den Hilfsempfängern, sondern auch ihren Geldgebern Rechenschaft schuldig sind, sind immer auch versucht, ihre eigene Rolle etwas zu überschätzen und zu beschönigen. Die positiven Auswirkungen stehen oft auch deshalb im Vordergrund, weil sie unmittelbar auftreten, während die negativen Effekte meistens erst in einer fernen und ungewissen Zukunft zu erwarten sind. Die Annahmen zu den langfristigen Auswirkungen sind somit oft hypothetisch und fast jede These kann mit einer Gegenthese infrage gestellt werden.

Die Güterabwägung ist fast immer geprägt von einer Grundspannung zwischen den unterschiedlichen Zielsetzungen der humanitären Hilfe und der Entwicklungszusammenarbeit. Während die humanitäre Hilfe zum Ziel hat, in einer unmittelbaren Notsituation bedrohte Leben zu retten und Leiden zu lindern, sich also vor allem mit den Symptomen eines Problems befasst, versucht die Entwicklungszusammenarbeit, die Ursachen eines Problems – z. B. der Armut oder einer anderen sozialen Ungerechtigkeit – zu bekämpfen. Es gibt eine starke Wechselwirkung zwischen den beiden Ansätzen und die Praxis vieler größerer Hilfsorganisationen ist heute durch eine Vielzahl von Mischformen geprägt. Für die Analyse der moralischen Herausfor-

---

[13] Die britische Zeitung „The Guardian" berichtete am 25. Mai 2010 über diese Kontroverse. Sie zitierte auch einen Sprecher der North Atlantic Treaty Organization (NATO), der das IKRK verteidigte: „Nato has tremendous respect for the humanitarian work carried out by the ICRC [International Committee of the Red Cross] and we recognise the need for this work to be carried out impartially" (The Guardian, http://www.guardian.co.uk/world/2010/may/25/red-cross-first-aid-taliban. Zugegriffen: 11. Jan. 2013).

derungen, denen humanitäre Organisationen ausgesetzt sind, ist es allerdings nützlich, die beiden Ansätze gesondert zu betrachten, weil sie einem unterschiedlichen ethischen Rahmen unterliegen. Während sich die humanitäre Hilfe am humanitären Imperativ orientiert und damit bedingungslos und selbstlos geleistet werden sollte, ist ein Entwicklungsprojekt i. d. R. an Bedingungen geknüpft. Solche Bedingungen können z. B. gestellt werden, um die Nachhaltigkeit einer Verbesserung der Lebensumstände sicherzustellen, und sie können durchaus auch politische Ziele verfolgen, z. B. die Förderung der Rechte von Frauen oder die Bekämpfung von Korruption. Welcher der beiden Ansätze im Zweifelsfall in der Güterabwägung stärker zu gewichten ist, kann Anlass für heftige Diskussionen sein.

Ein humanitäres Dilemma liegt dann vor, wenn die Befolgung des humanitären Imperativs – im Sinne einer vollkommenen Pflicht nach Kant – unbeabsichtigt dazu führt, dass sich die Gesamtsituation für die betroffene Bevölkerung langfristig verschlimmert. Anders ausgedrückt: Jede Handlungsmöglichkeit führt zu einer akuten Gefährdung von Menschenleben und verletzt damit ein eigentlich bindendes moralisches Prinzip. Wie die oben erwähnten Beispiele zeigen, kann dies der Fall sein, wenn eine gebotene Hilfsleistung an die Zivilbevölkerung auch moralisch verwerfliche Handlungen einer Konfliktpartei ermöglicht. Eine Option besteht immer auch darin, keine Hilfe zu leisten, den humanitären Imperativ also nicht zu befolgen. Im Angesicht von Not und Elend wiegt diese Option allerdings meist moralisch am schwersten.

19.2 Die Grundsätze der Unparteilichkeit und Unabhängigkeit

Die Pflicht zu unparteilichem Handeln ist eigentlich eine direkte Konsequenz des humanitären Imperativs und der darin enthaltenen Überzeugung, dass alle Menschen den gleichen Anspruch auf ein Leben in Würde haben. Der Grundsatz der Unparteilichkeit verlangt, dass Hilfe nur nach objektiven Bedürfnissen gewährt wird, ohne Ansehen des ethnischen Ursprungs, der Nationalität oder politischer oder religiöser Überzeugungen der Hilfsempfänger.[14] Eine Hilfe, die an Bedingungen gebunden ist, sich z. B. nur an eine bestimmte Bevölkerungsgruppe richtet oder eine explizite Gegenleistung erwartet, wäre nicht unparteilich und würde damit auch den humanitären Imperativ nicht erfüllen.

Wohl jede Organisation der humanitären Hilfe wird sich darauf berufen, dass alle ihre Operationen und Projekte dem Grundsatz der Unparteilichkeit folgen. In der Praxis kann man allerdings relativ einfach demonstrieren, dass dort, wo die Bedürfnisse am größten sind, nicht unbedingt auch am meisten Hilfe geleistet wird.

---

[14] Der Grundsatz der Unparteilichkeit wurde auch als eine Verpflichtung in den „Verhaltenskodex für Nichtregierungsorganisationen" (siehe „Code of Conduct") übernommen: Principle 2: „Aid is given regardless of the race, creed or nationality of the recipients and without adverse distinction of any kind. Aid priorities are calculated on the basis of need alone", und Principle 3: „Aid will not be used to further a political or religious standpoint. Humanitarian aid will be given according to the need of individuals, families and communities […]." (Code of Conduct 1994).

Eine große Einschränkung für Hilfsorganisationen ist die Sicherheitslage in den Notstandsgebieten. Oft ist es so, dass es gerade dort, wo die Notlage am größten ist, für humanitäre Helfer zu gefährlich ist, um vor Ort zu sein. Somalia, Jemen oder weite Teile Afghanistans sind Beispiele dafür, dass aufgrund von mangelnden Sicherheitsgarantien oder sogar von akuten Bedrohungen dringend benötigte Hilfsoperationen eingeschränkt oder eingestellt werden mussten. Es kommt auch vor, dass Regierungen ausländischen Organisationen den Zugang zu bestimmten Gebieten eines Landes verweigern, z. B. wenn diese Landesteile von Rebellengruppen kontrolliert werden. Oft werden als Begründung für solche Einschränkungen ebenfalls Sicherheitsbedenken angeführt.

Wenn Hilfsorganisationen sich zum Ziel setzen, bedürfnisgerechte und damit unparteiliche Hilfe zu leisten, brauchen sie dazu genaue Kenntnisse der Gesamtsituation im von einer Notlage betroffenen Gebiet. Gerade für kleinere Organisationen ist es aber z. T. sehr schwierig, sich ein Gesamtbild einer Situation zu machen, vor allem dann, wenn es sich um eine plötzlich auftretende Katastrophe handelt. Dies führt i. d. R. dazu, dass abgelegene oder schwer zugängliche Gebiete proportional weniger Hilfe bekommen als solche, die z. B. in der Nähe eines großen Flughafens liegen.

Falls Hilfe faktisch – aus welchen Gründen auch immer – nur in bestimmten Landesteilen oder ausschließlich an bestimmte Bevölkerungsgruppen geleistet wird, kann berechtigterweise der Eindruck entstehen, dass der Grundsatz der Unparteilichkeit von den beteiligten Hilfsorganisationen nicht befolgt wurde. Außerdem können dadurch schon bestehende Ungleichheiten verstärkt werden, was zu politischen Spannungen zwischen verschiedenen Bevölkerungsgruppen führen kann. Um ethisch handeln zu können, ist es deshalb unerlässlich, die nötige Zeit und Energie aufzuwenden, um eine Problematik sorgfältig zu analysieren und die Prioritäten für Hilfsleistungen nach objektiv definierten Bedürfnissen und Prioritäten festzulegen. Dies bedingt im Allgemeinen die Zusammenarbeit mit einem existierenden Netzwerk von lokalen Partnern, wobei zu beachten ist, dass deren Möglichkeit, unparteilich zu handeln, durch die Umstände eingeschränkt sein kann.

Damit humanitäre Organisationen unparteilich, also frei von politischen oder anderen Zwängen und Einflüssen, handeln können, müssen sie ihre Entscheidungen unabhängig fällen können. In der Praxis werden viele Entscheidungen von NRO allerdings wesentlich von den zur Verfügung stehenden Finanzierungsquellen beeinflusst. Das Spendenaufkommen für Hilfsorganisationen richtet sich erfahrungsgemäß nicht unbedingt nach objektiv existierenden Bedürfnissen. Hilfsoperationen für Notsituationen, die auf ein großes Medieninteresse stoßen, können meist besser mit privaten Spenden finanziert werden als Aktivitäten in Ländern mit „vergessenen Konflikten" oder anderen chronischen Problemen.[15] Auch die Finanzierung von präventiven Maßnahmen, die eine Notsituation – z. B. eine Hungerkatastrophe – verhindern oder mildern könnten, ist meist schwierig und bedingt aufwendige Anstrengungen in der Öffentlichkeitsarbeit.

---

[15] Die Tatsache, dass die öffentliche Reaktion auf eine Katastrophe wesentlich davon abhängt, ob und in welcher Art und Weise internationale Medien darüber berichten, wird oft als „CNN effect" bezeichnet. Vgl. dazu Kap. 10.

Viele Aktivitäten von NRO werden auch zu großen Teilen mit staatlichen Geldern finanziert. Diese Beiträge sind meist zweckgebunden; d. h. nur für genau definierte Projekte verwendbar und z. T. strikten Bedingungen unterworfen. Damit wird die Auswahl der Projekte, die in die Tat umgesetzt werden können, wesentlich von den Geldgebern bestimmt. Gerade staatliche Geldgeber verfolgen i. d. R. mit ihren Finanzierungsentscheidungen – legitimerweise – auch politische Ziele und nationale Eigeninteressen. Da fast alle Hilfsorganisationen auf private Spender oder öffentliche Gelder angewiesen sind, müssen sie u. U. schwierige Entscheidungen fällen. Sie können nicht immer unabhängig entscheiden, wo und wie sie eingreifen wollen, sind aber zu völliger Untätigkeit verurteilt, wenn sie keine finanziellen Mittel haben.[16] Gerade die Gefahr, durch staatliche Geldgeber für politische und militärische Zielsetzungen instrumentalisiert zu werden, wird denn auch von vielen Organisationen bewusst in Kauf genommen.[17]

Entwicklungsprojekte richten sich im Allgemeinen nicht ausschließlich nach den festgestellten Bedürfnissen, sondern sind auch an bestimmte Bedingungen geknüpft. Der Grundsatz der Unparteilichkeit kann in diesem Zusammenhang dahingehend interpretiert werden, dass diese Bedingungen für alle Situationen die gleichen sein sollten.

19.3 Der Grundsatz der Neutralität

Der Grundsatz der Neutralität ist außerhalb der Internationalen Rotkreuz- und Rothalbmondbewegung der umstrittenste von Jean Pictets Prinzipien zur humanitären Hilfe. Dieses humanitäre Prinzip verlangt, dass Hilfsorganisationen in bewaffneten und politischen Konflikten keine Partei ergreifen und nichts tun, das der einen oder anderen Seite einen expliziten Vorteil verschaffen würde. Die Notwendigkeit, eine neutrale Haltung einzunehmen, wird dadurch gerechtfertigt, dass humanitäre Organisationen in Kriegsgebieten nur vor Ort präsent sein können, wenn ihre Arbeit von allen beteiligten Parteien akzeptiert wird.

Man könnte auch sagen, dass eine neutrale Haltung nötig ist, um von den Konfliktparteien als unparteilich wahrgenommen zu werden. Als Analogie dazu kann man die Rolle des Fußballschiedsrichters anführen. Dieser hätte es sehr schwer, seine Unparteilichkeit glaubhaft zu machen, wenn er sich im Vorfeld eines Spiels als großer Fan der einen Mannschaft offenbaren würde, obwohl ihn das im Prinzip nicht daran hindern würde, während des Spiels völlig unparteilich zu handeln.

---

[16] Der Grundsatz der Unabhängigkeit ist deshalb im Code of Conduct auch bewusst einschränkend formuliert: Principle 4: „We shall endeavour not to act as instruments of government foreign policy. […]" (Code of Conduct 1994).

[17] Viele Organisationen haben sich auch entschlossen, eine allzu offensichtliche Instrumentalisierung durch staatliche Geldgeber zurückzuweisen, z. B. in der Debatte zur „vernetzten Sicherheit" in Afghanistan. MSF hat sich z. B. strikte Bedingungen für die Annahme staatlicher Gelder auferlegt. Das IKRK, das zu einem überwiegenden Teil durch Staatsbeiträge finanziert wird, beschränkt die Möglichkeiten der Zweckbindung für Geldgeber.

Der Grundsatz der Neutralität ist also kein moralisches Prinzip, sollte aber auch nicht als Ausdruck einer moralischen Gleichgültigkeit interpretiert werden. Organisationen, die sich auf den Grundsatz der Neutralität berufen, wie z. B. das IKRK, nutzen ihn als Instrument, um in Konfliktgebieten präsent sein zu können und dort Hilfe zu leisten. Es ist aber auch unter den überzeugten Verteidigern einer instrumentellen Neutralität unumstritten, dass es irgendwo eine moralische Grenze für eine solche Haltung gibt.

Für Hilfsorganisationen kann die Frage, unter welchen Umständen offensichtliches Unrecht öffentlich angeprangert werden muss, allerdings zu einem echten moralischen Dilemma führen. Wenn eine Organisation oder ihre Mitarbeiter gravierende Menschenrechtsverletzungen denunzieren, kann dies nämlich dazu führen, dass eine eigentlich notwendige und als geboten erachtete Hilfsoperation aufgegeben werden muss, weil die betroffene Organisation von einer oder mehreren Konfliktparteien nicht mehr akzeptiert wird. Am deutlichsten wird das an der Frage, ob die Mitarbeiter von humanitären Organisationen mit dem Internationalen Strafgerichtshof zusammenarbeiten sollten.[18] Man kann dies als ein Dilemma zwischen Menschlichkeit und dem Streben nach Gerechtigkeit bezeichnen (Wortel 2009). Auch in einem solchen Dilemma besteht die Spannung zwischen denen, die ihre Pflicht zu helfen in den Vordergrund stellen und sich auf den humanitären Imperativ berufen, und denen, die argumentieren, dass man vordringlich die Ursachen eines Problems bekämpfen sollte und deshalb politisch handeln müsse und nicht neutral bleiben dürfe.[19]

19.4 Gibt es Auswege aus dem Dilemma?

Die Professionalisierung der humanitären Hilfe hat dazu geführt, dass für viele materielle Aspekte der Hilfsoperationen Standards und Richtlinien erstellt wurden, von denen viele auf sog. „best practice"-Modellen basieren. Diese professionellen Standards werden von einer großen Mehrheit von professionell arbeitenden Organisationen als bindend anerkannt, auch wenn sie nicht unbedingt unter allen Umständen eingehalten werden können.[20] In neuerer Zeit wird – gerade von staatlichen

---

[18] Im März 2009, einen Tag nachdem der Internationale Strafgerichtshof Anklage gegen den sudanesischen Präsidenten al-Bashir erhoben hatte, wurden 13 internationale NRO von der sudanesischen Regierung aus Darfur ausgewiesen, weil sie der Zusammenarbeit mit dem Gerichtshof verdächtigt wurden. Siehe dazu: The Guardian, http://www.guardian.co.uk/world/2009/mar/24/darfur-aid-crisis. Zugegriffen: 11. Jan. 2013.

[19] Ein Beispiel für eine verfehlte Neutralitätspolitik waren sicher die Hilfsoperationen des IKRK in den Konzentrationslagern des Nazi-Regimes in Deutschland. Der positive Effekt der Verteilung von Nahrungsmittelpaketen in gewissen Konzentrationslagern durch das IKRK war im Vergleich zur Gesamtproblematik völlig insignifikant. Es dauerte allerdings viele Jahre, bis das IKRK dies auch öffentlich bekannte. Vgl. dazu Kap.3.

[20] Die am weitesten verbreiteten professionellen Standards der humanitären Hilfe wurden im sog. „Sphere Project" von verschiedenen NRO erarbeitet und in einem Handbuch unter dem Titel „Humanitarian Charter and Minimum Standards in Disaster Response" veröffentlicht. Vgl. dazu Kap. 15.

Geldgebern – auch die Effizienz von NRO, also das Verhältnis zwischen Kostenaufwand und erzielten Resultaten, etwas genauer unter die Lupe genommen.

Eine altruistische Gesinnung und die Einhaltung von Qualitäts- und Effizienzstandards bieten allerdings – wie die oben beschriebenen Beispiele zeigen – noch keine Garantie für moralisch richtiges Handeln. Jean Pictets humanitäre Grundsätze oder die zehn Prinzipien des Code of Conduct für NRO geben zwar einige moralische Orientierungshilfen, sie sind aber – wie oben gezeigt wurde – unter gewissen Umständen gar nicht so einfach zu befolgen oder führen sogar direkt in ein moralisches Dilemma. Auch das humanitäre Völkerrecht und internationale Menschenrechtsverträge sind ein wichtiger Teil des moralischen Umfelds von humanitären Organisationen, geben aber auch nicht immer eindeutige und unumstrittene Antworten auf ethische Fragen. Viele moralische Fragen können nur von Fall zu Fall entschieden werden und es ist deshalb wichtig, dass sich Entscheidungsträger und Mitarbeiter von Hilfsorganisationen zumindest intern regelmäßig mit der Moral ihres Handelns auseinandersetzen und sich den damit verbundenen Diskussionen stellen.

Die öffentliche Kommunikation humanitärer Organisationen ist i. d. R. auf die positiven Auswirkungen ihrer Arbeit ausgerichtet, vor allem dann, wenn es darum geht, Spendengelder zu sammeln. Es ist allerdings unerlässlich, dass sich Hilfsorganisationen auch mit den negativen Konsequenzen ihres Handelns auseinandersetzen. Oft ist es nämlich möglich, diese unerwünschten Nebenwirkungen mit geeigneten Maßnahmen, wenn nicht auszuschalten, so doch zu minimieren.[21] Dazu müssen sie allerdings zuerst identifiziert werden, und das bedingt i. d. R., dass man sich ausführlich mit politischen, gesellschaftlichen und ökonomischen Zusammenhängen auseinandersetzen muss. Um ethisch handeln zu können, müssen sich humanitäre Helfer mit allen Facetten einer Problematik auseinandersetzen.

In einem nächsten Schritt sollten alle Handlungsmöglichkeiten sorgfältig analysiert werden, um in einer Güterabwägung die möglichst beste Alternative zu bestimmen. Eine der Optionen kann auch sein, bewusst keine Hilfe zu leisten. Ein moralisches Dilemma liegt dann vor, wenn alle möglichen Handlungsoptionen fundamentale moralische Werte schwerwiegend verletzen. Das kann z. B. heißen, dass alle zur Verfügung stehenden Alternativen Menschenleben akut gefährden. Leider liegt es in der Natur eines Dilemmas, dass es dafür keine einfachen Lösungen gibt.

Da nicht alles, was umgangssprachlich als ein Dilemma bezeichnet wird, auch ein wirkliches Dilemma ist, sollte man sich zuerst fragen, ob man es in der Tat mit einem echten moralischen Dilemma zu tun hat. Es kann z. B. vorkommen, dass man ungewisse, ungenaue oder sogar widersprüchliche Angaben zu den möglichen Auswirkungen einer bestimmten Handlung hat, und deshalb unschlüssig ist, welche Option die moralisch richtige wäre. Dies sollte nicht als ein wirkliches moralisches Dilemma betrachtet werden, weil man mit großer Wahrscheinlichkeit durch die Be-

---

[21] Das Bestreben, mit geeigneten Maßnahmen die möglichen negativen Auswirkungen einer Hilfsleistung zu minimieren, und – falls das nicht möglich sein sollte – ggf. auch Hilfsleistungen zu unterlassen, wird nach einem Vorschlag von Mary Anderson als „Do No Harm"-Ansatz bezeichnet (Anderson 1999). Vgl. dazu Kap. 20.

schaffung von genaueren Informationen die beste Handlungsmöglichkeit ermitteln könnte. Nach Hugo Slim stehen Entscheidungsträger in solchen Situationen, also bei hoher Ungewissheit über die Auswirkungen einer Handlung, nicht vor einem Dilemma, sondern vor einer schwierigen Entscheidung, einer „tough choice" (Slim 1997, S. 249). Auch wenn die beste Handlungsmöglichkeit durch fehlende Mittel oder andere logistische Einschränkungen verhindert wird, kann man nicht wirklich von einem Dilemma sprechen, weil es im Allgemeinen, wenn nicht die gewünschte, so doch – unter den gegebenen Umständen – die bestmögliche Option gibt.

Ein klassisches humanitäres Dilemma stellt sich in Situationen, wenn lebensrettende Hilfe auch klar unmoralische Zielsetzungen unterstützt, wie es z. B. 1994 in den ruandischen Flüchtlingslagern im Osten Zaires der Fall war oder in den frühen 1980er Jahren in den Lagern der Roten Khmer an der kambodschanisch-thailändischen Grenze. Keine Hilfe zu leisten, hätte bedeutet, dass Zehntausende ums Leben gekommen wären, unter ihnen viele Frauen und Kinder. Da die Flüchtlingslager aber auch als geschütztes Rückzugsgebiet und als Rekrutierungsbecken für bewaffnete Truppen dienten, hat die geleistete humanitäre Hilfe unbestritten auch wesentlich dazu beigetragen, dass die für einen Völkermord verantwortlichen Gruppen noch viele Jahre weiter aktiv sein konnten.

Ein zweites klassisches Dilemma ist das oben zitierte zwischen Menschlichkeit und Gerechtigkeit. Hilfsorganisationen werden in ihren Aktionsgebieten oft mit den Auswirkungen von grausamen Menschenrechtsverletzungen konfrontiert. Meist werden diese gerade von Vertretern der lokalen Machthaber begangen, auf deren Wohlwollen die humanitären Organisationen für ihre Präsenz vor Ort angewiesen sind. Solche Menschenrechtsverletzungen öffentlich anzuprangern und sich dafür einzusetzen, dass sie beendet werden, kann in vielen solchen Situationen als moralisch geboten betrachtet werden. Andererseits muss man damit rechnen, dass solche öffentlichen Denunziationen zur Folge haben können, dass man von den angeklagten Gruppen oder Machthabern mit unzimperlichen Mitteln aus dem Operationsgebiet vertrieben wird. Das führt dann u. U. dazu, dass lebensrettende humanitäre Hilfsoperationen beendet werden müssen oder gar nicht begonnen werden können.

Ein möglicher Lösungsansatz für einige der beschriebenen moralischen Dilemmata besteht in der Entflechtung verschiedener ethischer Ansätze und in einer bewussten Suche nach Komplementarität zwischen verschiedenen Akteuren des humanitären Systems.

Ein Beispiel für eine solche Komplementarität ist das Wechselspiel zwischen dem IKRK und verschiedenen Menschenrechtsorganisationen im Umgang mit politischen Gefangenen. Menschenrechtsorganisationen, die wie Amnesty International oder Human Rights Watch ihre Ziele über öffentlichen Druck erreichen wollen (advocacy), müssen sich damit abfinden, dass ihnen die betroffenen Regierungen i. d. R. keinen regelmäßigen Zugang zu den Gefängnissen gewähren, in denen politische Gefangene gehalten werden. Informationen zu den Zuständen in diesen Gefängnissen können darum oft nur mit ziemlicher Zeitverzögerung beschafft werden – etwa dann, wenn einzelne Gefangene freigelassen werden – und sind zudem immer mit einer gewissen Unsicherheit behaftet. Das IKRK strebt einen direkten Zugang zu den Gefängnissen an, um dann unmittelbaren Einfluss auf die Haftbedingungen zu nehmen. Als Bedingung für einen regelmäßigen Zugang verlangen die betroffenen Regierungen allerdings im Allgemeinen, dass das IKRK seine Erkenntnisse nicht öffentlich macht. Beide Ansätze haben für sich allein genommen ihre moralischen Grenzen, weil sie das sich stellende Dilemma zwischen Menschlichkeit und Gerechtigkeit nicht alleine lösen können. Als Gesamtsystem sind beide Ansätze jedoch komplementär und können damit optimale Resultate erzielen. Eine Organisation, die versuchen würde, beide Ansätze unter einen Hut zu bringen, wäre gerade in politisch heiklen Situationen von Anfang an zum Scheitern verurteilt.

Die Suche nach einer bewussten Komplementarität zwischen verschiedenen ethischen Ansätzen kann auch in anderen Situationen funktionieren. Man kann sich z. B. vorstellen, dass eine bestimmte Organisation gezielt Informationen über sexuelle Gewalt gegen Frauen in einem Flüchtlingslager sammelt, um mit deren Veröffentlichung Druck auf die betroffene Regierung auszuüben, während eine andere Organisation diskret die betroffenen Frauen behandelt und unterstützt, ohne ihre Informationen über die Täter für die Öffentlichkeitsarbeit zu nutzen.

Traditionellerweise gab es auch eine relativ klare Komplementarität zwischen der humanitären Hilfe und der Entwicklungszusammenarbeit. In der Praxis, vor allem der größeren Hilfsorganisationen, ist diese Unterscheidung allerdings zunehmend verwischt worden und die heutigen Hilfsoperationen werden durch eine Vielzahl von Mischformen geprägt. Auch der Aufbau von neuen gesellschaftlichen und politischen Strukturen (nation building) ist manchmal Teil der deklarierten Zielsetzungen von humanitären Operationen. Dies führt dazu, dass die traditionelle Komplementarität verschiedener Ansätze etwas verloren gegangen ist, und dass das humanitäre System als Ganzes und die spezifischen Zielsetzungen einzelner Hilfsorganisationen manchmal schwer identifizierbar geworden sind.

Die Vermischung von humanitärer Hilfe und nation building sowie von humanitären Motivationen und politischen Zielsetzungen hat sich in Konfliktgebieten wie Afghanistan, Irak oder Somalia nicht bewährt. Eine solche Verwischung der Grenzen führt dazu, dass die moralischen Grundlagen der beteiligten Organisationen für Außenstehende nicht mehr klar und damit die Handlungen der involvierten Akteure nicht mehr vorhersehbar sind. Dies wiederum hat zur Folge, dass Konfliktparteien ausländischen Hilfsorganisationen zunehmend misstrauisch gegenüber stehen. Handelt es sich um eine Organisation, die wirklich nur Hilfe leisten will? Oder muss man damit rechnen, dass deren Mitarbeiter Informationen sammeln, um lokale Machthaber öffentlich zu diskreditieren? Arbeiten die humanitären Organisationen mit den militärischen Interventionstruppen zusammen? Werden sie u. U. Informationen an den Internationalen Strafgerichtshof liefern? Haben sich die beteiligten Organisationen zum Ziel gesetzt, traditionelle Strukturen und Werte in ihrem Einsatzgebiet zu ändern? Dies sind Fragen, die sich Machthaber zunehmend stellen, ob es sich nun um anerkannte Regierungen oder um bewaffnete Oppositionsgruppen handelt. Oft sind die Antworten auch für langjährige Beobachter der internationalen humanitären Hilfe nicht einfach zu geben. Erschwerend kommt hinzu, dass die Handlungen mancher Akteure nicht unbedingt mit ihren deklarierten Absichten übereinstimmen.

Es wäre wohl nicht realistisch, zu einer strikten Arbeitsteilung zwischen humanitärer Hilfe und Entwicklungszusammenarbeit zurückkehren zu wollen. Die Wechselwirkung zwischen den beiden Ansätzen ist sehr stark, der Übergang von Nothilfeoperationen zu Entwicklungsprojekten ist fließend und es kann durchaus Sinn machen, sie zusammenzuführen. Eine stärkere Entflechtung von humanitärer Hilfe und Aktivitäten mit politischen und militärischen Zielsetzungen, inklusive solcher, die auf eine nachhaltige Entwicklungszusammenarbeit ausgerichtet sind, wäre aber insbesondere in Konfliktgebieten gesamthaft gesehen sinnvoll und nützlich. Überlebensnotwendige Hilfe sollte bedingungslos und unparteilich von Organisationen geleistet werden, die sich bewusst auf die deontologische Ethik des humanitären Imperativs berufen und die sich einer politischen Neutralität verschrieben haben, um von allen Konfliktparteien akzeptiert zu werden. Längerfristige Hilfe, z. B. Projekte der Entwicklungszusammenarbeit, aber auch der Aufbau von gesellschaftlichen und politischen Strukturen (nation building), kann durchaus an Bedingungen geknüpft sein. Deren Zielsetzungen können unter gewissen Umständen sogar mit militärischen Mitteln durchgesetzt werden. Deshalb sollten solche Aktivitäten klarer als bisher von humanitären Hilfsoperationen getrennt werden.

Die Komplementarität verschiedener praktischer und ethischer Ansätze funktioniert allerdings nur dann, wenn alle Akteure dem gegensätzlichen Ansatz mit dem nötigen Respekt begegnen. Jeder humanitäre Ansatz hat für sich gesehen eine Daseinsberechtigung, was in der Öffentlichkeitsarbeit der verschiedenen Organisationen auch deutlich gemacht werden sollte. Die beteiligten Organisationen müssen in ihren Handlungen und in ihrer öffentlichen Kommunikation auch glaubwürdig sein. Es ist umstritten, inwieweit verschiedene praktische und ethische Ansätze innerhalb derselben Organisation in Einklang zu bringen sind, und es gibt wohl keine eindeutige Antwort. Das Verhalten von Hilfsorganisationen, die ihre Position opportunistisch je nach Kontext und politischer Lage bestimmen, ist allerdings für Außenstehende im Allgemeinen nicht voraussehbar. Solche Organisationen stoßen deshalb bei Regierungen und Konfliktparteien oft auf Misstrauen und Ablehnung.

Zusammenfassend lässt sich sagen: Wenn Hilfsorganisationen an ihren moralischen Ansprüchen gemessen werden wollen, müssen sie ihre moralische Grundhaltung klar definieren und transparent kommunizieren. Eine solche moralische Grundhaltung erlaubt es internen und externen Entscheidungsträgern, den Regelfall von den Ausnahmen zu unterscheiden, und macht die Handlungen und das Verhalten einer Organisation für Außenstehende bis zu einem gewissen Grad transparent. Dies kann dazu führen, dass humanitäre Organisationen von Konfliktparteien besser akzeptiert werden. Die Handlungen der entsprechenden Organisationen müssen auch dem entsprechen, was sie öffentlich sagen.

Eine moralische Grundhaltung bewahrt allerdings nicht davor, dass man sich mit moralischen Dilemmata auseinandersetzen muss. Es muss aber nochmals mit Nachdruck betont werden, dass es für jede moralische Grundhaltung eine Grenze geben muss. Auch für humanitäre Organisationen, die den humanitären Imperativ ins Zentrum ihrer Motivation stellen, gibt es Situationen, in denen sie die bedingungslose Hilfe infrage stellen müssen, und zwar dann, wenn sie – wenn auch unbeabsichtigt –

überwiegend moralisch fragwürdigen Zielsetzungen dient. Auch eine neutrale Haltung kann von humanitären Helfern nicht unter allen Umständen aufrecht erhalten werden, z. B. dann, wenn grundlegende moralische Werte von einer oder mehreren Konfliktparteien so systematisch verletzt werden, dass die geleistete Hilfe dagegen bedeutungslos wird. Wo diese Grenzen liegen, kann nur von Fall zu Fall und nach sorgfältiger Abwägung entschieden werden. Falls es sich um ein echtes humanitäres Dilemma handelt, ist die Entscheidungsfindung in jedem Fall schwierig und i. d. R. äußerst umstritten.

Literatur

Anderson MB (1999) Do no harm: how aid can support peace – or war. Lynne Rienner, Boulder

Code of Conduct for the International Red Cross and Red Crescent Movement and NGOs in Disaster Relief (1994) http://www.icrc.org/eng/resources/documents/publication/p1067.htm. Zugegriffen: 12. Jan. 2013

Coupland R (2001) Humanity: what is it and how does it influence international law? International review of the Red Cross, Genf, vol. 83, No. 844. http://www.icrc.org/eng/resources/documents/misc/57jrlm.htm. Zugegriffen: 12. Jan 2013

Davies K (2012) Continuity, change and contest: meanings of ‚humanitarian' from ‚Religion of Humanity' to the Kosovo war. HPG Working Paper, ODI London. http://www.odi.org.uk/resources/details.asp?id=6737&title=humanitarian-historical-meaning-principles-ihl. Zugegriffen: 12. Jan. 2013

de Waal A (2009) Famine crimes: politics & the disaster relief industry in Africa. Indiana University Press, Bloomington

Fearon JD (2008) The rise of emergency relief aid. In: Barnett M, Weiss TG (Hrsg) Humanitarianism in question: politics, power, ethics. Cornell University Press, Ithaca

Leader N (2000) The politics of principle: the principles of humanitarian action in practice. Humanitarian Policy Group, Overseas Development Institute (ODI), London

Lischer SK (2006) Dangerous sanctuaries: refugee camps, civil war and the dilemmas of humanitarian aid. Cornell University Press, Ithaca

Luttwak EN (1999) Give war a chance. Foreign Aff 78(4):36–44

Moorehead C (1998) Dunant's dream: war, Switzerland and the history of the Red Cross. Harper Collins, London

Pictet J (1956) Red Cross principles. ICRC, Genf

Polman L (2010) The crisis caravan: what's wrong with humanitarian aid? Metropolitan Books, New York

Riddell R (2008) Does foreign aid really work? Oxford University Press, New York

Rieff D (2002) A bed for the night: humanitarianism in crisis. Simon and Schuster, New York

Slim H (1997) Doing the right thing: relief agencies, moral dilemmas and moral responsibility in political emergencies and war. Disasters 21(3):244–257

Slim H (1998) Sharing a universal ethic: the principle of humanity in war. Int J Hum Rights 2(4):28–48

Slim H (2002) Claiming a humanitarian imperative: NGOs and the cultivation of the humanitarian duty. Refug Surv Q 21(3):113–125

Slim H (2003) Humanitarianism with borders?: NGOs belligerent military forces and humanitarian action, Paper for ICVA conference, Geneva, 14–15 February 2003. http://www.icva.ch/doc00000935.html. Zugegriffen: 12. Jan. 2013

Stoddard A, Harmer A, DiDomenico D (2006) Providing aid in insecure environments: trends in policy and operations, HPG Policy Briefs. http://www.odi.org.uk/resources/details.asp?id=257&title=aid-insecure-environments. Zugegriffen: 12. Jan. 2013

Terry F (2002) Condemned to repeat: the paradox of humanitarian action. Cornell University Press, Ithaca

Varga C, van Dok G, Schroeder R (2005) Humanitarian challenges; the political dilemmas of emergency aid. Caritas Verlag, Luzern

Vaux T (2001) The selfish altruist: relief work in famine and war. Earthscan Publications, London

Wortel E (2009) Humanitarians and their moral stance in war: the underlying values. International Review of the Red Cross, Genf, vol. 91, No. 876. http://www.icrc.org/eng/resources/documents/article/review/review-876-p779.htm. Zugegriffen: 12. Jan. 2013

Do No Harm – Humanitäre Hilfe in Konfliktsituationen

Wolfgang Jamann

Schafft die humanitäre Hilfe mehr Probleme als sie löst? Werden durch gut gemeinte Hilfsprojekte Konflikte geschürt, verschärft oder gar hervorgerufen? Oder kann humanitäre Hilfe zu Frieden und Versöhnung beitragen und Konfliktparteien auf gemeinsame Verantwortungen verpflichten? Solche und ähnliche Fragen werden immer wieder durch die Öffentlichkeit, die internationale Gebergemeinschaft und die Medien gestellt. Spätestens mit der Hilfe für ruandische Flüchtlinge im Osten Zaires (heute Demokratische Republik Kongo) im Jahre 1994 wurde offensichtlich, welches Konfliktpotenzial die Nothilfe besitzt. Der dortige Missbrauch von humanitärer Hilfe durch bewaffnete Gruppen führte – neben dem Versagen der internationalen Gemeinschaft beim Genozid – in der Konsequenz zu einer Neuorientierung bei der humanitären Arbeit in Konfliktsituationen.[1]

Das Spannungsfeld „Hilfe und Konflikt" wurde in den Folgejahren aus verschiedenen Blickwinkeln angegangen. Insbesondere das „Do No Harm – Local Capacities for Peace"-Projekt unter Federführung von Mary B. Anderson (1999) und unter Einbeziehung einer Vielzahl von internationalen Gebern und Nichtregierungsorganisationen (NRO) suchte die Verbindung von Hilfe und Konflikt systematisch zu analysieren, um Konfliktpotenziale zu mindern und Versöhnungspotenziale zu fördern. „Do No Harm" wurde seitdem zum Standard der Arbeit der humanitären Hilfe und zum wichtigen Planungsinstrument der Akteure, die sich in Konfliktfeldern bewegen.

---

[1] Siehe ausführlicher zum Fall Ruanda: Kap. 3.

W. Jamann (✉)
Deutsche Welthungerhilfe e. V., Friedrich-Ebert-Str. 1, 53173, Bonn, Deutschland
E-Mail: Wolfgang.Jamann@welthungerhilfe.de

20.1 Hintergrund: kriegerische Konflikte und humanitäre Hilfe

Humanitäre Hilfe fußt auf den Prinzipien der absoluten Neutralität und Unparteilichkeit: Hilfe wird bedingungslos, unabhängig von Person, Religion, ethnischer Zugehörigkeit oder Kombattantenstatus geleistet. Diese Idee geht zurück auf Henry Dunant und seine Erfahrungen auf dem Schlachtfeld von Solferino, die zur Geburt des Roten Kreuzes im Jahre 1859 führten. Im Code of Conduct der Internationalen Rotkreuz- und Rothalbmondbewegung sind diese Prinzipien seit 1994 verbindlich definiert.

Humanitäre Hilfe hat Millionen Menschenleben gerettet, ist aber immer wieder in politisch schwierige Situationen geraten – besonders prägnant das Aushungern der Menschen in Biafra 1967 und 1968 durch die nigerianische Regierung, in der die humanitären Helfer des Roten Kreuzes an die Grenzen der vertretbaren Neutralität gerieten. In der Folge kam es u. a. zur Gründung von Ärzte ohne Grenzen (Médicins sans Frontières, MSF) und anderer Organisationen, die sich dem Prinzip der Neutralität im Angesicht von Genozid und Massenmord nicht mehr bedingungslos verpflichtet fühlten.[2]

Auch in den 1970er und 1980er-Jahren blieb die humanitäre Hilfe von diesem Dilemma nicht verschont. Eines der prägnantesten Beispiele war die Hungersnot 1984 in Äthiopien, der bis dahin am weitesten kommunizierten und vermarkteten humanitären Notlage, bei der durch das „Live Aid"-Konzert Millionen US-Dollar an Spenden gesammelt wurden und das Bild von Afrika als hungernder Kontinent nachhaltig geprägt wurde. Aber auch diese Hungerkrise wurde durch politisches Handeln der äthiopischen Regierung mit verursacht und die humanitäre Hilfe der internationalen Gemeinschaft geriet in den Verdacht, durch Unterstützung dubioser Regierungsprogramme die Situation noch zu verschlimmern.

In den 1990ern sahen sich die humanitären Hilfsorganisationen mit neuen, dramatischen Herausforderungen konfrontiert. Nicht nur das Scheitern der internationalen Gemeinschaft in Somalia 1992 und während des Völkermordes in Ruanda 1994 sorgte für Entsetzen. Desaströs wurden die Folgen der Arbeit internationaler Hilfsorganisationen in den Flüchtlingscamps in Goma/Zaire und in Tansania, wo die geflohenen Milizen Kontrolle über Camps und Nahrungsmittellieferungen erlangten und diese zu Terror und Repression unter Flüchtlingen nutzten, mehr aber noch für die Reformation und Reorganisation ihrer Kampfkraft. Viele Helfer fragten sich, ob die humanitäre Hilfe unter diesen Bedingungen noch vertretbar war, obwohl gleichzeitig zigtausende Menschen an Cholera und an den katastrophalen Bedingungen in den Flüchtlingscamps litten. Auch hier gab es dramatische Reaktionen, wie z. B. den kompletten Abzug von MSF aus der dortigen Flüchtlingshilfe, aber auch wütende Reaktionen der Medienöffentlichkeit, denn viele Hilfsorganisationen schlossen die Augen vor diesem Dilemma und setzten auf Werbung und öffentliche Mobilisierung in simplifizierender, oft konkurrierender Form. Dieses Verhalten wurde insbesondere in der deutschen Öffentlichkeit sehr kritisch wahrgenommen, es kam in der Folge zu einem massiven Einbruch von Spenden und Vertrauen in die

---

[2] Ausführlich nachzulesen z. B. bei de Waal (1997, S. 72 ff.).

Arbeit von Hilfsorganisationen. Als Reaktion entstand im Anschluss unter anderem der „Kodex für entwicklungsbezogene Öffentlichkeitsarbeit" des Verbandes Entwicklungspolitik Deutscher Nichtregierungsorganisationen (VENRO), der solche Praktiken in Zukunft verhindern sollte.[3]

Bücher wie „Famine Crimes" (de Waal 1997), „The Road to Hell" (Maren 1997), „A Bed for the Night" (Rieff 2002), „Hilfe, die Helfer kommen" (Knaup 1996) oder „Die Mitleidsindustrie" (Polman 2010) thematisieren seitdem regelmäßig – oft in sehr plakativer Form – das Schadenspotenzial der humanitären Hilfe.

Aus den genannten, für die internationale Hilfsszene geradezu traumatischen Erfahrungen entstand in den 1990ern eine Reihe von Initiativen, welche die Qualität der humanitären Hilfe verbessern sollten, z. B. das Sphere Project zu Standards der humanitären Hilfe, die Humanitarian Accountability Partnership International (HAP) oder die Good Humanitarian Donorship Initiative (GHD) und nicht zuletzt das „Do No Harm – Local Capacities for Peace"-Projekt.

20.2 Das „Do No Harm"-Projekt

Zum Zwecke der Verbesserung der Not- und Entwicklungshilfe, d. h. zur Reduzierung ihres Konflikt- sowie zur Nutzung des Versöhnungspotenzials, wurde das „Do No Harm"-Projekt Mitte der 1990er unter Federführung von Professor Mary B. Anderson und der Collaborative for Development Action (CDA) in Cambridge, Massachusetts, ins Leben gerufen.

Gemeinsam mit einer Reihe von Praktikern und Wissenschaftlern und unter Einbeziehung von elf internationalen und lokalen NRO suchte das Projekt, die Verbindungen von Hilfe und Konflikt zu analysieren und zu systematisieren. Von der Demokratischen Republik Kongo bis Sri Lanka, von Afghanistan bis Liberia wurden Fallbeispiele gesammelt und in einer Serie von Konsultationen mit weiteren Akteuren der humanitären Hilfe diskutiert. Der Autor war Teilnehmer eines frühen Workshops im Südsudan und brachte im Anschluss auch dort ein Fallbeispiel in das „Do No Harm"-Projekt ein. Die in der Folge gemachten Erfahrungen bei der Implementierung der „Do No Harm"-Methodologie wurden aufgearbeitet und später veröffentlicht (Jamann 2000).

Der Prozess der Konsultationen und der systematischen Aufarbeitung einer sehr großen Anzahl von Erfahrungen aus dem Zusammenspiel von humanitärer Hilfe und Konfliktumgebung war eine besondere Übung. Alle sechs Monate trafen sich die Beteiligten des „Do No Harm"-Projekts – häufig direkt aus den Konfliktregionen kommend – und nutzten diese einmalige Gelegenheit zur Reflexion ihrer Arbeit. Durch gemeinsames Arbeiten entstand eine Systematik, welche ein praxisrelevantes Instrument entstehen ließ, das den Akteuren der internationalen Hilfe erlaubte, den *schädlichen Einfluss* von humanitären Hilfsprojekten auf gegebene Konfliktumgebungen zu reduzieren. Um nicht in einer defensiven Situation der

---

[3] http://www.venro.org/fileadmin/redaktion/dokumente/Dokumente-2011/Januar_2011/Kodex_EBOE_v07.pdf. Zugegriffen: 20. Dez. 2012.

Vermeidung stehen zu bleiben, wurde die Analyse um einen zweiten Schritt ausgeweitet, in dem erdenkliche *positive* Auswirkungen der Hilfe auf lokale Konflikte identifiziert werden und dadurch Änderungen im Programmdesign in Kraft gesetzt werden.

Das Projekt wurde von einer Vielzahl internationaler Geber unterstützt und fand sukzessive Eingang in deren Orientierungsrahmen und Förderstrategien (wie z. B. in das Konzept „Krisenprävention und Konfliktbeilegung des Bundesministeriums für wirtschaftliche Zusammenarbeit und Entwicklung" (BMZ 2000).

Die Initiative resultierte in einer Reihe von Publikationen. Zuvorderst ist das Buch „Do No Harm" (Anderson 1999) zu nennen, in dem Anderson die Erfahrungen der ersten Projektphase darstellt. Hier ist bereits die Methode beschrieben, welche die Projekt- und Programmplanung im Kontext von Konflikten verbessern soll. Die Erfahrungen und Schlussfolgerungen der Initiative wurden nach 1998 in einer Vielzahl von Trainingsworkshops weltweit an Praktiker und Interessierte der humanitären Hilfe vermittelt und erreichten auch in Deutschland einen breiten Interessentenkreis. Viele Organisationen nahmen das „Do No Harm"-Instrumentarium in ihren Werkzeugkasten des Projektmanagements auf; die Methode erfuhr ein weltweites „Mainstreaming". Dabei entwickelte z. B. die Internationale Föderation der Rotkreuz- und Rothalbmondgesellschaften (IFRC) eigene „Versionen" der Methode, etwa die „Better Programming Initiative", die allerdings auf den wesentlichen Bestandteilen des Analyserahmens von „Do No Harm" fußten.

Um Beispiele aus dem positiven Umgang mit konfliktsensibler Projektplanung systematisiert zur Verfügung zu stellen, entstand 2000 eine weitere Publikation (Anderson 2000). Hier finden sich sogenannte „Vignetten", verallgemeinerbare Strategien, mit denen sich kreative humanitäre Helfer aus der Schlinge des Missbrauchs ihrer Arbeit durch Konfliktakteure ziehen konnten.

Ein illustratives Beispiel wurde im Sudan-Kontext erarbeitet: Nachdem festgestellt wurde, dass die Ausbildung von Fahrern in den Projektgebieten dazu führte, dass diese Fahrer recht bald von der Rebellenarmee eingezogen wurden, um dort Militärfahrzeuge zu steuern, stellte man daraufhin die Trainings um. Es wurden fortan nur noch Frauen am Steuer ausgebildet, bei denen die Gefahr der Vereinnahmung durch die Armee nicht bestand.

In den folgenden Jahren befasste sich das Projekt mit der Frage des erfolgreichen (oder weniger gelungenen) Mainstreamings (s. u.) – wie gelingt es, innovative Methoden in den Arbeitsalltag der i. d. R. überlasteten Helfer bzw. ihrer Organisationen zu integrieren?

Zuletzt wurde mit der Ausweitung des „Do No Harm"-Prinzips auf das Agieren z. B. von Wirtschaftsunternehmen in Konfliktländern experimentiert, und auch in den Kriegen des vergangenen Jahrzehnts, insbesondere im Irak und in Afghanistan wurde das Instrumentarium in Erwägung gezogen und erprobt, ohne allzu große Erfolge – i. d. R. wurde dort die konfliktsensible Programmplanung anderen Gesichtspunkten untergeordnet.

Das Projekt endete offiziell im Jahre 2006, jedoch wird auf der Website www.cdainc.com regelmäßig über neuere Entwicklungen und Konsultationen berichtet, und auch die Trainingsmaßnahmen laufen erfolgreich weiter.

20.3 „Do No Harm": konfliktsensible Programmplanung

Wie funktioniert „Do No Harm"? Die Methodik basiert zunächst auf einem grundlegenden, bis dahin zu oft übersehenen Problem der humanitären Hilfe in Konfliktregionen:
- Hilfe, die in Konfliktkontexten geleistet wird, gerät zum Bestandteil dieses Kontextes und kann Konflikte verschärfen.

Zwar ist dieses Phänomen nicht neu und auch nicht unbekannt, jedoch erhielt das Wechselspiel von Hilfe und Konflikt in den 1990ern eine neue Relevanz – wie oben beschrieben.

Neben dem Einfluss der Hilfe auf Konflikte hatten sich auch die Wirkungen der Konflikte auf die humanitäre Hilfe verändert. Zunehmend wurden Helfer selbst Zielscheibe von bewaffneten Auseinandersetzungen, Kidnapping und Übergriffen. Auch der Charakter von Kriegen hat sich in den vergangenen Dekaden dramatisch gewandelt. Bürgerkriege und innerstaatliche Auseinandersetzungen wurden immer häufiger, die zwischenstaatlichen Kriege immer seltener. Zunehmend wurden Zivilisten zu Opfern, Kombattanten traten in ungeordneten Strukturen an und sahen sich dem humanitären Völkerrecht nicht verpflichtet. Auch Gewaltschwellen schienen sich zu verschieben, zunehmend kam es zu Gewalteskalationen durch Zivilisten an Zivilisten. Die neuen Ausprägungen von Konflikten bedeuteten neue Herausforderungen an Interventionen von außen, für die Konfliktbearbeitung ebenso wie für die humanitäre Hilfe.

Gleichzeitig wurde in vielen marginalisierten Staaten die humanitäre Hilfe zum hauptsächlichen Politikfeld der Geberstaaten und somit mit Erwartungen und Mandaten überfrachtet. Joanna Macrae vom Overseas Development Institute in London formulierte dies so: „The rich get diplomats, the poor get aid" (Macrae 2002, S. 11). Nothilfe wurde zum (nur bedingt geeigneten) Mittel der Konfliktbewältigung, zum Instrument der Menschenrechtspolitik oder zum Steuerungsmechanismus für gesellschaftliche Transformation.

Die humanitäre Hilfe musste sich also aktiv mit ihren negativen Nebenwirkungen auseinandersetzen. Beispiele dafür waren mannigfaltig: Nahrungsmittel gingen an Soldaten und Milizen, Hilfsgüter wurden geplündert und Orte von Verteilungen mutierten zu Kampfplätzen. Häufig wurde Hilfe einseitig gewährt und vertiefte Gräben zwischen verfeindeten Gruppen. Auch waren subtilere Mechanismen zu beobachten: Wegen externer Hilfslieferungen konnten Regierungen eigene Ressourcen für kriegerische Zwecke freisetzen (*Substitutionseffekte*) und die Kooperation von Hilfswerken mit Kriegsherren führte zu deren *Legitimierung* in unklaren Machtverhältnissen.

Zum Umgang mit diesen Effekten (und zu deren Vermeidung) wurde im „Do No Harm"-Projekt ein sogenannter „analytischer Rahmen" entwickelt, welcher eine Programmplanung ermöglichen soll, in der Konflikte nicht verschärft und Spannungen möglichst entschärft werden. Denn die Erfahrungen zeigten auch die positive Konsequenz:
- Die Not- und Wiederaufbauhilfe kann in Konfliktsituationen die Versöhnung und Verständigung befördern, wenn sie zivile, nicht gewalttätige Strukturen („local capacitites for peace") unterstützt und aktiv nutzt.

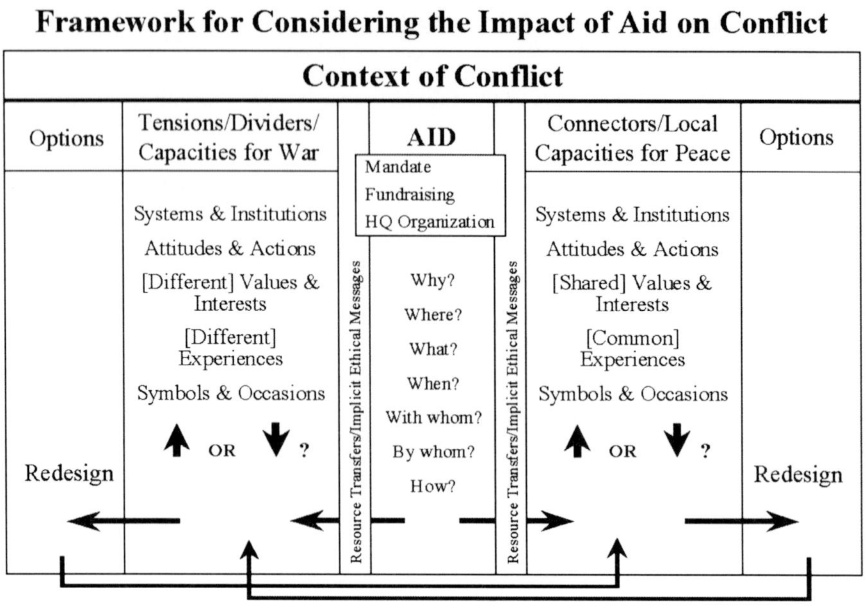

Framework for Considering the Impact of Aid on Conflict

	Context of Conflict			
Options	Tensions/Dividers/ Capacities for War	**AID** Mandate Fundraising HQ Organization	Connectors/Local Capacities for Peace	Options
	Systems & Institutions Attitudes & Actions [Different] Values & Interests [Different] Experiences Symbols & Occasions ↑ OR ↓ ?	Resource Transfers/Implicit Ethical Messages — Why? Where? What? When? With whom? By whom? How? — Resource Transfers/Implicit Ethical Messages	Systems & Institutions Attitudes & Actions [Shared] Values & Interests [Common] Experiences Symbols & Occasions ↑ OR ↓ ?	
Redesign ←	←		→	Redesign →

Abb. 20.1 Framework for Considering the Impact of Aid on Conflict. (Quelle: Anderson 1999, S. 69)

Dieser Analyserahmen bietet im Wesentlichen drei Dinge: Erstens identifiziert er die Kategorien der Information, zweitens organisiert er diese Informationen und drittens zeigt er die Verbindungen zwischen den Kategorien auf.

Zusammengefasst fußt das Analyseinstrument auf den folgenden Lehren (Abb. 20.1):

1. Jede Intervention im Kontext eines gewaltförmigen Konflikts hat Auswirkungen auf den Konflikt.
2. Der Konfliktkontext ist immer charakterisiert durch zwei Faktorengruppen: Trennende Faktoren/ Spannungen sowie verbindende Faktoren/ lokale Friedenskapazitäten.
3. Jede Intervention steht in einer Wechselwirkung mit beiden Faktorengruppen – sowohl in positiver als auch in negativer Weise.
4. Der mit der Hilfe verbundene *Ressourcentransfer* wirkt auf den Konfliktkontext ein.
5. Implizite *ethische Botschaften* im Rahmen von Projektinterventionen wirken auf andere Art auf den Konfliktkontext ein.
6. Die Details einer Intervention bestimmen die konkreten Wirkungen auf den Konfliktkontext.
7. Die Erfahrung zeigt, dass es immer Alternativen bei der Ausgestaltung der Projektinterventionen gibt.

Entsprechend dem Analyserahmen werden in der „Do No Harm"-Methode folgende Schritte durchgeführt:
- Schritt 1: Verstehen des Konfliktkontextes
- Schritt 2: Analyse der trennenden Faktoren und der Quellen für Spannungen
- Schritt 3: Analyse der verbindenden Faktoren und der lokalen Kapazitäten für den Frieden
- Schritt 4: Analyse des Projekts
- Schritt 5: Analyse der Wirkungen des Projekts auf den Konfliktkontext
- Schritt 6: Suche nach alternativen Optionen für die Projektmaßnahme
- Schritt 7: Testen der Optionen und Re-Design der Projektmaßnahme

Die Systeme, Motivationen, Institutionen und Aktionen, welche Menschen (auch in Zeiten von Konflikten) zusammenbringen, werden Local Capacities for Peace (LCPs) oder *verbindende Faktoren* (Connectors) genannt und als Potenzial identifiziert, positive Wirkungen von Hilfe zu verstärken. Da, wo diese Faktoren nicht vollständig unterstützt (oder gar unterminiert) werden, und dort, wo *trennende Faktoren (dividers)* durch ein Hilfsprogramm verstärkt werden, sollen alternative Handlungsoptionen in Hilfsprogrammen gesucht werden, z. B. wie, wo, welche, wann und mit wem Hilfe angeboten wird.

Die Erfahrungen zeigten, dass einige der größten Probleme auftraten bei der Arbeit mit (und Legitimierung von) lokalen Behörden; in den Beziehungen zu lokalen Partnern, Zielgruppen, Kriegsherren und Armeen; in den Auswirkungen auf Friedens- oder Kriegsökonomien (durch Preise und Löhne); und auch im Umgang mit Ressourcen in ressourcenknappen Umgebungen. Auf einer politischeren Ebene spielen der Ausdruck von besonderen (religiösen, politischen) Identitäten oder auch der Mangel an Neutralität und Unparteilichkeit eine relevante Rolle.

Eine ausführliche Darstellung des Analyseinstruments bietet z. B. der Orientierungsrahmen „Konfliktsensibles Handeln in der Auslandsarbeit" der Welthungerhilfe (2007). Hier werden auch vergleichbare und weitergehende Instrumente dargestellt, die im Kontext der zunehmenden Konfliktsensibilisierung in den letzten Jahren entstanden sind und Einzug in die Arbeit humanitärer Akteure gefunden haben. Hierzu gehören übrigens ausdrücklich auch lokale Partnerorganisationen, die während des „Do No Harm"-Projektes immer wieder aktiv in die Trainings und Analysen einbezogen wurden.

20.4 Ein Fallbeispiel: humanitäre Intervention im Südsudan

Bis zur Unterzeichnung des Comprehensive Peace Agreements im Jahre 2010 und der Unabhängigkeit des Staates war die Situation im Südsudan eine der dramatischsten komplexen humanitären Notlagen der Welt. Ein fast 30-jähriger Krieg brachte das Land in immer wiederkehrende Hungersnöte, schaffte dauerhafte Armut und zerstörte die Grundstrukturen sozialer Versorgung fast komplett.

Von der Öffentlichkeit kaum noch beachtet fand eine fast vollständige Entkopplung des Landes und seiner Menschen von den Entwicklungen der Welt statt – Austausch fand fast nur noch durch Militärs oder humanitäre Helfer statt. Eine beispiellose internationale Initiative, die von den Vereinten Nationen geführte „Operation Lifeline Sudan" (OLS), koordinierte nicht nur Not- und Katastrophenhilfe, sondern bemühte sich über Jahre im Dialog mit Rebellen und Regierung um die Einhaltung und Weiterentwicklung von humanitären Standards, dokumentiert in zahlreichen Studien.

In dieser ausweglosen Situation Mitte der 1990er kam es durch eine internationale christliche Hilfsorganisation zur Aufnahme von Pilotprojekten innerhalb der „Do No Harm"-Initiative, welche die Wechselwirkung von humanitärer Hilfe (der implementierenden Organisation) und des Konfliktumfeldes analysieren und verbessern sollte.

Im jahrelangen Konflikt im Südsudan wurden ursprüngliche Konfliktursachen zunehmend von vielschichtigen Faktoren überlagert, die zu Fraktionierungen von Rebellengruppen, wechselseitigen Einflussnahmen von Nachbarländern und Großmächten sowie unüberschaubaren Frontlinien und unklaren Friedenschancen führten. Ein erster Schritt der Analyse im Sudan-Programm der Hilfsorganisation war es daher, in einem umgrenzten geographischen Kontext Gruppen zu identifizieren, die sich in einem Konflikt miteinander befanden (oder bei denen dazu die Wahrscheinlichkeit bestand), und dann die konkreten Konfliktursachen/Spannungen zu benennen. Dabei wurden recht schnell die „überregionalen" Faktoren ausgeblendet, teilweise weil man sich der Grenzen der Einflussnahme auf diese Faktoren bewusst wurde, aber auch weil sie für die Auseinandersetzungen „on the ground" weniger relevant erschienen. Als konkretes Beispiel hierfür ist zu nennen, dass in Yambio County (im grenznahen Gebiet zur Demokratischen Republik Kongo) Konflikte zwischen dem Norden und dem Süden Sudans über Jahre so gut wie keine Rolle mehr spielten, dafür hier aber Spannungen zwischen Rebellenarmee Sudan People's Liberation Army (SPLA) (überwiegend der ethnischen Gruppe der Dinkas zugehörig) und der einheimischen Gruppe der Azandes zu beobachten waren, welche die SPLA zunehmend als „Besatzer" empfanden. Diese Spannungen führten regelmäßig zu Auseinandersetzungen zwischen den Gruppen – und wurden für die Durchführung von Hilfsmaßnahmen relevant und gefährlich (z. B. durch Versuche der Besteuerung seitens der SPLA).

Als für die humanitäre Hilfe wichtige *lokale Spannungsfelder* wurden u. a. analysiert: Einfluss einzelner Kriegsherren, schwer bewaffnete Viehdiebstähle durch lokale Stämme („cattlerustling"), Korruption und schlechte Regierungsführung der lokalen Zivilverwaltung, „Kriegs- und Gewaltkultur" im täglichen Leben, Attacken von bewaffneten Gruppen, die durch den Norden finanziert wurden, Wahrnehmung von „Besetzung" von Western Equatoria durch SPLA, etc.

Diese Spannungsfelder konnten in weitergehenden Analyseschritten kategorisiert (z. B. in systemische Spannungen, Verhaltensmuster, symbolische Konflikte etc.) und in Einzelzusammenhang mit Aspekten der geleisteten Hilfe gesetzt werden. Hierbei ging es sowohl um die Implikationen aus *Ressourcentransfer* als auch um *implizite ethische Botschaften*, welche durch spezifische Hilfsmaßnahmen (oder die Art der Durchführung) entstanden.

Eine Reihe von Ergebnissen kam zustande. Als problematisch im Bereich *Ressourcentransfer* wurden u. a. identifiziert:
- Systematischer Diebstahl von Nahrungsmitteln durch die Armee
- Besteuerungen von Hilfsempfängern durch lokale Behörden und SPLA
- Konkurrenz um Arbeitsmöglichkeiten im Projekt
- Ungleiche Verteilungen zwischen verschiedenen ethnischen Gruppen
- Zugang von Elitegruppen zu wichtigen Ressourcen (Transport, Devisen, Importmaterial).

Als potenziell schädliche *ethische Botschaften* bekam die „nicht-neutrale" (christliche, amerikanische) Identität der Hilfsorganisation einen wichtigen Stellenwert zubemessen. Zudem wurde die enge Kooperation mit den Lokalbehörden, aber auch der Einsatz von bewaffneten Wächtern oder beobachtete Ausgrenzungstendenzen bestimmter Gruppen von Hilfsempfängern in Zeiten überwältigender Not kritisch hinterfragt.

Ohne auf die einzelnen Ergebnisse hier näher eingehen zu können, nahm die Organisation im Anschluss an diese Analyse eine Reihe von Detailänderungen in den Projekten vor, die von veränderten Rekrutierungsmechanismen und Verhaltenskodizes, über verbesserte Ziel- und Partizipationsmechanismen bei Lebensmittelverteilungen, bis hin zu einer Aufarbeitung der unzureichend geklärten Neutralität der Organisation bezüglich des politischen Konfliktes zwischen Nord und Süd reichte.

Auch bei den sporadisch auftretenden humanitären Notlagen und Hilfsprogrammen wurde die „Do No Harm"-Analyse als zusätzliches Assessment-Instrument eingesetzt, und Interventionen orientierten sich nicht mehr ausschließlich an der Behebung der Notlage, sondern auch an Versöhnungspotenzialen.[4]

Einige wichtige Begleiterscheinungen der Konfliktanalyse lagen außerhalb der beabsichtigten Resultate, waren jedoch mindestens ebenso wichtig:
- Der Prozess der Analyse führte zu systematischen Reflexionen der Projektmitarbeiter und zum Austausch über die Konfliktumgebung. Bis dahin unterschwellig oder diffus empfundene Befürchtungen konnten verbalisiert und geklärt werden – z. B. die Frage, inwieweit die Organisation sich selbst solidarisch mit den Rebellen zeigte und dadurch das Neutralitätsgebot der humanitären Hilfe verletzte.
- Sicherheitsprobleme für die eigenen Mitarbeiter konnten besser analysiert und stärker aus dem Kontext abgeleitet werden. Insbesondere wurde die Wahrnehmung verändert, dass die NRO selbst Ursache für Konflikte sei – das verbesserte Verständnis des Konfliktumfeldes klärte diese Befürchtung auf.
- Unterschwellige und potenzielle Konflikte, die bis dahin wenig Aufmerksamkeit fanden, wurden ernst genommen und es konnten Vorsorgemaßnahmen eingeleitet werden. Der systematische Einsatz eines „Peace and Conflict Impact Assessments" stimmte neue Projekte besser auf das Konfliktpotenzial vor Ort ab.
- Die Analyse und darauf folgende Projektänderungen waren Resultat intensiverer vertikaler und horizontaler Kommunikation in der Projektstruktur und führten zu

---

[4] Für eine ausführliche Darstellung des Fallbeispiels siehe Jamann (2000).

einer Verbesserung der Kommunikation innerhalb der unterschiedlichen Ebenen der Projektverantwortung – also zwischen lokalen und internationalen Mitarbeitern, aber auch zwischen den Implementierern vor Ort und dem Regionalbüro bzw. einzelnen Gebern.

20.5 Mainstreaming, Grenzen und Kontroversen

„Do No Harm" traf auf ein tief empfundenes Bedürfnis vieler humanitären Helfer, die eigene Rolle in schwierigen politischen Kontexten zu reflektieren. Ähnlich wie Ärzte, die sich immer wieder mit den Grenzen, aber auch mit den Dilemmata ihrer Arbeit auseinandersetzen müssen, befinden sich die Humanitären oft im Zwiespalt zwischen dem Machbaren und dem Vertretbaren. Es ist nicht überraschend, dass ein ethisches Leitprinzip des Hippokratischen Eids der Mediziner, nämlich Kranken nicht zu schaden, deshalb die Überschrift eines Projektes wurde, das eigentlich „Local Capacities for Peace" heißen sollte. Das so treffend formulierte Leitmotto spielte aber sicherlich auch eine Rolle für die weltweite Resonanz, die „Do No Harm" auslöste.

In der sich seit den 1990ern bemerkenswert weit entwickelten Debatte um Friedens- und Entwicklungsarbeit hat „Do No Harm" einen festen Stellenwert bekommen, vor allem als Bestandteil von Friedens- und Konfliktanalysewerkzeugen (peace and conflict assessments), wo aber bereits Handlungsoptionen und Lösungsmöglichkeiten aufgezeigt werden. Aber auch als humanitärer Standard, der sich in Geberstrategien wie in Organisationsprinzipien gleichermaßen wiederfindet, hat das „Do No Harm"-Prinzip Anerkennung gefunden. In gewisser Weise dokumentiert dieser Erfolg des Mainstreamings auch die Bereitschaft der humanitären Akteure, sich emotional und intellektuell in ihrer Arbeit weiterentwickeln zu wollen, und ist ein gutes Beispiel für die Anpassungsfähigkeit an sich verändernde politische Rahmenbedingungen.

20.5.1 Grenzen

Obwohl „Do No Harm" die oft beobachtbare Lähmung angesichts schwieriger Dilemmata zu überwinden sucht, in der Möglichkeit, aus der Konfliktanalyse positive Konsequenzen zu ziehen, zeigten sich doch Grenzen dessen, was die Methode leisten und bewegen kann. Diese liegen oft in der Schwierigkeit der Umsetzung von Empfehlungen oder gewonnenen Erkenntnissen.

Warum ist es häufig schwierig, ein Projekt der humanitären Hilfe in nicht-schädlicher, oder gar verbindender/versöhnenderweise durchzuführen? Zu beobachten waren und sind u. a. die folgenden Phänomene:

Arbeitslast und Lieferdruck. Im Gegensatz zu expliziter Friedensarbeit hat die humanitäre Hilfe das prioritäre Mandat, Leben zu retten und Not zu lindern. Zwar wird die Notwendigkeit der Verzahnung von humanitärer Hilfe und Konfliktarbeit gesehen (sowohl in der Implementierung als auch auf Policy-Ebene), aber angesichts überwältigender Not ist es oft schwer, den Blick für weitergehende Themen offen zu halten. Es besteht die Gefahr, dass Konfliktbearbeitung (ähnlich wie Umwelt, Gender, Nachhaltigkeit oder andere Querschnittsthemen) als „Luxus" wahrgenommen wird, zu welchem dem Projektpersonal oft die Zeit fehlt.

Künstliche Trennung zwischen Hilfs- und Advocacy-Projekten. Konfliktbearbeitung wird häufig separat als eigenständiger Sektor wahrgenommen, um den sich Spezialisten kümmern sollen. Dabei werden das Potenzial der humanitären Hilfe für Versöhnung als auch die Gefahren durch Hilfsprojekte übersehen bzw. an andere Zuständigkeiten verwiesen.

Schwierigkeiten der Messbarkeit. In Zeiten zunehmender Rechenschaftspflicht und der Notwendigkeit, Resultate nachweisen und darstellen zu können, hat die Konfliktbearbeitung den Nachteil der fehlenden (oder unzureichend entwickelten/ erprobten) Indikatoren für Erfolg. Misserfolg ist allerdings häufig offensichtlicher, sodass durch Negativsanktionen adäquater Druck entstanden ist, Empfehlungen aus der Analyse auch tatsächlich umzusetzen.

Bedrohung für Krisenprofiteure. Hierzu gehören Kriegsherren, korrupte Behörden und Teilnehmer an Kriegsökonomien, und dies hat oft Auswirkungen auf die Sicherheit und Genauigkeit des Analyseprozesses. Im Pilotprojekt Südsudan konnte die Analyse oft nur sehr vorsichtig durchgeführt werden, um die Unversehrtheit von Partnern nicht zu gefährden.

20.5.2 Kritik

Trotz des Erfolges von „Do No Harm" in der fachlichen Debatte und praktischen Umsetzung kam es insbesondere Ende der 1990er zu einer Reihe von Kontroversen um diesen Ansatz. Das prominenteste Beispiel war die sogenannte *Emperor's Debate* 1998, in der verschiedene Akteure die Gefahr thematisierten, dass „Do No Harm" auf Dauer „Do No Aid" bedeuten könne (Hendrickson 1998; Jackson und Walker 1999). Anlass waren u. a. Reaktionen der britischen Regierung, Hilfsmaßnahmen in Sierra Leone drastisch zu kürzen, da die Gemengelage zwischen humanitärer Hilfe und dem eskalierenden Bürgerkrieg zunehmend unübersichtlich wurde. Die emotionale Debatte, die insbesondere auf der Konferenz des britischen Disaster Emergency Committees 1998 „The Emperor's New Clothes – the Collapse of Humanitarianism" und in der nachfolgenden Dokumentation stattfand, spiegelte auch die Frage wider, inwieweit humanitäre Hilfe überhaupt aktive Beiträge zur Konfliktbewältigung und Friedensförderung leisten sollte – vergleichbar durchaus den o. g. Diskussionen um das Neutralitätsprinzip. Eine „Attacke auf humanitäre Prinzipien" wurde vermutet. In ähnlicher Richtung gab es auch in Deutschland Kritikpunkte, und auch die Frage, ob Konfliktanalysen sich nur mit lokalen Ebenen befassen sollten, und man dabei die externen internationalen Konflikttreiber zu früh ausblende. Diese klangen aber angesichts des praktischen Nutzens und der umfassenden Akzeptanz recht schnell ab.

„Do No Harm" ist seither ein elementarer Bestandteil von konfliktsensibler Projektplanung geworden und hat die humanitäre Akteursgemeinschaft um die Möglichkeit bereichert, aus kritischen Analysen und Diskussionen konkreten praktischen Nutzen zu ziehen.

Literatur

Anderson MB (1999) Do no harm: how aid can support peace – or war. Lynne Rienner, Boulder
Anderson MB (2000) Options for aid in conflict – lessons from field experience. Collaborative for development action, Cambridge
BMZ (2000) Krisenprävention und Konfliktbeilegung. Gesamtkonzept der Bundesregierung, Bonn
de Waal A (1997) Famine crimes – politics & the disaster relief industry in Africa. Indiana University Press, Bloomington Indianapolis
Heinrich W (1997) Förderung von Friedensprozessen durch Nothilfe und Entwicklungsarbeit? In: Arbeitsgemeinschaft der Entwicklungsdienste (Hrsg) Dem Frieden verpflichtet, Köln
Hendrickson D (1998) Humanitarian action in protracted crises: the new relief agenda and its limits. Relief and rehabilitation network (Hrsg) Network Paper No. 25. April 1998. http://www.odihpn.org/hpn-resources/network-papers/humanitarian-action-in-protracted-crises-the-new-relief-agenda-and-its-limits
Jackson S, Walker P (1999) Depolarising the ‚broadened' and ‚back to basics' relief models. Disasters 23:93–114
Jamann W (2000) Building on local capacities for peace in a complex war: the South Sudan challenge. In: Janz M, Slead J (Hrsg) Complex humanitarian emergencies – lessons from practicioners. World Vision, Monrovia
Knaup H (1996) Hilfe, die Helfer kommen. C. H, Beck, München
Macrae J (2002) The politics of coherence: the formation of a new orthodoxy on linking aid and political responses to chronic political emergencies. http://www.odi.org.uk/hpg
Maren M (1997) The road to hell – the ravaging effects of foreign aid and international charity. Free Press, New York
Polman L (2010) Die Mitleidsindustrie. Verlag Herder, Frankfurt
Rieff D (2002) A bed for the night – humanitarianism in crisis. Simon and Schuster, New York
Welthungerhilfe (2007) Orientierungsrahmen konfliktsensibles Handeln in der Auslandsarbeit. Bonn

Militärinterventionen im Namen der Humanität?

Jochen Hippler

21.1 Einleitung: Militärinterventionen als Mittel humanitärer Hilfe?

Humanitäre Notlagen oder Katastrophen sind seit langem Teil der menschlichen Geschichte. Dies gilt für Naturereignisse, deren Verursachung außerhalb menschlicher Kontrolle liegt (z. B. Erdbeben oder Vulkanausbrüche), für solche, bei denen menschliche Gesellschaften eine auslösende oder verstärkende Rolle spielen können (z. B. Dürre, Überschwemmungen oder Stürme durch menschlich induzierte Klimaveränderungen), oder andere Ereignisse, die direkt menschlich verursacht sind (wie Völkermord, ethnische Säuberungen, Kriegsfolgen oder staatliche Gewalt gegen die eigene Bevölkerung). Das 20. Jahrhundert ging als das der Kriege in die Geschichte ein: Allein der Erste und Zweite Weltkrieg kosteten 10 bzw. 50 Mio. Menschen das Leben – bei einer weit höheren Zahl der Vertriebenen, Verwundeten, Hungernden oder sonst wie an Kriegsfolgen Leidenden. Noch mehr Opfer allerdings forderte die Gewalt von Regierungen gegen die eigenen Bevölkerungen. Rummel schätzt für die Jahre von 1900 bis 1987 die Gesamtzahl der durch Regierungen außerhalb von Kriegshandlungen Ermordeten auf zwischen 170 und 360 Mio., wobei nur die größten Fälle von Massenmord mit mehr als 700.000 Toten berücksichtigt wurden (Rummel 1998, S. VII; Rummel 2003, S. 8).

Es ist offensichtlich, dass Gewalt von Regierungen und nicht-staatlichen Akteuren (Milizen, Warlords, etc.) gegen Zivilisten immer wieder schwerste humanitäre Notlagen verursachte und dies auch in Zukunft zu erwarten ist. Nach dem Ende des Kalten Krieges entstand in diesem Zusammenhang eine breite Diskussion über sog. „humanitäre Interventionen", die mit militärischen Mitteln von Menschen verursachte humanitäre Katastrophen beenden sollen. Die Militärinterventionen in Somalia, Bosnien und Herzegowina und dem Kosovo waren frühe prominente Fälle sol-

---

J. Hippler (✉)
Institut für Entwicklung und Frieden (INEF), Universität Duisburg-Essen,
47048 Duisburg, Deutschland
E-Mail: Jochen.Hippler@inef.uni-due.de

cher Militäreinsätze, die politisch allerdings bis heute umstritten bleiben. Ihre Reihe reicht vorläufig bis zum Luftkrieg der North Atlantic Treaty Organization (NATO) in Libyen im Jahr 2011, der sicher nicht die letzte „humanitäre Intervention" bleiben wird. Daneben erfolgt auch eine Diskussion über die Nichtintervention in humanitären Notlagen, etwa in Bezug auf Ruanda oder – in jüngster Zeit – Syrien.

Ein zentraler Punkt der Diskussion dreht sich direkt oder indirekt um die Frage, ob humanitäre Interventionen tatsächlich humanitären Charakter tragen oder zuerst und vor allem als Militärinterventionen (also eine Kriegsform) zu begreifen sind. Diese Frage sollte nicht vorschnell beiseite gelegt werden. Wer den humanitären Interventionen pauschal jeden humanitären Charakter absprechen und sie von vornherein als humanitär verschleierte imperiale Machtpolitik abtun wollte, würde deren oft widersprüchlichen und komplexen Charakter leicht übersehen. Wer aber umgekehrt vorschnell einen humanitären Charakter so bezeichneter Interventionen als gegeben voraussetzte, ohne gegenteilige Erfahrungen und Argumente in die Bewertung einzubeziehen, blendete einen wichtigen Teil der Realität aus.

Die Diskussion um humanitäre Interventionen wird nicht selten als politischer Richtungsstreit geführt, was sie erschwert. Andere Diskussionsstränge lösen sie in eine Reihe von Dilemmata auf (vor allem zwischen den Prinzipien der humanitären Nothilfe einerseits und denen der staatlichen Souveränität und Nichteinmischung andererseits, vgl. hierzu Kap. 12 und 19). Auch wenn diese Dilemmata tatsächlich bestehen, so neigt dies dazu, die Frage der humanitären Diskussion dadurch unzulässig zu vereinfachen, dass sie auf ein sehr hohes Abstraktionsniveau allgemeiner Prinzipien gehoben und von handfesten Fragen der Machtverhältnisse und Interessen getrennt wird.

21.2 Was ist eine humanitäre Intervention? – Begrifflichkeiten und Legitimität

Der Begriff „humanitäre Intervention" wird hier als Einsatz militärischer Kräfte zur Beseitigung oder Linderung eines gravierenden humanitären Notstandes in einem Drittland definiert, wenn er die Anwendung oder Androhung von Gewalt einbezieht und unabhängig von oder gegen den Willen der Regierung und/oder nicht-staatlicher Gewaltakteure des betroffenen Landes erfolgt. Diese Definition trifft sich mit der von Holzgrefe (2003, S. 18), wird aber in ähnlicher Form auch von vielen anderen Autoren geteilt.

Humanitäre Interventionen sind eine Form des Krieges, allerdings niedriger Intensität und begrenzter Art, wenn man sie mit großen zwischenstaatlichen Kriegen vergleichen wollte. Zugleich wird ihr Kriegscharakter aus politischen, juristischen oder Gründen der Öffentlichkeitsarbeit häufig ignoriert oder bestritten, was sie allerdings mit anderen kriegerischen Einsätzen gemeinsam haben; so wurde der Afghanistankrieg gerade in Deutschland lange nicht als „Krieg" bezeichnet. Ihr spezifischer – nämlich „humanitärer" – Charakter legt eine besondere Vorsicht und Zurückhaltung bei der Anwendung militärischer Gewalt nahe. Deshalb liegt eine sorgfältige Einhegung ihrer gewaltsamen Natur nahe: Wenn es sich um potenziell oder akut gewaltsame Militäreinsätze handelt, müssen sie sich prinzipiell zumindest den gleichen Einschränkungen und Grenzen unterwerfen wie auch andere Kriege und Gewaltkonflikte. Es wäre kaum zu rechtfertigen, wenn ausgerechnet humanitär intendierte Militäreinsätze mit Gewalt freizügiger und ungeregelter umgehen, sich dem Völkerrecht entziehen oder das humanitäre Kriegsvölkerrecht ignorieren wollten. Selbst wenn dies im Einzelfall pragmatische Vorteile hätte, würde es insgesamt einer Humanisierung der internationalen Beziehungen eher schaden. Anders ausgedrückt: Insofern es sich bei humanitären Interventionen um Formen kriegerischer Handlungen – wenn auch in guter Absicht – handelt, müssen auch alle rechtlichen und politischen Einhegungen gelten, die für die Anwendung von Gewalt für Staaten insgesamt verbindlich sind. Anderenfalls könnte das prinzipielle zwischenstaatliche Gewaltverbot zunehmend unterlaufen oder ausgehöhlt werden, indem Kriege regelmäßig „humanitär" legitimiert werden – eine Tendenz, die schon seit längerem zu beobachten ist (z. B. im Kaukasuskrieg 2008 zwischen Georgien und Russland). Darüber hinaus allerdings legt der zumindest als Anspruch formulierte humanitäre Charakter der humanitären Interventionen nahe, dass sie über die völkerrechtlichen Mindeststandards eher noch hinausgehen sollten.

21.2.1 Kriterien des „gerechten Krieges"

In der Diskussion über humanitäre Interventionen wird häufig die „Theorie des gerechten Krieges" zum Ausgangspunkt genommen, die in der Literatur oft auf den Kirchenvater Augustinus (354–430 n. Chr.) zurückgeführt wird, auch wenn es Vorläufer gab und ähnliche Überlegungen in nicht-christlichen Kulturkreisen bekannt waren und sind. Moderne Theoretiker haben die überlieferten Kriterien eines „gerechten Krieges" weiterentwickelt, etwa Ramsbotham (Woodhouse und Ramsbotham 1996, S. 226, 228) und Brian Orend (2006). Mona Fixdal und Dan Smith (1998) fassen die Kriterien unter Rückgriff auf Richard Miller zusammen und betonen dabei u. a. die Notwendigkeit, dass ein gerechter Krieg nur von einer dafür *legitimen Autorität* beschlossen werden kann, es einen *gerechten Grund* geben muss und auch die *Intentionen* der Kriegführenden gerecht sein müssen. Außerdem muss Krieg die *letzte und einzige Möglichkeit* zur Erreichung des gerechten Zieles sein und nach menschlichem Ermessen *mehr Gutes als Schlechtes* bewirken.

Neben diesen Kriterien, die zur Führung eines Krieges berechtigen (*ius ad bellum*) gelten Kriterien, die die Kriegführung selbst regeln (*ius in bello*). Dazu gehört es, dass Nichtkombattanten verschont und geschützt werden müssen.

21.2.2 Kriterien humanitärer Einsätze

Die Prinzipien des gerechten Krieges können z. T. dazu dienen, den militärischen, gewaltsamen Aspekt humanitärer Interventionen einzuhegen und zu regeln. Damit wird aber ihr humanitärer Charakter noch nicht erfasst. Dazu gibt es seit langem eine umfangreiche Diskussion humanitärer Organisationen. Das Internationale Komitee vom Roten Kreuz (IKRK) hat wiederholt die Prinzipien formuliert, denen humanitäre Organisationen bei ihren Tätigkeiten folgen sollen. Es sind die Prinzipien der Humanität, Neutralität, Unparteilichkeit und Unabhängigkeit.[1] Der Verband Entwicklungspolitik Deutscher Nichtregierungsorganisationen (VENRO) folgt dieser Linie. Er formuliert in einem Positionspapier:

> Aus völkerrechtlichen Abkommen lässt sich ableiten, dass Hilfe, die nicht unparteilich ist, weil sie etwa bestimmte Bevölkerungsgruppen anderen vorzieht, nicht als humanitär bezeichnet werden sollte. […] Insbesondere bedeutet das: [Die humanitäre Hilfe] dient ausschließlich der Linderung einer bestehenden humanitären Notlage; sie wird ohne Ansehen von ethnischer Zugehörigkeit, Religion, Staatsangehörigkeit, politischer Überzeugung, Geschlecht oder sonstiger Unterscheidungsmerkmale der Betroffenen und ausschließlich gemäß ihrer Bedürftigkeit gewährt; sie wird nicht dazu benutzt, einen bestimmten politischen oder religiösen Standpunkt zu fördern. (VENRO 2003, S. 4).

Auch wenn staatliche Akteure nicht automatisch die Regeln humanitärer Organisationen vollständig für ihre eigene Praxis übernehmen müssen, so sollten sie diese doch sinngemäß auf das eigene Verhalten übertragen, wenn sie für dieses den Begriff des Humanitären in Anspruch nehmen wollen. In einigen Aspekten dürfte dies problemlos möglich sein – so etwa, indem man bei humanitärer Hilfe keine Bevölkerungsgruppe aus religiösen, ethnischen oder sprachlichen Gründen benachteiligt oder bevorzugt. Andere Aspekte sind schwerer übertragbar: Die „Unabhängigkeit" privater Hilfsorganisationen bezieht sich zum großen Teil auf die von Staaten und Geldgebern – aber wovon sollten staatliche Akteure „unabhängig" sein? Trotz dieser Schwierigkeit dürfte es allerdings nicht bestreitbar sein, dass „humanitäre" Politik alle Opfer gleich behandeln muss und dass die Prinzipien von Humanität, Neutralität sowie Unparteilichkeit entscheidende Kriterien darstellen, ob eine Maßnahme tatsächlich humanitär ist oder dies nur vorgibt.

21.2.3 Wann wären Interventionen humanitär?

Damit ergeben sich insgesamt Kriterien zur Beurteilung, ob eine Militäroperation als humanitäre Intervention gelten darf. Dazu gehören einerseits die Bedingungen eines gerechten Krieges, einschließlich die der Legitimität der handelnden Autorität (i. d. R. praktisch auch die der Beachtung des Völkerrechts), zweitens die der humanitären Politik entsprechend der genannten Kriterien. Insgesamt ergeben sich damit folgende Bedingungen:
1. Humanitäre Interventionen setzen voraus, dass diese von einer *legitimen Autorität* unternommen werden. In der internationalen Politik bedeutet dies, dass staatliche Akteure (keine privaten Freiwilligenverbände etc.) im Rahmen

---
[1] ICRC, Principles and action in international humanitarian assistance and protection, 01-01-1996 Report, Resolutions of the 26th International Conference of the Red Cross and Red Crescent: Resolution 4. http://www.icrc.org/eng/resources/documents/misc/57jmrx.htm. Zugegriffen: 2. Feb. 2013.

des Völkerrechts tätig werden müssen, was i. d. R. eine Mandatierung durch die Vereinten Nationen (VN) (engl. United Nations, UN) aufgrund von Kap. 7 der VN-Charta voraussetzt.
2. Ein *gerechter Grund* muss für eine humanitäre Intervention vorliegen oder unmittelbar bevorstehen, also eine humanitäre Katastrophe wie ein Völkermord, Massengräuel o. Ä.
3. Die *richtige Absicht* ist vonnöten, also die Intention, durch die Intervention tatsächlich die humanitäre Katastrophe zu verhindern oder zu beenden und diese nicht zu anderen Zwecken oder als bloße Legitimation auszunutzen. Dazu gehört es, bedrohte Menschen und Menschengruppen zu retten, *weil diese Menschen in Gefahr sind, nicht weil dies nützlich oder populär ist*.
4. Die humanitäre Intervention muss das *letzte verfügbare Mittel* sein – alle zivilen und friedlichen Mittel müssen zuvor ausgeschöpft worden sein und sich als unzureichend erwiesen haben.
5. Die *Verhältnismäßigkeit der Mittel* muss gewahrt sein, wozu gehört, keine stärkeren oder umfangreicheren Mittel einzusetzen, als zur Erreichung des humanitären Zweckes erforderlich sind. Auch die durch den Einsatz kriegerischer Mittel angerichteten Schäden müssen deutlich hinter dem erhofften Nutzen zurückbleiben.
6. Vor Beginn einer humanitären Intervention muss die begründete und realistische Hoffnung bestehen, ihre *humanitären Ziele* durch den Militäreinsatz tatsächlich zu erreichen. Militäreinsätze mit symbolischem Charakter zur Gewissensberuhigung oder politischen Profilierung Dritter sind nicht humanitär.[2]
7. Alle Personengruppen müssen *gleich* behandelt werden (Neutralität und Unparteilichkeit), unabhängig von ihrer ethnischen, nationalen, sprachlichen, kulturellen, religiösen oder sonstigen Zugehörigkeit.

Wenn humanitäre Zwecke politischen Absichten dienen (Gewinn von Einfluss, Prestige, Regime Change, etc.) oder mit ihnen verknüpft sind, verlieren sie an humanitärer Substanz und Glaubwürdigkeit. Sind solche Erwägungen stärker als nur minimal vorhanden, handelt es sich nicht um eine humanitäre Intervention, sondern um eine Militärintervention, die auch einen humanitären Aspekt beinhaltet oder dies zumindest vorgibt. Tatsächliche humanitäre Interventionen dienen nicht der politischen Gestaltung oder dem eigenen Vorteil, sondern der unmittelbaren Nothilfe.

21.3 Probleme völkerrechtlicher Legalität

21.3.1 Das Verbot zwischenstaatlicher Gewalt

Prinzipiell ist jede Anwendung von Gewalt in den zwischenstaatlichen Beziehungen verboten, unabhängig von ihrer Begründung und einer guten Absicht. Davon gibt es nur zwei Ausnahmen. Nach Artikel 51 der VN-Charta hebt das grundlegende Gewaltverbot das Recht auf Selbstverteidigung nicht auf. Ein angegriffener Staat darf zur Abwehr des Angriffes selbst Gewalt anwenden. Diese Situation besteht

---

[2] Diese sechs Kriterien leiten sich von der Theorie des gerechten Krieges ab.

allerdings bei humanitären Interventionen nicht, da diesen i. d. R. kein zwischenstaatlicher Konflikt, sondern innergesellschaftliche Gewaltkonflikte oder andere humanitäre Katastrophen in einem Drittstaat zugrunde liegen.[3]

Die zweite Ausnahme vom Gewaltverbot besteht in Situationen, in denen der VN-Sicherheitsrat aufgrund von Art. 42 der VN-Charta „zur Wahrung oder Wiederherstellung des Weltfriedens und der internationalen Sicherheit" den Einsatz von Gewalt durch Luft-, See- oder Landstreitkräfte beschließt. Hier besteht eine offensichtliche Verbindung zur Theorie des gerechten Krieges: Die nötige legitime Handlungsinstanz ist der VN-Sicherheitsrat, und der „gerechte Grund" besteht in der zitierten Wahrung oder Wiederherstellung „des Weltfriedens und der internationalen Sicherheit". Das Problem für die Legalität humanitärer Interventionen besteht offensichtlich in der Bindung VN-mandatierter Militäreinsätze an *zwischenstaatliche* („internationale") Konfliktkonstellationen und am Ausschluss jeden Gewalteinsatzes, der nicht entweder vom VN-Sicherheitsrat beschlossen ist oder unter Bedingungen der Selbstverteidigung (also nicht der Verteidigung Dritter) erfolgt. Diese restriktive Rechtslage muss noch in Zusammenhang mit Art. 2 (7) gebracht werden, der feststellt:

> Aus dieser Charta kann eine Befugnis der Vereinten Nationen zum Eingreifen in Angelegenheiten, die ihrem Wesen nach zur inneren Zuständigkeit eines Staates gehören, oder eine Verpflichtung der Mitglieder, solche Angelegenheiten einer Regelung auf Grund dieser Charta zu unterwerfen, nicht abgeleitet werden.

Nun ist schwer zu bestreiten, dass die Sicherung von Leben und körperlicher Unversehrtheit der eigenen Staatsbürger „ihrem Wesen nach zur inneren Zuständigkeit eines Staates gehören", da dies eine der Kernaufgaben moderner Staatlichkeit darstellt. Selbst die Resolution 1973 des VN-Sicherheitsrates, die 2011 das militärische Eingreifen gegen Libyen mandatierte, stellt noch einmal fest, „dass die libyschen Behörden dafür verantwortlich sind, die libysche Bevölkerung zu schützen."[4]

Dies mag im Kontext einer Bewältigung humanitärer Katastrophen bedauerlich sein, umso mehr, wenn diese von Regierungen selbst gegen Teile der eigenen Bevölkerung ausgelöst oder verursacht werden, ändert aber nichts an der Rechtslage.

---

[3] Text der VN-Charta u. a. online abrufbar unter: http://www.un.org/Depts/german/un_charta/charta.pdf. Zugegriffen: 2. Feb. 2013.

[4] Vereinte Nationen, Sicherheitsrat, S/RES/1973 (2011), in: Resolutionen und Beschlüsse des Sicherheitsrats, 1. August 2010 bis 31. Juli 2011, (S/INF/66), Sicherheitsrat – Offizielles Protokoll, New York 2011, S. 461. http://www.un.org/Depts/german/sr/sr_10-11/s-inf-66.pdf. Zugegriffen: 2. Feb. 2013.

21.3.2 Juristische Rechtfertigungsversuche humanitärer Interventionen

Angesichts dieser Rechtslage, die humanitäre Interventionen eigentlich ausschließt, wurden in den letzten Jahrzehnten verschiedene Ansätze genutzt, um diese trotzdem völkerrechtlich zu fundieren.

Einmal wird argumentiert, dass das Gewaltverbot in Art. 2 (4) der VN-Charta weniger streng interpretiert werden könne. Dort findet sich die Formulierung:

> Alle Mitglieder [also die VN-Mitgliedsstaaten] unterlassen in ihren internationalen Beziehungen jede gegen die territoriale Unversehrtheit oder die politische Unabhängigkeit eines Staates gerichtete oder sonst mit den Zielen der Vereinten Nationen unvereinbare Androhung oder Anwendung von Gewalt.

Manche Verfechter humanitärer Interventionen argumentieren auf dieser Grundlage, dass sich diese gerade nicht „gegen die territoriale Unversehrtheit oder die politische Unabhängigkeit eines Staates", sondern gegen humanitäre Katastrophen richteten – auch wenn entsprechende militärische Interventionen die territoriale Unversehrtheit oder die politische Unabhängigkeit eines Staates beeinträchtigen und dem „Grundsatz der souveränen Gleichheit aller ihrer Mitglieder" (Art. 2 (1)) widersprechen. Darüber hinaus wird argumentiert, dass die Formulierung „oder sonst mit den Zielen der Vereinten Nationen unvereinbare Androhung oder Anwendung von Gewalt" die Gewaltanwendung nicht ausschließe, wenn sie mit den Zielen der VN übereinstimme. Zu diesen Zielen wiederum gehöre die umfassende Gewährleistung der Menschenrechte, also auch die Verhinderung von Völkermord.

Diese Interpretation ist vom Text, der Geschichte und der Intention der VN-Charta her wenig überzeugend, bietet aber einen der wenigen Ansätze zur völkerrechtlichen Legitimation humanitärer Interventionen.

Die zweite Möglichkeit setzt am erwähnten Art. 42 der Charta an, der den VN-Sicherheitsrat ermächtigt, militärische Zwangsmaßnahmen zu mandatieren, wenn durch eine humanitäre Krise eine Bedrohung des Weltfriedens und der internationalen Sicherheit vorliegt. Dass in einem solchen Argumentationskontext die Beseitigung einer humanitären Krise vom Ziel zum *Mittel* wird (nämlich zur Erreichung des Weltfriedens und der internationalen Sicherheit) und damit zwei der Kriterien des gerechten Krieges teilweise eingeschränkt werden (der humanitäre Zweck und die humanitäre Absicht), wird in Kauf genommen. Möglich wird diese Argumentation dadurch, dass der VN-Sicherheitsrat bei seinen Beschlüssen keiner Kontrolle durch eine andere Instanz unterworfen ist. Wenn dieser über seine Befugnisse im Rahmen der VN-Charta hinausgeht (und etwa innenpolitische Konflikte und humanitäre Notlagen als internationale Friedensbedrohungen interpretiert, auch wenn diese rein nationalen Charakter tragen), dann kann dem keine juristische Instanz widersprechen, wie dies Verfassungsgerichte bei Beschlüssen nationaler Regierungen oder Parlamente können.

Eine weitere völkerrechtliche Argumentationsweise akzeptiert, dass das kodifizierte Völkerrecht wenig Ansätze für humanitäre Interventionen bietet, umgeht dieses Problem aber mit dem Hinweis auf das Völkergewohnheitsrecht, also damit, dass es inzwischen mehrfach humanitäre Interventionen durch die internationale Gemeinschaft gab und diesen von den Völkerrechtssubjekten (also den Staaten) nicht widersprochen wurde. Wenn sich aber eine Völkerrechtspraxis über längere Zeit auf diese Weise herausbildet, gewinnt sie selbst Rechtscharakter. Lothar Brock hat in Bezug auf diesen Mechanismus eingewandt, dass er die Gefahr eröffne, das Völkerrecht durch Rechtsbrüche weiterzuentwickeln (Brock 1999, S. 5). Dies ist nicht von der Hand zu weisen.

Schließlich finden sich auch darüber hinausgehende Argumentationen, nach denen bei besonders schweren humanitären Katastrophen (etwa Völkermord) von so etwas wie einem „überrechtlichen Notstand" ausgegangen wird, der Hilfsmaßnahmen (einschließlich gewaltsame) auch dann für gerechtfertigt hält, wenn diese rechtlich nicht gedeckt sind. Dabei wird das Völkerrecht als weniger wichtig betrachtet als die ethische Pflicht, Menschen in Not beizustehen. Die Legitimität entsprechender militärischer Interventionen sei in Extremfällen wichtiger als deren Legalität.

Die skizzierten rechtlichen Erwägungen – von der letzten Variante abgesehen – versuchen i. d. R. das Problem zu lösen, wie *im Rahmen der VN* und ihrer Charta humanitäre Interventionen rechtlich möglich gemacht werden können, obwohl die Charta selbst hohe Hürden errichtet. Interventionen außerhalb des VN-Rahmens und ohne die Zustimmung des VN-Sicherheitsrates würden damit weiter illegal bleiben. Nur bei der Rechtsfigur in Analogie eines übergesetzlichen Notstandes wäre dies anders: Wenn man eine ethische Verpflichtung zur Intervention in bestimmten Fällen postuliert, die ggf. auch dem Völkerrecht übergeordnet wäre, dann lässt sich damit offensichtlich auch die völkerrechtliche Verpflichtung aushebeln, dass (außer in Fällen von Selbstverteidigung) militärische Gewalt ausschließlich durch den VN-Sicherheitsrat beschlossen werden darf. Dabei kommt es dann gelegentlich zu eigenwilligen Hilfskonstruktionen. Wenn etwa der VN-Sicherheitsrat einer humanitären oder weniger humanitären Intervention nicht zustimmt oder diese explizit ablehnt (Kosovo, Irak) wird argumentiert, dass die VN oder ihr Sicherheitsrat „nicht funktioniere" oder gelähmt sei. Damit werde der Weg frei, an den VN vorbei – etwa durch die NATO oder „Koalitionen der Willigen" – durch einzelne oder Gruppen von Staaten direkt zu intervenieren. Dieses Argument ist allerdings in hohem Maße fragwürdig: Die explizite Ablehnung oder die Verweigerung der Zustimmung zu einer Militärintervention durch die VN stellt offensichtlich eine politische Entscheidung auf Basis der VN-Charta dar, auch wenn diese vielleicht bedauert wird oder unerwünscht ist. Dies ist etwas völlig anderes als Funktionsunfähigkeit. Das Ergebnis einer Abstimmung nur dann zu akzeptieren, wenn es im eigenen Sinne ausfällt, ließe die VN oder jedes andere Entscheidungsgremium irrelevant werden und zerstörte damit eine entscheidende Säule des internationalen Rechtswesens und der fragilen Bemühungen um die Zivilisierung und „Verregelung" der internationalen Beziehungen.

21.3.3 „Responsibiliy to Protect"

Im Jahr 2000 initiierte die kanadische Regierung mit Unterstützung internationaler Stiftungen eine *International Commission on Intervention and State Sovereignty* (ICISS), die Vorschläge zum Umgang mit humanitären Interventionen erarbeiten sollte. Diese legte Ende 2001 ihren Bericht unter dem Titel „The Responsibility to Protect" vor (ICISS 2001). Die Wahl dieses Begriffs anstatt dem der „humanitären Intervention" sollte die Assoziation des Militärischen mindern, die mit dem Interventionsbegriff verknüpft ist, und zugleich den Streit umgehen, was denn „humanitär" sei. Zugleich verschob sie die semantische Perspektive von den Interventen zum Ziel des Schutzes der Zivilbevölkerung. Auch wenn diese neue Begriffsprägung viel mit der Suche nach öffentlichem Konsens und dem Streben zu tun gehabt haben dürfte, alte Kontroversen zu vermeiden, bedeutete sie auch eine deutliche Verschiebung der Debatte – von humanitärer, bewaffneter Nothilfe zur humanitär intendierten politischen Gestaltung. Die Kommission beschränkte sich nicht auf Überlegungen, wie in exzessiven Gewaltsituationen Menschen gerettet oder ihnen geholfen werden könnte, sondern stellte sich zugleich die Frage, wie solche massiven Gewaltdynamiken verhindert werden könnten.

So proklamierte sie im Rahmen ihrer umfassenden „Schutzverantwortung" drei konkretere Verantwortlichkeiten der internationalen Gemeinschaft:

- Die Verantwortung der *Prävention* von Völkermord, ethnischen Säuberungen und Verbrechen gegen die Menschlichkeit;
- die Verantwortung, auf solche Verbrechen *helfend zu reagieren*, notfalls auch durch militärisches Eingreifen des VN-Sicherheitsrates;
- und die Verantwortung zum materiellen und politischen *Wiederaufbau* nach einem Gewaltkonflikt, um zu helfen, Bedingungen für eine friedliche Entwicklung zu schaffen (ICISS 2001, S. 19–45).[5]

Die Kommission beschäftigte sich also mit der Frage militärischer Interventionen zu humanitären Zwecken, löste diese aber aus dem engen Rahmen „humanitärer Interventionen" und bettete sie in einen breiten präventiven und therapeutischen Gesamtrahmen, der im Kern politisch war. Dies war und ist sicher legitim, aber ein grundlegend anderer Ansatz als rein humanitäre Politik. Auch in diesem Zusammenhang bestand jedoch weiterhin das oben angesprochene Problem, die ins Auge gefassten militärischen (und politischen) Interventionen völkerrechtlich fundieren zu müssen.

Der Bericht gesteht zu, dass Souveränität weiter ein Kernbestandteil des Völkerrechts darstellt (Weiss 2012, S. 120). Diese Einschränkung wird dadurch umgangen, dass die Kommission eine neue, von ihr „modern" genannte Definition des Souveränitätsbegriffs vornimmt:

> [S]overeignty implies a dual responsibility: externally – to respect the sovereignty of other states, and internally, to respect the dignity and basic rights of all the people within the state (ICISS 2001, S. 8).

---

[5] Siehe dazu auch die jeweiligen Kapitel (4, 5 und 6) in Bellamy 2009.

Im Völkerrecht gibt es für diese Bindung der Souveränität an angemessenes innenpolitisches Verhalten einer Regierung keinen Anhaltspunkt, auch wenn der Gedanke sympathisch ist. Darüber hinaus dürfte es nicht immer einfach sein, den Grad des „Respekts für die Würde" der eigenen Bevölkerung zu operationalisieren.

Der Bericht der Kommission wurde in der Öffentlichkeit und von der Politik breit rezipiert. 2005 wurde er in der VN-Generalversammlung im Rahmen des Weltgipfels diskutiert und fand Eingang in die Schlussresolution. Dort erklärten die VN-Mitgliedsländer ihre Bereitschaft, unter bestimmten Bedingungen (z. B. im Rahmen der VN-Charta) in Einzelfällen „kollektive Maßnahmen" zu ergreifen, um Menschen vor Völkermord, Kriegsverbrechen, ethnischen Säuberungen und Verbrechen gegen die Menschlichkeit zu schützen. Worte wie „militärisch", „gewaltsam" oder „durch bewaffneten Zwang" wurden vermieden, aber der Zusammenhang legt nahe, dass mit „kollektiven Maßnahmen" genau das gemeint war. Darüber hinaus erklärte die Generalversammlung die Notwendigkeit „to continue consideration of the responsibility to protect". Dies solle jedoch im Kontext der VN-Charta und des Völkerrechts erfolgen.[6]

Allerdings ist diese Schutzverantwortung – wie der VN-Generalsekretär kürzlich noch einmal erläuterte – kein „rechtliches Konzept", es bedeutet noch weniger eine Änderung des Völkerrechts, sondern ist ein „politisches Prinzip".[7] Tatsächlich ist die Bedeutung der proklamierten „Schutzverantwortung" widersprüchlich. Es handelt sich weder um ein „Recht" noch um eine „Pflicht" zur Intervention, um keine rechtliche Kategorie, sondern um eine moralische „Verantwortung" ohne Verbindlichkeit – die allerdings durch Verfestigung im Völkergewohnheitsrecht zukünftig auch juristisches Gewicht gewinnen kann. Unter dem Gesichtspunkt der Konfliktbearbeitung enthält sie positive Elemente, so z. B. die Betonung von Konfliktprävention und Konfliktnachsorge neben der Option zur bewaffneten Intervention. Dies ist prinzipiell politisch angebracht, wenn auch ebenso unverbindlich wie die gesamte Schutzverantwortung. Allerdings darf nicht übersehen werden, dass gerade durch diesen umfassenden Ansatz der Boden streng umgrenzter humanitärer Hilfe verlassen wird und (humanitär intendierte) militärische Interventionen zum Mittel politischer Gestaltung (Förderung von governance, Demokratisierung, etc.) werden – die sie einbettende Konfliktprävention und Nachsorge bestehen ja genau darin. Auch wenn eine solche politische Herangehensweise entwicklungs- und friedenspolitisch sinnvoll ist, so gibt sie doch den humanitären Grundansatz zugunsten politischer Gestaltung auf. Dazu kommt das Problem, dass das Konzept der Schutzverantwortung zwar politisch klug angelegt ist, die politischen Akteure (also den VN-Sicherheitsrat und die für Interventionen politisch-militärisch hand-

---

[6] Vereinte Nationen, Generalversammlung, 2005 World Summit Outcome, Sixtieth session, A/60/L.1, 15 September 2005. http://daccess-dds-ny.un.org/doc/UNDOC/GEN/N05/487/60/PDF/N0548760.pdf. Zugegriffen: 2. Feb. 2013.

[7] Vereinte Nationen, Sicherheitsrat, Report of the Secretary-General on the protection of civilians in armed conflict, S/2012/376, 22 Mai 2012, S. 5 f. http://www.un.org/ga/search/view_doc.asp?symbol=S/2012/376&referer=http://www.unric.org/en/unric-library/26575. Zugegriffen: 2. Feb. 2013.

lungsfähigen Staaten) aber ziemlich sicher überfordern dürfte: Schließlich geht es darum, wie auch der zitierte Bericht der ICISS formulierte, auf die *Ursachen der Konflikte* zu reagieren und langfristig wirksame Präventionsstrategien zu verfolgen. Die Liste der dort vorgetragenen Konfliktursachen und Faktoren, die es zu bearbeiten gelte, ist lang und eindrucksvoll. Notwendig sei u. a. ein Engagement in folgenden Bereichen:

- Aufbau demokratischer Institutionen und Fähigkeiten;
- Verfassungsgemäße Teilung und Arrangements zur abwechselnden Ausübung und Umverteilung von Macht;
- Vertrauensbildende Maßnahmen zwischen unterschiedlichen Gemeinschaften oder Gruppen;
- Förderung der Pressefreiheit und Rechtsstaatlichkeit;
- Schutz der Integrität und Unabhängigkeit der Justiz, Förderung von Ehrlichkeit und Rechenschaftspflicht der Polizei;
- Sektorreformen des Militärs und anderer Sicherheitsdienste;
- Förderung der Zivilgesellschaft und von Menschenrechtsorganisationen;
- Stärkung des Schutzes verletzlicher Gruppen, insbesondere von Minderheiten;
- Überwindung wirtschaftlicher Deprivation und des Mangels an wirtschaftlichen Möglichkeiten;
- Förderung des Wirtschaftswachstums, bessere Terms of Trade und bessere Zugangsmöglichkeiten zu externen Märkten;
- Ermutigung wirtschaftlicher und struktureller Reformen, Hilfe bei der Stärkung regulatorischer Instrumente und Institutionen (ICISS 2001, S. 22 f.).

An diesen und anderen Problemen anzuknüpfen, um Gewalt im großen Maßstab vorzubeugen, sie zu bearbeiten und zu überwinden, ist sicher sinnvoll und eigentlich friedenspolitisch notwendig. Aber es ist zugleich extrem anspruchsvoll und aufwendig.

Der Anspruch, durch ein so breit aufgestelltes Ziel- und Maßnahmenbündel der Konfliktprävention, Intervention und Konfliktnachsorge Bedingungen zu schaffen, die Völkermord, ethnische Säuberungen, Kriegsverbrechen und Verbrechen gegen die Menschlichkeit vermeiden oder überwinden sollen, weitet den *Zeithorizont* beträchtlich aus. Dieser dürfte in vielen Fällen durchaus bei mindestens einer Generation liegen. Daneben impliziert dieser Anspruch – insbesondere der der Prävention – *eine größere Zahl von zu bearbeitenden Fällen*, in denen sich die internationale Gemeinschaft langfristig engagieren müsste. Praktisch wäre ein solches präventives Engagement zumindest in allen Ländern erforderlich, die über schwache oder fragile staatliche Strukturen und eine fragmentierte Gesellschaft verfügen und in denen es zugleich Verteilungskonflikte gibt. Schließlich ist der Anspruch, durch Prävention und Konfliktnachsorge stabile und menschenrechtskompatible politische und gesellschaftliche Bedingungen zu schaffen, extrem *komplex, teuer und von unsicherer Erfolgsaussicht*: Ein solches Unterfangen läuft – wenn ernst genommen – faktisch darauf hinaus, die gesellschaftlichen und politischen Strukturen eines fremden Landes durch externe Akteure grundlegend umzugestalten. Die Erfahrungen mit ähnlichen Versuchen – etwa in Afghanistan oder dem Irak – sind eher entmutigend, trotz extrem großer personeller, militärischer und finanzieller Anstrengungen dort. Die Vorstellung, mehrere oder gar zahlreiche so umfassende Programme der präventiven Umgestaltung fremder Staaten und Gesellschaften zugleich in gewaltpräventiver Absicht zu unternehmen, wäre selbst dann unwahrscheinlich, wenn die internationalen Akteure und die VN über die entsprechenden personellen und finanziellen Mittel und den politischen Willen verfügten. Dies darf aber nicht unterstellt werden.

Das Konzept der „Schutzverantwortung" bettet also das Instrument militärischer Intervention (zu humanitären Zwecken) in einen richtigen und sinnvollen Politikrahmen ein, der allerdings mit hoher Sicherheit nur in seltenen Ausnahmesituationen und mit Einschränkungen zur Anwendung kommen wird. Es legitimiert humanitäre Interventionen mit ihrer Verknüpfung zu einer Politik, die es in der angebotenen Form kaum jemals geben wird.

Die Komplexität und das erforderliche sehr umfangreiche, langfristige Engagement werden die zentralen Akteure – die zugleich ihre eigenen Interessen verfolgen und selten über unbegrenzte Mittel verfügen – dazu zwingen, die unterschiedlichen Dimensionen der Schutzverantwortung (innerhalb der Bereiche Prävention, Intervention, Wiederaufbau) selektiv zu behandeln. Es wird weiter ein choose and pick bei der Auswahl der Fälle geben, in denen man die Schutzverantwortung wahrnimmt, und dazu ein ebensolches bei der Auswahl der Politikbereiche und -instrumente, die man im Rahmen der Prävention und Nachsorge anwenden wird.

Es liegt nahe, sich den aufwendigen, riskanten und langfristigen Aspekten der Schutzverantwortung gerade bei der Prävention zu entziehen, und sich auf die gelegentliche Anwendung militärischer Gewalt zu beschränken und dies mit etwas Konfliktnachsorge zu flankieren. In solchen Fällen wird die Schutzverantwortung von einem entwicklungs- und friedenspolitischen Gesamtkonzept zu einer Legitimationshilfe für militärische Intervention. Fast alle politischen und militärischen Maßnahmen lassen sich im Rahmen der „Schutzverantwortung" politisch legitimieren – die komplexen, anspruchsvollen, teuren oder riskanten sind leicht zu ignorieren. Als Gesamtkonzept ist die *Responsibility to Protect* ein kluger Ansatz der langfristigen Gewaltprävention und des Umgangs mit eskalierten oder beendeten Gewaltkonflikten. Sobald sie aber zu einer Sammlung einzelner Politikmaßnahmen, zu einer tool box wird, aus der man sich nach Bedarf bedienen kann, verliert sie ihren Wert als politischer Richtungsgeber und wird zu einem durch große Worte verzierten pragmatischen Werkzeug. Danach sieht es allerdings zunehmend aus. Sollte sich dies fortsetzen, dann würde bald gelten: Die *Responsibility to Protect* verpflichtet die wichtigen Akteure zu nichts, eröffnet ihnen aber eine mächtige zusätzliche Legitimationsmöglichkeit, die sich *à-la-carte* verwenden lässt.

21.4 Erfahrungen mit humanitären Interventionen – Vorläufer und neuere Entwicklungen

21.4.1 Frühe Vorformen humanitärer Interventionen

Häufig wird in der Literatur davon ausgegangen, dass die Zeit humanitärer Interventionen erst nach dem Ende des Kalten Krieges begann, also um 1990. Aufgrund der Konkurrenz der beiden Supermächte, den USA und der Sowjetunion, und der dadurch bedingten Schwierigkeit, im Rahmen der VN einen Konsens herzustellen, waren humanitäre Interventionen vorher kaum möglich. Allerdings muss darauf hingewiesen werden, dass es im Sinne der oben zugrunde gelegten Definition weit früher humanitäre Interventionen gab, sogar bereits lange vor Beginn des Kalten Krieges. Davide Rodogno hat in allerjüngster Zeit den „humanitären Interventionen" europäischer Staaten auf dem Gebiet des Osmanischen Reiches von 1815 bis 1914 ein interessantes Buch gewidmet (Rodogno 2012; für andere Fälle siehe auch Simms und Trim 2011). Darin untersucht er entsprechende Fälle u. a. im osmanischen Griechenland, Libanon, Syrien und Kreta und berücksichtigt auch Fälle der Nichtintervention trotz humanitärer Krisen. Bei den westlichen Interventionen im Osmanischen Reich ging es i. d. R. um den Schutz christlicher Minderheiten vor Massakern. Auch bei den zahlreichen US-Interventionen in Mittelamerika und der Karibik von der Mitte des 19. bis ins erste Drittel des 20. Jahrhunderts wurde neben konkreten wirtschaftlichen (Sicherung der Schuldenrückzahlung durch fremde Regierungen, Investitionsinteressen, etc.) und strategischen Interessen (Stabilität, Sicherheit) auch immer wieder als Grund angeführt, der lokalen Bevölkerung helfen zu wollen. Diese Hilfe konnte sich dabei auf sehr unterschiedliche Dinge beziehen: Sicherheit, Entwicklungsmöglichkeiten und anderes.

Ende des 19. Jahrhunderts kam es zu stärker systematisierten völkerrechtlichen Rechtfertigungen, die im Kern darin bestanden, zwischen „zivilisierten" Staaten, insbesondere in Europa und Amerika, und Ländern von „Barbaren" oder gar „Wilden" zu unterscheiden. Im ersten Fall kam das Prinzip der Nichtintervention zu Anwendung, im zweiten erschien dies als nicht anwendbar. Das Völkerrecht galt nach dieser Sichtweise nur innerhalb der – zivilisierten – „Familie der Nationen".[8] Den „Wilden" oder „Barbaren" außerhalb dieser Familie gegenüber bestand nicht nur ein Recht, sondern oft sogar eine Pflicht zur Intervention – nicht allein, um humanitären Zielen zu dienen (Bekämpfung der Sklaverei etc.), sondern auch, um diese zwangsweise zu „zivilisieren". Das Besondere vor allem in der zweiten Hälfte des „langen 19. Jahrhunderts" (also der Zeit von der Französischen Revolution bis zum Beginn des Ersten Weltkrieges, 1789–1914) war ein enges Neben-, Gegen- und Miteinander des klassischen Imperialismus und des humanitären Antriebs. Eine Fusion beider Tendenzen gelang etwa dem damaligen US-Präsidenten – und paradigmatischen „Imperialisten" – Theodore Roosevelt, der bereits Formulierungen humanitärer Interventionen benutzte, die ein Jahrhundert später typisch werden sollten, während er zugleich auf rabiate Weise daran arbeitete, Mittelamerika und die Karibik unter US-amerikanische Kontrolle zu bringen (Bass 2008, S. 3).

21.4.2 Die hohe Zeit humanitärer Interventionen: Die 1990er Jahre

Die Wiederentdeckung des humanitären Interventionismus, der während des Kalten Krieges durch die beiden atomar hochgerüsteten Supermächte eingegrenzt worden war, erfolgte in den 1990er-Jahren. Zu diesem Zeitpunkt trafen zwei Faktoren zusammen: Erstens waren die Handlungsspielräume der westlichen Länder, insbe-

---

[8] Der Begriff „internationale Gemeinschaft" war zu jener Zeit noch unbekannt.

sondere der USA, seit dem Amtsantritt des sowjetischen Präsidenten Gorbatschow (1985) und erst recht nach der Auflösung der Sowjetunion (1991) dramatisch erweitert. Kleinere Länder der Dritten Welt konnten nicht länger eine der Supermächte anrufen, um sich gegen Eingriffe der anderen zu schützen. Zweitens konnten die früheren rhetorischen oder ideologischen Ansprüche, den weltweiten Pol der Freiheit, Demokratie und Menschlichkeit zu verkörpern, leichter ernst genommen werden als zuvor, als man dies gegen das Risiko eines internationalen Konflikts mit der Sowjetunion abzuwägen hatte. Das erste Jahrzehnt nach dem Ende des Kalten Krieges brachte im Westen auch die Notwendigkeit einer neuen ideologischen Selbstvergewisserung mit sich (die „Neue Weltordnung", die von US-Präsident George H. W. Bush proklamiert worden war; was sollte sie eigentlich beinhalten, und was an ihr sollte „neu" sein?). Nachdem sich der Westen im Kalten Krieg in hohem Maße als Gegenpol zur kommunistischen Diktatur wahrgenommen hatte, bestand nun ein Bedarf an neuer moralischer Begründung der eigenen politischen Identität, die u. a. mit den Diskursen von Demokratisierung und von humanitären Interventionen teilgefüllt wurden. Es kamen auch andere Topoi zum Einsatz, u. a. der „Krieg gegen Drogen" und der „Krieg gegen den Terrorismus" (beides bereits unter US-Präsident Reagan, im letzteren Fall dann verstärkt unter US-Präsident George W. Bush nach dem 11. September 2001). Wie zuvor im Kalten Krieg der Kampf gegen den internationalen Terrorismus, Schurkenstaaten, den Kommunismus und die Sowjetunion und für die Freiheit und Menschlichkeit häufig ideologisch verschmolzen waren (die Luftangriffe gegen Libyen 1986 beispielsweise sollten allen diesen Zielen dienen), so wurden ähnliche Ziele auch nach Ende des Kalten Krieges häufig rhetorisch vermischt. Der Kampf gegen Massenvernichtungswaffen, gegen eine repressive Diktatur und für die Freiheit und Demokratie waren etwa die Gründe, die US-Präsident George W. Bush 2003 zur Begründung des Krieges gegen den Irak ins Feld führte. Ein Problem dieser Vermischung bestand darin, dass der Begriff „humanitäre Intervention" so aufgeweicht wurde: Die US-Militärintervention gegen Haiti (1994, Operationen *Restore Democracy* und *Uphold Democracy*) wurde etwa als solche bezeichnet, obwohl sie primär auf die Beseitigung einer Militärdiktatur und die Verhinderung einer Migrationswelle (Bootsflüchtlinge von Haiti nach Florida) zielte. Wenn solche Mischoperationen, die durchaus humanitäre Aspekte beinhalten konnten, aber nicht von ihnen bestimmt waren, unberücksichtigt bleiben, kann man für die 1990er Jahre vor allem die folgenden humanitären Interventionen nennen:
- Nordirak (Operation Provide Comfort I und II), 1991–1996;
- Somalia (UN Operation in Somalia (UNOSOM) I, Unified Task Force (UNITAF), und UNOSOM II), 1992–1995;
- Bosnien und Herzegowina (UN Protection Force (UNPROFOR) und Operation Deliberate Force), 1992–1995;
- Kosovo (NATO) 1999;
- Timor-Leste (International Force East Timor, INTERFET), 1999–2000.

Deren schnelle Folge, die Tatsachen, dass in den Jahrzehnten zuvor kaum von humanitären Interventionen die Rede war, und dass gleichzeitig auch andere Interventionen mit dem Begriff bezeichnet wurden (wie erwähnt, etwa Haiti, aber auch

Sierra Leone), ließen den Eindruck entstehen, als sei man in eine neue historische Periode der humanitären Intervention eingetreten. Bereits das Scheitern der Intervention in Somalia weckte allerdings vielerorts Zweifel an der Sinnhaftigkeit und der Umsetzung solcher Operationen. Nach der Jahrtausendwende wurden militärische Operationen vor allem unter dem Firmenschild des „Krieges gegen den Terrorismus" unternommen und beinhalteten militärische Okkupationen und die Partizipation in lokalen Bürgerkriegen (Afghanistan, Irak). Zwar wurden auch diese Kriege immer wieder „humanitär" legitimiert (Befreiung afghanischer Frauen, Menschenrechte, Demokratisierung, Schutz vor Massenvernichtungswaffen in den Händen von Diktatoren), allerdings ging man selten so weit, diese als humanitäre Interventionen zu bezeichnen. Es muss allerdings daran erinnert werden, dass auch die klassischen humanitären Interventionen der 1990er-Jahre bereits überwiegend über kurzfristige humanitäre Nothilfe hinaus – und in anspruchsvolle externe Statebuilding-Operationen übergingen – Bosnien und Herzegowina, Kosovo und Timor-Leste sind offensichtliche Beispiele, aber auch der humanitäre Einsatz im Nordirak führte zur Bildung parastaatlicher Institutionen in der geschützten kurdischen Autonomiezone. Nur in Somalia wurde darauf weitgehend verzichtet. In diesem Sinne waren die *humanitären* Militäroperationen nur die erste Phase einer *politisch gestaltenden* Intervention, die durch humanitäre Aktivitäten ergänzt wurde.

Während des Jahrzehnts des Krieges gegen den Terrorismus wurde es zunehmend still um humanitäre Interventionen, obwohl es an Militärinterventionen anderer Art nicht mangelte. Erst als Folge des Arabischen Frühlings kam es in Libyen (2011) erneut zu einem größeren Militäreinsatz, der sich in den Kontext der humanitären Intervention einordnen lässt.

21.4.3 Humanitäre Interventionen seit der Jahrtausendwende: Der Krieg gegen Libyen

Der Luftkrieg gegen das Libyen Muammar Gaddafis im Jahr 2011 erfolgte aufgrund VN-Sicherheitsratsresolution 1973, die sich auf Art. 42 des Kap. VII der VN-Charta bezog. Dabei stellte sie pflichtgemäß fest, „dass die Situation in der Libysch-Arabischen Dschamahirija [Republik] auch weiterhin eine Bedrohung des Weltfriedens und der internationalen Sicherheit darstellt" – was die Voraussetzung für die Anwendung des Kap. VII darstellt, aber in der Sache nicht begründet wurde. Diese Einschätzung konnte allerdings fragwürdig erscheinen, da der libysche Bürgerkrieg zu diesem Zeitpunkt eine rein innere Angelegenheit war und eine Gefährdung der Nachbarländer oder gar des Weltfriedens oder der internationalen Sicherheit nicht festzustellen war. Rückblickend stellt sich sogar die Frage, ob die mittelbaren Interventionsfolgen (Mali, Algerien) die *internationale* Sicherheit nicht stärker in Mitleidenschaft zogen als der libysche Bürgerkrieg selbst. Durch die Resolution 1973 mandatierte der Sicherheitsrat eine humanitäre Intervention zum Schutz der libyschen Zivilbevölkerung, die durch ein Flugverbot über Libyen umgesetzt werden sollte.

Sie „ermächtigt[e] die Mitgliedstaaten, [...] alle notwendigen Maßnahmen zu ergreifen, [...], um von Angriffen bedrohte Zivilpersonen und von der Zivilbevölkerung bewohnte Gebiete in der Libysch-Arabischen Dschamahirija, einschließlich Bengasis, zu schützen, unter Ausschluss ausländischer Besatzungstruppen jeder Art in irgendeinem Teil libyschen Hoheitsgebiets".

Zu diesem Zweck beschloss der Sicherheitsrat, „ein Verbot aller Flüge im Luftraum der Libysch-Arabischen Dschamahirija zu verhängen, um zum Schutz der Zivilpersonen beizutragen" und „ermächtigt[e] die Mitgliedstaaten, alle notwendigen Maßnahmen zu ergreifen, um die Befolgung des mit Ziffer 6 verhängten Flugverbots den Erfordernissen entsprechend durchzusetzen."[9]

Bei der Zustimmung oder Ablehnung der VN-Resolution ging es nicht darum, ob der Sturz Gaddafis wünschenswert war. Dies stand nicht zur Abstimmung. Die Resolution mandatierte militärische Maßnahmen ausschließlich zu humanitären Zwecken. Es ging nur darum, die libysche Zivilbevölkerung vor Angriffen der libyschen Luftwaffe zu schützen. Deshalb wurde die Flugverbotszone eingerichtet und der Einsatz von Bodentruppen ausgeschlossen. Weder ein Sturz Gaddafis noch eine militärische Parteinahme der NATO im libyschen Bürgerkrieg war von der Resolution 1973 mandatiert. Beides hätte auch den humanitären Prinzipien (siehe Abschn. 21.2.2) widersprochen. Die NATO und ihre nationalen Kontingente gingen trotzdem schnell dazu über, als Luftwaffe der Aufständischen zu operieren; sie griffen immer wieder Ziele an, die nichts mit dem Schutz von Zivilisten zu tun hatten und leisteten sogar noch nach dem Sturz Gaddafis taktische Luftunterstützung für eine Kriegspartei. All das war bei der Abstimmung im VN-Sicherheitsrat nicht absehbar, sonst wäre die Resolution nie zustande gekommen. Die NATO ging bei ihren Militäroperationen weit über die Resolution hinaus. Der Luftangriff auf die Wagenkolonne des aus Sirte fliehenden Muammar Gaddafi beispielsweise (der schließlich zu seiner Ermordung durch Milizionäre führte), kann kaum als „humanitäre" Maßnahme gedeutet werden und war – wie viele andere Einsätze – von der VN-Resolution nicht gedeckt. Auch der notwendige, von der VN beschlossene Schutz der Zivilbevölkerung vor Angriffen erfolgte nicht neutral zugunsten aller Bevölkerungsgruppen – Zivilisten schienen nur schützenswert, wenn sie von den Truppen Gaddafis attackiert wurden, nicht von den Aufständischen.

Die Krieg führenden NATO-Staaten standen vor einer klaren Alternative: Entweder sie handelten in den engen Grenzen der Resolution. Dann konnten sie zwar Luftangriffe auf Zivilisten verhindern, aber weder den Krieg beenden noch Gaddafi stürzen – was politisch als Scheitern wahrgenommen worden wäre. Oder sie gingen über die Resolution hinaus und wurden selbst zur Kriegspartei. Dann konnten sie zwar zum Sturz des Gaddafi-Regimes beitragen, hatten aber den Boden der VN-Resolution verlassen. Aus einer mandatierten humanitären Intervention wurde so

---

[9] Vereinte Nationen, Sicherheitsrat, S/RES/1973 (2011), in: Resolutionen und Beschlüsse des Sicherheitsrats, 1. August 2010–31. Juli 2011, (S/INF/66), Sicherheitsrat – Offizielles Protokoll, New York 2011, S. 461, http://www.un.org/Depts/german/sr/sr_10-11/s-inf-66.pdf. Zugegriffen: 2. Feb. 2013, Ziffern 4, 6, 8.

eine politische, die vor allem auf regime change zielte und dem Völkerrecht widersprach. Der Luftkrieg gegen Libyen war deshalb keine humanitäre Intervention, sondern eine politische – und er instrumentalisierte die humanitäre Notlage und die Sicherheitsratsresolution 1973 zu politischen Zwecken.

Die humanitären Argumente der Interventen waren wenig überzeugend: Wenn der Schutz der Zivilisten entscheidend gewesen wäre, dann hätte man nicht nur Städte wie Bengasi vor den Angriffen der Regierungstruppen geschützt, sondern auch Sirte oder Bani Walid vor denen der Aufständischen; in vielen Fällen unterstützte die NATO aber solche Angriffe aus der Luft. Ein Sturm verteidigter Städte führt immer zu schwerem Leiden der Zivilisten, unabhängig davon, wer Angreifer und wer Verteidiger ist. Wer humanitäre Absichten ins Zentrum der Politik stellen wollte, hätte also alle bedrohten Bevölkerungsgruppen in gleichem Maße gegen alle Angriffe verteidigen müssen – also die Prinzipien der Neutralität und Unparteilichkeit beachten müssen (Hippler 2011a).

Auch die humanitären Ergebnisse der Intervention erwiesen sich als eher widersprüchlich. Einerseits lagen durch sie die Opferzahlen des Bürgerkrieges vermutlich niedriger als sie es sonst gewesen wären, andererseits führte der Sturz der Diktatur zu keinem stabilen Frieden, sondern zu einer Fragmentierung der Gesellschaft und des Landes und einer latenten Bürgerkriegssituation. Auch die nicht intendierten Folgen des Sturzes Gaddafis in Mali (die deutliche Stärkung von al-Qaida-nahen Kräften in Libyen und den Nachbarländern) und der Waffenschmuggel aus Libyen (u. a. nach Ägypten und vermutlich über den Libanon nach Syrien) trugen sicherlich nicht zur Verbesserung der humanitären Lage bei. Darüber hinaus führte die Instrumentalisierung der humanitär intendierten Resolution des VN-Sicherheitsrates zu politischen Zwecken auch dazu, dass beim später eskalierenden Bürgerkrieg in Syrien kein Beschluss der VN zu humanitären Zwecken mehr möglich war: Insbesondere Russland und China (aber auch Länder wie Brasilien und Südafrika) ließen einen solchen nicht mehr zu, um nicht erneut – wie im Fall Libyen – die politische Instrumentalisierung eines solchen Beschlusses durch westliche Staaten (und die Ausweitung ihres Einflusses) zu ermöglichen. Angesichts von etwa 60.000 Toten im syrischen Bürgerkrieg bis Ende 2012 wäre aber gerade dort ein hohes Maß an humanitärer Hilfe durch die internationale Gemeinschaft erforderlich gewesen.

21.5 Typen und Einsatzformen militärischer Interventionen

Luftangriffe wie in Libyen sind für humanitär intendierte Militäroperationen nicht besonders naheliegend, da ethnische Säuberungen oder Völkermord i. d. R. auf dem Boden und durch Bodenkräfte begangen werden. Luftangriffe sind dann am wirksamsten, wenn die feindlichen Ziele zweifelsfrei identifiziert werden können und von Zivilisten und zu schützendem Personen räumlich klar getrennt sind. Dies ist bei vielen humanitären Notsituationen – oder bei der Bekämpfung von Aufständen – oft nicht der Fall. Luftangriffe wurden in Libyen, in Bosnien und Herzegowina, im Kosovo, aber auch bei imperialen Interventionen (z. B. Irak 2003) trotzdem häufig präferiert, weil die Gefahr eigener Verluste bei ihnen minimal ist. Allerdings sind auch Einsätze durch Bodenkräfte nicht immer sinnvoll oder humanitär erfolgreich, wie nicht nur der Massenmord in Srebrenica belegte.

Die Diskussion um humanitäre Interventionen wird häufig auf eine Art geführt, als ob es vor allem um eine Zustimmung oder Ablehnung zu ihnen ginge, also um eine Frage, die sich mit „ja" oder „nein" beantworten ließe. Dabei gerät aus dem Blickfeld, dass militärische Interventionen in humanitärer Absicht auf höchst unterschiedliche Arten und mit sehr verschiedenen konkreten Aufgabenstellungen erfolgen können. Es macht oft wenig Sinn, allgemein über militärische Interventionen (oder deren humanitär intendierte Variante) zu sprechen, sondern es sind konkrete Einsatzformen zur Erreichung sehr spezieller Operationsziele, die entweder angemessen oder ungeeignet, wirksam oder unwirksam, mit hohem oder geringem Risiko behaftet, in unterschiedlichem Maße gewaltsam sein können. So wichtig die Grundsatzfrage eines Einsatzes oder Nichteinsatzes von militärischer Gewalt bleibt, so wichtig ist auch die Frage, welche Art von Gewalt auf welche Weise zu welcher genauen Aufgabenerfüllung eingesetzt werden soll. Deshalb kommt es bei einer Bewertung humanitärer Militäreinsätze auch darauf an, ob die gewählte Einsatzform tatsächlich präzise zum gewählten Operationsziel passt: Die „Bekämpfung einer humanitären Notlage" ist kein militärisch brauchbares Einsatzziel, sondern eine allgemeine politische Absicht, die für Militäroperationen erst operationalisiert werden muss. Zu den möglichen Einsatzformen humanitärer Interventionen gehören:

1. Logistische und/oder technische Einsätze bewaffneter Streitkräfte zur Lieferung von Hilfsgütern, ggf. in einem unsicheren, gefährlichen oder gewaltsamen Umfeld;
2. „Blauhelmeinsätze" zur Trennung gegnerischer militärischer oder paramilitärischer Einheiten unter keinem, minimalem oder geringem Gewalteinsatz, insbesondere zur Selbstverteidigung;
3. Wahrnehmung von Bewachungs- oder Schutzaufgaben von konkreten einzelnen Einrichtungen, Gebäuden, geografischen Zonen, etc.;
4. Durchsetzung von Flugverbotszonen;
5. Durchführung von Blockademaßnahmen, etwa um Waffenlieferungen oder andere Lieferungen zu unterbinden, die zu Menschenrechtsverletzungen beitragen würden, oder um deren Finanzierung zu verhindern;
6. Punktuelle Angriffsoperationen aus der Luft oder am Boden gegen einzelne gegnerische (militärische oder paramilitärische) Ziele oder Einrichtungen, die für schwere Menschenrechtsverletzungen genutzt werden;
7. Einsatz von Sondereinsatztruppen (*Special Operations Forces*) gegen punktuelle militärische Ziele oder Personen/Personengruppen;
8. Länger anhaltende und systematische Luftangriffe gegen militärische Einrichtungen, Truppenverbände, oder zivile Infrastruktur (Telekommunikation, Verkehrsinfrastruktur, Kraftwerke, etc.), die auch militärisch genutzt wird;
9. Begrenzte oder mittelgroße Kampfeinsätze durch Bodentruppen gegen organisierte militärische Einheiten;
10. Militärische Besetzung größerer Regionen oder eines ganzen Landes;

11. Militärische Verwaltung eines okkupierten Landes bzw. die militärische Unterstützung einer Okkupationsregierung oder zivilen Besatzungsbehörde;
12. Aufstandsbekämpfung.

Die drei letzten Punkte gehen i. d. R. über humanitäre Interventionen deutlich hinaus und dienen politischen Zielen, insbesondere der Neugestaltung der politischen Rahmenbedingungen in einem Zielland. Sie werden aber in der öffentlichen Diskussion oft mit ihnen in Verbindung gebracht, weil sie nicht selten mit Demokratieförderung o. Ä. begründet werden (z. B. in Afghanistan und dem Irak bis 2011).

Mit den obigen Punkten ist das Spektrum der Einsatzmöglichkeiten nicht erschöpft. Es liegt auf der Hand, dass es häufig auch zu einer Kombination unterschiedlicher Einsatzformen kommt, die vom konkreten Einsatzziel bestimmt ist. Dabei sind manche dieser Einsatzformen eng umgrenzt und übersichtlich, ihre technische Erfolgschance unter entsprechenden Bedingungen (Personal, Ausrüstung, Führungsqualität, etc.) hoch. Andere sind ausgesprochen anspruchsvoll, politisch und/oder militärisch riskant und ihre Erfolgschance oft mäßig bis gering und ihr Erfolg von komplexen Faktorenbündeln im Einsatzland abhängig (Hippler 2011b) (etwa bei den letzten drei oder vier Punkten). Dazu kommt das Problem, dass die positiven Auswirkungen der Einsätze auf eine grundlegende Verbesserung der humanitären Situation nicht immer gesichert sind oder dass die kurz- und langfristigen Wirkungen auseinanderklaffen können. Gerade bei längerfristigen Operationen ist es nicht selten, dass nach einer ersten Phase operativer Zielerreichung gerade durch die Intervention im Zielland eine neue Dynamik von Konflikt und Gewalt in Gang gesetzt wird, die sich stark auf die humanitäre Situation auswirkt.

Die Frage, ob und ggf. mit welcher konkreten militärischen Einsatzform welche Art eines humanitären Notstandes überwunden werden könnte, wird selten öffentlich diskutiert. Stattdessen stehen gerade in Deutschland die Grundsatzfragen einer prinzipiellen Zustimmung oder Ablehnung militärischer Operationen und quasiphilosophische Überlegungen im Mittelpunkt.

21.6 Warum sind humanitäre Interventionen umstritten?

21.6.1 Ethische Dilemmata

Viele Diskussionen über humanitäre Interventionen behandeln die Frage, wie mit den damit verbundenen ethischen Dilemmata umzugehen sei. Der Kern des Problems besteht darin, dass humanitäre Interventionen dazu dienen sollen, dem ethischen Gebot der Hilfe für (von Völkermord oder ethnischen Säuberungen etc.) bedrohte oder gefährdete Menschen gerecht zu werden, dabei aber das ethische Verbot der Anwendung von Gewalt brechen müssen. Dieses Dilemma wurde vom früheren

Bundesaußenminister Joschka Fischer auf die Formel verkürzt: „[I]ch stehe auf zwei Grundsätzen, nie wieder Krieg, nie wieder Auschwitz".[10]

Ist es also ethisch legitim oder gar geboten, das Übel des Krieges gegen das des Völkermordes (oder andere schwere Verbrechen gegen die Menschlichkeit) einzusetzen? Neben dieser zentralen Frage bestehen weitere Zielkonflikte, die teilweise mit den oben angesprochenen rechtlichen zusammenhängen, aber auch ethische Dimensionen beinhalten. So stellt die Abwägung zwischen den Grundsätzen der Nichteinmischung und den Menschenrechten auch eine ethische Frage dar, da beide Prinzipien ja keine rechtlichen Leerformeln, sondern nötig sind, um zwischenmenschliche Beziehungen *menschlich* zu regeln und dem Gesetz des Dschungels (also sozialdarwinistischen Verhältnissen) zu entziehen. Das Prinzip der Nichteinmischung in die inneren Angelegenheiten eines anderen Staates bildet eine wichtige Grundlage friedlicher internationaler Beziehungen und hatte sich erst aufgrund sehr gewaltsamer Erfahrungen seit dem Westfälischen Frieden (1648) herausgebildet. Auch das Prinzip der „souveränen Gleichheit" aller Staaten (VN-Charta) gehört in diesen Kontext – es stellt so etwas wie den Kernbestand eines Gesellschaftsvertrages der internationalen Gemeinschaft dar, ohne den gewaltsame Konflikte und imperiale Dominanzversuche (bis hin zum Kolonialismus) schwerer zurückgewiesen werden könnten – mit den entsprechenden negativen Folgen für die humanitäre Situation der Betroffenen. Solche politischen, rechtlichen und ethischen Grundlagen der Regelung zwischenstaatlicher (also auch zwischenmenschlicher) Beziehungen zurückzustellen, um ein anderes dringliches Prinzip zu stärken (die Menschenrechte bzw. das Recht auf Leben und körperliche Unversehrtheit) ist nicht prinzipiell, sondern nur von Fall zu Fall möglich. Soweit diese Fragen allerdings überhaupt „entschieden" statt nur ertragen werden können, sind die ethischen Maßstäbe nicht schwer zu finden. Die oben ausgeführten Kriterien des gerechten Krieges in Gemeinschaft mit denen der Humanität in humanitären Notsituationen reichen dazu aus. Es ist auch schwer vorzustellen, welche anderen Erwägungen bei der Auflösung des prinzipiellen Widerspruchs der beiden Grundprinzipien noch hilfreich sein könnten. Das Problem bei der ethischen Abwägung liegt nicht so sehr in fehlenden Kriterien, sondern in ihrer Vermischung mit den politischen Absichten, den Interessen und dem Charakter der relevanten Akteure. Denn die Entscheidungen über den Umgang mit oder die Ignorierung der ethischen Dilemmata wird nicht philosophisch oder ethisch, sondern *machtpolitisch* getroffen. Daraus resultiert allerdings ein Problem, auf das bereits 1795 Immanuel Kant im letzten Absatz seines Traktats *Über den ewigen Frieden* hinwies:

> Daß Könige philosophieren, oder Philosophen Könige würden, ist nicht zu erwarten, aber auch nicht zu wünschen: weil der Besitz der Gewalt das freie Urteil der Vernunft unvermeidlich verdirbt.

---

[10] Wortlaut – Auszüge aus der Fischer-Rede, Spiegel Online, 13. Mai 1999, http://www.spiegel.de/politik/deutschland/wortlaut-auszuege-aus-der-fischer-rede-a-22143.html. Zugegriffen: 2. Feb. 2013; siehe auch: Fried 2010.

Wenn also Regierungen unter den schwer abweisbaren Gesichtspunkten der politischen Nützlichkeit über militärische Interventionen entscheiden (und entscheiden müssen, weil alles andere unverantwortlich wäre), haben ethische Argumente oft dekorative, instrumentelle oder legitimatorische Funktionen.

21.6.2 Zwischen Humanität und Interessen

Die Entscheidungen über militärische Interventionen – ob humanitär oder nicht – werden von Regierungen getroffen. Dies sind aber *politische* Institutionen, keine humanitären. Ihre Aufgabe ist die Bündelung und Verfolgung der Interessen des eigenen Landes. Deshalb wäre es wenig realistisch, von ihnen eine grundlegende oder längerfristig „unpolitische" (bzw. „neutrale" und „unparteiliche") und von der Wahrnehmung ihrer Interessen losgelöste Politik zu erwarten. Dies schließt humanitäre Politik von Staaten im Einzelfall nicht aus, lässt diese aber eher als Ausnahmesituation erscheinen, die nicht von vornherein unterstellt werden darf. Humanitäre *Erwägungen* können in staatlicher Politik also enthalten sein, aber sie können kaum vor einer Kontaminierung durch macht- und interessenpolitische Erwägungen geschützt werden. Humanitäre Ziele stellen i. d. R. nur ein Politikziel neben anderen dar. Bereits Clausewitz wies bekanntlich darauf hin, „daß der Krieg nicht bloß ein politischer Akt, sondern ein wahres politisches Instrument ist, eine Fortsetzung des politischen Verkehrs, ein Durchführen desselben mit anderen Mitteln." (von Clausewitz 1972, S. 201).

Wenn aber Krieg – also auch der humanitäre – *von seiner Natur her politisch* ist, dann ist der Anspruch, dass humanitäre Interventionen unparteiisch und neutral ausschließlich humanitäre Absichten verfolgen dürfen, i. d. R. nur schwer zu erfüllen.

Außerdem muss darauf hingewiesen werden, dass *humanitäre Hilfe* zwar Neutralität und Unparteilichkeit erfordert, dass aber *die Bekämpfung der Ursachen vieler humanitärer Katastrophen* (wie ethnische Säuberungen, Völkermord, staatliche Repression und Gruppenverfolgung) im Gegensatz dazu eine zutiefst politische Angelegenheit darstellt. Das IKRK brachte diesen Tatbestand so auf den Punkt:

> While humanitarian action helps meet basic needs and alleviates suffering, it cannot cure the root causes of suffering. No crisis can be solved without political action. Emergency humanitarian aid alone can do no more than temporarily alleviate the acute symptoms of an endemic ‚disease'. The problems of Somalia, Afghanistan, Azerbaijan, Former Yugoslavia or Rwanda cannot be solved solely with humanitarian aid. […] Creating space for true humanitarian work does not imply isolation or political naivety, quite the opposite. Political action aimed at mobilising States and the United Nations to ensure greater respect for humanitarian norms and international humanitarian law is essential for the conduct of humanitarian activities (ICRC 1995).

Das IKRK bezieht diesen Gedanken dann auf das Verhältnis gleichzeitig stattfindender staatlicher Militäroperationen und humanitärer Hilfe durch nicht-staatliche Einrichtungen:

> Recent experience in conflict areas has created a deeper understanding of the relationship between humanitarian, political and military intervention. While military intervention may accompany the deployment of humanitarian action, the two activities should on no account be confused. The parties to a conflict must be able to perceive the neutral and impartial character of humanitarian action if it is to be accepted. Wherever this is not the case, victims suffer all the more and humanitarian workers run a high risk of being taken as targets, particularly if the mandate of the peace-keeping military force includes, or is replaced by, peace-enforcing measures. A clear operational distinction has to be draw between military and humanitarian action (ICRC 1995)

So sehr diese sachliche Unterscheidung – und organisatorische Trennung – von politischen und militärischen Operationen und humanitärer Hilfe auch nötig ist, um letztere nicht zu untergraben oder zu gefährden, so dringlich ist es auch, bei der Planung militärischer Interventionen präzise zu klären, ob diese der Erreichung streng militärischer Ziele (etwa der Zerstörung einer Radaranlage), der politischen Gestaltung (beispielsweise der Absicherung von state building) oder humanitären Zwecken dienen sollen. Eine Vermischung dieser Ziele kann leicht zur gegenseitigen Blockade der einzelnen Interventionsziele führen bzw. die humanitäre Wirksamkeit schwächen (Hippler 2011b).

Dies ist kein Argument für einen „unpolitischen" Umgang mit akuten oder potenziellen humanitären Notlagen. Tatsächlich ist in den meisten Fällen *mehr* statt weniger politisches Engagement durch Regierungen dringlich. Es geht an dieser Stelle nur darum, dieses nicht mit humanitärer Hilfe zu verwechseln, gleichzusetzen oder zu vermischen.

21.6.3 Humanitäre Interventionen und nationale Machtpolitik

Ein Teil des Problems besteht darin, dass Interventionen, auch humanitäre, nur von mächtigen und militärisch starken Ländern gegen schwache unternommen werden und werden können. Die USA, die NATO-Länder, Russland und mächtige Regionalländer sind zu militärischen Interventionen im Ausland in der Lage, und in geringerem Maße vielleicht noch regionale Koalitionen mit deren Unterstützung (z. B. die Economic Community of West African States (ECOWAS) in Westafrika). Dass aber umgekehrt Paraguay, Angola oder Kanada in den USA oder Russland militärisch eingreifen könnten, um dort Menschenleben zu retten, ist nicht vorstellbar. Auch eine humanitäre Intervention der NATO in Russland oder China darf ausgeschlossen werden. Die Diskussion um humanitäre Interventionen dreht sich faktisch um das Recht oder die Pflicht militärisch hoch gerüsteter Industrieländer, Gewalt gegen schwache Staaten – insbesondere der Dritten Welt – anzuwenden, falls sie das aus humanitären Gründen für geboten halten oder dies zumindest nachdrücklich behaupten. Die Definitionsmacht (liegt überhaupt eine humanitäre Notlage vor, die militärisches Eingreifen rechtfertigt?), die politische Macht (der Überzeugung des VN-Sicherheitsrates oder die Bildung einer Interventionskoalition außerhalb der VN) und die militärische Macht zur Durchführung einer Intervention liegen ausschließlich und faktisch unkontrolliert bei den Großmächten. Humanitäre Interventionen setzen ungleiche Machtverhältnisse voraus und werden von mächtigen gegen ohnmächtige Staaten unternommen. Dies bedeutet nicht automatisch, dass sie im Einzelfall nicht berechtigt und humanitär hilfreich sein können, aber es sollte zumindest zu Unbehagen und Misstrauen führen, wenn solche Interventionen primär auf der Ebene abstrakter Prinzipien und ethischer Absichten begründet werden. Großmächte sind noch weniger als Länder wie Norwegen, Schweden oder Tansania dafür bekannt, ihre Eigeninteressen zugunsten humanitärer Erwägungen zurückzustellen.

Damit eng verbunden ist ein zweiter Aspekt. Thomas G. Weiss hat zu Recht festgestellt:

> Great powers have a history of intervening against weak states whether or not the right exists. The debate about what justifies humanitarian intervention is crucial; but with or without the right, major powers will intervene (Weiss 2012, S. 40).

Sieht man sich die Geschichte der letzten 150 Jahre an, dann ist diese Einschätzung kaum zu bestreiten. Wenn allerdings Großmächte ohnehin militärisch intervenieren, dann ist zweierlei zu bedenken: Erstens werden sie dies i. d. R. aufgrund ihrer Interessen tun, und zweitens werden sie dazu neigen, genau dies durch juristische, politische oder ethische Rechtfertigungen zu verhüllen und zu legitimieren. In der langen Reihe militärischer Interventionen und Kriege hat es kaum Fälle gegeben, in denen militärische Interventen nicht legitim erscheinende Rechtfertigungen vorbrachten, von völkerrechtlichen, historischen und zivilisatorischen Gründen, über putative oder präemptive Selbstverteidigung, Beseitigung von Massenvernichtungswaffen, bis zur Förderung von Demokratie. Bereits im klassischen Griechenland wurde von Athen der Demokratieexport als Legitimation von Angriffskriegen genutzt. Da wäre es erstaunlich, wenn humanitäre Gründe nicht ebenfalls vorgebracht würden – insbesondere, wenn solche sich ganz oder zum Teil tatsächlich rechtfertigen lassen. Sobald man sich also von der Ebene abstrakter ethischer Prinzipien auf die des realen Regierungshandelns begibt, werden aus humanitären Gründen schnell Legitimationsformeln – wie man dies nicht nur im Fall der Libyen-Intervention beobachten konnte.

Dies bedeutet nicht, dass die humanitären Argumente automatisch falsch sein müssen – sondern nur, dass sie nicht notwendigerweise in einer kausalen Verbindung zur Intervention stehen. *Zivile und ggf. militärische Nothilfe* bei schweren Menschenrechtsverletzungen sind von höchster politischer und ethischer Bedeutung und Dringlichkeit – aber die *Diskussion* um den humanitären Charakter von Interventionen bleibt oft unergiebig, da sie von den politischen Akteuren meist mit einer legitimatorischen oder taktischen Absicht geführt wird, sich selbst und andere von der Legitimität und Notwendigkeit einer Intervention zu überzeugen, die ganz oder teilweise aus anderen Gründen unternommen werden soll.

Humanitäre Interventionen wären ethisch und politisch weniger problematisch, wenn sie immer von einer unparteilichen und politisch neutralen Instanz ohne eigene Interessen beschlossen und durchgeführt werden könnten. Unter den gegenwärtigen politischen Rahmenbedingungen ist dies aber schwer vorstellbar. Prinzipiell kämen die VN dafür infrage. Die VN-Charta enthält in diesem Sinne Ansätze einer eigenen militärischen Handlungsfähigkeit des VN-Sicherheitsrates. So sieht Art. 42 vor, dass der Sicherheitsrat „mit Luft-, See- oder Landstreitkräften die zur Wahrung oder Wiederherstellung des Weltfriedens und der internationalen Sicherheit erforderlichen Maßnahmen" durchführt – also die Militäroperationen selbst unternimmt und nicht – wie inzwischen üblich – den Mitgliedstaaten das Recht einräumt, selbst zu intervenieren. In diesem Sinne bestimmt Art. 43, dass die Mitgliedstaaten „dem Sicherheitsrat auf sein Ersuchen Streitkräfte zur Verfügung stellen". Dies impliziert erneut, dass der VN-Sicherheitsrat *selbst* Militäreinsätze unternimmt, und diese nicht Einzelstaaten und Staatengruppen ermöglicht oder sie damit beauftragt. Im gleichen Sinne darf man Art. 47 deuten, der die Einrichtung eines VN-Generalstabsausschusses vorsieht. „Der Generalstabsausschuß ist unter der Autorität des Sicherheitsrats für die strategische Leitung aller dem Sicherheitsrat zur Verfügung gestellten Streitkräfte verantwortlich" – was erneut die Leitung der möglichen Militäroperationen durch die VN bedeutet. Allerdings wurde dieser in der VN-Charta vorgesehene Militärausschuss nie eingerichtet. Auch eine Truppenunterstellung von Mitgliedsländern unter VN-Kommando blieb eine seltene und wenig erfolgreiche Ausnahme (Somalia). Heute werden Militärinterventionen, einschließlich humanitärer Interventionen, aufgrund von Kap. VII der VN-Charta vom VN-Sicherheitsrat legitimiert, aber von Nationalstaaten oder der NATO implementiert. Darüber hinaus sind die VN-Mandatierungen oft ausgesprochen breit und vage. Die VN-Sicherheitsratsresolution 1973 zur Intervention in Libyen beispielsweise „ermächtigt[e] die Mitgliedstaaten, [...] alle notwendigen Maßnahmen zu ergreifen, [...] um von Angriffen bedrohte Zivilpersonen und von der Zivilbevölkerung bewohnte Gebiete [...] zu schützen".[11] Solche Ermächtigungen sind durchaus typisch. Die VN-Resolution 678 vom November 1990 beispielsweise „ermächtigt[e] die Mitgliedstaaten [...] für den Fall, dass Irak die [zuvor beschlossenen] Resolutionen bis zum 15. Januar 1991 nicht [...] vollständig durchführt, alle erforderlichen Mittel einzusetzen, um der Resolution 660 (1990) und allen danach verabschiedeten einschlägigen Resolutionen Geltung zu verschaffen".[12]

---

[11] Vereinte Nationen, Sicherheitsrat, S/RES/1973 (2011), in: Resolutionen und Beschlüsse des Sicherheitsrats, 1. August 2010–31. Juli 2011, (S/INF/66), Sicherheitsrat – Offizielles Protokoll, New York 2011, S. 461. http://www.un.org/Depts/german/sr/sr_10-11/s-inf-66.pdf. Zugegriffen: 2. Feb. 2013, Ziffer 4.

[12] Vereinte Nationen, Sicherheitsrat, S/RES/678 (1990), 29. November 1990, Übersetzung des Deutschen Übersetzungsdienstes, New York, Ziffer 2.

Gerade auch bei humanitären Interventionen verpflichtet die VN zu nichts, ermächtigt aber zu allem, was sich im weitesten Sinne unter „allen erforderlichen Maßnahmen" oder „alle erforderlichen Mittel" subsumieren lässt. Dabei bleibt die Definition dessen, was „erforderlich" ist, bei den einzelnen nationalstaatlichen Regierungen, die nach eigenen Erwägungen und Interessen entscheiden können. Auch die konkrete Art der Durchführung der militärischen Maßnahmen wird nicht von den VN, sondern den intervenierenden Ländern bestimmt. Insgesamt sind die VN also eine legitimierende und Ermächtigungsinstanz, kein selbst intervenierender Akteur. Dies ist im Kontext der Theorie des gerechten Krieges fragwürdig, da der Begriff der „legitimen Autorität", die einen gerechten Krieg führen darf, so überdehnt wird.

Dazu kommt das offensichtliche Problem, dass die VN unter den gegenwärtigen Bedingungen nur eingeschränkt als neutral und unabhängig gelten können, da ihre entscheidende Instanz – der VN-Sicherheitsrat – von den fünf Staaten dominiert wird, die dort über ständige Sitze verfügen. Jedes dieser Länder kann im eigenen Interesse durch ein Veto einen Beschluss des Sicherheitsrates verhindern oder diese Möglichkeit nutzen, um Beschlüsse im eigenen Sinne zu beeinflussen. Der Sicherheitsrat ist keine neutrale und unparteiliche Institution, sondern eine, in der zwischen den fünf Ständigen Mitgliedern unter Einbeziehung von zehn wechselnden Staaten politische Kompromisse geschlossen werden, bei denen jedes Land seine spezifischen Eigeninteressen möglichst umfassend durchsetzen möchte.

21.7 Schlussfolgerung

Insgesamt lässt sich feststellen, dass humanitäre Interventionen ihren humanitären Charakter verlieren, wenn sie nicht neutral und unparteiisch das Retten von Menschenleben ins Zentrum rücken. Als die dafür nötige, legitime und unparteiliche Organisation kommen nach dem Stand der Dinge nur die VN in Frage, die allerdings diese Funktion sehr unbefriedigend wahrnehmen, da sie zentrale Entscheidungen und deren Implementierungen an Nationalstaaten delegieren. Zugleich leiden die VN an strukturellen Defiziten, die ihre neutrale Rolle untergraben oder verhindern. Dazu gehören die Dominanz der Ständigen Mitglieder des Sicherheitsrates und die Abhängigkeit von den militärischen Kapazitäten der Mitgliedsländer.

Wenn humanitäre Interventionen aus dem gegenwärtigen Graubereich zwischen politischer Rhetorik, nationaler Interessenpolitik und humanitären Absichten herausgeführt und zu einer realen politischen Option der internationalen Politik werden sollen, dann setzt dies die Weiterentwicklung der VN zu einer in humanitären Fragen tatsächlich unparteilichen und neutralen Institution voraus, in der die nationalen Eigeninteressen stärker zurückgedrängt werden. Möglicherweise wäre es dann sinnvoll, einer unabhängigen Institution – vergleichbar dem Internationalen Gerichtshof – eine Mitentscheidungsmöglichkeit über das Vorliegen eines humanitären Notstandes und der völkerrechtlichen Voraussetzungen einer Intervention einzuräumen. Außerdem wären eigene, robuste Streitkräfte unter dem ständigen

Kommando der VN nötig, um diese aus ihrer militärischen Abhängigkeit von den Großmächten zu befreien und selbst zeitnah handlungsfähig werden zu lassen.

Literatur

Bass GJ (2008) Freedom's battle – the origins of humanitarian intervention. Knopf Publishing, New York

Bellamy AJ (2009) Responsibility to protect. Cambridge

Brock L (1999) Weltbürger und Vigilanten. Lehren aus dem Kosovo-Krieg. HSFK-Standpunkte 2, Frankfurt a M

Clausewitz C von (1972) Vom Kriege. Bonn

Fixdal M, Smith D (1998) Humanitarian intervention and just war. Mershon International Studies Review 42:283–312. www.mtholyoke.edu/acad/intrel/fixdal.html

Fried N (2010) „Ich habe gelernt: Nie wieder Auschwitz" – Die Erinnerung an das Vernichtungslager gehört zu den Leitlinien von Außenminister Joschka Fischer. In: Süddeutsche Zeitung, 19. Mai 2010. http://www.sueddeutsche.de/politik/fischer-ich-habe-gelernt-nie-wieder-auschwitz-1.915701

Hippler J (2011a) Der Triumph ist verfrüht – Die Intervention in Libyen bleibt auch nach Gaddafis Sturz zweifelhaft. In: welt-sichten – Magazin für globale Entwicklung und ökumenische Zusammenarbeit, Oktober 2011, online in einer leicht modifizierten Fassung unter dem Titel: „Wie falsch ist die Libyenpolitik? – Kritische Anmerkungen zu einer voreiligen Kritik,". http://www.jochenhippler.de/html/wie_falsch_ist_die_libyenpolitik-.html

Hippler J (2011b) Strategische Grundprobleme externer politischer und militärischer Intervention – Unter besonderer Berücksichtigung der Krisensituationen des Nahen und Mittleren Ostens. INEF-Report 103, Duisburg 2011. http://www.jochenhippler.de/html/strategische_probleme.html

Holzgrefe JL (2003) The humanitarian intervention debate. In: Holzgrefe JL, Keohane RO (Hrsg) Humanitarian intervention – ethical, legal and political dilemmas. Cambridge

ICRC (1995) Principles of and response in international humanitarian assistance and protection, 10-09-1995 report, commission II: humanitarian values and response to crises, Abschnitt: the linkages between humanitarian action and political, economic and military action, 26th International Conference of the Red Cross and Red Crescent. http://www.icrc.org/eng/resources/documents/report/26th-conference-report-100995.htm

International Commission on Intervention and State Sovereignty (ICISS) (2001) The responsibility to protect – report of the international commission on intervention and state sovereignty. Ottawa

Orend B (2006) The morality of war. New York

Rodogno D (2012) Against massacre – humanitarian interventions in the Ottoman Empire 1815–1914: the emergence of a European concept and international practice. Princeton

Rummel RJ (1998) Statistics of democide – genocide and mass murder since 1900. Münster

Rummel RJ (2003) Demozid' – der befohlene Tod. Münster

Simms B, Trim DJB (Hrsg) (2011) Humanitarian intervention: a history. Cambridge University Press

Verband Entwicklungspolitik deutscher Nichtregierungsorganisationen (VENRO) (2003) VENRO- Positionspapier, Streitkräfte als humanitäre Helfer? – Möglichkeiten und Grenzen der Zusammenarbeit von Hilfsorganisationen und Streitkräften in der humanitären Hilfe. Bonn

Weiss TG (2012) Humanitarian intervention – ideas in action, 2nd edn. Cambridge

Woodhouse T, Ramsbotham O (1996) Humanitarian intervention in contemporary conflict: a reconceptualization

Zwischen Distanz und Kooperation: Das schwierige Verhältnis von Streitkräften und humanitären Helfern

22

Peter Runge und Bodo von Borries

22.1 Einleitung

Kaum ein anderes Thema wurde in den letzten Jahren in den humanitären Debatten kontroverser diskutiert als die zivil-militärischen Beziehungen. Dies hat einerseits mit der Zunahme von militärischen Interventionen im Ausland nach dem Ende des Ost-West-Konflikts und der Einbeziehung von humanitärer Hilfe in sog. „vernetzte Sicherheitsstrategien" (Wittkowsky und Meierjohann 2011; VENRO 2012) zu tun. Diese Entwicklung führte zu verstärkten Berührungspunkten und Schnittstellen zwischen humanitären Akteuren im Feld und militärischen Akteuren im Auslandseinsatz. Andererseits ist diese Kontroverse Ausdruck unterschiedlicher Zielsetzungen und gegenseitiger Wahrnehmungen von humanitären Organisationen und Streitkräften.

Dieses Kapitel zeichnet die Debatten der letzten Jahre zu den Möglichkeiten und Grenzen der zivil-militärischen Interaktion nach. Zunächst wird der Terminus „zivil-militärische Beziehungen" näher untersucht. Dabei werden die unterschiedlichen Definitionen und Interpretationen herausgearbeitet, zum einen aus Sicht von zivilen humanitären Akteuren und zum anderen aus der Perspektive von Streitkräften. Anschließend wird auf die rund 20-jährige Geschichte der Interaktion zwischen Hilfsorganisationen und der Bundeswehr zurückgeblickt und dabei insbesondere auf das Fallbeispiel Afghanistan eingegangen. Denn kaum ein Beispiel könnte das

---

P. Runge (✉)
CARE Deutschland-Luxemburg e. V.,
Dreizehnmorgenweg 6, 53175, Bonn, Deutschland
E-Mail: runge@care.de

B. von Borries
VENRO e. V., Büro Berlin, Chausseestraße 128/129,
10115 Berlin, Deutschland
E-Mail: b.borries@venro.org

schwierige Verhältnis von Streitkräften und humanitären Helfern besser illustrieren als die Konfliktregion am Hindukusch. Abschließend werden die Bemühungen auf internationaler und nationaler Ebene analysiert, dieses schwierige Verhältnis in Form von Richtlinien zu definieren und zu regeln.

22.2 Grundlagen und Begriffe: Zivil-militärische Beziehungen in der humanitären Hilfe

Humanitäre Hilfe kann definiert werden als unabhängige, unparteiische und neutrale Hilfe für Menschen in Not (siehe insbesondere Kap. 2). Auch wenn der Begriff „humanitäre Hilfe" nicht politisch geschützt ist, so beruht die Unparteilichkeit und Neutralität von humanitärer Hilfe zum einen auf den normativen Grundlagen, die im humanitären Völkerrecht kodifiziert sind, und zum anderen auf den unter den humanitären Akteuren vereinbarten „humanitären Prinzipien" (siehe Kap. 4). Die Frage, welche Akteure humanitäre Hilfe leisten (dürfen), wird jedenfalls durch diese Regelwerke nicht eindeutig beantwortet und ist daher in der Debatte um zivil-militärische Beziehungen in der humanitären Hilfe nicht unumstritten. Im Folgenden werden daher zunächst die wichtigsten normativen Grundlagen in der humanitären Hilfe erläutert und anschließend der Begriff „zivil-militärische Beziehungen" im Kontext der humanitären Hilfe diskutiert.

22.2.1 Humanitäres Völkerrecht

Normativer Referenzrahmen für die Definition von humanitärer Hilfe und zugleich Herzstück des humanitären Völkerrechts sind die vier Genfer Abkommen (GA) von 1949 und die beiden Zusatzprotokolle (ZP) von 1977. Mit dem humanitären Völkerrecht verständigte sich die Staatengemeinschaft auf Regeln zum Schutz der Zivilbevölkerung in bewaffneten Konflikten, Umgang mit Kriegsgefangenen und Zugang zur Not leidenden Bevölkerung durch unabhängige Hilfsorganisationen. Zwar ist dort auch explizit die Pflicht der Besatzungsmacht kodifiziert, die Versorgung der Zivilbevölkerung mit Lebens- und Arzneimitteln im besetzten Gebiet sicherzustellen (GA IV, Art. 55 Abs. 1), aber der Umfang und die Details dieses Aufgabenkatalogs werden nicht näher beschrieben. Vielmehr betont das humanitäre Völkerrecht die Unparteilichkeit der Hilfsaktionen. Laut Art. 70 Abs. 1 ZP I sind „ohne jede nachteilige Unterscheidung unparteiische humanitäre Hilfsaktionen durchzuführen". Zudem spricht das humanitäre Völkerrecht davon, dass es unparteiliche Organisationen sein müssen, die humanitäre Hilfe mit Einverständnis der Konfliktparteien leisten (GA IV, Art. 10.). Aus den GA lassen sich daher zwei wichtige Tatbestände für die Diskussion um zivil-militärische Beziehungen ableiten: Zum einen müssen die Akteure der humanitären Hilfe Organisationen sein, die unparteilich handeln. Im Umkehrschluss bedeutet dies, dass am ehesten regierungsunabhängige Organisationen in der Lage sind, diese politische Neutralität zu gewährleisten. Zum anderen sind die Konfliktparteien nur dann dazu verpflichtet,

Helfern Schutz und Zugang zu den Hilfsbedürftigen zu gewähren, wenn diese sich politisch aus dem Konflikt heraushalten.

Auf der Grundlage des humanitären Völkerrechts waren bis in die 1980er-Jahre hinein die Rolle von Kombattanten und Zivilbevölkerung sowie Regierungen und Hilfsorganisationen relativ klar abgegrenzt. Mit dem Ende des Kalten Krieges und der veränderten globalen Machtkonstellation wurde die Durchführung von humanitärer Hilfe erschwert, da diese immer häufiger mit internationalen Militäreinsätzen zusammenfiel. In Reaktion auf diese veränderten Rahmenbedingungen startete eine Reihe von humanitären Hilfsorganisationen zu Beginn der 1990er-Jahre eine im Folgenden beschriebene Initiative, um die ethischen Grundlagen und Prinzipien von humanitärer Hilfe neu zu beschreiben.

22.2.2 Humanitäre Prinzipien

In Ergänzung zu und basierend auf dem humanitären Völkerrecht haben sich seit den 1990er-Jahren Werte und Normen herausgebildet, die unter den humanitären Akteuren konsensfähig sind. Im Zentrum dieser Grundsätze stehen der „humanitäre Imperativ" und die „humanitären Prinzipien". Der humanitäre Imperativ gibt vor, dass das Ausmaß an Not der betroffenen Bevölkerung maßgeblich für die Hilfeleistung ist, Menschenleben in jedem Fall gerettet werden müssen und dabei die Würde des Einzelnen zu wahren ist. Die humanitären Prinzipien der Unabhängigkeit, Unparteilichkeit und Neutralität sollen garantieren, dass humanitäre Hilfe von den Konfliktparteien und der Bevölkerung nicht als Einmischung in den Konflikt gesehen wird. Neutralität bezieht sich dabei auf die Konfliktparteien; Unparteilichkeit auf die Opfer einer Krise oder Katastrophe. Deshalb ist es wichtig, dass humanitäre Hilfsorganisationen nach ihrem Selbstverständnis und Rechtsstatus politisch unabhängig agieren können. Diese humanitären Prinzipien sind auch von Regierungen anerkannt und fanden beispielsweise Eingang in den Ende 2007 gemeinsam vom Europäischen Rat, dem Europäischen Parlament und der Europäischen Kommission verabschiedeten „Europäischen Konsens über die humanitäre Hilfe" (EU 2007).

Der 1994 verfasste „Code of Conduct for the International Red Cross and Red Crescent Movement and Non Governmental Organisations in Disaster Relief" (IFRC 2012), der mittlerweile von rund 500 privaten Hilfsorganisationen unterzeichnet wurde, formuliert zehn Grundsätze, die dazu dienen sollen, ethische Standards zu setzen und die Qualität der Hilfsaktionen zu verbessern. Dabei geht es aus Sicht der unterzeichnenden Hilfsorganisationen im Kern um die Frage, was die Grundlagen humanitären Handelns sind. Denn die Wahrnehmung von Hilfsorganisationen als „humanitär" durch die Konfliktparteien erweist sich in der Praxis immer wieder als zentrale Voraussetzung, um humanitäre Hilfe in Konfliktregionen leisten zu können. Entfällt diese Voraussetzung, d. h. werden Hilfsorganisationen – zu Recht oder zu Unrecht – nicht als humanitär wahrgenommen, so kann dies zur Ausweisung von Hilfsorganisationen durch die Regierung (z. B. Darfur/Sudan) oder zum freiwilligen Rückzug von Hilfsorganisationen aus einem Land (z. B. Afghanistan) führen, weil sie keinen Zugang zur Not leidenden Bevölkerung haben (Lieser

2002, S. 100). Der „Code of Conduct" erwähnt Streitkräfte zwar nicht explizit, aber die Prinzipien 3 („Hilfe wird nicht dazu benutzt, um einen bestimmten politischen und religiösen Standpunkt zu fördern") und 4 („Wir werden darauf achten, dass wir nicht zu einem Instrument der Außenpolitik von Regierungen werden") schließen sie de facto als humanitäre Akteure aus, da Streitkräfte immer einem politischen Auftrag unterliegen. Nachfolgend geht es um die Frage, ob und wie zivile und militärische Akteure in der humanitären Hilfe zusammenarbeiten sollen.

22.2.3 Zivil-militärische Beziehungen

Der Begriff „zivil-militärische Beziehungen" oder im militärischen Sprachgebrauch „civil-military cooperation" (CIMIC) ist seit Mitte der 1990er-Jahre in der Debatte. Ausgehend von der Definition der North Atlantic Treaty Organization (NATO) von CIMIC wurden in der sich anschließenden Debatte unterschiedliche Konzepte entwickelt, die zu einer weiteren Differenzierung des Begriffes führten (BICC 2006). Die Vereinten Nationen (VN) (engl. United Nations, UN) prägten den Terminus der „civil-military coordination", die Hilfsorganisationen bevorzugen den neutralen Begriff der „civil-military relations" („zivil-militärischen Beziehungen"). Im Unterschied zur NATO-Definition von CIMIC, die eine Kooperation mit Hilf s organisationen suggeriert, ist aus Sicht von zivilen Hilfsorganisationen mit dem Begriff „zivil-militärische Beziehungen" lediglich die Interaktion zwischen zivilen und militärischen Akteuren bei Auslandseinsätzen von Streitkräften umschrieben.

Die militärische Definition von CIMIC wurde stark von der NATO geprägt. 2001 verabschiedete der Nordatlantikrat, das wichtigste Entscheidungsgremium der NATO, die NATO-Doktrin zum Thema CIMIC und definierte den Begriff folgendermaßen: „Die der Unterstützung des Auftrags dienende Abstimmung und Zusammenarbeit zwischen dem NATO-Befehlshaber und den zivilen Akteuren, die Bevölkerung vor Ort ebenso eingeschlossen wie kommunale Behörden und nationale, internationale Nichtregierungsorganisationen und Einrichtungen" (NATO 2002). Im Verständnis der NATO geht es bei CIMIC primär um drei Funktionen: Koordination der zivil-militärischen Beziehungen, Unterstützung der Streitkräfte und Unterstützung des zivilen Umfelds (NATO 2002). Die 2001 von der Bundeswehr veröffentlichte „Teilkonzeption Zivil-Militärische Zusammenarbeit der Bundeswehr im Ausland" entspricht vom Grundverständnis der NATO-Doktrin. Ziel der CIMIC-Aktivitäten der Bundeswehr ist es, einen Beitrag zur Operationsplanung und -führung zu leisten, die Truppe durch eine bessere Akzeptanz in der Bevölkerung zu schützen und die Zusammenarbeit mit dem zivilen Umfeld zu erleichtern (BMVg 2001). Zum Kern von CIMIC-Aktivitäten gehört „force protection", das heißt der Schutz der Soldaten im Auslandseinsatz durch vertrauensbildende Maßnahmen gegenüber der lokalen Bevölkerung. Insbesondere bei diesem letzten Punkt ist es in Deutschland seit Mitte der 1990er-Jahre zu Kontroversen zwischen Bundeswehr und Hilfsorganisationen gekommen, da die humanitären Helfer bei den von der Bundeswehr durchgeführten Unterstützungsmaßnahmen, z. B. auf dem Balkan („humanitäre" Begründung des NATO-Einsatzes 1999 gegen Jugoslawien ohne völkerrechtliche Legitimation) oder in Afghanistan (Hilfsaktionen der von der Bundeswehr geführten Provincial Reconstruction Teams), deutliche Grenzüberschreitungen wahrgenommen haben (Wenzel 1999; VENRO 2009).

Es gibt durchaus erfolgreiche Kooperationen zwischen zivilen und militärischen Akteuren, z. B. im Rahmen von Missionen der Organisation für Sicherheit und Zusammenarbeit in Europa (OSZE), bei der Reintegration von Ex-Kombattanten in der Demokratischen Republik Kongo oder bei der Ausbildung ziviler und militärischer Fachkräfte durch das Kofi Annan International Peacekeeping Training Centre in Ghana. Im Bereich der humanitären Hilfe in bewaffneten Konflikten ist diese Interaktion aber besonders problematisch und muss daher aus der Sicht von Hilfsorganisationen primär aus humanitärer Perspektive geführt werden.

22.3 Entwicklung der zivil-militärischen Beziehungen im Kontext internationaler Militärinterventionen

Bis Ende der 1980er-Jahre gab es im Kontext internationaler Militäreinsätze relativ klar verteilte Rollen in der Interaktion von Streitkräften und humanitären Helfern. Die bipolare Ordnung hatte dazu geführt, dass eine Reihe von internationalen bewaffneten Konflikten territorial einigermaßen begrenzt blieb (Eberwein und Runge 2002, S. 16). Humanitäre Hilfe fand überwiegend in der Folge von Naturkatastrophen statt oder in Konflikten, wo der Frontverlauf sowie die Unterscheidung zwischen Kombattanten und Nichtkombattanten eindeutig waren. Während Streitkräfte für die Friedenssicherung zuständig waren, genossen Hilfsorganisationen aufgrund ihrer Wahrnehmung als „humanitär" i. d. R. einen hinreichenden Schutz bei den Konfliktparteien, z. B. auch durch die Kennzeichnung der Fahrzeuge mit ihrem Emblem. Wenn die internationale Gemeinschaft intervenierte, geschah dies i. d. R. in der Form von Friedensmissionen nach Kap. 6 der VN-Charta, d. h. mit Zustimmung der Konfliktparteien (Welthungerhilfe 2008, S. 3).

22.3.1 Ende der Blockkonfrontation

Nach dem Ende des Ost-West-Konflikts veränderten sich die Rahmenbedingungen für die humanitäre Hilfe dramatisch. Dafür sind vier Faktoren maßgeblich: Erstens brachen eine Reihe von innerstaatlichen Konflikten auf, die zu neuen Formen der Gewalt führten (z. B. Jugoslawien, Somalia). Es entstand nicht die erhoffte friedlichere Weltordnung. Stattdessen verschoben sich die Konflikte von der zwischenstaatlichen auf die innerstaatliche Ebene und nahmen in ihrer Anzahl und Intensität zu. Zweitens erhöhte sich parallel zu dieser Entwicklung auch das Engagement der Staatengemeinschaft in der internationalen Friedenssicherung. Zwischen 1989 und 1999 setzte der VN-Sicherheitsrat mehr als 30 Friedensmissionen ein, doppelt so viel wie über einen Zeitraum von 40 Jahren vorher (Debiel 2003, S. 12). Gleichzeitig nahm auch die Zahl der militärischen Interventionen zur Sicherung des internationalen Friedens gemäß Kap. 7 VN-Charta zu, d. h. ohne Zustimmung der Konfliktparteien. Drittens kam es nicht nur zu einer Proliferation von neuen Akteuren in der humanitären Hilfe, insbesondere von Nichtregierungsorganisationen (NRO), sondern viertens auch zu einer Vervielfachung der von ihnen umgesetzten Hilfsgelder. Machte die humanitäre Hilfe zu Beginn der 1990er-Jahre nur rund 2 % der offiziellen Entwicklungsausgaben aus, so ist der Anteil seit 2000 auf rund 10 % gestiegen (Global Humanitarian Assistance 2012, S. 17).

22.3.2 Irak, Somalia, Bosnien und Herzegowina

In Deutschland beteiligte sich die Bundeswehr nach dem Ende des Ost-West-Konflikts zunehmend an internationalen militärischen Interventionen. 1994 bestätigte das Bundesverfassungsgericht, dass „out of area"-Einsätze der Bundeswehr nur im Rahmen eines VN-Mandats und nur mit vorheriger Zustimmung des Deutschen Bundestags (Parlamentsarmee) verfassungskonform sind. Einer der ersten Auslandseinsätze der Bundeswehr war die Nothilfe-Operation an der irakisch-türkischen Grenze nach einem verheerenden Erdbeben Ende 1990. Aufgrund der Unzugänglichkeit des Gebiets konnte die Versorgung der Menschen nur mit Hilfe der Luftwaffentransportkapazitäten des Militärs geleistet werden. Mit der Intervention in Somalia im Rahmen der „UN Operation in Somalia" (UNOSOM II) wurde 1993 erstmals seit Jahrzehnten ein Mandat für eine Peacekeeping-Mission nach Kap. 7 der VN-Charta mit der Ausübung von militärischem Zwang verbunden. Somalia war auch der erste Fall, in dem eine Militärintervention das erklärte Ziel hatte, die humanitäre Hilfe zu schützen (VENRO 2003, S. 10). Die Bundeswehr wurde im Norden Somalias mit der Versorgung einer Einheit indischer Soldaten beauftragt, die dann aber nicht eintraf. Daraufhin beschäftigte sich ein kleiner Teil der in Belet Huen eingesetzten Truppe mit Hilfsprojekten, z. B. der Versorgung des örtlichen Krankenhauses mit Medikamenten und medizinischen Instrumenten sowie der Wasserversorgung. Diese unter Fachleuten höchst umstrittene Hilfe endete jedoch 1994 abrupt mit dem Abzug der Bundeswehr aus Belet Huen.

Die Einsätze der UN Protection Force (UNPROFOR) 1992–1995 im ehemaligen Jugoslawien waren in ihren Anfängen durch klassische Peacekeeping-Missionen gekennzeichnet. Doch die Blauhelme gerieten bald zwischen die Fronten und mussten aufgrund ihres eingeschränkten Mandats den Gräueltaten dieses Bürgerkriegs, wie z. B. die Ermordung von 8.000 Bosniern in Srebrenica, machtlos zusehen. Dass UNPROFOR daran scheiterte, die Sicherheit für die Zivilbevölkerung in den VN-Schutzzonen zu gewährleisten, wirkte sich negativ auf die humanitäre Hilfe in Bosnien und Herzegowina aus. Wenn UNPROFOR Hilfslieferungen durch humanitäre Organisationen militärisch absicherte, stieg auch das Risiko für die Mitarbeitenden von Hilfsorganisationen, als parteilich wahrgenommen zu werden.

22.3.3 Kosovo

1999 beteiligte sich Deutschland am Kosovo-Einsatz der NATO. Dieser stellte eine Zäsur in den zivil-militärischen Beziehungen dar, denn die NATO legitimierte ihren Einsatz damit, dass eine „humanitäre Katastrophe" verhindert werden solle. Die NATO-Operation „Allied Force" gegen Jugoslawien von März bis Juni 1999 basierte nicht auf einer VN-Resolution, sondern war eine unilaterale Intervention der NATO, die gegenüber der Öffentlichkeit als „humanitärer Krieg" zur Verteidigung der Menschenrechte und als Hilfe zugunsten bedrohter Bevölkerungsgruppen legitimiert wurde. Erst nachdem die Luftangriffe im Sommer 1999 eingestellt wurden, setzte der VN-Sicherheitsrat die „United Nations Force" (UNFOR) und die „United Nations Interim Administration Mission in Kosovo" (UNMIK) ein und autorisierte damit nachträglich die NATO-Intervention. Die „humanitären" Zielsetzungen dieser Intervention, d. h. die Verbesserung der Lage der Flüchtlinge und der Schutz der Menschenrechte, wurden nur z. T. erreicht.

Der bei weitem politisch bedeutendste Auslandseinsatz der Bundeswehr findet seit 2002 in Afghanistan statt. Auf dieses Fallbeispiel wird in Abschn. 22.7 näher eingegangen.

22.4 Problemfelder der Interaktion

Werfen wir also einen genaueren Blick auf die Frage, warum zivil-militärische Beziehungen in der humanitären Hilfe problematisch sind.

Streitkräfte und Hilfsorganisationen haben unterschiedliche Aufgaben und Mandate und sind von unterschiedlichen Zielen, Interessen und Vorgehensweisen geleitet. Hilfe durch das Militär dient mittel- oder unmittelbar der Erreichung eines politischen Ziels. Sie kann deshalb parteiisch oder an Bedingungen geknüpft sein, während die Arbeit von humanitären Hilfsorganisationen keine politischen Absichten verfolgt, sondern von humanitären Prinzipien geleitet wird. Wie kann im Falle einer zivil-militärischen Zusammenarbeit in der humanitären Hilfe sichergestellt werden, dass die Trennschärfe der unterschiedlichen Aufgaben und Mandate nicht verloren geht?

Die Durchführung humanitärer Hilfe für alle bedürftigen Bevölkerungsgruppen ist ohne Akzeptanz durch alle Konfliktparteien und das Vertrauen der Zivilbevölkerung in die Unabhängigkeit der Hilfsorganisationen nicht möglich. Dieses Vertrauen kann jedoch durch gemeinsames Auftreten mit Militärs oder sogar durch eine gemeinsame Implementierung von Hilfsmaßnahmen langfristig geschädigt werden. Bei einer Kooperation humanitärer Hilfsorganisationen mit dem Militär ist es für die lokale Bevölkerung schwierig, zwischen den „Parteiischen" und den „Unparteiischen" zu unterscheiden.

Die Zeiten, in denen humanitäre Hilfsorganisationen besonderen Schutz genossen haben, sind schon lange vorbei. Die Mitarbeitenden von Hilfsorganisationen sind in den letzten Jahren zunehmend zu weichen Zielen („soft targets") für Aufständische, Warlords und kriegsführende Parteien geworden. Die Meldungen, dass

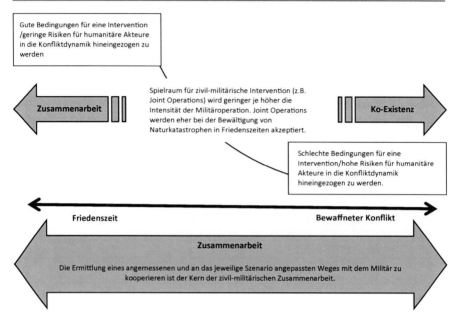

Abb. 22.1 Zwischen Kooperation und Koexistenz: humanitäre Organisationen und Streitkräfte. (Quelle: Angepasste Version auf Grundlage von Metcalfe et al. 2012, S. 2)

Mitarbeitende von Hilfsorganisationen entführt oder getötet werden oder humanitäre Aktionen aufgrund von Sicherheitsproblemen abgebrochen werden müssen, häufen sich. Noch nie war die Sicherheit von humanitären Helfern so prekär wie heute. 2008 wurden in gewaltsamen Konflikten rund 260 Mitarbeitende getötet, entführt oder schwer verwundet (Stoddard 2009, S. 2); 2011 waren es 308 humanitäre Helfer, die Opfer von Gewalt wurden. Rund 90% davon sind lokale Mitarbeiter von Hilfsorganisationen.[1]

22.5 Mögliche Interaktionsformen

Vor dem Hintergrund dieser Spannungsfelder können folgende Formen der Interaktion (Systematik in Anlehnung an Welthungerhilfe 2008) eingeordnet werden. Die Möglichkeiten der Interaktion hängen vor allem von der Konfliktsituation ab (Abb. 22.1). Diese kann auf dem Kontinuum zwischen Friedenszeit und Kampfhandlungen eingeordnet werden.

Die folgenden Bewertungen beruhen auf Beobachtungen der Autoren und Teilnahme an verschiedenen Foren des zivil-militärischen Dialogs. Dort haben sowohl Soldaten als auch humanitäre Helfer ihre Sichtweise und Problemfelder diskutiert.

---

[1] Aid Worker Security Report 2012, http://www.humanitarianoutcomes.org/resources/AidWorkerSecurityReport2012.pdf. Zugegriffen: 9. Jan. 2013.

22.5.1 Informelle Kontakte zwischen Helfern und Soldaten

Beide Gruppen arbeiten unter schweren Bedingungen in einem kulturell fremden Umfeld. Das Bedürfnis nach Austausch und Kontakt mit Angehörigen des eigenen Kulturkreises ist nachvollziehbar. Gelegenheiten ergeben sich u. a. in der Freizeit, bei offiziellen Anlässen und Einladungen oder bei Einkäufen auf dem Markt. Informelle Kontakte finden aber generell in der Öffentlichkeit statt. Sie können die Wahrnehmung von humanitären Organisationen negativ beeinflussen.

Angehörige der Bundeswehr aus dem Kosovo- oder Afghanistaneinsatz drückten in Gesprächen und Fachveranstaltungen das Bedürfnis aus, der Bevölkerung in sichtbarer Not zu helfen. Es ist insofern verständlich, wenn Soldaten aus persönlicher Motivation den eigenen Einsatz um Maßnahmen der Hilfe und des Wiederaufbaus erweitern wollen. Dies trifft umso mehr zu, wenn die Einsätze auch innenpolitisch mit „humanitären" Motiven begründet werden. Auch wenn der Einsatz von Angehörigen der Streitkräfte i. d. R. nur sechs Monate dauert, entwickeln gerade Offiziere, die länger vor Ort bleiben, gute Kenntnisse der Region und beteiligen sich an öffentlichen Diskussionen zu nicht-militärischen Themen wie politischer Zukunft und Entwicklung in den Einsatzgebieten.

22.5.2 Gegenseitige Besuche vor Ort

Interaktion vor Ort umfasst auch gegenseitige Besuche. Aus Sicht humanitärer Organisationen sollten Angehörige der Streitkräfte nur mit Ankündigung und nicht mit Waffen auf dem Gelände und den Projektstandorten humanitärer Organisationen auftreten, um das Vertrauen in unabhängige humanitäre Hilfe nicht zu gefährden. Wie unten folgende Beispiele belegen, kann durch solche Besuche eine Bedrohungssituation für die lokale Bevölkerung und Helfer entstehen.

22.5.3 Kommunikation und Transparenz

Eine weitere Interaktionsform ist der gegenseitige Informationsaustausch über die eigene Arbeit, deren Ziele, die Projektinhalte und Standorte. Gegenüber der lokalen Bevölkerung wird die eigene Arbeit transparent gemacht und Vertrauen aufgebaut. Für humanitäre Organisationen, die ihre Sicherheit auf der Akzeptanz der lokalen Bevölkerung und ihrer Vertreter aufbauen und Zugang zur Bevölkerung offen halten bzw. erweitern wollen, ist dies ein natürliches Anliegen. Streitkräfte wiederum brauchen für die Erfüllung ihres Mandates Beziehungen zu lokalen politischen und gesellschaftlichen Entscheidungsträgern. Für humanitäre NRO ist es wichtig, glaubwürdig zeigen zu können, dass sie nicht im „Schlepptau" oder als „Partner" der Streitkräfte arbeiten. Auch die Botschaft, dass Streitkräfte keine humanitären Akteure sind, ist aus Sicht humanitärer NRO von großer Bedeutung.

22.5.4 Weitergabe von Informationen

Die Weitergabe von sicherheitsrelevanten Informationen verbietet sich aus Sicht der humanitären Helfer – sei es in informellen oder formellen Treffen. Es ist allerdings schwierig, zu definieren, welche Informationen sicherheitsrelevant sind. Gehören schon allgemeine Daten zur Zusammensetzung der Bevölkerung oder der politischen Orientierung in einem bestimmten Projektgebiet dazu? Kann die Benennung von konkreten Institutionen und Personen diese eventuell gefährden? Wird bekannt, dass regelmäßig Informationen ausgetauscht werden, kann das in bestimmten Kontexten dazu führen, dass die Mitarbeitenden humanitärer Organisationen als „Informanten" oder gar „Spione" bezeichnet werden.

Andererseits kann ein gegenseitiger Informationsaustausch zwischen humanitären Organisationen und Streitkräften über regionale Standorte und geplante Aktivitäten wichtig sein, um die jeweils eigenen Aktivitäten nicht zu gefährden und Konflikte zu vermeiden. Aus Sicht humanitärer Organisationen gibt es darüber hinaus ein Interesse, über den Standort von Minen und anderen Sprengsätzen in ihrem Einsatzgebiet informiert zu sein. Ein besonderes Informationsinteresse entsteht bei der Evakuation humanitärer Helfer im Notfall durch internationale (oder nationale) Streitkräfte. Organisationen, die diese Möglichkeit in ihrem Sicherheitsmanagement einbeziehen, müssen berücksichtigen, dass Streitkräfte bereits relevante Informationen benötigen, bevor der Notfall eintritt. Dies betrifft vor allem Angaben zu Standorten, Namen und Kontaktdaten, um solche Maßnahmen überhaupt planen zu können.

22.5.5 Uniformierung und Kennzeichnung von Fahrzeugen

Das Ziel einer klaren Unterscheidbarkeit zwischen humanitären Helfern sowie Streitkräften gilt auch bei dem Tragen bestimmter Kleidung und der Nutzung von Autos. Konflikte entstehen dann, wenn z. B. Angehörige von Streitkräften Dienstgeschäfte in ziviler Kleidung und Fahrzeugen erledigen, die denen ziviler humanitärer Organisation ähneln oder wenn zivile Helfer militärähnliche Kleidung tragen.

22.5.6 Nutzung von Infrastruktur

Generell gelten hier die Richtlinien und Prinzipien, die besagen, dass die Nutzung militärischer Einrichtungen und des nationalen Zivilschutzes nur als „letztes Mittel" infrage kommt und dass die zivile Kontrolle der Nutzung in Konfliktsituationen zu gewährleisten ist (siehe Abschn. 22.6.1 zu den „Guidelines on the Use of Military and Civil Defence Assets to Support United Nations Humanitarian Activities in Complex Emergencies" (MCDA-Guidelines) und Oslo-Guidelines).

Unter Bedingungen eines internen Konfliktes und eines robusten Mandates von Streitkräften (VN-Charta Kap. 7) werden deshalb Militäreskorten von Hilfskonvois und bei der Verteilung von Hilfsgütern durch humanitäre Helfer entsprechend der „MCDA-Guidelines" und dem humanitären Prinzip der Neutralität abgelehnt.

22.5.7 Gemeinsame Hilfsprojekte

Auch die intensivste Form der Interaktion, die Durchführung gemeinsam geplanter Hilfsprojekte, wird aus den bereits dargestellten Gründen von der überwiegenden Mehrzahl humanitärer Organisationen in Konfliktsituationen abgelehnt. Allerdings gibt es einzelne Organisationen, die diese Kooperationen in Ausnahmesituationen und unter bestimmten Bedingungen für möglich halten.

22.6 Die Entwicklung internationaler Richtlinien für die Interaktion

Im Folgenden werden die wichtigsten internationalen und nationalen Richtlinien der Interaktion dargestellt.

22.6.1 Mandate klären: Die erste Generation von Richtlinien

Seit Mitte der 1990er-Jahre haben zivile Akteure Versuche unternommen, die Möglichkeiten und Grenzen zivil-militärischer Beziehungen – auf der Grundlage der humanitären Prinzipien – in Form von Richtlinien zu beschreiben. Die wichtigsten sind die vom VN-Amt für die Koordinierung humanitärer Angelegenheiten (Office for the Coordination of Humanitarian Affairs, OCHA) veröffentlichten „Oslo Guidelines", die sich auf die zivil-militärische Zusammenarbeit in Naturkatastrophen beziehen, und die MCDA-Guidelines, die die Zusammenarbeit in politischen Konflikten beschreiben. Die Oslo und MCDA-Guidelines unterstreichen, dass militärische Aktivitäten grundsätzlich nicht mit VN-Aktivitäten in der humanitären Hilfe vermischt werden sollen. Darüber hinaus soll sich das Militär – falls es Hilfsaktionen durchführt – so schnell wie möglich wieder aus diesem Bereich zurückziehen (Tab. 22.1).

Auch verschiedene internationale NRO-Netzwerke haben Richtlinien veröffentlicht, die in die gleiche Richtung zielen (IASC 2004; SCHR 2001, 2010). Ihnen ist gemein, dass der humanitäre Imperativ und das Prinzip der Subsidiarität in den Vordergrund gestellt werden. Demnach muss jede Hilfe, auch im Kontext zivil-militärischer Beziehungen, in Übereinstimmung mit humanitären Prinzipien stehen und das humanitäre Völkerrecht respektieren (IASC 2004). Eine Unterstützung durch Streitkräfte kommt nur dann infrage, wenn die zivilen Mittel zur Bewältigung der Krisen ausgeschöpft oder spezielle Kenntnisse erforderlich sind – d. h. als letztes Mittel, wenn zivile Mittel nicht verfügbar sind, z. B. in Naturkatastrophen großen Ausmaßes (SCHR 2001).

Tab. 22.1 Oslo- und MCDA-Richtlinien. (Quelle: OCHA 2006, 2007)

Guidelines on the Use of Foreign Military and Civil Defence Assets in Disaster Relief („Oslo-Guidelines") (1994, updated 2006/2007)	Guidelines on the Use of Military and Civil Defence Assets to Support United Nations Humanitarian Activities in Complex Emergencies („MCDA-Guidelines") (2006)
Die Anforderung von MCDA muss durch den Humanitären Koordinator der VN mit Zustimmung des betroffenen Staates erfolgen und ausschließlich von humanitären Kriterien geleitet sein	Eine humanitäre Intervention seitens der Militärs muss von humanitären Akteuren nachgefragt werden (Initiative bei humanitären Akteuren)
MCDA sollten nur als letztes Mittel von humanitären VN-Agenturen eingesetzt werden	Sie wird als letzte Option (last resort) betrachtet
Humanitäre VN-Operationen, die militärische Fähigkeiten nutzen, müssen ihren zivilen Charakter behalten	Sie muss unter ziviler Führung erfolgen
Militärische Mittel sollten möglichst nicht zur direkten Unterstützung humanitärer Organisationen eingesetzt werden, um eine klare Unterscheidung zwischen militärischen und zivilen Akteuren zu ermöglichen	Sie muss in Zeit und Ausmaß begrenzt bleiben
Die Nutzung von MCDA sollte von Beginn an in Umfang und Dauer klar begrenzt sein und einer Exit-Strategie folgen, welche die Übernahme der Aufgaben durch zivile Ressourcen vorsieht	Die Art der militärischen Unterstützung soll die Assoziation mit der humanitären Aktion möglichst gering halten
Länder, die MCDA zur Unterstützung humanitärer Aktionen zur Verfügung stellen, sollten humanitärer Prinzipien respektieren	

Diese Art von Richtlinien findet sich bei vielen NRO auch auf nationaler Ebene. So hat der Verband Entwicklungspolitik Deutscher Nichtregierungsorganisationen (VENRO) 2003 ein Positionspapier verabschiedet, das ebenfalls sehr deutlich auf die unterschiedlichen Mandate von Streitkräften und Hilfsorganisationen abhebt und bei der Frage der Zusammenarbeit differenziert: Eine Zusammenarbeit der Hilfsorganisationen mit den Streitkräften in deren CIMIC-Maßnahmen wird aufgrund der militärischen Zielsetzungen ausgeschlossen. Nach Naturkatastrophen können Streitkräfte aber subsidiär humanitäre Hilfeleistungen erbringen, wenn aufgrund des Umfangs oder der besonderen Umstände der Katastrophe zivile Hilfsorganisationen nicht allein oder schnell genug Hilfsmaßnahmen auf den Weg bringen können (VENRO 2003, S. 18).

22.6.2 Konflikte vermeiden und Interaktion regeln: Die zweite Generation von Dokumenten

Die Lehren aus dem Balkan und Erfahrungen des langen Einsatzes in Afghanistan wurden von humanitären Netzwerken wie dem Steering Committee for Humanitarian Response (SCHR 2010) oder Voluntary Organisations in Cooperation in Emergencies (VOICE 2009) in Positionspapiere der zweiten Generation aufgenommen. Diese befassten sich mit Spannungsfeldern und Interaktionsformen vor Ort und formulierten in einzelnen Fällen Regelungen für einen gemeinsamen Umgang.

In den USA wurden 2007 unter Vermittlung des United States Institute of Peace (USIP) „Guidelines for Relations between US Armed Forces and Non-Governmental Humanitarian Organizations in Hostile or Potentially Hostile Environments" (Interaction 2007) erarbeitet. Beteiligt waren unter anderem das US-Verteidigungsministerium und der US-amerikanische NRO-Dachverband Interaction. Das Dokument beschreibt für beide Seiten angemessene Verhaltensweisen vor Ort, wie das Tragen von Waffen auf NRO-Gelände, Kennzeichnung von Kleidung und Fahrzeugen sowie Gegenstand und Form des gegenseitigen Informationsflusses. An einzelnen Vereinbarungen, z. B. bezüglich des Zugangs zu Analysen des humanitären Bedarfs, wird die Absicht der US-Streitkräfte deutlich, weiterhin humanitäre Aktionen umsetzen und planen zu wollen.

In Afghanistan entstanden länderspezifische Richtlinien zur Interaktion und zivil-militärischen Koordination.[2] Der Prozess wurde von dem VN-Vertreter in Afghanistan und dem NRO-Netzwerk Agency Coordinating Body for Afghan Relief (ACBAR) unter Beteiligung von Angehörigen der internationalen und nationalen Streitkräfte organisiert und nahm auch zu umstrittenen Punkten wie der Rolle der „Provincial Reconstruction Teams" Stellung (siehe weiter unten).

In Deutschland findet ein Dialog zwischen humanitären Akteuren und der Bundeswehr in unterschiedlichen Foren und Plattformen statt. Viele NRO vermitteln Offizieren in einsatzvorbereitenden Kursen die Denk- und Arbeitsweise humanitärer Organisationen. Die Trainingskurse des Zentrums für Internationale Friedenseinsätze (ZIF) umfassen Sicherheitstrainings für ziviles Personal im VN-Ausbildungszentrum der Bundeswehr. Die Bundesakademie für Sicherheitspolitik und die evangelischen Akademien bieten Diskussionsforen zur Klärung von Spannungsfeldern und unterschiedlicher Sichtweisen auf die jeweils andere Seite an. Der Koordinierungsausschuss Humanitäre Hilfe unter Vorsitz des Arbeitsstabes Humanitäre Hilfe im Auswärtigen Amt und Ko-Vorsitz des NRO-Verbandes VENRO behandelt konzeptionelle und operative Fragen der deutschen humanitären Hilfe. Hier wurden humanitär-militärische Beziehungen wiederholt allgemein und zu einzelnen Konfliktgebieten angesprochen.

22.7 Ein Blick auf die Praxis: Humanitäre Hilfe in Afghanistan und das Verhältnis zu den internationalen Streitkräften

Aufgrund der unterschiedlichen Konflikte der letzten 35 Jahre lebten durchschnittlich mehr als 6 Mio. Afghanen als Flüchtlinge weltweit und in den Flüchtlingslagern der Nachbarländer, vor allem in Pakistan und Iran. Im Jahr 2011 gab es ca. 500.000 interne Vertriebene (internally displaced persons, IDPs). In den letzten zehn Jahren konnten aber auch insgesamt 5,7 Mio. Afghanen zurückkehren (UNHCR 2012).

---

[2] Afghanistan Civilian Military Working Group (2008) Guidelines for the interaction and coordination of humanitarian actors and military actors in Afghanistan.

Humanitäre Hilfe wurde in Afghanistan bereits seit den 1970er-Jahren geleistet. Sie ist auch während der sowjetischen Besatzung nach 1979 und während der Herrschaft der Taliban – wenn auch in deutlich geringerem Ausmaß – fortgesetzt worden. OCHA eröffnete 1988 ein Büro in Kabul, wurde aber 2002 wieder als eigenes Büro aufgelöst und in die United Nations Assistance Mission in Afghanistan (UNAMA) integriert.

Die humanitären Prinzipien gerieten im Fall Afghanistans nicht erst seit 2002 unter Druck. Humanitäre Hilfe und deren Finanzierung war eng verbunden mit politischen Interessen der wichtigsten Geberländer. Während der sowjetischen Besatzungszeit fand humanitäre Hilfe vor allem in den Flüchtlingslagern und grenznahen Regionen statt. Der Schwerpunkt lag auf Nahrungsmittelhilfe und Gesundheitsversorgung. Unabhängige NRO wie Ärzte ohne Grenzen (Médecins Sans Frontières, MSF) leisteten medizinische Versorgung auch innerhalb Afghanistans sowie in den grenznahen Regionen von Pakistan. Die Flüchtlingslager waren gleichzeitig Rekrutierungsbasis für die Mudschaheddin und den Widerstand gegen die sowjetischen Besatzungstruppen. Offizielle und inoffizielle US-amerikanische Hilfe hatte immer auch das Interesse, die Mudschaheddin als Widerstand gegen die sowjetischen Truppen zu stärken (Goodhand 2002, S. 842). Später versuchten die Taliban, die Frauen vom Zugang zu humanitärer Hilfe auszuschließen. Zwischen verschiedenen VN-Akteuren und westlichen Außenministerien setzte nun im Rahmen des „Strategic Framework for Afghanistan" eine Debatte zur Konditionierung der humanitären Hilfe ein: Fortschritte bei Frauenrechten und Beteiligung von Frauen über den Zugang zu Hilfsleistungen hinaus gegen die Zusage von Unterstützung. OCHA betonte gegenüber den Taliban dagegen eine engere humanitäre Sicht und stellte den Zugang in den Vordergrund (Goodhand 2002, S. 857).

Die afghanische Bevölkerung leidet bis heute sowohl unter den Folgen des anhaltenden bewaffneten internen und internationalisierten Gewaltkonflikts als auch unter regelmäßigen Naturkatastrophen. Dürren, harte Winter und Erdbeben führen zu zusätzlichem Bedarf an humanitärer Hilfe. Akteure humanitärer Hilfe und längerfristiger und strukturaufbauender Entwicklungszusammenarbeit arbeiten deshalb seit 2002 in Afghanistan auf engem Raum zusammen. Zum Teil sind dieselben Organisationen mit sog. „gemischten Mandaten" in beiden Bereichen tätig. So wird von humanitären Organisationen ein akuter medizinischer Bedarf gedeckt, aber gleichzeitig werden auch Strukturen einer medizinischen Grundversorgung in ländlichen Gebieten aufgebaut. Damit wird die Unterscheidung zwischen prinzipienorientierter humanitärer Hilfe und Entwicklungszusammenarbeit, die gezielt mit benachteiligten Gruppen zusammenarbeitet und diese stärken will, erschwert.

Der Militäreinsatz der NATO seit 2001 (Operation Enduring Freedom) und das wenig später eingerichtete VN-Mandat für die International Security Assistance Force (ISAF), ab 2003 ebenfalls durch die NATO wahrgenommen, hat zur Wahrnehmung humanitärer Akteure als Teil einer Interventionspolitik beigetragen. In den ersten Jahren der Militärintervention gab es Versuche westlicher Politiker, humanitäre Hilfe als Teil eines Gesamtkonzepts der internationalen Militärintervention darzustellen. So erklärte US-Präsident Bush noch im Jahr 2001: „Während wir militärische Ziele angreifen, werden wir gleichzeitig Nahrungsmittel, Medikamente und andere Versorgungsgüter für die leidenden Männer, Frauen und Kinder Afghanistans abwerfen, damit sie die Großzügigkeit Amerikas und seiner Alliierten kennen lernen" (Calas und Salignon 2004, S. 81). US-Außenminister Colin Powell ging sogar so weit, die humanitären NRO als „force multiplier" und Teile des amerikanischen „combat team" zu bezeichnen (Calas und Salignon 2004, S. 82). Damit wurde die US-Strategie der Aufstandsbekämpfung auf Akteure humanitärer Hilfe ausgedehnt und das militärische Ziel des „winning hearts and minds" in den Vordergrund gestellt. Die lokale Bevölkerung sollte den Militärkräften gegenüber wohlgesonnen sein und diese u. a. mit wichtigen Informationen unterstützen.

Im Jahr 2004 verteilten die Koalitionstruppen im Süden Afghanistans Flugblätter, in denen die Bevölkerung aufgerufen wurde, „den Koalitionstruppen sämtliche Informationen über die Taliban, El Quaeda und Gulbuddin Hekmatyar[3]" (Ärzte ohne Grenzen 2004) zu übermitteln, um zu gewährleisten, dass humanitäre Hilfe auch weiterhin bereitgestellt werde. Viele NRO kritisierten diese offensichtliche Verknüpfung von Interessen der Aufstandsbekämpfung und der humanitären Hilfe deutlich. Die mittelbaren Folgen bekam besonders MSF zu spüren. Am 2. Juni 2004 wurden fünf MSF-Mitarbeitende getötet, als sie in einem Auto mit sichtbarer Kennzeichnung reisten. Daraufhin musste MSF seine humanitäre Arbeit nach 24 Jahren der Tätigkeit in Afghanistan abbrechen. Insgesamt sind in diesem Land zwischen 2006 und Jahresmitte 2012 161 humanitäre Helfer ermordet worden (ANSO 2012). Seit 2009 nimmt nach Beobachtungen einzelner deutscher humanitärer Organisationen ein besonderes Muster von Entführungen zu. NRO-Mitarbeitende werden nicht (ausschließlich) gefangen genommen, um ein Lösegeld zu erpressen, sondern (auch) um Informationen über die Arbeit und Beziehungen zu anderen Akteuren und westlichen Streitkräften zu erhalten.

In Afghanistan wurde das Modell integrierter Missionen auf VN-Ebene sowie die Vernetzung militärischer, außenpolitischer und entwicklungspolitischer Akteure stark vorangetrieben. An der UNAMA sind bis zu 17 verschiedene VN-Organisationen und Programme beteiligt. Auf Ebene einzelner Entsendestaaten wurde in Afghanistan eine besondere Form zivil-militärischer Koordination, die sog. „Provincial Reconstruction Teams" (PRTs) entwickelt. Dabei gab es 26 PRTs von 14 unterschiedlichen Nationen mit jeweils eigenen Konzepten. Alle PRTs sollten zur Sicherheit in Regionen außerhalb Kabuls, zur Stärkung der afghanischen Zentralregierung und zum Wiederaufbau beitragen. Das US-amerikanische Konzept war stark durch militärische Notwendigkeit geprägt (Hett 2005, S. 7) und bedeutete eine Einbettung humanitärer Hilfe, ausgeführt von der United States Agency for International Development (USAID), in Strategien der Aufstandsbekämpfung und Stabilisierung unter einem militärischen Oberbefehl.

Das deutsche Konzept war mehr aus Anlass einer besseren Ressortkoordinierung vor Ort entstanden und folgte der Idee „vernetzter Ansätze" beim Einsatz in Krisenregionen. Hier stehen die drei Säulen „Verteidigung", „Außenpolitik" und „Entwicklungspolitik" formell gleichberechtigt nebeneinander; das Bundeswehr-

---

[3] Gulbudin Hektmatyar ist Gründer und Führer der „Hezbi Islami", neben den Taliban eine der großen Widerstandsgruppen, die die afghanische Regierung bekämpfen.

personal übersteigt die Anzahl der zivilen Mitarbeitenden jedoch um ein Vielfaches. Auch im deutschen Modell sind CIMIC-Maßnahmen der Bundeswehr in Form von sog. „Quick-Impact-Projekten" vorgesehen. Diese betreffen kurzfristige Hilfsmaßnahmen wie die Wiederherstellung einer Straße, den Bau einer Brücke, eines Brunnens oder – im Rahmen der Winterhilfe – die Verteilung von Lebensmitteln und Decken. Das deutsche Modell trägt deshalb in der Außenwahrnehmung ebenfalls zu einer Vermischung militärischer Intervention und humanitärer Hilfe bei. Von staatlicher Seite wurde dies als wichtiger Fortschritt für eine wirkungsvolle Arbeit gesehen. Von deutschen NRO wurde vor allem die Gefährdung ziviler Helfer und die geringe Nachhaltigkeit bzw. Konkurrenz zu staatlichen afghanischen Programmen in den Distrikten kritisiert (VENRO 2009, S. 7).

Konflikte entstanden darüber hinaus zur Frage der Uniformierung von Angehörigen internationaler Streitkräfte und Kennzeichnung militärischer Autos. Mitarbeitende humanitärer NRO warfen internationalen Sicherheitskräften vor, die gleichen Fahrzeuge zu verwenden und sich so bewusst als zivile Organisation zu tarnen (Cholet 2009, S. 35). Kritisiert wurden auch unangemeldete Besuche von Projektstandorten. Diese Besuche wurden von der betreffenden NRO mit späteren Drohungen und Sicherheitszwischenfällen in Verbindung gebracht (BAAG und ENNA 2009, S. 5).

Aber auch das Verhalten von humanitären Helfern trägt in Afghanistan nicht immer zu einer klaren Unterscheidbarkeit bei. Es gibt Mitarbeitende humanitärer und entwicklungspolitischer NRO, die das Camp Marmal des Regionalkommandos Nord in Mazar E-Sharif aufsuchen, um die Einkaufsmöglichkeiten und Infrastruktur wie Postservice zu nutzen oder sich im Krankenhaus behandeln zu lassen. Auch beim Personal der NRO besteht z. T. Unsicherheit, inwieweit sichtbare Interaktion vor Ort mit Streitkräften mit dem eigenen Mandat und den Sicherheitsvorschriften vereinbar ist.

Mittlerweile erkennen Angehörige von internationalen Streitkräften an, dass die „quick impact"-Projekte häufig ihre beabsichtigten Wirkungen in Bezug auf Unterstützung für die Militäraktionen als auch auf positive Veränderungen bei der Bevölkerung verfehlen bzw. die positive Wirkung nicht anhält (vgl. Fischstein und Wilder 2012, S. 15). 2011 wurde vom Auswärtigen Ausschuss des US-Senats eine Untersuchung zu den von US-Streitkräften ausgegebenen Mitteln beauftragt. Diese kam zu ernüchternden Ergebnissen und äußerte grundlegende Zweifel an der Wirksamkeit der Mittel in Bezug auf längerfristige Stabilisierungseffekte (Committee on Foreign Relations US Senate 2011, S. 2).

Eine allgemeine Lehre aus der Präsenz internationaler Streitkräfte in fremden Ländern lautet, dass diese mit zunehmender Dauer als Besatzungsmacht bzw. unerwünschter Fremdkörper wahrgenommen werden. Dieser Trend gilt auch für Afghanistan. Das Gefühl für Bedrohungen im Nordwesten ist zwischen 2007 und 2009 stark angestiegen und die Bundeswehr wird mittlerweile nur noch von der Hälfte der Bevölkerung als positiv für die eigene Sicherheit wahrgenommen (Zürcher et al. 2010). Die Aktionen der bewaffneten Opposition, die Opfer unter der Zivilgesellschaft und die sicherheitsrelevanten Vorfälle bei den NRO haben sich seit 2006 bis 2011 in Afghanistan fast verzehnfacht (ANSO 2012). Die Bundeswehr ist vermehrt in direkte Kampfmaßnahmen verwickelt, die eigene Opfer, aber auch zivile Opfer unter der Bevölkerung Afghanistans fordern. Seit Ende 2011 sinkt die Anzahl der Vorfälle erstmals wieder.[4] Ob dies eine Trendwende darstellt, muss sich noch herausstellen.

Als Ergebnis der oben dargestellten Faktoren ist der „humanitarian space" als Handlungs- und Akzeptanzraum in Afghanistan kontinuierlich kleiner geworden. Die Verantwortung für den fehlenden Respekt für humanitäre Prinzipien seitens der Taliban und anderer Aufständischer ist in der stark politisierten Umgebung, der kaum vorhandenen Wahrnehmung des humanitären Bedarfs, dem fehlenden Konsens über operative Anforderungen und der mangelnden Distanz der humanitären Organisationen zu politischen und militärischen Zielen zu suchen (Donini 2011, S. 3).

22.8 Fazit und Ausblick

Die Frage nach Distanz oder Kooperation im Verhältnis von Streitkräften und humanitären Helfern lässt sich nicht pauschal beantworten. Die kontroversen Diskussionen der letzten 20 Jahre haben zu einer Klärung der unterschiedlichen Rollen, einer Identifikation der Schnittstellen und Spannungsfelder sowie einem zunehmenden inhaltlichen Diskurs zwischen militärischen und zivilen Akteuren über die Möglichkeiten und Grenzen der Zusammenarbeit in der humanitären Hilfe beigetragen. Der geplante weitgehende Rückzug internationaler Streitkräfte aus Afghanistan bis Ende 2014 stellt eine Gelegenheit dar, Erfahrungen in den zivil-militärischen Beziehungen auszuwerten und Lehren für zukünftige Einsätze in anderen Konfliktregionen zu ziehen.

Grundsätzlich kann festgehalten werden, dass die politischen, strategischen und organisatorischen Gegensätze zwischen Streitkräften und Helfern immer noch sehr groß sind. Gleichzeitig hat die operative Distanz zwischen beiden Akteursgruppen aufgrund der Vielzahl von Begegnungen in der humanitären Arena abgenommen. Der Unterschied in den Mandaten und Zielen wird sich nicht auflösen lassen. Es sind insbesondere die humanitären Hilfsorganisationen, die die Distanz zu politisch-militärischen Akteuren brauchen, um langfristig gegenüber ihren Zielgruppen glaubwürdig bleiben zu können. Auch Streitkräfte haben mittlerweile erkannt, dass kurzfristige militärische Hilfsaktionen keine nachhaltige Wirkung entfalten und nur begrenzt zur „force protection" beitragen. Deshalb ist in jüngster Vergangenheit zu beobachten, dass die Bereitschaft von Streitkräften steigt, auf „quick impact"-Projekte zu verzichten und sich stattdessen mehr auf eine strategische Abstimmung der unterschiedlichen Ressorts zu konzentrieren, wie z. B. im Rahmen des Konzepts der Vernetzten Sicherheit in Deutschland.

Dieser Trend zum Pragmatismus und zu mehr Abstimmung zwischen Streitkräften und humanitären Helfern lässt sich auch anhand der Richtlinien für die zivil-

---

[4] Lt. Aktuelle Lage in den Einsatzgebieten der Bundeswehr 01 und 02/13, S. 3. www.bundeswehr.de/resource/resource/MzEzNTM4MmUzMzMyMmUzMTM1. Zugegriffen: 7. Feb. 2013.

militärischen Beziehungen ablesen, die sich mit konkreten Formen der Interaktion befassen. Zwar gibt es keine Einigkeit zwischen beiden Akteursgruppen über das angemessene Maß an Interaktion in einer Konfliktsituation. Allerdings scheint deutlich, dass Antworten, die alleine auf abstrakter Ebene direkt aus humanitären Prinzipien abgeleitet werden, nicht mehr ausreichen. Die letztendlich entscheidende Frage ist, in welchem internationalen und nationalen politisch-militärischen Kontext humanitäre Hilfe stattfindet und in welcher Weise und durch wen die humanitäre Hilfe über den notwendigen Zeitraum am wirkungsvollsten geleistet werden kann. Hierfür sind eine solide Analyse des Kontextes und ein politischer Austausch zwischen beiden Akteursgruppen erforderlich. Dazu haben die in den letzten 15 Jahren entwickelten Richtlinien für die zivil-militärischen Beziehungen einen wichtigen Beitrag geleistet.

Literatur

Ärzte ohne Grenzen (2004) http://www.aerzte-ohne-grenzen.at/mediathek-und-archiv/archiv/details/flugblatt-in-afghanistan-verwischt-grenze-zw-hilfe-und-militaerischen-zielen/. Zugegriffen: 10. Jan. 2013

Afghanistan NGO Safety Office, Quarterly Data Report (2012) http://reliefweb.int/sites/reliefweb.int/files/resources/ANSO%20Q2%202012.pdf. Zugegriffen: 8. Okt. 2012

Aid Worker Security Report (2012) http://www.humanitarianoutcomes.org/resources/AidWorkerSecurityReport2012.pdf. Zugegriffen: 11. Jan. 2013

British Agencies Afghanistan Group, European Network of NGOs in Afghanistan (2009) Aid and civil-military relations in Afghanistan. A policy briefing

Bonn International Centre for Conversion (2006) Handreichung: Themenbereiche und Konfliktfelder zivil-militärischer Beziehungen, Bonn

Bundesministerium der Verteidigung (2001) Teilkonzeption zivil-militärische Zusammenarbeit der Bundeswehr, Bonn

Calas F, Salignon P (2004) Afghanistan. From militant monks to crusaders. In: Weissman F (Hrsg) In the shadow of just wars, 1 Aufl. Hurst & Company, London, S 66–68

Cholet J (2009) Dürfen Soldaten Brücken bauen? Das Parlament :34–35

Committee on Foreign Relations United States Senate (2011) Evaluating U.S. foreign assistance to Afghanistan. http://www.foreign.senate.gov/reports/download/?id=b3927e63-0005-434f-bf88-2fa6bc7f8ec3. Zugegriffen: 12. Okt. 2012

Debiel T (2003) UN-Friedensoperationen in Afrika. Dietz, Bonn

Donini A (2011) Humanitarian action in Afghanistan: an uphill battle. Humanitarian Exchange 49:2–4

Eberwein W, Runge P (2002) Humanitäre Hilfe statt Politik? LIT-Verlag, Münster

Europäische Union (2007) Europäischer Konsens über humanitäre Hilfe. Brüssel. http://ec.europa.eu/echo/files/media/publications/consensus_de.pdf. Zugegriffen: 10. Okt. 2012

Fischstein P, Wilder A (2012) Winning hearts and minds? Examining the relation between aid and security in Afghanistan. Feinstein International Centre, Medan

Global Humanitarian Assistance (2012) GHA report 2012. Somerset

Goodhand J (2002) Aiding violence or building peace? The role of international aid in Afghanistan. Third World Quarterly 23:837–859

Hett J (2005) Provincial reconstruction teams in Afghanistan. Zentrum für Internationale Friedenseinsätze, Analyse 04/05, Berlin

Interaction (2007) Guidelines for relations between U.S. armed forces and non-governmental organisations in hostile or potentially hostile environments. http://www.interaction.org/files.

cgi/5896_InterAction_US_Mil_CivMil_Guidelines_July_07_flat.pdf. Zugegriffen: 8. Okt 2012

Inter-Agency Standing Committee (IASC) (2004) Civil-military relationship in complex emergencies – an IASC refernce paper, Genf

International Federation of Red Cross and Red Crescent Societies (2012) Code of conduct signatories. http://www.ifrc.org/Global/Publications/disasters/code-of-conduct/codeconduct_signatories.pdf. Zugegriffen:12. Okt. 2012

Lieser J (2002) Sind Hilfsorganisationen überflüssig? Die Rolle der Hilfsorganisationen im Spannungsfeld zwischen Politik und Hilfe. In: Eberwein W, Runge P (Hrsg) Humanitäre Hilfe statt Politik? Berliner Schriften zur humanitären Hilfe und Konfliktprävention, Bd. 1. Münster, S 90–110

Metcalfe V, Haysom S, Gordon S (2012) Trends and challenges in humanitarian civil–military coordination, a review of the literature. Humanitarian Policy Group, London

Nord Atlantic Treaty Organisation (2002) Militärpolitische Leitlinien zur zivil-militärischen Zusammenarbeit (CIMIC), § 4, Brüssel

Steering Committee for Humanitarian Response (2001, 2010) Position paper on humanitarian-military relations, Genf

Stoddard A, Harmer A, DiDomenico V (2009) Providing aid in insecure environments: 2009 update. Overseas Development Institute (ODI), London

UNHCR (2012) http://www.unhcr.org/pages/49e486eb6.html. Zugegriffen: 12. Okt. 2012

OCHA (2007) Guidelines on the use of military and civil defence assets in disaster relief – „Oslo-Guidelines", Rev. 1.1, November 2007

OCHA (2006) Guidelines on the use of military and civil defence assets to support United Nations humaniatarian activities in complex emergencies, Rev. 1, January 2006

VENRO (2003) Streitkräfte als humanitäre Helfer? Möglichkeiten und Grenzen der Zusammenarbeit von Hilfsorganisationen und Streitkräften in der humanitären Hilfe, Positionspapier, Bonn

VENRO (2009) Fünf Jahre deutsche PRTs in Afghanistan: Eine Zwischenbilanz aus Sicht der deutschen Hilfsorganisationen, Positionspapier, Bonn

VENRO (2012) Konturenlos und unbrauchbar. Das Konzept der vernetzten Sicherheit aus Sicht von Nichtregierungsorganisationen, Standpunkt, Bonn

VOICE (2009) Position on civil-military relations in humanitarian action. Recommendations to the European Union, Brüssel

Welthungerhilfe (2008) Standpunkt: Zusammenarbeit mit militärischen Streitkräften. Bonn

Wenzel A (1999) Die Kosovo-Krise. Humanitäre Hilfe am Scheideweg? http://www.venro.org/fileadmin/Publikationen/Einzelveroeffentlichungen/Humanitaere_Hilfe/kosovo_krise.pdf. Zugegriffen: 16. Nov. 2012

Wittkowsky A, Meierjohann J (2011) Das Konzept der vernetzten Sicherheit. Dimensionen, Herausforderungen, Grenzen. ZIF-Policy-Briefing, Berlin

Zürcher C, Koehler J, Böhnke J (2010) Assessing the impact of development cooperation in Nord East Afghanistan 2005–2009, final report. BMZ Evaluation report no. 49

Bilanz, Perspektiven, Herausforderungen 23

Jürgen Lieser und Dennis Dijkzeul

23.1 Alter Wein in neue Schläuche? Humanitäre Hilfe in einer veränderten Welt

Genau 150 Jahre liegen zwischen der Gründung des Internationalen Komitees vom Roten Kreuz durch Henry Dunant und dem Erscheinungsjahr dieses Buches. In diesen eineinhalb Jahrhunderten hat sich die Welt verändert, aber eines ist gleich geblieben: Humanitäre Hilfe für Menschen in Not ist nach wie vor notwendig. Der humanitäre Imperativ, also das Recht, Hilfe zu empfangen und die Pflicht, Hilfe zu leisten steht nicht zufällig am Anfang des Verhaltenskodexes, der von 500 humanitären Hilfsorganisationen weltweit als Selbstverpflichtung unterzeichnet wurde. Solange es humanitäre Notlagen gibt, egal ob sie durch Naturkatastrophen oder von Menschen herbeigeführt wurden (oder aus einer Mischung von beidem), solange wird es hoffentlich Menschen und Institutionen geben, die humanitäre Hilfe leisten.

Anlass für die Gründung des Internationalen Komitees vom Roten Kreuz, der ersten internationalen humanitären Hilfsorganisation, war die blutige Schlacht von Solferino in Oberitalien. Die Anfänge einer organisierten humanitären Hilfe lassen sich allerdings bis in die frühe Menschheitsgeschichte zurückverfolgen (vgl. hierzu Kap. 3). Im Alten Testament werden bereits sehr modern anmutende Maßnahmen der Katastrophenvorsorge beschrieben.

Naturkatastrophen und Kriege bestimmen auch heute noch das Schicksal von Menschen. Allerdings haben Kriege und Gewaltkonflikte ihren Charakter verändert. Im 19. Jahrhundert waren es noch die Soldaten, die zu Zehntausenden verwundet

---

J. Lieser (✉)
Alemannstr. 2a, 79299 Wittnau, Deutschland
E-Mail: juergen.lieser@web.de

D. Dijkzeul
Institut für Friedenssicherungsrecht und humanitäres Völkerrecht (IFHV) Ruhr-Universität Bochum, NA 02/29, 44801 Bochum, Deutschland
E-Mail: dennis.dijkzeul@rub.de

oder getötet auf dem Schlachtfeld zurückblieben. Deshalb stand der Schutz der Nichtkombattanten, also der Soldaten, die nicht mehr an den Kriegshandlungen teilnehmen, weil sie verwundet oder gefangen waren, bei den ersten Genfer Abkommen (GA) im Mittelpunkt. Erst später, insbesondere nach den Flächenbombardements des Zweiten Weltkriegs, wurde die Notwendigkeit erkannt, den Schutz für Nichtkombattanten auch auf die Zivilbevölkerung auszudehnen.

Mit den veränderten Machtverhältnissen nach dem Ende des Kalten Krieges ergaben sich auch für die humanitäre Hilfe neue Herausforderungen. Die von George H. W. Bush proklamierte „Neue Weltordnung" mit der erhofften „Friedensdividende" nach dem Ende des Kalten Krieges stellte sich nicht ein. Der Einfluss der Vereinten Nationen (VN) (engl. United Nations, UN) als Organisation zur Verhütung von Krieg ist z. B. sehr begrenzt geblieben. Im Zweifelsfall sind es nicht humanitäre Gründe, die über eine militärische Intervention entscheiden, sondern machtpolitische Interessen der Großmächte (vgl. hierzu Kap. 21).

Die globalen machtpolitischen Verschiebungen zeigen sich u. a. auch darin, dass neben den traditionellen Geberländern der Organisation für wirtschaftliche Zusammenarbeit und Entwicklung (Organisation for Economic Co-operation and Development, OECD) inzwischen verstärkt auch neue Geber auf dem Feld der humanitären Hilfe auftreten, wie etwa China, Indien, Brasilien oder die Türkei (vgl. Kap. 6).

Seit den 1990er-Jahren hat es zunehmend internationale Militäreinsätze in Ländern gegeben, in denen auch humanitäre Hilfsorganisationen tätig waren. Die gleichzeitige Präsenz von humanitären Helfern und Soldaten hat für die Hilfsorganisationen neue Probleme gebracht und die Hilfe eher erschwert. Die zivil-militärische Zusammenarbeit ist seit 20 Jahren zu einem kontroversen Dauerthema der humanitären Hilfe geworden (vgl. hierzu Kap. 22). Eine weitere Zäsur waren die Terroranschläge vom 11. September 2001. Der von US-Präsident George W. Bush erklärte „Krieg gegen den Terror" und die Durchdringung nahezu aller politischen Bereiche mit einem fast schon paranoiden Sicherheitsdenken hat auch die humanitäre Hilfe in Mitleidenschaft gezogen.

Auch der Kontext von Naturkatastrophen[1] hat sich verändert und damit auch die humanitäre Hilfe in diesem Bereich. Man weiß heute, dass extreme Naturereignisse nicht unbedingt zu einer Katastrophe führen müssen, sondern dass bei entsprechenden Vorsorgemaßnahmen die Folgen vermieden oder zumindest gemildert werden können (vgl. hierzu Kap. 11 und 14). Für die fatalistische Annahme, dass der Mensch den Naturgewalten hilflos ausgeliefert ist, sollte heute eigentlich kein Platz mehr sein. Naturereignisse selbst können in den wenigsten Fällen von Menschen beeinflusst werden. Ob aber die Auswirkungen eines Naturereignisses zur Katastrophe führen oder nicht, ist i. d. R. „man made", also von Menschen gemacht. Beim Klimawandel, zu dessen fatalen Folgen u. a. die Zunahme extremer Wetterereignisse mit z. T. katastrophalen Folgen zählen, ist der Mensch jedoch als Verursacher klar identifizierbar.

Welche Erfahrungen kann man aus der Entwicklung seit 1863 ableiten? Können/müssen die humanitären Hilfsorganisationen Lehren aus dieser Entwicklung ziehen? Kann die humanitäre Hilfe mit ihrem traditionellen Instrumentarium und

---

[1] Zur Problematik des Begriffs „Naturkatastrophen" vgl. Kap. 11.

ihren hergebrachten Grundsätzen und Prinzipien in einer veränderten Weltlage noch angemessen handeln? Welche Trends in der humanitären Hilfe zeichnen sich ab, die vielleicht auf die zukünftigen Herausforderungen hindeuten?

23.2 Lehren, Erfahrungen, Trends

Die Geschichte der humanitären Hilfe wurde ausführlich im Kap. 3 geschildert. Deshalb sollen hier nur die wichtigsten Entwicklungstrends der letzten zwei Jahrzehnte resümiert werden.

1. Die humanitäre Hilfe ist schwieriger und komplizierter geworden. Heute ist es vor allem und fast ausschließlich die Zivilbevölkerung, die unter den Folgen von Gewaltkonflikten und Kriegen zu leiden hat. Das humanitäre Völkerrecht, das u. a. noch auf der Unterscheidung zwischen Soldaten und Zivilpersonen beruht, hat in den sog. neuen Kriegen seine Wirkkraft eingebüßt; es wird von den Gewaltakteuren nicht respektiert.[2] Auch der humanitäre Raum als notwendige Voraussetzung, damit humanitäre Hilfe überhaupt geleistet werden kann, ist zunehmend infrage gestellt, wenngleich es auch früher schon politische Konstellationen gab, in denen der humanitäre Raum nicht gewährleistet war. Für die Hilfsorganisationen und ihre Mitarbeiter ergeben sich daraus hohe Sicherheitsgefährdungen. Damit steht die Frage im Raum, ob und wie die humanitären Prinzipien und das humanitäre Völkerrecht weiterentwickelt und angepasst werden müssten.
2. Die Trennung zwischen interessengeleiteter Politik und humanitärer Ethik ist, wenn sie denn überhaupt je möglich war, unter den heutigen globalen Machtverhältnissen nicht mehr durchzuhalten. Man könnte auch sagen, die humanitäre Hilfe hat ihre Unschuld verloren – sofern sie diese je besessen hat. Die Gründergeneration der humanitären Bewegung und des humanitären Völkerrechts hatte nicht die Illusion, dass Kriege verhindert werden können. Sie wollte durch humanitäre Hilfe lediglich zur Humanisierung des Krieges beitragen. Die Erfahrung hat jedoch gezeigt, dass eine solche Trennung zwischen Gut (= humanitäre Hilfe) und Böse (= Politik/Gewaltakteure) wenig mit der Lebenswirklichkeit zu tun hat. Die humanitäre Hilfe kann sich nicht von der politischen Dimension ihres eigenen Handelns freimachen, nach dem Motto: Ich mache mir die Hände nicht schmutzig. Die Wirkungen humanitärer Hilfe auf militärische und politische Aspekte und vice versa sind heute allen Akteuren bewusst und haben zu einer Diskussion über die „Krise des Humanitarismus" geführt (Walker und Maxwell 2009, S. xii).
3. Gelegentlich kann man den Eindruck gewinnen, als sollten die humanitären Organisationen alles können und alle Probleme der Welt lösen. Es wird erwartet, dass die Hilfsorganisationen ihr Aufgabenspektrum erweitern und z. B. peacebuilding, Menschenrechte und politische Transformation in ihren Zielkatalog aufnehmen. Der Beitrag, den die humanitäre Hilfe zur Lösung humanitärer Krisen leisten kann, wird dabei völlig überschätzt. Auch wenn Personen und Organisationen der humanitären Hilfe bereits zehnmal mit dem Friedensnobelpreis

---

[2] Zur humanitären Hilfe in Gewaltkonflikten vgl. insbesondere Kap. 12, 19 und 22.

ausgezeichnet wurden – 1901 Henry Dunant als Erster und zuletzt 1999 Ärzte ohne Grenzen (Médecins Sans Frontières, MSF)[3] – ist dies kein Indiz dafür, dass humanitäre Hilfe gewissermaßen als Nebenwirkung ihres Tuns humanitäre Krisen lösen und Frieden herstellen könnte. Die ehemalige VN-Hochkommissarin für Flüchtlinge, Ogata Sadako, hat dies in ihrer Autobiografie treffend auf den Punkt gebracht: „There are no humanitarian solutions to humanitarian problems" (Ogata 2005, S. 25).

4. Die Interaktion humanitärer Organisationen mit militärischen Akteuren hat zugenommen und führt zu neuen Diskussionen über das Verhältnis von Hilfsorganisationen und Streitkräften. Es hat viele Versuche gegeben und wird sie weiter geben, dieses Verhältnis genauer zu regeln und dem Missbrauch von humanitärer Hilfe durch Streitkräfte einen Riegel vorzuschieben (vgl. hierzu Kap. 22).

5. Die Proliferation der Hilfsorganisationen, insbesondere die rasch wachsende Zahl von Nichtregierungsorganisationen (NRO), die sich im Feld der humanitären Hilfe betätigen, kann einerseits positiv interpretiert werden als Ausdruck einer weit verbreiteten und wachsenden Hilfsbereitschaft für Menschen in Not. Sie schafft aber andererseits auch Probleme. Diese reichen von der Konkurrenz der Hilfsorganisationen um Spenden, staatliche Zuwendungen und Vorzeigeprojekte, über fehlende Koordination und mangelnde Professionalität mancher Akteure (vgl. hierzu Kap. 16) bis hin zu blindem, z. T. kontraproduktivem und übereifrigem Aktionismus nach dem Motto „Hauptsache, es wird geholfen".

6. Mit der rasanten Zunahme der Akteure und dem steigenden Bedarf für humanitäre Hilfe sind auch die Anforderungen an die Professionalität der Organisationen und ihrer Mitarbeiter gewachsen. Ohne dass es dafür zentral gesteuerte Vorgaben gab, haben zunächst die Hilfsorganisationen, später dann auch die Staaten, ethische und technische Standards zur Sicherung der Qualität der humanitären Hilfe entwickelt (vgl. Teil IV, insbesondere Kap. 15 und 16). Auch die Anforderungen an Transparenz, Rechenschaftslegung und Kooperation sind gewachsen. Diese Entwicklung ist einerseits zu begrüßen, weil die Wirksamkeit der Hilfe verbessert wird. Die Kehrseite ist, dass damit auch eine stärkere Bürokratisierung einhergeht und nur noch große und leistungsstarke Organisationen mit dieser Entwicklung Schritt halten können; kleine Organisationen, obwohl sie oft gute Arbeit leisten, haben nicht die personellen und finanziellen Mittel, um die wachsenden Anforderungen langfristig zu erfüllen.

7. Die Kritik an der humanitären Hilfe wächst. Sie kommt in erster Linie aus den eigenen Reihen der Hilfsorganisationen, aber auch von außen, insbesondere von Journalisten, die vielleicht ein besonderes Gespür für das Auseinanderklaffen von Anspruch und Wirklichkeit haben. Es scheint, als ob man die lange mit einem Heiligenschein versehenen humanitären Helfer nun ihrer Sünden überführt hat. Thomas G. Weiss hat im Vorwort zu „Shaping the Humanitarian World" den

---

[3] Die übrigen Preisträger waren: das Internationale Komitee vom Roten Kreuz (IKRK) (1917, 1944 und 1963), Fridtjof Nansen (1922), der VN-Flüchtlingskommissar (UN High Commissioner for Refugees, UNHCR) (1954 und 1981), George Pire (1958) und das VN-Kinderhilfswerk (UN Children's Fund, UNICEF) (1965).

Trend zur kritischen Auseinandersetzung mit Fehlern und Versäumnissen der humanitären Hilfe beschrieben, indem er eine Reihe diesbezüglicher Buchtitel aus den vergangenen Jahren so zusammengefasst hat: „Deliver us from evil and the dark sides of virtue, or we are condemned to repeat famine crimes, bear witness to genocide, offer only a bed for the night, and pay the price of indifference along the road to hell" (Walker und Maxwell 2009, S. xiii).[4]

23.3 Zukünftige Herausforderungen für die humanitäre Hilfe

Aus den Entwicklungen der letzten 150 Jahre humanitärer Hilfe, aber vor allem aus den Erfahrungen seit Beginn der 1990er-Jahre haben die humanitären Akteure Lehren gezogen. Es waren einschneidende und schmerzliche Ereignisse, die zu extremen Belastungsproben für die humanitäre Hilfe wurden. Dazu zählen etwa die sog. „humanitären Interventionen" in Somalia (1992) und im Irak (1993), die Balkankriege der 1990er-Jahre, der Genozid in Ruanda (1994), der „Krieg gegen den Terror" in Afghanistan (2001) und im Irak (2003), der Tsunami im Indischen Ozean (2004) oder das Erdbeben in Haiti (2010).

Auch wenn sich zukünftige Entwicklungen nur begrenzt voraussehen lassen, so gibt es doch einige wahrscheinliche Szenarien und Herausforderungen, auf die sich die humanitären Akteure einstellen müssen. Die ersten fünf Herausforderungen beschäftigen sich mit dem Verhältnis zwischen Staat, Politik, Militär und Hilfe. Die nächsten vier Herausforderungen verweisen auf wichtige globale Trends. Am Ende dieser Aufzählung steht die Frage, was diese Herausforderungen insgesamt für das Recht und die humanitären Prinzipien bedeuten.

23.3.1 Fragile Staatlichkeit

Es ist gewiss kein Zufall, dass humanitäre Hilfe heute zu großen Teilen in Staaten stattfindet, die als „fragile", „zerfallende" oder „gescheiterte" Staaten bezeichnet werden. Dabei können die Rahmenbedingungen und Konstellationen und somit das Ausmaß der Fragilität sehr unterschiedlich sein. Somalia, als fast schon klassischer Fall eines gescheiterten Staates, ist nicht mit Haiti zu vergleichen.[5] Kennzeichnend für „failed states" ist u. a., dass das Gewaltmonopol des Staates nicht sichergestellt werden kann und damit private Gewaltanwendung durch Rebellengruppen, Warlords oder kriminelle Gruppierungen an der Tagesordnung ist. Das fehlende Gewaltmonopol des Staates und eine sich oft selbst stärkende Kriegswirtschaft begünstigen

---

[4] In Anspielung bzw. unter Verwendung von Buchtiteln wie „Deliver us from Evil", „The Dark Sides of Virtue", „Condemned to Repeat", „A Bed for the Night" etc. (siehe Walker und Maxwell, Vorwort, Fußnote 6).

[5] Seit Jahren rangiert Somalia auf dem „Failed State Index" des Fund for Peace auf Platz 1. Haiti belegt derzeit (2012) den 7. Platz; vgl. http://www.fundforpeace.org/global/?q=fsi. Zugegriffen: 20. Jan. 2013.

innerstaatliche Konflikte und damit die Entstehung und Permanenz humanitärer Notlagen; man spricht in solchen Fällen von „protracted humanitarian crises".

Die Herausforderung für die humanitäre Hilfe besteht einerseits darin, dass unter solchen Rahmenbedingungen die Regeln des klassischen humanitären Völkerrechts nicht greifen und dass der notwendige humanitäre Raum nicht gewährleistet ist, mit entsprechenden negativen Folgen für den Zugang zu den Menschen in Not und die Sicherheit der Hilfsorganisationen. Außerdem sind dem Missbrauch und der Instrumentalisierung der humanitären Hilfe kaum Grenzen gesetzt, sodass die Hilfsorganisationen immer wieder neu vor der Frage stehen, ob eine Fortsetzung der Hilfe aus Sicherheitsgründen oder aus moralisch-ethischen Gründen noch gerechtfertigt werden kann.[6]

Eine weitere Herausforderung ist an die Frage geknüpft, ob die humanitäre Hilfe nicht im Verbund mit anderen Akteuren, also mit Diplomatie, Politik und Militär darauf hinwirken muss, Rechtsstaatlichkeit herzustellen, d. h. state building zu betreiben. Genau das ist die Forderung des sog. „Whole of Government-Ansatzes". Diese Forderung erscheint im Kontext fragiler Staatlichkeit naheliegend. Ihr zu folgen würde aber in der Konsequenz bedeuten, die Unparteilichkeit, Neutralität und Unabhängigkeit der humanitären Hilfe aufzugeben.

23.3.2 Macht und Ohnmacht der humanitären Hilfe

Gleichwohl wird, nicht nur im Falle von fragiler Staatlichkeit, immer wieder die Frage aufgeworfen, ob die humanitäre Hilfe nicht auch eine politische Verantwortung und Aufgabe hat. Die Standardantwort der humanitären Organisationen darauf lautet: Humanitäre Hilfe ist kein Ersatz für Politik. Die humanitäre Hilfe ist „kein Mittel, um einen Krieg zu beenden oder Frieden zu stiften" – so der damalige MSF-Präsident, James Orbinsky, 1999 anlässlich der Verleihung des Friedensnobelpreises an seine Organisation. Weiter sagte er: „Die humanitäre Hilfe setzt ein, wenn die Politik gescheitert ist oder in einer Krise steckt. Wir handeln nicht, um politische Verantwortung zu übernehmen, sondern in erster Linie, um das durch Versagen verursachte unmenschliche Leid zu lindern" (Orbinsky 1999).

Diese Argumentation ist nicht neu. Schon bei der Entstehung der Rotkreuzbewegung und der Formulierung der GA war, wie bereits erwähnt, das Ziel nicht, Kriege zu verhindern oder zu beenden. Die Gründungsväter der humanitären Idee – „Gründungsmütter" waren wohl damals nicht beteiligt wollten nicht den Krieg abschaffen, sondern diesen „nur" humaner machen. Dafür modifizierten sie das ius in bello (Recht im Krieg) und ließen das ius ad bellum (Recht zum Krieg) unangetastet. Nun kann man sicher zu Recht sagen, dass die Ächtung des Krieges eine Aufgabe der Politik ist und nicht der humanitären Hilfe. Gewiss hat die humanitäre Hilfe und haben ihre Akteure nicht die Machtinstrumente, um politische Veränderungen herbeizuführen. Diese vermeintliche Ohnmacht der humanitären Hilfe sollte jedoch nicht zur Resignation gegenüber einer interessengeleiteten Machtpolitik verführen.

---

[6] Zu diesem und anderen Dilemmata der humanitären Hilfe vgl. Kap. 19.

Der humanitäre Gedanke, bzw. die ihm eigene Kraft der moralischen Vernunft, ist keineswegs nur ohnmächtig und einflusslos, wenn es um die politische Gestaltung einer friedlicheren Welt geht.

23.3.3 Humanitarismus in der Krise?

Diese Diskussion führt am Ende immer wieder zu der „Gretchenfrage": Wie neutral muss bzw. wie politisch darf humanitäre Hilfe sein? Fast schon banal ist die wiederholte Feststellung, dass humanitäre Hilfe nicht in einem politischen Vakuum stattfindet. Die humanitäre Hilfe ist Teil der internationalen Beziehungen, und sie wird damit auch beeinflusst von den weltpolitischen Veränderungen, die sich im Umbruch befinden, „aber noch nicht zur Herausbildung eines neuen und dauerhaften Systems internationaler Beziehungen geführt haben" (Hippler 2012). Die humanitäre Hilfe ist also, da sie in einem politischen Kontext agiert, selbst Gegenstand von Abhängigkeits- und Machtverhältnissen.

Bei dem hier angesprochenen Konflikt zwischen humanitärem Handeln und politischer Aktion handelt es sich um eines der zentralen Dilemmata der humanitären Hilfe. Ob nur Symptome kuriert werden oder ob auch Ursachen des Elends und der Not bekämpft werden sollen, darüber ist die humanitäre Gemeinschaft sich bis heute nicht einig. Im Kap. 2.4 ist dieser Richtungsstreit als „Krise des Humanitarismus" beschrieben. Es handelt sich aber keineswegs um eine Kontroverse aus der „Neuzeit" der humanitären Hilfe, die etwa erst bei Biafra und der Diskussion um die Rolle der Hilfsorganisationen in diesem Konflikt beginnt. Vielmehr hat dieser Disput ansatzweise bereits zwischen Florence Nightingale und Henry Dunant Mitte des 19. Jahrhunderts stattgefunden.

Die Herausforderung besteht darin, einerseits die strikte Neutralität der humanitären Hilfe zu verteidigen, die Voraussetzung dafür ist, dass die Hilfsorganisationen mit ihrem Anliegen glaubwürdig gegenüber den Betroffenen und den Konfliktparteien bleiben und die Not leidenden Menschen erreichen können. Auf der anderen Seite ist die humanitäre Hilfe in der moralischen Pflicht, erlebtes Unrecht nicht stillschweigend hinzunehmen und Anwalt der von Unrecht und Gewalt betroffenen Menschen zu sein. Die Zukunftsaufgabe heißt also, die Balance zwischen beiden Anliegen zu finden und dabei nach allen Seiten hin glaubwürdig zu bleiben: gegenüber den Konfliktparteien und Geberregierungen, aber auch gegenüber den vom Konflikt betroffenen Menschen, die von den unabhängigen NRO nicht nur materielle, sondern auch moralische Unterstützung erwarten.

23.3.4 Humanitäre Hilfe und Terrorbekämpfung: Eine unheilige Allianz

Die Instrumentalisierung bzw. der politische Missbrauch von humanitärer Hilfe für andere als humanitäre Zielsetzungen, die in diesem Buch an verschiedenen Stellen thematisiert wird, ist keine neue Erscheinung. Wie Rieff (2010) z. B.

feststellt, wurden schon während des Vietnamkriegs Hilfsorganisationen für die „hearts and minds"-Strategie der Amerikaner in der Aufstandsbekämpfung instrumentalisiert.

Im Falle von Afghanistan haben die Verantwortlichen erkannt, wenn auch recht spät, dass der Krieg gegen die bewaffneten aufständischen Kräfte mit militärischen Mitteln allein nicht zu gewinnen ist. Deshalb setzt man zunehmend auf die humanitäre und Entwicklungshilfe, die als Bestandteil einer „Vernetzten Sicherheit" bzw. eines „Integrated Approach" dazu beitragen soll, das Land zu befrieden und zu stabilisieren.

Werden die Helfer also zu „nützlichen Idioten" im Kampf gegen den Terror? Ist die humanitäre Hilfe, um das berühmte Clausewitz-Zitat abzuwandeln, die Fortsetzung des Krieges mit anderen Mitteln? Wem diese Interpretation zu weit geht, der sei an einen inzwischen berühmt gewordenen Ausspruch von Colin Powell Ende 2001 erinnert: „I am serious about making sure we have the best relationship with the NGOs[7] who are such a force multiplier for us, such an important part of our combat team".[8] Das war kurz nach dem 11. September 2001. Im Falle des Irak informierte der damalige Leiter der United States Agency for International Development (USAID), Andrew Natsios, 2003 nach der Eroberung Bagdads die anwesenden NRO-Vertreter, dass sie ihre Zusammenarbeit mit der Regierung intensivieren müssten, wenn sie weiterhin Regierungsgelder erhalten wollten. In eine ähnliche Richtung gingen die Bestrebungen der deutschen Bundesregierung, die 2010 unter dem Stichwort „Afghanistan-Fazilität" die deutschen NRO dazu nötigen wollte, stärker mit der Bundeswehr in Afghanistan zu kooperieren und ihre Projekte an der Afghanistan-Strategie der Bundesregierung auszurichten.[9] Rieff titelte 2010 seinen Beitrag in The New Republic „Wie die NGOs zu Schachfiguren im Kampf gegen den Terrorismus wurden" (Rieff 2010).

Nach Hippler (2012) hat der von George W. Bush nach dem 11. September 2001 erklärte „Krieg gegen den Terror" eher zu einer politischen Aufwertung und Stärkung von Al-Qaida geführt. Von einem „Krieg gegen den Terror" ist dann auch unter Präsident Obama keine Rede mehr. Trotzdem bleibt das Problem, dass sicherheitspolitische Überlegungen seit dem 11. September nicht nur die Außenpolitik, sondern auch andere Politikbereiche wie die Entwicklungspolitik und auch die humanitäre Hilfe erfasst haben. Zwar werden die primären Ziele wie Not lindern und Armut bekämpfen nicht in Abrede gestellt, aber es geht immer auch gleichzeitig um die Frage, welchen Beitrag zur Sicherheit Entwicklungshilfe und humanitäre

---

[7] NGO = non-governmental organization (Nichtregierungsorganisation, NRO).

[8] Der ehemalige US-Außenminister Colin L. Powell am 26. Oktober 2001 in einer Rede auf der „National Foreign Policy Conference for Leaders of Nongovernmental Organizations" in Washington, DC.

[9] Vgl. hierzu: VENRO, Stellungnahme zur Ausschreibung des BMZ zur NRO-Fazilität Afghanistan im Rahmen des Titels „Förderung privater deutscher Träger", http://www.venro.org/fileadmin/redaktion/dokumente/Dokumente_2010/Home/Juli_2010/VENRO-Stellungnahmr_AFG-Fazilitaet_final.pdf. Zugegriffen: 28. Jan. 2013.

Hilfe leisten können. Gegen diese Vereinnahmung setzen sich die entwicklungspolitischen und humanitären NRO zur Wehr.

Welche Folgen solch unselige Instrumentalisierung von Hilfe haben kann, zeigt Ladurner (2012) an einem Beispiel in Pakistan auf: Dort wurden Impfhelfer vermutlich von Taliban ermordet, weil sie für Agenten im Drohnenkrieg gehalten wurden. Dieser Verdacht war nicht unbegründet, denn vorher hatte der Fall des Arztes Shakil Afridi Aufsehen erregt, der unter dem Vorwand einer Impfkampagne genetisches Material sammelte, um Osama bin Laden auf die Spur zu kommen.[10] Dieser Fall war Anlass für InterAction, den Dachverband der US-amerikanischen NRO, am 21. Februar 2012 an den damaligen Direktor der Central Intelligence Agency (CIA) David Petraeus zu schreiben: „Die Tatsache, dass die CIA humanitäre Arbeit als Tarnung benutzt, untergräbt die Glaubwürdigkeit und die Integrität aller humanitären Organisationen in Pakistan".[11]

Das Problem liegt auf der Hand. Der Verband Entwicklungspolitik Deutscher Nichtregierungsorganisationen (VENRO) präzisiert: „NRO, die vor Ort tätig sind, werden als Teil einer Besatzungsmacht oder gar einer Konfliktpartei wahrgenommen. Dadurch wird die eigene Sicherheit gefährdet. Für humanitäre Organisation wird der Zugang zu betroffenen Bevölkerungsgruppen erschwert oder unmöglich. Auch für entwicklungspolitische Organisationen sind negative Folgen für die eigene Sicherheit und Akzeptanz zu befürchten. Ohne Akzeptanz ist nachhaltiges Arbeiten nicht möglich" (VENRO 2012).

23.3.5 Humanitäre Hilfe im Windschatten militärischer Interventionen?

In Kap. 21 wird die Frage diskutiert, ob und unter welchen Bedingungen eine militärische Intervention zur Durchsetzung humanitärer Ziele gerechtfertigt sein kann. Die Diskussion dazu wird unter dem Stichwort „Responsibility to Protect" (R2P) geführt.

Die Herausforderung für die humanitäre Hilfe besteht darin, dass sie sich zu dieser Debatte positionieren muss. Bisher geschieht dies nur zögerlich; aufgrund der Diversität der Akteure ist eine gemeinsame Position schwer zu finden. Der Grund ist vermutlich, dass man sich an einem Thema, bei dem es um den Einsatz militärischer Gewalt geht, nicht die Finger verbrennen möchte. Gewiss kann man den humanitären Organisationen keinen naiven „Gesinnungspazifismus" unterstellen, der jegliche Form von Gewalt ablehnt. Politische Abstinenz ist in dieser Frage aber auch nicht die richtige Haltung.

---

[10] Die USA vermuteten, dass Osama bin Laden in einem Haus in Abbottabad/Pakistan lebte. Der Arzt Afridi versuchte, dort wohnende Kinder zu impfen und auf diesem Wege an genetisches Material zu kommen, um eine Verwandtschaft mit bin Laden festzustellen und damit die Vermutung zu erhärten, dass bin Laden dort lebt (Ladurner 2012).

[11] http://www.interaction.org/document/interaction-letter-cia. Zugegriffen: 25. Jan. 2013.

23.3.6 Klimawandel und Umweltzerstörung

Zwischen Klimawandel, Umweltzerstörung sowie Anzahl und Intensität von Naturkatastrophen bestehen kausale Zusammenhänge. Die Zunahme von extremen Wetterereignissen aufgrund des Klimawandels (vgl. hierzu Kap. 11.4), wie z. B. Überschwemmungen, Dürren und Stürme ist evident. Auch die Umweltzerstörung wird sich durch den Klimawandel verschlimmern, insbesondere die Entwaldung und Wüstenbildung. Der Druck auf knappe Ressourcen wie Wasser und Kulturboden für die Produktion von Lebensmitteln wird weiter zunehmen (Labbé 2012, S. 8–9).

Entwicklungsländer und die dort lebende Armutsbevölkerung sind einem besonders hohen Katastrophenrisiko ausgesetzt. Die Folgen des Klimawandels treffen somit vor allem diejenigen, die am wenigsten Verantwortung für die globale Erwärmung tragen und schon jetzt ein Leben in Armut führen müssen. Ohne Ersparnisse, Saatgutspeicher, Versicherungen, soziale Sicherungssysteme und aufgrund von unzureichenden Bewältigungsstrategien sind sie diesen Folgen oft schutzlos ausgeliefert. Die ohnehin schlechten Lebensbedingungen werden sich weiter verschlechtern. Verteilungskonflikte um Böden, Wasser und Nahrung werden sich verschärfen und die Wahrscheinlichkeit klimabedingter Konflikte innerhalb von und zwischen Staaten wird wachsen. Auch „Klimaflüchtlinge" sind längst zu einer Realität geworden.

23.3.7 Wachsende Kluft zwischen Arm und Reich

Obwohl die Armutsbekämpfung weltweit vorsichtig positive Ergebnisse vorzeigen kann, nehmen in vielen Ländern die wirtschaftlichen und sozialen Ungleichheiten zu. Es gibt noch immer große Bevölkerungsgruppen, die keinen Zugang zu Bildung oder Gesundheitsfürsorge haben und deren Grundbedürfnisse nach Nahrung und Wasser nicht ausreichend erfüllt werden (Labbé 2012, S. 8–9). Ob und in welchem Maße solche Armutssituationen unmittelbar ursächlich für gegenwärtige Konflikte sind (z. B. in der Sahelzone), lässt sich seriös nicht nachweisen. Es kann jedoch sicher angenommen werden, dass soziale Ungleichheiten die Vulnerabilität für humanitäre Krisen verstärken.

23.3.8 Bevölkerungswachstum und Urbanisierung

Im Jahr 2050 wird die Weltbevölkerung je nach Prognose auf 8 bis 10 Mrd. Menschen angewachsen sein. Dieses Wachstum wird größtenteils in Entwicklungsländern stattfinden, wo der Wettbewerb um knappe Ressourcen und soziale Dienste und damit die Anfälligkeit für Krisen zunehmen wird. Die Mehrheit der Menschen wird in Städten leben (Labbé 2012, S. 8–9). Eine neue Form humanitärer Krisen könnten massive soziale Konflikte sein, die aufgrund der prekären Lebensbedingungen in den städtischen Ballungszentren auftreten. Auf solche Formen humanitärer Krisen und Katastrophen müssen sich die humanitären Organisationen noch besser als bisher einstellen.

23.3.9 Neue Formen von Kriegen, Krisen und Konflikten

Viele Konflikte dauern an, insbesondere in fragilen Staaten. Nicht nur der Charakter der Konflikte hat sich verändert, sondern es gibt zunehmend neue „Kategorien von Kombattanten" (Schaller 2007), zu denen etwa internationale Terroristengruppen, Piraten, transnationale kriminelle Organisationen oder private Sicherheitsfirmen gehören (Schaller 2007). Humanitäre Organisationen haben bisher kaum Erfahrung im Umgang mit solchen Konfliktakteuren. In welcher Weise sich mögliche neue Konfliktformen und Kriegstechniken (z. B. cyber war, computergestützte Angriffe, Drohnenkrieg) auf die humanitäre Hilfe auswirken könnten ist noch weitgehend unerforscht. Doch technologische Entwicklungen können auch segensreich sein: Dank moderner Techniken konnte die humanitäre Hilfe bessere Bedarfsanalysemethoden entwickeln und Fortschritte z. B. bei Masernimpfungen, der Bereitstellung von verbesserten Wasser- und sanitären Anlagen, schnellerem Transport von Lebensmitteln oder therapeutische Fertignahrung für unterernährte Kinder erzielen (de Waal 2010, S. 134). Durch moderne Kommunikationstechniken kann die lokale Bevölkerung an Bedarfsanalysen besser beteiligt werden.

23.4 Sind das humanitäre Völkerrecht und die humanitären Prinzipien noch zeitgemäß?

Angesichts der zu Beginn dieses Kapitels beschriebenen Entwicklungen wird in regelmäßigen Abständen die Frage gestellt, ob das humanitäre Völkerrecht sich selbst überlebt hat. Dabei wird auf die Diskrepanz zwischen Theorie und Praxis verwiesen und argumentiert, dass die Einhaltung der Prinzipien nur noch auf dem Papier erfolge. Auch wird auf die größere Komplexität bewaffneter Konflikte mit mehr Akteuren und neuen Techniken der Kriegsführung hingewiesen. Eine Weiterentwicklung des humanitären Völkerrechts und der humanitären Prinzipien scheint insbesondere in Hinblick auf asymmetrische bewaffnete Konflikte notwendig.

Die Herausforderung besteht aber nicht nur in der Weiterentwicklung des humanitären Völkerrechts, sondern auch darin, für eine bessere Einhaltung Sorge zu tragen. Zentrales Anliegen aus humanitärer Sicht muss der bessere Schutz der Zivilbevölkerung sein. Bedenklich ist auch der zunehmende Trend, im Kampf gegen den Terrorismus Mittel einzusetzen, die im Widerspruch zum humanitären Völkerrecht stehen (z. B. die extralegale Hinrichtung durch Drohnen).

Auch die humanitäre Hilfe muss sich weiterentwickeln und für neue Arten von Krisen und Katastrophen Instrumente und Strukturen entwickeln. Auf den Fall z. B. einer nuklearen Katastrophe ist das derzeitige humanitäre System nicht ausgerichtet. Bei einem Genozid wie im Falle von Ruanda wäre die humanitäre Hilfe nicht handlungsfähig. Damit ist nicht gesagt, dass sich die klassische prinzipienorientierte humanitäre Hilfe überlebt hätte. Sie hat weiterhin ihre Berechtigung und muss gegen Versuche der Vereinnahmung und Instrumentalisierung geschützt werden. Gleichzeitig müssen aber auch neue Formen, Strukturen und Kooperationen entwickelt werden, die geeignet sind, auf neue Arten humanitärer Katastrophen angemessen zu reagieren.

Es erscheint notwendig, unterschiedliche Arten von Krisen klarer zu beschreiben und besser voneinander zu unterscheiden. So wie unterschiedliche Krankheitsdiagnosen unterschiedliche Therapien benötigen, so müssen auf unterschiedliche Krisenszenarien adäquate Reaktionen erfolgen, d. h. klassische humanitäre Hilfe, Entwicklungszusammenarbeit, Sicherheitsmaßnahmen und Politik. Für das Zusammenwirken oder die Komplementarität dieser Instrumente muss auch die humanitäre Hilfe neue Konzepte entwickeln.

23.5 Fazit: Condemned to Repeat?

Damit sind nun längst nicht alle zukünftigen Anforderungen an die humanitäre Hilfe erschöpfend behandelt. Der Bedarf für humanitäre Hilfe wird zunehmen und das stellt die humanitären Organisationen vor schwierige Aufgaben. Dem wachsenden Hilfebedarf steht zwar auch ein höheres Aufkommen an humanitärer Hilfe gegenüber (Taylor et al. 2012, S. 36). Allerdings sind die Mittel sehr ungleich verteilt; von einer wirklich bedarfsgerechten Verteilung der humanitären Hilfe kann keine Rede sein (Taylor et al. 2012, S. 41 ff.).

Auf die zunehmende Zahl und Intensität von Naturkatastrophen aufgrund des Klimawandels wurde in Kap. 11 hingewiesen. Allein daraus lässt sich mit einiger Sicherheit ein zunehmender Bedarf für humanitäre Hilfe prognostizieren. Über die zukünftige Zahl und Intensität von Kriegen und Gewaltkonflikten sind verlässliche Prognosen nicht möglich. Es gibt allerdings wenige Anzeichen dafür, dass Kriege, Verfolgung von Minderheiten, massive Menschenrechtsverletzungen, etc. überwunden werden könnten. Fragile Staatlichkeit, Korruption und Misswirtschaft könnten zusammen mit Bevölkerungswachstum, Umweltzerstörung und zunehmender Ressourcenknappheit neue Anlässe für gewaltsame Auseinandersetzungen zwischen Bevölkerungsgruppen oder Staaten werden. Es ist klar, dass die humanitäre Hilfe diese Probleme nicht alleine lösen kann.

Von den wachsenden Anforderungen an Professionalität, Transparenz und Rechenschaft war bereits die Rede, auch davon, dass das internationale System der humanitären Hilfe einerseits nach mehr Regulierung und Koordination verlangt, die Prognosen diesbezüglich aber eher pessimistisch sind. Hilfsorganisationen sehen sich auch hier in einem Spannungsverhältnis: Je stärker sie sich in zentrale Koordinationsmechanismen unter VN-Mandat einbinden lassen, desto mehr gefährden sie ihre Unabhängigkeit. Ähnliches gilt für die (Un-)Abhängigkeit von staatlicher Finanzierung. Nur wenige NRO können es sich leisten, auf staatliche Finanzierung ihrer Hilfsprogramme zu verzichten und damit dem Versuch der politischen Instrumentalisierung aus dem Weg zu gehen.

Konkrete zukünftige Ereignisse lassen sich nicht voraussagen. Aber man muss kein Hellseher sein, um mögliche Entwicklungen und Herausforderungen für die humanitäre Hilfe zu identifizieren. Ob die humanitäre Hilfe „condemned to repeat" ist (Terry 2002), oder ob – und inwieweit – sie aus den Fehlern und Versäumnissen der Vergangenheit Lehren ziehen konnte, wird die Zukunft erweisen.

Literatur

De Waal A (2010) The humanitarians' tragedy: escapable and inescapable cruelties. Disasters 34(2):130–137
Hippler J (2012) Perspektiven internationaler Politik im 21. Jahrhundert. Rahmenbedingungen deutscher Außenpolitik. APuZ 10(2012):27–33
Labbé J (2012) Rethinking humanitarianism: adapting to 21st century challenges. International Peace Institute, New York
Ladurner U (2012) Das Virus des Misstrauens. In Pakistan ermorden Taliban Impfhelfer. Sie halten sie für Agenten im Drohnenkrieg. In: Die Zeit, 27. Dezember 2012
Ogata S (2005) The turbulent decade: confronting the refugee crisis of the 1990s. W.W. Norton, New York
Orbinsky J (1999) Friedennobelpreisrede am 10. Dezember 1999 in Oslo. http://www.aerzte-ohne-grenzen.de/kennenlernen/organisation/aufgaben-und-ziele/friedensnobelpreis/nobelpreisrede/index.html. Zugegriffen: 5. Jan. 2013
Rieff D (2010) How NGOs became pawns in the war on terrorism; the New Republic. www.tnr.com. Zugegriffen: 13. Nov. 2012
Schaller C (2007) Humanitäres Völkerrecht und nichtstaatliche Gewaltakteure. Neue Regeln für asymmetrische bewaffnete Konflikte. SWP-Studie 34, Berlin
Terry F (2002) The Paradox of Humanitarian Action. Condemned to Repeat? Cornell University Press, Ithaca and London
Taylor G, Stoddard A, Harmer A, Haver K (2012) The state of the humanitarian system. Overseas Development Institute/ALNAP, London
Verband Entwicklungspolitik deutscher Nichtregierungsorganisationen – VENRO (2012) Konturlos und unbrauchbar: Das Konzept der vernetzten Sicherheit aus Perspektive von Nichtregierungsorganisationen. Standpunkt 2
Walker P, Maxwell D (2009) Shaping the humanitarian world. Routledge, New York

Glossar

Für die Zusammenstellung dieses Stichwortverzeichnisses wurden unterschiedliche Quellen herangezogen. Soweit es sich um Internet-Quellen handelt, wurden diese im Dezember 2012 und Januar 2013 zuletzt besucht:

1. BMZ: Lexikon der Entwicklungspolitik (http://www.bmz.de/de/service/glossar/index.html)
2. Deutsche Welthungerhilfe: Orientierungsrahmen Nothilfe, Bonn 2009
3. Direktion für Entwicklung und Zusammenarbeit – DEZA: Glossar (http://www.deza.admin.ch/de/Home/Glossar)
4. Uwe Holtz: Entwicklungspolitisches Glossar, Stichwörter zur Entwicklungs- und eine Welt-Politik (http://www.uni-bonn.de/~uholtz/virt_apparat/EP_Glossar.pdf)
5. OECD -DAC: Glossar entwicklungspolitischer Schlüsselbegriffe aus den Bereichen Evaluierung und ergebnisorientiertes Management, Paris 2009 (http://www.oecd.org/dataoecd/40/7/43184177.pdf)
6. Akronyme – Glossar Wiki Konfliktbearbeitung (http://www.konfliktbearbeitung.net/wiki/index.php5?title=Akronyme_-_Glossar)
7. Deutsche Gesellschaft für Internationale Zusammenarbeit (GIZ), Glossar (http://www.giz.de/Themen/de/3572.htm)
8. United Nations International Strategy for Disaster Reduction (UNISDR) (2009) Terminology on Disaster Risk Reduction. Vereinte Nationen, Genf (http://www.unisdr.org/files/7817_UNISDRTerminologyEnglish.pdf)
9. Reliefweb: Glossary of Humanitarian Terms (http://www.who.int/hac/about/reliefweb-aug2008.pdf)
10. Sphere Handbuch, 2011 (http://www.sphereproject.org)
11. UN DHA Glossary 1992 (http://reliefweb.int/sites/reliefweb.int/files/resources/004DFD3E15B69A67C1256C4C006225C2-dha-glossary-1992.pdf)

Die zu den Stichwörtern angegebenen Nummern in Klammern verweisen auf die jeweilige Quelle, soweit wörtliche Zitate verwendet werden. Wo keine Quellen angegeben sind, handelt es sich um Texte der Autorinnen und Autoren in diesem Handbuch und eigene Formulierungen der Herausgeber.

Zusammengestellt von Sibylle Gerstl und Jürgen Lieser.

AUFBAU: Begriff, Definition/Erläuterungen [Quellenangabe]; bei englischen Bezeichnungen ist die deutsche Übersetzung, sofern vorhanden, ausschlaggebend für die alphabetische Einordnung

Accountability > Verantwortlichkeit

Active Learning Network for Accountability and Performance (ALNAP) ALNAP wurde 1997 als Folge einer Gemeinschaftsevaluierung des Genozids in Ruanda durch mehrere Evaluierungsagenturen gegründet. ALNAP ist ein Bildungsnetzwerk, das den humanitären Bereich unterstützt, indem es versucht, seine Performance durch Lernmodule, Peer-to-peer-Austausch und Forschung zu verbessern (http://www.alnap.org/about.aspx. Zugegriffen: Dez. 2012).

Advocacy > Anwaltschaft

Anpassung an den Klimawandel Anpassung hat zum Ziel, sich mit bereits erfolgten Klimaänderungen zu arrangieren und sich auf zu erwartende Änderungen so einzustellen, dass zukünftige Schäden vermieden werden können. Anpassung kann also entweder reaktiv oder proaktiv (vorsorgend) erfolgen und betrifft soziale wie auch natürliche Systeme. Siehe auch > Klimawandel (4).

Anwaltschaft/Advocacy Die anwaltschaftliche Vertretung der Interessen der Bevölkerung und/oder Partner im Süden auch und gerade durch zivilgesellschaftliche Organisationen im Norden im Hinblick auf die Veränderung der internationalen politischen, wirtschaftlichen und ökologischen Rahmenbedingungen für Entwicklung. Im Vordergrund stehen dabei die Bedürfnisse und Anliegen von benachteiligten und marginalisierten Ländern, Bevölkerungen oder Bevölkerungsgruppen. Dies kann ebenso für Menschenrechte und humanitäre Grundsätze, für Flüchtlinge, gegen „vergessene Katastrophen" (> Forgotten Crises) wie auch für die Formulierung von Politiken sein. Advocacy unterscheidet sich von Lobbying dadurch, dass Advocacy nicht im Eigeninteresse, sondern im Interesse benachteiligter Dritter geschieht (3; 4).

Assessment > Needs Assessment

Ausschuss für Entwicklungshilfe der OECD/Development Assistance Committee (DAC) of the OECD Das DAC wurde 1961 gegründet und gehört zur > Organisation für wirtschaftliche Zusammenarbeit und Entwicklung (Organisation for Economic Co-operation and Development, OECD). Es prüft und bewertet die Entwicklungshilfeleistungen der Industriestaaten und setzt wichtige entwicklungspolitische Leitplanken. Dem Ausschuss gehören mittlerweile 24 der 34 OECD-Mitgliedstaaten an. Ihr Ziel ist, die Entwicklungszusammenarbeit qualitativ und quantitativ zu verbessern. Neben der Festlegung von Qualitätsstandards für die Entwicklungszusammenarbeit zählt das DAC zu seinen Aufgaben die regelmäßige

Überprüfung der Entwicklungspolitik der DAC-Mitglieder („Peer Reviews") und die Festlegung, Überprüfung und Weiterentwicklung der Kriterien für die Anrechenbarkeit der öffentlichen Entwicklungszusammenarbeit (>Öffentliche Entwicklungszusammenarbeit/Official Development Assistance (ODA)) sowie die Veröffentlichung der offiziellen ODA-Statistik (1; 3).

Ausschuss für Menschenrechte und humanitäre Hilfe des Deutschen Bundestages 1998 hat der Deutsche Bundestag erstmals einen „Ausschuss für Menschenrechte und humanitäre Hilfe" eingerichtet. Von 1987 bis 1998 gab es einen Unterausschuss unter demselben Namen, der beim Auswärtigen Ausschuss angesiedelt war. Menschenwürde und Menschenrechte sind gerade heute vielfach bedroht. Deshalb sind die Aufgaben des Bundestagsausschusses für Menschenrechte und humanitäre Hilfe sehr breit. Der Ausschuss befasst sich auch mit Themen der humanitären Hilfe, jedoch in geringerem Umfang als mit Menschenrechtsfragen (http://handbuchmenschenrechte.fes.de/kapitel.php?kapitel_id=45330&text_id=34780. Zugegriffen: Dez. 2012; http://www.bundestag.de/bundestag/ausschuesse17/a17/index.jsp. Zugegriffen: Dez. 2012).

Ausschuss für wirtschaftlichen Zusammenarbeit und Entwicklung (AwZ) Der AwZ ist einer der ständigen Ausschüsse des Deutschen Bundestages. Er hat die Aufgabe, Verhandlungen und Entscheidungen des Parlaments vorzubereiten und zu vertiefen. Er diskutiert die Vorlagen, die ihm überwiesen werden, holt gegebenenfalls Stellungnahmen anderer Ausschüsse ein und sendet die Anträge schließlich zur abschließenden Behandlung und Entscheidung ins Plenum zurück. Darüber hinaus befasst sich der AwZ in Eigeninitiative mit weiteren Fragen der deutschen und internationalen Entwicklungszusammenarbeit und führt dazu auch öffentliche Anhörungen durch (http://www.bmz.de/de/ministerium/entwicklungspolitik/ausschuesse/index.html. Zugegriffen: Dez. 2012).

Auswärtiges Amt (AA) Das AA der Bundesrepublik Deutschland ist auf der politischen Ebene für Soforthilfemaßnahmen in humanitären Krisen zuständig. Ihm obliegt nicht die Durchführung, sondern die finanzielle Förderung von Projekten halbstaatlicher und nicht-staatlicher Hilfsorganisationen. Im Arbeitsstab „Humanitäre Hilfe" (ASHH, Referat VN05) betreuen über 20 Mitarbeiter jährlich mehrere hundert humanitäre Hilfsprojekte in rund 80 Staaten der Welt. Diese erstrecken sich zusätzlich zu den klassischen Maßnahmen der humanitären > Nothilfe auch auf Maßnahmen des humanitären Minenräumens und der > Katastrophenvorsorge (6; http://www.auswaertiges-amt.de/DE/Aussenpolitik/HumanitaereHilfe/Arbeitsstab_node.html. Zugegriffen 20. Jan. 2013).

Bargeld für Arbeit/Cash for Work Die Grundidee der „Cash for Work"-Programme ist, dass eine betroffene Gruppe oder Gemeinde nach der Katastrophe eine temporäre Einkommensquelle bekommt, indem sie selbst an Wiederaufbauprojekten arbeitet und dafür entlohnt wird (6).

Begünstigte/Beneficiaries Individuen, Gruppen oder Organisationen, die – direkt oder indirekt – von Hilfe und Unterstützung durch Dritte profitieren.

Beneficiaries > Begünstigte

Bewaffneter Konflikt/Armed Conflict Ein Konflikt zwischen zwei oder mehr Parteien, der den Einsatz von Waffengewalt beinhaltet. Im humanitären Völkerrecht wird unterschieden zwischen internationalen und nicht-internationalen bewaffneten Konflikten.
- Internationaler bewaffneter Konflikt: ein bewaffneter Konflikt zwischen zwei oder mehr Staaten, unabhängig davon, ob eine Kriegserklärung vorliegt oder die beteiligten Parteien den Kriegszustand anerkennen.
- Nicht-internationaler bewaffneter Konflikt: ein Konflikt, in dem Regierungskräfte gegen bewaffnete Aufständische oder bewaffnete Gruppen untereinander kämpfen (9).

Bildung Bildung kann in Notfallsituationen sowohl lebenserhaltend als auch lebensrettend wirken. Sofern Bildung in einem sicheren Umfeld vermittelt wird bietet sie ein Gefühl von Normalität, psychosoziale Unterstützung und Schutz vor Ausbeutung und Verletzung. Sie kann auch genutzt werden, um Informationen über Sicherheit, Alltagskompetenz und lebenswichtige Gesundheits- und Hygienefragen zu vermitteln. Mindeststandards im Bereich Bildung sind seit 2008 Begleitstandards von > Sphere (10).

Binnenvertriebene/Binnenflüchtlinge/internally displaced person (IDP) Eine in den VN weit verbreite Definition bezeichnet diejenigen als Vertriebene, die als Folge von innerstaatlichen bewaffneten Auseinandersetzungen und Bürgerkriegen, Menschenrechtsverletzungen oder natürlichen und anderen menschlich verursachten Katastrophen zum Verlassen ihres gewöhnlichen Aufenthaltsortes gezwungen wurden, dabei aber keine international anerkannte Staatsgrenze überschritten haben. Es handelt sich also um Menschen, die innerhalb ihres Landes geflohen sind. Siehe auch > Flüchtlinge (6; http://www.berlin-institut.org/fileadmin/user_upload/handbuch_texte/Angenendt_Flucht_Vertreibung.pdf. Zugegriffen: Jan. 2013).

Bundesministerium für wirtschaftliche Zusammenarbeit und Entwicklung (BMZ) Das 1961 geschaffene Ministerium plant und steuert die Entwicklungspolitik der Bundesregierung und ist gleichzeitig für deren Umsetzung zuständig. Für das BMZ besteht das Ziel der deutschen Entwicklungspolitik darin, menschenwürdige Lebensbedingungen in den Partnerländern zu schaffen und insbesondere die Armut bekämpfen zu helfen (4).

Capacity Building Der Begriff „Capacity Building" steht in der internationalen Zusammenarbeit für Weiterbildung, Personal- und Organisationsentwicklung im Rahmen der Projekte. Capacity Building hat das Ziel, die Fähigkeit der (lokalen)

Partner zu stärken, zukunftsfähige Entwicklungsstrategien und -politiken zu planen und umzusetzen. Durch Capacity Building soll einheimischen Entscheidungsträgern und Fachkräften die Fähigkeit (capacity) vermittelt werden, auf effizientem Wege gesellschaftspolitische Ziele zu erreichen (http://www3.giz.de/imperia/md/content/a-internet2008/capacitybuilding/capacity_building-konzept__2008_09_03.pdf. Zugegriffen: Dez. 2012).

Cash for Work > Bargeld für Arbeit

Central Emergency Response Fund (CERF) > Zentraler Nothilfefonds

Civil Military Cooperation (CIMIC) > Zivil-Militärische Zusammenarbeit (ZMZ)

Civil Military Coordination (CMCoord) > Zivil-Militärische Koordination

Cluster Approach Mit der humanitären Reform des VN-Systems von 2005 wurde als wichtigstes neues Element der „Cluster Approach" eingeführt, um humanitäre Hilfe durch verstärkte Koordinierung effektiver zu gestalten. Clusters sind Gruppen von humanitären Organisationen, die in den einzelnen Hauptsektoren der humanitären Hilfe wie z. B. Notunterkünfte oder Gesundheit tätig sind. Sie werden dann gegründet, wenn innerhalb eines Sektors klare humanitäre Bedürfnisse zu erkennen sind und Organisationen und nationale Behörden Unterstützung in der Koordination brauchen. Innerhalb der Clusters gibt es Leitorganisationen, die dafür verantwortlich sind, alle Organisationen an einen Tisch zu bringen, um schnelle und effiziente humanitäre Hilfe zu leisten. Clusters sind Partnerschaften zwischen internationalen humanitären Organisationen, nationalen und lokalen Autoritäten und der Zivilgesellschaft (http://www.unocha.org/what-we-do/coordination-tools/cluster-coordination. Zugegriffen: Jan. 2013).

CNN-Effekt Der Begriff bezieht sich auf die Macht des Nachrichtensenders CNN, mit seiner Berichterstattung Themen zu definieren, die dann nicht mehr nur von punktuellem Interesse sind, sondern die allgemeine öffentliche Aufmerksamkeit genießen. Man spricht vom CNN-Effekt, wenn ein Thema durch die CNN-Berichterstattung zu einem aktuellen Nachrichtenthema wird. (http://filmlexikon.uni-kiel.de/index.php?action=lexikon&tag=det&id=7513. Zugegriffen: Jan. 2013).

Code of Conduct/Verhaltenskodex der Internationalen Rotkreuz- und Rothalbmondbewegung und der Nichtregierungsorganisationen (> NRO) in der Katastrophenhilfe

Der Verhaltenskodex gilt als erstes Standardwerk in der humanitären Hilfe. Seit seiner Veröffentlichung 1994 haben ihn 492 NRO unterzeichnet. In der Einleitung dazu heißt es: „Mit dem vorliegenden Verhaltenskodex verfolgen wir das Ziel, unsere Verhaltensstandards festzuschreiben. Dabei geht es nicht um die praktischen

Details von Einsätzen, etwa die Frage, wie eine Essensration zu berechnen oder ein Flüchtlingslager einzurichten ist. Unser Anliegen ist vielmehr, die hohen Standards im Hinblick auf Unabhängigkeit, Effektivität und Wirksamkeit beizubehalten, die von den Nichtregierungsorganisationen im Bereich Katastrophenhilfe und der Internationalen Rotkreuz- und Rothalbmond-Bewegung angestrebt werden. Es handelt sich um einen freiwilligen Kodex, der durch die Bereitschaft jeder ihn annehmenden Organisation, die im Kodex niedergelegten Standards zu erfüllen, durchgesetzt wird. Im Falle eines bewaffneten Konflikts wird der vorliegende Verhaltenskodex in Übereinstimmung mit dem humanitären Völkerrecht ausgelegt und angewandt".

10 zentrale Punkte des Code of Conduct sind
1) Der humanitäre Imperativ hat oberste Priorität. Das Recht, humanitäre Hilfe zu empfangen und zu leisten ist ein fundamentaler humanitärer Grundsatz, der für alle Bürger aller Länder gelten sollte.
2) Die Hilfe wird ungeachtet der ethnischen, religiösen oder nationalen Zugehörigkeit des Empfängers und ohne jede nachteilige Unterscheidung geleistet. Die Hilfsprioritäten richten sich allein nach der Bedürftigkeit.
3) Die Hilfe wird nicht zur Unterstützung eines bestimmten politischen oder religiösen Standpunktes eingesetzt.
4) Wir sind bestrebt, uns nicht für die außenpolitischen Interessen einer Regierung instrumentalisieren zu lassen.
5) Wir respektieren Kultur und Sitten.
6) Wir sind bestrebt, die Katastrophenhilfe nach den lokalen Kapazitäten auszurichten.
7) Wir finden Wege, um die von den Programmen Begünstigten in das Management der Nothilfe einzubeziehen.
8) Die Nothilfe muss darauf abzielen, die künftige Gefährdung und Anfälligkeit der Menschen durch Katastrophen zu verringern und ihre grundlegenden Bedürfnisse zu befriedigen.
9) Wir legen sowohl jenen, denen unsere Hilfe gilt, als auch jenen, die uns Mittel zur Verfügung stellen, Rechenschaft ab.
10) In unseren Maßnahmen im Bereich Information, Öffentlichkeitsarbeit und Werbung betrachten wir die Opfer von Katastrophen als Menschen mit Würde, nicht als Objekte ohne Hoffnung

(http://www.ifrc.org/en/publications-and-reports/code-of-conduct. Zugegriffen: Jan. 2013).

Common Humanitarian Funds (CHF) CHF und > Emergency Response Fund (ERF) sind gemeinsame humanitäre Fonds auf Länderebene, durch die mehrere > Geber ungebundene Mittel zur Verfügung stellen. Sie werden im Falle des CHF von > OCHA und dem Entwicklungsprogramm der Vereinten Nationen (> UNDP) und im Falle des ERF von OCHA alleine verwaltet. CHF kommen in großen, langanhaltenden Krisen zum Einsatz. ERF werden als Anschubfinanzierung in plötzlich ausbrechenden Krisen genutzt (http://www.unocha.org/sudan/humanitarian-financing/common-humanitarian-funds. Zugegriffen: Jan. 2013).

Complex Emergencies > Komplexe Notlagen

Connectedness (Nachhaltigkeit/Anschlussgrad) Connectedness hängt mit dem Kriterium Nachhaltigkeit zusammen. Obwohl Einsätze der humanitären Hilfe i. d. R. als kurzfristige Maßnahmen geplant sind, sollten sie dennoch zu längerfristig geplanten Maßnahmen wie > Wiederherstellung (recovery) oder Entwicklung (development) beitragen (ALNAP (2006) Evaluating humanitarian action using the OECD-DAC criteria).

Consolidated Appeal Process (CAP)/Konsolidierter Aufrufprozess Instrument zur Planung, Koordinierung, Finanzierung und Überwachung der Aktionen von Hilfsorganisationen in größeren plötzlich einsetzenden und/oder komplexen Notlagen. Ziel ist die engere Zusammenarbeit zwischen den betroffenen Staaten, Geberländern und Hilfsorganisationen und die Erarbeitung eines gemeinsamen humanitären Aktionsplans (Common Humanitarian Action Plan, CHAP) und ein gemeinschaftlicher Aufruf zur Finanzierung (9).

Coping Capacities Die Fähigkeiten von Menschen oder Organisationen, die ihnen zur Verfügung stehenden Mittel zu nutzen, um Situationen zu bewältigen, die potenziell zu einer Katastrophe führen können (9).

Deutsche Gesellschaft für Internationale Zusammenarbeit (GIZ) Die GIZ entstand am 1. Januar 2011 durch die Fusion der drei staatlichen Durchführungsorganisationen Deutsche Gesellschaft für Technische Zusammenarbeit (GTZ), Deutscher Entwicklungsdienst (DED) und InWEnt (Internationale Weiterbildung und Entwicklung gGmbH). Die GIZ bündelt die Kompetenzen und die langjährigen Erfahrungen dieser drei Organisationen. Als Bundesunternehmen unterstützt die GIZ die Bundesregierung bei der Erreichung ihrer entwicklungspolitischen Ziele. Sie fördert die internationale Zusammenarbeit für nachhaltige Entwicklung und die internationale Bildungsarbeit. Grundlage sind die Grundsätze und Ziele, die das > BMZ für die deutsche Entwicklungspolitik formuliert (1).

Deutsches Zentralinstitut für soziale Fragen (DZI) Das DZI informiert die Öffentlichkeit über die Seriosität von Spendenorganisationen und warnt vor unlauteren Praktiken. Das DZI verleiht an ausgewählte gemeinnützige Organisationen, die sich durch überregionale Spendensammlungen finanzieren, ein Spendensiegel. Ziel des Spendensiegels ist es, Bewusstsein zu schaffen, Vertrauen zu fördern und die Hilfsbereitschaft der Menschen zu erhalten. Organisationen, die das DZI-Spenden-Siegel zuerkannt bekommen, tragen damit das wichtigste Qualitätszeichen im deutschen Spendenwesen (6; www.dzi.de. Zugegriffen: Jan. 2013).

Development Assistance Committee (DAC) of the OECD > Ausschuss für Entwicklungshilfe der OECD

Disaster > Katastrophe

Disaster Response > Katastrophenhilfe
Disaster Risk Reduction (DRR) > Katastrophenvorsorge

Do-No-Harm-Prinzip (Konfliktsensibilität) „Do-no-harm" heißt übersetzt „richte keinen Schaden an". Der von der US-Ökonomin Mary B. Anderson Ende der 1990er-Jahre entwickelte Ansatz besagt, dass Entwicklungsprojekte und die Lieferung von Hilfsgütern sowohl beabsichtigte als auch unbeabsichtigte Folgen haben können. Nach dem Do-No-Harm-Prinzip sollen nicht beabsichtigte unerwünschte Folgen von Hilfsprojekten frühzeitig erkannt, vermieden und abgefedert werden. Vor allem Programme in Krisensituationen müssen nach diesem Prinzip „konfliktsensibel" gestaltet werden. Ungewollte Wirkungen können z. B. durch das Auftreten von ausländischen Experten und die Verteilung von Ressourcen ausgelöst werden und in Kriegs- oder Spannungsgebieten schlimmstenfalls zur Eskalation von Konflikten beitragen (1, 3).

Dunant, Henry (* 8. Mai 1828; † 30. Oktober 1910) Henry Dunant wurde am 8. Mai 1828 in eine Schweizer Kaufmannsfamilie geboren. Er machte eine Ausbildung in einer Bank. Um eine Audienz bei Napoleon III. zu erbitten, reiste er nach Norditalien und wurde dort Zeuge der Schlacht bei Solferino, in der sich am 24. Juni 1859 über 100.000 Soldaten gegenüberstanden. Er barg – ohne Mandat und Auftrag – die Verletzten und Sterbenden. Angeregt durch seine Schrift „Eine Erinnerung an Solferino" wurde 1863 in Genf das > Internationale Komitee vom Roten Kreuz (IKRK) gegründet. 1901 erhielt er den Friedensnobelpreis. Henry Dunant starb am 30. Oktober 1910 (http://www.drk.de/ueber-uns/geschichte/themen/henry-dunant.html. Zugegriffen: Dez. 2012).

Early Recovery > Rascher Wiederaufbau

ECHO/Directorate-General for Humanitarian Aid and Civil Protection/Generaldirektion für humanitäre Hilfe und Zivilschutz ECHO wurde 1992 ursprünglich als Amt für Humanitäre Hilfe (European Community Humanitarian Office) mit dem Ziel der Durchführung und Finanzierung von humanitären Hilfsmaßnahmen der EU in Nichtmitgliedstaaten gegründet. Mit Amtsantritt der neuen Europäischen Kommission im Februar 2010 wurde ECHO zur Generaldirektion für humanitäre Hilfe und Zivilschutz (Directorate-General for Humanitarian Aid and Civil Protection, DG ECHO). DG ECHO arbeitet mit einem Netz von über 200 Partnern zusammen. Es handelt sich im Wesentlichen um Organisationen, die einen Partnerschaftsrahmenvertrag mit der Kommission unterzeichnet haben, wie die VN-Organisationen, das Rote Kreuz, sonstige internationale Organisationen sowie zahlreiche NRO. Die beiden Finanzierungsquellen von DG ECHO sind der allgemeine Haushaltsplan der Gemeinschaft und der Europäische Entwicklungsfonds. Die von DG ECHO verwalteten Mittel belaufen sich jährlich auf über 800 Mio. €. [europa.eu/legislation_summaries/humanitarian_aid/r10003_de.htm. Zugegriffen:Dez. 2012].

Effektivität (Wirksamkeit) Effektivität misst, in welchem Ausmaß die Ziele eines Programms/Projekts unter Berücksichtigung ihrer entsprechenden Gewichtung erreicht wurden. Zugrunde liegen dabei Fragen wie: Wurden die Ziele erreicht? In welchem Ausmaß haben die Leistungen (outputs) zu den erwünschten Auswirkungen (outcomes) geführt? (5).

Effizienz (Wirtschaftlichkeit) Effizienz misst, wie wirtschaftlich die Ressourcen/ Inputs (Finanzen, Studien, Zeit usw.) in Leistungen/Produkte (outputs) umgewandelt werden. Werden die richtigen Dinge gemacht? Wird mit den Mitteln wirtschaftlich umgegangen? (5).

Emergency Capacity Building (ECB) Project > Good Enough Guide

Emergency Relief > Soforthilfe

Emergency Response Fund (ERF) > Common Humanitarian Funds (> CHF)

Enhanced Learning & Research for Humanitarian Assistance (ELRHA) ELRHA ist ein in Großbritannien gegründetes Netzwerk zur Förderung der Zusammenarbeit im Bereich der humanitären Hilfe zwischen Hochschulen, humanitären Organisationen und Partnern auf der ganzen Welt (www.elrha.org. Zugegriffen Jan. 2013).

Entwicklungsorientierte Nothilfe (EON) EON bezeichnet Maßnahmen, die nicht (mehr) reine Überlebenshilfe sind, sondern Voraussetzungen für Nachhaltigkeit schaffen wollen. Sie zeigen erste strukturelle Wirkung und bereiten längerfristige Programmansätze vor. Projekte in diesem Rahmen haben meist eine Laufzeit von einem halben Jahr bis zu drei Jahren. Sie überbrücken die Zeit, bis langfristige Projekte der > Entwicklungszusammenarbeit anlaufen (3).

Entwicklungszusammenarbeit (EZ) EZ ist die Kooperation zwischen Geber- und Entwicklungsländern und Nichtregierungsorganisationen (> NRO) mit dem Ziel, die sozialen, wirtschaftlichen, politischen und ökologischen Bedingungen und Institutionen in Entwicklungsländern zu verbessern. Als Sammelbegriff fasst EZ die Leistungen der technischen, finanziellen und personellen Zusammenarbeit zusammen. Der Begriff „Entwicklungszusammenarbeit" hat sich mittlerweile durchgesetzt und den Begriff „Entwicklungshilfe" abgelöst. Der Grundgedanke dahinter ist, dass eine moderne Entwicklungspolitik sich nicht mehr nur auf einseitige Hilfsleistungen beschränken soll, sondern die Kooperation mit den betroffenen Ländern anstrebt. Die > humanitäre Hilfe umfasst die > Soforthilfe und > Rehabilitation. Demgegenüber ist das Ziel der EZ, eine dauerhafte Verbesserung der Lebensbedingungen der Bevölkerung in den Entwicklungsländern zu erreichen (1).

Ernährungs- und Landwirtschaftsorganisation der VN/Food and Agriculture Organization (FAO) Die FAO wurde 1945 gegründet. Die größte Sonderorganisation der VN hat ihren Sitz in Rom; ihr Mitgliedskreis umfasst 189 Staaten und die Europäische Union. Ziel der Organisation ist es, weltweit zu einem höheren Lebensstandard, zur Verbesserung der Ernährung sowie zur Überwindung von Hunger und Unterernährung beizutragen. Die FAO sammelt und publiziert u. a. Informationen zur weltweiten Entwicklung der Land-, Forst-, Fischerei- und Ernährungswirtschaft; dies trägt zur Früherkennung von Versorgungskrisen bei. Darüber hinaus entwickelt die FAO Ernährungssicherungsstrategien und fördert eigene Entwicklungsprogramme und Projekte (4; www.fao.org. Zugegriffen: Jan. 2013).

Europäischer Konsens über die humanitäre Hilfe/European Consensus on Humanitarian Aid Im Dezember 2007 haben der Europäische Rat, die Europäische Kommission und das Europäische Parlament den Europäischen Konsens über die > humanitäre Hilfe unterzeichnet. Der Konsens ist die erste umfassende Grundsatzerklärung der gesamten EU zu diesem Thema. Er formuliert zum ersten Mal ein ganzheitliches Konzept für die Rolle der EU in der humanitären Hilfe auf der Grundlage bestimmter Prinzipien. Er bekräftigt das Bekenntnis der EU zu den grundlegenden Prinzipien der humanitären Hilfe und zu partnerschaftlichem Zusammenwirken mit anderen Akteuren im humanitären Bereich. Im Sinne von > Good Humanitarian Donorship (GHD) formuliert er Leitlinien und Kriterien für die Leistung humanitärer Hilfe, die sicherstellen sollen, dass Hilfsmaßnahmen effektiv und effizient umgesetzt werden und den bestmöglichen Beitrag zur Deckung des humanitären Bedarfs in Krisensituationen leisten. Deutschland hatte den Europäischen Konsens über die humanitäre Hilfe während seiner EU-Ratspräsidentschaft 2007 gemeinsam mit dem Amt für humanitäre Hilfe der Europäischen Kommission (> ECHO) initiiert (http://www.auswaertiges-amt.de/DE/Europa/Aussenpolitik/HumanitaereHilfe_node.html. Zugegriffen: Jan. 2013).

Europäisches Amt für humanitäre Hilfe/European Community Humanitarian Office > ECHO

Europäisches Freiwilligencorps für humanitäre Hilfe/European Voluntary Humanitarian Aid Corps (EVHAC) Der Vertrag von Lissabon schafft mit Artikel 214 AEUV (Vertrag über die Arbeitsweise der Europäischen Union) erstmals eine eigenständige rechtliche Grundlage für die humanitäre Hilfe der EU und sieht in seinem Absatz V auch die Schaffung eines Freiwilligenkorps vor, den die Europäische Kommission ins Leben gerufen hat. Die Pilotphase zum Freiwilligenkorps hat im Juni 2011 in Budapest begonnen. Das Freiwilligenkorps hat zur Aufgabe, dem Bedarf entsprechend künftig humanitäres Fachpersonal zu fördern, lokale Kapazitäten zu stärken und einen qualitativen Beitrag für die humanitären Akteure zu leisten (http://www.auswaertiges-amt.de/DE/Europa/Aussenpolitik/HumanitaereHilfe_node.html. Zugegriffen: Jan. 2013).

Evaluation Evaluation bezeichnet eine möglichst systematische und objektive Beurteilung eines laufenden oder abgeschlossenen Projektes, einschließlich dessen Konzept, Umsetzung und Ergebnisse. Mit einer Evaluierung soll die > Relevanz und die Erreichung von Entwicklungszielen sowie > Effizienz, > Effektivität, > Impact und > Nachhaltigkeit beurteilt werden (5).

Financial Tracking Service (FTS) Der FTS ist eine globale, Online-Echtzeit-Datenbank von humanitären Bedürfnissen und internationalen Hilfsbeiträgen. Er dient dazu, Entscheidungen über Ressourcenallokation und advocacy zu verbessern, indem er darstellt, inwieweit eine Bevölkerung in einer Krisensituation humanitäre Hilfe erhält, und in welchem Verhältnis diese zu den tatsächlichen Bedürfnissen steht. Der FTS bietet eine Vielzahl von Statistiken, die geleistete humanitäre Hilfe in spezifischen Krisen darstellt. Er deckt alle Länder ab, in die internationale humanitäre Hilfe geflossen ist. Der FTS wird von > OCHA unterhalten und ist auf folgender Website zu finden: www.reliefweb.int/fts (http://ocha-romena.org/Portals/0/Documents/FTS_English.pdf. Zugegriffen: Jan. 2013).

Flash Appeal Ein Flash Appeal (etwa Hilfsaufruf) ist eine vereinfachte Form des Spendenappels, um eine koordinierte Reaktion unmittelbar nach einer Katastrophe sicherzustellen. Er läuft innerhalb einer Woche nach der Katastrophe an und gibt einen Überblick über dringliche lebensrettende Maßnahmen. Viele Flash Appeals beinhalten ebenfalls bereits Programme zum Wiederaufbau, die innerhalb der Laufzeit des Appeals implementiert werden können (9).

Flüchtlinge Flüchtlinge sind laut VN-Definition Menschen, die ihr Heimatland verlassen haben, weil sie dort wegen ihrer Rasse, Religion, Nationalität oder politischen Überzeugung verfolgt werden. Vergleiche auch > Binnenvertriebene. (4).

Food Aid Convention (FAC) > Nahrungsmittelhilfekonvention

Food and Agriculture Organziation (FAO) > Ernährungs- und Landwirtschaftsorganisation der VN

Forgotten Crises > Vergessene Krisen

Fragile/Failing/Failed States/Fragile/Zerfallende/Zerfallene Staaten International gibt es keine einheitliche Definition fragiler Staatlichkeit. Generell werden jene Staaten als instabil (fragil) angesehen, in denen staatliche Akteure nicht willens oder in der Lage sind, Grundfunktionen im Bereich Sicherheit, Rechtsstaatlichkeit, soziale Grundversorgung und Legitimität zu erfüllen. Staatliche Institutionen in fragilen Staaten sind sehr schwach oder vom Zerfall bedroht; die Bevölkerung leidet unter großer Armut, Gewalt und politischer Willkür. Failed states sind fragmentierte Gesellschaften, in denen der Staat keine Autorität gegenüber den Bürgern besitzt und zwischen diesen keinen Interessensausgleich herstellen kann, nicht über leistungsfähige Institutionen verfügt, Bedürfnisse der Bürger nach Sicherheit, Entwicklung und politischer Beteiligung nicht befriedigen kann und dessen Strukturen sich in einem fortgeschrittenen Zerfallsprozess befinden. Die Einteilung solcher Staaten bewegt sich von relativer Stabilität über schwache/instabile/

fragile Staaten und zerfallende Staaten zu umfassendem staatlichen Zerfall. Diese Einteilung orientiert sich an der Abgrenzung zum Idealtypus des „funktionierenden" Staates, der Rechtssicherheit, eine ordnungsgemäße Verwaltung, Frieden und Wohlfahrt garantiert. (1; 4; 7).

Geber(länder) Geberländer oder Geberregierungen sind Staaten, die internationale humanitäre Hilfe finanzieren. Hierzu gehören die Mitglieder des Entwicklungsausschusses (> DAC) der > OECD; auch die Europäische Kommission ist Mitglied dieses Ausschusses. Zu den „neuen" Geberländern zählen Saudi-Arabien und ein Teil der Golfstaaten, einzelne Schwellenländer wie die Türkei und Brasilien sowie einige Mitgliedsländer der Gruppe 77 wie China und Indien, die selbst noch ODA-Empfänger (> Öffentliche Entwicklungszusammenarbeit) sind. (4).

Gender Die englische Sprache unterscheidet das biologische Geschlecht („sex") vom sozialen Geschlecht („gender"), der gesellschaftlich geprägten und individuell erlernten Geschlechterrolle. Diese Geschlechterrolle wird durch die soziale, kulturelle und wirtschaftliche Organisation einer Gesellschaft und durch die rechtlichen und ethisch-religiösen Normen und Werte bestimmt. Die Rollenzuweisungen können in verschiedenen Gesellschaften und auch innerhalb einer Gesellschaft stark variieren. Im Gegensatz zum biologischen Geschlecht sind die Geschlechterrollen von Frauen und Männern wandelbar. Gender-Maßnahmen bauen darauf auf. Sie berücksichtigen die unterschiedlichen Lebenssituationen und Interessen von Frauen und Männern und die Tatsache, dass es keine geschlechtsneutrale Wirklichkeit gibt. Gendersensitive Ansätze versuchen, Strategien zu entwickeln, die gleichermaßen die Bedürfnisse beider Geschlechter im speziellen Kontext berücksichtigen (1).

Gender-Based Violence Aufgrund von Geschlechtszugehörigkeit ausgeübte Gewalt gegen eine Person. Zu dieser Form von Gewalt gehören physische, mentale oder sexuelle Gewalt, die Androhung dieser, Zwang oder Freiheitsberaubung. Frauen, Männer, Mädchen und Jungen können Opfer von geschlechtsspezifischer Gewalt werden; Frauen und Mädchen sind jedoch häufiger Opfer von dieser Form der Gewalt aufgrund ihrer gesellschaftlichen Stellung (9).

Genfer Abkommen Die vier Genfer Abkommen (GA) von 1949 und ihre beiden Zusatzprotokolle (ZP) von 1977 und 2005 stellen das Kernstück des humanitären Völkerrechts dar. Ende 2011 waren 194 Staaten Vertragsparteien der GA. ZP I hatten 171 und ZP II 166 Staaten ratifiziert. In den GA wurden die bereits bestehenden Regeln zum Schutz von verwundeten und kranken Militärpersonen zu Lande und zur See sowie der Kriegsgefangenen verbessert und in einzelnen Abkommen niedergelegt. Der Schutz von Zivilpersonen im bewaffneten Konflikt wurde in GA IV verankert. Insbesondere GA III und IV enthalten ausführliche Bestimmungen zur Einhaltung der Menschenrechte für Kriegsgefangene und der Zivilbevölkerung. Mit Ausnahme einer einzigen Bestimmung, welche absolut grundlegende Menschenrechte enthält (Gemeinsamer Artikel 3 der GA), kommen die GA aber nur während internationaler bewaffneter Auseinandersetzungen zur Anwendung; sie sind Grundlage des humanitären Völkerrechts, des „ius in bello".

Zentrale Grundsätze der GA sind:
- Personen, die nicht oder nicht mehr an Feindseligkeiten teilnehmen, haben ein Anrecht auf besonderen Schutz und menschenwürdige Behandlung. Ihnen ist, ohne jegliche Diskriminierung, angemessene Hilfe zukommen zu lassen.
- Kriegsgefangene oder andere Gefangene sind menschenwürdig zu behandeln. Sie müssen gegen jegliche Gewalt, insbesondere gegen Folter, geschützt werden. Sie haben ein Anrecht auf faire gerichtliche Verfahren.
- Die Wahl der Kriegsparteien, welche Mittel der Kriegsführung sie einsetzen, ist begrenzt. Die Mittel der Kriegsführung dürfen keinen überflüssigen Schaden oder unnötiges Leiden zufügen.
- Um die zivile Bevölkerung zu schützen, müssen die Streitkräfte zu jeder Zeit zwischen ziviler Bevölkerung und zivilen Zielen auf der einen sowie militärischem Personal und militärischen Zielen auf der anderen Seite unterscheiden. Weder die Zivilbevölkerung noch zivile Einrichtungen dürfen Ziele militärischer Angriffe sein

(http://www.drk.de/ueber-uns/auftrag/humanitaeres-voelkerrecht.html. Zugegriffen: Jan. 2013; http://www.humanrights.ch/de/Instrumente/Humanitaeres_Voelkerrecht/ Genfer_Abkommen/index.html. Zugegriffen: Jan. 2013).

Gesellschaft für Internationale Zusammenarbeit (GIZ) > Deutsche Gesellschaft für Internationale Zusammenarbeit

Good Enough Guide Das Emergency Capacity Building (ECB)-Projekt begann 2004 mit einem Treffen der Geschäftsführer von sieben Nothilfeorganisationen, um die schwierigsten Herausforderungen in der humanitären Hilfe und humanitäre Hilfsmaßnahmen zu diskutieren. Der „Good Enough Guide" des ECB-Projekts bietet humanitären Helfern im Feld die Möglichkeit, die nationale Bevölkerung durch einfache Schritte ins Zentrum der Nothilfe zu stellen, und misst den > Impact von Programmen in Nothilfesituationen. Der Leitfaden basiert auf der Arbeit von lokalen Helfern, > Nichtregierungsorganisationen und organisationsübergreifenden Initiativen. Er betont einfache und praktische Lösungen, um sicherzustellen, dass Frauen, Männer und Kinder, die von einer Katastrophe betroffen sind, an der Planung, Implementierung und Überprüfung von Nothilfemaßnahmen einzelner Organisationen beteiligt sind (http://www.ecbproject.org/the-good-enough-guide/ the-good-enough-guide. Zugegriffen: Jan. 2013).

Good Humanitarian Donorship Initiative (GHD) Bei einem Treffen staatlicher > Geber 2003 in Stockholm gründeten 17 Staaten, darunter Deutschland und die Europäische Kommission, das informelle Gebernetzwerk GHD und verabschiedeten ein Grundsatzdokument zu den Prinzipien und guten Praktiken humanitärer Geberschaft. Im April 2006 erkannten die Mitglieder des Development Assistance Committee (> DAC) der OECD diese 23 GHD-Prinzipien als verbindliche Standards an (Deutscher Bundestag Drucksache 17/2725, S 25). Die GHD-

Initiative ist aus einem freiwilligen Prozess der wichtigsten humanitären Geber entstanden – inzwischen hat sich die Anzahl der teilnehmenden Geberstaaten auf 40 erhöht. Die Teilnehmer der GHD tauschen sich über grundlegende Prinzipien und Standards ihrer humanitären Hilfe auch in Bezug auf und in Zusammenarbeit mit den VN-Organisationen aus. Ihr Ziel ist es, das internationale Hilfssystem durch eine freiwillige Abstimmung der GHD-Teilnehmer effizienter zu machen (www.goodhumanitariandonorship.org/, Kap. 12. Zugegriffen: Dez. 2012)

Hazard Ein bedrohliches Ereignis, oder die Wahrscheinlichkeit, dass sich ein Phänomen mit potenziell zerstörenden Auswirkungen innerhalb einer bestimmten Zeit in einem bestimmten Raum ereignen wird (11). Natürliche Prozesse und Phänomene und menschliche Aktivitäten, die den Verlust oder die Gefährdung von Leben zur Folge haben, ebenso wie die Zerstörung von Eigentum, eine Störung der wirtschaftlichen Aktivitäten und die Verschlechterung der Umweltsituation (9).

Human Development Index (HDI) Der HDI misst die Lebensqualität und das Entwicklungsniveau in einem Land. Das Instrument wurde 1990 vom Entwicklungsprogramm der VN (> UNDP) erarbeitet und berücksichtigt drei Faktoren: Lebenserwartung, > Bildung und Einkommen. Durch den Einbezug von sozialen Indikatoren sagt der HDI mehr über den Entwicklungsstand eines Landes aus als das Pro-Kopf-Einkommen. > UNDP veröffentlicht jährlich einen Bericht über die Entwicklung (Human Development Report, HDR). 2011 erfasste der Index insgesamt 187 Staaten, 93 von ihnen wurden als Länder mit geringer oder mittlerer Entwicklung eingestuft. (1; 2; http://hdr.undp.org/en/statistics. Zugegriffen: Jan. 2013).

Human Security > Menschliche Sicherheit

Humanitarian Accountability Partnership International (HAP) HAP ist eine Mitgliedsorganisation mit derzeit 68 Vollmitgliedern und 18 assoziierten Mitgliedern (September 2012). Die Mitglieder sind überwiegend > NRO. Als staatliche Geberorganisationen sind das britische Department for International Development (DFID), das dänische Außenministerium sowie die Swedish International Development Cooperation Agency (SIDA) als assoziierte Mitglieder vertreten. Mit der Welthungerhilfe und Transparency International gibt es zwei deutsche Mitglieder. HAP-Mitglieder verpflichten sich, HAP-Standards umzusetzen und regelmäßig darüber zu berichten. Diese Standards führen aus, wie eine Verpflichtung zur Rechenschaftslegung umgesetzt werden kann und welche Prozesse hierfür notwendig sind (http://www.hapinternational.org. Zugegriffen: Jan. 2013).

Humanitarian Action > Humanitäre Hilfe

Humanitarian Assistance > Humanitäre Hilfe

Humanitäre Hilfe Humanitäre Hilfe richtet sich an Menschen, die durch Katastrophen in Not geraten sind, unabhängig von ihrer ethnischen, religiösen und politischen Zugehörigkeit und allein nach dem Maß ihrer Not. Sie hat zum Ziel, Leben zu retten, menschliches Leid zu lindern, die Würde der Betroffenen zu wahren und ihnen zur Wiederherstellung ihrer Lebensgrundlagen zu verhelfen. Sie ist geleitet von den humanitären Prinzipien der > Menschlichkeit, > Unparteilichkeit, > Neutralität und > Unabhängigkeit und basiert auf internationalen Rechtsgrundlagen. Sie umfasst sowohl die Bereitstellung von lebenswichtigen Gütern (Nahrung, Wasser, sanitäre Anlagen, Unterkunft, Kleidung, Gesundheitsdienste und psychosoziale Hilfe) als auch den Schutz vor Gewalt und Verfolgung sowie die Unterstützung von Bewältigungsstrategien. Sie trägt dazu bei, die Gefährdung der Betroffenen durch künftige Krisen und Katastrophen zu reduzieren. Humanitäre Hilfe umfasst die > Soforthilfe und manchmal auch > Rehabilitation und unterscheidet sich dementsprechend von der längerfristig ausgerichteten > Entwicklungszusammenarbeit. In der Bundesrepublik Deutschland entscheidet über die staatliche humanitäre Hilfe das > Auswärtige Amt (2; 4; 5).

Humanitärer Imperativ Das Recht, humanitäre Hilfe zu empfangen und zu leisten ist ein fundamentaler humanitärer Grundsatz, der für alle Bürger aller Länder gelten sollte. Der Begriff des „humanitären Imperativs" bezeichnet die Selbstverpflichtung von Akteuren, humanitäre Hilfe überall dort zu leisten, wo sie gebraucht wird. Hauptbeweggrund für die Katastrophenhilfe ist die Linderung des Leidens der Menschen, die am wenigsten in der Lage sind, mit den durch die Katastrophe verursachten Belastungen fertig zu werden. Ausdrücklich als Standard niedergelegt ist der humanitäre Imperativ im > Code of Conduct (10).

Humanitäre Intervention Es gibt militärische und zivile humanitäre Interventionen. Der Begriff „humanitäre Intervention" wird häufig euphemistisch verwendet für einen militärischen Eingriff in das Gebiet eines anderen Staates, der den Schutz von Menschen in einer humanitären Notlage zum Ziel hat. Bei den Notlagen kann es sich um massive Menschenrechtsverletzungen bis hin zum Genozid, aber auch um Naturkatastrophen handeln. Vorausgesetzt wird, dass der betroffene Staat selbst nicht in der Lage oder nicht willens ist, den Gefährdeten Schutz zu bieten (http://www.uni-protokolle.de/Lexikon/Humanitaere_Intervention.html. Zugegriffen: Jan. 2013).

Humanitäre Prinzipien/Humanitarian Principles Grundpfeiler der humanitären Hilfe sind die humanitären Prinzipien der > Menschlichkeit, > Unparteilichkeit, > Neutralität und > Unabhängigkeit. Sie sind im > humanitären Völkerrecht begründet und gelten als unabdingbar, um betroffene Bevölkerungsgruppen bei Naturkatastrophen, bewaffneten Konflikten und in komplexen Notsituationen dauerhaft zu erreichen. Obwohl die Prinzipien eine lange Entwicklungsgeschichte haben – schon im 19. Jahrhundert gab es ähnlich formulierte Prinzipien – wurden sie erst 1965 bei der 20. Internationalen Konferenz der Internationalen Rotkreuz- und Rothalbmondbewegung offiziell anerkannt. Die ersten drei Prinzipien wurden 1991 in Resolution 46/182 der VN-Generalversammlung anerkannt; das vierte Prinzip der Unabhängigkeit wurde 2003 in Resolution 58/114 anerkannt. Die Prinzipien werden auch in Selbstverpflichtungserklärungen des humanitären Sektors erwähnt, wie z. B. in den Statuten der Internationalen Rotkreuz- und Rothalbmondbewegung von 1986, im > Verhaltenskodex von 1994 und in den Prinzipien der > Good Humanitarian Donorship Initiative von 2003.

Humanitärer Raum/Humanitarian Space Mit „humanitarian space" ist der Freiraum gemeint, den die Akteure der humanitären Hilfe benötigen, um ungehinderten Zugang zu den Opfern zu erlangen, Nothilfe leisten und die Opfer schützen zu können, ohne die Sicherheit und das Leben der Hilfeleistenden zu gefährden. Der humanitäre Raum soll die Anwendung der humanitären Prinzipien sicherstellen. In der Praxis ist die Umsetzung der Prinzipien oft nur z. T. möglich (http://europa.eu/legislation_summaries/humanitarian_aid/r13008_de.htm. Zugegriffen: Jan. 2013).

Humanitäres Völkerrecht Entgegen landläufiger Auffassung ist der bewaffnete Konflikt (der früher als Krieg bezeichnet wurde) kein rechtsfreier Zustand. Vielmehr gilt das humanitäre Völkerrecht (früher als Kriegsrecht bezeichnet). Es besteht aus dem sog. Genfer Recht (> Genfer Abkommen mit ihren Zusatzprotokollen) und dem Haager Recht. Ersteres umfasst alle Bestimmungen zum Schutz der Opfer des Krieges, also der Zivilisten und der Personen, die hors de combat sind, d. h. die wegen ihrer Verwundung/Krankheit oder Gefangenschaft nicht mehr am Konfliktgeschehen teilnehmen können. Das Haager Recht enthält die Regeln, Mittel und Methoden der Kriegführung, d. h. die Bestimmungen, die durch die Kombattanten (die Angehörigen der Streitkräfte) zu beachten sind. Die wichtigste Regel ist, dass nur militärische Ziele angegriffen werden dürfen. Auch bestehen Beschränkungen hinsichtlich des Waffeneinsatzes. Stets ist der Verhältnismäßigkeitsgrundsatz zu beachten. Bei Angriffen hat der Kommandierende Vorsichtsmaßnahmen zu ergreifen, um den Kollateralschaden (Schäden der Zivilbevölkerung und an zivilen Gütern) möglichst gering zu halten. Das humanitäre Völkerrecht kommt in internationalen bewaffneten Konflikten (zwischen Staaten) und in nicht-internationalen bewaffneten Konflikten (zwischen Staaten und nicht-staatlichen Akteuren oder nur zwischen nicht-staatlichen Akteuren wie Aufständischen oder Rebellen) zur Anwendung. Schwere Verletzungen des humanitären Völkerrechts stellen Kriegsverbrechen dar und müssen durch nationale Gerichte oder internationale Strafgerichte wie das Jugoslawientribunal oder den Internationalen Strafgerichtshof geahndet werden. Mit nicht-internationalen bewaffneten Konflikten befasst sich das humanitäre Völkerrecht in seiner gegenwärtigen Form nur sehr eingeschränkt. Hinsichtlich seiner Entstehung und historischen Entwicklung, seiner Theorie und Systematik sowie seiner Verbreitung und Akzeptanz ist das humanitäre Völkerrecht ein sehr heterogener und komplexer Bereich des internationalen Rechts.

Humanität > Menschlichkeit

Humanitarian Response Index (HRI) Der von einer unabhängigen Initiative ins Leben gerufene HRI wird seit 2007 jährlich veröffentlicht. Er bewertet die Geberländer nach ihren abgegebenen Verpflichtungen und stuft sie ein, um die Qualität und Effizienz ihrer humanitären Hilfe zu verbessern. Entwickelt von DARA (ehemals Development Assistance Research Associates) hat der HRI den Zweck, sicherzustellen, dass die humanitäre Hilfe der Organisation für wirtschaftliche Zusammenarbeit und Entwicklung (> OECD) und der Geberländer den größtmöglichen Einfluss auf die > Begünstigten hat, die Qualität und die Wirksamkeit der Hilfe verbessert wird und eine stärkere > Effizienz, > Effektivität, Transparenz und Rechenschaftspflicht der staatlichen > Geber erzielt wird (http://daraint.org/humanitarian-response-index. Zugegriffen: Jan. 2013; http://en.wikipedia.org/wiki/Humanitarian_Response_Index. Zugegriffen: Jan. 2013).

Humanitarian Space > Humanitärer Raum

Humanitarismus, Neuer/New Humanitarianism Der Begriff „new humanitarianism" wurde als Erstes von Clare Short, britische Staatssekretärin für Internationale Entwicklungszusammenarbeit unter Premierminister Blair, geprägt. Mit diesem Begriff betonte sie die politische Rolle, die humanitäre Hilfe spielen kann, welche im Gegensatz steht zu der ursprünglich apolitischen Idee hinter den traditionellen Prinzipien > Neutralität, > Unparteilichkeit und > Unabhängigkeit (vgl. Walker u. Maxwell 2009, S 72–75). Der Begriff „neuer Humanitarismus" wird zunehmend verwendet für die Arbeit und Programmatik nicht-traditioneller humanitärer Akteure in Krisengebieten.

Hyogo Framework for Action (HFA) Der HFA ist ein 10-Jahres-Rahmenaktionsplan, um die Welt vor Naturgefahren sicherer zu machen. Er wurde 2005 von 168 Mitgliedsstaaten der VN bei der World Disaster Reduction Conference beschlossen. Der HFA ist der erste Plan, der detailliert die Arbeit auflistet, die von allen beteiligten Akteuren und Sektoren nötig ist, um Katastrophen zu reduzieren (> Katastrophenvorsorge). Der HFA wurde mit vielen Partnern auf dem Gebiet der Katastrophenreduzierung (u. a. Regierungen, internationale Organisationen und Katastrophenschutz-Experten) entwickelt und abgestimmt und vereinigt sie in einem gemeinsamen Koordinationssystem. Er nennt fünf Prioritäten für Maßnahmen und bietet Leitlinien und praktische Hilfestellung zur besseren Erreichung der Widerstandsfähigkeit und Ausfallsicherheit. Sein Ziel ist es, das Ausmaß von Schäden durch Naturkatastrophen bis zum Jahr 2015 wesentlich zu reduzieren, indem die Widerstandsfähigkeit (> Resilienz) gegenüber Katastrophen in Nationen und Gemeinden verbessert wird. Dies bedeutet eine Verringerung des Verlustes von Menschenleben und sozialen, wirtschaftlichen und ökologischen Gütern nach Katastrophen. Siehe auch > United Nations International Strategy for Disaster Reduction (UNISDR) (http://www.unisdr.org/we/coordinate/hfa. Zugegriffen: Jan. 2013).

Impact (Wirkung) Positive und negative, primäre und sekundäre langfristige Wirkungen (Folge- und Nebenwirkungen) eines Programms/Projekts, die direkt oder indirekt, beabsichtigt oder nicht beabsichtigt, erwünscht oder nicht erwünscht sein können. [OECD-DAC: Glossar entwicklungspolitischer Schlüsselbegriffe aus den Bereichen Evaluierung und ergebnisorientiertes Management, Paris 2009].

Impartiality > Unparteilichkeit

Independence > Unabhängigkeit

Institut für Friedenssicherungsrecht und Humanitäres Völkerrecht (IFHV) Das IFHV wurde 1988 als zentrale wissenschaftliche Einrichtung der Ruhr-Universität Bochum gegründet. Ausgehend von einer traditionellen völkerrechtlichen Ausrichtung hat das IFHV inzwischen seine Aktivitäten auf das gesamte Feld der humanitären Studien ausgeweitet.

Inter-Agency Standing Committee (IASC) Das IASC ist ein interorganisationelles Forum zur Koordinierung, Strategieentwicklung und Entscheidungsfindung, in dem sich Partner der humanitären Hilfe innerhalb und außerhalb des Rahmens der VN austauschen. Das IASC wurde 1992 auf Grundlage der Resolution 46/182 der VN-Generalversammlung zum Ausbau der humanitären Hilfe eingerichtet (http://www.humanitarianinfo.org/iasc. Zugegriffen: Jan. 2013).

Intergovernmental Panel on Climate Change (IPCC) > Weltklimarat

Internally Displaced Persons (IDPs) > Binnenvertriebene

International Disaster Response Law-Richtlinien (IDRL) Die IDRL-Richtlinien sind ein internationales Katastrophenhilfe-Regelwerk der Internationalen Rotkreuz- und Rothalbmondbewegung zur Regelung und Erleichterung der internationalen Katastrophenhilfe und anfänglichen Wiederaufbauhilfe, die 2003 von der 30. Internationalen Rotkreuz- und Rothalbmondkonferenz verabschiedet wurden (http://www.drk.de/aktuelles/multimedia/broschueren.html?no_cache=1&tx_drkmediathek_pi1[aktion_showeinzelbild]=9777. Zugegriffen: Jan. 2013; http://www.drk-katastrophenmanagement.de/katastrophenhilfe-desaster-relief. Zugegriffen: Jan. 2013).

International Emergency Database (EM-DAT) EM-DAT wurde 1988 am Centre for Research on the Epidemiology of Disasters (CRED) der Université Catholique de Louvain (Belgien) eingerichtet, um zunächst die > Weltgesundheitsorganisation (WHO) sowie die belgische Regierung bei der wissenschaftlichen Datenerhebung im Kontext humanitärer Notlagen zu unterstützen. Inzwischen ist EM-DAT zu einer wichtigen Quelle für Akteure der humanitären Hilfe und der Entwicklungszusammenarbeit geworden und liefert objektive Daten über die humanitären Konsequenzen von Katastrophen, wie z. B. die Anzahl von Todesopfern und Verletzten oder die wirtschaftlichen Schäden (http://www.emdat.be. Zugegriffen: Jan. 2013; http://www.cred.be. Zugegriffen: Jan. 2013).

Internationale Föderation der Rotkreuz- und Rothalbmondgesellschaften (IFRC) 1919 wurde die IFRC als weltweite Dachorganisation der Nationalen Rotkreuz- und Rothalbmondgesellschaften gegründet. Ihre Aufgabe umfasst in erster Linie die internationale Koordination der Hilfe, aber auch die Entwicklungszusammenarbeit zählt zu ihren Aufgaben. Sie hat ihren Hauptsitz in Genf (www.ifrc.org. Zugegriffen: Jan. 2013).

Internationale Rotkreuz- und Rothalbmondbewegung Die Internationale Rotkreuz- und Rothalbmondbewegung setzt sich aus dem > Internationalen Komitee vom Roten Kreuz (IKRK), der > Internationalen Föderation der Rotkreuz- und Rothalbmondgesellschaften (IFRC) und 188 anerkannten Nationalen Rotkreuz- bzw. Rothalbmondgesellschaften (Januar 2013) zusammen. Die Nationalen Gesellschaften müssen von der Regierung ihres Landes und dem IKRK anerkannt sein und haben dafür eine Reihe von Bedingungen zu erfüllen. In jedem Land kann es nur eine einzige anerkannte Rotkreuz- oder Rothalbmondgesellschaft geben. Oberstes Beschlussorgan der Bewegung ist die Internationale Rotkreuz- und Rothalbmondkonferenz, an der auch die Vertragsstaaten der GA teilnehmen. Im Jahr 1864 wurde GA I zur „Verbesserung des Schicksals der verwundeten Soldaten der Armeen im Felde" von zwölf Staaten unterzeichnet. Das rote Kreuz auf weißem Grund wurde das offizielle Schutzzeichen. Im Jahr 1929 hat die internationale Staatengemeinschaft den roten Halbmond als Schutzzeichen neben dem roten Kreuz anerkannt und im Jahr 2005 den roten Kristall

(www.redcross.int. Zugegriffen: Jan. 2013; http://www.ifrc.org/en/who-we-are/the-movement/national-societies. Zugegriffen: Jan. 2013).

Internationales Komitee vom Roten Kreuz (IKRK) Das IKRK ist weltweit in Kriegs- und Krisenregionen tätig. Ziel ist der Schutz von Kriegsopfern und die Überwachung der Einhaltung der > Genfer Abkommen. Die Aktivitäten des IKRK beinhalten u. a. die Pflege von Verwundeten, den Besuch von Kriegsgefangenen, die Versorgung von Konfliktopfern mit Nahrungsmitteln und die Organisation eines zentralen Suchdienstes. Das IKRK wurde 1863 gegründet und hat seinen Sitz in Genf (www.icrc.org. Zugegriffen: Jan. 2013).

Katastrophe/Disaster Als Katastrophe bezeichnet man allgemein die schwerwiegende Störung der Funktionsfähigkeit einer Gesellschaft, verbunden mit umfangreichen Verlusten an Menschenleben, wirtschaftlichen Schäden oder Umweltschäden, deren Folgen die betroffene Gesellschaft nicht allein mit den eigenen Ressourcen bewältigen kann (8). Katastrophen werden i. d. R. unterschieden nach der Schnelligkeit ihres Auftretens (plötzlich oder allmählich) oder hinsichtlich ihrer Ursache (natürlich oder von Menschen verursacht). Die Unterscheidung zwischen > Naturkatastrophen und von Menschen verursachten Katastrophen wird als zunehmend problematisch betrachtet, da Ursachen und Folgen von Naturkatastrophen durch menschliches Handeln beeinflusst werden bzw. Naturereignisse erst aufgrund menschlicher Handlungen und Eingriffe in die Natur zum Naturrisiko und schließlich zur Naturkatastrophe werden. *Katastrophen* entstehen, wenn ein *Katastrophenauslöser* (= Hazard = Disaster Agent) auf eine *verwundbare Gruppe* einwirkt.

Katastrophenhilfe/Disaster Response Die Katastrophenhilfe zielt darauf ab, den von > Naturkatastrophen, Krieg oder Epidemien betroffenen Menschen das kurz- und mittelfristige Überleben zu ermöglichen. Katastrophenhilfe sind während oder direkt nach einer Katastrophe ergriffene Entscheidungen oder Maßnahmen, die > Soforthilfe, > Rehabilitation und > Wiederaufbau beinhalten (9; 11).

Katastrophenmanagement Umfassender Ansatz von Aktivitäten vor, während und nach einer Katastrophe, um deren negative Auswirkungen zu begrenzen. Beim Katastrophenmanagement geht es darum, die Reaktionsbereitschaft für den Katastrophenfall herzustellen und stetig zu verbessern (disaster response). Die gute Vorbereitung der Reaktionsbereitschaft und der Abläufe in der Planung und Umsetzung der Soforthilfe ist daher ein essenzieller Teil des Katastrophenmanagements. Dies geschieht u. a. durch Bedrohungs-Analysen (Worst-Case-Analysen), Definieren von wahrscheinlichen Katastrophenfällen, Festlegen von Handlungsanweisungen, Beschaffung notwendiger Mittel und Vorhaltung bzw. Bevorratung an geeigneten Orten, Simulation von Katastrophenfällen und Überprüfung, ob die für einen Notfall festgelegten Mittel und Verfahren wirksam sind (9; 11).

Katastrophenvorsorge (Katastrophenrisikoreduzierung)/Disaster Risk Reduction (DRR) Die Katastrophenvorsorge umfasst den gesamten systematischen und konzeptionellen Rahmen von Maßnahmen, die vor Eintritt einer Naturgefahr mit dem Ziel ergriffen werden, negative Auswirkungen eines Naturereignisses auf die Gesellschaft zu begrenzen oder zu vermeiden. Das zentrale Ziel ist die Verringerung des Katastrophenrisikos der Menschen, die in den von Naturgefahren gefährdeten Regionen leben. Die Vermeidung des Katastrophenrisikos umfasst dabei zum einen die Reduzierung der Anfälligkeit der Bevölkerung selbst und zum anderen die Vermeidung der Entstehung neuer Bedrohungen (BMZ Informationsbroschüre zum Thema Katastrophenvorsorge, 2010, http://www.bmz.de/de/publikationen/themen/umwelt/BMZ_Informationsbroschuere_03_2010.pdf. Zugegriffen: Jan. 2013; 9).

Klimawandel Als Klimawandel wird die Veränderung des Klimas auf der Erde über einen längeren Zeitraum bezeichnet. In vielen Teilen der Welt hat der Klimawandel schon heute Einfluss auf die Risikomuster. Das traditionelle Wissen der Risiken, Gefährdungen, Anfälligkeiten und Kapazitäten muss mit Beurteilungen der künftigen Klimarisiken kombiniert werden. Das primäre Ziel der internationalen Klimapolitik besteht in der Begrenzung der globalen Erderwärmung auf höchstens 2 °C gegenüber dem vorindustriellen Niveau. Die Risiken eines weiteren ungebremsten Temperaturanstiegs sind hoch; es wird eine Zunahme von Konflikten um knapper werdende Ressourcen wie Trinkwasser und fruchtbares Weideland befürchtet, die auch zu Migration und „Klimaflüchtlingen" führen. Der > Weltklimarat (Intergovernmental Panel on Climate Change, IPCC) geht davon aus, dass insbesondere die Entwicklungsländer von den negativen Folgen des Klimawandels betroffen sind (10).

Komplexe Notlagen/Complex Emergencies Mit dem Begriff werden vielschichtige humanitäre Krisen bezeichnet, die durch einen internen oder externen Konflikt verursacht sind und auf ein Zusammenspiel von ökonomischen, politischen und ökologischen Ursachen zurückzuführen sind. Sie haben Hunger, Gewalt und Vertreibung zur Folge und fordern eine hohe Zahl ziviler Opfer (Tote, > Flüchtlinge, > Vertriebene). Die Notlagen sind weder durch einen klaren Anfang noch durch einen Schlusspunkt gekennzeichnet (7; 9).

Konfliktsensibilität > Do-No-Harm-Prinzip

Koordinierungsausschuss Humanitäre Hilfe Gremium, das dem Informationsaustausch und der Koordinierung der Akteure der deutschen humanitären Hilfe dient. Es umfasst knapp 30 Mitglieder, darunter den > Verband Entwicklungspolitik Deutscher Nichtregierungsorganisationen (VENRO), die > Deutsche Gesellschaft für Internationale Zusammenarbeit (GIZ), Vertreter deutscher > Nichtregierungsorganisationen (NRO), Bundesministerien und das > Technische Hilfswerk (http://www.auswaertiges-amt.de/DE/Aussenpolitik/HumanitaereHilfe/AktuelleArtikel/121115_AA-Strategie_humanitaere_hilfe_node.html. Zugegriffen: Dez. 2012).

Korruption Korruption bezeichnet generell den Missbrauch von Macht zu privatem Vorteil. Sie ist eine wesentliche Ursache für die geringe Leistungsfähigkeit zahlreicher Staaten. Korruption findet nicht nur im staatlichen Bereich statt, sondern erschwert in vielen Ländern auch den geschäftlichen und gesellschaftlichen Alltag. Sie kann dazu führen, dass Menschen ohne Bestechung nicht in den Genuss von öffentlichen Dienstleistungen kommen, wie z. B. im Gesundheits- und Bildungswesen. Durch Korruption werden öffentliche Ressourcen verschwendet, anstatt mit ihnen nachhaltige Entwicklung im Interesse aller Bevölkerungsgruppen zu fördern. Korruption hemmt Entwicklung und trägt zu andauernder Armut bei. Gleichzeitig untergräbt sie die > Effizienz und > Effektivität der > Entwicklungszusammenarbeit (3; 7).

Lieber Code Der Lieber Code, eine am 24. April 1863 vom damaligen US-Präsidenten Abraham Lincoln unterzeichnete Anweisung an die Truppen der Nordstaaten im Amerikanischen Bürgerkrieg von 1861 bis 1865, war das erste schriftlich fixierte Regelwerk in der Geschichte mit Vorgaben zur Kriegsführung. Es bildete später die Basis für ein entsprechendes Field Manual der US-Streitkräfte. Obwohl die im Lieber Code enthaltenen Regeln nur für die Unionstruppen während des Amerikanischen Bürgerkrieges bindend waren, haben sie die spätere Entwicklung und Kodifizierung des Kriegsvölkerrechts wesentlich beeinflusst. Das nach dem deutschstämmigen Juristen und Rechtsphilosophen Francis > Lieber benannte Dokument mit dem vollständigen Titel „Instructions for the Government of Armies of the United States in the Field" enthielt in 157 Artikeln u. a. Vorgaben zur militärischen Rechtsprechung, zur Behandlung der Zivilbevölkerung in besetzten Gebieten und zum Umgang mit Deserteuren und Kriegsgefangenen. Erstmals in der Militärgeschichte war der Befehl, kein Pardon zu geben und damit auch den unterlegenen und sich ergebenden Gegner zu töten, generell verboten und nur gestattet, wenn andernfalls das Überleben der eigenen Einheit gefährdet wäre. Gleichfalls bemerkenswert war die Festlegung, dass gegnerische Sanitätskräfte und Seelsorger nicht als Kriegsgefangene galten (http://de.wikipedia.org/wiki/Lieber_Code. Zugegriffen: Jan. 2013).

Lieber, Franz (* 18. März 1800; † 2. Oktober 1872) Francis (ursprünglich Franz) Lieber war ein deutsch-amerikanischer Jurist, Publizist und Rechts- und Staatsphilosoph. Er wurde bekannt durch die Erstellung des > Lieber Codes (http://de.wikipedia.org/wiki/Francis_Lieber. Zugegriffen: Jan. 2013).

Linking Relief, Rehabilitation and Development (LRRD) Das 1996 entstandene EU-Konzept beinhaltet die Verbindung von Soforthilfe (Relief), Wiederaufbau (Rehabilitation) und nachhaltiger Entwicklung (Development) nach Katastrophen (5).

Menschlichkeit/Humanität Der Grundsatz der Menschlichkeit besagt, dass menschliches Leid allerorts gelindert werden muss. Besondere Aufmerksamkeit gilt den am stärksten gefährdeten Bevölkerungsgruppen. Die Würde aller Opfer muss gewahrt und geschützt werden. Der Grundsatz bestätigt, dass Menschen unter allen Umständen menschlich zu behandeln sind, d. h., Menschenleben müssen gerettet werden, menschliches Leiden muss gelindert werden und in jedem Fall ist die Würde des Einzelnen zu wahren. (2; 4; 5; http://www.caritas-international.de/beitraege/humanitaerehilfebrauchtklareprinzipien/177628. Zugegriffen: Jan. 2013; http://europa.eu/legislation_summaries/humanitarian_aid/r13008_de.htm. Zugegriffen: Jan. 2013).

Menschliche Sicherheit > Human Security Der Begriff ist von > UNDP im Human Development Report 1994 als Leitbegriff präsentiert worden und wird definiert als das Fehlen jeglicher Bedrohung von Leben, Lebensweise und Kultur der Menschen durch die Erfüllung ihrer Grundbedürfnisse. Die menschliche Sicherheit basiert auf der Verwirklichung der Menschenrechte und auf umweltverträglichem und sozial gerechtem Fortschritt (4).

Mortalitätsraten

Rohe Mortalitätsrate/Crude Mortality Rate (CMR)

Mortalitätsrate von Kindern unter fünf Jahren (U5MR) Die CMR ist der hilfreichste Gesundheitsindikator für die Überwachung und Evaluierung der Schwere einer Notfallsituation. Eine Verdoppelung des CMR-Bezugswertes oder mehr zeigt einen signifikanten Notfall für die öffentliche Gesundheit an, der unmittelbare Maßnahmen erfordert. Wenn der Bezugswert nicht bekannt oder von zweifelhafter Gültigkeit ist, sollten die Hilfsorganisationen versuchen, die CMR zumindest unterhalb von 1,0/10.000/Tag zu halten. Die U5MR ist ein sensitiverer Indikator als die CMR. Wenn der Bezugswert nicht bekannt oder von zweifelhafter Gültigkeit ist, sollten die Hilfsorganisationen versuchen, die U5MR zumindest unterhalb von 2,0/10.000/Tag zu halten.

Tab. G1 *Baseline-Referenzdaten zur Mortalität*

Berechnung	Rohe Mortalitätsrate (CMR) Todesopfer/10.000 Menschen/ Tag	Mortalitätsrate von Kindern unter 5 Jahren (U5MR): Todesopfer/10.000 Kinder unter 5 Jahren/Tag
Industrieländer	0,3	0,03
Entwicklungsländer	0,5	1
Stabile Flüchtlingslager	<1	<2
Schwierige Bedingungen	≥1	≥2
Sehr schwierige Bedingungen	≥2	≥4

UNHCR (United Nations High Commissioner for Refugees): Handbook for Emergencies, 2. Aufl., Genf 2002

Nachhaltigkeit/Sustainability Eine dauerhafte Fortsetzung der erzielten Nutzen und Wirkungen eines Programms/Projekts auch nach dessen Beendigung. [OECD-DAC: Glossar entwicklungspolitischer Schlüsselbegriffe aus den Bereichen Evaluierung und ergebnisorientiertes Management, Paris 2009].

Nahrungsmittelhilfe Lieferungen zu Vorzugsbedingungen bzw. kostenlos von (meist) in Industrieländern erzeugten Nahrungsmitteln an Entwicklungsländer, die zur Ernährung ihrer Einwohner lebensnotwendig auf den Import von Nahrungsmitteln angewiesen sind. Sie wird oft als > Sofort- oder Katastrophenhilfe geleistet, kann aber auch in der > Entwicklungszusammenarbeit eingesetzt werden, z. B. als Teil des Arbeitsentgeltes für Beschäftigte in Entwicklungs- oder humanitären Projekten (Food for Work). Nahrungsmittelhilfe soll nur eine Überbrückungsfunktion haben, bis zur Stärkung der eigenen landwirtschaftlichen Produktionsbasis der Entwicklungsländer ergriffene Maßnahmen durchgreifende Erfolge zeigen. Längerfristig gewährte Nahrungsmittelhilfe kann die Initiative zur Selbsthilfe beeinträchtigen (1).

Nahrungsmittelhilfekonvention/Food Aid Convention (FAC) Die derzeitige Nahrungsmittelhilfekonvention (Food Aid Convention, FAC) ist ein Abkommen zwischen Geberländern der Nahrungsmittelhilfe. Mit der Konvention hatten sich 1967 insgesamt 23 Geberländer dazu verpflichtet, jedes Jahr 4,5 Mio. Tonnen Getreide – vor allem Weizen – in Entwicklungsländer zu liefern, nachdem es Mitte der 1960er-Jahre zu Fehlernten in einigen Entwicklungsregionen gekommen war. Das Ziel: Die Getreideüberschüsse des Westens sinnvoll für die Bekämpfung des Hungers in der Welt einzusetzen. Nahrungsmittelhilfe ist in vielen Not- und Katastrophensituationen einer der wichtigen Reaktionsmechanismen, allerdings nur dann, wenn sie richtig eingesetzt wird, ohne dabei die heimische Landwirtschaft zu schwächen. In der Zwischenzeit ist die Konvention mehrfach reformiert worden. Hilfsorganisationen können inzwischen auch Nahrungsmittel vor Ort in den Entwicklungsländern einkaufen. Neben Getreide werden nun auch andere Grundnahrungsmittel geliefert. Einige > Geber haben inzwischen einen Vorrang für lokal oder regional aufgekaufte Nahrungsmittel beschlossen. Bei der EU machen lokal aufgekaufte Nahrungsmittel inzwischen 92 % der Nahrungsmittelhilfe aus (http://www.schattenblick.de/infopool/buerger/fian/bfibe144.html. Zugegriffen: Jan. 2013).

Nahrungssicherheit Auf dem Welternährungsgipfel in Rom von 1996 verständigte sich die internationale Gemeinschaft auf folgende Definition: „Nahrungssicherheit ist dann gegeben, wenn eine Bevölkerung jederzeit physischen, sozialen und wirtschaftlichen Zugang zu Nahrung hat, wenn diese Nahrung ernährungswissenschaftlichen Aspekten in Menge, Vielfalt und Qualität entspricht und sie von der entsprechenden Kultur akzeptiert wird". Weltweit leiden heute 852 Mio. Menschen an Unterernährung. Dabei ist Hunger heutzutage weder ein technisches Problem noch eines der absoluten Nahrungsmittelknappheit. Weltweit wird heute Nahrung für 12 Mrd. Menschen produziert – also fast doppelt so viel wie eigentlich benötigt. Die fehlende Nahrungssicherheit und die damit einhergehende Unterernährung hat vielschichtige Gründe: Mangelnde Produktivität der Landwirtschaft bzw. Kohärenz der Landwirtschaftspolitiken, Armut und Arbeitslosigkeit, Krankheiten und Geschlechter-Diskriminierung (3).

Naturkatastrophen/Natural Disasters Naturkatastrophen sind Ereignisse, die die Gesellschaft, Wirtschaft und/oder Infrastruktur einer Region ernsthaft gefährden. Je nach Bevölkerung, Vulnerabilität und lokalen Kapazitäten haben Naturkatastrophen humanitäre Herausforderungen und Probleme zur Folge. Der Begriff „Naturkatastrophen" wird zur Vereinfachung gebraucht, denn das Ausmaß und die Konsequenzen einer plötzlich eintretenden Katastrophe hängen immer von der Reaktionsfähigkeit der Individuen und der Gesellschaft als Ganzes auf dieses Ereignis ab. Das Ausmaß der Konsequenzen eines Naturereignisses ist wiederum durch menschliches Handeln oder das Ausbleiben des Handelns bestimmt (9).

Needs Assessment in Humanitarian Action Eine Erstbedarfsermittlung (needs assessment) ist von wesentlicher Bedeutung, um die Bedürfnisse der betroffenen Bevölkerung in Bezug auf Notunterkünfte und Ansiedlung, die Risiken, Gefährdungen, Anfälligkeiten und Leistungsfähigkeit nach der Katastrophe sowie die Möglichkeiten der Wiederherstellung von Beginn an und die Notwendigkeit einer detaillierteren Beurteilung einschließlich Auswirkungen auf die Umwelt zu identifizieren. Die von der Katastrophe betroffene Bevölkerung (insbesondere die besonders gefährdeten Menschen mit besonderen Bedürfnissen) sollte ebenso wie die einschlägigen Behörden in die Beurteilung eingebunden werden. In Abstimmung mit den einschlägigen Behörden, den humanitären und anderen Organisationen und der betroffenen Bevölkerung sollten anhand vereinbarter Koordinierungsmechanismen die bestehenden Notfallpläne im Rahmen der Hilfsaktivitäten genutzt werden (10).

Neuer Humanitarismus > Humanitarismus, Neuer

Neutralität/Neutrality Der Grundsatz der Neutralität besagt, dass es in Feindseligkeiten nicht zur Parteinahme kommen darf und bei der Bereitstellung der Hilfe in Auseinandersetzungen politischer, rassischer, religiöser oder ideologischer Natur unter keinen Umständen Stellung bezogen werden darf (2; 4; 5; http://www.caritas-international.de/beitraege/humanitaerehilfebrauchtklareprinzipien/177628. Zugegriffen: Jan. 2013; http://europa.eu/legislation_summaries/humanitarian_aid/r13008_de.htm. Zugegriffen: Jan. 2013).

Neutrality > Neutralität

Nichtregierungsorganisationen (NRO)/Non-Governmental Organizations (NGOs) NRO sind prinzipiell alle Verbände oder Gruppen, die gemeinsame Interessen vertreten, nicht gewinnorientiert arbeiten und nicht von Regierungen oder staatlichen Stellen abhängig sind. Dazu zählen z. B. Gewerkschaften, Kirchen und Bürgerinitiativen, aber auch Arbeitgeberverbände oder Sportvereine. Im allgemeinen Sprachgebrauch hat sich der Begriff NRO besonders für Organisationen, Vereine und Gruppen durchgesetzt, die sich gesellschaftspolitisch engagieren. Einige wichtige und typische Betätigungsfelder von NRO sind Entwicklungspolitik, Umweltpolitik, humanitäre Hilfe und Menschenrechtspolitik. NRO finanzieren sich über private Spenden, staatliche Zuwendungen und den Verkauf von Dienstleistungen (1; 3).

Nicht-staatliche Gewaltakteure Rebellen, > Warlords, Terroristen oder Akteure im Bereich organisierter Gewalt sind kein neues Phänomen. Ihre Bedeutung wird jedoch angesichts eines veränderten weltpolitischen und sicherheitspolitischen Umfeldes immer größer. Gerade eine zunehmende Privatisierung der Gewalt durch Söldner oder private Sicherheitsfirmen und besonders die steigende Bedrohung, die von transnationalen Gewaltnetzwerken ausgeht, lassen auch die Bedeutung der „klassischen" nicht-staatlichen Gewaltakteure in neuem Licht erscheinen. Diese Akteure sind nicht nur ein Problem für die Sicherheitspolitik, sondern auch für die humanitäre und Entwicklungspolitik. In der Praxis findet sich die > internationale Zusammenarbeit häufig in Situationen wieder, in denen sie in erheblichem Maße auf ein Arrangement bzw. eine Kooperation mit diesen Akteuren angewiesen sind (4).

Nightingale, Florence (* 12. März 1820; † 13. August 1910) Florence Nightingale war die Begründerin der modernen westlichen Krankenpflege und einflussreiche Reformerin des Sanitätswesens und der Gesundheitsfürsorge in Großbritannien. Sie trug wesentlich dazu bei, dass sich die Krankenpflege zu einem gesellschaftlich geachteten und anerkannten Berufsweg entwickelte, und legte Ausbildungsstandards fest, die zuerst in der von ihr gegründeten Krankenpflegeschule umgesetzt wurden. Nightingale vertrat die Ansicht, dass es neben dem ärztlichen Wissen ein eigenständiges pflegerisches Wissen geben sollte. Nightingale war die jüngste Tochter einer wohlhabenden britischen Familie. Nach Ausbruch des Krimkrieges im Jahr 1853 leitete sie im Auftrag der britischen Regierung eine Gruppe von Pflegerinnen, die verwundete und erkrankte britische Soldaten im Militärkrankenhaus betreute. Nach ihrer Rückkehr nach Großbritannien nahm sie durch Veröffentlichungen Einfluss auf mehrere Gesundheitsreformen. Für ihre Leistungen wurde Nightingale 1883 durch Königin Victoria mit dem Royal Red Cross ausgezeichnet und 1907 von König Edward VII. als erste Frau in den Order of Merit aufgenommen (http://www.zeit.de/wissen/geschichte/2010–08/nightingale-krankenpflege. Zugegriffen: Jan. 2013).

Non-Governmental Organisation (NGO) > Nichtregierungsorganisation (NRO)

North Atlantic Treaty Organization (NATO) 1949 schlossen zwölf Staaten Europas und Nordamerikas in Washington, D.C., den Nordatlantikvertrag. Heute gehören der NATO 28 europäische und nordamerikanische Staaten an. Die NATO ist ein Zusammenschluss souveräner Staaten, die entschlossen sind, wesentliche sicherheits- und verteidigungspolitische Ziele gemeinsam zu verfolgen, insbesondere die Freiheit und Sicherheit aller Mitgliedstaaten mit politischen und militärischen Mitteln zu gewährleisten sowie an der Schaffung einer gerechten und dauerhaften Friedensordnung im euro-atlantischen Raum mitzuwirken. Grundlegende Handlungsprinzipien des Bündnisses sind umfassende Konsultation, Zusammenarbeit und Solidarität. Diese Handlungsprinzipien entspringen dem Bewusstsein, dass die Ziele des Bündnisses nur gemeinsam erreicht werden können. Im Rahmen des Bündnisses behalten die Mitgliedstaaten ihre volle Souveränität und Unabhängigkeit. Beschlüsse des Bündnisses können daher nur im Konsens erfolgen (http://www.nato.diplo.de/Vertretung/nato/de/04/Ziele__Prinzipien/Ziele_20und_20Prinzipien.html. Zugegriffen: Jan. 2013).

Nothilfe Nothilfe ist die kurzfristige Sofort- und Überlebenshilfe für Opfer von Naturkatastrophen oder gewaltsamen Konflikten. Im Vordergrund steht die unmittelbare Linderung des Leidens betroffener Menschen. Die Nothilfe ist den Prinzipien der > Unparteilichkeit, > Unabhängigkeit und > Neutralität verpflichtet. Sie vermeidet jede einseitige Begünstigung einer Personengruppe und bemüht sich nicht darum, Konflikte beizulegen bzw. deren Ursachen zu beheben. Dies soll bewirken, dass alle Konfliktparteien die Hilfe zulassen, wozu sie nach dem > humanitären Völkerrecht verpflichtet sind. Siehe auch > Genfer Abkommen und > Soforthilfe (2).

ODA-Quote Die ODA-Quote (ODA = Official Development Assistance) ist der Anteil der Ausgaben für die öffentliche (staatliche) Entwicklungszusammenarbeit (> Öffentliche Entwicklungszusammenarbeit) am Bruttonationaleinkommen (4). Die ODA-Quote schließt auch die Leistungen für humanitäre Hilfe ein.

Öffentliche Entwicklungszusammenarbeit/Official Development Assistance (ODA) ODA werden die Mittel genannt, die DAC-Länder (also die Mitgliedsländer des Entwicklungshilfeausschusses der OECD; > Ausschuss der OECD) Entwicklungsländern direkt oder durch internationale Organisationen für Entwicklungsvorhaben zur Verfügung stellen. Siehe auch > ODA-Quote (1).

Office for the Coordination of Humanitarian Affairs (OCHA)/Amt der Vereinten Nationen für die Koordinierung humanitärer Angelegenheiten Das Amt der VN für die Koordinierung humanitärer Angelegenheiten (OCHA), eine Abteilung des VN-Sekretariats, wurde 1991 durch Resolution 46/182 der Generalversammlung ins Leben gerufen und steht unter der Leitung des VN-Nothilfekoordinators, der zugleich den > Zentralen Nothilfefonds der VN (CERF) verwaltet. OCHA ist dafür verantwortlich, effektive humanitäre Hilfe in Zusammenarbeit mit staatlichen und internationalen Partnern zu mobilisieren und zu koordinieren, um menschliches Leid in Katastrophen und Notfällen zu lindern, und sorgt dafür, dass eine Plattform besteht, auf der jede Hilfsorganisation zum gemeinsamen Gelingen der Bemühungen beitragen kann. Außerdem setzt sich OCHA für nachhaltige Lösungen im Nachgang von Notfällen und Naturkatastrophen und für Notfallvorsorge und Gefahrenabwehr ein (http://www.genf.diplo.de/Vertretung/genf/de/__pr/ Aktuelles__dt/Portraets-IO/2012-04-19_20OCHAPortraet.html. Zugegriffen: Jan. 2013; http://www.unocha.org. Zugegriffen: Jan. 2013).

Office of Foreign Disaster Assistance (OFDA) Das OFDA ist eine Unterorganisation der United States Agency for International Development (USAID) und verantwortlich für die Koordination der internationale Nothilfe der USA.

Official Development Assistance (ODA) > Öffentliche Entwicklungszusammenarbeit

Organisation der Islamischen Konferenz (OIC)/Organization of the Islamic Conference Die OIC wurde 1971 gegründet; Mitglieder sind 57 Staaten mit hohem Anteil muslimischer Bevölkerung, einschließlich der Palästinensischen Befreiungsorganisation (PLO). Sitz des Generalsekretariats ist Dschidda in Saudi-Arabien. Ziel der OIC ist die islamische Solidarität, Zusammenarbeit der Mitglieder auf politischem, wirtschaftlichem, sozialem, kulturellem und wissenschaftlichem Gebiet, Kampf gegen Rassismus und Kolonialismus, Schutz der Heiligen Stätten des Islam, Unterstützung der Palästinenser für ihre Heimatrechte sowie Förderung des Verständnisses zwischen muslimischen und nicht-muslimischen Ländern. Zu den Hauptorganisationen zählt auch der (1987 gegründete) Internationale Islamische Gerichtshof mit Sitz in Kuwait. Eine Anzahl von Sonderausschüssen (z. B. der Ständige Ausschuss für Wirtschafts- und Handelskooperation), subsidiären Organen (z. B. der Islamische Solidaritätsfonds) und Unterorganisationen (z. B. die Islamische Entwicklungsbank) setzen die Ziele der OIC um. Die OIC hat bei den VN Beobachterstatus (http://www.bpb.de/nachschlagen/lexika/politiklexikon/17964/ organisation-der-islamischen-konferenz-oic. Zugegriffen: Jan. 2013; http://www. oic-oci.org/home.asp. Zugegriffen: Jan. 2013).

Organisation für wirtschaftliche Zusammenarbeit und Entwicklung/Organisation for Economic Co-operation and Development (OECD) Die 1961 gegründete OECD mit ihrem Hauptsitz in Paris vereinigt 32 (Industrie-)Länder auf der ganzen Welt, die sich zu Demokratie und Marktwirtschaft bekennen. Die

Europäische Kommission nimmt an den Arbeiten der OECD teil. Die OECD widmet sich folgenden Zielen: Förderung nachhaltigen Wirtschaftswachstums, höhere Beschäftigung, Steigerung des Lebensstandards, Sicherung finanzieller Stabilität, Beitrag zum Wachstum des Welthandels, Unterstützung der Entwicklung anderer Länder. Sie verfolgt diese Ziele mithilfe von Expertisen und Studien und ist nicht operativ, sondern konzeptionell-koordinativ tätig. Der > Ausschuss für Entwicklungshilfe (DAC) formuliert verbindliche Qualitätsanforderungen, informiert über erfolgreiche Praktiken der Entwicklungszusammenarbeit und überprüft im Rahmen der regelmäßigen „peer review" die Einhaltung der Standards (1; 4; www.oecd.org. Zugegriffen: Jan. 2013).

People in Aid People in Aid, ein weltweiter Zusammenschluss von Organisationen, die im Bereich der humanitären Hilfe und Entwicklungszusammenarbeit tätig sind, wurde 1995 gegründet. People in Aid will weltweit die > Effektivität der Organisationen durch Förderung, Unterstützung und Anerkennung guter Praktiken im Umgang mit Menschen stärken. Ein wichtiges Rahmendokument dabei ist der > People-in-Aid-Verhaltenskodex (http://www.peopleinaid.org. Zugegriffen: Jan. 2013).

People-in-Aid-Verhaltenskodex/People in Aid Code of Best Practice Durch die Unterzeichnung des People in Aid-Verhaltenskodex (The People in Aid Code of Best Practice) verpflichten sich Organisationen der humanitären Hilfe und Entwicklungszusammenarbeit zur Sicherstellung guter Personalführung. Der People-in-Aid-Verhaltenskodex ist ein international anerkanntes Management-Tool, das Organisationen hilft, die Qualität ihres Personalmanagements zu verbessern. Besonderer Beachtung wird dabei dem Thema Schutz und Wohlbefinden von nationalen und internationalen Mitarbeitern gewidmet (http://www.peopleinaid.org/code. Zugegriffen: Jan. 2013).

Post-Disaster Needs Assessments and Recovery Framework Der Multi-Stakeholder Post-Disaster Needs Assessment and Recovery Framework (PDNA/RF) ist seit 2008 mit der Unterzeichnung eines gemeinsamen Abkommens ein formal zwischen den > Vereinten Nationen, der > Weltbank und der > Europäischen Union abgestimmtes Instrument. Ziel des PDNA/RF ist es, nach Naturkatastrophen Schäden, Verluste und Bedarfe (damages, losses and needs) zu bestimmen, um den kurzfristigen sowie den langfristigen Wiederaufbau (early and long-term recovery) kohärenter planen zu können. Die Ergebnisse eines PDNA/RF werden ebenfalls genutzt, um internationale Hilfe für den > Wiederaufbau zu mobilisieren. Der nationalen Regierung eines durch eine Katastrophe betroffenen Landes obliegt die Leitung des PDNA/RF. Ein PDNA/RF ist die Zusammenführung von zwei verschiedenen Analyseperspektiven: 1) die quantitativ-orientierte Schadens- und Verlustanalyse (damage and loss assessment, DaLA), und 2) das qualitativ-orientierte Human Recovery Needs Assessment (HRNA) (https://www.gfdrr.org/node/118. Zugegriffen: Jan. 2013).

Preparedness > Vorbereitung

Prevention > Vorbeugung

Protection > Schutz

Protracted Crises/Lang anhaltende Krisen Der Begriff „protracted crises" beschreibt lang anhaltende Krisen, die dazu führen, dass Nothilfe nicht mehr nur zeitlich eng begrenzt geleistet werden muss, sondern sich über viele Monate oder sogar Jahre erstreckt (wie z. B. im Sudan und in Somalia). Diese Krisen drohen oft, trotz anhaltender Not der Zivilbevölkerung, in Vergessenheit zu geraten. Siehe auch > Forgotten Crises (2).

Rascher Wiederaufbau/Early Recovery „Rascher Wiederaufbau" ist definiert als ein zügiger Aufbau, der möglichst von Anfang an in einem humanitären Umfeld beginnen sollte. Er ist bedarfsorientiert und die Fortführung bzw. Ergänzung geleisteter Sofort- und Nothilfe. Er ist ein multi-dimensionaler Prozess, der von den Entwicklungsprinzipien angeleitet sein soll. Er versucht, nationale, selbstbestimmte und resiliente Prozesse in der Wiederaufbauphase nach der Katastrophe in Gang zu setzen (http://er.humanitarianresponse.info/. Zugegriffen: Jan. 2013).

Reconstruction > Wiederaufbau

Recovery > Wiederherstellung

Rehabilitation Mit Rehabilitation sind Maßnahmen gemeint, die es der betroffenen Bevölkerung ermöglichen, wieder ein mehr oder weniger „normales" Leben aufzunehmen. Diese Maßnahmen können gleichzeitig mit Nothilfeaktionen (> Entwicklungsorientierte Nothilfe) sowie weiteren > Wiederherstellungs- und > Wiederaufbaumaßnahmen einhergehen (9; 11).

Relevanz (Zweckmäßigkeit) Fragen zur Relevanz zielen darauf, inwiefern Maßnahmen und/oder Ziele eines Programms/Projekts der realen Problem- oder Bedarfslage entsprechen. Tun wir für die „richtige" Zielgruppe die „richtigen" Dinge in der „richtigen" Zeit? Macht es Sinn, was wir tun? (5).

Relief Unter „relief" versteht man die Soforthilfemaßnahmen während oder kurz nach einer > Katastrophe, um die in Not geratenen Menschen zu retten und mit dem Notwendigsten auszustatten. Siehe auch > Soforthilfe (9; 11).

Resilienz (Widerstandsfähigkeit) Als Widerstandsfähigkeit bzw. Resilienz sind die Gesamtheit der Ressourcen und Bewältigungskompetenzen zu verstehen, die benötigt werden, um negative Auswirkungen von > Katastrophen möglichst unbeschadet zu überstehen. Die Widerstandsfähigkeit wird durch verschiedene Aktivitäten zur Anpassung an Krisen und Katastrophen erreicht. Das Ziel der Resilienz liegt im Erhalt und in der Aufrechterhaltung der Funktionsfähigkeit eines Systems (9; 11).

Responsibility to Protect (R2P)/Schutzverantwortung Die Vereinten Nationen verabschiedeten 2006 durch Resolution 1674 des Sicherheitsrats das Prinzip der „Verantwortung zum Schutz". Nach diesem Prinzip geht die Verpflichtung zum > Schutz auf die anderen Mitglieder der internationalen Gemeinschaft über, wenn ein Staat nicht willens oder nicht in der Lage ist, seine Bevölkerung vor Genozid, Kriegsverbrechen, ethnischen Säuberungen und Verbrechen gegen die > Menschlichkeit zu schützen. Unter bestimmten Voraussetzungen hat damit die internationale Gemeinschaft nicht nur das Recht, sondern auch die Pflicht, in die Angelegenheiten des betroffenen Landes einzugreifen. R2P bleibt umstritten. Skeptiker kritisieren, die R2P fördere mit dem Eintreten für eine Art „gerechten Krieg" einen neuen Militarismus; anstatt einer R2P in diesem Sinne brauche man eine andere R2P, eine „Verantwortung zum Frieden" (Responsibility to Peace) (4).

Schutz/Protection Schutz ist ein zentraler Bestandteil humanitärer Maßnahmen und die Grundsätze zum Schutz verweisen darauf, dass die Verantwortung aller humanitärer Organisationen darin liegt, sicherzustellen, dass sich ihre Aktivitäten auf die ernsteren Bedrohungen richten, mit welchen die betroffenen Menschen in Zeiten von Konflikten oder Katastrophen gemeinhin konfrontiert sind. Alle humanitären Organisationen sollten gewährleisten, dass ihre Aktivitäten den betroffenen Menschen keinen weiteren Schaden zufügen (Grundsatz 1), dass ihre Aktivitäten insbesondere den am stärksten betroffenen, gefährdeten und anfälligen Menschen zugutekommen (Grundsatz 2), dass sie zum Schutz der betroffenen Menschen vor Gewalt und anderen Menschenrechtsverletzungen beitragen (Grundsatz 3) und dass sie den betroffenen Menschen helfen, die Folgen von Missbrauch zu überwinden (Grundsatz 4). Die Rollen und Verantwortlichkeiten der humanitären Organisationen im Bereich Schutz sind generell der gesetzlichen Verantwortung des Staates oder anderer einschlägiger Behörden untergeordnet. Ein Aspekt von Schutz besteht häufig darin, diese Behörden an ihre Verantwortung zu gemahnen. Siehe auch > Responsibility to Protect (R2P) (9; 10; 11).

Search and Rescue (SAR) Unter „search and rescue" (SAR) versteht man Such- und Rettungsmaßnahmen zur Auffindung und Rettung von Katastrophenopfern durch Anwendung von Erste-Hilfe-Maßnahmen und, falls erforderlich, medizinischer Erstbetreuung (9; 11).

Soforthilfe/Emergency Relief Soforthilfe hat als primäres Ziel, Menschenleben zu retten. Soforthilfe bedeutet, dass schnell und unverzüglich gehandelt werden muss. Die in Not geratenen Menschen müssen unverzüglich gerettet und mit dem Notwendigsten ausgestattet werden. Siehe auch > Nothilfe und > Relief.

Spendensiegel > Deutsches Zentralinstitut für soziale Fragen (DZI)

Sphere-Standards Die Sphere-Standards sind das Ergebnis eines 1997 initiierten internationalen Konsultationsprozesses humanitärer Hilfsorganisationen mit der Zielsetzung, einheitliche qualitative Mindeststandards für die humanitäre Hilfe zu entwickeln. Dabei basieren die Standards auf der Grundannahme, dass jedes Individuum auch in einer Katastrophensituation ein Recht auf ein menschenwürdiges Leben hat, welches in einem Mindestmaß an Grundversorgung zum Ausdruck kommt. Das Sphere-Handbuch enthält als Kernelemente a) die Humanitäre Charta, welche fünf fundamentale Prinzipien des internationalen > humanitären Völkerrechts, des Flüchtlingsschutzes sowie des Rechts auf ein menschenwürdiges Leben zusammenfasst, b) acht sektorübergreifende Mindeststandards, c) technische Standards in den vier zentralen lebensrettenden humanitären Sektoren der Nothilfe (Wasser-, Sanitärversorgung und Hygieneaufklärung; Nahrungsmittelsicherheit und Ernährung; Notunterkünfte, Ansiedlung und Non-Food-Items; Gesundheitsmaßnahmen) sowie d) den > Code of Conduct. (10).

Steering Committee for Humanitarian Response (SCHR) Das SCHR wurde 1972 als freiwilliges Bündnis zwischen neun großen internationalen > NRO gegründet, um die Kooperation in der humanitären Hilfe zu verbessern. Das SCHR war 1997 Mitinitiator des Sphere Project zur Entwicklung von Mindeststandards in der humanitären Hilfe. Siehe auch > Sphere-Standards (www.humanitarianinfo.org. Zugegriffen: Jan. 2013).

Sustainability > Nachhaltigkeit

Technisches Hilfswerk (THW) Das THW – genau „Bundesanstalt Technisches Hilfswerk" – ist die einzige staatliche Katastrophenschutzorganisation in Deutschland und dem Geschäftsbereich des Bundesinnenministers zugeordnet. Seit seiner Gründung im Jahr 1950 leistet das THW humanitäre Hilfe in aller Welt, darunter die Suche und Rettung von Erdbebenopfern, die Trinkwasserversorgung und Wiederaufbaumaßnahmen (5).

Unabhängigkeit/Independence Der Grundsatz der Wahrung der Unabhängigkeit bedeutet, dass humanitäre Ziele nicht politischen, wirtschaftlichen, militärischen oder sonstigen Zielen untergeordnet werden dürfen. Einziger Zweck der humanitären Hilfe muss sein, das Leiden der Opfer humanitärer Krisen zu vermeiden oder zu lindern (2; 4; 5; http://www.caritas-international.de/beitraege/humanitaerehilfebrauchtklareprinzipien/177628. Zugegriffen: Jan. 2013; http://europa.eu/legislation_summaries/humanitarian_aid/r13008_de.htm. Zugegriffen: Jan. 2013).

United Nations (UN) > Vereinte Nationen (VN)

United Nations Development Programme (UNDP)/Entwicklungsprogramm der Vereinten Nationen Das Entwicklungsprogramm der Vereinten Nationen (UNDP) mit Sitz in New York wurde 1965 gegründet und ist ein Exekutivausschuss innerhalb der VN-Generalversammlung. Der UNDP-Exekutivausschuss besteht aus

Repräsentanten aus 36 Ländern weltweit, die nach einem Rotationsprinzip eingesetzt werden. UNDP ist die zentrale Organisation der VN-Entwicklungsfonds und -programme und hat eine Schlüsselrolle bei der Umsetzung der > Millenniumsentwicklungsziele. UNDP unterstützt Partnerländer mit Politikberatung und Capacity Development in den Bereichen demokratische Regierungsführung, Armutsbekämpfung, Krisenvorsorge und Konfliktbewältigung, Energie und Umwelt sowie HIV/AIDS. UNDP veröffentlicht jährlich den Bericht über die menschliche Entwicklung (Human Development Report, HDR). Siehe auch > Human Development Index (1; http://hdr.undp.org/en. Zugegriffen: Jan. 2013).

United Nations Population Fund (UNFPA)/Bevölkerungsfonds der Vereinten Nationen Der Bevölkerungsfonds der Vereinten Nationen (UNFPA) wurde 1967 gegründet und ist der weltweit größte Fonds zur Finanzierung von Bevölkerungsprogrammen. Zur Beurteilung der bevölkerungspolitischen Lage werden seit 1969 jährliche „Weltbevölkerungsberichte" veröffentlicht. Die Programmschwerpunkte des UNFPA liegen auf sexueller und reproduktiver Gesundheit, Familienplanung, Bildung, Gleichberechtigung der Geschlechter und Schutz vor Gewalt gegen Frauen und Kinder (http://www.unfpa.org/public. Zugegriffen: Jan. 2013).

United Nations High Commissioner for Refugees (UNHCR) Der UNHCR ist das 1951 gegründete Flüchtlingshilfswerk der VN mit Sitz in Genf. Das Flüchtlingskommissariat der VN kümmert sich auf Grundlage der Genfer Flüchtlingskonvention um die Belange von Flüchtlingen und Menschen in flüchtlingsähnlichen Situationen. Der UNHCR koordiniert die internationale Flüchtlingshilfe und arbeitet dazu eng mit den VN-Schwesterorganisationen > Welternährungsprogramm (WFP), Kinderhilfswerk (> UNICEF), Programm zur HIV/AIDS-Bekämpfung (UNAIDS) und der > Weltgesundheitsorganisation (WHO) zusammen (1).

United Nations Children's Fund (UNICEF)/Kinderhilfswerk der Vereinten Nationen Das Kinderhilfswerk der VN (UNICEF) arbeitet seit 1946 für das Wohl der Kinder. Es handelt auf der Grundlage der VN-Kinderrechtskonvention von 1989, die die Mitgliedstaaten verpflichtet, das Überleben der Kinder zu schützen, ihre Entwicklung zu fördern, sie vor Missbrauch und Gewalt zu schützen und sie an wichtigen Entscheidungen zu beteiligen. Schwerpunkte der Arbeit von UNICEF sind Kinderrechte, Nothilfe- und Entwicklungsmaßnahmen (1).

United Nations International Strategy for Disaster Reduction (UNISDR) Im Jahr 2000 verständigten sich die Mitgliedstaaten der VN auf ein internationales strategisches Rahmenprogramm zur Vermeidung und Vorbeugung von Katastrophen (United Nations International Strategy for Disaster Reduction, UNISDR). Hierzu wurde das Büro zur Umsetzung der Strategie der VN zur Katastrophenvorsorge geschaffen (United Nations Office for Disaster Risk Reduction). Unter dem Dach dieses Büros wird die Arbeit von zahlreichen internationalen Organisationen, Staaten, NRO, Institutionen aus dem Technologie- und Finanzbereich sowie zivilgesellschaftlichen Bündnissen zusammengeführt. Auf diese Weise soll die Aufbereitung von Informationen zur > Katastrophenvorsorge und -vorbeugung sichergestellt und vorangetrieben werden. UNISDR ist damit beauftragt, das auf zehn Jahre angelegte > Hyogo Framework for Action umzusetzen (http://www.unisdr.org. Zugegriffen: Jan. 2013).

Unparteilichkeit/Impartiality Unparteilichkeit bedeutet, dass humanitäre Hilfe ausschließlich aufgrund der Bedürftigkeit geleistet wird, ohne Diskriminierung zwischen betroffenen Bevölkerungsgruppen und nicht nach Kriterien der Volks-, Rassen- oder Religionszugehörigkeit oder der politischen Anschauungen. Diese Unparteilichkeit ist eine unabdingbare Voraussetzung sowohl für den Zugang zur betroffenen Zivilbevölkerung auf allen Seiten eines Konflikts als auch für die Sicherheit des humanitären Personals (2; 4; 5; http://www.caritas-international.de/ beitraege/humanitaerehilfebrauchtklareprinzipien/177628. Zugegriffen: Jan. 2013; http://europa.eu/legislation_summaries/humanitarian_aid/r13008_de.htm. Zugegriffen: Jan. 2013).

Verantwortlichkeit/Accountability Accountability meint die Art und Weise, wie Individuen und Organisationen gegenüber einer anerkannten Autorität oder Autoritäten über ihre Arbeit Bericht erstatten und wie sie für ihr Handeln verantwortlich gemacht werden können (9).

Verband Entwicklungspolitik Deutscher Nichtregierungsorganisationen (VENRO) VENRO ist ein freiwilliger Zusammenschluss von mehr als 100 deutschen > NRO. Lokale Initiativen werden im Verband durch NRO-Landesnetzwerke vertreten. Die VENRO-Mitglieder sind private und kirchliche Träger der > Entwicklungszusammenarbeit, der > Nothilfe sowie der entwicklungspolitischen Bildungs-, Öffentlichkeits- und Lobbyarbeit. VENRO verfolgt das Ziel einer zukunftsfähigen Entwicklungspolitik und setzt sich für eine globale Strukturpolitik ein. (1; http://www.venro.org/venro0.html. Zugegriffen: Jan. 2013).

Vereinte Nationen (VN)/United Nations (UN) Die Vereinten Nationen (VN) wurden 1945 gegründet und sind ein Zusammenschluss von 193 Staaten (Stand: Februar 2013). Die wichtigsten Aufgaben der Organisation sind die Sicherung des Weltfriedens, die Einhaltung des Völkerrechts, der Schutz der Menschenrechte und die Förderung der internationalen Zusammenarbeit. Rund 70 % der gesamten Aufwendungen der VN sind auf Entwicklung ausgerichtet. Die VN umfasst Unterorganisationen, die entwicklungspolitische Aufgaben wahrnehmen, allen voran das VN-Entwicklungsprogramm (> UNDP). Wichtige entwicklungspolitische Impulse gehen auch von der VN-Generalversammlung aus. Ihre wichtigsten humanitären Organisationen sind UNHCR, WFP, UNICEF, und OCHA (1; 3).

Vergessene Krisen/Forgotten Crises Krisen denen die Medien geringe oder keine Beachtung schenken und bei denen die Opfer bei der Verteilung der internationalen Hilfe fast oder ganz leer ausgehen (http://europa.eu/legislation_summaries/ humanitarian_aid/r13008_de.htm. Zugegriffen: Dez. 2012).

Verhaltenskodex > Code of Conduct

Verwundbarkeit > Vulnerabilität

Vorbereitung/Preparedness Aktivitäten, Fähigkeiten und Kenntnisse von Regierungen, Hilfsorganisationen, Gemeinden und Individuen, die Auswirkungen von wahrscheinlichen, bevorstehenden oder aktuellen Gefahren und Großschadensereignissen vorzubeugen und/oder effektiv darauf zu reagieren. Die Vorbereitung umfasst die Notfallplanung, die Bevorratung mit Ausrüstung und Versorgungsgütern, Not- und Bereitschaftsdienste, die Schulung von Personal und die Planung von Schulungen und Übungen (9; 10; 11).

Vorbeugung/Prevention Umfasst Aktivitäten zum dauerhaften Schutz vor Katastrophen. Dies sind konkrete Schutzmaßnahmen, aber auch rechtliche Maßnahmen zur Kontrolle von Landnutzung und Stadtplanung (9; 11).

Vulnerabilität (Verwundbarkeit)/Vulnerability Die Vulnerabilität ist zu einem zentralen Begriff in der Entwicklungsforschung, Entwicklungszusammenarbeit und humanitären Hilfe geworden. Im Prinzip ist das Verwundbarkeitskonzept eine Erweiterung der herkömmlichen Armutsansätze. Man erkannte, dass mit Armut allein die Entwicklungsprobleme und gesellschaftlichen Krisen in der sog. „Dritten Welt" nicht hinreichend beschrieben und erklärt werden können. Armut – also der Mangel an Geld und Vermögenswerten – ist nur eine von vielen Ursachen und Ausdrucksformen gesellschaftlicher Benachteiligung. Robert Chambers hat 1989 in einer Definition von Vulnerabilität dargelegt, dass Verwundbarkeit weit über Armut hinausreicht: Vulnerabilität meint nicht nur Mangel und ungedeckte Bedürfnisse, sondern einen gesellschaftlichen Zustand, der durch Anfälligkeit, Unsicherheit und Schutzlosigkeit geprägt ist. Verwundbare Menschen und Bevölkerungsgruppen sind Schocks und Stressfaktoren ausgesetzt und haben Schwierigkeiten, diese zu bewältigen. Diese Schwierigkeiten resultieren nicht nur aus Mangel an materiellen Ressourcen, sondern auch daraus, dass den Betroffenen die gleichberechtigte Teilhabe und Teilnahme an Wohlstand und Glück verwehrt wird, ihnen Unterstützung vorenthalten wird oder sie nicht ausreichend in soziale Netzwerke eingebunden sind. Vulnerabilität besitzt folglich nicht nur eine ökonomische bzw. materielle Dimension (Armut), sondern auch eine politische und soziale (http://www.kek.ch/files/news/wirkungsorientierung-und-wirkungsbeobachtung-kap.-8.pdf. Zugegriffen: Jan. 2013).

Warlord Der Begriff „warlord" (wörtlich „Kriegsherr") bezieht sich auf eine Person, die über ein begrenztes Territorium militärisch die De-facto-Kontrolle und auch die Macht ausübt. Siehe auch > Nicht-staatliche Gewaltakteure (4).

WatSan (Water and Sanitation) WatSan ist die Abkürzung für das englische „water and sanitation". Es gibt einen > WHO-Standard für die Wasseraufbereitung und Entsorgung von Abwasser in der Nothilfe und humanitären Hilfe.

Weltbank/World Bank Die Weltbank mit Sitz in Washington, D.C., wurde 1944 auf der Währungs- und Finanzkonferenz der Gründungsmitglieder der Vereinten Nationen gegründet. Sie ist eine Sonderorganisation der Vereinten Nationen. Ursprünglich war ihr Ziel, nach dem Zweiten Weltkrieg den Wiederaufbau zu fördern. Seit den 1960er Jahren ist ihre Hauptaufgabe, die Armut in der Welt zu bekämpfen und die Lebensbedingungen der Menschen in den Entwicklungsländern zu verbessern. So trägt sie zum Erreichen der internationalen Entwicklungsziele bei (1; http://www.worldbank.org. Zugegriffen: Jan. 2013).

Welternährungsprogramm/World Food Program (WFP) Das WFP wurde 1961 von den VN und der > Ernährungs- und Landwirtschaftsorganisation der VN (FAO) gegründet. Seine Aufgabe ist es, Bedürftige in besonderen Notlagen mit Nahrungsmitteln zu versorgen, wie z. B. Opfer von Dürrekatastrophen oder Flüchtlinge. Es unterstützt aber auch breiter angelegte Entwicklungsprogramme in Entwicklungsländern, in denen Nahrungsmittelhilfe als ein Instrument zur Unterstützung der ökonomischen und sozialen Entwicklung der betroffenen Menschen eingesetzt wird (1; http://de.wfp.org. Zugegriffen: Jan. 2013).

Weltgesundheitsorganisation/World Health Organization (WHO) Die WHO ist die wichtigste VN-Sonderorganisation im Gesundheitsbereich. Sie wurde 1948 gegründet und hat ihren Sitz in Genf. Schwerpunkt ihrer Arbeit ist der Auf- und Ausbau leistungsfähiger Gesundheitsdienste und die Unterstützung von Industrie- und Entwicklungsländern bei der Bekämpfung von Krankheiten. Zudem fördert die WHO medizinische Forschung und übernimmt die Aufgabe eines weltweiten Gesundheitswarndienstes (1; http://www.who.int/about/en. Zugegriffen: Dez. 2012).

Weltklimarat/Intergovernmental Panel on Climate Change (IPCC) Beim IPCC handelt es sich um ein zwischenstaatliches Expertengremium zur wissenschaftlichen Klärung von aktuellen und zukünftigen Klimafragen, welches unter der Schirmherrschaft der VN steht und vom Umweltprogramm der VN (United Nations Environment Programme, UNEP) und der Weltorganisation für Meteorologie (World Meteorological Organization, WMO) im Jahr 1988 gegründet worden ist. Inzwischen engagieren sich im IPCC weltweit mehrere Tausend unabhängige Wissenschaftler. Der Schwerpunkt der Arbeit des IPCC liegt auf der wissenschaftlichen Untersuchung des anthropogenen Klimawandels und der Abschätzung der daraus resultierenden Folgen und Risiken für die menschliche Gesellschaft und die Umwelt. Das IPCC Sekretariat hat seinen Sitz bei der World Meteorological Organization (WMO) in Genf (http://www.ipcc.ch. Zugegriffen: Jan. 2013).

Whole-of-Government-Ansatz Der Begriff „Whole-of-Government-Ansatz" wurde im Rahmen der Arbeit der > OECD > DAC Arbeitsgruppe zu > fragilen Staaten geprägt. Dabei geht es vor allem darum, dass, wo immer möglich, Politikkohärenz zwischen Außen-, Sicherheits-, Wirtschafts- und Entwicklungspolitik sowie Strategien „aus einem Guss" erreicht werden, während gleichzeitig die Unabhängigkeit, Neutralität und Unparteilichkeit der humanitären Hilfe gewahrt bleiben.

Einerseits ist es eine Aufgabe und Verpflichtung der internationalen Gemeinschaft, auf akute humanitäre Bedarfe zu reagieren. Andererseits müssen Entscheidungen darüber, wie diese Unterstützung bereitgestellt wird, die Implikationen für die langfristige Entwicklung von Kapazitäten und für die Legitimität des Staates berücksichtigen. Kurzfristig können destruktive Dynamiken entstehen oder verstärkt werden, die anschließend schwer umgekehrt werden können. Hilfe, die ausdrücklich staatliche Systeme vermeidet, kann eine nachteilige Wirkung auf zukünftige Anstrengungen zur Systemstärkung und auf vorherrschende Wahrnehmungen der Legitimität von Geberengagement haben. Instrumente der humanitären Hilfe dürfen längerfristige Initiativen zur Staatsbildung nicht beeinträchtigen (http://www.oecd.org/dac/conflictandfragility/whole-of-governmentapproachestofragilestates.htm. Zugegriffen: Jan. 2013).

Wiederaufbau/Reconstruction Reihe von Maßnahmen zur > Wiederherstellung normaler Lebensbedingungen durch die Reparatur, > Rehabilitation und den Wiederaufbau von lebenswichtigen Dienstleistungen, die durch eine > Katastrophe unterbrochen oder beeinträchtigt wurden (9; 10; 11).

Wiederherstellung/Recovery Der Wiederherstellungsprozess setzt den Schwerpunkt auf Maßnahmen zur bestmöglichen Wiederherstellung der Fähigkeiten von Regierungen und Gemeinden, sich von > Katastrophen (schnell) zu erholen und so zukünftige Katastrophen besser zu vermeiden. Der Wiederherstellungsprozess will daher nicht nur einen nachhaltigen Wiederaufbau in die Wege leiten, sondern auch Grundlagen für langfristige Entwicklung (wieder-)herstellen (9; 10; 11).

World Bank > **Weltbank**

Zentraler Nothilfefonds/Central Emergency Response Fund (CERF) 2005 als humanitärer Fonds gegründet, um zuverlässige und schnellstmögliche Hilfe bei Katastrophen und Konflikten zu ermöglichen. Der Fonds leistet schnelle Nothilfe in Katastrophensituationen und leitet Geldbeträge weiter, die von Staaten, Einzelpersonen, Unternehmen oder > NRO eingenommen werden. Er wird von > OCHA verwaltet und hilft, Finanzierungslücken zu Beginn von Katastrophen zu schließen. Wie der Common Humanitarian Funds (> CHF) und der Emergency Response Fund (> ERF) ist er ein gemeinsamer Fonds, durch den ungebundene Gelder zur Verfügung gestellt werden. Der CERF ist im Unterschied zum CHF und ERF global und nicht auf Länderebene organisiert (http://ochaonline.un.org/cerf/WhatistheCERF/tabid/3534/language/en-US/Default.aspx. Zugegriffen: Dez. 2012).

Zivil-militärische Koordination/Civil Military Coordination (CMCoord) Konzept der VN, um bei humanitären Krisen und multidimensionalen Friedenseinsätzen eine sinnvolle Arbeitsteilung sowie eine effiziente Nutzung von Ressourcen nationaler und internationaler, humanitärer und militärischer Akteure zu erreichen. Im Fokus der zivil-militärischen Koordination stehen die Koordination des Informationsflusses und die Aufgabenteilung. Das > OCHA ist für die Umsetzung des Konzeptes verantwortlich (http://sicherheitspolitik.bpb.de/index.php?page=glossar-frieden-und-wiederaufbau. Zugegriffen: Jan. 2013).

Zivil-militärische Zusammenarbeit (ZMZ)/Civil Military Cooperation (CIMIC) Ziel der zivil-militärischen Zusammenarbeit (ZMZ) ist es, durch die Zusammenarbeit ausländischer Truppen mit zivilen Akteuren und lokalen Organisationen die Erfüllung der Mission zu unterstützen sowie zum Schutz der Truppe durch lokale Akzeptanz beizutragen. Dies kann z. B. durch die Durchführung ziviler Projekte durch ausländische Truppen beim Wiederaufbau von Infrastruktur erfolgen. Bei der ZMZ handelt es sich um eine militärische Leitlinie, weswegen manche zivile Hilfsorganisationen den Ansatz kritisieren. Die Vermischung von einerseits militärisch engagierten und andererseits zivilen Akteuren kann letztere gefährden, wenn sie nicht mehr eindeutig als zivil wahrgenommen werden und ihre Neutralität verlieren (http://sicherheitspolitik.bpb.de/index.php?page=glossar-frieden-und-wiederaufbau. Zugegriffen: Jan. 2013).

Sachverzeichnis

A
Abdülmecid, 33
Accountability, 275, 285, 306
Action Contre La Faim (ACF), 110
Active Learning Network for Accountability and Performance in Humanitarian Action (ALNAP), 276, 277, 307
Afghanistan, 108, 109, 111, 316, 338, 353, 354, 401, 413, 416
    Fazilität, 416
Afghanistankrieg, 364
Agenda-Setting, 171
Ägypten, 30
Aid Worker, 296
Akteursgemeinschaft, humanitäre, 361
Albanien, 49
Algerien, 110
Al-Qaida, 416
al-Shabaab, 116
American Relief Association (ARA), 36
Arabischer Frühling, 377
Ärzte ohne Grenzen, 352, 402
Assessment Team, 231
Äthiopien, 352
    Hungersnot, 41
Augustinus, 31, 365
Ausschuss für Menschenrechte und humanitäre Hilfe, 316
Außenpolitik, 176
Ausstiegsstrategie, 142
Auswärtiges Amt, 129, 315

B
Balkankrieg, 120, 152, 173, 413
Bedarfsanalyse, 140, 313
Bedarfsermittlung, 233
Begleitstandard, 283
Beneficiary Accountability, 128
Besatzungsmacht, 61, 390
Beschwerdemöglichkeiten, 307
Beschwerdeverfahren, 307
Bestechung, 322
Bevölkerungswachstum, 203
Beziehung, zivil-militärische, 130, 392
Biafra, 352
    Bürgerkrieg, 39
bin Laden, Osama, 417
Blauhelme, 45, 48
Blauhelmeinsatz, 380
BMZ, 129
Bosnien, 338
Bosnien-Herzegowina, 48, 376, 394
Bosnienkrieg, 116
Brasilien, 113
Buchprüfung, 313
Budgetlinie, 141
Bundesministerium für wirtschaftliche Zusammenarbeit und Entwicklung, 315
Bundesrechnungshof, 316
Bundesregierung, 315
Bundestag, 316
Bush, George W., 376, 402, 416

C
Capacity Building, 154
CARE, 38, 46, 108
    Pakete, 107
Care International, 308
Caritas, 151
Catholic Relief Services, 108
Chaosmanagement, 230
China, 113
Churchill, Winston, 37
CIA, 417
CIMIC, 392
Clausewitz, 383

Cluster-Ansatz, 87
CNN-Effekt, 175, 214
Code of Conduct, 133, 165, 274, 302, 391
　for The International Red Cross and Red Crescent Movement and Non-Governmental Organisations (NGOs) in Disaster Relief, 57
Content-Erstellung, 177

D

Dallaire, Romeo, 45
Demokratische Republik Kongo, 109, 111, 310, 351, 353
Deutsches Rotes Kreuz (DRK), 37
Deutsches Zentralinstitut für soziale Fragen (DZI), 312
Do No Harm, 351, 353
Drittes Reich, 37
Drohnenkrieg, 417
Dunant, Henry, 34, 337, 352, 409, 415
DZI-Spendensiegel, 315

E

Early Warner, 176
ECOWAS, 384
Emergency Capacity Building Project (EBC), 277
Empfängerstaat, 80
Entwicklungshilfe, 11
Entwicklungszusammenarbeit, 60, 339
Epidemie, 187
Erdbeben, 187
Ergebnisorientierung, 139
Erkundungsmission, 231
Erpressung, 322
Europäische Kommission, ECHO, 108
Europäischer Konsens für Humanitäre Hilfe, 58, 108, 391
European Consensus for Humanitarian Aid, 132
Evaluation, 167
Evaluierung, 138, 315
Exposition, 255

F

Failed States, 413
Financial Tracking System (FTS), 315
Finanzsystem, humanitäres, 96
Flüchtling, 31, 40
Flüchtlingskonvention, 40
Flüchtlingslager, 41
Fond, gemeinsamer humanitärer, 105, 110, 111, 123
Footage-Material, 177

Foreign Aid Bill, 32
Forgotten Crisis Index, 118
Fragile States Principles, 133
Franklin, Benjamin, 32
Frankreich, 110
Frieden, 351, 357
Friedensmission, 393
Friedensnobelpreis, 36, 411, 414
Friedenssicherung, 214
Friedrich der Große, 32
Frühwarnung, 257
Fundraising, 175

G

Gaddafi, Muammar, 377
Gatekeeper, 172
Geberregierung, 81
Geberschaft, Beweggründe, 120
Geber, staatliche, 117
　geographische Streuung, 117
Geberstatistik, 139
Geldof, Bob, 42
GenCap und Protection Standby Project (ProCap)
　Evaluation, 168
Gender, 162, 164
　geschlechts und altersspezifischen Daten, 167
Gender-Mainstreaming, 163
GenderMarker, Rechenschaft, 168
Genfer Abkommen, 61, 105, 211, 212, 390, 410, 414
　Zusatzprotokolle, 61, 212, 390
Genfer Konventionen, 121
Genozid, 44
Geschlechterrollen, 164
Gewalt, sexuelle, 160, 162
Gewaltverbot, 367, 369
Global War on Terror, 50
Goma, 46, 352
Good Enough Guide, 277
Good Humanitarian Donorship Initiative, 96, 108, 110, 111, 113, 132, 277, 307
Gorbatschow, Michail, 376
Grauzone, 247
Großbritannien, 109
Grotius, Hugo, 31
Groupe U.R.D., 277
Grundstandard, 283
Gulbuddin Hekmatyar, 403
Guter Geber, 138

H

Habyarimana, Juvénal, 45

Haiti, 110, 152, 154, 310, 311, 376, 413
    Erdbeben, 114, 171, 314
HAP 2010 Standard, 287
Helfer, humanitäre, 295, 296
Hilfeempfänger, 307, 316
Hilfe, humanitäre, 9, 62, 211, 216, 218, 390
    Definition, 13
    Grundsätze, 56
    in bewaffneten Konflikten, 61
    Prinzipien, 56
Hilfe, lokale, 79
Hilfspersonal, 65
Hitzewelle, 187
Hoover, Herbert, 36
Humanitarian Accountability Partnership Initiative (HAP), 306
Humanitarian Accountability Partnership International (HAP), 276
Humanitarian Charta, 58, 281
Humanitarian Space, 14, 56
Humanitarismus, 13
    neuer, 23
Human Security, 63
Hussein, Saddam, 43
Hutu, 45
Hyogo Framework for Action, 186, 263

I
IDRL-Richtlinie, 70
IKRK, 65, 365, 383
Immunität, 65
Imperativ, humanitärer, 57, 282, 336, 391, 409
Indien, 114
    Hungersnot, 33
Indikator, 244
INEE, 283
Informationssperre, 326
Instrumentalisierung, 336
InterAction, 395, 417
Inter-Agency Standing Committee (IASC), 165
Intergovernmental Panel on Climate Change, 204
International Commission on Intervention and State Sovereignty (ICISS), 371
Internationale Rotkreuz- und Rothalbmondbewegung, 58, 88
Internationale Rotkreuz- und Rothalbmondgesellschaften, 354
Internationales Komitee vom Roten Kreuz (IKRK), 34, 338, 343
International Rescue Committee, 38
International Security Assistance Forces, 402
Intervention, humanitäre, 63, 357, 364
IOM, 83

Irak, 108, 109, 152, 354, 413
Irakkrieg, 376
Irland, Hungersnot, 33
Ischinger, Wolfgang, 50
Islam, 30

J
Japan, 171
Jugoslawien, 48, 394, 395

K
Kalif Abu Bakr, 30
Kalter Krieg, 43, 375, 410
Kambodscha, 151
Kant, Immanuel, 336, 382
Katastrophe, 14, 60, 67, 171
Katastrophenanfälligkeit, 191
Katastrophenhilfe, 14
Katastrophenmanagement, 205, 223
Katastrophenrisiko, 195, 204
Katastrophenvorsorge, 12, 131, 151, 196, 206, 253
Kaukasuskrieg, 365
Kick-back, 321
Kigali, 45
Klimawandel, 203, 266
Konflikt, 351
    bewaffneter, 55, 61, 119, 212
    internationaler, 61
Konfliktsituation, 119, 122
Königin Victoria, 33
Kontrollrecht, 67
Koordination, 128
Koordinierung, 154
Koordinierungsausschuss Humanitäre Hilfe, 137, 300
Korridor, humanitärer, 56
Korruption, 314, 319
    Kosten, 323
Korruptionskontrolle, 153, 324
Korruptionsrisiken, 320
Kosovo, 48, 376, 395
Kosovokrieg, 155
Kosten der Korruption, 323
Kouchner, Bernard, 44
Krieg
    gegen den Terrorismus, 376, 410, 416
    gerechter, 365
Kroatien, 48
Kyros I. von Persien, 30

L
Leadership, 128
LEGS, 283
Lenin, Wladimir Iljitsch, 36

Liberia, 353
Libyen, 110, 364, 368, 377
Lieber-Code, 34
Lieber, Franz, 34
Linking Relief, Rehabilitation and Development, 130
Livingstone, David, 33
Local Capacitites for Peace, 355
Logical Framework, 244

M

Mahabharata-Epos, 30
Mali, 119
Marke, 174
Mazedonien, 49
MCDA-Guidelines, 400
Médecins Sans Frontières (MSF), 39, 110
Medien, 127, 171
　neue, 178
Medienbarriere, 173
Medienereignis, 173
Medienlogik, 180
Menschenrechte, 212, 213, 215, 217, 220
Menschlichkeit, 56, 92, 335
Migrantenorganisation, 90
Militär, 91
Millennium-Entwicklungsziele, 206
Mindeststandard, 283
Minimum Standards in Humanitarian Response, 58
Mittelabfluss, 327
Monitoring, 167, 315
Mudschaheddin, 41, 402
Myanmar, 153
Mythos, 247

N

Nachrichtenfaktor, 172
Nahrungsmittelhilfe, 108, 119
Nansen, Fridtjof, 36
Nation Building, 346
Natsios, Andrew, 416
Naturereignis, 186
Naturgefahr, 187, 193
Naturkatastrophe, 119, 123, 173, 186, 190, 196
Naturrisiko, 189
Nepotismus, 323
Neue Weltordnung, 376, 410
Neutralität, 35, 56, 92, 302, 342, 352, 357, 359
Nichtregierungsorganisation (NRO), 38, 89
　humanitäre, 18
　religiöse, 91
Nigeria, 39, 173

Nightingale, Florence, 33, 337, 415
Nordirak, 376
Notlage, humanitäre, 14

O

Obama, Barrack, 416
OCHA, 86, 449
Ojukwu, Chukwuemeka Odumegwu, 39
Operation Enduring Freedom, 402
Operation Lifeline Sudan, 358
Orbinsky, James, 414
Organisationsentwicklung, 327
Oslo Guidelines, 400
Osmanisches Reich, 375
Out-of-area-Einsatz, 394
Oxfam, 37, 314

P

Pakistan, 41, 172, 309, 417
Palästinensische Autonomiegebiete, 109
Partizipation, 160
Partner, lokaler, 149
Partnerorganisation, 309
People In Aid (PIA), 276, 288
Petraeus, David, 417
Pictet, Jean, 335
Powell, Colin, 403, 416
Principles and Good Practice of Humanitarian Donorship, 58
Prinzip, humanitäres, 11, 56, 106, 391
Problemanalyse, 240
Problembaum, 241
Professionalisierung, 130, 299
Professionalität, 295, 297, 301
Project Cycle Management, 241
Projektplanungsmethode, partizipatorische, 239
Projektplanungszyklus, 241
Proliferation, 128
Protracted Humanitarian Crisis, 414
Provide Comfort, 43
Provincial Reconstruction Teams, 403

Q

Qualität, 142
Qualitätsstandard, 244, 299
Quality COMPAS, 276
Querschnittaufgabe, 246
Quick-Impact-Projekt, 404

R

Raum, humanitärer, 14, 56, 96
Rechenschaft, 168
Rechenschaftslegung, 306, 308

Rechenschaftspflicht, 305, 308
Rechnungsprüfung, 312
Recht, 57
Recht, nationales, 56
Reform, humanitäre, 87
Remote Management, 309
Resilienz, 79, 158, 195, 206, 254
Responsibility to Protect, 63, 371
Restore Hope, 43
Richtlinien, internationale, 399
Roosevelt, Theodore, 375
Rote Khmer, 41
Rousseau, Jean-Jacques, 31
Ruanda, 337, 352, 413
    Evaluation (JEEAR), 275
    Folgeevaluation (JEFF), 276
    Genozid, 173, 275
    Völkermord, 44
Ruandische Patriotische Front (RPF), 45
Russland, 384

S
Sadako, Ogata, 412
Saladin, 31
Säuberung, ethnische, 48
Saudi-Arabien, 112, 117
Save the Children, 38, 314
Schutz und Sicherheit, 283
Schutzverantwortlichkeit, 63
Schutzverantwortung, 372
Schweden, 110
Schweitzer, Albert, 33
Seacole, Mary, 33
SEEP, 283
Selbstverpflichtung, 56
Sicherheit, 56
    vernetzte, 389, 403, 416
Sicherheitsrat, 212, 214, 216, 218, 220, 369
Sicherheitsrisiko, 298
Slowenien, 48
Slow Onset Disaster, 176
Solferino, 34, 409
Somalia, 106, 116, 220, 309, 310, 352, 376, 394, 413
Souveränität, 63, 69, 121, 371
Sowjetunion, 36, 376
    Hungersnot, 36
Sozialkatastrophe, 191
Spende, 127
Spendengala, 174
Spendenkampagne, 175
Spendensiegel, 312
Sphere Handbuch, 235, 281
Sphere Minimum Standards in Disaster Response, 225
Sphere Project, 58, 165, 276, 277
Sphere Standard, 311
Sphere-Standard, 133, 282
Srebrenica, 44, 48, 380, 394
Sri Lanka, 353
Staat, 57
Staatlichkeit
    fragile, 80, 128, 143
Standards, 235, 306
Sterberate, 237
Subsidiarität, 149
Sudan, 109, 111, 354
Sudan People's Liberation Army, 358
Südsudan, 353, 357, 361
Sultan Saladin, 31
Suttner, Bertha von, 36
Syrien, 110, 379
    Bürgerkrieg, 173
System, humanitäres, 15, 106, 123

T
Taiwan, 113
Taliban, 41, 402, 417
Tansania, 352
Tornado, 187
Transition Gap, 141
Transparenz, 308, 309
Tsunami, 60, 171, 187, 413
Tsunami Evaluation Coalition, 150, 289
Tsunamikatastrophe, 312
Türkei, 115
Tutsi, 45

U
Übergangshilfe, 129
Überschwemmung, 187
Unabhängigkeit, 56, 92, 341
UN-Charta, 211, 212, 213, 214
    Artikel 2 (4), 212
UNDP, 83
UN-Generalversammlung, 69
UNHCR, 83
UNICEF, 83
Unparteilichkeit, 56, 62, 92, 121, 302, 340, 390
Urbanisierung, 203, 204, 266
USA, 107, 384, 401
Ushaidi, 179

V
Venezuela, 33
Verband Entwicklungspolitik deutscher Nichtregierungsorganisationen (VENRO), 130, 150, 353, 366, 400, 417

Vereinte Nationen, 59, 69, 179
   Frauenrechtskonvention, 163
   Nothilfekoordinator, 86
   VN-Resolution 1325, 163
   VN-System, 82
   Weltfrauenkonferenz, 163
Verhaltenskodex Personalmanagement, 288
Veruntreuung, 321
Verwaltungskosten, 312
Vietnamkrieg, 416
Völkergewohnheitsrecht, 59, 66, 370
Völkermord, 369, 382
Völkerrecht, 59
   humanitäres, 34, 62, 211, 212, 220, 390, 411
Völkerrechtssubjekt, 59
Völkerrechtssubjektivität, 59
Völkerrechtsvertrag, 60
Vulkaneruption, 187
Vulnerabilität, 79, 159, 191, 238, 253
   soziale Unterschiede, 161
Vulnerabilitätsforschung, 192

W

Wandel, globaler, 267
Welthungerhilfe, 315, 357, 396
WFP, 83, 108, 120, 123

WHO, 83
Whole of Government-Ansatz, 140, 414
Widerstandsfähigkeit, 195, 202, 206
Wirbelsturm, tropischer, 187
Wirksamkeit, 138
Wissen, geschlechtsspezifisches, 164
World Vision, 108, 314

Z

Zaire, 44, 352
Zertifizierung, 300
Zielgruppen, 309, 325
Zielgruppenanalyse, 167
Zielgruppenorientierung, 160
Zielgruppe, vulnerable, 162
Zivilbevölkerung, 62
Zivilperson, 55
Zusammenarbeit, zivil-militärische, 410
Zwangsmaßnahme, 211, 212, 220
Zweiter Golfkrieg, 43
Zweiter Weltkrieg, 37
Zwölf Grundregeln, 133

Printed by Books on Demand, Germany